1. SÃO MIGUEL
2. PICO
3. TERCEIRA
4. FAIAL
5. SÃO JORGE
6. FLORES
7. GRACIOSA
8. CORVO
9. SANTA MARIA

Ponta Delgada

A. ILHA DA MADEIRA
B. ILHA DE PORTO SANTO

Funchal

Viana do Castelo
Bragança
Braga
Vila Real
Porto
Rio Douro
Viseu
Guarda
Aveiro
Coimbra
Castelo Branco
Leiria
Santarém
Rio Tejo
Portalegre
Lisboa
Setúbal
Évora
Beja
Faro

...tugal
Área: 92.117 km^2
...lação: 10.606.000
...tal: Lisboa

Cacheu
Gabú
Mansôa
Bafatá
Bissau
Catió
Arquipélago dos Bijagós

Guiné-Bissau
Área: 36.120 km^2
População: 1.597.000
Capital: Bissau

Moçambique
Área: 799.390 km^2
População: 22.949.000
Capital: Maputo

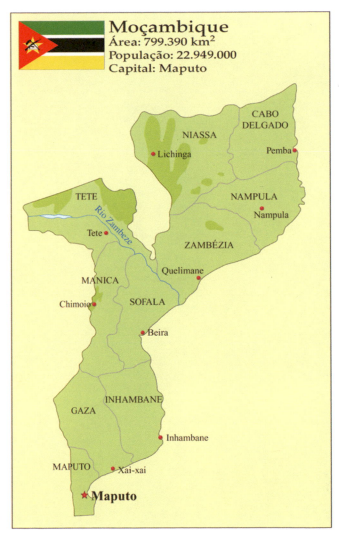

CABO DELGADO
NIASSA
Lichinga
Pemba
TETE
Rio Zambeze
NAMPULA
Nampula
Tete
ZAMBÉZIA
Quelimane
MANICA
Chimoio
SOFALA
Beira
INHAMBANE
GAZA
Inhambane
MAPUTO
Xai-xai
Maputo

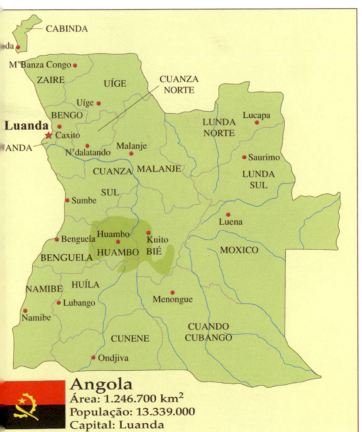

CABINDA
M'Banza Congo
ZAIRE
UÍGE
CUANZA NORTE
Uíge
BENGO
LUNDA NORTE
Lucapa
Luanda
Caxito
ANDA
N'dalatando
Malanje
Saurimo
CUANZA MALANJE
SUL
LUNDA SUL
Sumbe
Luena
Benguela
Huambo
Kuito
MOXICO
BENGUELA
HUAMBO
BIÉ
NAMIBE
HUÍLA
Lubango
Menongue
Namibe
CUANDO CUBANGO
CUNENE
Ondjiva

Angola
Área: 1.246.700 km^2
População: 13.339.000
Capital: Luanda

Part of the award-winning MyLanguageLabs suite of online learning and assessment systems for basic language courses, MyPortugueseLab brings together—in one convenient, easily navigable site—a wide array of language-learning tools and resources, including an interactive version of the *Ponto de Encontro* student text, an online Student Activities Manual, and all materials from the audio and video programs. Chapter Practice Tests, tutorials, and English grammar Readiness Checks personalize instruction to meet the unique needs of individual students. Instructors can use the system to make assignments, set grading parameters, listen to student-created audio recordings, and provide feedback on student work. MyPortugueseLab can be packaged with the text at a substantial savings. For more information, visit us online at www.mylanguagelabs.com/books.html.

A GUIDE TO *PONTO DE ENCONTRO* ICONS

	Text Audio Program	This icon indicates that recorded material to accompany *Ponto de Encontro* is available in MyPortugueseLab, on audio CD, or on the Companion Website <www.pearsonhighered.com/ponto>.
	Pair Activity	This icon indicates that the activity is designed to be done by students working in pairs.
	Group Activity	This icon indicates that the activity is designed to be done by students working in small groups or as a whole class.
	Web Activity	This icon indicates that the activity involves use of the Internet.
	Video	This icon indicates that a video episode is available in the video that accompanies the *Ponto de Encontro* program. The video is available on DVD and in MyPortugueseLab.
	Student Activities Manual	This icon indicates that there are practice activities available in the *Ponto de Encontro* Student Activities Manual. The activities may be found either in the printed version of the manual or in the interactive version available through MyPortugueseLab. Activity numbers are indicated in the text for ease of reference.

Ponto de Encontro

PORTUGUESE AS A WORLD LANGUAGE

SECOND EDITION

Clémence M. C. Jouët-Pastré
Harvard University

Anna M. Klobucka
University of Massachusetts Dartmouth

Patrícia Isabel Santos Sobral
Brown University

Maria Luci De Biaji Moreira
College of Charleston

Amélia P. Hutchinson
University of Georgia

PEARSON

Boston   Columbus   Indianapolis   New York   San Franciso   Upper Saddle River
Amsterdam   Cape Town   Dubai   London   Madrid   Milan   Paris   Montreal   Toronto
Delhi   Mexico City   São Paulo   Sydney   Hong Kong   Seoul   Singapore   Taipei   Tokyo

Executive Acquisitions Editor: Rachel McCoy
Executive Editor MyLanguageLabs: Bob Hemmer
Editorial Assistant: Lindsay Miglionica
Publishing Coordinator: Regina Rivera
Executive Marketing Manager: Kris Ellis-Levy
Marketing Assistant: Michele Marchese
Senior Managing Editor for Product Development:
   Mary Rottino
Composition: GEX Publishing Services
Associate Managing Editor: Janice Stangel
Production Project Manager: Manuel Echevarria

Project Manager: GEX Publishing Services
Media Editor: Meriel Martínez
Senior Media Editor: Samantha Alducin
Development Editor, MyLanguageLabs: Bill Bliss
Senior Art Director: Maria Lange
Procurement Manager: Mary Fischer
Prepress and Manufacturing Buyer: Alan Fischer
Cover and Interior Design: Red Kite Project
Publisher: Phil Miller
Cover Image: Cosmo Condina/Robert Harding

This book was set in 12/14 Times New Roman.

Library of Congress Cataloging-in-Publication Data
Ponto de encontro : Portuguese as a world language / Clémence M. C. Jouët-Pastré ... [et al.]. —— 2nd ed.
   p. cm. -- (World languages)
Text in English and Portuguese.
Includes bibliographical references and index.
Previous ed.: 2007.
ISBN-13: 978-0-205-78276-5
ISBN-10: 0-205-78276-0
1. Portuguese language--Textbooks for foreign speakers--English. I. Jouët-Pastré, Clémence. II. Series: World languages
(Pearson/Prentice Hall)

PC5075.E5P66 2012
469.82'421--dc23

2011042919

Printed in the United States of America

PEARSON

ISBN 13: 978-0-205-78276-5
ISBN 10: 0-205-78276-0

BRIEF CONTENTS

Scope and Sequence

	Comunicação	À primeira vista

Scope and Sequence

	Comunicação	À primeira vista

Discussing activities and making future plans
Ordering food in a restaurant
Talking about arts and entertainment
Describing possessions and conditions
Expressing obligation

Diversões populares
A comida

Identifying and comparing family members and structures
Describing routine activities
Expressing preferences and feelings
Expressing how long events and states have been going on
Talking about past events

As famílias
As ocupações dos parentes

Estruturas	Vamos viajar	Encontros	Horizontes
Talking about daily life: Present tense of regular **-er** and **-ir** verbs Expressing movement: Present tense of **ir** Expressing future actions: Present tense of *ir + infinitive* Expressing age, possession, and obligation: **Ter** and **ter que** + *infinitive* Talking about quantity: Numbers above 100 Mais um passo: Some uses of **por** and **para**	O cinema e o teatro A música e os concertos	Para escutar: Listening for times, numbers, and locations Para conversar: Discussing habits; analyzing statistical data Para ler: Locating specific information in a text; identifying synonyms Para escrever: Eliciting information and opinions; using an appropriate form of address; reporting information Projeto final: As crianças e as atividades	O Nordeste do Brasil
Expressing opinions, plans, preferences, and feelings: Present tense of stem-changing verbs Expressing when, where, or how an action occurs: Adverbs Talking about daily activities: Present tense of **fazer**, **dizer**, **trazer**, **sair**, and **pôr** Expressing how long something has been going on: **Faz/Há** with expressions of time Mais um passo: The preterit tense of regular verbs and of **ir**	Laços de família A família e a sociedade	Para escutar: Listening for specific information to fill in a chart or form Para conversar: Discussing and comparing families Para ler: Anticipating and inferring information; associating and guessing meaning of new words Para escrever: Corresponding with family members Projeto final: Os trabalhos domésticos	O Norte do Brasil e o Amazonas

Scope and Sequence

	Comunicação	À primeira vista
Lição 5 **A casa e os móveis** 188 	Discussing housing, household items, and domestic chores Asking about and discussing schedules Expressing ongoing actions Describing physical and emotional states Expressing familiarity and describing skills	Em casa As tarefas domésticas
Lição 6 **A roupa e as compras** 232 	Talking about clothing and shopping Discussing consumer goods and markets Talking about past events Expressing affirmation and negation Expressing opinions	A roupa Vamos às compras
Lição 7 **O tempo e os passatempos** 266 	Describing physical and leisure activities Asking and answering questions about weather conditions Discussing sports and sporting events Talking about ongoing past events and states Expressing how long ago events and states occurred	Os esportes (B)/Os desportos (P) Jogadores e equipamentos O tempo e as estações

Estruturas	Vamos viajar	Encontros	Horizontes
Expressing ongoing actions: Present progressive Describing physical and emotional states: Expressions with **ter**, **estar com**, and **ficar com** Pointing out and identifying people and things: Demonstrative adjectives and pronouns Learning useful verbs: Present tense of **dar**, **ler**, **ver**, and **vir** Stating what you know: **Saber** and **conhecer** Mais um passo: Some reflexive verbs and pronouns	Lugares para morar O exterior e o interior das casas	Para escutar: Matching descriptions with pictures Para conversar: Describing dwellings; looking for housing Para ler: Associating visuals with descriptions; getting informed about a topic Para escrever: Reporting factual data in a formal context Projeto final: Vamos alugar casa	Brasília e o Centro-Oeste do Brasil
Talking about the past: Preterit tense of regular verbs Talking about the past: Preterit of **ir** and **ser** Indicating the object of an action: Direct object nouns and pronouns Reinforcing inquiries: Tag questions Mais um passo: Some more uses of **por** and **para**	As compras Feiras e mercados	Para escutar: Taking notes to recall important information Para conversar: Haggling; taking advantage of a sale Para ler: Problem solving; identifying word endings that indicate places and people Para escrever: Narrating chronologically Projeto final: Festa de fim de ano	Lisboa, a capital de Portugal
Indicating for whom an action takes place: Indirect object nouns and pronouns Talking about the past: Some irregular preterits Expressing ongoing actions and descriptions in the past: The imperfect More on expressing ongoing actions and descriptions: Imperfect tense of regular and irregular verbs Narrating in the past: The preterit and the imperfect Mais um passo: **Há/Faz** meaning *ago*	Os clubes (d)esportivos A história do futebol	Para escutar: Deciding and evaluating meaning Para conversar: Gathering information on a topic; describing weather conditions Para ler: Differentiating factual information from opinion Para escrever: Researching and writing a sports report Projeto final: As atividades e o tempo	O Sul de Portugal

Scope and Sequence

	Comunicação	À primeira vista

Estruturas	Vamos viajar	Encontros	Horizontes
Comparing people and things: Comparisons of inequality Comparing people and things: Comparisons of equality Comparing people and things: The superlative Emphasizing or clarifying information: Pronouns after prepositions Talking about daily routine: Reflexive verbs and pronouns	Festas populares As religiões no mundo lusófono	Para escutar: Making inferences; deciding truth value of statements Para conversar: Asking about, comparing, and describing past experiences Para ler: Identifying information stated in a text; associating meanings Para escrever: Reporting on collective traditions and experiences Projeto final: Um casamento	O Centro e o Norte de Portugal
Stating impersonal information: **Se** as impersonal subject Talking about the past: More on the preterit and the imperfect Asking questions: More on interrogative pronouns Giving instructions: Commands	Os jovens e o trabalho A união faz a força	Para escutar: Contextual guessing Para conversar: Asking and answering job-related questions Para ler: Identifying categories; making inferences Para escrever: Answering questions in writing Projeto final: À procura de emprego	Os Açores e a Madeira
Expressing subjective attitudes: Introduction to the present subjunctive Talking about expectations: The subjunctive used to express wishes and hopes Expressing doubt and uncertainty: The subjunctive with verbs and expressions of doubt Telling people what to do: More on commands	A gastronomia tradicional A comida rápida	Para escutar: Recording detail Para conversar: Discussing food preferences; making and reacting to suggestions Para ler: Exploring detailed information Para escrever: Giving advice to a friend Projeto final: Alimentos e dietas especiais	Angola

Scope and Sequence

	Comunicação	À primeira vista

Describing the body, health, and medical treatments

Discussing and comparing health-care systems

Expressing emotions, opinions, and attitudes

Expressing collective suggestions and requests

Stating goals and purposes

As partes do corpo

A saúde

Os médicos, as farmácias e os hospitais

Making travel arrangements and discussing itineraries

Asking for and giving directions

Expressing denial and uncertainty

Talking about past expectations, wishes, and demands

Discussing emigration and immigration

Os meios de transporte e as viagens

A reserva do hotel

O correio e a correspondência

Describing states and conditions

Giving opinions

Talking about the future

Expressing hypothetical conditions

Discussing environmental issues

Preocupações ambientais no mundo lusófono

Reciclagem do lixo

Estruturas	Vamos viajar	Encontros	Horizontes
Expressing emotions, opinions, and attitudes: The subjunctive with expressions of emotion Suggesting that someone and the speaker do something: The equivalents of the English *let's* Expressing movement, time, and action: **Por** and **para** (review) Using prepositions to express a range of meanings: Additional uses of **por** and **para** Referring to people and things: Relative pronouns	A saúde pública As farmácias e a farmacologia	Para escutar: Classifying and summarizing information Para conversar: Describing reading preferences; commenting on literary texts Para ler: Discussing symbolic meanings; exploring complex vocabulary Para escrever: Composing a dialogue between imaginary characters Projeto final: Uma consulta médica	Cabo Verde
Expressing affirmation and negation: Affirmative and negative expressions Talking about things that may not exist: The indicative and the subjunctive in adjective clauses Making qualified statements: The subjunctive in adverbial clauses Expressing wishes, recommendations, and conditions in the past: The past subjunctive	Os meios de transporte ontem e hoje A emigração e a imigração	Para escutar: Making inferences; listening for specific meaning Para conversar: Making travel-related arrangements Para ler: Summarizing and extrapolating from a text Para escrever: Arguing in favor of a preferred choice Projeto final: Planos para as férias	Moçambique
Planning the future: The future tense Hypothesizing about the future: The future subjunctive Hypothesizing about what might happen: The conditional Expressing reciprocity: Reciprocal verbs and pronouns	Preservação do meio ambiente O ecoturismo	Para escutar: Listening for specific meaning Para conversar: Planning an environmentally friendly vacation; discussing protection of the environment Para ler: Understanding different viewpoints on environmental preservation Para escrever: Arguing in favor of an informed viewpoint Projeto final: Vamos reciclar	Guiné-Bissau e São Tomé e Príncipe

Scope and Sequence

	Comunicação	À primeira vista

Estruturas	Vamos viajar	Encontros	Horizontes
Talking about results of actions: The past participle Emphasizing facts resulting from actions: The passive voice Talking about the recent past: The present perfect Talking about the past from a past perspective: The past perfect	Os sistemas políticos As organizações não governamentais	Para escutar: Analyzing substantive meaning of complex statements Para conversar: Extrapolating from an individual case Para ler: Exploring a literary text in detail; making connections to personal experience Para escrever: Imagining a hypothetical situation Projeto final: Os contrastes do Brasil	Timor-Leste e Macau
Expressing actions: Uses of the impersonal infinitive Personalizing the expression of actions: The personal infinitive Hypothesizing about the present and the future: Present and future *if*-clause sentences Expressing subjective attitudes: Diminutives and augmentatives	A Internet em português O futuro da ciência e tecnologia	Para escutar: Identifying main ideas and specific information Para conversar: Expressing and discussing complex scenarios Para ler: Extracting information from a specialized text Para escrever: Discussing political and economic issues formally Projeto final: A língua portuguesa como herança	Comunidades de língua portuguesa nos Estados Unidos

Welcome to the second edition of *Ponto de Encontro: Portuguese as a World Language.* Since the publication of its first edition in 2007, this program has provided an ample, flexible, communication-oriented framework for use in the beginning and intermediate Portuguese classroom. It takes a highly interactive approach towards presentation and practice of the language and it integrates cultural information and exchange at every stage of instruction. *Ponto de Encontro* is the only Portuguese-language textbook that allows the instructor to choose to teach either Brazilian or European Portuguese, while at the same time offering language learners a rich variety of insights into cultural, social, and political realities of the entire Portuguese-speaking world, composed of 250 million speakers in eight countries on four continents.

What's New to This Edition

1. All components of the program have been revised to reflect the spelling changes introduced by the 1990 *Acordo Ortográfico* (spelling reform), signed by all Portuguese-speaking countries but only recently implemented by several of them, including Brazil and Portugal. The most significant change introduced by the reform is the elimination of silent (unpronounced) consonants in European Portuguese. For example, before the implementation of the *Acordo Ortográfico*, speakers of both Brazilian and European Portuguese pronounced the word meaning *actor* as "ator," but it was spelled as *ator* in Brazil and as *actor* in Portugal and in other countries that followed the European Portuguese spelling standard. After the reform's implementation, the common spelling is now *ator* for both variants. However, since the underlying principle of the reform is for the spelling to reflect how the language is actually spoken, some differences remain, because pronunciation may vary from country to country, among regions, and even among individual speakers in the same city or region. For example, before the spelling reform, the word *recepção* was written in the same way in Brazil and in Portugal, but the letter *p* was silent in European Portuguese speech and pronounced in Brazilian Portuguese; following the reform, the word is now written *recepção* in Brazil and *receção* in Portugal.

   Other, less prominent, spelling changes include the elimination of hyphens in some expressions (such as *dia-a-dia*, meaning "daily life," which is now written *dia a dia*) and the elimination of the diacritical mark *trema* (umlaut), previously used in Brazilian Portuguese. When researching online Portuguese-language sources, learners and instructors should be aware that they are likely to encounter both pre-reform and post-reform spelling across the web (for example, depending on the age of any given text or, in user-generated media content, on the writer's readiness to adopt the reformed spelling).

2. A new multi-step activity named *Projeto final* has been introduced as the last segment of the *Encontros* section in each chapter following the *Lição preliminar*.

This activity allows for review and consolidation of the vocabulary and main grammatical structures introduced in each chapter, while engaging students in meaningful, task-oriented communication that takes them through a series of interconnected assignments (for example, various stages of planning a party).

3. The explanation of each new grammatical structure introduced in the *Estruturas* section is now preceded by an activity that encourages learners to analyze the form and function of the structure on the basis of its contextual use and before they see it formally described.

4. All readings, from the brief informational paragraphs found in *Língua* and *Cultura* boxes to the longer texts in *Vamos viajar* and *Horizontes*, have been thoroughly reviewed and in many cases revised to reflect changes in society and the most recent data available (for example, new census figures). Several new *Cultura* boxes comment on important aspects of contemporary life in Portuguese-speaking countries that are relevant to each chapter's theme. The *Horizontes* section in *Lição 14* features a new segment on the former Portuguese territory of Macau (now a special administrative region of the People's Republic of China).

5. Many new photos have been introduced in order to better convey the diverse reality of the Portuguese-speaking world.

6. **MyPortugueseLab™. The moment you know.**
   MyPortugueseLab™ will be available for Fall 2012 classes. MyLanguageLabs deliver **proven results** in helping individual students succeed. They provide **engaging experiences** that personalize, stimulate, and measure learning for each student. And, they come from a **trusted partner** with educational expertise and an eye on the future. MyLanguageLabs can be linked out to any learning management system. To learn more about how the MyLanguageLabs combine proven learning applications with powerful assessment, visit http://www.mylanguagelabs.com.

Highlights of the Program

The two-track approach to integrating Brazilian and European Portuguese

A unique feature of *Ponto de Encontro* is its systematic integration of Brazilian and European Portuguese language variants. While it seeks to emphasize commonalities, it also highlights and preserves important differences in both vocabulary and grammar. Clear visual indicators allow instructors and students to follow their chosen variant throughout the text, most particularly in communicative activities where distinct models are supplied, whenever necessary, for Brazilian and European Portuguese learners.

Língua boxes are occasionally used for drawing attention to important distinctions between the two variants, but the individual learner is not required or expected to negotiate between them in communicative practice. Comprehensive lists of active vocabulary, included in each chapter, give both variants as needed, followed by (B) for the Brazilian word or expression and (P) for the European Portuguese equivalent, e.g., *trem* (B) / *comboio* (P). The few spelling differences that remain between the two variants, following recent implementation of the Portuguese-language spelling reform, are reflected through the use of parentheses, e.g., *fa(c)to*, but care has been taken to limit as much as possible the distracting effect of such devices. The instructor may choose to adopt the *Student Activities Manual* and the accompanying audio program in either Brazilian or European Portuguese. Reading and listening materials included in the main text comprise language content in both variants, thus exposing learners to the wide spectrum of the Portuguese language as it is spoken and written throughout the world today. Overall, the program favors Brazilian Portuguese, which accounts for approximately 75% of culturally contextualized language content in the textbook.

The two-track BP/EP program presented in *Ponto de Encontro* is designed to offer instructors and Portuguese-language program coordinators the greatest possible flexibility in planning their curriculum and classroom practice, while providing Portuguese-language students with a clear and focused course of instruction, supplemented by a variety of optional opportunities for exploring the linguistic and cultural variety of the Portuguese-speaking world. Even though *Ponto de Encontro* offers a comprehensive view of the two variants, teachers and students are able to choose to focus on either Brazilian or European Portuguese. Detailed explanation is offered below of strategies followed by the authors in presenting linguistic and cultural material in various components of the program, while extensive context-specific guidelines and suggestions for classroom practice are included in the *Instructor's Resource Manual*.

Focus on communication and culture

Other distinctive features of *Ponto de Encontro* are its strong emphasis on meaningful, contextualized communication in the classroom and beyond, and its comprehensive cultural and thematic scope. The program follows national *Standards for Foreign Language Learning in the 21st Century* in integrating the "**Five C's**": communication, cultures, connections, comparisons, and communities. Students using *Ponto de Encontro* will learn to **communicate** effectively in both spoken and written Portuguese through a variety of guided and open-ended activities and assignments. They will acquire a comprehensive awareness of **cultural** diversity of the Portuguese-speaking world and an understanding of the relationship between practices, products, and perspectives of its different cultures. They will be able to forge **connections** between the study of Portuguese and their knowledge of other disciplines through readings and guided Internet research projects related to the theme of each chapter. They will acquire an ability to make meaningful, sophisticated **comparisons** between the language and the cultures they study and their own language and culture. Last but not least, *Ponto de Encontro* creates opportunities for students to participate in multilingual **communities** at home and around the world through information technology and emphasis on exploring locally existing resources.

Integrated media program

Ponto de Encontro offers a comprehensive and integrated audiovisual program featuring audio recordings, a video, and *MyPortugueseLab*. Abundant and varied audio recordings accompany thematically contextualized listening comprehension activities in the main text and in the *Student Activities Manual*. The video program, which also builds on the thematic and cultural focus of successive chapters, is integrated with the course through the *Vídeo* boxes, which follow *Vamos viajar* segments in the textbook, and through comprehension and expansion activities in the video section of the *Student Activities Manual*. *MyPortugueseLab* offers a comprehensive array of language-learning tools, while also enlarging the scope of guided Internet research activities included in each chapter and offering additional opportunities for the exploration of global electronic resources in Portuguese.

Organization of the Text

Ponto de Encontro consists of a preliminary chapter (*Primeiros passos*) and fifteen regular chapters. Through a functional selection of language features supported by a variety of visual stimuli, the *Primeiros passos* chapter allows instructors to conduct classes in Portuguese from the very first day. Each regular chapter maintains the following consistent structure:

À primeira vista. This opening section of each chapter provides a richly contextualized, culture-based framework for learning and practicing a new language. New material is presented within two or three thematic groupings, which make use of photos, illustrations, and authentic documents. Comprehensible input is provided through a wide variety of language samples (dialogues, brief narratives, captions, advertisements, etc.). Within each thematic grouping, activities provide opportunities to practice new vocabulary and in some cases preview grammar points that are formally presented later in the chapter. Following the thematic presentations, the *Para escutar* listening activity recycles vocabulary in an authentic conversational framework, while helping the students build listening comprehension skills. Throughout *À primeira vista*, vocabulary is presented in both the BP and EP variants and while contextualized language samples feature the culturally appropriate variant, in most cases this variant is Brazilian Portuguese.

Estruturas. Each *Estruturas* section begins with a comprehension-based activity (*Vamos analisar*) intended to draw the students' attention to how a given structure conveys meaning through its particular form. The *Vamos analisar* segments are followed by concise grammar explanations focused on usage and by immediate practice of each new structural item within a contextualized framework. The exercises and activities in this section develop students' abilities to use linguistic structures for direct communicative purposes. Contextualized and personalized, the exercises focus students' attention on a variety of useful tasks and provide practice for communicating effectively in pairs or small groups in a variety of real-life situations. These activities reinforce the vocabulary introduced in the *À primeira vista* section of the chapter, as well as vocabulary presented in previous chapters. Grammar explanations in *Estruturas* present both the Brazilian Portuguese and the European Portuguese usage, while student activities are uniform where possible and divided into two separate tracks where necessary. In their communicative practice, students are never required to acknowledge or negotiate the language variant they are not actively studying.

Vamos viajar. Interspersed throughout the *Estruturas* section, the *Vamos viajar* segments (two per chapter) integrate cultural understanding with structurally targeted language practice and consist of short, culturally relevant readings relating to the theme of each chapter, followed by corresponding activities. The readings expand the thematic scope of the chapter by allowing for a more elaborate exploration of cultural, social, and political realities of Portuguese-speaking countries and communities. The activities emphasize comprehension and comparing the environments and experiences of U.S. students with those discussed in the reading, while retaining as much as possible the focus on the grammar introduced in the preceding *Estruturas* segment(s).

Encontros. Skills and topics are again interwoven at the end of each chapter into a series of skill-building and skill-chaining activities that bring together the chapter vocabulary, structures, and cultural content:

- **Para escutar** develops students' ability to understand spoken Portuguese in a variety of authentic contexts: brief exchanges and longer conversations between two or more speakers, telephone messages, radio broadcasts, etc. Approximately 70% of the recordings are in Brazilian Portuguese and 30% in European Portuguese.

- **Para conversar** includes open-ended speaking activities based on naturally occurring discourse situations and authentic written texts. Students learn to express and discuss their own needs and interests. This section provides many opportunities for personalized expression beyond the more targeted and form-focused communicative activities included in *À primeira vista*, *Estruturas*, and *Vamos viajar*.

- **Para ler** teaches students how to become independent readers by introducing basic strategies for understanding the general meaning of a text as well as for extracting specific information. A comprehensive apparatus of activities before, during, and after reading guides students to develop their ability to read a variety of authentic texts in Portuguese, from simple documents such as advertisements to the extended discourse of brochures, newspaper and magazine articles, letters, literary texts, etc. While favoring Brazilian Portuguese, the *Para ler* section also exposes students to texts written in European Portuguese, with the aim of developing an interpretive competence matching the variety of real-life Portuguese language sources students are likely to encounter outside of the classroom.

- **Para escrever** provides step-by-step activities in which students learn to compose messages and memos, postcards and letters, journals, simple expository paragraphs, and brief essays. Pre- and post-writing activities guide students through critical steps in the writing process, including brainstorming (to develop ideas for topics); defining one's purpose; means of communication, tone, and reader; making an outline; revising; and conferencing and peer editing.

- **Projeto final** is a sequenced series of activities that synthesize and engage in a common contextualized framework the language skills and vocabulary students have practiced throughout the chapter. Working individually and in pairs, students develop and present to the class a project that has taken them through a functionally organized sequence of stages: gathering and analyzing relevant information, debating and determining the most appropriate course of action, and explaining what they have done to an audience of their peers.

Horizontes. This section focuses on exploring geographic and cultural diversity of the Portuguese-speaking world through a combination of textual and visual elements. Topics are integrated into a geographically defined sequence beginning with cities and regions of Brazil, and continuing through Portugal, Angola, Cape Verde, Mozambique, Guinea-Bissau, São Tomé and Príncipe, East Timor, Macau, and Portuguese-language communities in the United States. *Para responder* segments test comprehension and invite students to explore the various aspects of the cultures studied. Additionally, students are encouraged to expand the scope of cultural information presented in the readings through navigation of the Internet: targeted web-surfing assignments are given in the *Para navegar* sections that follow the essays. Following the principle of cultural contextualization, the essays of *Horizontes* are composed in the linguistic variant of the respective country (Brazilian Portuguese for Brazil and European Portuguese for Portugal, Lusophone Africa, East Timor, and Macau).

Vocabulário. The vocabulary list includes all new, active vocabulary words and expressions presented in the chapter in clear, semantically organized groups. All words included in the list are practiced and recycled throughout the chapter and in subsequent chapters in a variety of contexts. Written vocabulary practice appears in the *À primeira vista* sections and in the accompanying *Student Activities Manual*, and a recording of all active vocabulary is included in the audio program and on *MyPortugueseLab*.

Other pedagogical elements. Variously labeled text boxes appearing throughout the chapters, *Mais um passo* section at the end of chapters 1–7, and a supplementary *Expansão gramatical* at the end of the volume are additional pedagogical features of *Ponto de Encontro*.

- **Situações** boxes offer students guided, semi-guided, and open-ended role plays related to the theme of the chapter and focused on specific patterns of oral exchange in Portuguese.
- **Cultura** boxes allow for additional contextualized integration of varied cultural information throughout the text.
- **Para pesquisar** boxes promote active acquisition of cultural knowledge at every stage of instruction by guiding students to research the Internet for information related to the chapter theme and apply it to the practice of vocabulary and grammar structures.
- **Língua** boxes highlight important features, sociolinguistic distinctions and patterns in Portuguese, including distinctions between Brazilian and European Portuguese.
- **Vídeo** boxes connect cultural information presented in each chapter to authentic life experiences of Brazilian, Portuguese, and African speakers appearing in the companion video.
- **Mais um passo** sections in chapters 1–7 are designed to introduce in increments structural points needed for communication, thus facilitating their internalization by the students. At the same time, they allow individual instructors to increase or decrease the amount of grammar information presented in each chapter.
- **Expansão gramatical** at the end of the text includes structures considered optional for the introductory level by instructors emphasizing proficiency, as well as less crucial grammar points that are not commonly encountered in Brazilian Portuguese. Explanations and activities in this section use the same format as grammatical material throughout *Ponto de Encontro* in order to facilitate their incorporation into the core lessons of the program or their addition as another chapter in the book.

Program Components

Student Resources

Audio to Accompany Text. Recordings of vocabulary presented in context, dialogues, *Expressoes úteis*, and passages that accompany listening activities are available on the Companion Website, Audio CDs, and in *MyPortugueseLab*; the end-of-chapter vocabulary is available on *MyPortugueseLab*.

Student Activities Manual (SAM): Brazilian version and European Portuguese version. The organization of the *Student Activities Manual* follows that of the main text, providing further practice of each chapter's vocabulary and grammatical structures through sentence-building and completion exercises, fill-ins, and art- and realia-cued activities. Reading and writing activities include strategies for improving reading and writing skills. The audio recorded passages are followed by comprehension-check activities. The video-based activities test students' comprehension of the video and invite them to react to the experiences and opinions expressed by the speakers. A substantial appendix to both SAMs provides additional targeted practice for Spanish-speaking learners of Portuguese.

Answer Key for the Student Activities Manual. This provides answers to all discrete-answer activities in the *Student Activities Manual.*

Audio to Accompany Student Activities Manual: Brazilian version and European Portuguese version. The SAM audio program contains listening segments to accompany the lab manual section of the *Student Activities Manual.* The recordings are available in either Brazilian Portuguese or European Portuguese.

Video to Accompany *Ponto de Encontro*. The *Ponto de Encontro* video features native speakers of Portuguese from various backgrounds engaging in semi-guided conversational exchanges relevant to each chapter's thematic and lexical focus. Instructors and students are able to choose to work either with video recordings exclusively in their preferred language variant or to mix and match segments featuring Brazilian, Portuguese, and Lusophone African speakers. The video is available in DVD format and via *MyPortugueseLab.*

Instructor Resources

Instructor's Resource Manual. The *Instructor's Resource Manual* addresses theoretical and pedagogical concerns and provides detailed suggestions for classroom practice and various practical aids: course syllabi, suggestions for lesson plans and for integrating various components of the program, and a complete transcript for the in-text and SAM audio programs. The IRM is available on-line (downloadable format) via the *Instructor's Resource Center* (IRC) and *MyPortugueseLab.*

Testing Program: Brazilian version and European Portuguese version. The Testing Program consists of a variety of testing activities corresponding to each chapter of *Ponto de Encontro.* Each test is organized by skill and uses a variety of techniques and activity formats to complement the text. By adopting a "modular" approach, the Testing Program allows for maximum flexibility. Each chapter of the Testing Program consists of a bank of customizable quiz activities closely coordinated with the vocabulary and grammar presented in the corresponding chapter of the textbook. These quiz activities primarily elicit discrete answers. In addition, the Testing Program provides two types of tests for each chapter—one that solicits more open-ended answers and one that elicits more discrete answers. The Testing Program is available in electronic formats, on the IRC and in *MyPortuguese Lab*, which allows instructors to customize the tests more easily. Besides chapter tests, comprehensive examinations test listening, reading, and writing skills, as well as cultural knowledge.

Audio CDs to accompany Testing Program: Brazilian version and European Portuguese version. This program contains recordings that accompany listening comprehension sections of chapter tests.

Online Resources

MyPortugueseLab™. The moment you know. Educators know it. Students know it. It's that inspired moment when something that was difficult to understand suddenly makes perfect sense. Pearson's MyLab products have been designed and refined with a single purpose in mind—to help educators create that moment of understanding for their students.

MyLanguageLabs deliver **proven results** in helping individual students succeed. They provide **engaging experiences** that personalize, stimulate, and measure learning for each student. And, they come from a **trusted partner** with educational expertise and an eye on the future.

MyLanguageLabs can be linked out to any learning management system. To learn more about how the MyLanguageLabs combine proven learning applications with powerful assessment, visit http://www.mylanguagelabs.com.

MyLanguageLabs—the moment you know.

Companion Website. The Companion Website <www.pearsonhighered.com/ponto>, is organized by chapter and offers access to some of the in-text audio, and to the SAM audio program.

Acknowledgments

A collaborative effort by any standard, *Ponto de Encontro: Portuguese as a World Language* has benefited immeasurably from the support and input it has received from many generous individuals and institutions at various stages of its development. Most crucially, we wish to thank Phil Miller, Pearson's Publisher for World Languages, for his early encouragement and belief in this project, and Rachel McCoy, Executive Acquisitions Editor, for her efficient and unfailingly supportive direction of its growth and completion. Lindsay Miglionica, Editorial Assistant, is to be commended for her careful review of the manuscript as it was prepared for the production cycle. Thanks to the level of attention to detail of Mary Rottino, Senior Managing Editor, Janice Stangel, Associate Managing Editor, and Manuel Echevarria, Production Project Manager, we are able to offer you a professional quality program for your courses. We would also like to thank Bob Hemmer, Executive Editor for MyLanguageLabs, Samantha Alducin, Senior Media Editor, and Bill Bliss, Developmental Editor for MyLanguageLabs™, for their implementation of **MyPortugueseLab™**. Our thanks go to Kris Ellis-Levy, Executive Marketing Manager-World Languages and Michele Marchese, Marketing Assistant, for coordinating the materials for the marketing campaign.

The Center for Portuguese Studies and Culture at the University of Massachusetts Dartmouth, directed by Frank F. Sousa, made it possible for this text to be published in its full four-color splendor. A generous grant from the Luso-American Foundation allowed us to film conversations with Portuguese and African speakers in Lisbon for the companion video.

We are indebted to many members of the Portuguese teaching community from around the country and the world who contributed to the preparation of *Ponto de Encontro*. We especially wish to acknowledge and thank Eurídice Silva-Filho (University of Tennessee) for the excellent material he wrote for *Lição preliminar* and chapters 2 and 3, and Francisco C. Fagundes (University of Massachusetts Amherst) for his thoughtful and supportive participation in the initial phase of this project's development.

We very much appreciate all the comments and suggestions we received from external readers, whose input has helped to make *Ponto de Encontro* the solid and attractive program that we hope it will prove to be. For their contribution to guiding our labors, we thank:

Severino J. Albuquerque, *University of Wisconsin–Madison*
Judy Berry-Bravo, *Pittsburg State University*
Julia Emilia Bussade, *University of Mississippi*
Ana Maria Carvalho, *University of Arizona*
José F. Costa, *Bristol Community College*
Virginia da Luz Vieira, *San José State University*
Clelia F. Donovan, *University of California–Berkeley*
Débora R. S. Ferreira, *Utah Valley University*
Jason R. Jolley, *Missouri State University*
Orlando René Kelm, *University of Texas–Austin*
Bryan Kennedy, *University of Wisconsin–Milwaukee*
Nelson Lopez, *State University of New York–Delhi*
Timothy McGovern, *University of California–Santa Barbara (in memoriam)*

Susan McMillen Villar, *University of Minnesota*
Margo Milleret, *University of New Mexico*
Monica Rector, *University of North Carolina*
Phillip Rothwell, *Rutgers University*
Richard Sansone, *Valencia Community College*
Cynthia A. Sloan, *Portland State University*

Lição preliminar
Primeiros passos

PRIMEIRO PASSO

- Saudações
- Despedidas
- Expressões de cortesia
- O alfabeto
- Identificação e descrição de pessoas
- Cognatos
- Os números 0-99
- Os meses do ano e os dias da semana
- As horas
- Expressões úteis na sala de aula
- Projeto final: As salas de aula

COMUNICAÇÃO

In this chapter you will learn to:

- Greet people and say and good-bye
- Use expressions of courtesy
- Spell in Portuguese
- Identify and locate people and objects
- Use numbers from 0 to 99
- Express dates
- Tell time
- Use classroom expressions

🔊 **Apresentações**

PROFESSOR: Como você se chama?
LUÍSA: Luísa Marques.
PROFESSOR: Muito prazer.
LUÍSA: O prazer é meu.

PROFESSOR: Como se chama?
LUÍSA: Luísa Marques.
PROFESSOR: Muito prazer.
LUÍSA: O prazer é todo meu.

DANIEL: Meu nome é Daniel Lopes. Como é seu nome?
PAULO: Meu nome é Paulo Pontes.
DANIEL: Muito prazer.
PAULO: Igualmente.

DANIEL: Chamo-me Daniel Lopes. E tu, como te chamas?
PAULO: Eu chamo-me Paulo Pontes.
DANIEL: Muito prazer.
PAULO: Igualmente.

SECRETÁRIA: A senhora é a Dona Manuela Silva?
EXECUTIVA: Não, meu nome é Laura Costa.
SECRETÁRIA: Desculpe, Dona Laura.

SECRETÁRIA: A senhora chama-se Manuela Silva?
EXECUTIVA: Não, chamo-me Laura Costa.
SECRETÁRIA: Desculpe, Senhora Dona Laura.

JÚLIA: Anabela, este é meu amigo Carlos.
ANABELA: Oi, Carlos! Muito prazer.
CARLOS: Muito prazer.

JÚLIA: Anabela, este é o meu amigo Carlos.
ANABELA: Olá, Carlos! Muito prazer.
CARLOS: Igualmente.

■ Portuguese has more than one word meaning *you*. In general, use **você** when speaking to Brazilians. In European Portuguese, use **tu** when talking to someone on a first-name basis (a fellow student, close friend, relative, child); if you wish to be slightly more formal (e.g., in a professional context), construct your sentences as if using **você**, but do not say the word **você** (**Como se chama?**).

■ Whether in Brazil or in Portugal, use **o senhor**, **a senhora**, **o Sr. Dr. (Senhor Doutor)**, **a Sra. Dra. (Senhora Doutora)**, or any other professional title (**Sr. Eng°.**, **Senhor Engenheiro**; **Sr. Comandante**, etc.), if you need to be formal or to speak in a respectful manner.

■ **Dona** (abbreviated **D.**) is a title roughly corresponding to Ms./Mrs., but used with the woman's first name (for example, **D. Margarida**). The male equivalent is **Senhor** (**Sr.**), for example, **Sr. Francisco**. In everyday spoken Brazilian Portuguese, **Seu** (followed by the first or last name) is often used instead of **Senhor**.

■ Young people in Brazil use **você** when speaking to each other. In Portugal, they say **tu**.

■ **Muito prazer** is used when meeting someone for the first time. When responding to **muito prazer**, you may repeat **muito prazer**, use **igualmente** (*likewise*), or say **o prazer é (todo) meu** (literally, *the pleasure is [all] mine*).

■ Here and elsewhere throughout this book, note the minor differences between Brazilian and European Portuguese. Choose the variant that you prefer, but be aware of the other alternative. You have control over the variant of Portuguese you wish to speak, but you have no control over the variant that other people may use when addressing you.

P-1 Apresentações. With a classmate, complete the following conversation with the appropriate expressions below. Then, move around the classroom introducing yourself to several classmates, and introducing classmates to each other.

Igualmente   O prazer é todo meu
Muito prazer   meu amigo Ricardo

RITA: Meu nome é Rita Duarte. Como é seu nome?	RITA: Chamo-me Rita Duarte. E tu, como te chamas?
JOANA: Meu nome é Joana Silveira. _____ .	JOANA: Joana Silveira. _____ .
RITA: _____ .	RITA: _____ .
RITA: Joana, este é _____ .	RITA: Joana, este é o _____ .
JOANA: Muito prazer.	JOANA: Muito prazer.
RICARDO: _____ .	RICARDO: _____ .

Saudações

3-4

SENHOR:	Bom dia, Dona Isabel.
SENHORA:	Bom dia, Seu Rodrigues. Como vai o senhor?
SENHOR:	Bem, obrigado. E a senhora?
SENHORA:	Muito bem, obrigada.

SENHOR:	Bom dia, Sra. D. Isabel.
SENHORA:	Bom dia, Sr. Rodrigues. Como está?
SENHOR:	Bem, obrigado. E a senhora?
SENHORA:	Muito bem, obrigada.

INÊS:	Oi, Manuela! Tudo bem?
MANUELA:	Tudo bem. E você?
INÊS:	Tudo bom, obrigada.

INÊS:	Olá, Manuela! Como estás?
MANUELA:	Ótima. E tu?
INÊS:	Também estou ótima, obrigada.

ARMANDO:	Boa tarde, Dona Francisca!
D. FRANCISCA:	Boa tarde, Armando.
ARMANDO:	Como vai a senhora?
D. FRANCISCA:	Mal, Armando, muito mal.
ARMANDO:	Sinto muito.

ARMANDO:	Boa tarde, Sra. D. Francisca!
D. FRANCISCA:	Boa tarde, Armando.
ARMANDO:	Como está?
D. FRANCISCA:	Mal, Armando, muito mal.
ARMANDO:	Lamento muito.

■ Use **Bom dia** until lunch time and **Boa tarde** from lunch time to nightfall. After nightfall use **Boa noite** (*good evening, good night*).

■ Brazilians prefer to ask **Como vai?, Tudo bem?** or **Tudo bom?** Portuguese prefer to say **Como está?** or **Como estás?**, although **Tudo bem?** is becoming increasingly popular in Portugal as well.

- **Como vai?** can be used when speaking formally and informally in Brazil. In Portugal, use **Como está?** with **o Sr., a Sra.**, or another formal form of address and use **Como estás?** with **tu**.

- When replying to a greeting, men say **obrigad<u>o</u>** (*thank you*) and women say **obrigad<u>a</u>**. Pay attention to words with an ending indicating gender as male (**-o**) or female (**-a**).

P-2 Saudações. You work as a receptionist in a hotel. Which of the following greetings is appropriate at the following times: **bom dia**, **boa tarde**, or **boa noite**?

a. 9:00 a.m.	d. 4:00 p.m.	g. 8:00 a.m.
b. 12:00 a.m.	e. 7:00 p.m.	h. 9:00 p.m.
c. 1:00 p.m.	f. 8:00 p.m.	i. 10:00 p.m.

 # Despedidas

ROBERTO:	Tchau, pai!	ROBERTO:	Tchau, pai!
PAI:	Tchau, Roberto! Até amanhã.	PAI:	Adeus, Roberto! Até amanhã.

tchau, até logo	*good-bye*	**adeus, tchau**
até logo	*see you soon/later*	**até logo**
até amanhã	*see you tomorrow*	**até amanhã**
até já	*see you in a bit*	**até já**

- Use **tchau** for an informal good-bye, whether you expect to see the person later or not.

- Use **até logo** if you expect to see the person later the same day. In Brazil, **até logo** may mean a final good-bye for the day.

- In European Portuguese, use **adeus** if you do not expect to see the person again that day.

📖 🔊 Expressões de cortesia

5-7

obrigado/a	*thanks, thank you*
de nada	*you're welcome*
por favor	*please*
com licença	*excuse me, pardon me*
desculpe	*I'm sorry (for the inconvenience)*
lamento (muito)	*I'm sorry (for you), I regret*
sinto muito	*I'm sorry (for you), I regret*

Com licença and **desculpe** may be used "before the act," as when asking a person to allow you to go by or when trying to get someone's attention. Always use **desculpe** "after the act," as when you have stepped on someone's foot. To interrupt a conversation you can say either **com licença** or **desculpe**. Brazilians prefer to say **sinto muito**, while **lamento** or **lamento muito** is more common in Portugal as an expression of sympathy or regret.

P-3 Com licença, desculpe, ou sinto/lamento muito? Would you use **com licença**, **desculpe**, or **sinto muito** or **lamento** in these situations?

a. _____

b. _____

c. _____

d. _____

e. _____

P-4 Expressões de cortesia e despedida. Which expression(s) would you use in the following situations?

obrigado/a	**adeus**	**por favor**	**tchau**
de nada	**até logo**	**sinto muito**	**até amanhã**

1. Someone thanks you. _____
2. You are saying good-bye to a friend whom you will see later that evening. _____
3. You are asking a classmate for his or her notes. _____
4. You hear that your friend is sick. _____
5. You receive a present from a friend. _____
6. You are saying good-bye to a classmate whom you will see again tomorrow. _____
7. You went to the cinema with your friends. Now it is time to go home. _____
8. You want to ask someone to reach for something too high on a shelf. _____

P-5 Encontros. You meet each of the following people on the street. Greet them, ask them how they are, and then say good-bye. A classmate will play the other role.

1. a sua amiga Mariana
2. o seu professor
3. o seu médico (*physician*)
4. o seu amigo Ricardo
5. Dona Teresa
6. o seu colega João
7. o reitor (*president/chancellor*) da sua universidade
8. o seu chefe

Para escutar

Saudações. You will hear four brief conversations. Mark the appropriate column to indicate whether the greetings are formal (with **o/a Sr/a.** or another title) or informal (with **você** or **tu**). Do not worry if you do not understand every word.

FORMAL	INFORMAL	FORMAL	INFORMAL
1. _____	_____	3. _____	_____
2. _____	_____	4. _____	_____

O alfabeto

a	á	**n**	ene
b	bê	**o**	ó
c	cê	**p**	pê
d	dê	**q**	quê
e	é	**r**	erre
f	efe	**s**	esse
g	gê, guê	**t**	tê
h	agá	**u**	u
i	i	**v**	vê
j	jota	**w**	dabliu, vê duplo
k	ká, kappa	**x**	xis
l	ele	**y**	ípsilon
m	eme	**z**	zê

Língua

You have noticed that many words in Portuguese are written with accents, which indicate syllabic stress and affect pronunciation. The three most common accents are **acento agudo** (as in **até já**), **acento circunflexo** (as in **você**), and **til** (as in **amanhã**). You will learn and practice the rules for accentuation step by step in the Student Activities Manual. A complete summary of the rules of accentuation is included in Appendix I.

- The letters **k**, **w**, and **y** appear mainly in words of foreign origin.

- In Brazilian Portuguese, the name of the letter **k** is spelled out as **ká** and **w** as **dabliu**. In European Portuguese, **k** is spelled out as **kappa** and **w** as either **dabliu** or **vê duplo**.

 P-6 Como se escreve? Ask your classmate how to spell these common Portuguese last names.

Modelo Silveira
E1: Como se escreve Silveira?
E2: esse, i, ele, vê, e, i, erre, á

1. Rodrigues
2. Ferreira
3. Medeiros
4. Pereira
5. Veloso
6. Azevedo

 P-7 Os nomes dos colegas. Ask three of your classmates their names. Write down their names as they spell them in Portuguese.

Modelo

E1: Como é seu nome?
E2: Susan Hughes.
E1: Como se escreve Hughes?
E2: H-u-g-h-e-s.

E1: Como te chamas?
E2: Susan Hughes.
E1: Como se escreve Hughes?
E2: H-u-g-h-e-s.

Identificação e descrição de pessoas

ROBERTO: Quem é esse rapaz?

SANDRA: É o Manuel.

ROBERTO: Como é o Manuel?

SANDRA: Ele é impulsivo e sentimental.

LUÍS: Quem é essa moça?

JOSÉ: É a Cristina.

LUÍS: Como é a Cristina?

JOSÉ: Ela é dinâmica e muito séria.

SER (*to be*)			
eu	**sou**	*I*	*am*
tu	**és**	*you*	*are*
você	**é**	*you*	*are*
ele, ela	**é**	*he, she*	*is*

■ Use **ser** to describe what someone is like.

■ To make a sentence negative, place the word **não** before the appropriate form of **ser**. When answering a question with a negative statement, you may say **não** twice, and for more emphasis three times, as illustrated below.

Ela é inteligente. → Ela não é inteligente.

Ele é rebelde? → Não, não é rebelde.

  Não, não é rebelde não.

Cognatos

Cognates are words from two languages that have the same origin and are similar in form and meaning. Because English shares the root of many words with Portuguese, you will discover that you already recognize many Portuguese words. Here are some that are used to describe people.

The cognates in this first group use the same form to describe a man or a woman.

arrogante	imparcial	materialista	popular
competente	importante	otimista	rebelde
eficiente	independente	paciente	responsável
elegante	inteligente	parcial	sentimental
fascinante	interessante	perfeccionista	terrível
idealista	liberal	pessimista	tradicional

The cognates in the second group have two forms. The **-o** form is used to describe a male and the **-a** form to describe a female.

agressivo/a	criativo/a	lógico/a	sério/a
ambicioso/a	dinâmico/a	moderno/a	sincero/a
animado/a	extrovertido/a	nervoso/a	tímido/a
atlético/a	generoso/a	passivo/a	
calmo/a	impulsivo/a	religioso/a	
corajoso/a	introvertido/a	romântico/a	

There are also some words that appear to be cognates, but do not have the same meaning in both languages. These are called false cognates. **Esquisito** (*bizarre*) and **sensível** (*sensitive*) are examples of this kind. You will find more examples in future lessons.

 P-8 Conversação. With a partner, ask each other about your classmates. Describe them using cognates from the lists above.

Modelo   E1: Como é o/a …?
             E2: Ele/Ela é…

 P-9 Como é o/a colega? Choose words from the cognates list above to ask the person next to you about his or her personality traits.

Modelo

E1: Você é pessimista?
E2: Não, não sou pessimista. *or* Sim, sou (muito) pessimista.

E1: Tu és pessimista?
E2: Não, não sou pessimista. *or* Sim, sou (muito) pessimista.

Then find out what he or she is really like.

Modelo

E1: Como você é?
E2: Sou dinâmico, rebelde e criativo.

E1: Como és?
E2: Sou dinâmico, rebelde e criativo.

 O que há na sala de aula?

Língua

In addition to **há** (*there is, there are*), speakers of Brazilian Portuguese commonly use **tem** with the same meaning (**O que tem na sala de aula?**).

P-10 **Identificação**. With a partner, identify the items on this table. Then, identify five additional objects in your own classroom.

P-11 **Para a aula de Português**. Write down a list of the things you need for this class. Compare your list with that of your partner.

 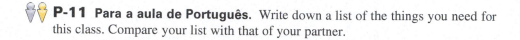

Onde é que está?

13-14

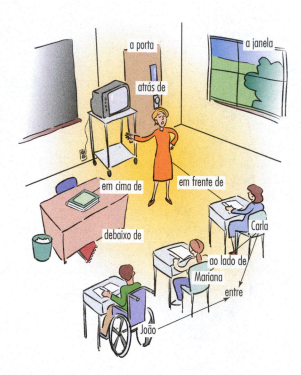

To ask about the location of a person or an object, use **onde + está** or **onde + é que + está**. In spoken Portuguese, both Brazilian and European, **é que** is often inserted in questions (between the question word and the verb), especially in informal contexts. It does not change the meaning of the question.

Onde está Mariana?   Mariana está ao lado do João.
Onde é que está o livro?   Está em cima da mesa.

P-12 Para completar. With a classmate, complete the following sentences based on the relative position of people or objects in the drawing on the previous page.

1. O quadro está _____ da professora.
2. O livro está _____ da mesa.
3. A Carla está _____ da professora.
4. A Mariana está _____ o João e a Carla.
5. O João está _____ da Mariana.
6. O caderno está _____ da mesa.
7. As carteiras estão _____ da mesa da professora.
8. A televisão está _____ o quadro e a porta.

P-13 Na aula. The X marks your location on the seating chart below.

Mariana	João	Renata	Susana	Pedro
Carlos	Cristina	Anselmo	Alberto	Anita (janela)
(porta) Helena	X	Roberto	Cecília	Paulo
		Professor Henrique		

1. Tell where João, Anselmo, Cristina, and Pedro are seated.
2. Ask questions about the location of other students.

 P-14 Onde é que está? Your partner will ask where several items in your classroom are. Answer by giving their position in relation to a person or another object.

Modelo   E1: Onde (é que) está o livro?
               E2: Está em cima da carteira.

 P-15 Quem é? Based on what your partner says regarding the location of another student, guess who he or she is.

Modelo   E1: Está ao lado do João. Quem é?
               E2: É a Mariana.

Para escutar ————————————————

 Onde está? Look at the drawing of the classroom on the previous page. You will hear statements about the location of several people and objects. Mark the appropriate column to indicate whether each of the statements is true (**verdadeiro**) or false (**falso**).

VERDADEIRO	FALSO	VERDADEIRO	FALSO
1. _____	_____	4. _____	_____
2. _____	_____	5. _____	_____
3. _____	_____	6. _____	_____

Língua

Note that **de + o** form **do** (*ao lado do João*) and **de + a** become **da** (*em cima da mesa*). You will learn these and other contractions in a more systematic manner in **Lição 1**.

Qual é o seu endereço?

Avenida da saudade, número 10.

📖 🔊 Os números 0-99

15-17

0 zero	10 dez	20 vinte
1 um/uma	11 onze	21 vinte e um/uma
2 dois/duas	12 doze	22 vinte e dois/duas
3 três	13 treze	30 trinta
4 quatro	14 quatorze (B), catorze (B, P)	40 quarenta
5 cinco	15 quinze	50 cinquenta
6 seis	16 dezesseis (B), dezasseis (P)	60 sessenta
7 sete	17 dezessete (B), dezassete (P)	70 setenta
8 oito	18 dezoito	80 oitenta
9 nove	19 dezenove (B), dezanove (P)	90 noventa

■ The numbers one and two, as well as those ending in one or two, have both a masculine and a feminine form.

1 quadro = **um** quadro   **2** livros = **dois** livros
1 porta = **uma** porta   **2** janelas = **duas** janelas
21 alunos = **vinte e um** alunos   **22** professoras = **vinte e duas** professoras
61 cadernos = **sessenta e um** cadernos   **62** cadeiras = **sessenta e duas** cadeiras

■ Numbers from 16 through 20 are written as one word.

18 dezoito   **19 dezenove** or **dezanove**

■ Beginning with 21, numbers are written as three words.

23 vinte e três   **45 quarenta e cinco**

■ Use **há** or **tem** (in Brazilian Portuguese) for both *there is* and *there are*.

Há um livro em cima da mesa.   *or*
Tem um livro em cima da mesa.   *There is a book on the table.*
Há dois livros em cima da mesa.   *or*
Tem dois livros em cima da mesa.   *There are two books on the table.*

P-16 Qual é o número? Your instructor will read a number from each group. Circle the number.

a.	8	4	3	5	d. 19	38	76	95
b.	12	9	16	6	e. 83	62	72	49
c.	37	50	17	15	f. 40	14	91	56

 P-17 Uma lista. This is a list of items you might need for your new office. The numbers next to each item indicate the quantity you can order. Choose five items and tell your partner (the acquisitions manager) exactly how many of each you want. Exchange roles.

Modelo   Preciso de quatro mesas.

a. 6-10 telefones   g. 10-20 livros
b. 8-12 carteiras   h. 24-48 canetas
c. 4-8 mesas   i. 9-15 computadores
d. 10-13 cadeiras   j. 17-19 cadernos
e. 40-60 CDs   k. 1-3 relógio(s)
f. 6-12 calculadoras   l. . . .

P-18 **Problemas.** With a classmate, take turns in solving the following problems. Use **mais** (+), **menos** (-), and **são** (=).

Modelo   2 + 4 =   12 − 5 =
dois mais quatro são seis   *doze menos cinco são sete*

a. 11 + 4 =   d. 20 − 6 =   g. 50 − 25 =
b. 8 + 2 =   e. 39 + 50 =   h. 26 + 40 =
c. 13 + 3 =   f. 80 − 1 =   i. 90 − 12 =

Os meses do ano e os dias da semana

janeiro	*January*
fevereiro	*February*
março	*March*
abril	*April*
maio	*May*
junho	*June*
julho	*July*
agosto	*August*
setembro	*September*
outubro	*October*
novembro	*November*
dezembro	*December*

NOVEMBRO   CALENDÁRIO

Segunda	Terça	Quarta	Quinta	Sexta	Sábado	Domingo
		Dia de Todos os Santos	2	3	4	5
6	7	8	9	10	Dia da Independência (Angola)	12
13	14	Proclamação da República (Brasil)	16	17	18	19
20	21	22	23	24	25	26
27	28	29	30			

■ Monday (**segunda-feira**) is the first day of the week on Portuguese-language calendars.

■ To ask what day of the week it is, use **Que dia da semana é hoje?** Answer with **Hoje é…**.

■ To ask about the date, use **Que dia é hoje?** Respond with **Hoje é dia…** *(day)* **de…** *(month)*.

■ Express *on + a day* of the week as follows:

Segunda-feira (or **Na segunda-feira**)   *on Monday*
Domingo (or **No domingo**)   *on Sunday*
Às segundas-feiras   *on Mondays*
Aos domingos   *on Sundays*

■ Cardinal numbers are used with dates (e.g., **dois, três**) except for the first day of the month, which can be either **um** or **primeiro**.

■ When dates are given in numbers, the day precedes the month: *11/10* = **onze de outubro**.

P-19 **Que dia da semana?** With a classmate, take turns asking and answering the following questions. Use the calendar on the previous page.

1. Que dia da semana é o dia 2?
2. Que dia da semana é o dia 5?
3. Que dia da semana é o dia 22?
4. Que dia da semana é o dia 18?
5. Que dia da semana é o dia 10?
6. Que dia da semana é o dia 13?
7. Que dia da semana é o dia 28?

Cultura

In Portuguese-speaking countries, the name of the street precedes the house or building number. A comma is often placed before the number: **R. Ouro Branco, 132** (*132 Ouro Branco St.*). As in the United States, some streets are not called a street (**rua**), but an avenue or a boulevard (**avenida** or **alameda**); an address can also be in a square (**praça** or **largo**).

Telephone numbers are generally stated as individual numbers or in groups of two. This also depends on how the numbers are written, or the number of digits, which varies from country to country, and from land lines to cellular phones (note that a cell phone is called **o celular** in Brazil and **o telemóvel** in Portugal). As a general rule, in most cities, the first four digits (the prefix) are stated individually, and the remaining numbers either individually or in groups of two. When spelling out phone numbers, Brazilians say **meia** instead of **seis** in order to avoid confusion with the number **três**.

3243-8918 = três—dois—quatro—três—oito—nove—um—oito   *or*
três—dois—quatro—três—oitenta e nove—dezoito ■ ■

P-20 Perguntas. Now, take turns with your partner asking and answering these questions.

1. Que dia é hoje?
2. Se (*If*) hoje é terça-feira, que dia é amanhã?
3. Se hoje é quinta-feira, que dia é depois de amanhã?
4. Há aula de Português no domingo? E no sábado?
5. Em que dias da semana há aula de Português?

 P-21 Aniversário. Find out when your classmates' birthdays are. Write your classmates' names and birthdays in the appropriate space in the chart.

Modelo

E1: Quando é seu aniversário? E2: É (no) dia 3 de maio.	E1: Quando é o teu aniversário? E2: É (no) dia 3 de maio.

ANIVERSÁRIOS			
JANEIRO	FEVEREIRO	MARÇO	ABRIL
MAIO	JUNHO	JULHO	AGOSTO
SETEMBRO	OUTUBRO	NOVEMBRO	DEZEMBRO

As horas

22-23

- Use **Que horas são?** to inquire about the hour. To tell time, use **é**… for one o'clock, and **são**… with the other hours.

  É uma (hora).   *It's one (o'clock).*
  São três (horas).   *It's three (o'clock).*

- To express the half-hour use **e meia**. To express the quarter hour use **e quinze** or (in European Portuguese only) **e um quarto**.

  São duas **e meia**.   *It's two thirty.*
  É uma **e quinze**.   *It's one fifteen.*
  É uma **e um quarto**. (P)

- To express time after the half-hour use *minutes* + **para** + *next hour*.

  São **dez para as oito**.   *It's ten to eight.*

- In European Portuguese, you may also express time after the half-hour by subtracting minutes from the next hour using **menos**.

  São **oito menos dez**   *It's ten to eight.*

■ Add **em ponto** for exact time and **mais ou menos** for approximate time.

É uma **em ponto**.	*It's one o'clock sharp.*
São duas **em ponto**.	*It's two o'clock sharp.*
São cinco horas **mais ou menos**.	*It's about five o'clock.*

■ Use **meio-dia** for noon and **meia-noite** for midnight. To tell time, use **É**…

É meio-dia.	*It's noon.*
É meia-noite.	*It's midnight.*

■ To express *a.m.* and *p.m.* with specific times use **da manhã** (from midnight to noon), **da tarde** (from noon to nightfall), and **da noite** (from nightfall to midnight).

São quatro **da tarde**.	*It's four p.m.*

■ To express *in the morning* in general (without specific time), use **de manhã**; for *in the afternoon,* use **de tarde** or **à tarde**, and for *at night* use **de noite** or **à noite**.

O piquenique é **de manhã**.	*The picnic is in the morning.*
A reunião é **à tarde**.	*The meeting is in the afternoon.*
Eu trabalho sempre **de noite**.	*I always work at night.*

■ Use **A que horas é…?** to ask the time at which something happens.

A que horas é a aula?	*At what time is the class?*
É às oito e meia.	*It's at 8:30.*
É à uma (hora).	*It's at one (o'clock).*

■ Military time from one to twenty-four hours is often used for formal events such as concerts, weddings, etc., as well as in public transportation schedules.

O concerto é **às vinte horas**.	*The concert is at eight p.m.*
O avião chega **às quinze horas e dez minutos**.	*The plane arrives at 15:10.*

P-22 Que horas são? What time is it in the following cities?

Los Angeles, a.m.

Rio de Janeiro, p.m.

Ponta Delgada, p.m.

Lisboa, p.m.

Maputo, p.m.

Dili, a.m.

Cultura

In the Portuguese-speaking world, there are some events, such as religious services and concerts, that begin on time. Formal appointments are also normally kept at the scheduled hour. However, informal social functions such as parties and private gatherings do not usually begin on time. In fact, guests are expected to arrive at least fifteen minutes after the time indicated. When in doubt, you may ask either **Hora brasileira/portuguesa?** or **Hora inglesa/americana?** to find out whether or not you should be punctual. ■■

P-23 **O horário da Helena.** Take turns with a classmate asking and answering questions about Helena's schedule.

Modelo   E1: A que horas é a aula de Português?
                E2: É às nove da manhã.

SEGUNDA-FEIRA			
9:00	aula de Português	1:00	almoço
9:50	intervalo	2:00	aula de Física
10:00	aula de Matemática	5:30	jogo de futebol
11:45	laboratório	7:30	jantar

 P-24 **Os horários.** Write down your Monday schedule, omitting the times your classes meet or other events occur. Exchange schedules with your partner and take turns asking questions to find out the times and complete each other's schedules.

Para ler

24-25

Reading in a foreign language is an important skill that you will gradually acquire as you study Portuguese. Because it takes time to learn to read proficiently, it is important to begin developing this ability early in the language-learning process. Here you'll find some helpful tips that you should keep in mind as you begin to read in Portuguese.

- Draw on your experience and knowledge of the world to comprehend an unfamiliar text. Use what you know about the topic as you read; this will help you predict and/or discover new meanings.

- Underline cognates, that is, words that are spelled the same or almost the same in Portuguese and English and that bear the same meaning. Such words will help tremendously with comprehension of the text. Be aware also that there are some false cognates: words spelled similarly in Portuguese and English that do not, however, share the same meaning. For example, the Portuguese word **livraria** has to do with books (**livros**), but it doesn't mean *library*: it means *bookstore*. When in doubt, guess the probable meaning from the context, or, if all else fails, consult the dictionary.

- Avoid doing a word-by-word reading of a text. Instead, read holistically— that is, try to get the gist of what you are reading. As you begin to read in Portuguese, understanding key concepts or words such as simple nouns and verbs will be sufficient.

- Pay close attention to visual cues such as photographs, illustrations, and charts that may accompany the reading, or to the size of type used for headings, etc. These visual cues will help you make educated guesses about the content and meaning of the text.

- The first time you read a passage, read the title and subtitles or headings in the text, and pay close attention to the format. This is a strategy called skimming that helps you get a general overview of the text you are going to read.

■ Do not consult your dictionary every time you come across an unfamiliar word. Guess meanings using contextual clues. You will be surprised how much you can hypothesize about as you infer the meanings of new words and phrases.

■ As you expand your knowledge of Portuguese grammar and structure, use it to comprehend new words and unfamiliar structures.

■ Get used to reading a text at least twice. First, read the text to get the general sense and main ideas. When you read the second time, underline or jot down unfamiliar expressions or structures that block your comprehension of the text. Then, use some of the techniques explained above, as well as grammatical and contextual clues, to help you clarify obscured meanings. Make hypotheses about possible meanings and read the text a third time. This last reading should serve as a confirmation of your guesses.

Now look at the text in the box below and consider the following questions: 1. What type of text is it? 2. How do you know? 3. Do you see any cognates? If so, which one(s)?

TELEVISÃO

Segunda-feira, 10 de abril

CANAL 8

06:00	Jornal local	18:00	*Corações abertos (novela)
07:00	Bom dia Brasil	19:00	Jornal local
08:00	Panorama	19:45	O tempo
09:00	Vila Sésamo	20:00	Jornal nacional
10:00	Teatro infantil	20:45	Jornal de esportes
11:00	Culinária regional: o Nordeste	21:00	Labirintos da paixão (novela)
12:00	*Documentário: "O cérebro"	22:00	MTV Brasil
13:00	Hora dos esportes	23:00	*Os segredos do universo
14:00	Conversas íntimas	24:00	Debates da meia-noite
15:00	Jornal da tarde	01:30	Filme: "Pesadelo na Rua Elm"
17:00	Vídeo Show	02:30	Notícias de amanhã
17:30	Ioga na TV		

Most likely, you immediately recognized this text as a TV listing even before you read it. The size and color of the title **Televisão** made it stand out. The format and the times provided additional information to corroborate your guess. You also found some cognates, such as **filme**, **documentário**, **teatro**, **local**, **nacional**, and so on.

As you read the listing a second time, look for the following specific information. This strategy is called scanning.

1. Day of the schedule
2. Times of the morning and late-night shows
3. Names of recommended shows (marked with an asterisk)
4. Titles of the first and last shows
5. Name of a documentary
6. Number of newscasts during the day

Programas interessantes. Review the TV listing and select the programs that seem most interesting to you. Then, in small groups, compare your lists to determine the two most popular programs.

🔊 Expressões úteis na sala de aula

Sente-se.

Levante-se.

Abra o livro.

Feche o livro.

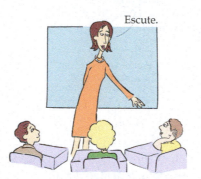

Escute.

Pergunte à colega.

Vá ao quadro.

Carlos Nascimento
Marcela Pereira

Vou fazer a chamada: Carlos Nascimento, Marcela Pereira.

A tarefa, por favor.

Responda.

Repita: por-tu-guês.

Levante a mão.

Leia.

Escreva.

- Verbs in the classroom: when asking two or more people to do something, the verb form ends in **-m: abra** → **abram, escute** → **escutem, sente-se** → **sentem-se** (the plural of **vá**, however, is **vão**).

- Although you may not have to use all of these expressions, you should be able to recognize them and respond accordingly. Other expressions that you may hear or say in the classroom are:

Abra/m o livro na página…	*Open the book to page…*
Mais alto, por favor.	*Louder, please.*
Outra vez.	*Again.*
Compreende/m?	*Do you understand?*
Alguma pergunta?	*Do you have any questions?*
Repita/m, por favor.	*Repeat, please.*
Não compreendo.	*I don't understand.*
Não sei.	*I don't know.*
Tenho uma pergunta.	*I have a question.*
Mais devagar, por favor.	*More slowly, please.*
Em que página?	*On what page?*
Como se diz… em português?	*How do you say… in Portuguese?*
Como se escreve…?	*How do you spell…?*
Presente	*Here, present*
Ausente	*Absent*
Troquem de papéis.	*Switch roles.*

Projeto final ———————————————

Preparação

P-25 **Salas de aula.** In a small Portuguese-language school in Brazil, there are three different classrooms. Match the following drawings with the descriptions below:

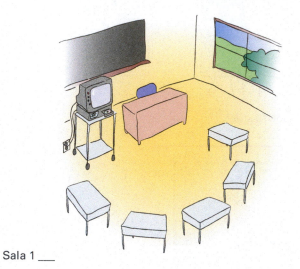

Sala 1 ___

Sala 2 ___

Sala 3 ___

a. Há uma mesa grande oval e seis cadeiras. O CD player está em cima da mesa e o quadro está ao lado.

b. Há quatro carteiras em frente da mesa do professor. O quadro está atrás da mesa e ao lado do relógio. O computador está em cima da mesa.

c. Há cinco carteiras em frente da mesa do professor e um quadro atrás da mesa. Ao lado do quadro, há uma televisão e um vídeo.

Mãos à obra

 P-26 Parte 1: Os professores. One of your classmates will read aloud the descriptions of four teachers and you will fill out the chart below according to their needs and room availability. All of them want to teach one class section, either from 6 to 8 p.m. or from 8 to 10 p.m. Sections meet every day, including Fridays. Refer to activity P-25 above to decide which classroom type each teacher will need.

	SEGUNDA	TERÇA	QUARTA	QUINTA	SEXTA	SÁBADO/ DOMINGO
Sala 1						FECHADO
18:00 - 20:00						
20:00 - 22:00						
Sala 2						FECHADO
18:00 - 20:00						
20:00 - 22:00						
Sala 3						FECHADO
18:00 - 20:00						
20:00 - 22:00						

Os professores

Elena Silva
tradicional
calma
Usa música nas aulas.
Janta (*has dinner*) às 9 da noite.

Paulo Andrade
moderno
animado
Usa tecnologia digital nas aulas.
Janta às 10:30.

Reinaldo de Paula
perfeccionista
dinâmico
Usa muitos filmes.
Janta às 7 da noite.

Clara Franco
generosa
responsável
Usa tecnologia digital nas aulas.
Janta às 8:30 da noite.

Parte 2: Mais descrições. Now, after you have assigned classrooms and teaching times to the teachers, you and your classmate will write descriptions of four other teachers who can occupy the classrooms and time slots that remain available.

Parte 3: Apresentação. You and your classmate will present the assignments you have made to the class.

Parte 4: Comparação. The groups and/or the instructor compare results.

Apresentações

Como é (o) seu nome? (Brazil, Portugal)	*What's your name?*
Como você se chama? (B)	*What's your name?*
Como se chama? (P, formal)	*What's your name?*
Como te chamas? (P, informal)	*What's your name?*
Meu nome é... / Eu me chamo... (B)	*My name is...*
Chamo-me.../ O meu nome é... (P)	*My name is...*
Muito prazer	*Pleased/nice to meet you*
Igualmente	*Likewise*
O prazer é (todo) meu.	*My pleasure./The pleasure is (all) mine.*

Saudações e respostas

Oi! (B)	*Hello, hi*
Olá!	*Hello, hi*
Bom dia.	*Good morning*
Boa tarde.	*Good afternoon*
Boa noite.	*Good evening, good night*
Como vai?	*How are you?*
Como está? (P, formal)	*How are you?*
Como estás? (P, informal)	*How are you?*
Tudo bem?	*How are you?*
Tudo bom? (B)	*How are you?*
bem	*well*
muito bem	*very well*
(muito) mal	*(very) ill, poorly*
ótimo/a	*great*
Tudo bem.	*Fine.*
Tudo bom. (B)	*Fine.*
Tudo ótimo.	*Great.*

Despedidas

até já	*see you in a bit*
até logo	*see you soon/later*
até amanhã	*see you tomorrow*
tchau	*ciao, good-bye*
adeus (P)	*good-bye*

Expressões de cortesia

obrigado/a	*thanks, thank you*
de nada	*you're welcome*

por favor	*please*
com licença	*excuse me, pardon me*
desculpe	*I'm sorry (for inconvenience)*
lamento (muito)	*I'm (very) sorry (for you), I regret*
sinto muito	*I'm sorry (for you), I regret*

Na sala de aula

o apagador	*eraser*
a cadeira	*chair*
o caderno	*notebook*
a calculadora	*calculator*
a caneta	*pen*
a carteira	*desk*
o computador	*computer*
o controle remoto	*remote control*
o DVD	*DVD player*
o (pedaço de) giz	*(piece of) chalk*
a janela	*window*
o lápis	*pencil*
o livro	*book*
a mesa	*table*
a mochila	*backpack*
a porta	*door*
o quadro	*blackboard*
o relógio	*clock, watch*
a televisão	*TV set*
o vídeo	*VCR*

O endereço

o número	*number*
a praça	*square*
a rua	*street*

Posição

ao lado (de)	*next (to)*
atrás (de)	*behind*
debaixo (de)	*under*
em cima (de)	*on, above*
em frente (de)	*in front (of)*
entre	*between, among*

Pessoas

o/a aluno/a	*student*
o/a amigo/a	*friend*
o/a colega	*classmate, workmate, colleague*
Dona (D.)	*Ms./Mrs.*
ela	*she*
ele	*he*
eu	*I*
a moça	*girl, young woman*
o/a professor/a	*professor, teacher*
o rapaz	*boy, young man*
senhor (Sr.)	*Mr.*
senhora (Sra.)	*Ms., Mrs., Miss*
Seu (B)	*Mr.*
tu (P, informal)	*you*
você	*you*

Horas e datas

amanhã	*tomorrow*
o aniversário	*birthday*
o ano	*year*
da manhã	*a.m.*
da noite	*p.m.*
da tarde	*p.m.*
de manhã	*in the morning*
de/à noite	*at night*
de/à tarde	*in the afternoon*
depois de amanhã	*day after tomorrow*
o dia	*day*
em ponto	*sharp*
hoje	*today*
a hora	*hour*
meia-noite	*midnight*
meio-dia	*noon*
menos	*minus, to (P, for telling time)*
o mês	*month*
o minuto	*minute*
para	*to (for telling time)*
um quarto	*quarter*
a semana	*week*

Verbos

é	*you are, he/she is*
és (P, informal)	*you are*
está	*you are, he/she/it is*
estás (P, informal)	*you are*
há	*there is, there are*
sou	*I am*
tem (B)	*there is, there are*

Palavras úteis

e	*and*
esse/a	*that*
este/a	*this*
meu	*my (masc. sing.)*
muito	*very*
não	*no, not*
onde?	*where?*
qual?	*what/which?*
quem?	*who?*
seu	*your*
sim	*yes*

Expressões úteis

Que horas são?	*What time is it?*
É/São…	*It's…*
A que horas é…?	*At what time is…?*
É à/às…	*It's at…*
Que dia é hoje?	*What day is it today?*
Que dia da semana é hoje?	*What day of the week is it today?*
Hoje é…	*Today is…*
Como é…?	*What is he/she/it like?*
mais ou menos	*more or less*

*See page 12 for cognates; see pages 16 and 17 for numbers, days of the week, and months of the year.

Lição 1 A universidade

COMUNICAÇÃO

In this chapter you will learn to:

- Ask for and provide information

- Express needs, likes, and dislikes

- Talk about daily activities

- Ask about and express location

À PRIMEIRA VISTA

- Os estudantes e os cursos
- A vida dos estudantes

ESTRUTURAS

- Talking about people: Subject pronouns
- Talking about academic life and daily occurrences: Present tense of regular **-ar** verbs
- Specifying gender and number: Articles and nouns
- Creating shortcuts: Contractions of **a**, **de**, and **em** with articles
- Expressing location and states of being: Present tense of **estar**
- Asking and answering questions: Interrogative words
- Mais um passo: Some regular **-er** and **-ir** verbs

Vamos viajar

- A vida universitária
- As universidades

ENCONTROS

- Para escutar: Listening for the gist
- Para conversar: Obtaining specific information; summarizing results of a poll
- Para ler: Identifying cognates; guessing content of specific texts
- Para escrever: Identifying basic aspects of writing; revising content and form to improve communication
- Projeto final: As bolsas e os candidatos

HORIZONTES

- São Paulo e o Rio de Janeiro

Os estudantes e os cursos

 Meu nome é Paula Santos. Sou estudante de Antropologia na Universidade de São Paulo, no Brasil. Todos os dias chego à faculdade às oito horas. Depois das aulas, das quatro às sete, trabalho no escritório. Neste semestre estudo Antropologia Contemporânea, Mitologia e Simbolismo, Identidade Cultural e Etnologia Comparada. Meu curso preferido é Mitologia e Simbolismo. O curso de Etnologia Comparada é difícil, mas o professor é muito bom. Também gosto do curso de Identidade Cultural; é fácil e muito interessante.

 Este é meu amigo Tom Martin. Tom é dos Estados Unidos e estuda Português na USP. Ele também estuda Literatura Brasileira, História e Geografia do Brasil. Tom é uma pessoa muito responsável e estudiosa. Chega à universidade às dez horas. Ele fala português todos os dias com os colegas da turma. À tarde, ele estuda na biblioteca ou pratica português no laboratório de línguas.

1-1 O que é que você sabe sobre Paula? Working with a classmate, complete the following information about Paula.

Nome completo: _____

Universidade: _____

Cursos: _____

Curso preferido: _____

Curso difícil: _____

Curso fácil: _____

1-2 E o que é que você sabe sobre o Tom? Answer the following questions about Tom.

1. Tom é americano?
2. Ele fala português?
3. O que é que o Tom estuda?
4. A que horas é que ele chega à faculdade?
5. Onde é que ele pratica português?
6. Onde é que ele estuda?

Tom e Paula falam sobre as aulas

TOM: Oi, Paula, tudo bem?
PAULA: Oi, Tom, como vai?
TOM: Tudo bem, mas meu curso de História é muito difícil!
PAULA: Quem é o professor?
TOM: Ele se chama Manuel Freitas. Ele é inteligente, mas o curso é muito chato.
PAULA: Puxa! Sinto muito. Você estuda bastante?
TOM: Estudo muito, gosto de estudar, mas sempre tiro notas baixas.
PAULA: Que pena! Eu adoro meus cursos. Quantas aulas você tem hoje?
TOM: Tenho duas, Português e Geografia.
PAULA: Ai! Já são onze horas. Tenho um teste de Etnologia agora. Até logo!
TOM: Tchau! Boa sorte!

1-3 Em que curso...? Match the words on the left with the appropriate class.

1. _____ dicionário   a. Geografia
2. _____ números   b. Biologia
3. _____ mapa   c. Português
4. _____ plantas   d. História
5. _____ Freud   e. Matemática
6. _____ Napoleão   f. Psicologia

1-4 Os meus cursos. Make a list of your classes. Next to each one, indicate the days and times it meets. Also say whether the class is easy, difficult, interesting, or boring.

CURSO	DIA	HORAS	COMO É?

 1-5 Os cursos dos meus colegas. Working with a classmate, use the following questions to interview each other.

Cultura

Admission to a Brazilian university is based on how well a student is classified in an entrance examination called **Vestibular**. This exam is comprised of eight subjects: Portuguese language, literature, mathematics, physics, biology, chemistry, history, and a foreign language. In some universities, there are hundreds, even thousands, of candidates for few available openings.

1. O que você estuda este semestre?
2. Quantos cursos você tem?
3. Qual é seu curso preferido?
4. Seu curso de Português é fácil ou difícil, interessante ou chato?
5. Você trabalha com computadores?
6. Você usa o laboratório de línguas?
7. Você tira boas notas?
8. Você tem muitos testes?

1. O que é que tu estudas este semestre?
2. Quantos cursos tens?
3. Qual é o teu curso preferido?
4. O teu curso de Português é fácil ou difícil, interessante ou chato?
5. Trabalhas com computadores?
6. Usas o laboratório de línguas?
7. Tiras boas notas?
8. Tens muitos testes?

Para pesquisar

Look up **Universidade de São Paulo (USP)** on the Internet. On the website, locate the menu for **Ensino** and click on **Graduação**. Write down the names of five academic disciplines you have not yet used in this chapter and try to identify their equivalents in English. Share your results with your classmates.

A vida dos estudantes

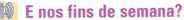

Na biblioteca

Os estudantes estudam na biblioteca. Não conversam porque é proibido. Estudam, pesquisam, tomam notas e preparam os deveres de casa. Às vezes, procuram palavras no dicionário.

E nos fins de semana?

Os estudantes conversam nos cafés.

Descansam no sofá.

Dançam numa discoteca.

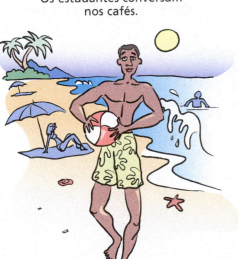

Caminham na praia.

Andam de bicicleta.

1-6 Para escolher. Look at the illustrations on page 33. Then, with a classmate, choose the word or phrase that makes sense.

1. Os estudantes _____ na biblioteca.
   a. tomam café   b. estudam   c. falam
2. Procuram palavras no _____.
   a. dicionário   b. relógio   c. laboratório
3. Descansam _____.
   a. na biblioteca   b. na universidade   c. em casa
4. Andam de bicicleta _____.
   a. no café   b. aos sábados e domingos c. na quinta-feira

Na livraria

ESTUDANTE: Bom dia. Preciso de um dicionário de português.
EMPREGADA: Grande ou pequeno?
ESTUDANTE: Grande. É para meu curso de Português.
EMPREGADA: Este dicionário é muito bom.
ESTUDANTE: Quanto custa?
EMPREGADA: Noventa e oito reais.

1-7 Para completar. With a classmate, complete the following statements.

1. A estudante precisa de _____.
2. É um dicionário _____.
3. É para o curso de _____.
4. O dicionário custa _____.

1-8 Quanto custa? You are at the university bookstore. Ask the salesperson how much each of the items on the table costs.

Modelo   ESTUDANTE: Quanto custa o DVD?
VENDEDOR/A: Custa trinta reais.

Na universidade

Faculdade
de Letras

Ginásio

Faculdade
de Direito

Restaurante/
Cantina

Livraria

Faculdade
de Medicina

Faculdade de
Engenharia

Faculdade
de Farmácia

Biblioteca

 1-9 Entrevista. Ask a classmate where and when he or she does each of the following activities.

Modelo   praticar vôlei   **Modelo** praticar voleibol

E1: Onde você pratica vôlei?
E2: Pratico vôlei no ginásio.
E1: Quando você pratica?
E2: Pratico à tarde.

E1: Onde é que tu praticas voleibol?
E2: Pratico voleibol no ginásio.
E1: Quando praticas?
E2: Pratico à tarde.

ATIVIDADE	ONDE	QUANDO
1. estudar para um teste difícil	_____	_____
2. usar o laboratório de línguas	_____	_____
3. almoçar	_____	_____
4. comprar um dicionário	_____	_____
5. trabalhar	_____	_____
6. falar com o/a professor/a de Português	_____	_____

1-10 Na universidade. Tell your partner about your classes. Take turns to complete the following sentences.

1. Chego à universidade às…
2. O meu curso preferido é…
3. O nome do/da professor/a é…
4. O curso é muito…

5. Não gosto do curso de…
6. Pratico português na/no…
7. Para o meu curso de Português, preciso de…

 1-11 Procuro uma escola. With a classmate, read the ad and look for the following specific information:

a. name of the school
b. classes offered
c. school's address
d. school's telephone number

Para escutar

  A. O que é que estas pessoas fazem? You will hear three people talking about studies, work, and free time, respectively. As you listen, determine the main topic of each segment. Then write the number of the description next to the appropriate heading.

_____ estudos
_____ trabalho
_____ horas de lazer

  B. Quem é Raquel? Listen to the following description to determine if it refers to the activities of a student or a professor.

_____ estudante
_____ professora

Now read the statements below and listen to the description again. Then indicate whether each of the statements is true (**verdadeiro**) or false (**falso**).

	VERDADEIRO	FALSO
1. Raquel é muito inteligente e alegre.	_____	_____
2. Ela estuda Sociologia na universidade.	_____	_____
3. Raquel estuda muito e tira boas notas.	_____	_____
4. A primeira aula de Raquel é às duas da tarde.	_____	_____

1. Talking about people: Subject pronouns

SARA: **Eu** estudo em casa. E **você**, Marta?
MARTA: **Eu** estudo em casa e na biblioteca.
SARA: Na biblioteca?
MARTA: É, na biblioteca estudo com a Maria. **Nós** estudamos muito. Ela chega à biblioteca às nove da manhã.
SARA: O que é que **vocês** estudam?
MARTA: **Nós** estudamos gramática.
SARA: A Maria tira boas notas?
MARTA: Não. **Ela** tira notas excelentes!

Vamos analisar. Check (✔) all the statements that are true, based on the conversation above.

1. _____ A Sara estuda em casa. Ela não estuda na biblioteca.
2. _____ A Maria tira notas excelentes.
3. _____ A Marta é preguiçosa. Ela não estuda muito.
4. _____ A Maria e a Marta estudam muito. Elas estudam gramática.
5. _____ A Maria chega à biblioteca às oito da manhã.

SINGULAR		PLURAL	
eu	*I*	nós	*we*
tu	*you*		
você	*you*	vocês	*you (plural of tu/você)*
o senhor	*you (formal/male)*	os senhores	*you (formal/male or mixed)*
a senhora	*you (formal/female)*	as senhoras	*you (formal/female)*
ele	*he*	eles	*they (male or mixed)*
ela	*she*	elas	*they (female)*

■ Although common in some regions of Brazil, **tu** as a subject pronoun is not widely used in Brazilian Portuguese. In Brazil, the most generally used informal "you" is **você**. Tu is used in Portugal and Africa to address close friends and family members; young people use **tu** also in addressing strangers of their own age. **Você**, as a somewhat more formal form of address, is becoming increasingly common in Portugal and Africa.

■ In modern Portuguese, **vocês** is the plural form of both **tu** and **você**. Historically, **vós** was the plural form of **tu**; it is still used occasionally in highly formal discourse and in some regions of Portugal.

■ **O senhor** and **a senhora** are the formal form of address in Brazilian Portuguese and the most formal in the three-tiered system (**tu, você, o/a senhor/a**) used in Portugal and Africa.

■ Some plural pronouns have masculine and feminine endings (**os senhores/as senhoras, eles/elas**). Use **elas** and **as senhoras** for a group composed only of females; use **eles** and **os senhores** for a mixed group or one composed only of males.

■ In many cases, the ending of a conjugated verb will clearly identify the subject, i.e., the doer of the action (for instance, the subject of the sentence **Falo português** cannot be other than **eu**). In such cases, subject pronouns do not need to be expressed (although they may be used for emphasis, clarification, or contrast).

1-12 Que pronome vamos usar? Indicate which pronoun you would use in these situations:

1. You are talking <u>about</u> the following people:

    a. o Sr. Sousa
    b. D. Lúcia Pires
    c. Susana e Cláudia
    d. Roberto e Joana
    e. você (*yourself*)
    f. Ana e você

2. You are talking <u>with</u> the following people:

    a. o seu professor de História
    b. o seu melhor (*best*) amigo
    c. dois psicólogos
    d. uma senadora
    e. dois colegas da turma
    f. uma criança (*a child*)

1-13 Os colegas da turma. Working with a small group, ask questions to find out what your classmates are like. One student will take notes and share answers with the class.

Modelo   E1: Quem é pessimista?
              E2: Eu (ele, ela, etc.)

              RESULTADO FINAL: Há dois estudantes pessimistas no grupo. *or*
                              Não há estudantes pessimistas no grupo.

sério	responsável	otimista	hipocondríaco/a	dinâmico/a
estudioso/a	perfeccionista	tolerante	sistemático/a	desorganizado/a

2. Talking about academic life and daily occurrences: Present tense of regular *-ar* verbs

REPÓRTER:	Com licença. Sou o Paulo Brito, do Canal 11 de televisão. O seu nome, por favor?
SARA:	Eu sou a Sara e ela é a Marta.
REPÓRTER:	Vocês têm uma vida muito dinâmica?
MARTA:	Muito, somos atletas. A Sara **treina** para maratonas e **joga** tênis. Eu jogo futebol e basquete.
SARA:	E nos fins de semana **andamos** de bicicleta.
REPÓRTER:	Que interessante! Muito obrigado, meninas!

Vamos analisar. Check (✓) all the statements that are true, based on the reporter's interview with Sara and Marta.

1. _____ O Paulo é repórter de rádio.
2. _____ A Marta treina para maratonas.
3. _____ A Marta joga futebol.
4. _____ A Sara joga basquete.
5. _____ A Sara e a Marta andam de bicicleta.

FALAR			
eu	fal**o**	nós	fal**amos**
tu	fal**as**		
você		vocês	
o senhor/a senhora	fal**a**	os senhores/as senhoras	fal**am**
ele/ela		eles/elas	

■ Use the present tense to express what you or others generally or habitually do or do not do. You may also use the present tense to express an ongoing action. Context will tell you which meaning is intended.

Ana **trabalha** na livraria.	*Ana works at the bookstore.*
	Ana is working at the bookstore.

■ Here are some expressions you may find useful when talking about what you and others habitually do or do not do.

sempre	*always*	**muitas vezes**	*often*
todos os dias/meses	*every day/month*	**às vezes**	*sometimes*
todas as semanas	*every week*	**nunca**	*never*

1-14 Preferências. Express your preference for or dislike of the following activities. Use **Gosto de…** or **Não gosto de…** to form sentences.

Modelo   <u>Gosto de</u> estudar de noite.   *or*   <u>Não gosto de</u> trabalhar no domingo.
_____ dançar tango.   _____ caminhar na praia.
_____ andar de bicicleta.   _____ jantar no restaurante.
_____ falar sempre pelo telefone. _____ estudar na biblioteca.
_____ escutar rock.   _____ trabalhar no fim de semana.

 1-15 Troca de informação. Ask a classmate about the following people and their activities.

Modelo   E1: Quem estuda de tarde?   *or* E1: Quando é que a Marta estuda?
E2: Marta (estuda de tarde).   E2: Estuda de tarde.

PESSOA	ATIVIDADE	QUANDO/ONDE
Marta	estuda português	de tarde
	almoça na universidade	ao meio-dia
Carlos	trabalha na biblioteca	aos sábados
	escuta música clássica	em casa à noite
Miguel e Sandra	praticam ginástica	no ginásio
	dançam forró	no clube

 1-16 O meu dia a dia. Indicate with a checkmark which of the following activities are part of your routine at the university, making any adjustments that may be necessary. Then compare your answers with those of a classmate and determine whether the two of you are similar (**parecidos/as**) or different in your habits. Finally, report your findings to the class.

Modelo   David e eu somos (muito) parecidos. Ele e eu estudamos de manhã.
David e eu somos (muito) diferentes. Eu estudo de manhã e ele estuda de tarde.

1. Almoço sempre na universidade.
2. Estudo à noite.
3. Tiro boas notas em todos os cursos.
4. Ando muito de bicicleta.
5. Danço na discoteca todas as semanas.
6. Estudo com amigos.
7. Trabalho no restaurante.
8. Compro muitos livros.

 1-17 Assinaturas: as atividades dos colegas. First, complete the list of activities below, adding two more occupations that are part of your weekly routine. Next, walk around the classroom and ask classmates if they do activities listed on the chart. Your classmates should write their names in the space that indicates the frequency with which they do the activity.

Modelo   estudar Psicologia

E1: Você estuda Psicologia?
E2: Estudo, sim.
E1: Assine aqui, por favor.
E2: (assina)
E1: Obrigado/a!

E1: Estudas Psicologia?
E2: Estudo, sim
E1: Assina aqui, por favor.
E2: (assina)
E1: Obrigado/a!

ATIVIDADES	ÀS VEZES	MUITAS VEZES	SEMPRE	NUNCA
estudar com amigos				
tirar boas notas				
jantar na universidade				
dançar aos sábados				
trabalhar de noite				

1-18 Tenho muita curiosidade! You are really curious about how busy or quiet Friday evenings or nights are for your classmate. Write down four questions and ask him or her. Be prepared to answer his or her questions as well.

Modelo

Você fica em casa sexta à noite?

Ficas em casa sexta à noite?

Vamos viajar

A vida universitária

Como nos Estados Unidos, nos países de língua portuguesa há diversos tipos de universidades: grandes e pequenas, públicas e privadas, antigas e modernas; mas o conceito de vida universitária é diferente. Por exemplo, no Brasil ou em Portugal, a universidade não é normalmente um centro residencial e não monopoliza a vida social dos estudantes. Em geral, os estudantes moram com a família ou em quartos alugados e pensões. Geralmente usam transporte público para ir à universidade; alguns andam de carro. Em muitos casos, conciliam estudo e trabalho.

Quando têm tempo livre, os estudantes fazem esportes (no Brasil), ou desportos (em Portugal e África), mas as competições não são tão populares como nas universidades norte-americanas. Há outras coisas que são mais interessantes para os estudantes portugueses, brasileiros ou angolanos. Por exemplo, eles têm interesse pela vida política do país e organizam marchas e protestos para reagir a algum acontecimento nacional ou internacional. Também gostam de dançar nas discotecas, de escutar música nos concertos e de falar com amigos nos cafés e nos bares.

1-19   O que fazem os estudantes? Using the information given above and other vocabulary you have learned so far, complete the following sentences in as many ways as possible.

Modelo   Os estudantes (brasileiros, portugueses) moram…

> com a família
> na universidade
> em quartos alugados e pensões

Os estudantes   usam…
> gostam de…
> organizam…

1-20 Comparações. Working in groups and using the information you have explored, try to make a list of similarities and differences between the lives of college students in the US and in Portugal or Brazil. You will probably realize you don't know whether Brazilian or Portuguese students do some of the things you and your classmates do; make a separate list of those things beginning with **Não sei se…** (*I don't know whether…*).

	NO BRASIL/EM PORTUGAL	NOS ESTADOS UNIDOS
Os estudantes	_____	_____
	_____	_____
	_____	_____
	_____	_____
Não sei se os estudantes brasileiros/portugueses		_____
		_____
		_____

Para pesquisar

Return to the website of the **Universidade de São Paulo** and this time look for information on extracurricular activities (located under **Extensão** on the main menu). Find out how many there are of each of the following at the university: libraries, theaters, museums, choirs (**corais**), and cinemas. Make note of your findings for reporting to the class; be prepared to give one example in each category.

Vídeo

Manuela estuda Psicologia na PUC do Rio de Janeiro.

3. Specifying gender and number: Articles and nouns

MANUEL: Olá Rocio. **A** lição está difícil?

ROCIO: Está, sim. Precisamos de **um** dicionário.

MANUEL: E de **uma** gramática?

ROCIO: Boa ideia! **A** biblioteca tem várias gramáticas e dicionários.

MANUEL: **As** gramáticas são boas?

ROCIO: **O** professor de Português usa **as** gramáticas da biblioteca para preparar **as** aulas.

MANUEL: Perfeito! Precisamos de **uma** sala com **uma** janela e **uma** mesa grande.

Vamos analisar. Match the words on the right with those on the left. Use the dialogue and the endings of the nouns as clues.

1. ____ aula
2. ____ dicionários
3. ____ gramáticas
4. ____ mesa
5. ____ dicionário

a. as
b. a
c. um
d. os
e. uma

Nouns are words that name a person, place, or thing. In English all nouns use the same definite article, *the*, and the indefinite articles *a* or *an*. In Portuguese, however, masculine nouns use **o** as a definite article and **um** as an indefinite article and feminine nouns use the respective feminine forms **a** and **uma**. The terms masculine and feminine are used in a grammatical sense and have nothing to do with biological gender (except in cases of words referring to male or female beings).

Gender

	MASCULINE	FEMININE	
SINGULAR DEFINITE ARTICLES	**o**	**a**	*the*
SINGULAR INDEFINITE ARTICLES	**um**	**uma**	*a/an*

- Generally, nouns that end in **-o** are masculine and require **o** or **um**, and those that end in **-a** are feminine and require **a** or **uma**.

  o/um livro   **o/um** caderno   **o/um** dicionário
  a/uma mesa   **a/uma** cadeira   **a/uma** janela

- Nouns ending in **-dade**, **-agem**, and most nouns ending in **-ção** are feminine and require **a** or **uma**.

  a/uma universidade   **a/uma** viagem (*trip*)   **a/uma** lição

- Some nouns that end in **-a** and **-ema** or **-ama** are masculine.

  o/um dia   **o/um** programa
  o/um mapa   **o/um** problema

- In general, nouns that refer to males are masculine and require **o/um**, while nouns that refer to females are feminine and require **a/uma**. When a masculine noun ends in **-o**, the corresponding feminine noun ends in **-a**; masculine nouns ending in a consonant add **-a** for the feminine.

  o/um amigo   **a/uma** amiga
  o/um professor   **a/uma** professora

- Many other nouns that refer to people have a single form for both the masculine and the feminine; gender is indicated by the article. These nouns often end in **-ante**, **-ente**, or **-ista**.

  o/a colega   **o/a** estudante   **o/a** cliente   **o/a** turista

- Use definite articles with titles such as **senhor** or **doutora** followed by the person's name when talking about someone, but do not use them when addressing someone directly. In European Portuguese, use definite articles in the same way with given names of friends and classmates. In Brazilian Portuguese, the definite article before given names may be omitted.

A doutora Silveira trabalha aqui.   **(O)** Pedro é muito inteligente.
"Bom dia, doutora Silveira."   "Pedro, você gosta de dançar?"

Number

	MASCULINE	FEMININE	
PLURAL DEFINITE ARTICLES	**os**	**as**	*the*
PLURAL INDEFINITE ARTICLES	**uns**	**umas**	*some*

■ Add **-s** to form the plural of nouns that end in a vowel. Add **-es** to nouns ending in **-r** or **-z**.

a cadeira   as cadeira**s**   o caderno   os caderno**s**
o senhor   os senhor**es**   o nariz   os nariz**es**

■ The plural ending of nouns that end in **-m** in the singular is **-ns**. The plural ending of most nouns that end in **-ão** in the singular is **-ões**. Other irregular forms will be addressed later.

a viage**m**   as viage**ns**   a passage**m**   as passage**ns**
a situa**ção** as situa**ções** um milh**ão**   cinco milh**ões**

■ To refer to a mixed group, use masculine plural forms.

os menin**os**   *the boys and girls*

1-21 Conversações incompletas. Complete the following dialogues as indicated.

A. Supply the appropriate definite article (**o, os, a, as**).
   E1: Como se chama _____ professor de Geografia?
   E2: Não é _____ professor; é _____ professora de Geografia. _____ nome dela é Lúcia Pimentel.
   E1: E _____ curso, é interessante?
   E2: É, mas _____ livros custam muito caro e _____ leituras são difíceis!

B. Supply the appropriate indefinite article (**um, uma, uns, umas**).
   E1: Preciso de comprar _____ calculadora e _____ caneta.
   E2: E eu preciso de _____ cadernos e de _____ dicionário, mas não sei que dicionário comprar.
   E1: Para o primeiro ano, _____ professores usam _____ dicionário pequeno e outros usam_____ dicionário grande. Fala com o teu professor.

C. Supply the appropriate definite or indefinite articles.
   E1: Tenho _____ teste de Matemática amanhã e preciso tirar _____ boa nota nesse curso.
   E2: Quem é _____ professor?
   E1: É _____ Professora Veloso.
   E2: É _____ professora excelente!
   E1: Sim, mas _____ curso é muito difícil. Estudo _____ matéria todos _____ dias, mas não tiro boas notas.
   E2: Que coisa! Sinto muito!

Língua

The use of prepositions with certain verbs will occasionally vary between Brazilian Portuguese and European Portuguese, as is the case with **precisar** when followed by another verb. A speaker of Brazilian Portuguese would say "**Preciso tirar** uma boa nota"(as in dialogue C), but a person from Portugal would say "**Preciso** *de* **comprar** uma calculadora" (as in dialogue B). Note that when **precisar** is followed by a noun, the preposition **de** will always be used: **Preciso** *de* **uma calculadora**.

1-22 O que é que eles precisam (de) usar? With your partner, take turns to say what these students need, according to each situation.

Modelo Amélia tem que ver um filme para a aula de Cinema.
Precisa usar um vídeo. (B)
Precisa de usar um vídeo. (P)

1. Cristina tem que tomar notas na aula de História.
2. Marta e Regina têm que localizar São Paulo.
3. Jenny e Carlos têm que traduzir um texto de português para inglês.
4. Alberto tem que preparar uma apresentação para a aula de Antropologia.
5. Isabel tem que escrever (*write*) uma composição para o curso de Inglês.
6. Elton tem que copiar um programa do seu computador para um colega.

Situações

Role A. You missed the first day of class and need to find out some basic information. Some of the questions you may want to ask one of your classmates are: a) at what time the class is, b) who the professor is, c) what you need to do/buy for the class, and d) how interesting/difficult it is.

Role B. Answer your classmate's questions about the class, the professor, and items or assignments he or she will need to buy or complete for the next meeting of the class.

14-18

4. Combining words: Contractions of *a*, *de*, and *em* with articles

REPÓRTER: A que horas vocês chegam **à** universidade?
MARTA: Chegamos **às** nove horas.
REPÓRTER: E vocês trabalham?
SARA: Trabalhamos. A Marta trabalha **na** biblioteca e eu trabalho **no** laboratório.
REPÓRTER: Vocês gostam **do** trabalho?
MARTA: Eu gosto. Além disso, preciso **dum** trabalho todos os anos.
SARA: Eu não gosto **do** laboratório porque não tem janelas.

Vamos analisar. Match the words on the right with those on the left. Use the dialogue and the endings of the nouns as your clue.

1. _____ aula de Português
2. _____ universidades
3. _____ laboratório
4. _____ biblioteca
5. _____ caderno

a. nas
b. à
c. dum
d. na
e. ao

	o	a	os	as	um	uma	uns	umas
a	ao	à	aos	às	a um	a uma	a uns	a umas
de	do	da	dos	das	dum, de um	duma, de uma	duns, de uns	dumas, de umas
em	no	na	nos	nas	num, em um	numa, em uma	nuns, em uns	numas, em umas

■ The preposition **a** contracts with definite articles (**o, a, os, as**) to form **ao, à, aos, às**.

ao ginásio	*to the gym*
à biblioteca	*to the library*
ao meio-dia	*at noon*
às cinco (horas)	*at five (o'clock)*
aos domingos	*on Sundays*

■ The preposition **de** contracts with definite articles to form **do, da, dos, das**.

Gosto **das** aulas e **dos** professores.   *I like the classes and the teachers.*
A Cecília não gosta **da** amiga **do** Chico.   *Cecília doesn't like Chico's friend.*

■ **De** may also contract with indefinite articles (**um, uma, uns, umas**) to form **dum, duma, duns, dumas**. This contraction is common in spoken Portuguese, but rarely seen in writing.

Preciso **de um** caderno e **de umas** canetas.   *I need a notebook and*
Preciso **dum** caderno e **dumas** canetas.   *some pens.*

■ The preposition **em** contracts with definite articles to form **no, na, nos, nas**.

no ginásio	*at the gym*
na mesa	*on the table*
nos livros	*in the books*
nas universidades	*at the universities*

■ **Em** may also contract with indefinite articles to form **num, numa, nuns, numas**. This contraction is optional in Brazilian Portuguese.

Ana estuda **numa** universidade pública.   *Ana studies at a public university.*
Ana estuda **em uma** universidade pública. (B)

1-23 O horário de Gina. Take turns with a classmate asking and answering questions about Gina's schedule.

Modelo   E1: A que horas é a aula de Português?
               E2: É às nove.

TERÇA-FEIRA	
9:00	aula de Português
10:15	intervalo
10:30	aula de Matemática
11:45	laboratório
1:00	almoço
2:00	aula de Geologia
5:00	treino de basquete
7:30	jantar

 1-24 A que horas? With a classmate, ask each other the following questions about your schedules. If your schedules vary on different days of the week, note those differences accordingly.

1. A que horas você chega à universidade?
2. A que horas é a aula de Português?
3. A que horas você almoça?
4. A que horas você trabalha?
5. A que horas você estuda na biblioteca?

1. A que horas chegas à universidade?
2. A que horas é a aula de Português?
3. A que horas almoças?
4. A que horas trabalhas?
5. A que horas estudas na biblioteca?

1-25 Mais diálogos incompletos. Complete the following conversations with appropriate contractions of **de** or **em** with definite articles.

A.
    E1: Onde está a Rita?
    E2: Está _____ aula _____ Professora Ribeiro.
    E1: Que pena! Preciso falar com ela; é urgente.
    E2: Bom, depois ela trabalha _____ laboratório até as cinco _____ tarde. É urgente, mesmo?
    E1: Preciso _____ dicionário dela para a minha aula de Português.

B.
    E1: Você e o João não gostam _____ ginásio _____ universidade?
    E2: Sim, mas gostamos mais _____ pessoas que treinam _____ ginásio YMCA.
    E1: E o horário _____ ginásio YMCA é bom?
    E2: Não, infelizmente fecha às dez _____ noite.

5. Expressing location and states of being: Present tense of *estar*

Sérgio | Humberto

SÉRGIO: Onde **está** a Elisa? Preciso dos livros de História que **estão** com ela.
HUMBERTO: Mas os livros não **estão** com a Elisa. Eles **estão** com a Heloísa.
SÉRGIO: E onde **está** a Heloísa?
HUMBERTO: Ela **está** na aula de Português. Ela **está** nervosa porque o exame de História é amanhã.
SÉRGIO: Todos nós **estamos** nervosos com o exame.
HUMBERTO: Eu **estou** calmo. Sou estudante de Engenharia!

Vamos analisar. Indicate whether each statement is true (**verdadeiro**) or false (**falso**), based on the conversation. If it is **falso**, correct the information.

1. _____ Todos estão nervosos.
2. _____ Os livros estão com a Heloísa.
3. _____ A Heloísa está na aula de Inglês.
4. _____ A Heloísa e o Sérgio estão nervosos.
5. _____ O Humberto está calmo.

ESTAR		
eu	**estou**	*I am*
tu	**estás**	*you are*
você, o/a senhor/a, ele/ela	**está**	*you are, he/she is*
nós	**estamos**	*we are*
vocês, os/as senhores/as, eles/elas	**estão**	*you are, they are*

■ Use **estar** to express location of persons or movable objects.

Onde **está** o Sérgio? — *Where is Sérgio?*
Está aqui. — *He is here.*
Os livros **estão** aqui? — *Are the books here?*
Não, **estão** em casa. — *No, they are at home.*

■ Use **estar** to talk about states of health.

Como **está** o Sr. Fernandes? — *How is Mr. Fernandes?*
Está muito bem. — *He is very well.*

 1-26 Onde está? Your partner will ask where several items or persons in your classroom are. Answer by giving their position in relation to another person or object.

Modelo   E1: Onde está o livro do/da professor/a?   *or*   Onde está a Rachel?
           E2: Está na mesa.   *or*   Está ao lado do John.

1-27 Horas e lugares. Ask a classmate where he or she usually is at the following times and days. Take turns asking and answering the questions.

Modelo   8:00 a.m./segunda-feira

E1: Onde você está às oito da manhã na segunda?	E1: Onde estás às oito da manhã na segunda?
E2: Estou na aula de Física.	E2: Estou na aula de Física.

a. 9:00 a.m./terça-feira

b. 11:00 a.m./quarta-feira

c. 1:00 p.m./sexta-feira

d. 3:00 p.m./domingo

e. 9:00 p.m./quinta-feira

f. ...

Next, ask two classmates where they usually are a) in the morning, b) in the afternoon, and c) in the evening on weekends.

📖 6. Asking and answering questions: Interrogative words

22-25

A orientadora (*adviser*) de Luísa Machado precisa de informações para preencher (*fill out*) um formulário.

ORIENTADORA: Qual é o seu nome completo?
LUÍSA: Maria Luísa da Cunha Machado.
ORIENTADORA: Onde é que os seus pais moram?
LUÍSA: Eles moram em Lisboa.
ORIENTADORA: A sua irmã mora com eles, não mora?
LUÍSA: Mora, sim.
ORIENTADORA: Quais são os seus dois cursos preferidos?
LUÍSA: Português e Literaturas Africanas Lusófonas.
ORIENTADORA: Quem são os professores desses dois cursos?
LUÍSA: O professor de Português é o Paulo Andrade e a professora de Literatura é a Kátia Lima.
ORIENTADORA: Obrigada, é só isso.
LUÍSA: De nada.

Vamos analisar. Indicate whether each statement is true (**verdadeiro**) or false (**falso**), based on the conversation. If it is **falso**, correct the information.

1. _____ A Luísa não gosta de Literatura.
2. _____ A estudante chama-se Luísa Cunha Machado.
3. _____ A Kátia Lima é irmã da Luísa.
4. _____ O Paulo Andrade é professor de Literatura.
5. _____ Português e Literaturas Africanas Lusófonas são os cursos preferidos da Luísa.

como	how/what	qual (*pl.* quais)	which/what
onde	where	quem	who
que/o que	what	quanto/a	how much
quando	when	quantos/as	how many
por que (B)	why	porque (P)	why

- In Brazilian Portuguese, the subject usually precedes the verb in all kinds of questions. In European Portuguese, questions introduced by a question word require inversion of the subject/verb order; alternatively, **é que** may be inserted between the question word and the subject. **É que** is also often used after the question word simply to add emphasis, both in Portugal and in Brazil.

  Onde a Marta mora? (B)
  Onde mora a Marta? (P)
  Onde **é que** a Marta mora? (B, P)   *Where does Marta live?*
  Ela mora em Maputo.   *She lives in Maputo.*
  Quem é que adora sambar?   *Who loves to dance samba?*

- Use **o que** or **que** to mean *what* when you want to ask for a definition or an explanation. **O que** is much more common than **que** in Brazilian Portuguese.

  O que é a morna?   *What is the morna?*
  É uma canção e dança tradicional   *It's a traditional song and dance of Cape Verde.*
  de Cabo Verde.
  O que Mário e Rita estudam? (B)
  Que estudam o Mário e a Rita? (P) *What do Mario and Rita study?*
  Estudam Genética.   *They study genetics.*

- Use **qual/quais** to mean *what* in all other circumstances.

  Qual é o seu número do telefone? *What is your phone number?*
  Quais são os principais produtos *What are the principal products of Angola?*
  de Angola?

- Also use **qual/quais** when you want to ask which one(s).

  Qual é o teu caderno?   *Which (one) is your notebook?*
  Quais são os amigos do David?   *Which (ones) are David's friends?*

- Questions that may be answered with **sim** or **não** do not use a question word.

  Vocês trabalham no sábado?   *Do you work on Saturday?*
  Não, não trabalhamos.   *No, we don't.*

- Another way to ask a question is to place an interrogative tag after a declarative statement.

  Você fala inglês, **não fala?**   *You speak English, don't you?*
  O Rogério gosta de dançar, **não é?** *Rogério likes to dance, doesn't he?*

1-28 Entrevista. Look at the cues to the answers before completing the questions using **quem**, **quando**, **quantos/as**, **qual**, **por que/porque**, as needed. Then, working with a classmate, take turns interviewing each other.

1. _____ aulas você tem hoje? Tenho…
2. _____ são suas aulas? São de… (am/pm)
3. _____ é seu curso preferido? O curso de…
4. _____ é seu professor preferido? O professor de…
5. _____ você estuda português? Porque…
6. _____ estudantes tem na aula de Português? Tem…

1. _____ aulas tens hoje? Tenho…
2. _____ são as tuas aulas? São de…(am/pm)
3. _____ é o teu curso preferido? O curso de…
4. _____ é o teu professor preferido? O professor de…
5. _____ é que estudas português? Porque…
6. _____ estudantes há na aula de Português? Há…

 1-29 Entrevista. Ask a classmate the following questions; then tell the rest of the class about him or her.

1. Quantos cursos você tem este semestre?
2. Qual é seu curso preferido? Por quê?
3. Quantos alunos tem na sala de aula?
4. Quem é o professor?
5. Quando você estuda?
6. Onde você trabalha?
7. O que você gosta de fazer nos fins de semana?

1. Quantos cursos tens este semestre?
2. Qual é o teu curso preferido? Porquê?
3. Quantos alunos há na sala de aula?
4. Quem é o professor?
5. Quando é que estudas?
6. Onde é que trabalhas?
7. O que gostas de fazer nos fins de semana?

 1-30 Pesquisa. You are conducting a survey for a Portuguese-language TV station. Ask your partner the appropriate questions to find out the information requested below.

1. Endereço e número de telefone.
2. Número de pessoas em casa.
3. Número de aparelhos de televisão em casa.
4. Programas preferidos.
5. Número de horas que passam (*spend*) vendo televisão durante a semana.
6. Número de horas que passam vendo televisão nos fins de semana.

Situações

1. You have just run across a Portuguese-speaking friend you have not seen for a long time. Tell him or her about a) your university, b) your courses, and c) your activities. Ask him or her questions to get the same information.

2. **Role A.** It is the beginning of the term and you missed yesterday's class. You want to obtain the information you need in order to catch up. Ask your partner a) if there is homework, b) at what time are the teacher's office hours (**horário de atendimento**), c) if there is an exam soon, and d) when the exam is.

   Role B. Answer your classmate's questions, being as specific as possible. Then, compare your impressions of the class and the teacher (easy/difficult, interesting/boring, etc.).

Vamos viajar

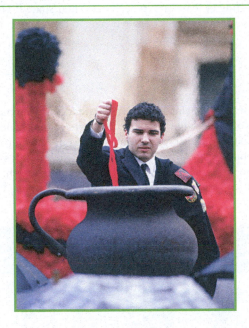

As universidades

Algumas universidades são modernas, mas também há outras que são muito antigas. A universidade mais antiga no mundo de língua portuguesa é a Universidade de Coimbra (UC) em Portugal, fundada no ano de 1290. Os estudantes da Universidade de Coimbra cultivam várias tradições interessantes. Uma delas é a "Queima das Fitas" (na foto acima), uma festa para celebrar a conclusão do curso universitário. Outra tradição da UC (e também das universidades brasileiras) são as "repúblicas", comunidades de estudantes que moram juntos numa casa e dividem as responsabilidades do dia a dia.

A maior universidade pública no mundo de língua portuguesa é a Universidade de São Paulo (USP), com quase 90 mil estudantes de graduação e pós-graduação. A cidade universitária da USP é muito grande. No Brasil, as universidades públicas dividem-se em estaduais e federais; a USP é uma universidade estadual. Além do campus principal, a universidade tem também seis campi regionais no interior do estado de São Paulo.

As universidades nos Países Africanos de Língua Oficial Portuguesa (PALOP) têm uma história muito mais recente. A Universidade Eduardo Mondlane (UEM), a mais antiga de Moçambique, foi fundada nos anos sessenta do século vinte, ainda no período colonial. É também a maior universidade do país, com cerca de 8 mil estudantes. Em 1999, o famoso artista moçambicano Malangatana pintou para a UEM um belo mural que hoje adorna o Centro de Estudos Africanos da universidade.

 1-31 Muitas perguntas! In small groups, try to formulate as many questions as you can about the universities of Coimbra, São Paulo, and Eduardo Mondlane. Then take turns in addressing your questions to the class.

Modelo   Quantos campi regionais tem a USP?

 1-32 Diferenças. Working with a classmate, consider some of the ways in which the three universities described above differ from your own. Compile a list of differences, indicating at least one in each case, and share it with the class.

Para pesquisar

Visit the website of the **Associação das Universidades de Língua Portuguesa** and locate the list of universities that are members of the association (**membros titulares**). Explore some of the websites of universities in Brazil, Portugal, and/or Lusophone Africa. Share with your classmates any information that you found interesting while conducting your research.

Vídeo

A matéria preferida do Adolónimo é Física.

Mais um passo

Some regular *-er* and *-ir* verbs

The verb form found in dictionaries and in most vocabulary lists is the infinitive: **falar**, **estudar**, etc. Its equivalent in English is the verb preceded by *to*: *to speak*, *to study*. In Portuguese, most infinitives end in **-ar**; other infinitives end in **-er** and **-ir**.

So far, you have practiced the present tense of regular **-ar** verbs. Now you will practice the present-tense forms of some **-er** and **-ir** verbs: **comer**—*to eat*, **aprender**—*to learn*, **escrever**—*to write*, **assistir (a)**—*to attend, to watch*, **discutir**—*to discuss, to argue*.

- As you did with **-ar** verbs, use the ending **-o** when talking about your own activities.

  Aprendo muito português todos os dias.   *I learn a great deal of Portuguese every day.*

- For the **tu** form (in European Portuguese), use the ending **-es**.

  Comes na cantina ou em casa?   *Do you eat in the cafeteria or at home?*

- Use the ending **-emos** for the **nós** form.

  Nós **comemos** pizza quando estudamos.   *We eat pizza when we study.*

- For the **você**, **ele/ela**, **o senhor/a senhora** forms, use the ending **-e**. For the **vocês**, **eles/elas**, **os senhores/as senhoras** forms, use the ending **-em**.

  Você **discute** política com os amigos?   *Do you (sing.) discuss politics with your friends?*

  Vocês **discutem** política com os amigos?   *Do you (pl.) discuss politics with your friends?*

  Ela **escreve** muito bem.   *She writes very well.*
  Elas **escrevem** muito bem.   *They write very well.*

1-33 Conhecemos bem o nosso professor/a nossa professora? With a classmate, discuss whether the following bits of information about your instructor are true (**verdadeiro**) or false (**falso**). Then ask your instructor to verify the information.

1. _____ Escreve poemas.
2. _____ Come em restaurantes nos fins de semana.
3. _____ Ensina três cursos este semestre.
4. _____ Aprende italiano.
5. _____ Consulta a Internet para os cursos que ensina.
6. _____ Toma muito café.

1-34 Todos os dias ou nunca? Mark the chart below to reflect how often you do each activity listed. Then compare your chart with your classmate's.

Modelo   comer pizza

E1: Eu como pizza às vezes. E você, quando você come pizza?
E2: Eu nunca como pizza.

E1: Eu como pizza às vezes. E tu, quando comes pizza?
E2: Eu nunca como pizza.

ATIVIDADE	TODOS OS DIAS	ÀS VEZES	NOS FINS DE SEMANA	NUNCA
comer pizza				
comer tacos				
assistir a um jogo				
aprender palavras em português				
tomar café				
escrever um e-mail				
discutir política				
escutar rock				

 Extensão. Compare the results obtained by you and your partner in the first part of this activity with those of your other classmates.

Para escutar

A. Verdadeiro ou falso? You will hear two students talking about their classes. Before listening to the recording, think about the kinds of things they may say and make a list of what you might expect to hear. Your experience and previous knowledge will help you anticipate some of the things they may say. Then listen to the conversation between Cristina and André and indicate whether each statement is **verdadeiro** or **falso**. Read the statements before listening to the tape.

	VERDADEIRO	FALSO
1. Cristina e Mário são professores.	_____	_____
2. Mário faz quatro cursos este semestre.	_____	_____
3. Cristina tem só (*only*) aulas de Ciências Humanas.	_____	_____
4. Os estudantes estudam muito para o curso de História.	_____	_____
5. O curso preferido do Mário é Filosofia.	_____	_____

B. Quais são as aulas deles? First, as you listen to the description, circle the words you hear. Then read the passage and complete the chart below, based on the information you obtained.

A Ana e a Luísa estudam (**Biologia / Línguas**) e não estudam (**Psicologia / Economia**). A Luísa tem aulas de (**Inglês / Espanhol**) e de (**História / Geografia**) às segundas, quartas e sextas. Terças e quintas ela tem (**Informática / Física**) e (**Filosofia / Psicologia**). Geografia é a sua aula favorita. A Ana estuda (**Contabilidade / Matemática**) e (**Química / Biologia**) às segundas, quartas e sextas. Terças e quintas ela tem (**Química / Biologia**) e (**Espanhol / Inglês**). Ela não estuda (**Psicologia / Filosofia**) este ano, mas estuda Física. As aulas de (**Física / Química, Contabilidade / Cálculo**) e Economia do Jorge são às segundas, quartas e sextas. Terças e quintas são as suas aulas de Psicologia e Biologia.

NOME	SEGUNDAS, QUARTAS E SEXTAS	TERÇAS E QUINTAS
	Economia, Química, Contabilidade	Biologia, Psicologia
	Matemática, Química	Biologia, Física, Espanhol
	Espanhol, Geografia	Psicologia, Informática

Para conversar

 1-35 Procuramos uma livraria. You and your friend are visiting Rio de Janeiro. Your friend finds the following ad in the local newspaper. Ask him or her the following questions about the ad:

a. the name of the bookstore
b. the address of the bookstore
c. the bookstore's phone number

Livros

CDs & DVDs

Revistas nacionais & importadas

Café Ubaldo & Bar do Zira

Rua Visconde de Pirajá, 276, Ipanema—Rio de Janeiro, RJ
Cep. 22410 000
Tel: (21) 2521-6110, Fax:(21) 2521-6324

 1-36 Pesquisa: as aulas. Primeiro passo. In small groups, ask all members of your group what courses they are taking and what their classes are like. Complete the chart below with the results of your poll.

Modelo

E1: Você estuda Biologia?
E2: Estudo, sim.
E1: É um curso difícil?
E2: Não, é (um curso) fácil.

E1: Estudas Biologia?
E2: Estudo, sim.
E1: É um curso difícil?
E2: Não, é (um curso) fácil.

DISCIPLINA	NOME DO/DA COLEGA	DIFÍCIL	FÁCIL
Biologia			
Inglês			
Economia			
Física			
Espanhol			
Literatura			
Matemática			
História			

Segundo passo. Now, summarize the results of your poll and share them with the class.

1. Quantos colegas estudam Biologia, Economia, etc.?
2. Segundo a opinião do grupo, quais são os cursos fáceis?
3. Quais são os cursos difíceis?

Para ler

An important skill that must be developed to become proficient in another language is accurate, fluent reading. Of course, this comes with exposure to the language over time, but it is vital to develop this skill from the earliest stages of learning a new language.

Reading proficiently means more than just knowing words. It represents an active process in which linguistic and non-linguistic variables intervene while you are trying to make sense of a written text. Before proceeding with the following activities, look at some of the reading tips you learned in the **Primeiros passos** chapter. What is the likely content of the text reproduced in activity 1-38? Can you recognize any cognates? Underline them.

 1-37 Preparação. In your opinion, which of the following classes are more interesting for a North American student planning to study in Portugal? Mark them with a check and then compare your responses with those of a classmate.

1. _____ Geografia de Portugal
2. _____ Teoria da Comunicação
3. _____ Cultura Portuguesa
4. _____ Anatomia Humana
5. _____ História Contemporânea de Portugal
6. _____ Antropologia da Emigração Portuguesa
7. _____ Literatura Portuguesa Contemporânea
8. _____ Contabilidade Rural

1-38 Primeira vista. Read the following information on Portuguese language courses for foreign students at the **Universidade de Lisboa** (Portugal) and underline the correct response in each statement.

a. Os cursos de Língua Portuguesa no verão duram 4 semanas / 13 semanas / 8 semanas.

b. Nos cursos de Cultura Portuguesa, a Universidade de Lisboa **não** oferece aulas de História / Geografia / Música.

c. Os cursos semestrais de Língua Portuguesa nos níveis Inicial e Elementar ocupam 10 horas / 16 horas / 20 horas de aulas por semana.

d. Uma aula de Cultura Portuguesa no verão é às segundas, quartas e sextas / às terças e quintas / todos os dias.

e. As atividades extracurriculares que o texto menciona são visitas ao teatro / viagens a várias regiões de Portugal / visitas às casas dos professores.

CURSOS DE PORTUGUÊS LÍNGUA ESTRANGEIRA

CURSOS DE LÍNGUA PORTUGUESA

Os Cursos de Língua Portuguesa estão organizados em blocos de 4 e 13 semanas. Os blocos de 4 semanas só se realizam nos meses de Verão e têm uma carga horária de 4 horas por dia, num total de 80 horas para os níveis Inicial e Elementar e 3 horas por dia, num total de 60 horas, para os níveis Intermédio, Avançado e Superior.

Os blocos de 13 semanas são cursos semestrais. Têm 16 horas de aulas por semana, nos níveis Inicial e Elementar, num total de 200 horas e 10 horas de aulas por semana, nos Níveis Intermédio, Avançado e Superior, num total de 130 horas.

CURSOS DE CULTURA PORTUGUESA

Os estudantes dos Níveis Intermédio, Avançado e Superior podem complementar o seu programa de Língua Portuguesa, frequentando uma (nos Cursos de Verão) ou mais do que uma (durante o Curso Anual) das seguintes disciplinas: História Contemporânea de Portugal, Aspetos Socioeconómicos, Cultura Portuguesa, Geografia de Portugal e Literatura Portuguesa Contemporânea.

Cada disciplina de Cultura Portuguesa funciona durante 13 semanas em cada semestre, com uma carga horária de 4 horas por semana (num total de 52 horas, incluindo a avaliação) e durante 4 semanas nos meses de Verão com 90 minutos por dia (num total de 32 horas, incluindo a avaliação).

ATIVIDADES EXTRACURRICULARES

Para além das aulas dos Cursos, os estudantes podem participar nas atividades promovidas pela Universidade em geral e pelo Departamento de Língua e Cultura Portuguesa em particular, entre as quais se destacam visitas de estudo às diversas regiões de Portugal e a Lisboa e arredores.

1-39 Expansão. Find the answers to the following questions in the information above and underline them.

1. Como estão organizados os cursos de Língua Portuguesa?
2. A quem se destinam os cursos de Cultura Portuguesa?
3. Quais são as disciplinas de Cultura Portuguesa que a universidade oferece?
4. Por quem são promovidas as atividades extracurriculares?

Para pesquisar ——————————————————

1. On the Internet, try to locate information on Portuguese-language classes for foreign students at two or three different universities in Portugal and/or Brazil. Find out what courses are offered, the amount of tuition, etc. Choose a university where you would like to study and explain to your classmates why you have chosen it.
2. Look for more information on extracurricular activities of college students in the Portuguese-speaking world (exhibitions, concerts, theatrical performances, clubs, etc.). Which activities seem particularly interesting to you? In what kinds of activities would you like to participate?

Para escrever ——————————————————

-33

Writing is an act of communication in every language. In order for your writing to be effective, you need to consider the following questions before you begin:

1. **Purpose**: Why am I writing? To communicate with a friend? To request something in a business situation? To complain? To inform?
2. **Means of communication**: What channel am I using to communicate? Is it a letter, a postcard, an essay? Am I filling out a form, writing a report?
3. **Reader**: Who will be the recipient of my message, someone I know or someone unknown to me? If it is someone I know, is it an acquaintance, a friend, a relative? Is the reader my age, younger, or older? Is this person someone who holds authority over me?
4. **Topic**: What is the content of my writing? Am I writing about my personal experience or about a broader, more general topic?
5. **Language**: What vocabulary and structures will I potentially need to develop my topic? When writing in a language other than your own, you will find it helpful to list these before you begin. For example, if you are interviewing a classmate about his or her background, you will find it useful to make a list of the questions for requesting personal information: **Onde você mora? O que você estuda?** (B); or **Onde moras? O que estudas?** (P), etc.

1-40 Preparação. Before doing activity 1-41, specify the following:

1. Purpose:
2. Means of communication:
3. Reader:
4. Topic:
5. Language:

1-41 Mãos à obra! This is the first time you are able to write to your Portuguese-speaking friend in Portuguese. You want to send a postcard telling him or her about your life at the university. Cover the following points in your postcard:

Querido/a...

Um grande abraço,...

- How things are going for you.

- Your university or college and the classes you are taking this semester.

- What your daily routine is like, what you do after class (**depois das aulas**), on weekends, etc.

1-42 **Revisão.** After writing your postcard, discuss it with a classmate. Then make any necessary changes.

- Make sure you have covered all the information requested in activity 1-41.

- Revise any possible inaccuracies you may find regarding language use, spelling, punctuation, accentuation, etc.

- Finally, make any necessary changes that will make your text clear and comprehensible to your reader.

Projeto final

Preparação

1-43 **As entrevistas.** Your university has received two scholarships to be awarded to students who want to study in Portugal for a semester. You are on the committee in charge of interviewing and selecting fellow students who applied for the scholarships. Read the ten questions below, choose five that you find the most appropriate, and rank them in order of importance.

1. Você fala português?
2. Você é uma pessoa independente?
3. O que você estuda?
4. Você gosta de estudar português?
5. Você tem interesse pela vida política?
6. Onde você trabalha?
7. Quantas aulas você tem por semana?
8. Você gosta de viajar?
9. Você é uma pessoa otimista?
10. O que você gosta de fazer nos fins de semana?

1. Falas português?
2. És uma pessoa independente?
3. O que estudas?
4. Gostas de estudar português?
5. Tens interesse pela vida política?
6. Onde trabalhas?
7. Quantas aulas tens por semana?
8. Gostas de viajar?
9. És uma pessoa otimista?
10. O que gostas de fazer nos fins de semana?

Ordem de importância das perguntas

_____
_____
_____
_____
_____

Mãos à obra

 1-44 **Parte 1: Os finalistas.** Two other members of the committee conducted the interviews with the candidates and came up with six finalists. Working with a classmate (another member of the committee), analyze the profiles of the finalists and assign scores (1 = positive; 2 = irrelevant; 3 = negative) to each characteristic your colleagues identified.

Susan Smith

Não fala bem português. ____
Gosta das aulas de Português. ____
É independente. ____
Tem interesse pela vida política. ____
Não gosta de viajar. ____

Charles Lewis

Fala bem português. ____
Não gosta das aulas de Português. ____
É independente. ____
Não tem interesse pela vida política. ____
Gosta de viajar. ____

Carol Sanchez

Fala bem português. ____
Gosta das aulas de Português. ____
É independente. ____
Tem interesse pela vida política. ____
Gosta de viajar. ____

Bryan Chen

Fala bem português. ____
Não gosta das aulas de Português. ____
Não é independente. ____
Tem interesse pela vida política. ____
Gosta de viajar. ____

Art Oliver

Fala bem português. ____
Gosta das aulas de Português. ____
É independente. ____
Não tem interesse pela vida política. ____
Não gosta de viajar. ____

Pat McDonell

Não fala bem português. ____
Não gosta das aulas de Português. ____
É independente. ____
Tem interesse pela vida política. ____
Não gosta de viajar. ____

Parte 2: A decisão. After doing the tally with your partner, write one follow-up question for each finalist and make up his or her answer. Finally, decide to whom the scholarship will be awarded.

Susan Smith

Quando _____?

_____

Charles Lewis

_____?

_____

Carol Sanchez

_____?

_____

Bryan Chen

_____?

_____

Art Oliver

_____?

_____

Pat McDonell

_____?

_____

Parte 3: Apresentação e comparação. Together with your partner, present and justify your final decision to the class. Then, compare and discuss your recommendations with your classmates and your instructor.

Horizontes

📖 São Paulo e o Rio de Janeiro

São Paulo e o Rio de Janeiro, situadas na região Sudeste, são as duas maiores cidades do Brasil. Com mais de 11 milhões de habitantes (19 milhões na área metropolitana), São Paulo é também a maior cidade da América do Sul e uma das dez maiores do mundo. A população do Rio de Janeiro, cidade famosa pela sua beleza única, é de mais de 6 milhões de habitantes (12 milhões na área metropolitana). As duas cidades são grandes centros de economia, cultura e também educação: no Rio de Janeiro há várias universidades importantes, como a Universidade Federal do Rio de Janeiro, a Universidade do Estado do Rio de Janeiro e a PUC-Rio. Em São Paulo, entre outras, ficam a Universidade de São Paulo, a maior universidade pública do Brasil, e a PUC-SP.

Para responder

1. Qual é a localização geográfica das cidades de São Paulo e do Rio de Janeiro?
2. Quais são as universidades mais conhecidas destas duas cidades?

A população de São Paulo inclui muitas comunidades étnicas. O número de brasileiros de origem italiana em São Paulo é maior do que a população da cidade de Nápoles, na Itália. A comunidade japonesa em São Paulo é a maior fora do Japão. Dinâmica e variada, a população da cidade contribui para o seu desenvolvimento. A cidade é também o mercado de consumo número um da América Latina e o centro das decisões de investimentos nacionais e internacionais. O estado de São Paulo gera mais de 30% do Produto Interno Bruto (PIB) do Brasil. A cidade oferece também uma rica vida cultural aos seus habitantes e visitantes. O Museu de Arte de São Paulo e o Museu de Arte Moderna de São Paulo têm exposições de artes visuais internacionalmente reconhecidas. A famosa Exposição Bienal de Artes atrai artistas e amantes de arte de todo o mundo.

A grande beleza natural da baía de Guanabara, onde se situa a cidade do Rio de Janeiro, cria um ambiente visual único. Suas praias são o elemento mais famoso da cidade: Ipanema, Copacabana, Leblon e muitas outras. As praias atraem turistas de todo o mundo ao Rio de Janeiro, mas

no dia a dia dos cariocas (os habitantes do Rio de Janeiro), elas também são muito importantes. Os dois maiores eventos anuais do Rio são o Carnaval, o mais famoso do Brasil, e a passagem do ano. O ponto alto do carnaval carioca é o tradicional desfile das Escolas de Samba no Sambódromo.

Para responder

1. Faça (*make*) duas listas, uma para a cidade de São Paulo e outra para o Rio de Janeiro. O que é que cada cidade tem para oferecer?
2. Tomando como base a lista que você fez, de qual cidade você gosta mais? Indique a razão.
3. Quais são os dois maiores eventos da cidade do Rio de Janeiro?
4. Há muitos imigrantes em São Paulo. De onde é que eles vêm (*come*)?

Para navegar

1. No site do Memorial do Imigrante do Governo de São Paulo, procure a lista de "Exposições e eventos". Escolha o que lhe parecer mais importante e justifique a razão de sua escolha para os colegas da turma.
2. Explore o Guia Oficial da cidade do Rio de Janeiro. Anote três atividades que você gostaria de fazer e conte para o resto da turma.

🔊 Vocabulário

Na aula

o dicionário	*dictionary*
o mapa	*map*
a nota	*note, grade*
o dever de casa	*homework, assignment*

Disciplinas

a Antropologia	*anthropology*
a Biologia	*biology*
a Contabilidade	*accounting*
a Economia	*economics*
o Espanhol	*Spanish*
a Física	*physics*
a Geografia	*geography*
a História	*history*
a Informática	*computer science*
o Inglês	*English*
a Literatura	*literature*
a Matemática	*mathematics*
o Português	*Portuguese*
a Psicologia	*psychology*
a Química	*chemistry*
a Sociologia	*sociology*

Lugares

a biblioteca	*library*
o café	*coffee house*
a cantina (P)	*cafeteria*
a casa	*house, home*
a discoteca	*dance club*
o ginásio	*gymnasium*
o laboratório	*laboratory*
o laboratório de línguas	*language lab*
a livraria	*bookstore*
a praia	*beach*
o restaurante (B)	*cafeteria*
a universidade	*university*

Faculdades

Ciências	*sciences*
Direito	*law*
Engenharia	*engineering*
Farmácia	*pharmacy*
Letras	*humanities*
Medicina	*medicine*

Pessoas

a turma	*class (group of students)*
o/a vendedor/a	*salesperson*

Descrições

alegre	*happy, joyful*
baixo/a	*low*
bom/boa	*good*
chato/a	*boring*
difícil	*difficult*
estudioso/a	*studious*
fácil	*easy*
preferido/a	*favorite*
grande	*big, great*
interessante	*interesting*
pequeno/a	*small*
proibido/a	*forbidden, not allowed*
responsável	*responsible*
sério/a	*serious*

Verbos

adorar	*to like a lot, to love*
almoçar	*to eat lunch*
andar	*to go, to ride*
andar de bicicleta	*to ride a bicycle*
caminhar	*to walk*
chegar	*to arrive*
comprar	*to buy*
conversar	*to talk, to converse*
custar	*to cost*
dançar	*to dance*
descansar	*to rest*
escutar	*to listen*
estar	*to be*
estudar	*to study*
falar	*to speak*
ficar	*to stay, to be located*
gostar de	*to like*
jantar	*to eat dinner*
morar	*to live (reside)*
pesquisar	*to research*
praticar	*to practice*
precisar	*to need*
procurar	*to look for*
tirar	*to get (grades), to take out*
tomar	*to take, to drink*

tomar notas	*to take notes*
trabalhar	*to work*
usar	*to use*

Expressões de tempo

às vezes	*sometimes*
o fim de semana	*weekend*
muitas vezes	*often, many times*
nunca	*never*
sempre	*always*
todos os dias	*every day*
todas as semanas	*every week*
todos os meses	*every month*

Palavras e expressões úteis

bastante	*enough*
boa sorte	*good luck*
o dólar	*dollar*
mas	*but*
para	*for, to*
porque	*because*
Que coisa!	*Gosh!*
Que pena!	*What a pity!*
também	*also, too*
tem	*he/she has, you have*
tens (P, informal)	*you have*
tenho	*I have*

Lição **2** **Entre amigos**

À PRIMEIRA VISTA

- Os meus amigos e eu
- As cores
- As nacionalidades

ESTRUTURAS

- Describing people, places, and things: Adjectives
- Identifying and describing; expressing origin, possession, location of events, and time: Present tense of **ser**
- Expressing inherent qualities and changeable conditions: **Ser** and **estar** with adjectives
- Expressing ownership: Possessive adjectives
- Mais um passo: Some idiomatic expressions with **estar**

Vamos viajar

- A diversidade global do mundo lusófono
- Um mosaico étnico e racial

ENCONTROS

- Para escutar: Listening for specific information
- Para conversar: Describing appearance and personality
- Para ler: Scanning a text; inferring meaning
- Para escrever: Responding to an ad; addressing an unknown reader
- Projeto final: Uma pesquisa e uma festa

HORIZONTES

- O Sudeste e o Sul do Brasil

COMUNICAÇÃO

In this chapter you will learn to:

- Ask about and describe persons, animals, places, and things

- Express nationality and place of origin

- Talk about ethnic and cultural diversity

- Express where and when events take place

- Express possession

Meus amigos e eu

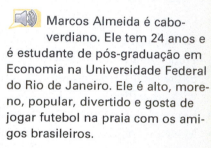

🔊 Cristina Rodrigues é baixa, tem cabelo loiro liso e olhos azuis. Ela é muito alegre, extrovertida e tem muitos amigos. Cristina estuda Psicologia na universidade.

🔊 Meu nome é Marcelo de Freitas e sou do Rio de Janeiro. Tenho vinte anos. Gosto de ouvir música, ir ao cinema e surfar com meus amigos na praia. Sou dinâmico e otimista. Estudo Engenharia na Universidade Federal do Rio de Janeiro. Tenho muitos amigos universitários, entre eles, Renata, Roberto, Cristina, Marcos e Marta.

🔊 Marcos Almeida é cabo-verdiano. Ele tem 24 anos e é estudante de pós-graduação em Economia na Universidade Federal do Rio de Janeiro. Ele é alto, more-no, popular, divertido e gosta de jogar futebol na praia com os ami-gos brasileiros.

🔊 Renata de Oliveira é alta e magra. Ela tem olhos e cabelos cas-tanhos. O cabelo da Renata é comprido e ondulado. Renata é séria, organizada e comunicativa. Ela dança balé e estuda Sociologia.

🔊 Roberto Morais é negro e baixo. Ele tem cabelo crespo e curto. Roberto é tímido e calado. Ele estuda Informática e trabalha com o computador todos os dias.

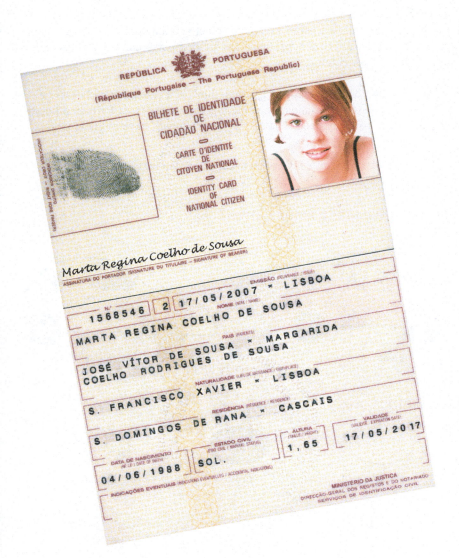

Marta de Sousa é portuguesa e tem 23 anos. Ela tem olhos verdes e cabelo curto e ruivo. É divertida e inteligente. Marta estuda História na Universidade de Lisboa e tem amigos no Rio de Janeiro. Ela visita os amigos brasileiros regularmente.

2-1 Associações. To whom do the descriptions on the left refer?

1. _____ Tem cabelo comprido.
2. _____ Tem vinte anos.
3. _____ É divertido.
4. _____ Estuda Economia.
5. _____ Gosta de surfar.
6. _____ É alta.
7. _____ Tem cabelo crespo.
8. _____ Tem olhos verdes.
9. _____ É calado.
10. _____ É baixa.

a. Marcelo de Freitas
b. Renata de Oliveira
c. Roberto Morais
d. Cristina Rodrigues
e. Marta de Sousa
f. Marcos Almeida

2-2 Quem é? Primeiro passo. With a classmate, read again the texts on pages 70–71. Then make a list of expressions that you may use to describe people in regard to: a) their physical appearance and b) their personality traits. Use at least three expressions per column.

Segundo passo. Now, working in a group, think of a classmate and describe him or her in at least three sentences, using the vocabulary from **Primeiro passo** or any other that you may need. The rest of the group will have to guess who is being described.

Modelo   E1: Ela é alta, magra e tem cabelo castanho. É organizada. Quem é?
    E2: É…?

Língua

Names of colors vary somewhat throughout the Portuguese-speaking world. In Brazil, **castanho** is generally used when referring to hair or eye color, but **marrom** is used to express brown in other contexts; in European and African variants of Portuguese, brown is always **castanho**. **Encarnado** is sometimes used in Portugal (as well as in some African countries) in addition to **vermelho**. In all variants of Portuguese, **negro** may be used instead of **preto** to signify black, especially when referring to racial identity.

 De que cor são estes carros?

É vermelho.   É amarelo.

 Outras cores

branco   preto   cinza (B)/cinzento (P)

 cor-de-rosa   cor de laranja   roxo

2-3 Quais são as cores? Locate, on the inside back cover of this textbook, pictures of flags (**bandeiras**) of Portuguese-speaking countries. Then identify their colors in a conversation with a classmate.

Modelo   E1: Brasil: quais são as cores da bandeira?
    E2: Verde,…

Como são estas pessoas?

forte fraco

jovem velha

magra gorda

trabalhador preguiçoso

simpático antipático

triste alegre

pobre rica

casado

solteiro

E como são estes animais?

O hipopótamo　É feio.

A gata　É muito bonita.

A cobra

É pequena.

O urso　É grande.

2-4 Opostos. Complete the following statements.

Modelo　Daniel Radcliffe não é velho, é jovem.

1. Keira Knightley não é gorda, é…
2. O presidente não é preguiçoso, é…
3. Kaká não é antipático, é…
4. Madonna não é fraca, é…
5. Bill Gates não é pobre, é…
6. Caetano Veloso não é feio, é…

2-5 Quem sou? On a small piece of paper, write a brief description of yourself (physical and personality); *do not* include your name. Fold the piece of paper and give it to your instructor. He or she will ask each one of you to draw a description, read it, and match the description with the name of the classmate who wrote it.

Modelo　Eu sou alta e magra. Tenho cabelo curto e castanho, olhos azuis. Sou alegre e forte; gosto de dançar.

De onde são?

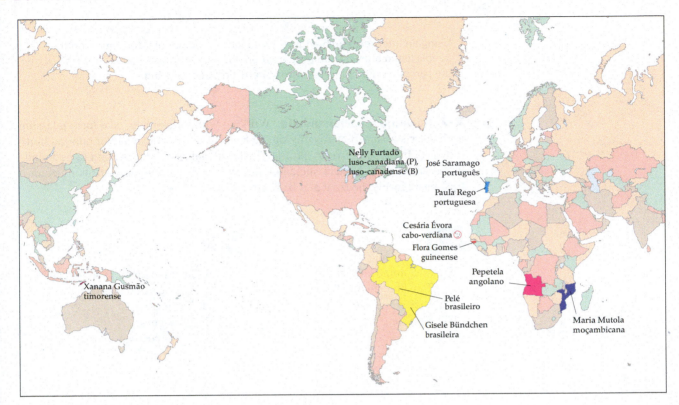

2-6 Quem são estas pessoas? Identify the following people.

1. Nobel de Literatura em 1998
2. Cantora de mornas de Cabo Verde
3. Escritor africano, *Mayombe*
4. O primeiro presidente de Timor independente
5. Cantora jovem, vencedora do Grammy em 2002
6. "O Rei do Futebol"
7. Realizador de cinema, *Udju Azul di Yonta*
8. Corredora e recordista mundial
9. Modelo famosa
10. Pintora importante, residente em Londres

a. Pelé
b. Nelly Furtado
c. Paula Rego
d. Maria Mutola
e. José Saramago
f. Pepetela
g. Gisele Bündchen
h. Xanana Gusmão
i. Cesária Évora
j. Flora Gomes

Para pesquisar

Using an Internet search engine, try to locate additional information on the people listed above. Then prepare a brief digest for presentation to the class on the person you thought the most interesting or appealing.

 2-7 Adivinhe a nacionalidade. Working with a classmate, take turns guessing each other's assumed nationality on the basis of geographical and/or cultural hints provided. In preparing your "profiles," take advantage of information to be found in this and earlier chapters, including the overview of Portuguese-speaking countries found inside the front and back covers.

Modelo

E1: Meu nome é Ricardo.
    Trabalho em São Paulo.
E2: Você é brasileiro!
E1: Sou, sim.

E1: Chamo-me Laura. Falo português
    e inglês e estudo na Universidade
    de Connecticut.
E2: És portuguesa?
E1: Não, sou luso-americana.

Para escutar

 Como são estas pessoas? You will hear a student talk about himself. Before listening to the recording, think about the things he may say and go over the information below. Then listen carefully to determine if this information is mentioned or not. Mark the appropriate column.

	SIM	NÃO
1. Name	_____	_____
2. Age	_____	_____
3. Address	_____	_____
4. Physical description	_____	_____
5. Place of work	_____	_____

Now you will hear a young woman describe herself. Mark the appropriate column on the chart according to the information that you hear.

Nacionalidade:	_____são-tomense	_____portuguesa	_____angolana
Idade:	_____15 anos	_____21 anos	_____30 anos
Descrição:	_____alta e morena	_____baixa e morena	_____alta e loira
Estudos:	_____Engenharia	_____Psicologia	_____Letras

1. Describing people, places, and things: Adjectives

Eduardo é alt**o** e atlétic**o**.

Adriana é baix**a** e muito elegant**e**. Um segredo? Ela tem três gatos azu**is**...

Ana, Patrícia e Teresa estudam muito. São inteligent**es** e trabalhador**as**.

Carlos, Luís e Carmen são simpátic**os** e divertid**os**. Conversam e dançam muito nas festas.

Vamos analisar. Complete the descriptions of the people in the drawings by supplying their names.

1. _____ é jovem e magra.
2. _____, _____ e _____ são inteligentes e estudiosas.
3. _____ é moreno e bonito.
4. _____, _____ e _____ são populares e divertidos.
5. _____ é português.
6. _____ e _____ são brasileiras.

- Adjectives are words that describe people, places, and things. Like articles (**o**, **a**, **um**, **uma**) and nouns (**amigo**, **amiga**), they generally have more than one form. In Portuguese, an adjective must agree in gender (masculine or feminine) and number (singular or plural) with the noun or pronoun it describes. Adjectives that describe characteristics of a noun usually follow the noun.

- Many adjectives end in **-o** when used with masculine words and in **-a** when used with feminine words. To form the plural of these adjectives, just add **-s**. This applies to most words ending in a vowel.

	MASCULINE	FEMININE
SINGULAR	amig**o** simpátic**o**	amig**a** simpátic**a**
PLURAL	amig**os** simpátic**os**	amig**as** simpátic**as**

■ Adjectives that end in **-e, -z, -ar, -ista**, or **-eta** can be used with masculine or feminine words because they have only two forms, singular and plural. To form the plural of adjectives ending in **-e** or **-ista**, just add **-s** (because they are words ending in a vowel). But to form the plural of adjectives ending in **-z** or **-ar**, add **-es**. This applies to most words ending in a consonant.

	MASCULINE	FEMININE
SINGULAR	amig**o** interessant**e**	amig**a** interessant**e**
	moç**o** feli**z**	moç**a** feli**z**
	alun**o** popul**ar**	alun**a** popul**ar**
	companheir**o** pessim**ista**	companheir**a** pessim**ista**
	menin**o** pat**eta**	menin**a** pat**eta**
PLURAL	amig**os** interessant**es**	amig**as** interessant**es**
	moç**os** feliz**es**	moç**as** felizes
	alun**os** popular**es**	alun**as** popular**es**
	companheir**os** pessimist**as**	companheir**as** pessimistas
	menin**os** patet**as**	menin**as** patetas

■ Adjectives ending in **-al, -el**, and **-ul** can be used with masculine or feminine words. In their plural form, the final **-l** becomes **-is**. Adjectives ending in **-il** in the singular have the plural ending in **-is**, but if the word has an accent, the plural becomes **-eis**. Adjectives ending in **-ol** have a feminine form ending in **-ola**. Their respective plural forms are **-óis** and **-olas**, following the general rules you have learned so far.

	MASCULINE	FEMININE
SINGULAR	amig**o** le**al**	amig**a** le**al**
	alun**o** responsáv**el**	alun**a** responsáv**el**
	gat**o** az**ul**	gat**a** az**ul**
	menin**o** gent**il**	menin**a** gent**il**
	parceir**o** difíc**il**	parceir**a** difíc**il**
-ol / -ola	companheir**o** espanh**ol**	companheir**a** espanh**ola**
PLURAL	amig**os** le**ais**	amig**as** le**ais**
	alun**os** responsáve**is**	alun**as** responsáve**is**
	gat**os** azu**is**	gat**as** azu**is**
-is	menin**os** gent**is**	menin**as** gent**is**
-eis	parceir**os** difíc**eis**	parceir**as** difíc**eis**
-óis / -olas	companheir**os** espanh**óis**	companheir**as** espanh**olas**

■ Adjectives ending in **-or** and **-ês** in the masculine add an **-a** to form the feminine (the circumflex accent disappears in the feminine and plural forms). The plural is formed by adding **-es** to the masculine form and **-s** to the feminine.

	MASCULINE	FEMININE
SINGULAR	alun**o** trabalhad**or**	alun**a** trabalhador**a**
	amig**o** portugu**ês**	amig**a** portugues**a**
PLURAL	alun**os** trabalhador**es**	alun**as** trabalhador**as**
	amig**os** portugues**es**	amig**as** portugues**as**

■ Adjectives ending in **-es** (without the accent!) have only one form, regardless of gender or number. They are unchangeable.

	MASCULINE	FEMININE
SINGULAR	moço simpl**es**	moç**a** simpl**es**
PLURAL	moç**os** simpl**es**	moç**as** simpl**es**

2-8 Qualificações. You are the head of a growing company and need to hire more staff. Tell your classmate (the personnel manager) what qualities you are looking for in the job candidates. Answer the questions the personnel manager may have.

1. Preciso de um/a gerente de relações públicas…

arrogante	competente	agradável
poliglota	calado	antipático
extrovertido	passivo	…

2. Preciso de um/a secretário/a…

inteligente	preguiçoso	dedicado
dinâmico	trabalhador	competente
atraente	sério	…

3. Preciso de empregados/as…

interessante	perfeccionista	divertido
simpático	falador	eficiente
leal	responsável	…

2-9 Pessoas e personagens famosas. Primeiro passo. With a classmate, describe the people below, using at least three of the following adjectives or expressions for each one. Compare your descriptions with those of other classmates.

sério	trabalhador	engraçado
inteligente	simpático	atlético
bonito	extrovertido	distinto
atraente	carismático	intelectual
corajoso	tímido	ridículo
tem olhos…	tem cabelo…	…

1. Madonna
2. Hillary Clinton
3. Arnold Schwarzenegger
4. Maria Mutola
5. Nelly Furtado
6. Harry Potter

7. Gisele Bündchen
8. Pelé
9. Super-Homem
10. Branca de Neve
11. _____

Segundo passo. Now, take turns describing someone important in your life. Your partner will ask questions to get more information about him or her and to find out why he or she is important to you.

Situações

1. **Role A.** You are the personnel manager who is interviewing one of the job applicants in activity 2-8. Verify his or her name and ask him or her a) where he or she is from; b) what his or her personality traits are; c) if he or she currently works, and if so, where; and d) what he or she likes to do in his or her free time (**horas de lazer**).

   Role B. You are one of the job applicants in activity 2-8. Answer the personnel manager's questions in detail and ask any questions you may have.

2. **Role A.** You finally got your first job, but you don't like the office that you have been assigned. (It is small, has an old computer, etc.). Describe it in detail to your partner. Then, describe to him or her your ideal office.

   Role B. Sketch each item of your classmate's description of the assigned office. Interrupt him or her as necessary to get the information you need. At the end, show him or her your drawing to see if it matches the description. You may need some additional vocabulary: **arquivo** (*filing cabinet*), **impressora** (*printer*).

Vamos viajar

A diversidade global do mundo lusófono

A língua portuguesa é falada em oito países e quatro continentes, em contextos culturalmente muito diversos. Por exemplo, o Brasil—o maior país do mundo de língua portuguesa—é também o maior país da América Latina e tem vínculos com os outros países latino-americanos. A cultura brasileira é o resultado da fusão histórica da colonização portuguesa, dos elementos culturais indígenas, da cultura dos escravos africanos e das várias influências culturais associadas com os imigrantes italianos, alemães, japoneses, árabes e outros. Ao mesmo tempo, a cultura brasileira contemporânea tem uma crescente visibilidade global. Os músicos brasileiros (como Caetano Veloso ou Milton Nascimento) e os filmes brasileiros (como *Central do Brasil* ou *Cidade de Deus*) são mundialmente famosos. Há churrascarias brasileiras em Atlanta, Paris e Tóquio.

As identidades culturais e as relações internacionais dos outros países lusófonos ("lusófono" quer dizer "que fala português") são igualmente complexas. Portugal é membro da União Europeia, mas ao mesmo tempo mantém relações estreitas com os seus antigos territórios coloniais na África, América do Sul e Ásia. Angola e Moçambique, os dois maiores PALOP (Países Africanos de Língua Oficial Portuguesa), pertencem às esferas culturais distintas da África Ocidental (Angola) e do Oceano Índico (Moçambique). Cabo Verde é um país culturalmente suspenso entre a África, a Europa e as Américas. Timor-Leste, o mais recente país lusófono (português e tétum são as duas línguas oficiais de Timor-Leste), ocupa metade de uma ilha situada entre a Indonésia e a Austrália.

2-10 Associações. To which countries do the descriptions on the left refer?

1. _____ duas línguas oficiais: português e tétum
2. _____ o maior país da América Latina
3. _____ o país lusófono na União Europeia
4. _____ o país africano que tem vínculos com a Europa e com as Américas
5. _____ o país de Milton Nascimento
6. _____ o país africano na esfera cultural do Oceano Índico

a. Cabo Verde
b. Timor-Leste
c. o Brasil
d. Moçambique
e. Portugal

2-11 Um atlas cultural. Relying on information found in the text above and elsewhere in this chapter, complete the following statements. Then, compare your results with those of your classmate.

1. O Português é falado em quatro continentes: são…
2. A Argentina e o Brasil são dois grandes países latino-americanos, mas o Brasil é um país de língua portuguesa e a Argentina é…
3. Os afro-brasileiros contemporâneos são descendentes dos…
4. Há muitos descendentes de imigrantes europeus no Brasil; por exemplo,…
5. O único país membro da União Europeia que fala português é…
6. Os cidadãos dos dois maiores PALOP são os… e os…
7. Timor-Leste é um país lusófono situado entre…

Vídeo

Mônica acha que a cultura do Rio de Janeiro é completamente diferente da cultura do Rio Grande do Sul.

9-11

2. Identifying and describing; expressing origin, possession, location of events, and time: Present tense of *ser*

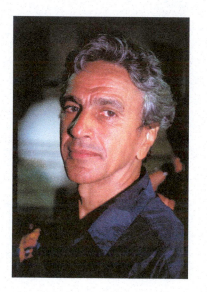

Caetano Veloso **é** um artista brasileiro famoso. Ele **é** da Bahia, mas atualmente mora no Rio. Ele e a irmã — Maria Bethânia — **são** artistas com muito talento. Às vezes, Caetano trabalha com a irmã e outros artistas. Geralmente, as letras das músicas **são** de Caetano e os amigos colaboram cantando. Quando **é** o próximo show dele? Não posso contar...

Vamos analisar. Read the sentences about Caetano Veloso on the left. Select the meaning expressed by **é** or **são** in each sentence from the list on the right.

1. ____ Estes discos do Caetano são meus.
2. ____ Caetano Veloso não é de Salvador.
3. ____ O próximo show de Caetano em Boston é em janeiro.
4. ____ Caetano Veloso e Maria Bethânia são muito famosos.

a. identificação/descrição
b. eventos (local, horário)
c. posse
d. nacionalidade/origem

SER (*to be*)			
eu	**sou**	nós	**somos**
tu	**és**		
você		vocês	
o senhor/a senhora	**é**	os senhores/as senhoras	**são**
ele/ela		eles, elas	

You have practiced some forms of the verb **ser** and have used them for identification (**Este é o meu amigo Carlos**) and to tell the time (**São quatro horas**). Below you will learn other uses of the verb **ser**.

- **Ser** is used with adjectives to describe lasting qualities of a person, a place, or a thing.

Como **é** a professora?	*What is the teacher like?*
Ela **é** inteligente e simpática.	*She is intelligent and nice.*
Como **é** a cidade de Brasília?	*What is the city of Brasília like?*
A cidade **é** moderna e espaçosa.	*The city is modern and spacious.*
Como **é** a casa?	*What is the house like?*
A casa **é** grande e muito bonita.	*The house is big and very beautiful.*

- **Ser** is used to express the nationality of a person; **ser + de** is used to express the origin of a person.

NACIONALIDADE

O Luís **é** cabo-verdiano.	*Luís is Cape Verdean.*
Nós **somos** americanos.	*We are American.*
Rosa e Vanda **são** brasileiras.	*Rosa and Vanda are Brazilian.*

ORIGEM

O Luís **é de** Cabo Verde.	*Luís is from Cape Verde.*
Nós **somos dos** Estados Unidos.	*We are from the United States.*
Rosa e Vanda **são do** Brasil.	*Rosa and Vanda are from Brazil.*

- **Ser + de** is also used to express possession. To ask *Whose?* in Portuguese, say **De quem?**

De quem é o dicionário?	*Whose dictionary is it?*
O dicionário **é do** professor; não **é dos** alunos.	*The dictionary is the teacher's, not the students'.*

- **Ser** is used to express the location or time of an event.

O concerto **é** no teatro da universidade.	*The concert is (takes place) at the university theatre.*
O exame **é** às três.	*The exam is (takes place) at three.*

3. Expressing inherent qualities and changeable conditions: *Ser* and *estar* with adjectives

Vamos analisar. Read the statements below and classify them as to whether they describe either a) a personality trait/physical characteristic or b) a feeling or perception that may change.

1. _____ A professora não é dinâmica. As suas aulas não são interessantes.
2. _____ A Sofia está magra com esse vestido *(dress)* preto.
3. _____ Os alunos estão nervosos. Eles têm uma prova muito difícil hoje.
4. _____ Normalmente, as modelos são altas e muito magras.
5. _____ Hoje as crianças estão contentes. Elas vão ao parque.
6. _____ O Roberto é estudioso e trabalhador. Ele estuda muito todos os dias.

- **Ser** and **estar** are often used with the same adjectives. However, the choice of verb determines the meaning of the sentence.

Os alunos **estão** com sono porque a professora não **é** dinâmica.

- As you already know, **ser** + *adjective* states the norm, what someone or something is like.

O Roberto **é** magro.	*Roberto is thin. (He is a thin person.)*
Os alunos **são** nervosos.	*The students are nervous. (They are nervous people.)*
A casa **é** nova.	*The house is new. (It is a brand-new house.)*

- **Estar** + *adjective* comments on something. It expresses a change from the norm, a condition, and/or how one feels about the person or object being discussed.

O Roberto **está** magro.	*Roberto is thin. (He has lost weight.)*
Os alunos **estão** nervosos.	*The students are nervous. (Perhaps because of the exam.)*
A casa **está** nova.	*The house is new. (It looks new; perhaps it has been freshly painted.)*

- The adjectives that express a temporary or changeable state or condition are always used with **estar**.

Ela **está contente** com as notas.	*She is happy with her grades.*
Os atletas **estão cansados**.	*The athletes are tired.*
O treinador **está zangado**.	*The coach is angry.*

- Some adjectives have one meaning with **ser** and another with **estar**.

A maçã **é** verde.	*The apple is green.*
A maçã **está** verde.	*The apple is not ripe.*
A sopa de legumes **é** boa.	*The vegetable soup is good (it's wholesome).*
A sopa de legumes **está** boa.	*The vegetable soup is good (it's particularly tasty today).*
O meu carro **é** velho.	*My car is old (it's an old model).*
O meu carro **está** velho.	*My car is/looks old (it has suffered a lot of wear and tear).*

2-12 Como somos? Read the following descriptions and write an X under the appropriate heading. Then, compare your answers with those of a classmate. You may ask each other questions to expand the conversation.

	SIM	NÃO
1. Sou muito responsável e trabalhador/a.	_____	_____
2. Às vezes sou um pouco rebelde.	_____	_____
3. A minha família é muito tradicional.	_____	_____
4. O meu melhor amigo é criativo e dinâmico.	_____	_____
5. Ele e eu somos atléticos.	_____	_____
6. O meu companheiro de quarto é muito desorganizado.	_____	_____

2-13 Descrições. Ask a classmate what the following people and places are like.

Modelo   o/a professor/a de Português

E1: Como é o professor de Português?
E2: Ele é alto, moreno e muito simpático.

1. edifício do Departamento de Línguas	1. o edifício do Departamento de Línguas
2. seu quarto	2. o teu quarto
3. seu/sua companheiro/a de quarto	3. o teu/a tua companheiro/a de quarto
4. seu carro/sua bicicleta	4. o teu carro/a tua bicicleta
5. os colegas da aula de Português	5. os colegas da aula de Português

 2-14 De quem é/são...? Pretend you walk into your room and find several objects (pictured below) that don't belong to you. Ask your classmate whose they are. He or she will ask you at least two questions to help you identify the owner.

Modelo   caderno

E1: De quem é o caderno?
E2: Não sei. De que cor?
E1: Vermelho.
E2: É grande ou pequeno?
E1: É pequeno.
E2: Então o caderno é do Luís.

 2-15 Como estão agora? A classmate will use the adjectives in the following list to describe several people you both know. However, you know those people have changed. Tell your classmate what these people are like now.

Modelo   Artur/magro

E1: O Artur é magro.
E2: Mas agora está mais gordo.

1. Rogério/nervoso
2. Ana e Ricardo/divertidos
3. Mariana/calma

4. Júlio/forte
5. Beatriz e Joana/trabalhadoras
6. Carolina/alegre

2-16 Quem são estas pessoas? You are in a gathering where there are several foreign students. Ask a friend about the following people, as in the model.

Modelo Catarina Rodrigues / Portugal

E1: Quem é esta moça?
E2: Que moça?
E1: A moça loira e simpática.
E2: Ah! É a Catarina Rodrigues.
E1: De onde é que ela é?
E2: É de Coimbra; é portuguesa.

1. Lucinda Fernandes/a Madeira
2. Fernando e Eduardo Silva/ Cabo Verde
3. Xinita Gusmão/Timor
4. Luís Cunha/Moçambique
5. Elísio Mawete/Angola
6. Marina Duarte/o Brasil

2-17 Tantas emoções! Primeiro passo. Write an X under the words that indicate how you think your classmate feels in these places and situations.

LUGARES	ABORRECIDO/A	CONTENTE	CALMO/A	NERVOSO/A
no café com os amigos				
nos exames finais				
no trabalho				
numa entrevista				
numa festa formal				
em casa à noite				

Segundo passo. Now find out whether your classmate agrees or disagrees with your guesses. You will find below some helpful expressions for your conversation.

Modelo   na aula de Português

E1: Você está contente na aula de
      Português, não é?
E2: Você está enganado/a, estou muito
      nervoso/a.
E1: Não é possível!

E1: Estás contente na aula de
      Português, não é?
E2: Não, não é verdade, estou muito
      nervoso/a.
E1: Não acredito!

EXPRESSÕES ÚTEIS

TO DISAGREE	TO AGREE	TO EXPRESS SURPRISE
Você está enganado/a. (B)	Você tem razão. (B)	É incrível!
Estás enganado/a. (P)	Tens razão. (P)	Não acredito!
Não, não é verdade.	É verdade.	Não é possível.

2-18 Eventos e lugares. You are working at the university's information booth and your classmate (a visitor) stops by. Answer his or her questions. Then reverse the roles.

Modelo

VISITANTE:	Onde é a exposição do clube de fotografia?
FUNCIONÁRIO/A:	É na biblioteca.
VISITANTE:	E onde é a biblioteca?
FUNCIONÁRIO/A:	É ao lado do café.

1. o concerto
2. a conferência
3. o banquete

4. a reunião
5. a festa no clube de português
6. o exame final

Vamos viajar

Um mosaico étnico e racial

Nos países de língua portuguesa há uma grande diversidade étnica e racial, tal como nos Estados Unidos. No Brasil, de acordo com o censo realizado em 2010 pelo Instituto Brasileiro de Geografia e Estatística (IBGE), aproximadamente 48% da população total identifica a sua cor ou raça como "branca", 7% como "preta" e 43% como "parda" (*mixed race*). Apenas 0,3% dos brasileiros se identificam como "indígenas", mas muitos dos brasileiros "pardos" têm sangue indígena (misturado com europeu e/ou africano). Entre os brasileiros de origem europeia, há uma grande variedade de raízes étnicas. A influência dos grupos étnicos europeus (italianos, alemães, poloneses, ucranianos, etc.) é visível sobretudo no estado de São Paulo e na região Sul do Brasil—Paraná, Santa Catarina e Rio Grande do Sul. A influência africana é muito forte no Nordeste do país, sobretudo no estado da Bahia. No Norte do Brasil, especialmente na Amazônia, predomina a influência indígena.

Em Portugal, onde a população apresenta uma relativa homogeneidade do ponto de vista étnico, há um número crescente de imigrantes, sobretudo africanos e dos países do Leste europeu (como a Rússia e a Ucrânia). Ao mesmo tempo, há muitos emigrantes portugueses espalhados pelo mundo; nos Estados Unidos, as comunidades luso-americanas mais numerosas concentram-se na Costa Leste e na Califórnia.

As sociedades dos países africanos de língua oficial portuguesa também são diversas. A população de Cabo Verde é uma mistura racial de europeus e africanos; os cabo-verdianos falam duas línguas: o crioulo cabo-verdiano—a língua materna (*native language*) de grande parte da população—e português (a língua oficial). Por outro lado, a população angolana, quase exclusivamente negra, fala 41 línguas diferentes; umbundo é a língua materna de 38% dos angolanos, enquanto kimbundo é falado por 25% da população.

2-19 Verdadeiro ou falso? Based on the information given above, which of the following statements are true (**verdadeiro**) and which are false (**falso**)? After you've identified them, correct the statements that are incorrect.

	VERDADEIRO	FALSO
1. A população brasileira é muito heterogênea.	_____	_____
2. Muitos brasileiros identificam-se como "indígenas".	_____	_____
3. A influência africana é forte sobretudo no sul do Brasil.	_____	_____
4. Há imigrantes africanos em Portugal.	_____	_____
5. Não há imigrantes portugueses nos Estados Unidos.	_____	_____
6. A população cabo-verdiana fala cinco línguas diferentes.	_____	_____
7. Kimbundo e umbundo são duas línguas angolanas.	_____	_____

Vídeo

O Márcio tem amigos de várias nacionalidades: portugueses, angolanos e espanhóis, entre outros.

4. Expressing ownership: Possessive adjectives

16-18

Uma turma que vive na memória de muitos adultos

Meu nome é João. Adoro ler e o **meu** gibi (*comic book*) preferido é o da Turma da Mônica. A Mônica e o Cebolinha são os **meus** amigos favoritos. O Cebolinha é alegre e tem muitos amigos. O amigo preferido **dele** é o Cascão. A Mônica é divertida e também tem muitas amigas. A melhor amiga **dela** é a Magali que é a **minha** personagem favorita. Ela é alegre e bonita e adora comer melancia (*watermelon*).

Vamos analisar. Complete the following statements, using the information in João's description.

1. O João tem uma personagem favorita. O nome _____ é _____.
2. Para Magali, a atividade preferida _____ é comer.
3. O João adora ler *A Turma da Mônica*. A Mônica e o Cebolinha são os amigos prediletos _____.
4. A Magali diz: "_____ fruta preferida é a melancia".

MASCULINE	FEMININE	
meu(s)	**minha(s)**	*my*
teu(s)	**tua(s)**	*your (P, familiar)*
seu(s)	**sua(s)**	*your, his, her, their*
nosso(s)	**nossa(s)**	*our*
vosso(s)	**vosso(s)**	*your (P, plural)*

- These possessive adjectives always precede the noun they modify.

    minha casa   **sua** bicicleta

- Possessive adjectives change number and gender to agree with the thing(s) possessed, not with the possessor.

    minha casa, **minhas** casas

    nosso professor, **nossos** amigos; **nossa** professora, **nossas** amigas

- The definite article (**o**, **a**, **os**, **as**) is always used before the possessive in European Portuguese. In Brazilian Portuguese, the definite article may be omitted before the possessive.

- In Brazilian Portuguese, use **seu**, **sua**, **seus**, and **suas** to express *your*. In European and African Portuguese, **teu**, **tua**, **teus**, and **tuas** are used when speaking to someone you address by **tu**; **seu**, **sua**, **seus**, and **suas** are used with the more formal forms of address (as described more fully in **Lição preliminar**); and **vosso/a** and **vossos/as** are used when addressing more than one person.

- **Seu**, **sua**, **seus**, and **suas** have multiple meanings. To ensure clarity, you may use **de** + the name of the possessor or the appropriate pronoun. **De** contracts with the pronouns **ele**, **ela**, **eles**, and **elas** to form **dele**, **dela**, **deles**, and **delas**.

sua colega = a colega ⎰ **dela** (a colega da Helena)
dele (a colega do Jorge)
deles (a colega da Helena e do Jorge)
delas (a colega da Helena e da Maria)

 2-20 O meu mundo. With a classmate, take turns describing the following things and people in your life. How different or similar are they for both of you?

Modelo   bicicleta

🇧🇷	🇵🇹
E1: Minha bicicleta é verde e feia. Como é sua bicicleta?	E1: A minha bicicleta é verde e feia. Como é a tua bicicleta?
E2: É azul e bem velha.	E2: É azul e bastante velha.

1. família
2. namorado/a
3. casa/apartamento

4. restaurante preferido
5. aulas
6. carro

2-21 As nossas famílias. Primeiro passo. First, mark your answers in the appropriate column. Then interview a classmate and compare your answers.

	EU		COLEGA	
	SIM	NÃO	SIM	NÃO
1. A casa da minha família é grande.	___	___	___	___
2. Gosto da nossa casa.	___	___	___	___
3. Os meus parentes são divertidos.	___	___	___	___
4. O nosso estilo de vida é bastante tradicional.	___	___	___	___
5. A nossa cidade é interessante.	___	___	___	___
6. A nossa rua é calma.	___	___	___	___

 Segundo passo. Now, together with your partner, prepare the information you have gathered for presentation to another group or to the class. In your presentation, take turns comparing the life of your family and of the family of your classmate.

Modelo E1: A casa da minha família é grande, mas a casa da família dele/dela é muito pequena.

2-22 O mundo dos meus sonhos. Prepare a short presentation describing the "world of your dreams." Some of the topics you may address are living conditions (your house, apartment, room), things you own, people close to you, your university (classes, professors, facilities), and the world you live in.

 2-23 Somos diversos. Working in a group, interview your classmates to learn about their cultural and ethnic heritage. In this chapter, you have learned a few adjectives designating national and ethnic identities; for others, you may need to consult a dictionary. After you have gathered information on members of your group, compare it with that compiled by other groups and elaborate a statistical report on your classmates' cultural makeup.

Modelo

E1: Quem são seus antepassados?
E2: Meus antepassados são africanos, brasileiros e italianos.

E1: Quem são os teus antepassados?
E2: Os meus antepassados são africanos, brasileiros e italianos.

Situações

1. You are looking for an apartment to move into with another student. Two of your classmates need roommates and are each trying to talk you into choosing their apartment. Before making a decision, ask them questions to get information about their apartments regarding a) size, b) location, and c) cost. You may find the following vocabulary useful: **cozinha** (*kitchen*), **banheiro** (B) or **casa de banho** (P) (*bathroom*), **escuro** (*dark*), and **claro** (*light*).

2. **Role A.** You are planning to give your best friend a surprise birthday party (**uma festa surpresa**) and would like to invite one of your classmates. Tell your classmate that a) your friend's birthday is on Sunday, and b) where the party will take place.

   Role B. Your classmate invites you to a party. Find out a) the exact address, b) the time, and c) who else is going (**vai**) to the party. Don't forget to say thank you!

Mais um passo

19

Some idiomatic expressions with *estar*

■ You have already learned that in Portuguese **estar** is used with an adjective to express a condition (**Os estudantes estão nervosos**). There are also a few common conditions that are expressed using **estar** + **com** + *noun* (and which in English would require using *to be* + *adjective*). These expressions always refer to people or animals but never to things.

	fome		*hungry*
	sede		*thirsty*
	sono		*sleepy*
	medo		*afraid*
estar com	**calor**	*to be*	*hot*
	frio		*cold*
	sorte		*lucky*
	pressa		*in a hurry/rush*

■ With these expressions, use **muito/a** to indicate *very*.

Estou com **muito** calor.   *I am very hot.*
   (frio, medo, sono)   *(cold, afraid, sleepy)*
Você está com **muita** fome?   *Are you very hungry?*
   (sede, sorte)   *(thirsty, lucky)*

2-24 Associações. Connect the sentences on the left with the expressions on the right.

1. O meu amigo almoça todos os dias.
2. São cinco para as oito. A aula é às oito.
3. A temperatura hoje: 40°C.
4. Você bebe muita água!
5. Gosto muito da minha vida.
6. É Natal e estamos no Canadá.

a. Estou com sorte.
b. Não está com fome de tarde.
c. Estamos com frio.
d. Estamos com muita pressa.
e. Você está com sede, não é?
f. As pessoas estão com muito calor.

 2-25 Entrevista. Primeiro passo. Exchange information with your classmate on when, in what situations, and how often you are likely to experience various conditions. Then fill in the chart below.

Modelo

E1: Quando você está com pressa?	E1: Quando estás com pressa?
E2: Estou com pressa de manhã/ antes da aula/sempre/às vezes.	E2: Estou com pressa de manhã/ antes da aula/sempre/às vezes.

	EU	COLEGA
com pressa		
com frio		
com fome		
com sono		
com medo		
com calor		

 Segundo passo. Now, compare your responses and share this information with another group.

Modelo E1/E2: Nós estamos sempre com fome de manhã. Ele/Ela está sempre com pressa e eu estou com pressa às vezes. Nós…

Encontros

Para escutar

 A. Quem são? First, as you listen to the description of these students, circle the words that you hear. Then read the sentences and complete the chart, based on the information you have obtained.

1. (Alexandra e Marcos/Alexandra e Roberto) estudam na Faculdade de Arquitetura da Universidade Federal do Rio de Janeiro.
2. (Marcos e Roberto/Luísa e Roberto) estudam na Universidade de Lisboa.
3. Luísa tem (21/23) anos e é uma estudante (dedicada/dinâmica).
4. A paixão de Luísa é (Arquitetura/Medicina).
5. Alexandra e Marcos têm (22/24) anos, mas Roberto é mais novo; tem só 20 anos.
6. Marcos é (extrovertido/trabalhador), mas a sua colega é calada.
7. Roberto é muito inteligente e estuda (Matemática/Literatura).

NOME	IDADE	DESCRIÇÃO	CURSO	UNIVERSIDADE
	20		Letras	
	22			Federal do Rio de Janeiro
	22			
	23			

 B. Duas pessoas diferentes. You will hear Alexandra describe herself and her classmate Marília. Mark the appropriate column(s) to indicate whether the following statements describe Alexandra, Marília, or both. Read the statements before listening to the passage.

	Alexandra	Marília
1. Estuda Arquitetura.	_____	_____
2. Gosta da arquitetura colonial.	_____	_____
3. Gosta da arquitetura moderna.	_____	_____
4. É alta e loira.	_____	_____
5. Tem olhos e cabelo castanhos.	_____	_____
6. É dinâmica e extrovertida.	_____	_____
7. Gosta de sambar.	_____	_____
8. Gosta de música clássica.	_____	_____

Para conversar

 2-26 Como são? Primeiro passo. Look at the following rendering, by the Portuguese caricaturist André Carrilho, of two famous twentieth-century performers: the Brazilian (although Portuguese-born) Carmen Miranda and the Portuguese Amália Rodrigues. Working with a classmate and using the vocabulary learned in this lesson, ask each other questions about the two women's physical appearance and personalities.

Modelo　　E1: Como é o cabelo de Carmen?
　　　　　　　E2: O cabelo de Carmen é liso e… loiro?
　　　　　　　E2: Ela é triste?
　　　　　　　E1: Não, ela é…

Cultura

There are many popular cartoonists and comic strips in the Portuguese-speaking world. Some are very well known for their philosophical ideas about politics and life. In 2003, an exhibition of comic art entitled "500 Anos do Brasil" brought together works by fourteen Brazilian and Portuguese cartoonists, who undertook to comment on the 500th anniversary of the Portuguese "discovery" and colonization of Brazil and on the historical and contemporary relationship between the two countries. The exhibition opened in Portugal and traveled to multiple locations in Brazil. ■ ■

Carmen e Amália: diferenças nacionais

Que estranha forma de vida!...

Carmen Miranda vs Amália Rodrigues

 2-27 Como são? Segundo passo. As the cartoon's title suggests, its true subject are mutual, stereotypical perceptions of the two nationalities: how Brazilians view the Portuguese and how the Portuguese view Brazilians. Working with a classmate, try to articulate these respective stereotypes.

Modelo　　E1: De acordo com os portugueses, como são os brasileiros?
　　　　　　　E2: Os brasileiros são…

Para pesquisar

Search the Internet for additional information on Carmen Miranda and Amália Rodrigues. Can you discover the origin of the phrase "Que estranha forma de vida…" that appears in the balloon over Amália's head, as her presumable reaction to Carmen's appearance?

2-28 Entrevista: o meu melhor amigo/a minha melhor amiga. Take turns with a classmate to gather information about his or her best friend.

1. nome
2. de onde é
3. características físicas
4. personalidade

5. onde estuda e o que estuda
6. línguas que fala
7. onde trabalha
8. …

Para ler

2-29 Preparação. Interview a classmate about the qualities that his or her ideal mate should have. Mark his or her choices with an X.

Modelo   E1: Ele é moreno?

               E2: Sim, é moreno. *or* Não, é loiro/ruivo.

1. loiro/a_____
2. moreno/a _____
3. independente _____
4. conservador/a _____
5. liberal _____
6. rico/a _____
7. alegre _____
8. estrangeiro/a _____
9. organizado/a _____
10. …

2-30 À primeira vista. Read the first ad carefully, and then scan the following ads and find two people compatible with Susana Silvestre. Fill in the form on the next page. In some cases, it may not be possible to provide all the information requested.

Correio Sentimental

Sou solteira e sem filhos. Tenho 30 anos. Procuro o homem dos meus sonhos, para futuro compromisso. Pode ser estrangeiro ou brasileiro, solteiro ou divorciado, jovem ou de meia-idade. Sou carinhosa e trabalhadora. Viajo frequentemente com pessoas da empresa onde trabalho. Falo inglês e espanhol e adoro música. Meu nome é Susana Silvestre. Endereço: Avenida Tiradentes, no. 35, Perdizes, São Paulo, SP 040053.

Meu nome é Cláudio Nunes. O inverno é o período ideal para trocar correspondências com novos amigos! Quero conhecer jovens de ambos os sexos para trocar ideias sobre política internacional e esportes. Endereço: Rua da Paz, no. 1003, Ribeirão Preto, São Paulo, SP 23076.

Sou Ricardo Zanetti. Tenho 38 anos e não tenho namorada no momento. Procuro uma jovem de até 40 anos. Procuro uma mulher de bons princípios, inteligente, independente e que goste de viajar. O meu endereço é: Rua Carlos Gomes no. 701, Campinas, SP 13031.

Chamo-me Paulo Borges e sou descendente de espanhóis. Tenho 35 anos e sou um homem romântico. Meus amigos dizem que sou inteligente e simpático. Uma das minhas paixões é música. Quero corresponder-me com brasileiras ou portuguesas para trocar CDs de música clássica e popular. Moro na Avenida das Nações, no. 20043, apartamento 1001, São Paulo, SP 047457.

Meu nome é Carlos Fontes e sou de meia-idade. Sou cozinheiro de um restaurante francês. Tenho um grande fascínio pela comida internacional. Para mim, a família é muito importante. O meu endereço é: Rua da Hora, no. 34, apartamento 101, Osasco, São Paulo, SP 040214.

	SUSANA SILVESTRE	CADIDATO 1	CANDIDATO 2
Nome			
Idade			
Endereço			
Estado civil			
Preferências			

 2-31 Expansão. What qualities do you associate with Paulo (P), Ricardo (R), Cláudio (CL), Carlos (C), and Susana (S)? Why? With a classmate, write the initials next to each quality, and discuss your opinions with another group.

1. _____ independente
2. _____ modesto/a
3. _____ tradicional
4. _____ flexível
5. _____ dinâmico/a
6. _____ curioso/a
7. _____ sensível

2-32 Preparação. What information does a passport contain?

	SIM	NÃO
1. nome dos pais	____	____
2. número de filhos	____	____
3. profissão	____	____
4. idade	____	____
5. nacionalidade	____	____
6. estado civil	____	____
7. fotografia recente	____	____
8. fotografia do/a esposo/a	____	____
9. data e local de nascimento	____	____
10. endereço de trabalho	____	____

 2-33 Exploração. With a classmate, look at the passport on pages 99–100 and answer the following questions.

1. Qual é o nome da pessoa neste passaporte?
2. De onde ela é?
3. Qual é a data de seu nascimento?
4. Quantos anos é que ela tem?
5. Onde é que ela mora?
6. Qual é o número do passaporte?
7. Onde foi expedido o passaporte?
8. Até quando é válido o passaporte?
9. Quem deve ser avisado em caso de acidente?

Cultura

All new Brazilian passports issued since 2009 have had their traditional green color changed to dark blue. To avoid forgery, passports now are "biometrical," or machine-readable, complying with the ICAO Document 9303 standard, with the bearer's fingerprint, signature, and photograph stored in a computer database. The new Brazilian passport has text in Portuguese, French, Spanish, and English. ■ ■

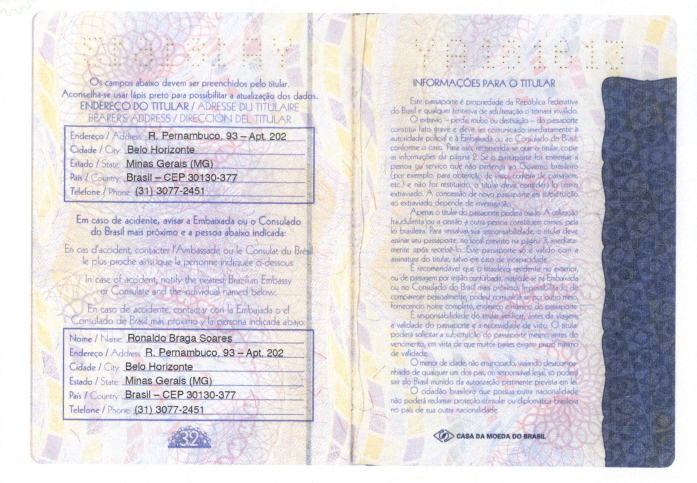

Para escrever

As you gain experience with the language, you will be discussing ways to approach the writing task more effectively with your peers and your instructor. The following expressions will be very useful in discussing your writing:

- To state the purpose (**propósito**) of your writing: **narrar**, **responder**, **reclamar** (*complain*), **explicar**, **completar**, **solicitar** (*request*)

- To describe the means of communication (**meio de comunicação**): **carta**, **cartão postal**, **formulário**, **relatório** (*report*), **correio eletrônico** (B)/**eletrónico** (P) (*e-mail*)

- To describe the reader (**leitor/a**): **amigo/a**, **colega**, **conhecido/a** (*acquaintance*), **parente, presidente de uma companhia**

- To describe the tone (**tom**) of your writing: **formal**, **informal**, **humorístico**, **persuasivo, apologético**

2-34 Primeiro passo. Mark with an X the information that a company look-ing for a bilingual secretary would normally request of a candidade in a want ad. Then, compare your answers with those of a classmate. In your discussion you may want to use the following expressions: **É legal/ilegal**, **É proibido/permitido**, **É possível**, **mas**…

1. _____ idade
2. _____ aparência física
3. _____ línguas que a pessoa fala
4. _____ estado civil
5. _____ país de origem
6. _____ raça
7. _____ experiência
8. _____ data de nascimento

2-35 Segundo passo. Before applying for the job of a bilingual secretary in activity 2-36, specify the following:

1. Propósito:
2. Meio de comunicação:
3. Leitor:
4. Tom:

2-36 Mãos à obra. The Brazilian Consulate in Miami seeks to hire a person of United States citizenship. Read the following want ad, and then complete the letter of application with the necessary information.

Consulado Geral do Brasil em Miami

Boletim 38/05 – Setor de Relações Públicas

O Setor de Relações Públicas procura profissional com experiência em diplomacia e relações exteriores.

Requisitos:

Cidadania norte-americana

Boa fluência em português (oral e escrita)

Boa aparência

Entre 25-45 anos

Com estudos em diplomacia ou relações exteriores

Disponibilidade para trabalhar imediatamente

Mínimo 1 ano de experiência em trabalho diplomático ou relações exteriores

Enviar carta de solicitação para:

Chefe do Setor de Relações Públicas

Consulado-Geral do Brasil

80 SW 8th Street, 26th Floor

Miami, FL 33130-3004

Tel: (305) 285-6200

Fax: (305) 285-6240

Os candidatos selecionados serão entrevistados pelo Cônsul.

_____ de _____ de 200_

Ilmo. Sr. Cônsul Geral do Brasil em Miami,

Em vista do anúncio publicado no Boletim 38/05 do Setor de Relações Públicas do Consulado Geral do Brasil em Miami, desejo informar a V. Sa. que estou muito interessad__ em me candidatar à vaga anunciada.

Tenho _____ anos e sou de _____, Estados Unidos. Tenho _____ anos de experiência em serviço diplomático latino-americano em Dallas e Los Angeles. Neste momento _____ como secretári___ do Cônsul do Brasil na cidade de Washington, D.C.

Entre outras qualificações, sou trilíngüe: _____ e escrevo inglês, português e espanhol muito bem. Também _____
_____
_____
_____.

Aguardando uma resposta em breve, coloco-me à inteira disposição de V. Sa. para uma eventual entrevista.

Atenciosamente,

_____
(Assinatura)

_____
Nome

2-37 Revisão. After completing your letter of application, discuss it with a classmate. First concentrate on the effectiveness of the letter, and then edit any errors you may have made (grammar, spelling, accent marks, etc.).

Projeto final —————————————————————

Preparação

2-38 Um problema. One of your friends has left in your apartment some notes about acquaintances she interviewed for a class project, and your dog tore her notes apart. Put them back together by matching the fragments of descriptions in the right column with those on the left.

1. Maria Luísa e Marcos Pereira são casados. Ela é portuguesa e ele é cabo-verdiano.

2. Nina tem vinte anos e é solteira. Nina é amiga da Mariana. Elas são portuguesas e falam crioulo cabo-verdiano e português. Elas não falam inglês e são tímidas.

___ Ele é extrovertido e gosta de comer. Está sempre com fome.

___ Eles são muito simpáticos, divertidos e estão sempre contentes.

3. Chris Ferreira tem trinta e cinco anos e é solteiro. Ele é luso-americano e não fala português.

4. Paula tem vinte e cinco anos e estuda Medicina. Ela é luso-americana e fala português e inglês. Ela trabalha muito e está sempre com pressa.

5. Rose tem trinta anos e é americana. Ela é da Califórnia e estuda Português.

6. Peter é americano, tem trinta anos e é casado com Paula. Eles são muito agradáveis e extrovertidos.

7. Charles e Luke têm vinte anos e estudam Antropologia. Eles são americanos e falam português.

8. Tomás tem trinta anos e é de Lisboa. Ele estuda Inglês e tem muitos amigos nos Estados Unidos.

___ Falam português, inglês e crioulo cabo-verdiano.

___ Paula é brasileira e fala português.

___ Rose tem muitos amigos angolanos, moçambicanos e guineenses. Ela é um pouco preguiçosa e não gosta de viajar.

___ Tomás trabalha muito e é competente e dedicado.

___ Charles é perfeccionista e eficiente. Luke é inteligente e engraçado.

___ Nina e Mariana estudam História e o estilo de vida delas é bastante tradicional.

___ Ele gosta de estudar Português.

Mãos à obra

2-39 Parte 1: As festas. The same friend has called you now to help her organize two small parties for the interviewees who made her class project possible. With the help of one of your classmates, use the list in 2-38 to create two groups of people who would mingle well in a party.

Parte 2: Mais convidados. Your friend calls you again and asks you to identify two more people to invite to her parties, one for each group. Together with your classmate, create two profiles to fit each of the groups you have put together at your friend's request.

Perfil 1:

_____
_____
_____
_____
_____

Perfil 2:

_____
_____
_____
_____
_____

Parte 3: Apresentação e comparação. Together with your partner, present and justify your final decisions to the class. Compare and discuss your recommendations.

Horizontes

📖 O Sudeste e o Sul do Brasil

23

O Brasil é o quinto maior país do mundo e o maior país da América do Sul. Tem aproximadamente o mesmo tamanho que a área continental dos Estados Unidos, excluindo o Alasca. Desde a época colonial, o Brasil passou por várias divisões territoriais e administrativas. A diversidade geográfica, cultural e econômica criou a necessidade da divisão regional do país, para uma administração mais eficiente. De acordo com os critérios geográficos estabelecidos pelo IBGE (Instituto Brasileiro de Geografia e Estatística), o Brasil está dividido em cinco regiões distintas: Norte, Nordeste, Centro-Oeste, Sudeste e Sul.

Para responder

1. O Brasil é
   a. do tamanho do Alasca.
   b. o quinto maior país do mundo.
   c. o maior país das Américas.

2. O Brasil fica na
   a. América Central.
   b. América do Norte.
   c. América do Sul.

3. No IBGE podemos encontrar
   a. informação sobre a literatura brasileira.
   b. informações estatísticas e geográficas sobre o Brasil.
   c. informações para os turistas.

4. As divisões geográficas brasileiras estabelecidas pelo IBGE
   a. são sete.
   b. são quatro.
   c. são cinco.

A região Sudeste

A região Sudeste ocupa apenas 10,85% do território brasileiro mas tem 44% da população brasileira e produz 55% do PIB (Produto Interno Bruto). O desenvolvimento econômico do Sudeste atrai imigrantes e contribui para o crescimento da população. Para esta região imigram tanto estrangeiros quanto pessoas das outras regiões do Brasil; todos procuram melhores condições de vida e oportunidades de trabalho. A imigração de estrangeiros como

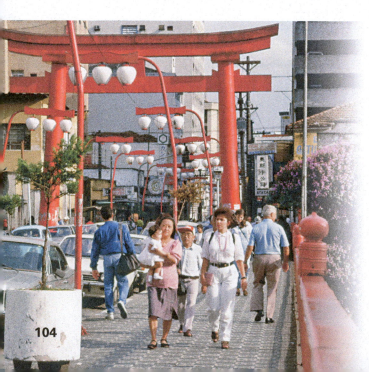

O bairro japonês na cidade de São Paulo

portugueses, italianos, espanhóis e japoneses ocorreu principalmente no fim do século XIX e no início do século XX.

O maior parque industrial da América Latina e o maior mercado consumidor do Brasil estão localizados na região Sudeste. Além da economia industrial, destaca-se também na região Sudeste a atividade agrícola, especialmente o café, a cana-de-açúcar e a produção de carne e de leite.

Plataforma de exploração de petróleo ao largo da costa sudeste do Brasil

A região Sul

O Sul é a menor região brasileira, ocupando apenas 6,76% do território do Brasil, mas tem a terceira maior população do país: aproximadamente 15% dos brasileiros vivem na região Sul. A sua localização geográfica e a origem europeia da sua população dão à região Sul características particulares. Muitas pessoas têm a pele e os olhos claros. O clima é subtropical com temperaturas médias anuais mais baixas do que no resto do país.

O Sul é a segunda região mais industrializada do Brasil. A região foi colonizada por imigrantes europeus, principalmente portugueses, italianos, alemães, poloneses e ucranianos. O estilo de colonização do Sul foi diferente do praticado nas outras regiões do Brasil. Em vez de grandes propriedades monocultoras, dependentes do trabalho dos escravos e orientadas para os mercados europeus, os imigrantes do Sul organizaram um sistema agrícola baseado na pequena propriedade policultora. As famílias trabalhavam a terra e a maior parte da produção era comercializada nas cidades da região.

Oktoberfest em Blumenau, estado de Santa Catarina

Para responder

1. Comparem os dados estatísticos das duas regiões.
2. Em que região você gostaria de morar, na região Sul ou na região Sudeste? Justifique a resposta.
3. Quais são as divisões territoriais e geográficas do seu país?

Para navegar

1. **Pesquisar e ouvir.** Na Internet existem muitos sites dedicados à música popular brasileira (MPB). Usando um motor de busca, tente encontrar fotos, letras e/ou músicas de alguns dos famosos cantores e autores que representam as cinco regiões do país. Quem é o seu/a sua artista preferido/a?

Nordeste: Caetano Veloso, Daniela Mercury, Olodum
Sudeste: Chico Buarque, Skank, Titãs
Sul: Adriana Calcanhotto, Engenheiros do Havaí, Kleiton e Kledir
Centro-Oeste: Tetê Espínola, Paralamas do Sucesso, Legião Urbana
Norte: Fafá de Belém, Grupo Carrapicho

2. **Pesquisar e ver fotos.** Vamos conhecer as capitais das regiões Sudeste e Sul pela Internet? Encontre sites que apresentem as principais atrações turísticas, monumentos e paisagens destas capitais. Qual é, na sua opinião, a capital mais interessante? Se possível, traga algumas fotos da sua cidade favorita para a aula de Português. Compare as fotos com as de um/a colega.

Uma vinha na Serra Gaúcha, estado do Rio Grande do Sul

Descrições

aborrecido/a (B)	upset
aborrecido/a (P)	bored, boring, upset
agradável	nice
alegre	happy, joyful
alto/a	tall
antipático/a	unpleasant, not likeable
atraente	attractive
baixo/a	short (in stature)
bonito/a	pretty, good-looking
calado/a	quiet, silent
calmo/a	calm
cansado/a	tired
casado/a	married
comprido/a	long
contente	happy, glad
curto/a	short (in length)
divertido/a	amusing, fun
falador/a	talkative
feio/a	ugly
feliz	happy
forte	strong
fraco/a	weak
gordo/a	fat
jovem	young
loiro/a	blond
magro/a	thin
moreno/a	dark, brunet(te)
nervoso/a	nervous
novo/a	new, young
pobre	poor
preguiçoso/a	lazy
rico/a	rich
ruivo/a	redhead
simpático/a	nice, likeable
solteiro/a	single, unmarried
trabalhador/a	hard-working
triste	sad
velho/a	old
zangado/a	angry

Verbos

ser	to be
surfar	to surf
visitar	to visit

O corpo

os olhos	eyes
olhos azuis	blue eyes
olhos castanhos	brown eyes
olhos verdes	green eyes
o cabelo	hair
cabelo loiro	blond hair
cabelo preto	black hair
cabelo ruivo	red hair
cabelo liso	straight hair
cabelo crespo	curly hair
cabelo ondulado	wavy hair

Nacionalidades**

angolano/a	Angolan
brasileiro/a	Brazilian
cabo-verdiano/a	Cape Verdean
guineense	Guinean
luso-americano/a	Portuguese-American
moçambicano/a	Mozambican
português	Portuguese (male)
portuguesa	Portuguese (female)
são-tomense	São Tomean
timorense	Timorese

Palavras e expressões úteis***

agora	now
bastante	quite, rather
de	of, from
É incrível!	That's incredible!
É verdade.	That's true.
enganado/a	wrong, mistaken
Não acredito!	I can't believe it!
Não é possível!	It's not possible!
muito/a	much, a lot
que	that
regularmente	regularly
Tenho… anos.	I am… years old.
Você tem razão.	You are right.

*See page 72 for additional colors and page 74 for animals.
**Other adjectives of nationality can be found in the Portuguese-English and English-Portuguese glossaries at the end of the book.
***See page 90 for possessive adjectives.

À PRIMEIRA VISTA

- Diversões populares
- A comida

ESTRUTURAS

- Talking about daily life: Present tense of regular -**er** and -**ir** verbs
- Expressing movement: Present tense of **ir**
- Expressing future actions: Present tense of *ir + infinitive*
- Expressing age, possession, and obligation: **Ter** and **ter que** + *infinitive*
- Talking about quantity: Numbers above 100
- Mais um passo: Some uses of **por** and **para**

Vamos viajar

- O cinema e o teatro
- A música e os concertos

ENCONTROS

- Para escutar: Listening for times, numbers and locations
- Para conversar: Discussing habits; analyzing statistical data
- Para ler: Locating specific information in a text; identifying synonyms
- Para escrever: Eliciting information and opinions; using an appropriate form of address; reporting information
- Projeto final: As crianças e as atividades

HORIZONTES

- O Nordeste do Brasil

COMUNICAÇÃO

In this chapter you will learn to:

- Discuss activities and make future plans
- Order food in a restaurant
- Talk about arts and entertainment
- Describe possessions and conditions
- Express obligation

Diversões populares

🔊 Estes brasileiros vão à praia nas horas de lazer. As pessoas que não moram no litoral esperam pelas férias para aproveitar o mar. Quando estão na praia, algumas pessoas conversam e caminham. Outras nadam, tomam sol ou descansam.

🔊 Em festas e reuniões sociais, os jovens dançam, escutam música ou conversam. Às vezes fazem batucada, tocam violão ou cantam música popular.

🔊 Muitos jovens vão ao cinema, especialmente nos fins de semana.

🔊 O senhor Augusto Lopes lê o jornal ao ar livre. E você, costuma ler o jornal? Que jornais ou revistas é que você lê?

🔊 É comum alugar filmes para assistir em casa.

Uma conversa por telefone

Língua

Brazilians, such as Sueli in this conversation, usually say **Alô?** when answering the phone, while the Portuguese will typically say **Está?** or **Está lá?**

SUELI: Alô?

RONALDO: Oi, Sueli! Vamos ao cinema hoje à noite? E depois vamos jantar fora para comemorar seu aniversário?

SUELI: Oh, Ronaldo, que ótimo! Que filme vamos assistir?

RONALDO: Você decide, meu amor. Hoje é o dia do seu aniversário.

SUELI: Que simpático! Por mim, então, que tal o novo filme com a Fernanda Torres?

RONALDO: Legal. Vou para casa agora. Pego você mais tarde.

SUELI: Tchau, até mais tarde!

3-1 Associações. What activities do you associate with the following places?

1. _____ na praia
2. _____ na festa
3. _____ no cinema
4. _____ na biblioteca
5. _____ em casa

a. ver um filme
b. ler um jornal
c. nadar
d. assistir televisão
e. dançar e conversar

3-2 Coisas que faço. What do you do in the following places? Working with a classmate, take turns asking each other questions.

Modelo   nas festas

E1: O que você faz nas festas?
E2: Nas festas eu gosto de dançar. E você?
E1: Eu danço e converso com meus amigos.
E2: E o que você faz…?

E1: O que é que tu fazes nas festas?
E2: Nas festas eu gosto de dançar. E tu?
E1: Danço e converso com os meus amigos.
E2: E o que fazes…?

1. na universidade de manhã
2. na biblioteca pública da cidade
3. em casa à noite
4. no parque do bairro
5. na praia durante as férias
6. na discoteca com os amigos

Cultura

There has been a significant expansion in television broadcasting in many Portuguese-speaking countries. Satellite dishes for worldwide reception are becoming a common sight, in both rural and urban areas. Nevertheless, going to the movies, as well as renting films, are also popular forms of entertainment. Brazilian cinema production has flourished in recent years, but standard Hollywood fare remains very popular in movie theaters all over the country, as well as in Portugal. ■ ■

3-3 **Para onde vamos? Primeiro passo.** Look at the cultural section of the newspaper from Rio de Janeiro below and underline three activities that you would like to do on the weekend. Then fill in the information in the following chart, including the day and the time you are planning to do them.

JORNAL DO BRASIL-PROGRAMA

Exposições

Caminhos do Modernismo Europeu na Coleção Castro Maya. Vinte obras entre desenhos e óleos do colecionador Castro Maya. *Museu Chácara do Céu,* Rua Murtinho Nobre, 93, Santa Teresa, (21) 2507-1932. 4ª a 2ª, das 12 às 17 h. R$5.

Gravuras: Tomie Ohtake. Doze gravuras recortadas e suspensas no ar em placas de acrílico presas por fios de nylon. *Instituto Cultural Villa Maurina,* Rua General Dionísio, 53, Botafogo, (21) 2527-3940. 2ª a 6ª, das 11h30 às 18h, e sáb., das 14 às 18h. Grátis.

Visões da Amazônia. História da Amazônia através de esculturas, coleções arqueológicas e representações cartográficas. *Espaço Cultural dos Correios,* Rua Visconde de Itaboraí, 20, Centro, (21) 2503-8770. 3ª a dom., das 12 às 20h. Grátis.

Música

Concertos para a juventude. Pianista Luís Gustavo Carvalho, duo Cristina Braga (harpa) e Marcus Llerena (violão) e Quarteto José Siqueira. *Teatro Carlos Gomes,* Praça Tiradentes, 19, Centro, (21) 2224-3602. Dom. às 11h. R$15.

MPB: Leny Andrade. Canta músicas de Djavan e sucessos da Música Popular Brasileira. Chico's Bar, Avenida Epitácio Pessoa, 1560, Lagoa, (21) 2523-3697. 4ª a sáb. Início: 22h30. Couvert R$7 e consumação R$20.

Cinema

Central do Brasil de Walter Salles. Com Fernanda Montenegro, Vinícius de Oliveira e Marília Pêra. *Espaço Museu da República,* Rua do Catete, 153, (21) 2557-6990. 19h e 21h.

Missão Impossível 5 de Jerry Grendel. Com Tom Cruise. *Art Barrashopping 4,* Av. das Américas, 4665, (21) 2431-9009. 15h, 17h, 19h e 21h.

Teatro

À Margem da Vida de Tennessee Williams. Direção de Beth Lopes. Com Regina Braga. *Sala Marília Pêra do Teatro do Leblon,* Rua Conde de Bernadotte, 26, Leblon, (21) 2274-3536. 5ª a sáb., às 21h. Dom., às 20h. R$30 (5ª e dom.), R$35 (6ª) e R$40 (sáb).

PARA ONDE VAMOS?	O QUE VAMOS ASSISTIR/VER/FAZER/OUVIR?	QUANDO?

Segundo passo. Phone a classmate and invite him or her to one of the events you chose in **Primeiro passo**. He or she will give you an excuse, as in the model.

Modelo

E1: Alô?
E2: Oi, Pedro. Aqui é a Lídia. Vamos assistir a exposição "Visões da Amazônia" na sexta-feira?
E1: Ai que pena, não vai dar, Lídia. Na sexta, o Carlos e eu vamos ao cinema. Vamos assistir "O ano em que meus pais saíram de férias" às sete horas.

E1: Está?
E2: Olá, Pedro, é a Lídia. Vamos ver a exposição "Visões da Amazónia" na sexta-feira?
E1: Lamento, Lídia. Na sexta, o Carlos e eu vamos ao cinema. Vamos ver "O ano em que meus pais saíram de férias" às sete horas.

EXPRESSÕES ÚTEIS

Para convidar um amigo/a:

Estou ligando para ver se você quer…
Você está a fim de…?
Tenho uma ideia. Você gostaria de…?

Estou a telefonar para ver se queres…
Estás interessado/a em…?
Tenho uma ideia. Gostarias de…?

Para se desculpar:
Que pena…
Ah, não vai dar…
Não posso ir…

A comida

No restaurante. Sueli e Ronaldo estão num restaurante português no Rio de Janeiro para comemorar o aniversário da Sueli.

GARÇOM: Boa noite. O que os senhores vão pedir?
RONALDO: Sueli, vamos começar com uma porção de bolinho de bacalhau?
SUELI: Vamos! Adoro bolinho de bacalhau!
GARÇOM: E depois?
SUELI: Para mim, uma salada russa primeiro e depois sardinhas assadas.
RONALDO: Eu quero carne de porco à alentejana.
GARÇOM: E para beber?
RONALDO: Vamos beber vinho. Você prefere vinho branco ou vinho tinto, Sueli?
SUELI: Um vinho branco vai bem! E também uma água mineral com gás, por favor.

Cultura

Brazilian cooking uses mainly regional ingredients, and the preparation of traditional dishes follows the ways inherited from the various indigenous, European, and African peoples that contributed to the shaping of Brazilian culture. A very typical dish of Brazil is **feijoada**, created by the slaves who were brought to Brazil from Africa by the Portuguese. It is generally made with black beans, cured sausages, dried beef and pork. As seen in the photo below, it is served with white rice, collard greens, tomato and onion vinaigrette, and **farofa** (toasted manioc flour). Distinct native varieties of **feijoada** exist in Portugal as well, but **bacalhau** (salt cod) is the most characteristic ingredient of Portuguese cuisine, which also combines other distinct cultural influences (Mediterranean, North Atlantic, African, and Asian). Many hybrid dishes, such as Indian-style **feijoada** or **bacalhau à baiana** (Bahian style) have emerged throughout the Portuguese-speaking world as a result of colonial and post-colonial experiences of ethno-cultural encounter. ■■

ESPECIALIDADES DA CASA

ENTRADAS

Bolinho de bacalhau (seis unidades)_____ R$15,00
Salada russa_____ R$18,00
Coquetel de camarão_____ R$15,00

PRATOS PORTUGUESES

Bacalhau à Gomes de Sá_____ R$42,00
Sardinhas assadas_____ R$21,50
Carne de porco à alentejana_____ R$29,00

PRATOS BRASILEIROS

Filé de frango à milanesa com legumes_____ R$25,00
Peixe grelhado ao molho tártaro_____ R$30,00
Picanha gaúcha com farofa_____ R$35,50

SOBREMESAS

Arroz doce_____ R$9,00
Mousse de maracujá_____ R$9,00
Fruta da época_____ R$8,00

BEBIDAS

Refrigerante (guaraná/guaraná light)_____ R$3,50
Água mineral_____ R$3,50
Café com licor_____ R$3,50
Chá_____ R$3,50

Uma feijoada completa

Comida "Fast Food"

A comida do tipo *fast food* é muito popular entre os jovens. As lanchonetes (Brasil) ou os snack bars (Portugal) com "comida rápida" são muito comuns nas cidades grandes e pequenas. Estes lugares normalmente combinam a comida americana com comidas ou bebidas típicas de cada país. Por exemplo, pode-se comer um hambúrguer com batatas fritas ou uma pizza, tomar um guaraná ou caldo de cana (*sugar-cane juice*) e comer uma mousse de maracujá de sobremesa numa lanchonete de São Paulo. No Brasil e em Portugal, as lanchonetes e os snack bars geralmente servem também bebidas alcoólicas (vinho, cerveja, etc.).

Para pesquisar

R$ is the abbreviation for the monetary unit in Brazil. What is the name of the monetary unit? What is the current rate of exchange?

Mais comidas e bebidas

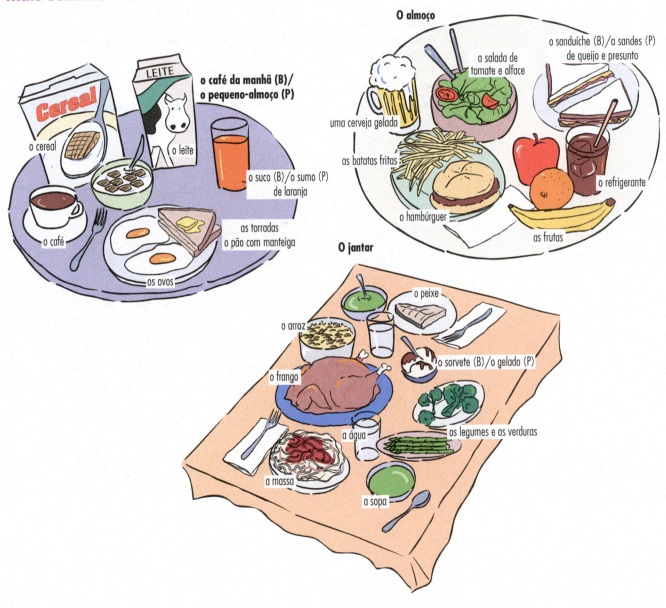

o café da manhã (B)/ o pequeno-almoço (P)

o cereal

o leite

o suco (B)/o sumo (P) de laranja

o café

as torradas
o pão com manteiga

os ovos

O almoço

a salada de tomate e alface

o sanduíche (B)/a sandes (P) de queijo e presunto

uma cerveja gelada

as batatas fritas

o refrigerante

o hambúrguer

as frutas

O jantar

o peixe

o arroz

o sorvete (B)/o gelado (P)

o frango

os legumes e as verduras

a água

a massa

a sopa

3-4 A dieta. Which of the following contains more calories?

1. a sopa de tomate, o hambúrguer, as torradas
2. o frango frito, o peixe, a salada
3. os legumes, a fruta, as batatas fritas
4. o chá, o leite, o café
5. a mousse de chocolate, o cereal, o arroz

 3-5 Dietas especiais. With a classmate, look at the menu below and provide a solution for each of the following problems.

1. Você e o seu pai são muito magros e querem engordar um pouco. O que é que vocês vão comer?
2. A sua mãe tem alergia a produtos do mar. Qual destas saladas é que ela não vai comer?
3. Um/a colega está um pouco gordo/a e quer emagrecer. Qual dos pratos principais é que ele/ela não deve comer?
4. O/A professor/a de Português está com indigestão hoje. O que é que ele/ela deve comer?

SOPAS

Canja de galinha	R$12
Sopa de tomate	R$11
Sopa de legumes	R$11
Sopa de peixe	R$13

SALADAS

Salada de alface e tomate	R$10
Salada de frango	R$12
Salada de atum	R$15

PRATOS PRINCIPAIS

Bife com batatas e legumes	R$27
Hambúrguer com batatas fritas	R$15
Filé de peixe com macarrão	R$32
Arroz com legumes	R$15

3-6 Preferências. Using the words below, ask a classmate what he or she prefers to drink: **de manhã, ao meio-dia, à noite**. Alternate asking questions and taking notes. Then, in small groups, decide which are the most popular drinks.

Modelo

E1: O que você gosta de beber de manhã: chá ou café?	E1: O que é que tu gostas de beber de manhã: chá ou café?
E2: Eu gosto de café.	E2: Eu gosto de café.

chá	um copo de leite	uma cerveja	um chocolate quente
café	uma água mineral com gás	um refrigerante	uma vitamina (B)/ um batido (P) de frutas
suco (B)/sumo (P) de laranja	uma água mineral sem gás	um copo de vinho	um chá de ervas naturais

 3-7 No café. It's 9:00 a.m. on a Saturday morning, and you are in your favorite café with a classmate. Ask him or her what he or she would like to order. Then say what you would like to order.

Modelo

E1: O café da manhã daqui é muito bom. O que você quer comer?	E1: O pequeno-almoço daqui é muito bom. Que queres comer?
E2: _____. E você?	E2: _____. E tu?
E1: _____. E para beber?	E1: _____. E para beber?
E2: _____.	E2: _____.

Chá

Café com leite

Suco/Sumo de laranja

Chocolate quente

Torradas

Pão com manteiga

Pão doce

Cereal

Ovos mexidos

3-8 O nosso jantar. Your roommate (a classmate) and you want to have guests for dinner tonight. First, decide whom each of you is going to invite; then ask each other the guests' phone numbers, so one of you can make the calls later. Then, decide what you are going to serve and write down your menu: **o cardápio** (B) or **a ementa** (P). Finally, compare your menu with that of another pair of classmates.

 3-9 Um passeio. In small groups, plan a trip to one of the restaurants along the beach in Rio de Janeiro.

a. Find out when everyone is free (**está livre**).
b. Decide what meal you will have there.
c. Discuss what you will eat and drink.
d. Decide what you are going to do afterwards.

Para escutar

Uma semana na vida de Rodrigo. You will hear a young man talk about himself and his activities. Complete the statements by marking the appropriate answer according to the information you hear.

1. Rodrigo é
   _____ professor
   _____ garçom
   _____ estudante

2. Rodrigo é de
   _____ Luanda
   _____ São Paulo
   _____ Coimbra

3. Este fim de semana Rodrigo e Inês vão para
   _____ uma praia
   _____ um cinema
   _____ uma festa

4. Este fim de semana Rodrigo vai
   _____ estudar
   _____ descansar
   _____ trabalhar

5. A especialidade do restaurante que Rodrigo descreve é
   _____ frango
   _____ feijoada
   _____ peixe

1. Talking about daily life: Present tense of regular -er and -ir verbs

Pedro

Plínio

REPÓRTER: O que é que vocês fazem durante o dia?

PEDRO: Plínio e eu **corremos** todos os dias de manhã. Depois, é claro, **comemos** muito, **bebemos** muita água e estudamos. **Discutimos** os textos dos cursos e **escrevemos** ensaios. Nas aulas, eu sempre **abro** os debates com perguntas provocadoras. Às vezes, Plínio **decide** dizer algo, mas ele fala pouco porque é tímido. Temos excelentes professores e **aprendemos** muito.

Vamos analisar. Check (✓) all the statements that are true, based on the reporter's interview with Pedro.

1. _____ O Plínio gosta de abrir os debates.
2. _____ O Pedro e o Plínio são tímidos.
3. _____ O Plínio não fala muito.
4. _____ O Pedro e o Plínio estudam juntos.
5. _____ O Pedro faz perguntas nas aulas.
6. _____ O Pedro bebe muita água.

COMER (*to eat*)			
eu	com**o**	nós	com**emos**
tu	com**es**		
você		vocês	
o/a senhor/a	com**e**	os/as senhores/as	com**em**
ele/ela		eles/elas	

DISCUTIR (*to discuss*)			
eu	discu**to**	nós	discu**timos**
tu	discu**tes**		
você		vocês	
o/a senhor/a	discu**te**	os/as senhores/as	discu**tem**
ele/ela		eles/elas	

- The endings for **-er** and **-ir** verbs are the same, except for the **nós** form.

- Some other regular **-er** and **-ir** verbs are:

aprender	*to learn*
beber	*to drink*
compreender	*to understand*
correr	*to run*
escrever	*to write*
receber	*to receive*
abrir	*to open*
assistir	*to watch (B), to attend (an event)(P)*
decidir	*to decide*
partir	*to leave (depart)*

- Use **dever** + *infinitive* to express what you *should* or *ought* to do.

  Você **deve estudar** para o exame.   *You should (must) study for the exam.*

- Use **querer** + infinitive to express what you *want* to do. The verb **querer** has an irregular third-person singular form: eu quero, tu queres, **você/ele/ela quer**, nós queremos, vocês/eles/elas querem.

  Susana não **quer partir** amanhã.   *Susana doesn't want to leave tomorrow.*

3-10 **O/A professor/a modelo. Primeiro passo.** Indicate which of the following activities are or are not part of an ideal instructor's routine.

	SIM	NÃO
1. Discute política na aula de Português.	_____	_____
2. Prepara sempre as aulas.	_____	_____
3. Compreende os problemas dos estudantes.	_____	_____
4. Bebe café na sala de aula.	_____	_____
5. Nunca recebe os estudantes no escritório.	_____	_____
6. Come chocolate todos os dias na sala de aula.	_____	_____
7. Decide as notas dos alunos no início do semestre.	_____	_____

 Segundo passo. Compare your answers with those of a classmate. Do you both agree? Finally, write two more activities/features of an ideal instructor's academic life and ask your instructor if they are part of his or her real routine.

3-11 Intercâmbio. Working with a classmate, discuss the following information about the Rodrigues family and Cristina Pereira:

1. What they do on weekends.
2. When they do it.
3. How Cristina's weekends are different from those of the Rodrigues family.

NOME	SÁBADOS	DOMINGOS
Cristina	aprende espanhol	escreve uma composição em casa
	recebe os amigos em casa	come fora com amigos
O Sr. e a Sra. Rodrigues	correm na praia	assistem a um jogo de futebol
	comem em casa	bebem café com amigos

 3-12 Lugares e atividades. Ask a classmate what he or she does in the following places. He or she will respond with one of the activities listed. Then ask your classmate what he or she doesn't do in each place.

Modelo   na sala de aula/aprender português

E1: O que você faz na sala de aula?
E2: Aprendo português.
E1: E o que você não faz na sala de aula?
E2: Não bebo e não como.

E1: Que fazes na sala de aula?
E2: Aprendo português.
E1: E o que não fazes na sala de aula?
E2: Não bebo e não como.

LUGARES	ATIVIDADES
na praia	beber cerveja
no café	correr duas milhas
na festa	assistir/ver televisão
em casa	comer pão
no restaurante	dançar muito
no cinema	escutar rock
na biblioteca	assistir/ver um filme
	abrir janelas
	tomar café
	receber amigos
	descansar

3-13 Os estudantes e as diversões. Primeiro passo. Working in a small group, appoint a secretary to tally responses. Then, find out which of you do the following things. When you finish, get together with another group, compare your findings, and tally responses once again.

Modelo   ir à praia

E1: Você vai à praia nos fins de semana?	E1: Tu vais à praia nos fins de semana?
E2: Vou, sim (à praia nos fins de semana).	E2: Sim, vou (à praia nos fins de semana).
ou	*ou*
E2: Não, não vou (à praia nos fins de semana).	E2: Não, não vou (à praia nos fins de semana).

	SIM	NÃO
1. tomar café e conversar com os amigos	_____	_____
2. tocar violão nas festas	_____	_____
3. comer fora aos sábados	_____	_____
4. assistir/ver filmes na televisão	_____	_____
5. beber cerveja com os amigos	_____	_____
6. dançar na discoteca	_____	_____

Segundo passo. Finally, as a class, discuss the following:

a. Which item on the list got the most affirmative responses?
b. Which got the most negative responses?
c. How can you, as a class, explain the most affirmative and negative responses?

 3-14 Sugestões. What should or shouldn't the following people do?

Modelo   Luís está cansado.
              E1: O que é que o Luís deve fazer?
              E2: O Luís deve descansar.

1. João nunca estuda e tira notas baixas.
2. Carlos está muito gordo.
3. Irene quer falar inglês fluentemente.
4. Lélia não gosta de comer carne.

 ## Situações

1. Find out what your partner likes to eat and drink a) when he or she eats at home and b) when he or she eats out.

2. You are a waiter or waitress at a café. Two of your classmates will play the part of the customers. Greet your customers and ask them what they would like to eat and drink. Be prepared to answer any questions they may have.

Vamos viajar

O cinema e o teatro

A produção cinematográfica e teatral nos países de língua portuguesa é muito rica. O cinema brasileiro é conhecido mundialmente; os seus sucessos internacionais recentes incluem filmes como *Central do Brasil* e *Cidade de Deus*, ambos com várias indicações para o Oscar. O filme *Cidade de Deus 2*, lançado alguns anos depois, também fez muito sucesso no Brasil. O movimento mais importante no cinema brasileiro do século vinte foi o Cinema Novo dos anos sessenta e setenta. Cineastas como Glauber Rocha, Nelson Pereira dos Santos e Carlos Diegues produziram filmes complexos e politicamente ousados que retratavam a realidade brasileira sem idealizações no estilo de Hollywood. No cinema africano lusófono, uma figura importante é o cineasta guineense Flora Gomes. Seus filmes, como, por exemplo, *Mortu nega* e *Udju Azul di Yonta* (os títulos e os diálogos são em crioulo da Guiné-Bissau), mostram a guerra colonial, a transição da Guiné para a independência e a realidade do país independente.

A tradição de teatro em língua portuguesa começa na Idade Média. O dramaturgo mais importante no teatro português é Gil Vicente, autor de pelo menos quarenta e duas peças em português e espanhol. A primeira delas, *Auto da Visitação*, é do ano de 1502. Vários dramaturgos modernos, portugueses e brasileiros, procuraram inspiração nos "autos" de Gil Vicente. Um exemplo é o autor brasileiro Ariano Suassuna com a sua peça *Auto da Compadecida* (1955), uma obra clássica do teatro brasileiro moderno.

3-15 Associações. Match items in the left column with descriptions on the right.

1. Ariano Suassuna	a. Cineasta brasileiro
2. *Cidade de Deus*	b. Dramaturgo português
3. *Mortu Nega*	c. Movimento de cinema brasileiro dos anos 60 e 70
4. Gil Vicente	d. Dramaturgo brasileiro moderno
5. Glauber Rocha	e. Filme guineense
6. Cinema Novo	f. Filme brasileiro indicado para o Oscar

Cultura

The first Brazilian film directed by a woman was *O Mistério do Dominó Negro*, released in 1930. The director, Cleo de Verberena, was one of the pioneers of Brazilian cinema.

Para pesquisar

Using a search engine, locate some additional information about the artists, works and movements mentioned above and share your findings with the class.

Vídeo

Dona Sônia gosta de ir ao teatro e ao cinema.

2. Expressing movement: Present tense of *ir*

11-12

Elena, a moça que está no meio, fala sobre os amigos

Os meus amigos e eu somos muito diferentes, mas muito unidos. Todos os anos, no meu aniversário, nós **vamos** a um restaurante. Aos sábados, eu **vou** à casa da minha amiga Estela, e depois ela **vai** comigo ao ginásio para fazer ginástica. Às vezes, Rafael, Humberto e Rodrigo também **vão** ao ginásio conosco. Minha amiga Teresa não sai muito porque prefere estudar. Eu sempre brinco (*joke*) com ela: "Terê, você **vai** à biblioteca para ficar bem?" Fernando é muito tranquilo e artístico e o silêncio o fascina. Frequentemente, ele e Estela **vão** à livraria para comprar livros.

Vamos analisar. Read the following statements about Elena and her friends. Then indicate if the statement is **provável** (P) or **improvável** (I), based on the information Elena provided.

1. _____ Elena e os amigos comemoram o aniversário dela com muita comida.
2. _____ Fernando vai a muitos shows de rock.
3. _____ Estela afirma: "Frequentemente, eu vou à livraria comprar livros".
4. _____ Teresa comenta: "Fernando e eu vamos ao museu de arte esta tarde".
5. _____ Elena não vai às festas de aniversário dos amigos.

IR (*to go*)			
eu	**vou**	nós	**vamos**
tu	**vais**		
você		vocês	
o/a senhor/a	**vai**	os/as senhores/as	**vão**
ele/ela		eles/elas	

- Use **a** or **para** to introduce a noun after the verb **ir**. Brazilians use **a** or **para** interchangeably in many cases. In European Portuguese, **para** is usually reserved for going places where you are going to stay for a relatively long time (for instance, moving somewhere permanently or going home at the end of the day).

  Vou **à** festa do Américo. *I'm going to Américo's party.*
  É meia-noite! Vamos **para** casa! *It's midnight! Let's go home!*

- Use **aonde** or **para onde** when asking *where to* with the verb **ir**.

  Aonde vamos agora? *Where are we going now?*
  Para onde é que vocês vão amanhã? *Where are you going tomorrow?*

3. Expressing future actions: Present tense of *ir* + *infinitive*

3-16

Elena continua a falar sobre os amigos e planos

Hoje à noite, vou com amigos ao cinema. Alguns não vão porque preferem estudar. Amanhã **vou fazer** ginástica e, mais tarde, **jantar** com Terê. No sábado, Terê e eu **vamos comprar** livros e depois **almoçar** juntas. **Vou telefonar** para um de meus amigos convidando-o (*inviting him*) para dançar no domingo.

Vamos analisar. Read the following statements about Elena and her friends. Then indicate if the statement is **provável** (P) or **improvável** (I), based on the information Elena provided.

1. _____ Elena vai convidar Fernando para dançar.
2. _____ Elena vai fazer ginástica com Estela.
3. _____ Hoje à noite, Fernando e Terê vão estudar na biblioteca.
4. _____ Elena, Estela, Rafael, Humberto e Rodrigo vão sair juntos hoje à noite.
5. _____ Elena vai fazer ginástica com Terê.

■ To express future action, use the present tense of **ir** + the infinitive form of the verb.

Eu **vou falar** com ela mais tarde.	*I'm going to talk to her later.*
Eles **vão telefonar** hoje?	*Are they going to call today?*

■ You may also express future action with the present tense of the verb. The context shows whether you are referring to the present or the future.

Eu **nado** mais tarde.	*I'll swim later.*
Eles **viajam** para África?	*Are they going to travel to Africa?*

■ To express *to go* in the future, use the verb **ir** by itself in the present tense.

Você **vai** ao ginásio amanhã?	*Are you going (to go) to the gym tomorrow?*

■ The following expressions denote future time:

depois	*afterwards, later*
mais tarde	*later*
esta noite	*tonight*
amanhã	*tomorrow*
depois de amanhã	*the day after tomorrow*
na próxima semana	*next week*
no próximo mês/ano	*next month/year*

 3-16 Lugares e atividades. With a classmate, talk about where the following people are going. Say what they are going to do there.

Modelo   Helena/restaurante
            Helena vai ao restaurante. Ela vai comer comida cabo-verdiana.

1. Carlos/pizzaria
2. Raquel/praia
3. eu/casa
4. nós/biblioteca
5. Miguel e Alice/café
6. Cecília/cinema

 3-17 A agenda da Irene. Ask a classmate questions about Irene's activities this week, based on her schedule below.

Modelo   E1: Quando é que a Irene vai ao laboratório?
            E2: Ela vai ao laboratório na sexta-feira às onze da manhã.
            E1: O que é que ela vai fazer na segunda-feira de tarde?
            E2: Ela vai andar na praia.

IRENE COSTA						
SEGUNDA-FEIRA	**TERÇA-FEIRA**	**QUARTA-FEIRA**	**QUINTA-FEIRA**	**SEXTA-FEIRA**	**SÁBADO**	**DOMINGO**
6	7	8	9	10	11	12
Biblioteca 8:30 a.m.	Telefonar para a Laura 10:00 a.m.	Terminar o trabalho de História 10:00 a.m.	Estudar Matemática 10:00 a.m.	Laboratório 11:00 a.m.	Praia 11:30 a.m.	Ir à igreja 11:00 a.m.
Andar na praia 5:30 p.m.	Trabalhar na biblioteca 4:00 p.m.					Restaurante 12:30 p.m.
Casa da Ana 8:00 p.m.		Programa de TV 9:00 p.m.	Estudar Matemátca com a Ana 7:00 p.m.	Festa na casa do Paulo 10:00 p.m.	Dançar 11:00 p.m.	Estudar Inglês 5:00 p.m.

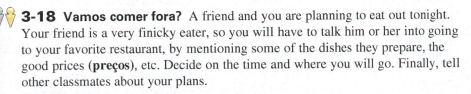

3-18 Vamos comer fora? A friend and you are planning to eat out tonight. Your friend is a very finicky eater, so you will have to talk him or her into going to your favorite restaurant, by mentioning some of the dishes they prepare, the good prices (**preços**), etc. Decide on the time and where you will go. Finally, tell other classmates about your plans.

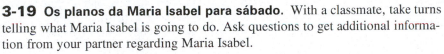

3-19 Os planos da Maria Isabel para sábado. With a classmate, take turns telling what Maria Isabel is going to do. Ask questions to get additional information from your partner regarding Maria Isabel.

3-20 Este fim de semana. With a classmate, discuss what each of you is going to do this weekend. Expand the conversation by asking questions of each other to get more details, if necessary. Take notes about each other's plans. Then share your findings about your partner with another classmate.

3-21 É feriado! Viva! Working with another classmate, share information about your plans for the next holiday, for example **Natal, Chanuká, Dia da Independência, Dia do Trabalho**, etc. Get as much information as possible about each other's plans.

4. Expressing age, possession, and obligation: *Ter* and *ter que + infinitive*

17-18

Maria tem uma família pequena, mas tem bastante trabalho. Os filhos adolescentes não são muito disciplinados e o marido trabalha o tempo todo. Mariana tem 15 anos e adora falar ao telefone com as amigas. Luís tem 16 anos e gosta de comer e jogar futebol. Júlio, o marido, tem 45 anos e trabalha até mesmo aos domingos. A Maria decide escrever a seguinte mensagem.

Planos para horas de lazer
Temos que ser mais organizados. Passamos muito tempo no computador, temos que fazer mais atividades físicas. A Mariana passa horas no telefone. O Luís tem que jogar menos no computador e praticar mais futebol. O Júlio tem que trabalhar menos e passar mais tempo com a família. Eu tenho que me preocupar mais comigo e ter mais tempo para praticar ioga. Todos temos que passar mais tempo juntos nos fins de semana.
Mamãe

Vamos analisar. Based on the message above, relate the information in the column on the left with Maria's plans for the members of her family, listed in the column on the right.

1. _____ O Luís joga pouco futebol.
2. _____ A mãe deve ter tempo livre.
3. _____ O pai trabalha demais.
4. _____ A filha adora as amigas.
5. _____ Raramente estão juntos.

a. tem que praticar ioga
b. tem que fazer mais atividades físicas
c. tem que falar menos ao telefone
d. têm que passar mais tempo juntos
e. tem que trabalhar menos

TER (*to have*)			
eu	**tenho**	nós	**temos**
tu	**tens**		
você		vocês	
o/a senhor/a	**tem**	os/as senhores/as	**têm**
ele/ela		eles/elas	

■ Use **ter** to express possession.

Ronaldo **tem** um computador
   fantástico!

Ronaldo has a great computer!

Tenho quatro aulas hoje.

I have four classes today.

■ Use **ter** to express age measured in units of time, such as years and months.

O filho da Zélia **tem** dois anos
   e três meses.

*Zélia's son is two years and three
   months old.*

■ Use **ter que** + *infinitive* or **ter de** + *infinitive* to express what you *have to do*.

Temos que trabalhar no sábado.

We have to work on Saturday.

Vocês **têm de compreender** a
   situação.

You have to understand the situation.

3-22 Tenho muitas aulas! With a classmate, take turns telling each other
whether you have many (**muitos**, **muitas**) or few (**poucos**, **poucas**) of the
following. Then, report your results to the class.

Modelo   livros
            Tenho muitos livros!

1. aula
2. tarefa
3. amigo brasileiro
4. jogo de computador
5. festa (este mês)
6. prato preferido

3-23 Vamos comparar agendas. Dário is a Brazilian exchange student at
your university. First, read his agenda for the week in the table below. Then, fill
out your own information in the second column. Finally, compare your agenda
with your classmate's and fill in the last column with his or her information.

Modelo

E1: Quantas aulas você tem
    na segunda?
E2: Tenho duas: Biologia e Francês.
E1: Eu tenho três. Matemática,
    Química e História da Arte.

E1: Quantas aulas tens na segunda?
E2: Tenho duas: Biologia e Francês.
E1: Eu tenho três. Matemática,
    Química e História da Arte.

	DÁRIO	EU	COLEGA
Segunda	Aulas: Informática, Astronomia, Francês Treino de vôlei		
Terça	Aulas: Sociologia, História Reunião do clube de cinema		
Quarta	Aulas: Informática, Astronomia, Francês Encontro com Laura		
Quinta	Aulas: Sociologia, História Reunião na biblioteca		
Sexta	Aulas: Informática, Astronomia, Francês Reunião com o Prof. Silva		
Sábado	Jogo de vôlei Festa da Raquel		
Domingo	Encontro com Luís e Roberto		

 3-24 Vocês têm que fazer alguma coisa! Primeiro passo. With a classmate, take turns telling the following people what they have to do.

M o d e l o　　　Regina e Jorge: "Estamos muito cansados".

　　　　　　　　E1: Vocês têm de descansar!
　　　　　　　　E2: Vocês têm que trabalhar menos!

1. Susana: "Tenho um teste de matemática amanhã".
2. Júlio e Marta: "Não queremos engordar".
3. Lúcia: "Quero ter mais amigos".
4. Filipe e Sílvia: "Hoje é o nosso aniversário de casamento".
5. Rogério: "Quero compreender o universo".

 3-25 Você tem que fazer alguma coisa! Segundo passo. Now come up with three statements of your own and share them with your classmate. He or she will advise you what you have to do and will, in turn, ask for your advice.

Vamos viajar

A música e os concertos

Os estilos de música nos países de língua portuguesa são muito variados.
A composição musical mais típica de Portugal é o fado, uma canção geralmente
melancólica, cantada por um/a fadista (cantor ou cantora de fado) com acompanhamento de guitarra portuguesa. Muitas pessoas, no mundo inteiro, escutam e cantam
as canções da MPB (Música Popular Brasileira), uma designação que inclui vários
estilos e artistas diferentes. O samba (como música e como dança) continua a ser o
estilo musical mais identificado com o Brasil, mas há também a bossa nova, o forró,
o frevo, o choro, o pagode, o axé... a variedade é imensa. A fusão de influências
culturais que inspira a música brasileira é também uma inspiração para os músicos
em Angola, Cabo Verde, Moçambique e outros países da África Lusófona. As mornas cantadas por Cesária Évora, a artista cabo-verdiana mais famosa, evocam, ao
mesmo tempo, os ritmos brasileiros e a melancolia do fado português. O batuque,
outro estilo musical de Cabo Verde, mostra mais influência dos ritmos tradicionais
do continente africano.

 Nas grandes cidades do mundo lusófono, há vários concertos de música clássica
e popular todas as semanas. Alguns eventos fazem história, como a série de festivais *Rock in Rio*, iniciada em 1985. Em 2004, o festival realizou-se pela primeira
vez fora do Rio de Janeiro, em Lisboa, com a participação de artistas portugueses
(como Xutos & Pontapés e Mariza), brasileiros (como Gilberto Gil e Sepultura),
americanos e europeus (como Britney Spears e Paul McCartney) e outros. Depois
disso, realizou-se duas vezes mais em Lisboa e duas vezes em Madrid. Em 2011,
o festival voltou ao Rio de Janeiro. Os shows integrados no programa *Rock in Rio*
duram vários dias e juntam artistas de fama internacional.

3-26 Um mosaico musical. Working with a classmate, complete the
following statements.

1. O choro é um estilo...
2. A abreviatura MBP significa...
3. Um fadista é...
4. Uma artista famosa que canta mornas chama-se...
5. Dois estilos de música cabo-verdiana são...
6. Xutos & Pontapés é uma banda...
7. *Rock in Rio* é...

3-27 Vamos ao concerto! You and your classmate have tickets to the next
edition of Rock in Rio. If you don't know the location, invent one. Plan what you
are going to do before you go and once you get there. What are the things you
have to do, want to do, and should do?

Para pesquisar

Find out if there is a forthcoming Rock in Rio festival. If so, where is it taking
place and who will be performing? If not, locate some additional information
about past Rock in Rio events and/or about the series in general.

Juliana toca violão e canta.

5. Talking about quantity: Numbers above 100

19-20

Vamos analisar. Your instructor will say a number from each of the following series. Identify each number you hear.

1. Se eu ganhar _____ de dólares na loteria vou para Lisboa.

   a. 2.000.000   b. 1.000.000   c. 1.500.000

2. Vou de primeira (*first*) classe. São_____ dólares.

   a. 7.000   b. 5.500   c. 6.000

3. O hotel? _____ euros

   a. 50   b. 800   c. 150

4. O carro? _____ euros

   a. 50.000   b. 100.000   c. 20.000

■ You have already learned the numbers up to 99. In this section you will learn numbers to use when talking about larger quantities.

100	cem/cento	1.000	mil
200	duzentos/as	1.100	mil e cem
300	trezentos/as	2.000	dois mil
400	quatrocentos/as	2.340	dois mil trezentos e quarenta
500	quinhentos/as	10.000	dez mil
600	seiscentos/as	100.000	cem mil
700	setecentos/as	170.000	cento e setenta mil
800	oitocentos/as	1.000.000	um milhão (de)
900	novecentos/as	2.000.000	dois milhões (de)

■ Use **cem** to say 100 alone or followed by a noun, and **cento** for numbers from 101 to 199.

100	**cem**
100 livros	**cem livros**
120 bicicletas	**cento e vinte bicicletas**

■ Use **e** between all elements of compound numbers except between thousands and hundreds when hundreds are followed by tens or units.

125	cento **e** vinte **e** cinco
6.873	seis mil oitocentos **e** setenta **e** três
4.500	quatro mil **e** quinhentos

■ Multiples of 100 agree in gender with the noun they modify.

200 anos	**duzentos** anos
1.400 salas	**mil e quatrocentas** salas

■ Use **mil** for *one thousand*. Use **um milhão** to say *one million* and **um milhão de** when a noun follows.

1.000 alunos	**mil alunos**
1.000.000 alunos	**um milhão de alunos**

■ In Portuguese, a period is normally used to separate thousands and a comma is used to separate decimals.

R$1.000,00   R$26,50   € 2.750,00   € 5,25

3-28 Para identificar. Your instructor will say a number from each of the following series. Identify the number you hear.

a. 114	360	850	524
b. 213	330	490	919
c. 818	625	723	513
d. 667	777	984	534
e. 1.310	1.420	3.640	6.860
f. 10.467	50.312	100.000	2.000.000

3-29 Quando vai acontecer? Exchange opinions with a classmate about when each of the following events will occur.

Modelo   Todos os livros vão ser em formato digital.

E1: Em 2030, todos os livros vão ser em formato digital.

E2: Estou de acordo. *ou* Não estou de acordo. Vai ser em 2100.

1. As pessoas vão trabalhar só 20 horas por semana.
2. Todos os estudantes vão estudar em universidades virtuais.
3. Todos vamos ter videotelefones.
4. O petróleo vai acabar no nosso planeta e vamos usar só energias alternativas.
5. Os robôs, e não as pessoas, vão servir comida nos restaurantes.
6. A humanidade vai colonizar o planeta Marte.

Língua

In Portuguese, numbers higher than one thousand are never stated in pairs as they often are in English. For example, the year 1984 must be expressed as **mil novecentos e oitenta e quatro**, whereas in English it would be given as nineteen eighty-four.

3-30 Férias! Primeiro passo. Your classmate has chosen one of the destinations in the ad below for his or her next vacation. To find out where he or she is going and other details of the trip, ask your classmate the following questions.

1. Para onde você vai?
2. Com quem você vai?
3. Quando você vai?
4. O que você vai fazer?
5. Quantos dias você vai estar lá?
6. Por que você vai lá?
7. Quanto custam as férias?

1. Para onde vais?
2. Com quem vais?
3. Quando vais?
4. O que vais fazer?
5. Quantos dias vais lá estar?
6. Porque vais para lá?
7. Quanto custam as férias?

AGÊNCIA GLOBO

SEMPRE AO SEU SERVIÇO
35 anos de experiência,
responsabilidade e profissionalismo

PROMOÇÕES
TODOS OS PREÇOS INCLUEM PASSAGEM AÉREA, HOTEL, TRANSPORTES LOCAIS E SEGURO INDIVIDUAL.

BRASIL

Rio de Janeiro. Cidade Maravilhosa.
4 dias. Hotel de luxo. Tour da cidade incluído.   **R$ 3.260**

Porto Seguro. Sol, mar e praia. Hotel Marlim.
7 dias. Café da manhã incluído.   **R$ 1.900**

Costa brasileira. Cruzeiro marítimo. Santos, Rio de Janeiro, Angra dos Reis, Búzios, Salvador, Ilhéus e Porto Belo.
5-7 dias. Cabines confortáveis, 5 refeições diárias. A partir de   **R$ 4.850**

PORTUGAL E SANTIAGO DE COMPOSTELA

Lisboa e Serra da Estrela.
8 dias. Hotéis de 3 e 4 estrelas. Passeio a Sintra incluído. Monumentos
históricos e paisagens belíssimas.   **R$ 5.180**

Ilha da Madeira.
7-14 dias. Hotéis de 4 estrelas com vista deslumbrante, restaurante, piscina e
ginásio. Acesso fácil à praia. A partir de   **R$ 6.920**

Santiago de Compostela. Conheça o destino lendário dos peregrinos desde a Idade Média.
5 dias. Hotel de 3 estrelas, com café da manhã.   **R$ 4.650**

CABO VERDE

Santa Maria do Sal. Visite a "Esmeralda do Atlântico".
7 dias. Hotel na praia, refeições incluídas. A partir de   **R$ 7.140**

MOÇAMBIQUE

Parque Nacional de Bazaruto. Safari marítimo.
4-7 dias. Opções suplementares: Reserva de Elefantes de Maputo, Ilha de Moçambique.
A partir de   **R$ 9.800**

3-31 Férias. Segundo passo. Based on your classmate's answers in **Primeiro passo**, fill in the information requested below and share it with another classmate.

1. Lugar que _____ (nome do/a colega) vai visitar: _____
2. Quanto tempo vai estar lá: _____
3. Coisas que vai fazer: _____
4. Custo das férias: _____
5. Dinheiro extra que deve levar (segundo você): _____
6. É um destino interessante ou não (segundo você)? _____

Situações

1. **Role A.** You have received a very generous check from your rich aunt. Answer your classmate's questions in detail. If necessary, ask for advice as to what to do with the money, what to buy, where to go shopping (**ir às compras**), etc.

   Role B. Your classmate has received a great sum of money from his or her wealthy aunt. Find out how much money your classmate has now. Ask him or her how he or she is planning to spend the money; ask for specific amounts each time he or she talks about the expenditure. Give your class-mate reasonable advice on prices of things and on what he or she should do with the money.

2. **Role A.** Your friend and you are making plans for Saturday. Your friend is going to tell you what he or she plans to do. Tell your friend that you need to rest and want to spend (**passar**) the day at the beach or at home. He or she will try to convince you to change your mind. Inquire about specifics of his or her plan, such as: where, with whom, how much, when, etc. Politely, be firm about your original plans.

   Role B. Your friend and you are making plans for Saturday. Tell him or her that you want to go to a fancy restaurant and to a discotheque afterwards. Try to convince your friend to change plans. Answer his or her questions. Finally, tell him or her that you're going to go along with his or her plans, but that next weekend he or she must go along with your plans.

3. **Role A.** You would like to order some CDs of your favorite singer (**cantor/a**) or band (**banda**) over the phone. Tell the salesperson the names of the CDs you want and ask him or her when they'll arrive. Answer the salesperson's questions and provide him or her with the information requested.

   Role B. A customer calls you to order some CDs. Answer the customer's questions and ask for the following information: a) name, b) address, c) zip code (**código postal**), and d) the credit card (**cartão de crédito**) number and expiration date (**data de validade**).

Mais um passo

21-22

Some uses of *por* and *para*

- In previous activities you used **para** as an equivalent of *for*, with the meaning *intended or to be used for*: **Tenho de comprar um dicionário para a aula**. *I have to buy a dictionary for the class.* You have also learned to use **para** to refer to a destination: **Vou para a praia**. *I'm going to the beach.* You used **por** in the expression **por favor** and in the question words **por que** (B) or **porque** (P). Some other fixed expressions with **por** that you will find useful when communicating in Portuguese are the following:

por exemplo	*for example*
por isso	*that's why*
por fim	*finally, at last*

por acaso	*by chance, by accident*
por enquanto	*for the time being*
por mim	*as far as I'm concerned, speaking for myself*

- **Por** contracts with the definite article (**o**, **a**, **os**, **as**) to form **pelo**, **pela**, **pelos**, **pelas**. Some additional useful expressions feature this contraction:

pelo menos	*at least*
pelo telefone	*by phone*
pela primeira vez	*for the first time*
pela última vez	*for the last time*

- Both **por** and **para** can be used to express movement in space and time.

- As you already know, **para** indicates movement toward a destination.

  Caminham **para** a universidade.   *They walk to/toward the university.*

- Use **por** to indicate movement through or by a place.

  Vamos a Cabo Verde **por** Lisboa.   *We're going to Cape Verde via Lisbon.*
  Caminho **pelo** parque todos os dias.   *I walk through the park every day.*
  Vocês passam **pela** livraria?   *Are you going by the bookstore?*

- With reference to time, use **para** to refer to a deadline.

  A tarefa é **para** amanhã.   *The assignment is for tomorrow.*

- Use **por** to indicate length of time or duration of an action/event. Many Portuguese speakers omit **por** in this case, or use **durante** (*during*).

  Vou estar no Rio (**por**) cinco dias.   *I'll be in Rio de Janeiro (for) five days.*

3-32 Você gosta de caminhar? Does your classmate like to walk? Ask him or her whether he or she walks to the following destinations or through/around the following places. Follow up by asking when he or she walks there, or why she doesn't walk to or through a given place. Then reverse roles.

1. para a universidade
2. pela universidade
3. da universidade para casa
4. pela cidade
5. pelo parque
6. para o cinema

3-33 Para quando é...? With a classmate, take turns telling each other about your current assignments in various classes and the respective deadlines. In addition to **uma tarefa** and **um dever de casa**, here are some words you may need: **um trabalho** (*paper*), **um projeto**, **uma composição**, **uma apresentação**.

Modelo   Tenho um trabalho para a aula de Antropologia. É para sexta-feira, dia 14.

Para escutar

A. Mensagens gravadas. You are calling several museums in Lisbon to find their hours of operation and where they are located. Write the information you hear on the chart below.

MUSEU	HORÁRIO	ENDEREÇO
Museu Calouste Gulbenkian		Av. de Berna _____
Museu do Chiado		Rua Serpa Pinto _____
Casa do Fado e da Guitarra Portuguesa		Largo do Chafariz de Dentro _____
Museu Nacional de Arte Antiga		Rua das Janelas Verdes _____

B. Quem vai viajar? Para onde? Quanto custa? Manuela, Tomás, Vitória, and Miguel are students from Portuguese-speaking countries at universities in the United States. Find out what plans and flight reservations they have made for their summer travel. As you listen to the following statements, first circle the words you hear. Then complete the chart, based on the information you obtain.

1. Manuela vai visitar a família em (**São Tomé / Angola**). Ela vai pagar (**1.955 / 1.155**) dólares.
2. Tomás vai pagar (**657 / 756**) euros e ele (**não vai / vai**) para o Brasil.
3. O voo 332 (**não vai / vai**) para Portugal.
4. O voo 900 (**não é / é**) internacional.
5. Vitória (**toma / não toma**) o voo 201; ela (**não vai / vai**) para um país africano.
6. O voo para Luanda (**é / não é**) o voo 606.
7. A pessoa que vai para o Brasil paga (**2.500 / 2.300**) reais.
8. Miguel (**vai / não vai**) para a Califórnia e paga 364 dólares.

NOME	DESTINO	VOO	PREÇO
	Los Angeles		
	Lisboa		
	São Paulo		
	Luanda		

Para conversar

 3-34 Estatísticas. Working in small groups, tell each other at what time you eat breakfast, lunch, and dinner. Then compare your information with other groups to determine the statistical data for the class as a whole and compare your results to the information given below for Brazil.

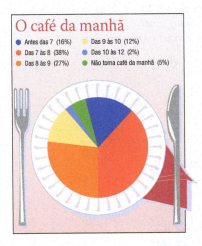

O café da manhã
- Antes das 7 (16%)
- Das 7 às 8 (38%)
- Das 8 às 9 (27%)
- Das 9 às 10 (12%)
- Das 10 às 12 (2%)
- Não toma café da manhã (5%)

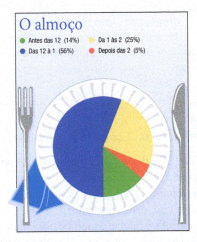

O almoço
- Antes das 12 (14%)
- Das 12 à 1 (56%)
- Da 1 às 2 (25%)
- Depois das 2 (5%)

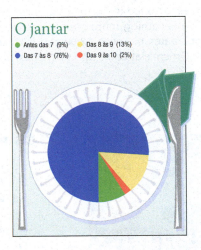

O jantar
- Antes das 7 (9%)
- Das 7 às 8 (76%)
- Das 8 às 9 (13%)
- Das 9 às 10 (2%)

 3-35 O que é que os colegas comem? In small groups, first find out what all of you eat and drink at different meals and use the table below to record your findings. Then identify the most popular choices in your group. Be prepared to share your results with the rest of the class.

Modelo

E1: Susana, você come cereal no café da manhã?
E2: Como, sim.

E1: Susana, comes cereal ao pequeno-almoço?
E2: Como.

	C. MANHÃ/PEQ.-ALMOÇO	ALMOÇO	JANTAR
cereal com leite			
café			
suco/sumo de laranja			
hambúrguer			
salada de frutas			
vinho			
batatas fritas			

Cultura

Mealtimes in Portuguese-speaking countries differ from those in the United States. Although there are differences from country to country, people typically eat breakfast between 7:00 and 9:00. Breakfast normally consists of black coffee, **café com leite** (hot milk with strong coffee), or **chá** and a roll or toast with butter and jam or cheese. In Brazil and the Lusophone African countries, breakfast will include fruit and often juice. Mozambicans prefer **chá**, one of the country's main productions. This is a light breakfast, so people sometimes have a snack in the late morning: a **bica** (espresso coffee in Portugal) or a **cafezinho** (espresso coffee in Brazil) and pastry at a local **café**, or coffee shop. Cereals are becoming more popular, especially among the younger generation. The main meal of the day is lunch (**o almoço**), eaten between 12:00 and 2:00 p.m., depending on the country. Dinner (**o jantar**) is served after 7:00 or 8:00 p.m. On special dates and festivities, dinner can be served much later. ■■

📖 Para ler

23

3-36 Preparação. Look at the picture and answer the questions.

1. Que cidade de Portugal parece mostrar esta fotografia?
2. Que tipo de cidade parece ser?
3. Na sua opinião, que lugares de diversão há nesta cidade?
4. Que horas são, provavelmente?
5. Na sua opinião, qual é a melhor hora para se divertir?
6. Onde é que você vai para se divertir? E para descansar?
7. Quando você sai à noite, como é que você gosta de se divertir?
8. Em que restaurantes é que você gosta de comer?

3-37 Primeiro passo. Read the ads from a Portuguese magazine, and offer a solution for each of the problems on the following page.

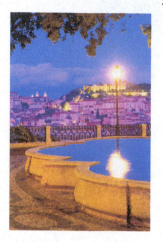

Fado no museu

30, 31 de julho e 1 de agosto, às 21.30h
Os maiores nomes do fado cantam no
Museu Nacional de Arte Contemporânea
Exposição sobre o fado na pintura
portuguesa 30 de julho a 27 de agosto

Rua de Serpa Pinto, 4, Lisboa

**Museu de
Marinha e Planetário**
Siga a rota dos portugueses
através da história das suas
embarcações.

Aberto das 10h-17h
Ala Oeste do Mosteiro dos
Jerónimos, Praça do Império,
Lisboa, tel: 213 620 019

CINEMAS

Forum Novo

SALA 1
Guerra dos Mundos:
14.00, 16.30, 19.00, 21.30 (M/12)

SALA 2
Batman – O Início:
14.00, 17.30, 21.30 (M/12)

SALA 3
Parque Jurássico:
14.15, 16.45, 19.15, 21.45 (M/12)

SALA 4
A Cidade do Pecado:
13.30, 16.10, 18.50, 21.40, 00.10 (M/16)

SALA 5
A Guerra das Estrelas:
12.40, 15.30, 18.20, 21.10, 23.55 (M/6)

SALA 6
O Amor Está no Ar:
15.20, 18.20, 21.40 (M/12)

1. O Sr. Ferreira e a esposa têm três filhos com idades entre os sete e os treze anos. Todos gostam de animais, especialmente das espécies que não existem na Europa: pandas, leões, elefantes, girafas, crocodilos, etc. Mas eles também gostam do mar e da vida dos animais marinhos: tubarões, tartarugas, pinguins, focas, etc. A família quer divertir-se durante uma tarde de domingo, mas deve ficar em Lisboa, porque na segunda-feira as crianças têm que ir para a escola. Aonde é que eles devem ir?

2. O Sr. Morris, um turista americano, visita Lisboa pela primeira vez. Ele quer conhecer a arte e a cultura de Portugal. Ele gosta de museus e galerias de arte moderna. Este fim de semana, durante o dia, ele quer visitar os centros culturais da cidade. À noite, ele prefere ir ao teatro ou a concertos de música clássica, ou de música tradicional. Também gosta de comer em restaurantes que servem comida típica. O que é que você acha que ele deve fazer este fim de semana?

3. Hoje é o dia do aniversário do Jorge. Ele faz treze anos e adora histórias de aventuras no espaço. Os colegas dele na escola também gostam de filmes de ficção científica. Os pais do Jorge vão convidar todos os colegas e amigos dele para irem ao cinema. Vai ser uma surpresa para o Jorge encontrar os amigos no cinema! Os pais do Jorge só têm um problema a resolver: para que filme é que eles devem comprar os bilhetes?

4. Durante um congresso internacional de cardiologia em Cascais, perto de Lisboa, o Dr. Artur Rodrigues quer convidar um grupo de colegas americanos para comer num restaurante que serve marisco fresco da costa portuguesa. Ele quer um restaurante com um ambiente agradável, boa comida e serviço excelente. Qual é o restaurante que deve escolher?

3-38 Segundo passo. Go back and read the ads again to answer the following questions:

1. No anúncio do restaurante **O Borda d'Água**, qual é a palavra que indica que se pode comer ao ar livre?
2. Nos anúncios das atividades para crianças, qual é a palavra que indica o preço de visitar um museu, o jardim zoológico, etc.?
3. Quais são as duas artes relacionadas no anúncio "Fado no Museu"?
4. Procure seis palavras cognatas nos anúncios e escreva-as no seu caderno.

Para escrever

24-25

The writing process—the series of steps you follow to produce a clear and effective piece of writing—is the same in any language. First, you organize your thoughts, perhaps by writing an outline. Then you write a first draft. Never attempt to write your draft in English and then translate it into Portuguese; instead, compose it directly in Portuguese. As you write, or once you finish, you should revise to find better ways of expressing your ideas. For example, you may change the organization, rewrite sentences, or choose better words. Finally, you correct any inaccuracies such as errors in spelling, punctuation, accent marks, etc.

Questions, asked orally or in writing, play an important role in our daily life. We read and/or write questions at school or at home, in letters, memos, and notes. Questions may reflect our inquisitive nature, our quest for needed information, or simply our need to fill a communication gap. The manner in which we ask questions is determined by the person whom we ask and affects the way that person responds. Thus, we need to take special care with our word choice and register. (Shall we address the person as **o senhor/a senhora**, **você** or—in European Portuguese—as **tu**?)

3-39 Mãos à obra: Fase preliminar. You are a journalist working for the university newspaper of either the **Universidade de Coimbra** (Portugal) or the **Universidade Federal de Pernambuco** (Brazil). You are looking to identify the "Student of the Year." With a classmate, develop two questionnaires: one for a potential candidate, and another for the student's parents. What information will you need? Probably…

- informação pessoal básica do/a candidato/a

- traços particulares da sua personalidade

- rotina diária, especialmente as atividades que diferenciam este/a estudante dos outros

- seus planos acadêmicos (B)/académicos (P), pessoais e profissionais

- outras informações

After preparing the questionnaires, interview two classmates: one will act as the candidate, and the other as the candidate's father or mother. You should verify the information from both parties and take notes, or record your conversation for the next phase of the activity.

3-40 Mãos à obra. Now write a report (**um relatório**) to the editor of the newspaper about the candidate you identified. Use the following guidelines:

- dados gerais sobre o/a candidato/a: nome completo, idade, personalidade, etc.
- atividades diárias e planos do/a candidato/a demonstrando que é um/a estudante modelo
- opinião do pai ou da mãe sobre o/a filho/a
- a sua opinião pessoal sobre o/a candidato/a

_____ de _____ de _____

Exmo/a Sr./Sra. Dr./Dra. _____ :

Acabo de entrevistar o/a aluno/a _____
e o seu pai/a sua mãe, o/a senhor/a _____ .
A nossa conversa foi muito _____ [descreva o tom da conversa].

Segundo a opinião do/da seu/sua _____
_____
_____
_____
_____
_____ [descreva as razões por que o/a candidato/a é um/a estudante modelo segundo o pai/a mãe]

Na minha opinião, o/a candidato/a _____
_____
_____
_____ [declare a sua opinião sobre o/a candidato/a]

Sem outro assunto, envio os meus respeitosos cumprimentos.

Atenciosamente (B)/Atentamente (P),
_____ (Assinatura)

_____ (Nome por extenso)

3-41 Revisão. After completing your report, discuss the content and style of your writing with your peer editor/reader. Then make any necessary changes.

EXPRESSÕES ÚTEIS

The following expressions may be handy:

- To discuss content:

  Não compreendo esta palavra/expressão.
  Preciso de mais informações.
  Não há informações suficientes sobre…
  O que significa…?
  Por que você diz…? (B)/ Porque dizes…? (P)

- To discuss grammar and mechanics:

  É preciso conjugar o verbo…
  A palavra "também" precisa de acento.
  O verbo … é melhor neste contexto.
  É preciso um ponto (.) / uma vírgula (,) / ponto e vírgula (;).

Projeto final
Preparação

3-42 As crianças. A friend of your parents wants to hire you as a babysitter for her four children and is describing them to you. Fill in the blanks in the paragraphs below to complete the descriptions.

1. Mariana _____ dez anos. Ela gosta de _____ ao cinema e de _____. Para o almoço, ela e os irmãos _____ arroz, _____ e _____. Eles também _____ sobremesa. Em geral, eles comem _____. Eles _____ água.
2. Lucas _____ nove anos e _____ comida "fast food". Ele come _____ e _____ e bebe _____. Ele _____ sempre ao cinema com Mariana.
3. Marcos _____ sete anos e _____ assistir os Simpsons na TV. Ele não gosta de comer _____, _____ e _____.
4. Luciana _____ cinco anos e gosta de animais. Ela _____ sempre ao _____. Ela gosta de comer _____.

Mãos à obra

3-43 Parte 1: As atividades. Working with a classmate, organize the activities for the children's weekend. Fill out the chart below.

Sábado: onde e quando eles vão?

	MARIANA	LUCAS	MARCOS	LUCIANA
9:00				
1:00				
4:00				

Domingo: o que eles vão almoçar?

MARIANA	LUCAS	MARCOS	LUCIANA

Parte 2: O relatório. Together with your partner, write a short report explaining your plans for organizing the children's weekend. Use the information from the tables above and add any further items you wish to include.

Parte 3: O meu sábado. Now decide which children you are going to accompany on Saturday and whether you are going to have the same kind of lunch they will have. Justify your choices. Compare and discuss your recommendations with your partner.

Horizontes

📖 O Nordeste do Brasil

26

Os estados da região Nordeste são: Bahia, Alagoas, Pernambuco, Paraíba, Rio Grande do Norte, Ceará, Sergipe, Piauí e Maranhão. O Nordeste ocupa 18.26% da área total do Brasil e tem uma população de aproximadamente 54 milhões de pessoas.

Os portugueses chegaram ao Brasil em 1500, desembarcando em Porto Seguro, na Bahia. O estado da Bahia mantém muitas tradições culturais e religiosas africanas: é a terra do jogo da capoeira, uma arte marcial de origem africana, e do candomblé, culto religioso também com raízes no continente africano. O estado de Pernambuco já foi o maior produtor de açúcar do mundo e ainda hoje tem um papel muito importante na economia da região. Os antigos engenhos de açúcar mantêm viva a história do tráfico dos escravos. A festa de São João é a festa mais popular de Pernambuco e é sempre acompanhada de um bom forró, o ritmo musical típico da região. O Tambor de Crioula é uma festa típica do Maranhão, dedicada a São Benedito, um santo negro e filho de escravos. Outras festas folclóricas da região são a ciranda, o coco de roda, os caboclinhos e o maracatu.

Para responder

Verdadeiro (V) ou falso (F)?

1. _____ A região Nordeste é maior do que a região Sudeste.

2. _____ A região Nordeste tem mais população do que a região Sudeste.

3. _____ A produção de açúcar estava relacionada com o tráfico dos escravos.

4. _____ As tradições de origem africana no Nordeste incluem a capoeira e o candomblé.

5. _____ São João e o Tambor de Crioula são duas festas populares no estado de Pernambuco.

Bloco "Filhos de Gandi" no Pelourinho, o centro histórico de Salvador, Bahia

O Nordeste inclui muitos contrastes geográficos, demográficos, econômicos e, consequentemente, sociais. O Maranhão é rico em florestas e minerais, com uma população relativamente pequena; as áreas metropolitanas de Salvador, Recife e Fortaleza englobam aproximadamente 10 milhões de habitantes e são áreas industrializadas. No sertão (isto é, no interior) do Nordeste brasileiro os períodos de seca afetam especialmente os estados do Piauí, Ceará e Pernambuco. As consequências das secas prolongadas são a fome, a miséria e o êxodo rural, ou migração da população rural para centros urbanos como São Paulo e Rio de Janeiro, no Sudeste do Brasil.

O litoral nordestino tem águas claras e mornas, com areias douradas, coqueirais e praias maravilhosas. O clima tropical durante o ano inteiro favorece o turismo. A economia principal do litoral está baseada no turismo e na produção da cana-de-açúcar. É famosa a arquitetura barroca das antigas cidades coloniais da região. O artesanato do Nordeste é variado e rico, com objetos de barro, esculturas na madeira, trabalhos em palha, rendas e bordados. Ao mesmo tempo, grandes e modernos "shopping centers" são muito populares nas capitais: o novo e o antigo estão sempre presentes no dia a dia do Nordeste do Brasil.

Praia de Canoa Quebrada, no Ceará

Para responder

1. As principais áreas metropolitanas do Nordeste são
_____, _____ e _____.

2. Duas das consequências dos períodos de seca no sertão nordestino são _____ e _____.

3. O _____ e a _____ são as duas bases da economia do litoral nordestino.

Para navegar

1. Pesquise na Internet os nomes de três cidades famosas do Nordeste do Brasil. Quais são? Por que razão são famosas? Quais são as diferenças entre as cidades?

2. O Nordeste é também famoso pelas suas praias. Procure informação sobre algumas delas. Onde ficam? Quanto custa passar férias em uma praia do Nordeste? O que se pode fazer lá?

Olinda e Recife

3. Procure informações sobre as festas folclóricas nordestinas. Quais são as datas e os lugares? Se possível, traga fotos para ilustrar uma ou mais festas e/ou uma gravação de uma música tradicional da região.

4. Com um grupo de colegas, organizem uma viagem ao Nordeste: para que cidade(s) e/ou praia(s) vocês vão? Como é que vocês vão? Quando vão? O que é que vocês vão fazer lá? Vão assistir a alguma festa folclórica?

Centro histórico de São Luís do Maranhão

Vocabulário

Comunicação

o jornal	*newspaper*
a revista	*magazine*
o telefone	*telephone*

Diversões

a batucada	*drumming*
a conversa	*conversation*
o encontro	*meeting, date*
as férias	*vacation*
a festa	*party*
o filme	*film*
a música	*song (B), music*
a reunião	*meeting, gathering*
o sol	*sun*
o violão	*guitar*

Pessoas

o/a empregado/a (de mesa) (P)	*waiter/waitress*
o garçom (B)	*waiter*
a garçonete (B)	*waitress*
o/a garota/o (B)	*young man/woman*
o/a jovem	*young man/woman*

Num café ou restaurante

a água (mineral)	*(mineral) water*
água com gás	*carbonated water*
água sem gás	*still water*
a alface	*lettuce*
o almoço	*lunch*
o arroz	*rice*
o atum	*tuna*
o bacalhau	*salt cod*
a batata	*potato*
batatas fritas	*french fries*
a bebida	*drink*
o bife	*steak*
o café	*coffee*
o café da manhã (B)	*breakfast*
o cafezinho (B)	*espresso coffee*
o camarão	*shrimp*
o cardápio (B)	*menu*

a carne	*meat*
a cebola	*onion*
o cereal	*cereal*
a cerveja	*beer*
o chá	*tea*
o chocolate	*chocolate*
a comida	*food*
a ementa (P)	*menu*
a entrada	*appetizer*
a feijoada	*bean-and-meat stew*
o filé (B)	*steak, fillet*
o frango	*chicken*
a fruta	*fruit*
o gelado (P)	*ice cream*
o hambúrguer	*hamburger*
o jantar	*dinner*
a laranja	*orange*
os legumes	*vegetables*
o leite	*milk*
a manteiga	*butter*
a massa	*pasta*
o ovo	*egg*
ovos mexidos	*scrambled eggs*
o pão	*bread*
o peixe	*fish*
o pequeno-almoço (P)	*breakfast*
a porção	*portion*
o prato principal	*main course*
o presunto	*ham*
o queijo	*cheese*
o refrigerante	*soda*
a salada	*salad*
a sandes (P)	*sandwich*
o sanduíche (B)	*sandwich*
a sardinha	*sardine*
a sobremesa	*dessert*
a sopa	*soup*
o sorvete (B)	*ice cream*
o suco (B)	*juice*
o sumo (P)	*juice*
o tomate	*tomato*
a torrada	*toast*
as verduras	*greens*
o vinho	*wine*
vinho tinto	*red wine*

Lugares

o cinema	*movie theater, cinema*
a cidade	*city*
a igreja	*church*
o mar	*sea*
o museu	*museum*
o país	*country*
o parque	*park*
o teatro	*theater*

Descrições

assado/a	*baked, roasted*
comum	*common*
doce	*sweet*
frito/a	*fried*
gelado/a	*chilled, cold*
quente	*hot*
rápido/a	*fast*
típico/a	*typical*

Verbos

abrir	*to open*
alugar	*to rent*
aprender	*to learn*
aproveitar	*to enjoy, to take advantage of*
assistir	*to watch (B), to attend (an event)*
beber	*to drink*
cantar	*to sing*
começar	*to begin*
comemorar	*to celebrate*
comer	*to eat*
compreender	*to understand*
correr	*to run*
costumar	*to do commonly*
decidir	*to decide*
dever	*ought to, should*
discutir	*to discuss, to argue*
emagrecer	*to lose weight*
engordar	*to gain weight*
escrever	*to write*
esperar	*to wait*
ir	*to go*

ler	*to read*
nadar	*to swim*
partir	*to leave (depart)*
pedir	*to order (in a restaurant)*
pegar	*to catch*
querer	*to want*
receber	*to receive*
ter	*to have*
terminar	*to end, to finish*
tocar	*to play (an instrument), to touch*
tomar sol	*to sunbathe*
ver	*to see*
viajar	*to travel*

Tempo

depois	*after, afterwards*
durante	*during*
esta noite	*tonight*
mais tarde	*later*
na próxima semana	*next week*
no próximo ano	*next year*
no próximo mês	*next month*

Palavras e expressões úteis

lá	*there*
Alô? (B)	*Hello?*
ao ar livre	*outdoors*
Aonde?	*Where (to)?*
Está? (P)	*Hello?*
estar de acordo	*to agree*
fora	*out, outside*
as horas de lazer	*free time, leisure*
legal (B)	*cool, great, excellent*
meu amor	*dear, my love, sweetheart*
muitos/as	*many*
outro/a	*other, another*
para mim	*for me*
Para onde?	*Where (to)?*
poucos/as	*few*
Que ótimo!	*That's great!*
se	*if*
segundo	*according to*
só	*only*

Lição **4** **A família**

À PRIMEIRA VISTA
- As famílias
- As ocupações dos parentes

ESTRUTURAS
- Expressing opinions, plans, preferences, and feelings: Present tense of stem-changing verbs
- Expressing when, where, or how an action occurs: Adverbs
- Talking about daily activities: Present tense of **fazer**, **dizer**, **trazer**, **sair**, and **pôr**
- Expressing how long something has been going on: **Faz/Há** with expressions of time
- Mais um passo: The preterit tense of regular verbs and of **ir**

Vamos viajar
- Laços de família
- A família e a sociedade

ENCONTROS
- Para escutar: Listening for specific information to fill in a chart or form
- Para conversar: Discussing and comparing families
- Para ler: Anticipating and inferring information; associating and guessing meaning of new words
- Para escrever: Corresponding with family members
- Projeto final: Os trabalhos domésticos

HORIZONTES
- O Norte do Brasil e o Amazonas

COMUNICAÇÃO

In this chapter you will learn to:

- Identify and compare family members and structures
- Describe routine activities
- Express preferences and feelings
- Express how long events and states have been going on
- Talk about past events

As famílias

🔊 Álbum de família: um batizado! O relacionamento entre os padrinhos, os afilhados e os seus pais é muito importante nos países de língua portuguesa.

🔊 Uma família de três gerações: a avó, os filhos e os netos.

A família do Paulo

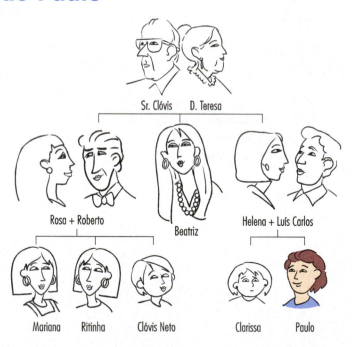

Sr. Clóvis   D. Teresa

Rosa + Roberto   Beatriz   Helena + Luís Carlos

Mariana   Ritinha   Clóvis Neto   Clarissa   Paulo

Paulo fala da sua família

Meu nome é Paulo Ferreira. Moro em Belém do Pará com meus pais e minha irmã
Clarissa. Meus avós moram em um apartamento no bairro da Cidade Velha, muito
perto de nossa casa. Minha mãe telefona para minha avó todos os dias! Minha mãe
tem um irmão e uma irmã. Tia Beatriz é solteira e não tem filhos. Ela trabalha em
São Paulo e mora com sua companheira. Meu tio Roberto é casado: sua esposa é
a tia Rosa. Eu tenho três primos maternos, filhos do tio Roberto e da tia Rosa:
Mariana é a mais velha, Ritinha é a filha do meio e Clóvis Neto é o caçula. Meus
tios moram em Belém, como nós. Minhas primas e eu gostamos de ir ao parque
juntos, aos domingos. Tio Roberto e tia Rosa são meus padrinhos, portanto sou
sobrinho e afilhado deles. O neto favorito dos meus avós é o Clóvis, porque o
Clóvis tem o mesmo nome do meu avô e é o mais novinho.

> ### Língua
> You already know that in
> Brazilian Portuguese it is
> optional to use definite articles
> (**o, a, os, as**) before posses-
> sives (**meu, minha, suas**, etc.).
> In referring to family members,
> Brazilians generally use posses-
> sives without articles (**meu tio**).
> In European Portuguese, how-
> ever, the article is normally
> used before the possessive
> (**a tua prima, os seus pais**).

4-1 Associações. Associe a descrição da esquerda com as palavras à direita.

1. _____ A esposa do meu pai   a. minha prima
2. _____ A irmã do meu primo   b. meu neto
3. _____ Os pais do meu pai   c. minha mãe
4. _____ O filho do meu filho   d. meus avós
5. _____ O irmão da minha mãe   e. meu tio

4-2 A família do Paulo. Complete as frases de acordo com a árvore genealógica
do Paulo.

1. O nome da irmã do Paulo é _____.
2. O Sr. Clóvis e a D. Teresa são os _____ do Paulo. Eles têm _____
   filhas e _____ filho.
3. Paulo é o _____ do Luís Carlos e da Helena.
4. Luís Carlos é o _____ do Paulo.
5. Mariana e Ritinha são _____. Elas são _____ da Clarissa e do Paulo.
6. O Sr. Clóvis e a D. Teresa têm _____ netos e _____ netas.
7. Beatriz é a _____ da Mariana, Ritinha, Clóvis Neto, Clarissa e Paulo. Beatriz
   não tem _____.
8. Roberto é tio e _____ do Paulo.
9. O neto caçula e o avô têm o mesmo _____.

4-3 Quem é? Escolha um membro da família do Paulo. Um/a colega deve identificar a relação familiar dele ou dela com Paulo e usar a imaginação para dar mais
informações sobre ele/ela.

Modelo   E1: Quem é Mariana?
            E2: Mariana é a prima do Paulo. Ela tem dezoito anos e estuda
                Biologia. É ruiva e muito divertida!

Outros membros da família do Paulo

Lucélia   Osvaldo   Edna   Arnaldo

Gabriel

Miriam

 A única irmã do meu pai é minha tia Edna. Tia Edna e tio Osvaldo são divorciados. Eles têm uma filha que se chama Miriam. Miriam é minha prima paterna.
Agora, a tia Edna está casada com Arnaldo. Tio Osvaldo está casado com Lucélia e eles
têm um filhinho, Gabriel. Gabriel é meio-irmão da Miriam.

4-4 Verdadeiro ou falso? Escreva V ou F, de acordo com a informação sobre
a família da Edna. Depois, corrija as frases falsas:

1. Edna é divorciada. _____
2. Arnaldo é o pai de Miriam. _____
3. Edna e Osvaldo têm dois filhos. _____
4. Miriam é filha de Edna. _____
5. Osvaldo é tio de Gabriel. _____
6. Miriam é meia-irmã de Gabriel. _____

4-5 As famílias. Primeiro, prepare a sua própria árvore genealógica. Depois,
em pares, façam perguntas um ao outro sobre as suas famílias.

- Nomes dos avós paternos/maternos _____

- Nomes dos pais _____

- Número e nomes de irmãos/meios-irmãos _____

- Número e nomes de primos e primas _____

4-6 Mais sobre as famílias! Primeiro passo. Em pares, façam perguntas para
obter as seguintes informações:

1. ter quatro avós vivos
2. ser filho/a único/a
3. ter dois irmãos
4. morar com os pais
5. morar com os avós
6. número de primos/as casados/as
7. ter pais divorciados
8. ser o/a filho/a do meio

Cultura

The ending **–inho/a** (**Rita—
Ritinha, filho—filhinho**) is very
common in Portuguese. It is
used with names as well as with
common words. It can express
smallness (**filhinho, casinha**)
as well as affection (**novinho**).
Portuguese speakers are fond
of using these diminutives for
endearment, emphasis, humor,
and other expressive purposes.

Brazilians and other Portuguese
speakers are often given more
then one name (**Luís Carlos,
Maria Irene**). The name **Maria**,
very common for women, may
also be used as part of a man's
name (**João Maria**). Conversely,
some male names are given
to women (**Maria José, Maria
João**). ■ ■

Segundo passo. Em pequenos grupos, classifiquem as famílias de cada membro do grupo de acordo com as seguintes categorias:

a. família americana típica/tradicional
b. família americana atípica
c. família típica de…
d. …

Escolham um/a secretário/a para tomar notas. Usem as expressões abaixo para dar e defender a sua opinião.

EXPRESSÕES ÚTEIS

Para declarar uma opinião:

- A meu/nosso ver … porque…

A nosso ver, a família americana tradicional é pequena.

- Eu acho/Nós achamos que … porque…

Eu acho que não existe uma família americana típica, porque…

O que é que os parentes fazem?

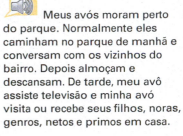 Meus avós moram perto do parque. Normalmente eles caminham no parque de manhã e conversam com os vizinhos do bairro. Depois almoçam e descansam. De tarde, meu avô assiste televisão e minha avó visita ou recebe seus filhos, noras, genros, netos e primos em casa.

Clóvis é meu primo preferido. Ele é um pouco mais novo que eu, mas passamos muito tempo juntos. Às vezes andamos de bicicleta pelo parque. Também gostamos de competir nos jogos de computador e de assistir jogos de futebol na televisão.

Meu tio Roberto é um homem muito ocupado. Todos os dias ele sai de casa muito cedo e volta tarde. Ele trabalha demais! Minha tia Rosa acha que ele prefere o trabalho à família. É claro que sua sogra e seu sogro não concordam com ela. Eu acho que todas as famílias têm os seus problemas. A minha também tem, mas eu gosto muito dos meus parentes.

Minha prima Mariana tem um namorado. Seu nome é Marcos. Nos fins de semana, Marcos e Mariana comem fora, dançam nas discotecas, estão sempre juntos. Eles falam em casamento! Ritinha, a irmã da Mariana, acha que ela ainda é muito jovem para casar.

4-7 Verdadeiro ou falso? Responda de acordo com a informação adicional sobre a família do Paulo.

1. Os avós do Paulo estão sempre ocupados com o trabalho. _____
2. O tio Roberto acha que Mariana tem problemas
   com o namorado. _____
3. Mariana e Marcos pensam em casar. _____
4. Paulo e Clóvis gostam dos jogos de computador. _____
5. O tio Roberto trabalha em casa. _____
6. Os pais do tio Roberto concordam com a nora. _____
7. Paulo pensa que em todas as famílias há problemas. _____

4-8 Entrevista. Faça perguntas a um/a colega para obter mais informação sobre a família dele/dela, baseando-se nos seguintes pontos:

1. número de pessoas em casa, idade e relação de família
2. ocupação e descrição (física e de personalidade)
3. atividades destas pessoas durante o dia e à noite
4. nome do parente preferido, relação de família e razão da preferência

Para escutar

As famílias. You will hear descriptions of four families. For each description mark the appropriate column to indicate whether the family is big or small.

GRANDE   PEQUENA

1. _____   _____
2. _____   _____
3. _____   _____
4. _____   _____

Estruturas

1. Expressing opinions, plans, preferences, and feelings: Present tense of stem-changing verbs

5-8

Milena

Luís

Carmen

Joãozinho

Carmen diz:

Quero conversar seriamente com vocês. Em primeiro lugar, **peço** silêncio. **Sinto** muito, temos que fazer algumas mudanças na nossa rotina. Não **posso** fazer nada com essa confusão em casa. Eu **durmo** muito pouco porque eu **perco** o sono toda a vez que o Joãozinho e o Luís começam a discutir. Sofro de insônia, não **consigo** dormir bem. Acho que **mereço** um pouco mais de respeito. Eu **sugiro** o seguinte: por que vocês não discutem durante o dia para eu ter silêncio à noite e poder descansar? Milena, eu **prefiro** dormir com a luz apagada. Você esquece a luz do nosso quarto acesa e isso é irritante. Sou muito disciplinada e respeito muito os outros. Vocês podem fazer o mesmo? **Posso** contar com vocês?

Vamos analisar. Indique se as afirmações abaixo são **verdadeiras** (V) ou **falsas** (F) de acordo com a conversa acima.

1. _____ A Carmen dorme muito.
2. _____ A Carmen não consegue dormir com a luz acesa.
3. _____ O Luís e o Joãozinho nunca discutem.
4. _____ A Carmen é indisciplinada.
5. _____ A Milena nunca se esquece de apagar a luz.
6. _____ O Luís, o Joãozinho e a Milena têm que respeitar mais a irmã mais velha (Carmen).

SENTIR (e → i) (*TO FEEL*)			
eu	sinto	nós	sentimos
tu	sentes		
você		vocês	
o/a senhor/a	sente	os/as senhores/as	sentem
ele/ela		eles/elas	

DORMIR (o → u) (*TO SLEEP*)			
eu	durmo	nós	dormimos
tu	dormes		
você		vocês	
o/a senhor/a	dorme	os/as senhores/as	dormem
ele/ela		eles/elas	

■ Many verbs ending in -**ir** change the stem vowel **e** to **i** or **o** to **u**, but only in the **eu** form.

■ Other common verbs in these two groups are:

e → i		**o → u**	
competir	*to compete*	**cobrir**	*to cover*
consentir	*to consent*	**descobrir**	*to discover*
mentir	*to lie*	**tossir**	*to cough*
preferir	*to prefer*		
repetir	*to repeat*		
servir	*to serve*		
sugerir	*to suggest*		
vestir	*to wear*		

■ Some -**er** and -**ir** verbs in Portuguese register a stem-consonant change in the **eu** form only. Note the most common ones:

ouvir	(*to hear*)	**ouço**, ouves, ouve, ouvimos, ouvem
pedir	(*to ask for, to order*)	**peço**, pedes, pede, pedimos, pedem
perder	(*to lose, to miss*)	**perco**, perdes, perde, perdemos, perdem
poder	(*can, may*)	**posso**, podes, pode, podemos, podem

■ In order to maintain the same consonant sound throughout the conjugation, a few additional verbs change the spelling of the stem consonant in the **eu** form: **c** to **ç**, **g** to **j**, and **gu** to **g**.

c → ç

conhecer	(*to know*)	**conheço**, conheces, conhece, conhecemos, conhecem
merecer	(*to deserve*)	**mereço**, mereces, merece, merecemos, merecem
vencer	(*to win*)	**venço**, vences, vence, vencemos, vencem

g → j

reagir	(*to react*)	**reajo**, reages, reage, reagimos, reagem

gu → g

seguir	(*to follow*)	**sigo**, segues, segue, seguimos, seguem

4-9 Preferências da família. Diga a um/a colega o que você e outro membro da família preferem tomar ou comer nas situações indicadas. Depois pergunte ao/à colega o que ele/ela prefere nestas situações.

Modelo De manhã: café, chá ou leite.

E1: Eu prefiro tomar café, mas o meu irmão prefere leite. E você/tu?
E2: Eu prefiro chá.

1. Ao almoço: água, café ou limonada.
2. Depois de fazer ginástica: refrigerante, água mineral ou leite.
3. Para comemorar um aniversário: vinho, cerveja, refrigerante ou champanhe.
4. Aos domingos: comida brasileira, comida portuguesa, comida chinesa ou comida italiana.

 4-10 Comidas e bebidas. Pergunte a um/a colega o que ele/ela serve para comer e beber nestas situações. Depois, ele/ela deve fazer as mesmas perguntas e você responde.

Modelo beber/num jantar elegante

E1: O que você serve para beber num jantar elegante?
E2: Sirvo vinho e água mineral.

E1: Que serves para beber num jantar elegante?
E2: Sirvo vinho e água mineral.

1. beber/num almoço de família
2. comer/num piquenique na praia
3. comer/numa festa de aniversário
4. beber/depois de um jantar brasileiro ou português
5. comer/quando estuda com os amigos para os exames

 4-11 Mais comidas e bebidas. Em pequenos grupos, falem sobre o que vocês comem e bebem nestes lugares.

Modelo num jogo de futebol americano

E1: O que você pede num jogo de futebol americano?
E2: Peço um cachorro-quente e um refrigerante.
E3: Você pode pedir vinho?
E2: Não, não posso (pedir vinho).

E1: Que pedes num jogo de futebol americano?
E2: Peço um cachorro-quente e um refrigerante.
E3: Podes pedir vinho?
E2: Não, não posso (pedir vinho).

1. num restaurante português elegante
2. num restaurante de comida rápida
3. numa lanchonete no Brasil
4. numa pizzaria
5. num café

4-12 Entrevista. Entreviste um/a colega. Depois, ele/ela vai fazer as mesmas perguntas para você responder.

1. A que horas você prefere almoçar?	1. A que horas preferes almoçar?
2. Você pode beber cerveja?	2. Podes beber cerveja?
3. Você pede café depois do almoço?	3. Pedes café depois do almoço?
4. Você mente, às vezes, a seus pais?	4. Mentes às vezes aos teus pais?
5. Você ouve bem o/a professor/a?	5. Ouves bem o/a professor/a?
6. Quantas horas você dorme, normalmente?	6. Quantas horas dormes, normalmente?

 4-13 Quando e com quem? Faça perguntas a um/a colega para obter as seguintes informações:

Durante a semana: a. A que horas e com quem prefere almoçar; b. A que horas e com quem prefere jantar; c. O que prefere fazer depois do jantar.

No fim de semana: a. A que horas e com quem prefere almoçar; b. A que horas e com quem prefere jantar; c. O que prefere fazer depois do jantar.

 4-14 Uma reunião em família. Em grupos pequenos, imaginem que são membros da mesma família e determinem as relações de família entre vocês (irmãos, tios, primos, etc.). Vocês vão organizar uma reunião de toda a família. Devem decidir:

1. lugar e hora da reunião
2. número de crianças e adultos presentes na reunião (indiquem as relações familiares)
3. preparação dos adultos antes da reunião
4. comidas e bebidas que vão servir
5. atividades e diversões para as crianças e para os adultos

Situações

1. You and a member or some members of your family are planning to take a trip abroad. Your partner should find out a) when you can go, b) with whom you are going, c) what country and cities you suggest as destinations, d) why, and e) if the other family member or members prefer to go to other places.

2. **Role A.** You have just turned 18 and your grandfather has invited you to one of the most expensive restaurants in town for the first time. First, a) ask your grandfather what the specialties (**especialidades**) of the house are, b) tell him what you want to eat (just salad, no main course, and no dessert) and drink (mineral water), c) listen to your grandfather's recommendations and politely explain that you prefer to keep fit (**estar em forma**), and d) finally, agree to eat chocolate cake (**bolo de chocolate**) for dessert.

   Role B. Your grandson or granddaughter has just turned 18 and you have decided to invite him or her out for dinner at one of the most expensive restaurants in town. First, a) answer his or her questions regarding the specialties of the house (fish, all kinds of meats, etc.) and b) ask him or her what he or she prefers to eat. You notice that he or she orders extremely healthy food, so c) recommend heartier and more expensive food, and d) insist that he or she at least orders dessert.

Vamos viajar

Laços de família

A família é uma das instituições sociais mais importantes no mundo de língua portuguesa. Muitas atividades sociais e celebrações acontecem em família: refeições, passeios, festas e outras reuniões. No passado, a família nuclear portuguesa ou brasileira era maior do que hoje. Os pais normalmente tinham quatro, cinco ou mais filhos. Muitas vezes, os parentes como avós, tios e sobrinhos moravam na mesma casa. Hoje, as famílias nucleares são geralmente menores, sobretudo nas cidades. Mas o modelo de família grande ainda se manifesta, particularmente em ocasiões especiais como casamentos, funerais, batizados, etc.

Nas famílias tradicionais do passado, os homens trabalhavam fora e as mulheres acumulavam as responsabilidades domésticas que incluíam a educação dos filhos. Hoje em dia, muitas mulheres trabalham fora, mas também ainda fazem a maior parte das tarefas domésticas; no entanto, muitos casais mais novos dividem igualmente os deveres caseiros. Nas famílias brasileiras e portuguesas de classe média ainda é comum ter uma empregada que ajuda a cozinhar, limpar a casa e tomar conta dos filhos.

4-15 Ontem e hoje. Marque com um X para indicar quais das situações abaixo são mais típicas das famílias do passado, quais das famílias do presente e quais ocorrem tanto no passado como no presente.

	PASSADO	PRESENTE	PASSADO/ PRESENTE
1. famílias com quatro ou mais filhos	_____	_____	_____
2. mulheres trabalhando fora de casa	_____	_____	_____
3. mulheres fazendo tarefas domésticas	_____	_____	_____
4. muitas celebrações em família	_____	_____	_____
5. casais compartilhando os deveres caseiros igualmente	_____	_____	_____

 4-16 Vamos comparar. Com um/a colega compare o modelo típico da família brasileira ou portuguesa moderna com a família americana. Tentem formular duas semelhanças e duas diferenças.

Uma família brasileira/portuguesa típica…
Uma família americana típica também…
Uma família americana típica não…

 ## Para pesquisar

Use um motor de busca na Internet para ver que resultados produz uma pesquisa com as palavras-chave **família brasileira, família portuguesa, família cabo-verdiana**, etc. Compartilhe os resultados da sua pesquisa com a classe.

Vídeo

Rogério tem seis sobrinhos-netos que são o máximo.

2. Expressing when, where, or how an action occurs: Adverbs

-11

A família do Rogério é muito unida. Estão **sempre** juntos e sentem-se **bem** assim. Aos domingos, **tradicionalmente** reúnem-se na casa dos avós e, **debaixo de** uma linda mangueira (*mango tree*), comem **calmamente** uma deliciosa feijoada. O tempo passa **depressa** e a família do Rogério vive **alegremente**.

Vamos analisar. Associe a expressão em negrito (*bold*) na coluna da esquerda com o seu significado na coluna da direita.

1. _____ A família do Rogério chega à casa dos avós **pouco a pouco**.

    a. rapidamente

2. _____ Os sobrinhos de Rogério comem **com rapidez**.

    b. felizmente

3. _____ **Por sorte**, o Rogério tem uma família alegre.

    c. regularmente

4. _____ Eles estão juntos **todos os domingos**.

    d. cuidadosamente

5. _____ A avó de Rogério prepara a feijoada **com cuidado**.

    e. lentamente

■ Adverbs are used to describe when, where, or how an action or event is done or takes place. You have used Portuguese adverbs when expressing time (**amanhã, sempre, depois**) and place (**atrás, debaixo**). You have also used adverbs when expressing how you feel (**bem, muito bem, mal**). These same adverbs can be used when expressing how things are done. Other common adverbs are **depressa** (*fast*) and **devagar** (*slowly*).

A minha prima canta **muito bem**.	*My cousin sings very well.*
O professor fala **devagar**.	*The teacher speaks slowly.*
O tempo passa **depressa**.	*Time goes by fast.*

■ In Portuguese, many adverbs that describe how things are done end in **-mente**, which corresponds to the English *-ly*. To form these adverbs, add **-mente** to the feminine form of the adjective. With adjectives that do not have a special feminine form, simply add **-mente**.

Os pais conversam **calmamente**.	*The parents talk calmly.*
As crianças cantam **alegremente**.	*The children sing merrily.*

■ Adverbs ending in **-mente** do not have an accent, even if the adjectives from which they derive have one (**rápido → rapidamente**).

O rapaz responde **rapidamente**.	*The boy answers quickly.*

■ Some commonly used adverbs ending in **-mente** are:

geralmente	normalmente	rapidamente
realmente	simplesmente	raramente
frequentemente	perfeitamente	relativamente
tradicionalmente	logicamente	tipicamente

 4-17 Depressa ou devagar, bem ou mal? Quais são as coisas que você faz depressa ou devagar? Bem ou mal? Prepare uma lista e compare com a de um/a colega. Use os verbos abaixo ou outros.

Modelo   Corro depressa, mas nado devagar.
Nado bem, mas corro mal.

comer	beber	estudar
dançar	caminhar	nadar
escrever	falar português	correr
andar de bicicleta	falar inglês	surfar

 4-18 Entrevista. Faça estas perguntas a um/a colega. Depois, o/a colega faz as perguntas e você responde.

1. O que você faz normalmente à tarde?
2. A que lugares você vai regular-mente e com quem?
3. Geralmente, aonde você vai de noite?
4. Aonde você vai para tomar um cafezinho calmamente?
5. Para quem você telefona mais fre-quentemente, para seus amigos ou para sua família?

1. Que fazes normalmente à tarde?
2. A que lugares vais regularmente e com quem?
3. Geralmente, onde vais à noite?
4. Onde vais para tomar um café calmamente?
5. A quem telefonas mais frequentemente, aos amigos ou à família?

Situações

1. Your class is conducting a survey regarding students' movie habits. Ask a classmate a) how often (**com que frequência**) he or she goes to the movies, b) with whom he or she generally goes, c) the type of movies he or she normally prefers (romantic, dramas, science fiction, etc.), d) if he or she eats or drinks at the movies, and e) what is the name of his or her favorite movie theater.

3. Talking about daily activities: Present tense of *fazer, dizer, trazer, sair,* and *pôr*

Joana fala da rotina da sua família

Na minha família, todos os dias de manhã, o meu pai **põe** a mesa, a minha mãe **faz** as torradas, eu **trago** as torradas para a mesa e o meu irmão **faz** a cama. Depois de comer, **saímos** e todos **dizem** "tchau". No fim da tarde, eu volto para casa com a minha mãe. O meu pai **traz** o meu irmão de volta para casa. Eu preparo as aulas do dia seguinte antes de jantar. **Faço** isso todos os dias. O meu irmão ouve música no quarto. A minha mãe **faz** o jantar e o meu pai **põe** a mesa.

José Manuel   Joana   Tomás

Vamos analisar. Indique nas frases abaixo qual ou quais membro(s) da família faz(em) cada atividade.

1. _____ Faz as torradas para o café da manhã (B)/pequeno-almoço (P).
2. _____ Saem de casa depois de comer.
3. _____ Traz o filho para casa.
4. _____ Prepara as aulas antes de jantar. Ela faz isso todos os dias.
5. _____ Dizem "tchau" quando saem.
6. _____ Põe a mesa de manhã e à noite.

FAZER (*TO MAKE, TO DO*)			
eu	**faço**	nós	**fazemos**
tu	**fazes**		
você		vocês	
o/a senhor/a	**faz**	os/as senhores/as	**fazem**
ele/ela		eles/elas	

TRAZER (*TO BRING*)			
eu	**trago**	nós	**trazemos**
tu	**trazes**		
você		vocês	
o/a senhor/a	**traz**	os/as senhores/as	**trazem**
ele/ela		eles/elas	

DIZER (*TO SAY, TO TELL*)			
eu	**digo**	nós	**dizemos**
tu	**dizes**		
você		vocês	
o/a senhor/a	**diz**	os/as senhores/as	**dizem**
ele/ela		eles/elas	

■ **Dizer** (*to say, to tell*) is generally distinguished in Portuguese, as it is in English, from **falar** (*to speak, to talk*). However, in Brazilian Portuguese **falar** is often substituted for **dizer**.

Miguel **fala** devagar.	*Miguel speaks slowly.*
Paulinho **diz** "obrigado" à tia Alice.	*Paulinho says "thank you" to aunt Alice.*
Paulinho **fala** "obrigado" à tia Alice. (B)	*Paulinho says "thank you" to aunt Alice.*

SAIR (*TO LEAVE, TO GO OUT*)			
eu	**saio**	nós	**saímos**
tu	**sais**		
você		vocês	
o/a senhor/a	**sai**	os/as senhores/as	**saem**
ele/ela		eles/elas	

■ **Sair** can be used with different prepositions expressing different things: to express that you are leaving a place, use **sair de**; to express the place of your destination, use **sair para**; to express with whom you go out or the person you date, use **sair com**.

Eu **saio de** casa às 9 horas.	*I leave the house at nine o'clock.*
Nós **saímos para** o trabalho.	*We leave for (to go to) work.*
Meu irmão **sai com** a Silvana.	*My brother goes out with Silvana.*

PÔR (*TO PUT*)			
eu	**ponho**	nós	**pomos**
tu	**pões**		
você		vocês	
o/a senhor/a	**põe**	os/as senhores/as	**põem**
ele/ela		eles/elas	

- **Pôr** normally means *to put*. **Pôr** can also mean *to wear* or *to put on* an accessory such as a hat or glasses.

  A mãe **põe** a comida no prato.   *The mother puts the food on the plate.*
  Nós sempre **pomos** óculos para ler.   *We always wear glasses to read.*
  Eu **ponho** a mesa.   *I set the table.*

 4-19 Quem faz isso na sua casa? Marque as suas respostas na tabela abaixo e depois, em pequenos grupos, compare as respostas com outros colegas. Determinem qual é a família mais tradicional e qual é a menos tradicional.

Modelo

E1: Quem faz as compras na sua casa?   E1: Quem faz as compras na tua casa?
E2: Eu faço as compras na minha casa.   E2: Eu faço as compras na minha casa.

ATIVIDADES	MÃE	PAI	EU	?
fazer as compras				
pôr a mesa				
fazer o jantar				
trazer flores para casa				
dizer sempre "por favor"				

 4-20 Tanto movimento! Hoje a família do seu/da sua colega está muito ocupada. Pergunte a que horas saem e para onde vão as pessoas na tabela abaixo.

Modelo   E1: A que horas sai o Roberto?
               E2: Sai às 8 da manhã.
               E1: Para onde vai o Roberto?
               E2: Vai para a escola.

NOME	HORA	LUGAR
Roberto	8:00 da manhã	escola
Ângela	9:30 da manhã	universidade
o tio do Roberto	2:00 da tarde	aeroporto
você/tu	…	…

4-21 As aulas do meu irmão. Fale com um/a colega sobre as coisas que o seu irmão, ou irmã, faz na universidade. Depois faça perguntas sobre as atividades do/da colega.

Modelo   ter aula de Português de manhã

E1: Meu irmão tem aula de Português de manhã. E você? E2: Eu tenho aula de tarde. *ou* Eu também tenho aula de manhã.	E1: O meu irmão tem aula de Português de manhã. E tu? E2: Eu tenho aula à tarde. *ou* Eu também tenho aula de manhã.

1. fazer as tarefas à noite
2. geralmente sair para a universidade às nove
3. falar com os professores regularmente
4. trazer muitos livros da biblioteca para casa
5. normalmente sair das aulas às duas da tarde

 4-22 Entrevista. Você quer saber o que fazem os colegas nas horas de lazer. Eles também querem saber o que você faz. Façam perguntas para saber o seguinte:

1. hora de saída da universidade
2. lugares para onde vão
3. atividades nesses lugares
4. atividades em casa à noite
5. programas de televisão preferidos

4-23 De onde saem, com quem e para onde? Veja o desenho e complete o parágrafo com a forma adequada de **sair + de**, **sair + com** ou **sair + para**.

1. Djalma e Francisco são amigos. Eles _____ casa. _____ o parque para jogar futebol. Djalma _____ Francisco e outros amigos todos os domingos à tarde.

   Agora complete o seguinte parágrafo com as suas próprias atividades e o seu horário. Compare as suas respostas com as respostas de um/a colega.

2. Eu _____ casa todos os dias às _____ da manhã. _____ a universidade. Chego à universidade às _____. As aulas terminam às _____. A essa hora _____ casa. À noite _____ os meus amigos ou o meu namorado/a minha namorada.

4. Expressing how long something has been going on: *Faz/Há* with expressions of time

PATRÍCIA:	Há quantas horas estou aqui? Estou muito cansada!
PROFESSORA SOARES:	Faz duas horas. Mas, só mais uma vez, Patrícia, por favor. O recital é daqui a dois dias.

Professora Soares   Patrícia

PROFESSORA SOARES: Esta é a Patrícia Gama. Ela estuda violino comigo há cinco anos. Agora ela vai tocar a Sonata Nº 4 de Mozart.

Vamos analisar. Diga se as seguintes afirmações são prováveis (**P**) ou improváveis (**I**).

1. _____ **Há muito tempo que** a Patrícia toca violino perfeitamente.
2. _____ **Faz cinco anos que** a Patrícia não passa muito tempo com os seus amigos porque tem que praticar a sonata.
3. _____ Patrícia conhece a professora de violino **faz cinco anos**.
4. _____ **Há só um dia que** a Patrícia pratica a sonata.
5. _____ **Há pouco tempo que** a professora Soares toca violino.
6. _____ Os pais da Patrícia não pagam a professora pelas aulas de violino **faz um ano**.

■ To say that an action/state began in the past and continues into the present, use **faz** or **há** + *length of time* + **que** + *present tense.* **Faz** is more common in Brazilian Portuguese and **há** is more common in European Portuguese, but both are used interchangeably by Portuguese speakers everywhere.

Faz dois meses que estudo Português.	*I've been studying Portuguese for two months.*
Há duas horas que eles jogam futebol.	*They've been playing soccer for two hours.*

■ If you begin the sentence with the present tense of the main verb, do not use **que**.

Estamos aqui faz uma semana.	*We've been here for a week.*
Elas trabalham há duas horas.	*They've been working for two hours.*

■ To find out how long an action/state has been taking place, use **faz quanto tempo (que)** ou **há quanto tempo (que)** + *present tense.* The question may be made more precise by referring to a measure of time (**faz quantas horas**, etc.).

Faz quanto tempo que você mora no Brasil?	*How long have you been living in Brazil?*
Há quantas horas é que vocês trabalham?	*How many hours have you been working?*

4-24 **Mais informações pessoais.** Complete as frases com informações pessoais. Depois compare as suas respostas com as de um/a colega.

1. Estudo Português há...
2. O meu programa de televisão preferido é...
   Assisto (B) / Vejo (P) esse programa faz...
3. Há... que saio com...
4. Tenho um carro/uma bicicleta/uma motocicleta faz...

 4-25 **Entrevista.** Faça as seguintes perguntas a um/a colega. Compartilhe as informações com a turma.

1. Onde você mora? Faz quanto tempo que você mora lá?	1. Onde moras? Há quanto tempo moras ali?
2. Onde seu pai/sua mãe trabalha? Há quanto tempo trabalha lá?	2. Onde trabalha o teu pai/a tua mãe? Faz quanto tempo trabalha ali?
3. Faz quanto tempo que você estuda nesta universidade? E por que você estuda Português?	3. Há quanto tempo estudas nesta universidade? E porque estudas Português?
4. Você pratica algum esporte? Faz quanto tempo que você joga…? Você joga bem?	4. Praticas algum desporto (*sport*)? Há quanto tempo jogas…? Jogas bem?

Situações

You are a new student at the university and your parents are coming to visit you. Because you are not familiar with the area, ask your friend about a good Brazilian/Portuguese restaurant where he or she usually goes. Ask a) how long he or she has been going to this restaurant, b) what traditional dishes they serve (**bolinhos (B)/pastéis (P) de bacalhau, feijoada, carne de porco, arroz-doce**) and how much they cost, and c) thank him or her for the information. Your friend will answer, giving as much information as possible.

Vamos viajar

A família e a sociedade

O funcionamento das famílias na sociedade é regulado pelas leis de cada país. Por exemplo, sobre o relacionamento entre os pais e os filhos, o artigo 229 da Constituição do Brasil declara que "os pais têm o dever de assistir, criar e educar os filhos menores, e os filhos maiores têm o dever de ajudar e amparar os pais na velhice, carência ou enfermidade". O artigo 120 da Constituição de Moçambique afirma que "a família é responsável pelo crescimento harmonioso da criança e educa as novas gerações nos valores morais e sociais".

A família moderna é diferente da família tradicional e a lei da família também muda. Em Portugal o divórcio foi legalizado em 1910; no Brasil a legalização ocorreu só em 1977. Hoje em dia há muitos casais divorciados ou separados nos países de língua portuguesa. O casamento entre as pessoas do mesmo sexo foi legalizado em Portugal em 2010, mas não é legal em nenhum outro país lusófono. No Brasil, desde 2011, os casais homossexuais têm direito ao reconhecimento legal da união civil estável.

Nos países africanos, as leis introduzidas depois da independência entram, às vezes, em conflito com as práticas tradicionais. Um exemplo é o sistema tradicional de "lobolo" em Moçambique, a compensação paga pela família do noivo à família da noiva. Alguns defendem a continuação desta prática; outros consideram que ela discrimina as mulheres.

4-26 As leis, as tradições e os países. Associe as leis/práticas à esquerda com os países à direita.

1. pagamento de uma compensação à família da noiva
2. divórcio legal há menos de 50 anos
3. os filhos têm a obrigação legal de ajudar os pais
4. divórcio legal há mais de 90 anos
5. casamento gay legalizado

a. Portugal
b. Moçambique
c. Brasil

4-27 Faz quanto tempo? Em pares ou pequenos grupos, formulem perguntas sobre as transformações da sociedade nos países de língua portuguesa e nos Estados Unidos. Depois, façam as perguntas à classe e/ou ao professor/à professora. As seguintes palavras e expressões que podem ser úteis: **a mulher** (*woman*), **o homem** (*man*), **a igualdade** (*equality*), **o direito ao voto** (*right to vote*), **votar** (*to vote*).

Modelo   Faz/Há quantos anos que o divórcio é legal no Brasil? E nos Estados Unidos?

Vídeo

Caio acredita que os papéis do homem e da mulher na família mudaram muito.

📖 Mais um passo

The preterit tense of regular verbs and of *ir*

	COMPRAR	BEBER	SERVIR	IR
eu	compr**ei**	beb**i**	serv**i**	**fui**
tu	compr**aste**	beb**este**	serv**iste**	**foste**
você / o sr./a sra. / ele/ela	compr**ou**	beb**eu**	serv**iu**	**foi**
nós	compr**amos**	beb**emos**	serv**imos**	**fomos**
vocês / os srs./as sras. / eles/elas	compr**aram**	beb**eram**	serv**iram**	**foram**

■ The preterit tense in Portuguese is used to talk about past events, actions, and conditions that are viewed as completed or ended.

■ Verbs ending in **-car**, **-gar**, and **-çar** have a spelling change in the **eu** form to show how the word is pronounced.

ficar:	fi**quei**, ficaste, ficou…
jogar:	jo**guei**, jogaste, jogou…
dançar:	dan**cei**, dançaste, dançou…

■ Some expressions that you can use with the preterit to denote past time are:

ontem	*yesterday*
anteontem	*the day before yesterday*
a semana passada	*last week*

 4-28 O dia de ontem. Na tabela abaixo, marque com **S** (**Sim**) ou **N** (**Não**) o que você fez ou não fez ontem. Depois compare a informação com um/a colega e complete a segunda parte da tabela.

	EU	COLEGA
dancei na discoteca		
comprei comida		
trabalhei muito		
dormi oito horas		
joguei futebol		
ouvi música à noite		
fui ao cinema		
voltei para casa às sete horas		
servi o jantar		

 Segundo passo. Agora você e o/a colega devem comparar a informação acima com outro par de colegas.

Modelo   E1: Eu comprei comida, mas ele/ela não comprou.
E2: Nós dois ouvimos música à noite. E vocês?
E3: Nós não ouvimos música. Eu fui ao cinema.
E4: E eu trabalhei muito ontem.

 4-29 Um sábado normal. Primeiro passo. Com um/a colega, fale sobre como a família da Juraci passou o sábado passado.

1. Juraci	a. ir ao supermercado
2. A mãe	b. beber cerveja com os amigos
3. Os irmãos Pedro e Rita	c. servir pizza para o jantar
4. Pedro e o pai	d. almoçar no restaurante
5. O pai	e. nadar no mar
6. A avó	f. sair com as amigas
7. Rita e o avô	g. visitar o museu

Segundo passo. Agora faça perguntas ao/à colega para saber as atividades dele/dela no sábado passado. Depois responda às perguntas que ele/ela vai fazer.

Para escutar

 A. Um batizado. Look at the following christening announcement. Answer the questions that you hear based on the announcement.

Maria Isabel

Nasceu em Belém do Pará
no dia 15 de abril de 2012

Pais:
Rogério Américo Cavalcante
Maria Raquel de Barros Cavalcante

Padrinhos:
Maricy Oliveira de Barros
Ricardo Campos Mendes

Batizada pelo Rev°. Padre
Miguel José Borelli
na Igreja Nossa Senhora da Paz
no dia 7 de maio de 2012

1. _____   4. _____
2. _____   5. _____
3. _____   6. _____

 B. Uma mensagem de telefone. Listen to the message Marcos left on César's answering machine. Before listening, read the questions. You may wish to take notes of key information as you listen. Do not worry if you don't understand every word.

1. A festa vai ser na casa de
   a. Adriana
   b. Marcos
   c. um amigo de Marcos

2. A festa vai começar
   a. às sete e meia
   b. às nove, mais ou menos
   c. depois das dez
3. Segundo a mensagem, César deve levar para a festa
   a. CDs de música brasileira
   b. comida
   c. bebidas
4. Marcos diz na mensagem que César
   a. precisa chegar cedo para a festa
   b. precisa comprar as bebidas
   c. precisa falar com Adriana sobre a festa
5. A festa vai ser na rua
   a. Central
   b. 45
   c. Santana

Para conversar

 4-30 Relações de família. Olhe para a fotografia e responda às perguntas com um/a colega.

1. É boa ou não a relação entre este avô e a neta?
2. Onde estão o avô e a neta?
3. Sobre o que conversam, provavelmente?
4. Quantos anos tem o avô, mais ou menos? E a neta?
5. Descreva o avô e a neta.

 4-31 Entrevista. Pergunte a um/a colega que membro da família ele/ela associa com os seguintes comentários.

Modelo   Gosta de beber cerveja aos sábados.

E1: Quem na sua/tua família gosta de beber cerveja aos sábados?
E2: Meu/O meu tio David.

1. É fanático/a pelo trabalho.
2. É muito paciente.
3. Prefere sair com amigos e não estar em casa.
4. Põe óculos para ler.
5. Faz exercício três ou quatro vezes por semana.
6. Ouve música o tempo todo.

 4-32 Famílias semelhantes ou diferentes? Primeiro passo. Façam perguntas um ao outro para obter a seguinte informação:

■ atividades típicas dos pais durante os fins de semana

■ atividades normais dos irmãos durante os fins de semana

■ os planos da família para as próximas férias ou um feriado

Segundo passo. Escolha um/a companheiro/a diferente e discuta com ele/ela a informação obtida no **Primeiro passo**.

- Semelhanças e diferenças entre as famílias em relação às atividades do fim de semana.

- Semelhanças e diferenças entre as famílias em relação às maneiras de passar as férias ou celebrar os feriados.

- Classificação das famílias em relação ao modo de usar o tempo livre: (muito/ pouco) calmas, ativas, tradicionais, divertidas, etc.

 4-33 Vamos adivinhar! Pense numa família famosa de um programa de televisão. Descreva a um/a colega os membros da família e o que fazem num episódio típico do programa. O/A colega deve adivinhar de que família se trata.

Para ler

3-20

4-34 Associação. Procure no dicionário o substantivo correspondente a cada verbo.

1. residir _____
2. contradizer _____
3. visitar _____
4. encorajar _____

5. conservar _____
6. criar _____
7. dedicar _____
8. sincronizar _____

4-35 Preparação. Observe a fotografia e responda às seguintes perguntas.

1. Onde é que você pensa que estão estas pessoas?
2. Qual é o objeto que se vê na imagem?
3. O que é que as mãos desta pessoa estão fazendo (B)/estão a fazer (P)?
4. Você acha que é possível admirar alguma coisa com as mãos?
5. Quem são as pessoas que normalmente têm que admirar as coisas com as mãos?

4-36 Antecipação. Leia o título do seguinte texto e responda a estas perguntas.

1. Qual é, provavelmente, o tema do texto?
2. Como é possível visitar o passado?
3. Qual é a relação entre o filme *Regresso ao Futuro* e os programas de visitas guiadas e outras atividades para os jovens que visitam os museus portugueses?

Vamos visitar o passado!

Museus portugueses abrem as portas à imaginação

Há vários anos, um célebre filme norte-americano foi lançado em Portugal com o nome de *Regresso ao Futuro*, e no Brasil com o título de *De Volta para o Futuro*. Neste filme, o jovem Marty McFly de repente salta do ano de 1985, data também do lançamento do filme, para o ano de 1955, quando os seus pais eram jovens. Deste modo, ele ficou a saber como foi a sua vida na escola secundária, e como se conheceram. No fim do filme, quando Marty regressa ao ano de 1985, ele regressa ao futuro, o que parece uma contradição.

Os museus em Portugal estão a desenvolver um novo programa de visitas guiadas com objetivos não só educativos mas também lúdicos, especialmente para os visitantes mais jovens. Estes incluem atividades que fazem com que as crianças se integrem no ambiente histórico e por vezes vivam a sua própria história de reis, rainhas e princesas por um dia. Uma verdadeira visita ao passado!

4-37 Primeira etapa. Indique:

1. **duas qualidades** do pessoal dos museus em Portugal.
2. **uma expressão** descrevendo como os cavalos se movem ao ritmo da música.
3. **uma expressão** significando que uma coisa é habitual.
4. **duas expressões** que se referem a pessoas que ainda não são adultas.

Museus à medida das crianças

Com o encorajamento do IMC, o Instituto dos Museus e da Conservação, e a criatividade e dedicação do pessoal, quase todos os museus em Portugal têm programas especiais para as escolas, onde cada visita é planeada de acordo com a idade e os interesses de cada grupo de jovens. Às quartas-feiras, é frequente ver grupos de crianças entre os seis e os oito anos, passeando de mão dada pelos salões do Palácio Nacional de Queluz. São guiados pelo pessoal do palácio-museu vestindo roupas do século XVIII. Eles contam histórias das pessoas que ali viveram, e chamam a atenção das crianças para a finalidade de cada sala ou objeto. Os carrinhos de passeio dos pequenos príncipes portugueses, antigamente puxados por póneis, fazem as delícias dos jovens visitantes. Depois, no parque, podem correr pelos jardins, ver as fontes e jogos de água, e imaginar-se a brincar com os antigos principezinhos. Também podem ver um maravilhoso espetáculo ao ar livre com a Escola Portuguesa de Arte Equestre, onde os cavalos parecem deslizar ou dançar em perfeita sincronia ao compasso da música.

4-38 Segunda etapa. Sublinhe as respostas certas de acordo com a leitura.

1. O Presidente de Portugal mora perto do Museu dos Coches / longe do Museu dos Coches.
2. Nas festas de aniversário todas as crianças usam fatos iguais / fatos diferentes.
3. As pessoas invisuais não podem apreciar o museu / podem apreciar o museu.

Ser rei ou rainha por um dia

O Museu Nacional dos Coches, junto do Palácio de Belém, atualmente a residência oficial do Presidente da República em Portugal, foi no passado o Picadeiro Real, local para aprender a andar a cavalo, praticar a arte equestre, ou simplesmente fazer um pouco de exercício.

O Museu dos Coches tem a maior coleção de coches e carruagens históricas no mundo, e tem também programas especiais para os jovens, incluindo festas de aniversário. Nesse dia, mediante o pagamento da reserva feita pelos pais, o museu decora um salão em tons de azul ou cor-de-rosa, dependendo da criança, e oferece um bolo de anos. As monitoras do museu vestem o jovem, ou a jovem, com fatos de papel reciclado representando a personagem que se imagina."A maior parte dos rapazes preferem ser reis, enquanto as meninas muitas vezes preferem ser princesas", diz Pedro Beltrão, Técnico Especialista de Imagem e Museologia, responsável por criar folhetos desdobráveis alusivos ao museu, para os mais pequeninos pintarem, ou jogos e questionários coloridos chamando a atenção dos mais velhos para as peças de mais interesse. As crianças e seus familiares, avós, pais e amigos também podem participar em ateliers de stencil, douramento, pintura, moldes de gesso, ou ainda fazer o seu próprio coche com materiais recicláveis.

Mas o museu quer oferecer uma experiência especial até mesmo às pessoas invisuais. Além de providenciar guias de visita impressos em Braille, Pedro Beltrão produziu a maquete de um dos coches para os cegos poderem tatear e, também eles, admirarem as formas e proporções destas belíssimas carruagens.

4-39 Terceira etapa. Indique se as afirmações seguintes são verdadeiras (V) ou falsas (F). Depois corrija as afirmações falsas.

1. _____ O Picadeiro Real era um ginásio.
2. _____ Todas as meninas querem ser rainhas.
3. _____ As crianças não podem pintar no museu.
4. _____ Os folhetos desdobráveis têm informações sobre o museu.
5. _____ Não se pode comer no museu.
6. _____ O museu tem folhetos especiais para pessoas que não podem ver.

4-40 Identificação. Procure nos textos palavras derivadas dos seguintes verbos.

1. lançar _____
2. reciclar _____
3. imprimir _____
4. colorir _____
5. desdobrar _____
6. guiar _____
7. puxar _____
8. educar _____

📖 Para escrever ─────────────────

21

4-41 Preparação. Primeiro passo. Leia a carta que um aluno universitário brasileiro, Chico, escreve à sua mãe.

Querida mamãe,

Tudo bem com você e com o papai? Espero que sim.

Bem, estou escrevendo para contar alguns de meus planos para o futuro. Como você sabe, estamos quase no fim do semestre, com muitos exames e trabalhos de pesquisa nas próximas semanas. Com todo este trabalho, não tenho tempo para comer regularmente e estou um pouco mais magro. Também me sinto super cansado e preciso tirar umas férias antes dos exames.

Bom, mas nem tudo pode ser negativo na vida, não é mesmo? Tenho uma nova namorada que se chama Eliane. Faz duas semanas que fico muito tempo com ela todos os dias; vamos juntos ao cinema, caminhamos na praia, à noite vamos dançar, etc. Mamãe, eu gosto muito da Eliane e gostaria de passar uns dias com ela em Búzios, mas não tenho dinheiro. Você sabe que os hotéis são caros lá; pode me mandar um cheque de R$ 1.000 para cobrir o custo do hotel e da comida para nós dois?

Outro favor: preciso de mais roupa para a praia e para as noites em Búzios. Mamãe, me compra umas roupas legais, de marca, para eu impressionar a Eliane? Ela é uma moça super legal e eu quero casar com ela no futuro! Por favor, não se esqueça também da minha colônia preferida.

Mamãe, prometo que vou estudar em Búzios. Mas se não me sentir preparado para algum de meus exames, não vou fazer; vou pedir um adiamento para o próximo semestre. Assim posso ter certeza de tirar uma nota boa, você não acha? Um grande beijo para você e para o papai. Se possível, eu telefono a cobrar para vocês de Búzios.

Abraços,
Chico

Segundo passo. Imagine que você é a mãe do Chico. Depois de ler a carta dele, você está muito zangada. Identifique pelo menos quatro problemas com o Chico. Escreva duas recomendações para cada problema.

Modelo   Meu filho é irresponsável. Deve pensar nos estudos. Deve dedicar mais tempo aos estudos e menos tempo à Eliane.

4-42 Mãos à obra. Responda à carta do Chico. Incorpore as notas do **Segundo passo**.

Vocabulário útil para começar uma carta a um familiar:

- Querido (nome),

- Querido filho/a,

- Meu amor,

Vocabulário útil para uma despedida carinhosa de um familiar:

- Um grande beijo,

- Abraços e beijos,

- Muitas saudades (da mamãe/do seu filho/da Cecília, etc.)

4-43 Revisão. Antes de dar a carta ao seu/à sua colega editor/a, verifique:

- primeiro, a quantidade e a coerência da informação transmitida ao leitor da carta;

- segundo, a integridade gramatical (o vocabulário apropriado, a construção das frases, a concordância);

- finalmente, a ortografia e os acentos.

Projeto final ———————————

Preparação

4-44 A família de Paulo. Paulo Silveira fala das pessoas da família que moram na casa dele. Complete com os verbos e palavras apropriadas.

Eu _____ casado com Beatriz e _____ dois filhos: Jonas e Tânia. Em nossa casa moram a mãe da Beatriz, que é também a _____ de nossos filhos, e a minha sobrinha Zulmirinha que é _____ do meu _____ Pedro, divorciado há dez anos.

Mãos à obra

4-45 Parte 1: O trabalho doméstico. A família Silveira faz todo o trabalho doméstico. Junto com um/a colega, determinem o que é mais apropriado para cada pessoa da família.

	PAULO	BEATRIZ	JONAS	TÂNIA	VOVÓ LÚCIA	ZULMIRINHA
pôr a mesa						
fazer compras						
servir a mesa						
cozinhar nos fins de semana						
fazer a sobremesa						
preparar o jantar						

Parte 2: A distribuição das tarefas. Como ficou a escala de trabalho doméstico da família Silveira na semana passada? As tarefas são as seguintes:

a. comprar frutas

b. preparar o jantar

c. servir a sobremesa

d. cozinhar nos fins de semana

e. servir o almoço

f. ir ao supermercado

Preencha o quadro abaixo de acordo com a disponibilidade das pessoas:

- Paulo e Beatriz viajaram no fim de semana.

- Zulmirinha estudou na casa de uma amiga todas as noites da semana.

- Jonas e Tânia almoçaram na escola na segunda e na quarta.

- Vovó Lúcia saiu com as amigas na quarta durante todo o dia.

	PAULO	BEATRIZ	JONAS	TÂNIA	VOVÓ LÚCIA	ZULMIRINHA
Segunda						
Terça						
Quarta						
Quinta						
Sexta						
Sábado						
Domingo						

Parte 3: Apresentação. Trabalhando com um/a colega, descreva para o resto da turma o que cada membro da família Silveira fez na semana passada.

Parte 4: Comparação. Comparem os resultados com os dos outros grupos e defendam o seu ponto de vista sobre as tarefas delegadas aos membros da família Silveira na **Parte 2** deste projeto.

Horizontes

22-23

O Norte do Brasil e o Amazonas

O Norte do Brasil ocupa 42% da extensão territorial do país e é composto pelos seguintes estados: Acre (a capital é Rio Branco), Amapá (Macapá), Amazonas (Manaus), Pará (Belém), Rondônia (Porto Velho), Roraima (Boa Vista) e Tocantins (Palmas). Apesar de ser a maior região do país, tem o menor número de habitantes do Brasil. Vários grupos indígenas, como, por exemplo, os Yanomami, Katukina e Tukano, vivem nessa região e falam línguas pertencentes às famílias Tupi, Karib, Tukano, Jê, Pano e Aruaque. Por isso, a cultura indígena está presente em muitos aspectos da vida dos habitantes do Norte. Alguns exemplos dessa influência podem ser vistos na culinária, nas artes e nas festas populares.

Apesar de 85% da Região Amazônica estar situada em território brasileiro, ela se estende por mais oito países sul-americanos: Bolívia, Colômbia, Equador, Guiana, Guiana Francesa, Peru, Suriname e Venezuela. A floresta amazônica, a maior floresta tropical do mundo, cobre toda a região e tem uma enorme biodiversidade. Há mais de cinco mil espécies de árvores, mais de três mil espécies de peixes, mais de cem espécies de macacos, milhares de aves e animais típicos da floresta como onças, capivaras, preguiças, jacarés, botos, peixes-boi e enormes sucuris.

Jovens da tribo Kamaiurá

Para responder

1. Quantos estados inclui a Região Norte?
2. Em termos estatísticos, qual é o contraste principal que apresenta esta região do Brasil?
3. Com que região ou regiões da América do Norte pode ser comparada a Região Amazônica? Justifique a resposta.

O rio Amazonas tem suas origens na Cordilheira dos Andes, no Peru. Em território brasileiro, o rio Solimões, de águas mais claras, e o rio Negro, de águas mais escuras, se unem, a mais ou menos dez quilômetros de Manaus, em um belíssimo espetáculo da natureza para formar o rio Amazonas. Por causa de suas diferentes temperaturas, velocidades e densidades, os dois rios correm paralelamente por vários quilômetros sem misturarem suas águas. Outro espetáculo que o rio Amazonas e seus afluentes oferecem é a Pororoca. Pororoca vem do termo indígena "poroc poroc", que significa "destruidor, grande estrondo". Trata-se de ondas gigantes que podem ser ouvidas com até duas horas de antecedência. Surfistas do Brasil e do resto do mundo vêm experimentar as ondas que chegam a ter cinco metros de altura. O Amazonas é o maior rio do mundo tanto em volume de água quanto em extensão. A importância do rio Amazonas não é só regional, pois juntamente com seus afluentes contém 20% das reservas de água do planeta.

Onça-preta dormindo na floresta

Para responder

1. O rio Amazonas é formado pela confluência do rio _____ e do rio _____.

2. O fenômeno chamado "Pororoca" consiste em _____ que interessam muito aos _____ brasileiros e internacionais.

3. O rio Amazonas tem grande importância para o meio ambiente global porque _____.

Para navegar

1. Procure na Internet mais informações sobre os grupos étnicos indígenas da região estudada (dados estatísticos, história dos contatos com os exploradores e colonizadores da região, características da vida social e da economia, etc.).

2. O turismo ecológico e de aventura atrai cada vez mais visitantes ao Norte do Brasil. Pesquise algumas ofertas de agências de turismo disponíveis na Internet. Onde podem ficar os turistas? Quais são os programas e as atividades oferecidos pelos organizadores?

3. Tente encontrar na Internet uma fotografia da confluência do rio Solimões com o rio Negro; depois, procure também outras imagens da região. Compartilhe com os colegas da turma uma imagem que você achou particularmente interessante e explique a razão.

4. Procure informações concretas sobre a biodiversidade da região: dados estatísticos e científicos, planos para a sua defesa e/ou exploração, previsões para o futuro. Apresente os resultados da pesquisa na aula.

Barquinho na imensidão do rio Amazonas

A família

o/a afilhado/a	godchild
a avó	grandmother
avó materna/paterna	maternal/paternal grandmother
o avô	grandfather
avô materno/paterno	maternal/paternal grandfather
o/a caçula (B)	the youngest child
o casal	couple
o/a companheiro/a	partner
a esposa	wife
o esposo	husband
a filha	daughter
o filho	son
filho/a único/a	only child
filho/a do meio	middle child
o genro	son-in-law
o homem	man
a irmã	sister
o irmão	brother
a mãe	mother
a madrinha	godmother
a meia-irmã	half-sister
o meio-irmão	half-brother
a mulher	woman
a namorada	girlfriend
o namorado	boyfriend
a neta	granddaughter
o neto	grandson
a nora	daughter-in-law
o padrinho	godfather
o pai	father
os pais	parents
os parentes	relatives
o/a primo/a	cousin
a sobrinha	niece
o sobrinho	nephew
a sogra	mother-in-law
o sogro	father-in-law
a tia	aunt
o tio	uncle

Verbos

achar	to think (have an opinion)
casar	to marry, to get married
cobrir	to cover
competir	to compete
concordar	to agree
conhecer	to know, to meet
descobrir	to discover
dizer	to say, to tell
dormir	to sleep
fazer	to do, to make
fazer a cama	to make the bed
jogar	to play (game, sport)
mentir	to lie
merecer	to deserve
ouvir	to hear
passar	to spend (time)
pedir	to ask for
pensar	to think
poder	to be able to, can
pôr	to put
pôr a mesa	to set the table
preferir	to prefer
reagir	to react
repetir	to repeat
sair	to leave, to go out
seguir	to follow
sentir	to feel
servir	to serve
trazer	to bring
vestir	to wear
viver	to live
voltar	to return

Descrições

divorciado/a	divorced
ocupado/a	busy
vivo/a	alive

Palavras e expressões úteis

o álbum	album
o bairro	neighborhood
o batizado	christening
a cama	bed
cedo	early
como	like, as
demais	too much
depressa	fast
devagar	slowly
o futebol	soccer
o jogo	game

juntos/as	*together*
os óculos	*glasses*
portanto	*therefore*
o problema	*problem*
o relacionamento	*relationship*
tarde	*late*
um pouco	*a little*
o/a vizinho/a	*neighbor*

The following words appear in the directions of the various activities in this lesson. Some of them were already introduced in earlier lessons as well. They are listed here for recognition only. You should become familiar with them, because they will appear in activity directions from now on.

Palavras e expressões gerais

a afirmação	*statement*
apropriado/a	*appropriate*
a coisa	*thing*
de acordo com	*according to*
a descrição	*description*
o desenho	*drawing*
a diferença	*difference*
direito/a	*right*
em pares	*in pairs*
em grupos	*in groups*
esquerdo/a	*left*
falso/a	*false*
a frase	*sentence*
o parágrafo	*paragraph*

a pergunta	*question*
próprio/a	*own*
a resposta	*answer*
seguinte	*following*
a semelhança	*similarity*
a tabela	*table, chart*
um ao outro	*each other*
verdadeiro	*true*

Verbos

associar	*to associate*
comparar	*to compare*
compartilhar	*to share*
completar	*to complete*
corrigir	*to correct*
descrever	*to describe*
entrevistar	*to interview*
escolher	*to choose*
indicar	*to indicate*
justificar	*to justify*
marcar	*to mark*
obter	*to obtain*
perguntar	*to ask a question*
preparar	*to prepare*
responder	*to answer*
saber	*to know*
tentar	*to try*
trocar	*to exchange*
verificar	*to check, find out*

*A list of adverbs can be found on page 164.

5 A casa e os móveis

À PRIMEIRA VISTA

- Em casa
- As tarefas domésticas

ESTRUTURAS

- Expressing ongoing actions: Present progressive
- Describing physical and emotional states: Expressions with **ter**, **estar com**, and **ficar com**
- Pointing out and identifying people and things: Demonstrative adjectives and pronouns
- Learning useful verbs: Present tense of **dar**, **ler**, **ver**, and **vir**
- Stating what you know: **Saber** and **conhecer**
- Mais um passo: Some reflexive verbs and pronouns

Vamos viajar

- Lugares para morar
- O exterior e o interior das casas

ENCONTROS

- Para escutar: Matching descriptions with pictures
- Para conversar: Describing dwellings; looking for housing
- Para ler: Associating visuals with descriptions; getting informed about a topic
- Para escrever: Reporting factual data in a formal context
- Projeto final: Vamos alugar casa

HORIZONTES

- Brasília e o Centro-Oeste do Brasil

COMUNICAÇÃO

In this chapter you will learn to:

- Discuss housing, household items, and domestic chores
- Ask about and discuss schedules
- Express ongoing actions
- Describe physical and emotional states
- Express familiarity and describe skills

🔊 Em casa

Brasília é a capital do país. Trata-se de uma cidade prática e funcional. Muitas pessoas moram em bairros modernos, em edifícios de apartamentos confortáveis e espaçosos. O verde está sempre presente na cidade.

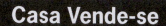

Apartamento Aluga-se

Brasília–Asa Sul, 48 andar, 3 quartos,
sala com varanda grande,
cozinha com armários e piso de cerâmica,
banheiro novo, aquecimento e ar
condicionado central, garagem, elevador.
R$ 1.700
Fone: 225-8676

Casa Vende-se

Moradia situada a 35 km
de Lisboa (distrito Santarém),
2 pisos, sala com lareira e terraço,
3 quartos, 1 suíte com roupeiros,
2 quartos de banho,
cozinha completamente equipada,
despensa, piscina,
área total 300m^2. € 274.500.

☎ Tel. 21-345-1388 • Fax 21-345-1391

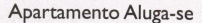

Língua

Notice that the first floor is normally called **o andar térreo** in Brazil and **o rés do chão** in Portugal. The second floor is always called **o primeiro andar**. Basement is **o subsolo** in Brazil and **a cave** in Portugal.

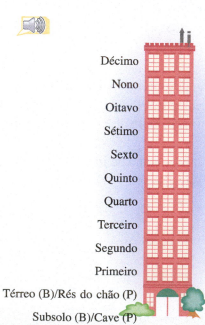

Décimo
Nono
Oitavo
Sétimo
Sexto
Quinto
Quarto
Terceiro
Segundo
Primeiro
Térreo (B)/Rés do chão (P)
Subsolo (B)/Cave (P)

5-1 Em que andar moram? Pergunte a um/a colega onde moram as pessoas deste edifício. O/A colega deve responder de acordo com a imagem.

Modelo   E1: Onde mora a família Santos?
                E2: Mora no quarto andar, no apartamento 4-B.

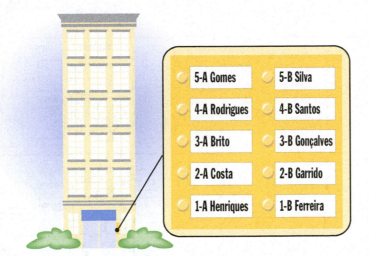

5-A Gomes	5-B Silva
4-A Rodrigues	4-B Santos
3-A Brito	3-B Gonçalves
2-A Costa	2-B Garrido
1-A Henriques	1-B Ferreira

Que confusão!

RICARDO: Alô? Quem fala?

TERESA: Aqui é a Teresa. Tudo bem, Ricardo? O que você está fazendo?

RICARDO: Você nem imagina! Estou limpando a casa, lavando o banheiro, a cozinha, organizando meu quarto.

TERESA: Mas você não tem um teste de Matemática amanhã? Você tem que estudar!

RICARDO: Claro que tenho que estudar! Mas meus pais chegam amanhã à noite para uma visita de três dias e o meu apartamento está uma bagunça.

TERESA: Seus pais vão ficar mais felizes com uma nota boa em Matemática que com uma casa limpa, Ricardo. Você tem que estudar, cara! E dormir e descansar também.

RICARDO: O apartamento está sujo, Teresa!

TERESA: Eu sei, eu sei, mas já é tarde, você não está com sono?

RICARDO: Estou sim, mas ainda tenho que arrumar a cozinha. Depois vou dormir. Falo com você amanhã. Um beijo!

TERESA: Um beijo para você também e boa sorte no teste!

Língua

When looking at the drawing on the following page, note that in Portugal and in Portuguese-speaking African countries, a lamp is called **o candeeiro**; the bathroom is called **a casa de banho** or **o quarto de banho**; the bathroom sink is **o lavatório**; the toilet bowl is **a sanita**; the kitchen sink is **o lava-louças**; and the refrigerator is **o frigorífico** in Portugal and **a geleira** in most African countries. A bed pillow is called **a almofada** by the Portuguese and most Africans. Additionally, Brazilians write and pronounce **a cômoda** while the Portuguese and Africans write/pronounce **a cómoda**.

A casa

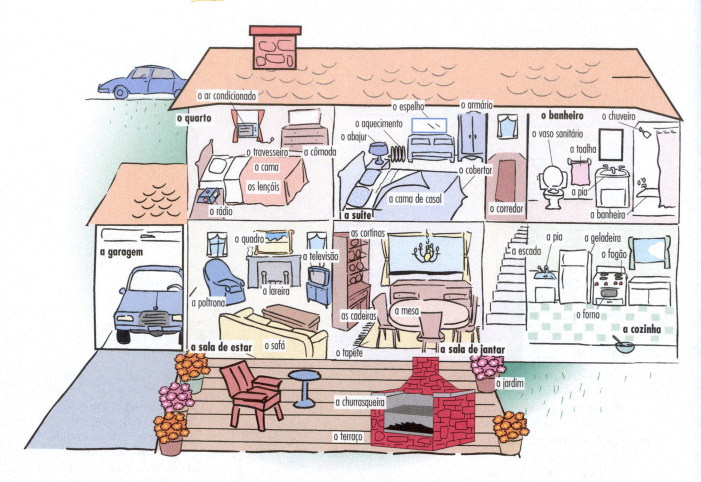

o ar condicionado

o quarto

o espelho

o armário

o aquecimento

o abajur

o banheiro o chuveiro

o vaso sanitário

a toalha

o travesseiro a cômoda

a cama

os lençóis

o cobertor

o corredor

a cama de casal

a pia

a suíte

o rádio

a banheira

a garagem

o quadro

as cortinas

a escada a pia

a geladeira

o fogão

a televisão

a lareira

a poltrona

o forno

a cozinha

as cadeiras a mesa

a sala de estar o sofá

o tapete **a sala de jantar**

o jardim

a churrasqueira

o terraço

5-2 Em que parte da casa estão? Marque com um X o lugar certo. Depois, com um/a colega, descreva que atividades ocorrem normalmente nesses lugares.

	TERRAÇO	COZINHA	BANHEIRO	SALA DE ESTAR	SALA DE JANTAR	QUARTO
fogão e máquina de lavar louça						
sofá e poltrona						
mesa de jantar						
toalhas e sabão						
cama e armário						
televisão						
churrasqueira						
espelho						

5-3 Curioso! Trabalhem em pares trocando perguntas para saber como é o apartamento/a casa do/a colega. Tentem obter a informação mais completa possível.

Modelo   E1: Como é sua/a tua sala de estar? É pequena? É grande?
                    E2: É pequena. Tem um sofá verde, uma poltrona muito velha e uma televisão.
                    E1: Tem lareira?
                    E2: Não tem, não. E como é seu/o teu quarto?

 5-4 Levantamento de dados. Primeiro passo. Trabalhando em pequenos grupos, façam as seguintes perguntas uns aos outros. Quem responder afirmativamente deve assinar o nome do lado direito.

Modelo   ter uma sala de jantar

E1: Você tem uma sala de jantar?	E1: Tens uma sala de jantar?
E2: Tenho.	E2: Tenho.
E1: Assine aqui, por favor.	E1: Assina aqui, por favor.

1. ter uma cama de casal no quarto   _____
2. morar num apartamento   _____
3. ter ar condicionado central   _____
4. ter uma churrasqueira no terraço/jardim   _____
5. ter um fogão novo   _____

Segundo passo. Informem os colegas da turma sobre os resultados do levantamento. Depois, todos juntos, discutam: a) número de pessoas ou percentagem da turma que mora num apartamento; b) três vantagens/desvantagens de morar num apartamento.

 5-5 Entrevista. Entreviste um/a colega para obter as seguintes informações.

1. Tipo de casa/apartamento
2. Localização da casa/do apartamento
3. Cor da casa/do apartamento; número de quartos e cor
4. Localização dos diferentes quartos
5. Quarto preferido do/a colega e a razão de ser o preferido
6. Mais duas características da casa/do apartamento

Cultura

Em geral, não há lareiras em casas brasileiras, mas é comum ter varandas, dependências de empregada e área de serviço com tanque e máquina de lavar roupa. ■ ■

🔊 As tarefas domésticas

Eduardo lava a louça.

Marina seca a louça.

o (forno) micro-ondas
máquina de lavar louça
Marina cozinha. Ela usa muitos eletrodomésticos.

Eduardo passa o aspirador e limpa a sala.

Eduardo joga fora o lixo.

Eduardo varre o terraço.

Marina estende a roupa.

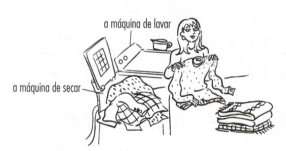
a máquina de lavar
a máquina de secar
Marina tira a roupa da máquina de secar.

Marina passa a roupa a ferro.

5-6 De manhã. Em que ordem é que você faz estas coisas? Indique com um número e compare as respostas com um/a colega.

_____ lavar a louça
_____ preparar o café
_____ ir para a universidade
_____ comer
_____ fazer a cama
_____ tomar banho

5-7 As atividades de casa. Pergunte a um/a colega onde ele/ela faz as seguintes coisas.

Modelo   tomar o café da manhã/o pequeno-almoço

E1: Onde você toma o café da manhã?	E1: Onde tomas o pequeno-almoço?
E2: Tomo na cozinha. E você? *ou*	E2: Tomo na cozinha. E tu? *ou*
Não tomo.	Eu não tomo o pequeno-almoço.

1. dormir de tarde
2. passar roupa
3. estudar para os exames
4. ouvir música
5. tomar banho
6. almoçar durante a semana
7. vestir-se
8. falar pelo telefone com um/a amigo/a

 5-8 Preparativos. Primeiro passo. Você vai casar-se dentro de pouco tempo e tem que comprar móveis e acessórios para a nova casa. Trabalhando com um/a colega, faça uma lista do que você precisa (ou não precisa). O/A colega vai ajudar a completar a lista.

Modelo   E1: Tenho que comprar uma cama de casal.
                    E2: E os lençóis? Um cobertor?
                    E1: É verdade. Preciso de lençóis e de um cobertor para a cama de casal.

Segundo passo. Escolha outro/a colega. Agora você é o/a cliente e o/a colega trabalha numa loja de móveis. Pergunte ao/à colega onde estão os acessórios e os móveis que você quer comprar. Ele/Ela vai responder de acordo com o plano da loja Doce Lar em Goiânia (abaixo):

Modelo   E1: Com licença, em que andar estão os sofás-camas?
                    E2: No quarto andar.

BEM-VINDOS A DOCE LAR

Tudo Para Sua Casa!

4° ➤➤ Móveis para quarto de criança e de adolescente em estilo clássico ou moderno, quartos de casal, sofás-camas, roupas de cama.

3° ➤➤ Salas de jantar em vários estilos, roupas de mesa, cristais e louças da melhor qualidade. Obras de arte e artigos para presentes.

2° ➤➤ Eletrodomésticos, TV, equipamento de som e computadores. Móveis para escritório.

1° ➤➤ Móveis e acessórios de cozinha. Acessórios para banheiros.

Térreo ➤➤ Salas de estar clássicas e modernas, sofás, poltronas, mesinhas, abajures e acessórios.

Subsolo ➤➤ Terraço e jardim. Móveis rústicos e coloniais, móveis de cana-da-Índia. Salas de jantar e de estar em promoção.

Para escutar

Onde morar? You will hear a conversation between a couple and a real estate agent in Brasília. Before listening to the dialogue, you may read the statements below to familiarize yourself with them. Circle the letter next to the correct information.

1. Dona Inês diz que a primeira casa
   a. é pequena demais
   b. não fica numa área boa

2. Seu Afonso e Dona Inês querem comprar
   a. um apartamento
   b. uma casa

3. A casa que eles vão ver fica perto
   a. do trabalho
   b. de um parque

4. Esta propriedade tem
   a. 280 m^2
   b. 400 m^2

5. O agente diz que a propriedade tem
   a. um banheiro
   b. dois banheiros

6. Segundo o agente, a casa custa
   a. R$ 600.000
   b. R$ 800.000

Para pesquisar

Use um motor de busca para localizar na Internet alguns anúncios sobre casas ou apartamentos à venda ou para alugar em cidades brasileiras ou portuguesas. Tome nota dos preços, verifique o câmbio e compare os preços com o custo de alugar ou comprar uma casa ou um apartamento na sua cidade.

1. Expressing ongoing actions: Present progressive

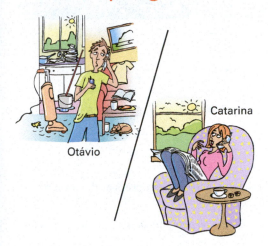

Otávio

Catarina

OTÁVIO: Alô?

CATARINA: Olá, Otávio! Aqui é a Catarina. O que é que **estás a fazer**?

OTÁVIO: Oi, Catarina. **Estou trabalhando** muito ou, como vocês dizem em Portugal, **estou a trabalhar** muito!

CATARINA: E qual é a razão para tanto trabalho?

OTÁVIO: Meus pais **estão passando** as férias na praia e voltam amanhã. A casa está um desastre total!

CATARINA: Então, **estás a limpar** tudo?

OTÁVIO: Claro! **Estou varrendo** o chão, **arrumando** a sala, **recolhendo** roupa da casa inteira. E você, o que você **está fazendo**?

CATARINA: Eu? Nada. **Estou a ler** o jornal e **a tomar** um café.

Vamos analisar. Indique que orações estão corretas (C) ou erradas (E), de acordo com a conversa entre Catarina e Otávio.

1. _____ Catarina e Otávio **estão trabalhando** juntos.	1. _____ A Catarina e o Otávio **estão a trabalhar** juntos.
2. _____ Otávio **está descansando**.	2. _____ O Otávio **está a descansar**.
3. _____ Otávio **está passando** as férias com seus pais na praia.	3. _____ O Otávio **está a passar** as férias com os pais na praia.
4. _____ Otávio **está limpando** a casa de seus pais.	4. _____ O Otávio **está a limpar** a casa dos pais.
5. _____ Otávio não está contente porque **está trabalhando** muito em casa.	5. _____ O Otávio não está contente porque **está a trabalhar** muito em casa.

ESTAR (*TO BE*) + PRESENT PARTICIPLE (-ANDO/-ENDO/-INDO)		
eu	**estou**	
você	**está**	
o/a senhor/a, ele/ela	**está**	**estudando**
nós	**estamos**	**comendo**
vocês	**estão**	**dormindo**
os/as senhores/as, eles/elas	**estão**	

ESTAR (*TO BE*) + A + INFINITVE(-AR/-ER/-IR)			
eu	**estou**		
tu	**estás**		
você	**está**		**estudar**
o/a senhor/a, ele/ela	**está**	**a**	**comer**
nós	**estamos**		**dormir**
vocês	**estão**		
os/as senhores/as, eles/elas	**estão**		

■ Use the present progressive to emphasize an action in progress at the moment of speaking, as opposed to a habitual action.

Rita **está limpando** a casa.	*Rita is cleaning the house.* (at this moment)
Rita **está a limpar** a casa.	
Rita **limpa** a casa.	*Rita cleans the house.* (normally)

■ Portuguese does not use the present progressive to express future time, as English does; Portuguese uses the present tense instead.

Viajo amanhã.	*I'm traveling tomorrow.*

■ Form the present progressive with the present of **estar** + *the present participle* in Brazilian Portuguese. To form the present participle, add **-ando** to the stem of **-ar** verbs, **-endo** to the stem of **-er** verbs, and **-indo** to the stem of **-ir** verbs.

Estou estudando para o exame.	*I'm studying for the exam.*
Eles **estão comendo** agora?	*Are they eating now?*
Paulinho já **está dormindo**.	*Paulinho is already asleep (sleeping).*

■ Form the present progressive with the verb **estar** + **a** + *the infinitive* in European Portuguese.

Estás a estudar com a Filipa?	*Are you studying with Filipa?*
Ela **está a comer** morangos.	*She is eating strawberries.*
Os meninos **estão a dormir**?	*Are the boys asleep (sleeping)?*

5-9 Vida animada. Trabalhe com um/a colega para explicar o que estão fazendo (ou estão a fazer) as pessoas nos desenhos e o que vocês acham que vão fazer depois.

Modelo

E1: Eles estão cantando numa festa.
E2: Depois vão dançar e conversar
    com os amigos.

E1: Eles estão a cantar numa festa.
E2: Depois vão dançar e conversar
    com os amigos.

 5-10 Lugares e atividades. Pense num lugar específico e descreva quatro coisas que provavelmente estão ocorrendo (ou estão a ocorrer) lá. Os colegas da turma devem adivinhar o lugar.

Modelo

E1: As pessoas estão comendo e
    bebendo. Estão falando também.
    Os garçons estão servindo comida
    e bebidas.
E2: É um restaurante!

E1: As pessoas estão a comer e a
    beber. Estão a falar também. Os
    empregados estão a servir comida
    e bebidas.
E2: É um restaurante!

Situações

1. It's the beginning of the semester and you are renting an apartment with a friend. Your partner, playing the role of your mother or father, is on the phone with you. He or she wants to know a) how everything is at the apartment, b) who does the cooking, c) if you are eating well, d) if you are sleeping well, e) if you are studying a lot, f) what you are doing right now, and g) other questions related to school and social life.

2. You cannot attend a big reunion that your family is having and you feel homesick. You call home; your partner is the family member who answers the phone. a) Greet him or her, b) explain why you cannot be there, c) find out who is at the reunion and how everyone is, and d) ask what each family member is doing right now.

Vamos viajar

Lugares para morar

Nos países de língua portuguesa há vários tipos de habitação. Nos centros das grandes cidades, como São Paulo, Lisboa ou Luanda, os habitantes moram geralmente em edifícios de apartamentos. Morar no centro ou perto do centro permite aproveitar tudo o que uma cidade grande tem para oferecer: cinemas, restaurantes, clubes, centros comerciais, bancos, transportes, etc. Nos subúrbios há mais espaço e a vida é mais calma. Neles, você também vai encontrar edifícios de apartamentos, sobretudo nos bairros novos, mas muitas pessoas moram em casas

(B) ou moradias (P). Hoje em dia, também nos subúrbios crescem cada vez mais centros comerciais no estilo americano, com muitas lojas, cinemas e restaurantes no mesmo espaço. Nas cidades pequenas e no campo, as formas de habitar e de viver são mais tradicionais, com muitas casas antigas e a infraestrutura comercial menos desenvolvida.

Os bairros muito pobres, em terrenos ocupados ilegalmente e com casas de materiais improvisados, são ainda uma realidade em todos os países lusófonos. No Brasil, chamam-se favelas; em Portugal, bairros da lata; em Angola, musseques; em Moçambique, bairros de caniço, etc. As Nações Unidas estimam que de 30 a 40% dos treze milhões de habitantes do Rio de Janeiro vivem em favelas. Algumas favelas antigas da Zona Sul e Zona Norte do Rio foram urbanizadas e agora têm acesso a alguns serviços básicos como água corrente. No entanto, as novas favelas da Zona Oeste (onde a população favelada está crescendo a uma taxa de 400% ao ano) não estão ligadas à rede de esgoto e não contam com fornecimento oficial de água ou energia elétrica. Os moradores usam conexões ilegais de água e eletricidade e despejam o esgoto também ilegalmente nos rios, lagoas ou vales.

Para pesquisar

Usando um motor de busca, procure algumas informações concretas sobre as favelas do Rio de Janeiro (nomes, números, história, etc.) para compartilhar com os colegas da turma.

5-11 Formas de viver. Associe os elementos do estilo de vida (coluna da esquerda) com os tipos de habitação (coluna da direita). As associações podem ser múltiplas.

1. acesso a serviços urbanos básicos
2. muitos edifícios de apartamentos
3. ocupação ilegal de terrenos
4. centros comerciais
5. acesso fácil a cinemas, teatros e restaurantes
6. vida calma e mais tradicional
7. casas de materiais improvisados
8. infraestrutura comercial mais limitada

a. favela/bairro da lata
b. centro da cidade
c. subúrbio
d. cidades pequenas ou campo

5-12 Como vivemos? Em pequenos grupos, discutam os modos de viver da sociedade americana contemporânea. Usem os seguintes tópicos como guia da discussão:

1. O modo de viver de cada um de vocês (onde, em que tipo de casa ou apartamento): "típico" ou não da sociedade americana em geral?
2. A vida nas cidades grandes em contraste com as cidades pequenas e o campo.
3. Estilos de vida nos Estados Unidos: diversidade ou homogeneidade?

Carlos mora numa comunidade que se chama Zumbi dos Palmares.

11-13

2. Describing physical and emotional states: Expressions with *ter*, *estar com*, and *ficar com*

Hoje é o dia da mudança da família Silveira. Normalmente, eles não **têm pressa** para nada, mas hoje **estão com muita pressa**. O Roberto e a Isabel **estão com calor** porque o sol está muito forte. A Júlia diz para a mãe, a vovó Rosa, não trabalhar, pois ela **fica** facilmente **cansada**. O bebê, Nicolau, começa a chorar porque **está com fome**. Depois de tanto trabalho, todos estão cansados e a Isabel **está com muito sono**. O Roberto está tranquilo porque tudo acabou bem. Que dia difícil!

Vamos analisar. Associe as descrições do estado físico com as pessoas do desenho. Escreva o nome da pessoa ao lado da descrição.

_____ 1. Está com fome.
_____ 2. Normalmente, não têm pressa.
_____ 3. Está tranquilo.
_____ 4. Fica facilmente cansada.
_____ 5. Está com muito sono.
_____ 6. Estão com calor.

■ You may already have learned (in **Lição 2, Mais um passo**) expressions such as **estar com fome** (*to be hungry*) or **estar com medo** (*to be afraid*). An alternative way to express these meanings is by using the verb **ter** + *noun*: **ter fome**, **ter medo**.

	fome		*hungry*
	sede		*thirsty*
	sono		*sleepy*
ter	**medo**		*afraid*
estar com	**calor**	*to be*	*hot*
	frio		*cold*
	sorte		*lucky*
	pressa		*in a hurry/rush*

■ In Brazilian Portuguese, expressions with **estar com** refer to a state that is in evidence at the moment of speaking, while expressions with **ter** denote a permanent or habitual condition. In European Portuguese, **estar com** and **ter** can be used interchangeably with the nouns given above.

Sempre **tenho fome** de manhã.	*I'm always hungry in the morning.*
Vou comer agora porque **estou com fome**.	*I'm going to eat now because I'm hungry.*

■ Some additional common expressions are generally used with **ter** only.

ter razão	*to be right*
ter cuidado	*to be careful*

■ With all these expressions, use **muito/a** to intensify the meaning, **pouco/a** to indicate "not very," and **bastante** to express "quite, pretty."

Estamos com **muita** sede!	*We're very thirsty!*
Tenho **bastante** fome.	*I'm pretty hungry.*
Chiquinho está com **pouco** sono.	*Chiquinho isn't very sleepy.*
Vocês devem ter **bastante** cuidado.	*You must be quite careful.*

■ Note that **sono, medo, calor, frio**, and **cuidado** are masculine nouns and require the use of forms **muito** and **pouco**, while **fome, sede, sorte, pressa**, and **razão** are feminine nouns and require the use of forms **muita** and **pouca**.

Valéria está com **muito frio**.	*Valéria is very cold.*
Luís tem **pouca sorte**.	*Luís is unlucky.*

■ You have learned the verb **ficar** with the meanings "to stay" and "to be located." **Ficar** is also used to express "to become, to get." It is employed with **com** and the nouns listed above to indicate a change of condition.

Eu **fico com sede** depois de jogar futebol.	*I get thirsty after playing soccer.*
As crianças **ficam com sono** às nove da noite.	*The children become sleepy at nine p.m.*

5-13 Como estão estas pessoas?

Modelo O Pedro está com (muito) frio.

Pedro

Jorge

Júlio e Rivaldo

Adriana

Fernando

Rosinha

 5-14 Você tem cuidado? Com um/a colega, troquem perguntas sobre as seguintes situações.

Modelo ter fome depois da aula de Português

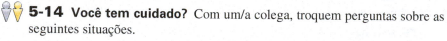

E1: Você tem fome depois da aula de Português?	E1: Tens fome depois da aula de Português?
E2: Tenho, tenho muita fome.	E2: Tenho, tenho muita fome.

1. ter pressa de manhã antes das aulas
2. ter calor no ginásio
3. estar com medo do/a professor/a
4. estar com frio agora

5. ter sono às onze da noite
6. ter cuidado com a louça
7. estar com sede agora

 5-15 Como reagimos? Complete as seguintes frases. Depois compare a sua informação com as respostas de um/a colega. Pergunte se ele/ela reage da mesma maneira que você.

1. Fico com medo quando _____.
2. Fico com pressa quando _____.
3. Fico com frio quando _____.
4. Fico com sono quando _____.
5. Fico com fome quando _____.

4-16

3. Pointing out and identifying people and things: Demonstrative adjectives

GERENTE DE VENDAS:	**Esta** casa branca é muito moderna e o preço é ótimo.
COMPRADOR:	Mas **esta** casa amarela aqui tem jardim e a casa branca não. Não é?
GERENTE DE VENDAS:	Exatamente. **Esta** casa e **aquela** casa rosa não têm jardim. Por isso, **essa** casa amarela é mais cara.
COMPRADOR:	Ah, entendi.
GERENTE DE VENDAS:	O senhor quer ver outra vez **aquela** casa rosa que é perto do parque?
COMPRADOR:	Não, não quero. **Aquela** casa é muito pequena.

Vamos analisar. Na sua apresentação, o gerente de vendas descreve alguns tipos de casa para um grupo de potenciais compradores. Indique se as descrições abaixo se referem à casa que está perto (P), mais longe (ML) ou longe do gerente (L).

1. _____ **Esta** casa branca é moderna e o preço é muito bom.
2. _____ É verdade, **essa** casa tem jardim.
3. _____ O senhor quer ver outra vez **aquela** casa perto do parque?

■ Demonstrative adjectives agree in gender and number with the noun they modify. English has two sets of demonstratives (*this, these* and *that, those*), but Portuguese has three sets.

this	**este** quadro **esta** cadeira	*these*	**estes** quadros **estas** cadeiras
that	**esse** tapete **essa** casa	*those*	**esses** tapetes **essas** casas
that (over there)	**aquele** sofá **aquela** mesa	*those* (over there)	**aqueles** sofás **aquelas** mesas

- Use **este, esta, estes**, and **estas** when referring to people or things that are close to you in space or time.

  Este tapete é novo.   *This rug is new.*
  O sofá chega **esta** semana.   *The sofa arrives this week.*

- Use **esse, essa, esses**, and **essas** when referring to people or things that are not relatively close to you. Sometimes they are close to the person you are addressing.

  Essas cadeiras são muito bonitas.   *Those chairs are very pretty.*

- Use **aquele, aquela, aqueles**, and **aquelas** when referring to people or things that are more distant.

  Aquele edifício é muito alto.   *That building is very tall.*

- Similarly to articles, all demonstrative adjectives form contractions with the prepositions **de** and **em**. Only **aquele, aquela, aqueles**, and **aquelas** contract with the preposition **a**.

	ESTE/ESTA/ESTES/ESTAS	ESSE/ESSA/ESSES/ESSAS	AQUELE/AQUELA/AQUELES/AQUELAS
de	deste/desta/destes/destas	desse/dessa/desses/dessas	daquele/daquela/daqueles/daquelas
em	neste/nesta/nestes/nestas	nesse/nessa/nesses/nessas	naquele/naquela/naqueles/naquelas
a			àquele/àquela/àqueles/àquelas

Não gosto **desta mesa**.   *I don't like this table.*
As toalhas estão **nesse armário**?   *Are the towels in that closet?*
Ele é filho **daquela cientista** famosa.   *He is the son of that famous scientist.*
Vocês vão **àquele** restaurante?   *Are you going to that restaurant over there?*

4. Pointing out and identifying people and things: Demonstrative adjectives and pronouns

14-16

- Demonstratives can also be used as pronouns.

  Não sei se prefiro esta cadeira   *I don't know whether I prefer this*
      ou **aquela**.   *chair or that one.*

- To refer to a general idea or concept, or to ask for the identification of an object, use **isto, isso**, or **aquilo.**

  O que é **isto**? É um espelho.   *What is this? It's a mirror.*
  Isso é muito importante.   *That is very important.*
  Eu não compreendo **aquilo**   *I don't understand what (that thing)*
      que ele quer.   *he wants.*

■ Demonstrative pronouns also contract with prepositions **de, em**, and **a**.

Vamos ficar **neste** hotel ou **nesse**?   *Are we going to stay in this hotel or in that one?*

Zulmira tem medo **disto**.   *Zulmira is afraid of this.*

Eles estão limitados **àquilo** que têm.   *They are limited to what they have.*

5-16 Uma loja de móveis em Brasília. Você é o/a cliente e um/a colega da turma é o/a vendedor/a. O/A cliente pergunta os preços de alguns móveis e acessórios usando os pronomes demonstrativos. O/A vendedor/a também faz perguntas para esclarecer a que peças se refere o/a cliente.

Modelo

CLIENTE: Quanto é essa mesa?
VENDEDOR/A: Qual? A mesa com o abajur?
CLIENTE: Não, a mesa branca, pequena. *ou* Sim, essa.
VENDEDOR/A: Custa R$72. *ou* Custa R$430.

5-17 De quem é? Você e um/a colega trabalham como assistentes numa escola primária. No fim do dia, vocês arrumam a sala de aula e notam que os alunos deixaram vários objetos fora do lugar. Perguntem um ao outro de quem é cada objeto.

Modelo   E1: De quem é esta/essa/aquela caneta?
E2: Esta/essa/aquela é do Miguel.

um caderno	os óculos	uma mochila azul	um mapa
um livro	uns lápis	uma calculadora	um relógio

5-18 Decisões. Primeiro passo. Você e um/a colega vão alugar um apartamento juntos e querem comprar alguns móveis. Vocês vão a uma loja de móveis
usados e discutem várias peças.

Modelo

E1: Você gosta dessa mesa?	E1: Gostas dessa mesa?
E2: Desta? Não gosto, é muito pequena. Gosto daquela grande ali.	E2: Desta? Não gosto, é muito pequena. Gosto daquela grande ali.
E1: Mas está muito suja!	E1: Mas está muito suja!

Segundo passo. Vocês já estão no apartamento e vão decidir onde colocar
vários móveis e acessórios. Façam perguntas sobre a colocação.

Modelo   E1: As colchas ficam neste armário ou nesse?
              E2: Acho que nesse. E a poltrona grande?
              E1: A poltrona fica neste quarto.

 # 5. Learning useful verbs: Present tense of *dar*, *ler*, *ver*, and *vir*

17-19

RICARDO: Tenho uma ótima ideia! Este plano vai **dar certo**! Vamos
dividir as tarefas. A Mariana **lê** o capítulo um, o Marcos e a
Carol leem o capítulo dois, porque é mais difícil. Eu **leio** o
capítulo três. Todos nós **lemos** a introdução e a conclusão.
A gente se **vê** na quinta?

MARCOS: Eu acho que **não dá** para terminar a leitura até quinta. A
Carol e eu **lemos** mais devagar e são muitas páginas.
Podemos marcar para sexta?

MARIANA: Na sexta, eu não **venho** para a faculdade.
Vocês **vêm** para a faculdade na segunda que **vem**?

CAROL: Podemos **vir**!

RICARDO: Combinado! Nos **vemos** todos na segunda! Ah! Mariana!
Depois eu **dou** o livro que prometi (*promised*) ontem.

Vamos analisar. Marque verdadeiro (V) ou falso (F) para as afirmações abaixo.

1. _____ **Não vai dar** para os estudantes se encontrarem na sexta-feira.
2. _____ A Mariana **vê** o Marcos na segunda-feira.
3. _____ Todos os estudantes leem a introdução e a conclusão.
4. _____ Na quinta-feira Mariana não **vem** para a faculdade.
5. _____ Ricardo disse que **dá** o livro para Mariana na segunda.

DAR (*TO GIVE*)			
eu	**dou**	nós	**damos**
tu	**dás**		
você		vocês	
o/a senhor/a	**dá**	os/as senhores/as	**dão**
ele/ela		eles/elas	

■ **Dar** is used in a number of idiomatic expressions. Among the most common are **dar certo** (*to turn out well, to work*) and **não dar em nada** (*to come to nothing, to fail*).

Este plano **vai dar certo**!   *This plan is going to work!*
A fusão proposta **não dá em nada**.   *The proposed merger comes to nothing.*

■ Used impersonally, **dar (para)** and **não dar (para)** are very commonly employed to express possibility and impossibility, especially in Brazilian Portuguese.

Dá para você ir à praia amanhã?   *Can you go to the beach tomorrow?*
Não dá, não. Tenho que trabalhar.   *No, I can't. I have to work.*
Eu queria viajar na sexta,   *I'd like to travel on Friday,*
    mas **não dá**.   *but it's impossible.*

LER (*TO READ*)			
eu	**leio**	nós	**lemos**
tu	**lês**		
você		vocês	
o/a senhor/a	**lê**	os/as senhores/as	**leem**
ele/ela		eles/elas	

VER (*TO SEE*)			
eu	**vejo**	nós	**vemos**
tu	**vês**		
você		vocês	
o/a senhor/a	**vê**	os/as senhores/as	**veem**
ele/ela		eles/elas	

■ **Ter a ver (com)** is used to express *having something to do* with someone or something.

O trabalho do Chico **tem a ver**   *Chico's work has to do with computers.*
    com computadores.
Eu **não tenho nada a ver** com ela.   *I have nothing to do with her.*

VIR (*TO COME*)			
eu	**venho**	nós	**vimos**
tu	**vens**		
você		vocês	
o/a senhor/a	**vem**	os/as senhores/as	**vêm**
ele/ela		eles/elas	

 5-19 Presentes de aniversário. Hoje é o dia do aniversário da sua amiga Cecília. Trabalhe com um/a colega para imaginar que presentes ela vai receber da família e dos amigos.

Modelo   E1: Eu dou um livro.
E2: A Ana e o Juca dão uma mesinha e um vaso.

PESSOAS	PRESENTES
o namorado da Cecília	flores
o Paulo e eu	roupa
os pais da Cecília	CDs de música brasileira
a avó Margarida	uma bicicleta
as amigas de infância	um computador
você/tu	chocolate
o ex-namorado da Cecília	um beijo
	dinheiro
	um tapete persa
	uma calculadora

5-20 Ler e ver. Primeiro passo. Faça uma lista de pelo menos três coisas (livros, jornais, revistas, etc.) que você habitualmente lê e pelo menos três coisas (programas na televisão, filmes, exposições de arte) que você vê.

EU LEIO…
o jornal _____
a revista _____
romances
livros de ensaio
livros de _____
(sociologia, história, arte, etc.)
artigos sobre _____
_____
_____

EU VEJO…
o programa _____ na televisão
a novela _____ na televisão
notícias na televisão
filmes em vídeo/DVD
filmes americanos/estrangeiros
comédias/dramas
exposições de pintura/de fotografia
_____
_____

Segundo passo. Agora compartilhe as suas preferências com um/a colega e pergunte pelas preferências dele/dela.

Modelo

E1: Às vezes eu leio a revista *People*. Você também lê a *People*?
E2: Sim, leio. *ou* Não leio, não. Leio a revista *Scientific American*.

E1: Eu leio a revista *People* às vezes. E tu, também lês a *People*?
E2: Sim, leio. *ou* Não, não leio. Leio a revista *Scientific American*.

5-21 Os horários. Procure saber a que horas os colegas da turma vêm para a universidade. Escreva os nomes na tabela, incluindo o próprio. Depois apresente os resultados à turma.

Modelo

E1: A que horas você vem para a universidade?
E2: Venho às dez da manhã.

E1: A que horas vens para a universidade?
E2: Venho às dez da manhã.

HORA	NOME(S)
8 da manhã	
9 da manhã	
10 da manhã	
meio-dia	
1 da tarde	
2 da tarde	
…	
…	

Vamos viajar

O exterior e o interior das casas

Os tipos de casa e de apartamento variam de acordo com o país ou a região e com a história da cidade ou do local em que estão situados. Por exemplo, algumas cidades brasileiras fundadas na época colonial, como Olinda (em Pernambuco) ou Ouro Preto (em Minas Gerais), têm uma grande concentração de casas antigas dos séculos XVII e XVIII. Em contraste, a capital do Brasil, Brasília, inaugurada em 1960, é uma cidade com bairros residenciais e edifícios públicos exclusivamente modernos. Em muitas cidades grandes vamos encontrar, geralmente, bairros antigos (como a Lapa, no Rio de Janeiro, ou o Bairro Alto, em Lisboa) junto com bairros modernos (como o Bairro Prenda, em Luanda). As casas nos bairros antigos às vezes não têm as comodidades modernas, mas hoje em dia muitas já foram restauradas e oferecem todo o conforto, tornando-se altamente desejáveis.

O estilo do exterior e do interior das casas e dos edifícios também varia, mas há alguns elementos da herança cultural comum que se podem encontrar em todos os países lusófonos. Um exemplo são os azulejos, um ornamento tradicional na arquitetura portuguesa desde o século quinze. De influência árabe, podem ser de várias cores, mas os mais típicos são brancos e azuis. A arte do azulejo pode ser admirada também nas cidades históricas do Brasil, principalmente em São Luís, capital do Maranhão. No interior das casas e dos apartamentos, o estilo da decoração e da mobília depende, naturalmente, da preferência dos moradores. Os móveis modernos e originais são geralmente mais populares entre as pessoas jovens que vivem em ambientes urbanos, enquanto as pessoas mais velhas ou tradicionais escolhem mobília e acessórios num estilo mais clássico.

Para pesquisar

Usando um motor de busca, procure informações sobre a história do azulejo e algumas imagens de azulejos em Portugal e/ou no Brasil.

5-22 **Bairros antigos e modernos.** Com um/a colega, determinem quais dos seguintes elementos são provavelmente mais típicos das casas nos bairros antigos e quais das casas nos bairros modernos.

	BAIRROS ANTIGOS	BAIRROS MODERNOS
1. ar condicionado central	_____	_____
2. edifícios com mais de dez andares	_____	_____
3. monumentos históricos	_____	_____
4. banheiros/casas de banho com jacuzzi	_____	_____
5. casas decoradas com azulejos	_____	_____
6. cozinhas bem equipadas	_____	_____
7. edifícios sem elevador	_____	_____

5-23 **Mais bairros antigos e modernos.** Trabalhando em pequenos grupos, identifiquem um bairro antigo e um bairro moderno na cidade em que vocês moram ou numa cidade que todos conhecem. Depois comparem os dois bairros, indicando pelo menos cinco elementos que os distinguem.

O BAIRRO DE _____   O BAIRRO DE _____
          (MODERNO)   (ANTIGO)

1. _____   _____
2. _____   _____
3. _____   _____
4. _____   _____
5. _____   _____

Vídeo

A Alexandra mora num apartamento pequenino.

6. Stating what you know: *Saber* and *conhecer*

20-22

ALFREDO: Eu gosto muito da decoração deste restaurante, mas a minha tia **sabe** decorar melhor. A casa dela é muito mais bonita.

ELENA: É sim, todos nós **sabemos** que a sua tia é uma decoradora maravilhosa.

MÁRIO: Luísa, você **conhece** a Liliana?

LUÍSA: **Conheço**, nós moramos no mesmo prédio, mas em andares diferentes.

Vamos analisar. Indique no quadro abaixo qual é a oração que se refere a saber um fa(c)to (*knowing a fact*), saber como fazer algo (*knowing how to do something*), conhecer uma pessoa (*knowing a person*) ou ser familiar com um lugar, evento ou coisa (*being familiar with a place, an event, or a thing*).

KNOWING A FACT	KNOWING HOW TO DO SOMETHING	KNOWING A PERSON	BEING FAMILIAR WITH A PLACE, EVENT, ETC.
_____	_____	_____	_____

1. **Conhece** o Museu da Casa Brasileira?
2. Gosto muito de organização, mas eu não **sei** arrumar a casa.
3. Você **sabe** onde é que eu posso comprar uma mesa de centro?
4. **Conhece** a Mariana? Ela mora no bairro Vila Madalena.
5. Você **sabe** quantos quartos tem essa casa?
6. O João **conhece** todos os prédios da cidade.

SABER			
eu	**sei**	nós	**sabemos**
tu	**sabes**		
você		vocês	
o/a senhor/a	**sabe**	os/as senhores/as	**sabem**
ele/ela		eles/elas	

- Both **saber** and **conhecer** mean _to know_, but they are not interchangeable. Use **saber** to express knowledge of facts or pieces of information

Eu **sei** o preço.	_I know the price._
Carlos **sabe** onde é a casa da Ana.	_Carlos knows where Ana's house is._

- Use **saber** + _infinitive_ to express that you know how to (i.e., can) do something.

Nós **sabemos** cozinhar.	_We know how to cook._
A Lucy **sabe** falar português.	_Lucy can (knows how to) speak Portuguese._

- Use **conhecer** to express acquaintance with someone or something. **Conhecer** also means _to meet_ someone for the first time.

Você **conhece** Lisboa?	_Do you know Lisbon?_
Não **conheço** esse livro.	_I'm not familiar with that book._
Rita quer **conhecer** o Ricardo.	_Rita wants to meet Ricardo._

- **Saber de** can have a meaning similar to **conhecer**. Use it as an equivalent of _to know of_ or _to have heard of_ in English.

Você **sabe de** uma boa agência imobiliária?	_Do you know of a good real estate agency?_
Eu **sei de** uma casa para alugar.	_I know of a house for rent._

5-24 Jogo de adivinhar. Em grupos pequenos, leiam as seguintes descrições para adivinhar quem é.

Modelo   E1: É uma menina muito pobre que vai a um baile. No baile conhece um príncipe, mas à meia-noite ela tem que voltar para casa.
E2: Já sei quem é. É a Cinderela.

1. É um gorila gigante com sentimentos humanos. Nos filmes, aparece no edifício *Empire State* em Nova Iorque.
2. É uma cantora luso-canadiana (P) / luso-canadense (B) que canta música popular. Tem um CD que se chama *Folklore* onde ela canta algumas palavras em português.
3. É um urbanista famoso, autor do plano da cidade de Brasília.
4. É um homem de outro planeta com dupla personalidade. Trabalha num jornal, mas quando veste uma roupa azul especial com um S, ele pode voar.
5. É um homem jovem e forte, criado por gorilas na selva. Nada e corre muito bem e tem uma companheira que se chama Jane.
6. É brasileiro e joga tênis muito bem. Participa em muitos torneios internacionais. O nome dele começa com um G.

 5-25 Que sabem fazer? Pergunte a um/a colega se sabe fazer estas coisas.

Modelo   dançar valsa

E1: Você sabe dançar valsa?
 E2: Sei, sim. Sei dançar valsa. *ou*
     Não, não sei dançar valsa.
	E1: Sabes dançar valsa?
	 E2: Sei. Sei dançar valsa. *ou*
	     Não, não sei dançar valsa.

1. tocar piano
2. jogar golfe
3. nadar
4. andar de bicicleta
5. fazer pratos exóticos

6. falar chinês
7. usar o micro-ondas
8. arrumar a casa
9. passar a roupa
10. …

 5-26 Vamos jogar Bingo. Para ganhar este jogo de Bingo, você deve marcar vertical, horizontal ou diagonalmente três casas com os nomes dos/das colegas que respondem afirmativamente com a resposta certa.

Modelo   saber onde fica Curitiba

E1: Você sabe onde fica Curitiba?
 E2: Sei sim, fica no sul do Brasil. *ou*
     Não sei, não.
	E1: Sabes onde fica Curitiba?
	 E2: Sei, fica no sul do Brasil. *ou*
	     Não, não sei.

saber onde fica a cidade de Luanda	saber qual é a moeda usada em Portugal	conhecer um americano fluente em português
conhecer um estudante brasileiro	saber onde fica Brasília	saber o nome de um grande rio brasileiro
saber fazer feijoada	saber qual é a capital de Moçambique	conhecer um país onde se fala português

5-27 **Saber ou conhecer?** Com um/a colega, complete o seguinte diálogo entre Simone e Marta, duas moças brasileiras, com as formas apropriadas de **saber** e **conhecer**.

SIMONE: Marta, você _____ qual é o número do telefone da Josefina?

MARTA: Que Josefina? Não _____ nenhuma Josefina.

SIMONE: Josefina é essa moça que vai alugar uma casa nova, sem mobília. Ela _____ de uma loja de móveis muito barata.

MARTA: Agora _____ quem é. Eu não _____ Josefina, mas minha irmã _____.

SIMONE: Ela _____ o número do telefone da Josefina?

MARTA: Não _____ se ela _____.

SIMONE: E você _____ de uma boa loja para comprar mobília? Preciso comprar um sofá novo.

MARTA: _____ duas lojas: uma na Praça da República e outra na Rua das Flores.

SIMONE: Você _____ se têm uma promoção agora?

MARTA: Isso não _____.

Situações

1. **Role A.** You are about to rent an unfurnished apartment and you need to buy a few items of furniture. Ask another student a) if he or she knows of a good furniture shop, b) if he or she knows whether there is a sale now, c) if he or she knows where the shop is located, and d) if he or she knows the telephone number of the shop. Your partner will offer you an alternative to buying new furniture; be prepared to negotiate his or her offer.

   Role B. Answer your partner's inquiries as completely as you can. Then tell him or her that you have some items of furniture you want to sell. Name and describe them and answer any questions your partner may have.

2. Your partner wants to set a blind date for you with a friend from Angola but you want to have some information about the friend before agreeing to a date. Using **saber** or **conhecer**, ask your partner if he or she knows a) his or her friend's family, b) how old his or her friend is, c) how long he or she has known this friend, d) what part of Angola the friend comes from, and e) if he or she speaks English. Also, find out if your prospective date knows how to play tennis, and if he or she likes to dance.

23-24

7. Mais um passo: Some reflexive verbs and pronouns

VESTIR-SE (*TO DRESS*)			
eu	**me visto**	**visto-me**	*I dress (myself)*
tu		**vestes-te**	*you dress (yourself)*
você	**se veste**	**veste-se**	*you dress (yourself)*
o/a senhor/a	**se veste**	**veste-se**	*you dress (yourself)*
ele/ela	**se veste**	**veste-se**	*he/she dresses (himself/herself)*

■ Reflexive verbs are those that express what people do to or for themselves.

REFLEXIVE

Minha irmã **se veste** rapidamente. (B)   *My sister dresses herself quickly.*
A minha irmã **veste-se** rapidamente. (P)   (She is the doer and the receiver.)

NON-REFLEXIVE

Minha irmã **veste** a filha rapidamente.   *My sister dresses her daughter quickly.*
(She is the doer and the daughter is the receiver.)

■ In European Portuguese, affirmative main clauses usually have the reflexive pronoun placed after the verb and linked to it by a hyphen. In Brazilian Portuguese this happens much more rarely.

■ A reflexive pronoun refers back to the subject of the sentence. In English, this may be expressed by the pronoun endings -*self* or -*selves*; in many cases, Portuguese uses reflexives where English does not.

Eu **me levanto** às sete. (B)   *I get up at seven.*
Levanto-me às sete. (P)
Ninguém **se veste** devagar de manhã.   *No one gets dressed slowly in the morning.*

■ In negative sentences, in both Brazilian and European Portuguese, the pronoun is placed immediately after the word **não** or any other negative, like the word **ninguém** in the example above.

Eu **não me levanto** às sete aos   *I don't get up at seven on Sundays.*
  domingos.

■ Spoken Brazilian Portuguese often tends to use reflexive verbs as non-reflexives or to use another construction to avoid the reflexive form altogether.

Eu sempre **levanto** cedinho.   *I always get up very early.*

5-28 A rotina diária. Indique com um número (1, 2, 3,…) a ordem pela qual você acha que um/a colega faz as seguintes atividades de manhã. Depois verifique com ele/ela se é verdade.

Quando é que ele/ela…

_____ lava o cabelo   _____ sai de casa

_____ se enxuga   _____ se levanta da cama

_____ se veste

_____ come

5-29 O que se faz durante o dia? Cada pessoa deve escolher um membro da sua família sobre quem vai falar. Depois, troquem perguntas e informações sobre as atividades dessa pessoa e preencham o quadro abaixo.

Membro da família _____

levantar-se	7:00 a.m.	8:00 a.m.	?
café da manhã (B) pequeno-almoço (P)	hora	comida	bebida
vestir-se	devagar	depressa	com calma
atividades	lavar o cabelo	preparar a comida	pôr a mesa
sair para	o trabalho	a universidade	?

Para escutar

 A. Lógico ou ilógico? Listen to the following statements and indicate whether each is **lógico** or **ilógico**.

	Lógico	Ilógico		Lógico	Ilógico
1.	_____	_____	5.	_____	_____
2.	_____	_____	6.	_____	_____
3.	_____	_____	7.	_____	_____
4.	_____	_____	8.	_____	_____

 B. A casa da família Santos. Based on the drawing below, determine whether each of the following statements is **verdadeiro** or **falso**.

	Verdadeiro	Falso		Verdadeiro	Falso
1.	_____	_____	5.	_____	_____
2.	_____	_____	6.	_____	_____
3.	_____	_____	7.	_____	_____
4.	_____	_____	8.	_____	_____

Para conversar

 5-30 O apartamento dos meus vizinhos. Você tem curiosidade em saber como é o apartamento dos seus vizinhos. Cubra a planta do apartamento e faça perguntas a um/a colega para obter informações. O/A colega vai responder de acordo com a planta no livro dele/dela.

número e localização dos banheiros/casas de banho
localização da cozinha
número, tamanho e localização dos armários
se tem um terraço ou uma varanda
…

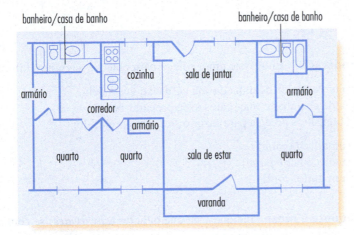

 5-31 Procuro um apartamento. Você quer alugar um apartamento em Portugal. Um/a colega encontra os seguintes anúncios num jornal. Faça perguntas ao/à colega para obter informações.

1. o aluguel (B) / aluguer (P)
2. o local
3. o andar
4. o número de quartos
5. o número de banheiros (B) / casas de banho (P)
6. com móveis ou sem móveis
7. ar condicionado
8. o número de telefone
9. outros detalhes

ALUGA-SE

Apartamento no centro da cidade, quarto andar: c/mobília, 2 quartos, 1 c banho, € 700/mês.
Tel: 213 469 035.

Apartamento espaçoso p/família grande: quinto andar c/elevador, s/mobília, situação excelente, perto de centros comerciais, 3 quartos, 2 c/s de banho, ar condicionado, jardim, garagem p/2 carros, € 1.150/mês. Tel: 214 605 326.

5-32 Casa ou apartamento ideal. Descreva a outro/a colega a sua casa ou apartamento ideal. O/A colega deve depois fazer o mesmo. As descrições devem incluir os seguintes pormenores:

- cidade onde quer ter este apartamento ou casa

- salas, quartos e outras comodidades que vai ter

- móveis e outros acessórios

- tamanho do jardim e garagem para quantos carros

- quem vai morar com você nesse apartamento ou casa

Você e o/a colega têm gostos semelhantes ou diferentes? Expliquem.

 Para ler

25-27

 5-33 Preparação. Entreviste um/a colega para obter as seguintes informações:

1. as características da cozinha da sua casa e se gosta dela
2. se gosta de cozinhar e que pratos sabe preparar bem
3. de que utensílios precisa para fazer o seu prato preferido:

_____ uma faca (*knife*)
_____ uma colher (*spoon*)
_____ um garfo (*fork*)

 5-34 Etiqueta à mesa. Indique com que talheres (*silverware*) se comem os seguintes pratos numa situação formal: com uma faca, com uma colher, com um garfo, com um garfo e uma faca, ou com um garfo e uma colher. Compare as suas respostas com as de um/a colega.

1. peixe grelhado: _____
2. uma salada de tomate: _____
3. sopa: _____
4. feijoada: _____
5. arroz: _____
6. melancia: _____
7. pudim de chocolate: _____
8. massa tipo fettucine: _____

5-35 Primeiro olhar. Observe a fotografia e escreva o número do utensílio ao lado da sua descrição.

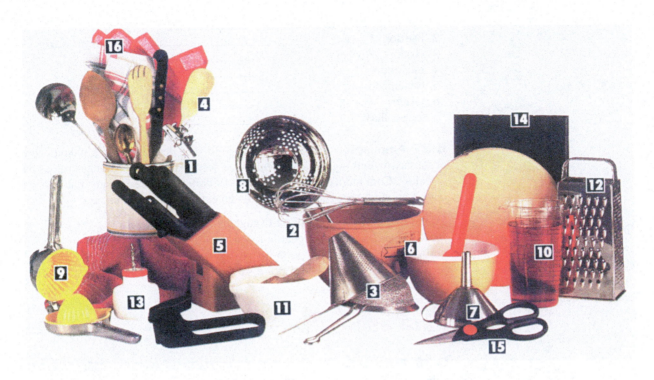

_____ **Funil.** É muito útil para passar líquidos de um recipiente para outro.

_____ **Ralador.** Geralmente é de metal. Serve para ralar queijo parmesão para o espaguete (B) / esparguete (P). Também serve para ralar pão seco, cebola, etc.

_____ **Saca-rolhas.** Um pouco de vinho vai bem com os seus pratos favoritos. Antes de servir vinho é preciso tirar a rolha da garrafa com este utensílio.

_____ **Tigelas.** É bom ter várias na cozinha, pequenas, médias e grandes, para misturar ingredientes, preparar e servir saladas, etc.

_____ **Coador.** É útil para separar os sólidos dos líquidos, por exemplo para tirar os caroços ao espremer um limão.

_____ **Abridor de latas (B) / Abre-latas (P).** É indispensável para abrir latas de sopa, de atum, etc. Escolha um abridor resistente e fácil de usar. Pode ser elétrico ou manual.

_____ **Facas.** É preciso ter um conjunto completo para cortar diversos tipos de alimentos. Devem estar sempre bem afiadas. As de aço inoxidável são eternas.

_____ **Batedor.** É necessário para misturar ou bater cremes ou claras de ovos, por exemplo quando se faz um bolo de aniversário.

_____ **Escorredor.** Vai ser preciso para escorrer a água das massas, batatas, arroz, legumes e verduras, etc., quando estão cozidos e prontos para comer.

_____ **Espremedor.** Este utensílio, manual ou elétrico, serve para espremer o suco/sumo das laranjas, limões e outras frutas semelhantes.

_____ **Tábua.** Você precisa dela para cortar ou picar alimentos. Pode ser de madeira ou de material sintético.

_____ **Pilão (B) / Almofariz (P).** É usado para amassar substâncias sólidas como alho e alguns temperos.

_____ **Panos de cozinha.** São muito úteis para secar as mãos, secar a louça e os talheres, etc.

_____ **Copo graduado.** Usamos este recipiente para medir líquidos quando seguimos uma receita e queremos usar, por exemplo, dois decilitros de leite.

_____ **Tesoura.** É extremamente útil na cozinha. Serve para cortar, tem duas lâminas, deve ser bem afiada e servir bem na mão.

_____ **Colheres.** Podem ser de madeira, de plástico ou de aço inoxidável. Na cozinha servem para misturar e provar sopa e outros pratos líquidos ou semilíquidos.

5-36 **Segundo olhar.** Com que verbos é que você associa estes utensílios? Com um/a colega, procurem e escrevam os verbos.

1. abridor de latas/abre-latas _____
2. batedor _____
3. coador _____
4. escorredor _____
5. espremedor _____
6. ralador _____
7. saca-rolhas _____

5-37 **Ampliação.** Ao ler o texto em 5-36 você descobriu que a palavra composta **saca-rolhas** significa "utensílio que serve para sacar (=tirar) as rolhas das garrafas". Com um/a colega, determine o significado das seguintes palavras e diga onde é possível encontrar estes objetos ou equipamentos numa casa.

guarda-roupa   porta-bagagem
toca-CDs   guarda-louça
porta-toalhas   porta-luvas
guarda-chuva   quebra-nozes

Para escrever

28-29

5-38 **Preparação.** Primeiro, leia a seguinte apresentação de dados, preparada pela Comissão para a Igualdade no Trabalho e no Emprego (Portugal), sobre o trabalho das mulheres e dos homens em casa e fora de casa.

Duração média das diferentes formas de trabalho

O tempo de trabalho profissional dos homens é superior ao das mulheres. No entanto, e na medida em que as mulheres dedicam mais 3 horas ao trabalho doméstico e à prestação de cuidados à família, ao longo de um dia, as mulheres trabalham em média 2 horas a mais do que os homens.

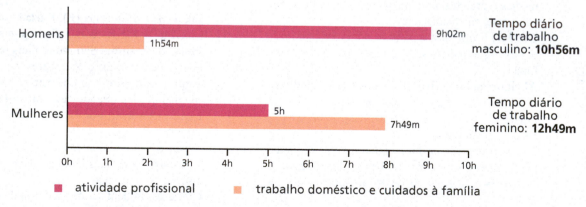

Data from the Ministerio da Seguranca Social e do Trabalho, Comissão para a Igualdade no Trabalho e no Emprego (Portugal), 2006.

Quem assegura as tarefas domésticas?

São as mulheres que normalmente asseguram a preparação das refeições, a limpeza da casa e o cuidado da roupa. Tratar de assuntos administrativos (seguros, impostos, bancos, contas, etc.) é a tarefa doméstica que mais de metade dos homens assume sempre ou frequentemente.

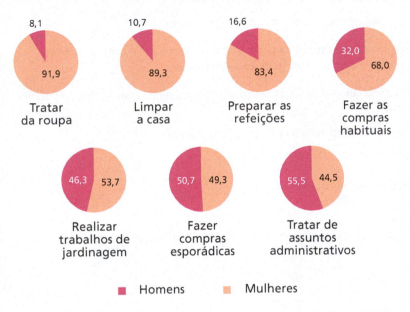

Tratar da roupa — 8,1 / 91,9

Limpar a casa — 10,7 / 89,3

Preparar as refeições — 16,6 / 83,4

Fazer as compras habituais — 32,0 / 68,0

Realizar trabalhos de jardinagem — 46,3 / 53,7

Fazer compras esporádicas — 50,7 / 49,3

Tratar de assuntos administrativos — 55,5 / 44,5

■ Homens   ■ Mulheres

Data from the Ministerio da Seguranca Social e do Trabalho, Comissão para a Igualdade no Trabalho e no Emprego (Portugal), 2006.

5-39 Mãos à obra: fase preliminar. Em pequenos grupos, primeiro respondam ao seguinte questionário individualmente; depois comparem os resultados. A coluna **Percentagem** deve apresentar o resultado global do grupo.

QUEM E QUANTAS HORAS POR SEMANA?	EU	MÃE	PAI	IRMÃ/O	NINGUÉM	OUTRA PESSOA	PERCENTAGENS HOMENS E MULHERES
1. cozinha							
2. compra a comida							
3. limpa a casa							
4. lava a roupa							
5. passa e conserta a roupa							
6. trata do jardim							
7. cuida dos filhos pequenos							
8. paga as contas, etc.							
9. trabalha em casa							
10. trabalha fora de casa							

5-40 Mãos à obra. Você recebe uma carta de Fernanda Azevedo, uma pesquisadora da Comissão para a Igualdade no Trabalho e no Emprego, para saber se a realidade da vida das mulheres nos Estados Unidos é semelhante ou diferente da das mulheres portuguesas, de acordo com os dados apresentados pela CITE. Use a informação obtida na aula e exemplos da sua própria experiência para escrever uma carta à Dra. Azevedo com a seguinte informação:

- divisão das responsabilidades no trabalho doméstico

- número de horas semanais e/ou percentagem das tarefas de casa realizadas pelos homens e pelas mulheres nos Estados Unidos

- tempo que os homens e as mulheres gastam no trabalho doméstico e no trabalho profissional

Algumas expressões úteis para a apresentação dos dados:

Acabamos de realizar uma pesquisa…
É evidente que…
Os resultados da pesquisa mostram que…
No entanto, em minha casa…

 5-41 Revisão. O/A colega editor/a vai ajudar a aperfeiçoar a sua carta.

Projeto final ——————————————————————

Preparação

5-42 Procuro casa. Você quer melhorar o seu português e no verão decide morar com um/a estudante de um país lusófono. Você procura alugar um apartamento ou uma casa e está preenchendo um formulário *online* especificando suas preferências.

casa _____   apartamento _____

bairro antigo _____   bairro moderno _____

número de quartos: um _____ dois _____ três _____ quatro _____

ar condicionado: sim _____ não _____

máquina de lavar louça: sim _____ não _____

máquina de lavar roupa: sim _____ não _____

fogão: sim _____ não _____

elevador: sim _____ não _____

Mãos à obra

5-43 As entrevistas: Parte 1. Você vai entrevistar pessoas que querem compartilhar uma casa ou um apartamento com você. Marque as características que a pessoa deve ter.

A pessoa deve gostar de:

morar numa casa	( ) sim	( ) não	( ) indiferente
morar num bairro antigo	( ) sim	( ) não	( ) indiferente
lavar louça	( ) sim	( ) não	( ) indiferente
ler	( ) sim	( ) não	( ) indiferente
ver televisão	( ) sim	( ) não	( ) indiferente
ver filmes em casa	( ) sim	( ) não	( ) indiferente
cozinhar	( ) sim	( ) não	( ) indiferente
levantar-se cedo	( ) sim	( ) não	( ) indiferente

A pessoa deve:

saber dançar	( ) sim	( ) não	( ) indiferente
saber fazer feijoada	( ) sim	( ) não	( ) indiferente
conhecer muitas pessoas simpáticas	( ) sim	( ) não	( ) indiferente

Parte 2: As perguntas. Com um/a colega, elabore cinco perguntas para fazer na entrevista:

a. _____
b. _____
c. _____
d. _____
e. _____

Parte 3: Às compras! Você e a pessoa com quem vai morar no verão decidem comprar alguns móveis e utensílios para a cozinha. Façam uma lista de dez itens:

_____
_____
_____
_____
_____
_____
_____
_____
_____
_____

Parte 4: Descrição. Você e um/a colega escrevem um resumo descrevendo o local e a pessoa com quem você vai morar no próximo verão.

Parte 5: Apresentação. O seu/A sua colega apresenta o resumo para a turma.

Parte 6: Comentários. A turma e o/a professor/a comentam os seus planos para o verão.

Horizontes

📖 Brasília e o Centro-Oeste
05-30

A região Centro-Oeste ocupa quase 19% do território brasileiro e é composta pelos seguintes estados: Goiás (capital: Goiânia), Mato Grosso (Cuiabá), Mato Grosso do Sul (Campo Grande) e o Distrito Federal. Como a região Norte, o Centro-Oeste não tem uma alta densidade populacional, mas tem uma população indígena relativamente grande e uma incrível biodiversidade.

O Pantanal é um verdadeiro santuário ecológico que se estende pelos estados do Mato Grosso, Mato Grosso do Sul, sul da Bolívia e norte do Paraguai. Tem um dos ecossistemas mais privilegiados do mundo, contendo seiscentas e cinquenta espécies de aves, duzentas e sessenta espécies de peixes, grandes populações de onças, capivaras, veados, antas, jacarés, tamanduás-bandeira e o famoso tuiuiú. O clima do Pantanal é caracterizado por uma época de muita chuva—de dezembro a fevereiro—e uma época de seca, de maio a setembro. As maravilhosas paisagens e a diversidade da fauna e da flora fazem da região um cenário perfeito para os safáris ecológicos.

Vista do Pantanal

Além do Pantanal, a região Centro-Oeste abriga outro importante ecossistema. Trata-se de uma extensa savana, mais conhecida como Cerrado. Composto por terrenos planos, árvores baixas e arbustos de troncos retorcidos, o Cerrado conheceu, a partir dos anos 70, uma significativa expansão da agricultura e da pecuária. Atualmente é um grande produtor de carne, feijão, soja, milho e arroz. Como o Pantanal, o Cerrado ultrapassa o território da região Centro-Oeste e avança pelos estados de Tocantins e Minas Gerais, além dos países vizinhos Bolívia e Paraguai.

Tuiuiú

Para responder

1. Três características que distinguem a região Centro-Oeste são _____, _____ e _____.
2. O ecossistema do Pantanal contém 260 _____, 650 _____ e muitos outros animais como, por exemplo, _____ e _____.
3. O Cerrado é uma _____ que, desde os anos 70, é também importante na economia da região, produzindo grandes quantidades de _____.

Brasília, a capital do país, encontra-se na região Centro-Oeste, no Planalto Central, em pleno Cerrado. A ideia de construir a capital no interior, ou seja, longe do litoral, data do século XIX. No entanto, essa ideia só começou a tornar-se realidade durante o governo do Presidente Juscelino Kubitschek de Oliveira. Mais especificamente, o Presidente Kubitschek aprovou a construção da cidade em abril de 1956 e a nova capital foi inaugurada exatamente quatro anos depois. Inteiramente planejada pelo urbanista Lúcio Costa e pelo arquiteto Oscar Niemeyer, a arquitetura de Brasília é moderna e funcional; o plano da cidade tem a forma de um avião. Os edifícios que

Palácio do Congresso em Brasília

abrigam a Administração Federal como, por exemplo, o Palácio da Alvorada e o Itamaraty, na Praça dos Três Poderes, são verdadeiros monumentos arquitetônicos.

Para responder

Verdadeiro (V) ou falso (F)? Se falso, corrija.

1. _____ Brasília fica perto do litoral.
2. _____ Juscelino Kubitschek foi Presidente do Brasil no século XIX.
3. _____ A cidade de Brasília foi inaugurada em 1960.
4. _____ O Itamaraty é um grande complexo de museus.

Para navegar

1. Procure na Internet mais dados sobre o ecossistema do Pantanal. Aponte pelo menos cinco informações distintas e apresente os resultados da sua pesquisa na aula.
2. Com um grupo de colegas, organize uma viagem de turismo ecológico ao Pantanal. Quando e como é que vocês vão? Onde vão ficar? O que vão fazer? Quanto vai custar a viagem?
3. Informe-se sobre a arquitetura de Brasília. Procure fotografias de alguns edifícios ou monumentos famosos e compartilhe com os colegas da turma.
4. Usando como termo de busca "Governo Federal do Brasil", pesquise a estrutura e os poderes do governo brasileiro. Depois, trabalhando em pequenos grupos, comparem a administração federal do Brasil com a administração federal dos Estados Unidos.

Em casa

o andar	floor, story
o andar térreo (B)	first floor
o aquecimento	heating
o ar condicionado	air conditioning
o armário	closet, cabinet, armoire
o banheiro (B)	bathroom
a casa/o quarto de banho (P)	bathroom
a cave (P)	basement
a churrasqueira	grill
o corredor	hallway
a cozinha	kitchen
a despensa	pantry
o elevador	elevator
a escada	stairs
a garagem	garage
o jardim	garden
a lareira	fireplace
o lixo	garbage, trash
a moradia (P)	single-family house
a piscina	swimming pool
o piso	floor
o quarto	bedroom
o rés do chão (P)	first floor
o roupeiro (P)	built-in closet
a sala (de estar)	living room
a sala de jantar	dining room
o subsolo (B)	basement
a suite	master bedroom
o terraço	terrace
a varanda	balcony
a vista	view

Móveis e acessórios

o abajur (B)	lamp
a almofada (P)	pillow
a cama de casal	double bed
o candeeiro (P)	lamp
a cômoda (B)	dresser
a cómoda (P)	dresser
a cortina	curtain
o espelho	mirror
a poltrona	armchair
o quadro	picture

o sofá	sofa
o tapete	rug

Eletrodomésticos

o aspirador	vacuum cleaner
o frigorífico (P)	refrigerator
a geladeira (B)	refrigerator
a máquina de lavar	washer
a máquina de secar	dryer
a máquina de lavar louça	dishwasher
o (forno) micro-ondas	microwave (oven)
o rádio	radio set

Para a cama

a almofada (P)	pillow
o cobertor	blanket
o lençol	sheet
o travesseiro (B)	pillow

No banheiro/Na casa de banho

a banheira	bathtub
o chuveiro	shower
o lavatório (P)	sink
a pia (B)	sink
a sanita (P)	toilet bowl
a toalha	towel
o vaso sanitário (B)	toilet bowl

Na cozinha

o fogão	stove
o forno	oven
o lava-louças (P)	sink
a louça	dishes, china
a pia (B)	sink

Lugares

aí	there
ali/lá	there, over there
o apartamento	apartment
aqui	here
o centro	downtown, center
o edifício	building
longe (de)	far (from)
perto (de)	near (close to)

Descrições

confortável	*comfortable*
espaçoso/a	*spacious*
funcional	*functional*
limpo/a	*clean*
moderno/a	*modern*
prático/a	*practical*
sujo/a	*dirty*

Verbos

arrumar	*to tidy up*
aspirar (P)	*to vacuum*
cozinhar	*to cook*
dar	*to give*
deitar fora (P)	*to throw out*
estender	*to hang to dry (clothes)*
imaginar	*to imagine*
jogar fora (B)	*to throw out*
lavar	*to wash*
ler	*to read*
limpar	*to clean*
organizar	*to organize*
passar o aspirador (B)	*to vacuum*

passar (a ferro)	*to iron*
saber	*to know*
secar	*to dry*
varrer	*to sweep*
ver	*to see*
vir	*to come*

Palavras e expressões úteis

ainda	*still*
a bagunça (B)	*mess*
o banho	*bath*
o beijo	*kiss*
o cara (B)	*man, guy*
Claro!	*Of course!*
a confusão	*confusion*
já	*already*
a roupa	*clothes*
o trabalho	*work*
Trata-se de…	*It is about…*

*For expressions with ter *and* estar com, *see page 203.*
For demonstrative adjectives and pronouns, see page 205.
For ordinal numbers, see page 190.

Lição **6** A roupa e as compras

À PRIMEIRA VISTA

- A roupa
- Vamos às compras

ESTRUTURAS

- Talking about the past: Preterit tense of regular verbs
- Talking about the past: Preterit of **ir** and **ser**
- Indicating the object of an action: Direct object nouns and pronouns
- Reinforcing inquiries: Tag questions
- Mais um passo: Some more uses of **por** and **para**

Vamos viajar

- As compras
- Feiras e mercados

ENCONTROS

- Para escutar: Taking notes to recall important information
- Para conversar: Haggling; taking advantage of a sale
- Para ler: Problem solving; identifying word endings that indicate places and people
- Para escrever: Narrating chronologically
- Projeto final: Festa de fim de ano

HORIZONTES

- Lisboa, a capital de Portugal

COMUNICAÇÃO

In this chapter you will learn to:

- Talk about clothing and shopping
- Discuss consumer goods and markets
- Talk about past events
- Express affirmation and negation
- Express opinions

🔊 A roupa

…de mulher

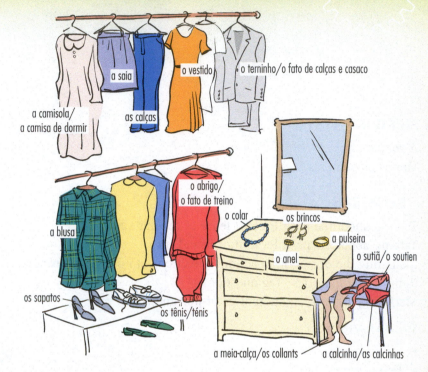

a camisola/
a camisa de dormir

a saia

as calças

o vestido

o terninho/o fato de calças e casaco

a blusa

o abrigo/
o fato de treino

o colar

os brincos

a pulseira

o anel

o sutiã/o soutien

os sapatos

os tênis/ténis

a meia-calça/os collants

a calcinha/as calcinhas

…de homem

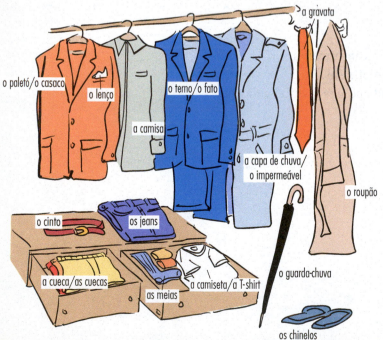

a gravata

o paletó/o casaco

o lenço

o terno/o fato

a camisa

a capa de chuva/
o impermeável

o roupão

o cinto

os jeans

a cueca/as cuecas

as meias

a camiseta/a T-shirt

o guarda-chuva

os chinelos

Língua

As you can notice above and on the facing page, there are quite a few differences in clothing vocabulary between Brazilian and European Portuguese. In these drawings, the Brazilian usage is indicated in the first place and the Portuguese and African usage in the second place.

As estações e a roupa

No inverno faz frio. Que roupa vestimos?

o suéter/a camisola
as luvas
a jaqueta/o blusão
as botas
o casaco/o sobretudo
o cachecol

E quando faz calor no verão, o que é que usamos para ir à praia?

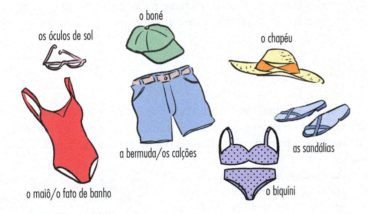

os óculos de sol
o boné
o chapéu
a bermuda/os calções
as sandálias
o maiô/o fato de banho
o biquíni

Na primavera e no outono chove e por isso a gente usa guarda-chuva e capa de chuva (B) ou um impermeável (P).

6-1 Quando se usa? Associe cada artigo de roupa da coluna da esquerda com uma situação da coluna da direita.

1. _____ as luvas
2. _____ o pijama
3. _____ o roupão
4. _____ a gravata
5. _____ as sandálias

a. depois de se levantar e antes de se vestir
b. para dormir
c. no verão, com roupa informal
d. quando faz frio
e. com a camisa, em situações formais

6-2 O que é que estas pessoas devem vestir? Você e um/a colega vão dizer que roupa e acessórios é que estas pessoas devem usar de acordo com a situação.

Modelo   Mário e Silene vão a uma festa na casa do reitor da universidade.
E1: Mário deve vestir calças, uma camisa e uma gravata.
E2: Silene deve usar um vestido ou saia e blusa.

1. Marilu e César vão a um piquenique.
2. Uma moça e um rapaz têm uma entrevista de emprego num escritório.
3. Duas mulheres vão a um concerto de música clássica.
4. O Rui vai jogar futebol com amigos e a Margarida vai visitar os avós.

 6-3 Férias em Portugal. Você e um/a amigo/a vão passar férias em Portugal. Primeiro, devem escolher o roteiro mais interessante. Depois devem fazer uma lista de roupas que vão levar. Por último, devem informar os colegas da turma sobre estas decisões.

1. Duas semanas no Algarve. Durante o dia: ficar na praia. À noite: jantar ao ar livre e dançar numa discoteca.
2. Um curso de verão na Universidade de Lisboa. Durante o dia: aulas de língua portuguesa, cultura e literatura. À noite: ir ao cinema, aos cafés e às discotecas com os novos amigos estrangeiros.
3. Montanhismo na Serra da Estrela. Durante o dia: caminhar muito e tirar fotografias. À noite: jantar, conversar e cantar no parque de campismo.

 # Vamos às compras

Um grande centro comercial em Lisboa onde você pode comprar praticamente de tudo. Há lojas com roupa para a família, móveis, acessórios e eletrodomésticos para a casa, brinquedos para as crianças e, provavelmente, também um supermercado.

SANDRA: As promoções nesta loja são fantásticas. Olha esta saia. Tem um desconto de 45 euros. Porque é que a gente não entra para ver se têm o teu tamanho?

ANA: Sim, gostava de a experimentar. Está bastante barata e é muito gira. Mas o meu tamanho às vezes é difícil de encontrar.

SANDRA: Em qualquer dos casos, vale a pena tentar. (Entram na loja.)

EMPREGADA: Infelizmente só a temos nos tamanhos 42 e 44.

ANA: Que pena! Obrigada.

Língua

To soften requests, Portuguese uses the forms **gostaria de** (B) or **gostava de** (P) instead of **gosto de**, and **queria** (B/P) instead of **quero**. English does this by adding *would*.

Gostaria de/Gostava de/Queria experimentar essas calças. *I would like to try on those pants.*

Ao mesmo tempo, em um shopping em São Paulo…

VENDEDORA: Bom dia, em que posso servi-lo?

CLIENTE: Queria comprar um presente para uma moça jovem. Uma bolsa ou uma carteira, por exemplo.

VENDEDORA: Temos umas bolsas de couro muito bonitas e não muito caras. Vou mostrar algumas para o senhor ver. (Traz as bolsas para mostrar ao cliente.)

CLIENTE: Gostaria de comprar esta, mas não posso gastar muito. Quanto custa?

VENDEDORA: Custa só R$140. O preço está muito bom.

CLIENTE: É verdade, não é muito caro.

VENDEDORA: E estão mesmo na moda. As meninas usam muito.

CLIENTE: Então vou levá-la.

VENDEDORA: Muito bem. O senhor vai pagar em dinheiro ou com cartão de crédito?

CLIENTE: Com cartão de débito, pode ser?

VENDEDORA: Pode, sim senhor.

Muitas pessoas preferem fazer compras nos mercados ao ar livre para comprar artigos mais baratos. Outros preferem as lojas tradicionais, os centros comerciais (P) ou os shoppings (B) e os hipermercados. Estes são vendedores e compradores na Feira da Ladra em Lisboa.

Tecidos e desenhos

Blusas e camisas de todos os tecidos

lã

algodão

seda

listrado (B)/às riscas (P)

xadrez

estampado

liso

Esta blusa está apertada!

E esta saia está larga

6-4 O aniversário da Luísa. Você e um/a colega vão a uma loja comprar um presente para a Luísa, mas todos os artigos apresentam um problema. Analisem o problema e pensem numa solução.

ARTIGO	PROBLEMA	SOLUÇÃO
colar	é muito caro	Podemos procurar um mais barato/em promoção.
casaco	é largo	
calças	são de poliéster	
óculos de sol	são feios	
carteira	não é de couro	
blusa	o xadrez é muito grande	
saia	é apertada	
biquíni	é muito pequeno	

 6-5 Quanto custa(m)...? Um/a colega vai perguntar qual é o preço de alguns dos artigos nos seguintes desenhos. Responda que você tem um artigo parecido, diga quando pagou por ele e faça uma breve descrição. Depois troquem de papéis.

Modelo   E1: Quanto custa o cachecol?
              E2: Custa R$30. Eu tenho um parecido e paguei R$24. O meu é vermelho, de lã.

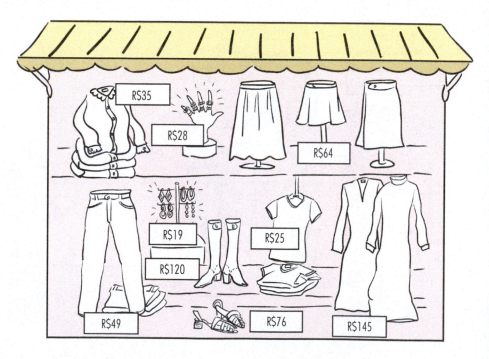

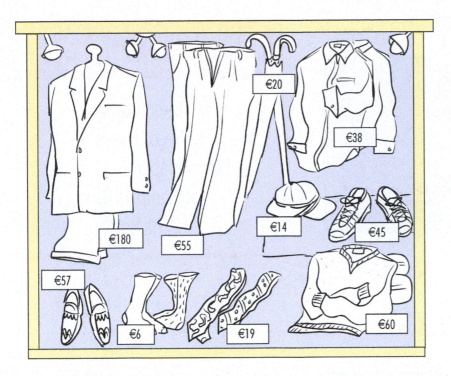

 6-6 Alguns presentes. Você tem que comprar vários presentes para amigos e pessoas da família. Você consulta um/a colega que vai sugerir presentes. O/A colega vai sugerir alguns presentes e o lugar onde estão à venda conforme a informação nos anúncios que aparecem abaixo. Depois troquem de papéis.

Presentes para:

1. um sobrinho que tem cinco anos
2. a sua mãe para o Dia das Mães (B)/o Dia da Mãe (P)
3. um amigo que precisa de roupa nova
4. a sua irmã que vai casar
5. o seu pai, para o aniversário dele

IPANEMA
ROUPA FEMININA

As últimas modas,
as melhores promoções.

Av. Forças Armadas, 350
Horário: 10 às 18 todos os dias

◄ O MUNDO DA CRIANÇA ►

Brinquedos,
roupas e acessórios.
Tudo para seu tesourinho.

Shopping Vila Rica,
Loja 25B
Fone: 35 89 46 70

BOUTIQUE RICARDO

**Grande variedade
de artigos para
presentes.**

**Roupas e acessórios
masculinos formais
e informais.**

Rua Coronel Mendonça, 57
Estamos abertos aos
sábados e domingos

O PARAÍSO DA NOIVA

Vestidos, véus, luvas,
grinaldas, arranjos de
flores em todos os estilos.

Tudo para o dia mais
importante da sua vida!
Centro Comercial Vida Nova
Loja 125

HIPERMERCADO EXTRA

Temos tudo!
Preços baixos!
Estamos abertos 24 horas.
São Pedro da Barra,
Zona Norte

Para escutar

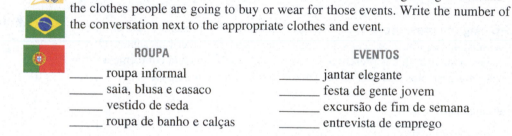

A roupa e os eventos. You will hear four conversations regarding events and the clothes people are going to buy or wear for those events. Write the number of the conversation next to the appropriate clothes and event.

ROUPA	EVENTOS
_____ roupa informal	_____ jantar elegante
_____ saia, blusa e casaco	_____ festa de gente jovem
_____ vestido de seda	_____ excursão de fim de semana
_____ roupa de banho e calças	_____ entrevista de emprego

1. Talking about the past: Preterit tense of regular verbs

Querido diário,

Esta semana o Álvaro e eu **gastamos** muito dinheiro em roupa para o casamento do meu irmão Gustavo que foi esta tarde. Eu **comprei** um vestido de festa muito elegante e um par de sapatos. O Álvaro **comprou** uma camisa e uma gravata.

A parte religiosa **começou** às 19 horas. A festa com a família e os amigos **começou** às 21 horas e só **terminou** às 4 horas da manhã. Todos **comemos**, **dançamos** e **cantamos** muito. Vamos recordar este dia especial por muito tempo. A Gabriela e o Gustavo são um par perfeito.

Agora vou dormir. Estou muito cansada.

Camila

Vamos analisar. O que aconteceu no dia do casamento? Ordene cronologicamente as informações de 1 a 4 (1 = primeiro evento), segundo a descrição da Camila no diário.

_____ A festa com a família e amigos **começou** às 21 horas.

_____ A Camila **comprou** um vestido de festa muito elegante e um par de sapatos.

_____ A festa **terminou** às 4 horas da manhã.

_____ Todos **comeram**, **dançaram** e **cantaram** muito.

■ Portuguese has two main simple tenses to express the past: the preterit (**pretérito perfeito**) and the imperfect (**pretérito imperfeito**). Use the preterit to talk about past events, actions, and conditions that are viewed as completed or ended.

	FALAR	COMER	ASSISTIR
eu	**falei**	**comi**	**assisti**
tu	**falaste**	**comeste**	**assististe**
você, o/a senhor/a, ele/ela	**falou**	**comeu**	**assistiu**
nós	**falamos**	**comemos**	**assistimos**
vocês, os/as senhores/as, eles/elas	**falaram**	**comeram**	**assistiram**

■ Note that the **nós** form of the preterit of regular verbs is the same as the present **nós** form. Context will help you determine if it is present or past.

Comemos sempre às sete horas.   *We always eat at seven.*
Ontem **comemos** às sete horas.   *We ate at seven yesterday.*

■ Verbs ending in **-car**, **-gar**, and **-çar** have a spelling change in the **eu** form to show how the word is pronounced.

ficar:	fi**quei**, ficaste, ficou…
jogar:	jo**guei**, jogaste, jogou…
dançar:	dan**cei**, dançaste, dançou…

■ Some expressions that you can use with the preterit to denote past time are:

ontem	*yesterday*
anteontem	*day before yesterday*
a semana passada	*last week*
o ano/mês passado	*last year/month*

2. Talking about the past: Preterit of *ir* and *ser*

10-11

Uma semana depois…

CLIENTE: Comprei este vestido aqui no sábado passado. Mas está um pouco apertado.

SUPERVISORA: Quem **foi** que vendeu este vestido à senhora?

CLIENTE: Não sei o nome, mas **foi** o seu colega, um senhor alto e magro.

SUPERVISORA: O que aconteceu? A senhora lavou o vestido em casa?

CLIENTE: Claro que não. Este é para lavar a seco (*dry clean*). **Fui** a uma lavanderia (B)/lavandaria (P) (*dry cleaner*).

SUPERVISORA: Os irresponsáveis **foram** os funcionários da lavanderia (B)/lavandaria (P). Não lavaram o vestido a seco.

Vamos analisar. Indique se as seguintes afirmações são verdadeiras (**V**) ou falsas (**F**).

1. ____ O colega da supervisora **foi** o responsável por tudo.
2. ____ A cliente **foi** a uma loja especializada para lavar o vestido.
3. ____ Lavar o vestido **foi** um erro dos funcionários da lavanderia (B)/lavandaria (P).
4. ____ A supervisora **foi** amável com a cliente porque tentou compreender o problema.
5. ____ Os funcionários da loja de roupas **foram** as pessoas responsáveis pelo problema com o vestido.

IR AND SER	
eu	**fui**
tu	**foste**
você, o/a senhor/a, ele/ela	**foi**
nós	**fomos**
vocês, os/as senhores/as, eles/elas	**foram**

■ **Ir** and **ser** have identical forms in the preterit. Context will determine the meaning.

| Carlos **foi** ao supermercado. | *Carlos went to the supermarket.* |
| Ele **foi** gerente desse supermercado. | *He was the manager of that supermarket.* |

6-7 Ontem eu... Em cada uma das três colunas abaixo, marque quais foram as suas atividades ontem. Modifique a informação quando necessário. Depois compare com as respostas dos colegas.

DE MANHÃ:	DE TARDE:	À NOITE:
tomei café	almocei no restaurante	preparei o jantar
escrevi uma composição	dormi uma hora	assisti televisão
estudei para um teste	lavei a roupa	falei com um/a amigo/a
corri uma milha	fui ao supermercado	trabalhei três horas
escutei música	joguei futebol	arrumei a cozinha

6-8 O sábado passado. O que fizeram o Carlos e a Alice?

 6-9 Um dia de compras. Primeiro passo. Você e um/a colega foram fazer compras no sábado passado. O que é que vocês fizeram?

■ Escrevam uma lista das coisas que fizeram durante o dia.

■ Anotem o que compraram, onde compraram, quanto gastaram, etc.

 Segundo passo. Trabalhem em grupos de quatro estudantes para trocar informações.

■ Comparem as suas atividades e respondam às perguntas dos colegas.

■ Expliquem à turma se fizeram coisas semelhantes ou diferentes e quem gastou mais.

Situações

1. You went to a party last Saturday. Your friend would like to know a) where the party was, b) what time the party started, c) with whom you went, d) what clothes you wore, e) what time the party ended, and f) where you went after the party. Answer his or her questions in as much detail as possible.

2. **Role A.** You are at the store trying to get your best friend the same kind of sweatsuit you wear to the gym, but you don't see it among the sports clothes. Explain to the salesperson a) when you bought it, b) what it looks like (color, fabric), and c) the brand name (**marca**) and size of the product.

3. **Role B.** After listening to the customer, explain that a) you don't have that brand any more, b) that you received a similar one that costs less, c) that you have all sizes and many colors, and d) ask if he or she would like to try it on.

Vamos viajar

As compras

Há uma grande variedade de lojas e de artigos úteis, artísticos ou simplesmente interessantes para comprar nos países de língua portuguesa, seja em Portugal, no Brasil, Angola, Moçambique, Guiné-Bissau, Cabo Verde, São Tomé ou Timor-Leste. Em todos estes países, especialmente na capital e nos grandes centros urbanos, há sempre um centro comercial com muitas lojas. Estas podem ser pequenas lojas ou boutiques locais, ou podem pertencer a grandes cadeias internacionais, vendendo artigos como roupa, sapatos, acessórios, joias, etc. Agora, também é possível fazer compras através da Internet. Por exemplo, o site brasileiro Mercado Livre processa diariamente milhares de compras e vendas de artigos em várias categorias, desde "Acessórios para celulares" até "Viagem e turismo".

　Mas quando queremos comprar uma coisa típica da região, uma peça de artesanato, ou comida regional, devemos ir às pequenas lojas, feiras e mercados. Assim, nas lojas e nos mercados regionais de Portugal vamos encontrar objetos de barro de Barcelos, peças de mobília do Alentejo pintadas e decoradas com flores, queijos da Serra da Estrela, frutas secas e doces do Algarve, etc. Em Lisboa, na parte antiga da cidade, há a Feira da Ladra, um mercado ao ar livre, muito grande, onde se pode comprar de tudo: antiguidades e livros, artigos de roupa, CDs e DVDs, acessórios para casa e artigos de interesse para os colecionadores.

6-10 Fui ao supermercado. Aonde foram estas pessoas para comprar os artigos mencionados abaixo?

Modelo	Roberto comprou peixe e batatas.	uma boutique
	Elisa e eu compramos luvas.	o supermercado
	Roberto foi ao supermercado.	
	Elisa e eu fomos a uma boutique.	

1. A turista comprou uma mesinha típica do Alentejo.
2. O meu irmão comprou uma enciclopédia.
3. Cecília e Rosa compraram biquínis muito baratos.
4. Eu comprei um relógio Rolex.
5. O Alexandre comprou calças, meias, pão e cerveja.
6. Os tios compraram um cobertor de lã.

a. uma loja elegante
b. a Feira da Ladra
c. o Mercado Livre
d. um mercado regional
e. a livraria
f. o hipermercado

6-11 A experiência do comércio. Em pequenos grupos, discutam a sua experiência com várias formas de comércio nos Estados Unidos. Algumas perguntas possíveis:

■ Nos Estados Unidos há hipermercados/feiras ao ar livre/mercados com artigos usados?

■ Vocês têm uma forma de comércio preferida? O que é que vocês gostam de comprar nas lojas tradicionais/nos supermercados e hipermercados/na Internet?

■ Nos Estados Unidos há muitos produtos regionais? Quais são alguns produtos típicos da sua região/de outras regiões?

 Vídeo

Chupeta adora fazer compras.

3. Indicating the object of an action: Direct object nouns and pronouns*

O que é que estas pessoas fazem?

Quem lava o carro?
Paulo o lava. (B)
O Paulo lava-o. (P)

Quem vende a saia?
Sílvia a vende. (B)
A Sílvia vende-a. (P)

Quem recolhe as folhas e ajuda o pai?
Laurinha as recolhe. Laurinha o ajuda. (B)
A Laurinha recolhe-as. A Laurinha ajuda-o. (P)

Vamos analisar. Preencha com a letra do desenho que corresponde à descrição.

1. _____ O pai está contente porque a filha **o** ajuda.
2. _____ O Paulo lava o carro. Ele tem que **o** lavar uma vez por semana.
3. _____ O chão está cheio de folhas. A Laurinha e o pai sempre **as** recolhem à tarde.
4. _____ A Sílvia tem uma saia comprida, mas ela não **a** comprou nesta loja.
5. _____ O carro do Paulo é novo. Ele só **o** comprou o mês passado.
6. _____ Essa cliente vai à loja sempre de manhã. A Sílvia nunca **a** vê à tarde.

■ Direct object nouns and pronouns answer the question **what?** or **whom?** in relation to the verb.

O que é que Pedro lava?   *What does Pedro wash?*
(Pedro lava) **os pratos**.   *(Pedro washes) the dishes.*

*Additional usage notes and practice activities on the use of direct object pronouns in European Portuguese and in highly formal Brazilian Portuguese may be found in the *Expansão gramatical* section in the back of this book.

■ Direct object pronouns replace direct object nouns. These pronouns refer to people, animals, or things already mentioned, and are used to avoid repeating the noun.

DIRECT OBJECT PRONOUNS	
me	*me*
te	*you* (singular, familiar)
o	*you* (singular, formal P), *him, it* (masculine)
a	*you* (singular, formal P), *her, it* (feminine)
nos	*us*
vos	*you* (plural, formal and familiar P)
os	*them* (masculine)
as	*them* (feminine)

■ To express plural **you** as a direct object pronoun in informal exchanges, use **vocês** in Brazilian Portuguese and **vos** in European Portuguese. Use **os senhores** or **as senhoras** when addressing people formally.

Eu ouvi **vocês** no rádio.	*I heard you (guys) on the radio.*
Eu vi-**vos** ontem no cinema.	*I saw you all yesterday at the movies.*
Não me viram? (P)	*Didn't you see me?*
Vamos procurar **os senhores** no aeroporto.	*We'll look for you at the airport.*

■ To express singular **you** as a direct object pronoun in Brazilian Portuguese, use **você** or **te**. Use **o senhor** or **a senhora** when addressing people formally.

Você sabe que eu **te** adoro. (B, colloquial)	*You know I adore you.*
Vejo **você** às oito, tá?	*I'll see you at eight, OK?*
O Dr. Costa vai receber **a senhora** amanhã.	*Dr. Costa will see you tomorrow.*

■ Brazilians usually place the direct object pronoun before the conjugated verb. As illustrated above, this does not apply to **você(s)** or **o senhor, a senhora**, etc., when used as object pronouns.

Roberto **me levou** à praia.	*Roberto took me to the beach.*
Eu **os conheço** faz muito tempo.	*I've known them for a long time.*

■ In European Portuguese, the pronoun usually follows the verb in affirmative sentences and in questions not introduced by a question word. The pronoun is attached to the verb with a hyphen.

A Júlia **levou-me** ao supermercado.	*Julia took me to the supermarket.*
Conhece-os há muito tempo?	*Have you known them for a long time?*

■ The pronoun always precedes the verb in negative sentences, in questions introduced by a question word, after conjunctions such as **que** or **quando**, relative pronouns such as **quem**, and after certain adverbs such as **ainda**, **tudo**, **todos**, **só**, and **também**, among others.

Não **te** compreendo.	*I don't understand you.*
Onde **as** compraste?	*Where did you buy them?*
Acho que **me** ouviram.	*I think they heard me.*
Ainda **o** temos.	*We still have it.*

■ With compound verb forms, composed of a conjugated verb and an infinitive or present participle, a direct object pronoun may be placed before both verbs, between them, or after both.

Eu não **te quero ouvir**.	*I don't want to hear you.*
Você **está me vendo** agora? (B)	*Do you see me now?*
O Chico **vai levar-nos** no carro dele.	*Chico will take us in his car.*

■ The pronouns **o**, **a**, **os**, and **as** change to **lo**, **la**, **los**, and **las** when attached to an infinitive, and the infinitive loses its final **–r**. A written accent is required in **–ar** and **–er** verbs.

Você quer experimentar o casaco?	*Do you want to try on the coat/jacket?*
Sim, quero **experimentá-lo**.	*Yes, I want to try it on.*
A senhora vai ler os jornais?	*Will you read the newspapers?*
Sim, vou **lê-los**.	*Yes, I'll read them.*
A Mafalda gosta de ouvir esta canção?	*Does Mafalda like to hear this song?*
Ela gosta de **ouvi-la**, sim. (B)	*Yes, she likes to hear it.*
Ela gosta de **a ouvir**, sim. (P)	

■ Especially in Brazilian Portuguese, direct object pronouns **o**, **a**, **os**, and **as** are often omitted altogether in colloquial speech.

Você conhece **este professor**?	*Do you know this professor?*
Não, não conheço.	*No, I don't know (him).*
A senhora vai experimentar **a saia**?	*Are you going to try on the skirt?*
Vou experimentar, sim.	*I am going to try (it) on.*

 6-12 Decisões! Você e um/a colega vão a uma loja de roupa fazer compras para um ano de estudos no Brasil ou em Portugal. Perguntem um ao outro se vão comprar os seguintes artigos de vestuário.

Modelo

🇧🇷	🇵🇹
E1: Você compra o chapéu preto?	E1: Compras o chapéu preto?
E2: Eu o compro, sim. *ou* Não o compro *ou* Eu compro, sim. *ou* Não compro.	E2: Sim, compro-o. *ou* Não, não o compro. *ou* Sim, compro. *ou* Não, não compro.

1. o suéter de lã	1. a camisola de lã
2. a jaqueta vermelha	2. o blusão vermelho
3. o biquíni	3. o biquíni
4. os tênis pretos	4. os ténis pretos
5. a saia de seda verde	5. a saia de seda verde
6. as luvas de couro	6. as luvas de pele
7. os óculos de sol	7. os óculos de sol

6-13 Uma negociação. Você e o seu/a sua novo/a companheiro/a de casa dividem as responsabilidades domésticas. Devem chegar a um acordo sobre o que cada um vai fazer.

Modelo

E1: Você quer arrumar a cozinha?	E1: Queres arrumar a cozinha?
E2: Não, eu não quero arrumá-la.	E2: Não, não a quero arrumar.
E1: Então eu vou arrumá-la.	E1: Então vou arrumá-la eu.

1. arrumar as revistas	5. servir o jantar
2. organizar os armários	6. passar o aspirador na sala (B) /
3. varrer o terraço	aspirar a sala (P)
4. fazer o jantar	7. fazer as camas

 6-14 Uma mão amiga. Primeiro passo. Responda às perguntas de um/a colega sobre as suas relações com outras pessoas e o que elas fazem por você.

Modelo ajudar financeiramente

E1: Quem ajuda você financeiramente? *ou* Quem te ajuda financeiramente?	E1: Quem te ajuda financeiramente?
E2: Meus pais me ajudam financeiramente.	E2: Os meus pais ajudam-me financeiramente.

1. querer muito	a. o pai
2. escutar sempre	b. a mãe
3. visitar muitas vezes	c. o/a melhor amigo/a
4. ajudar com os problemas	d. o/a namorado/a
5. apoiar incondicionalmente	e. …
6. compreender sempre	
7. conhecer muito bem	

 Segundo passo. Você e um/a colega devem dizer agora o que fazem pelas seguintes pessoas. Indiquem também em que circunstâncias.

Modelo

seu marido/sua mulher	o seu marido/a sua mulher
E1: Eu o/a ajudo quando está cansado/a.	E1: Ajudo-o/a quando está cansado/a.
E2: E eu o/a escuto quando tem problemas no trabalho.	E2: E eu escuto-o/a quando tem problemas no trabalho.

1. (o) seu pai
2. (a) sua mãe
3. (o/a) seu/sua melhor amigo/a
4. (o/a) seu/sua namorado/a
5. (os) seus vizinhos
6. (o/a) seu/sua companheiro/a de casa

Situações

1. **Role A.** You are at a department store shopping for some formal clothes to wear to a friend's wedding. Tell the salesperson what you need and which dress or suit you like and ask if you can try it on. Then tell the salesperson you are going to take it.

2. **Role B.** You are a salesperson at a department store. Greet the customer and ask how you may help him or her. Then ask for the customer's size and tell him or her that you do have the dress or suit he or she wants and that he or she can try it on.

Vamos viajar

Feiras e mercados

No Brasil, em Portugal e nos países da África lusófona, é muito comum comprar vários produtos, sobretudo frutas, legumes, verduras e peixe fresco em mercados cobertos ou ao ar livre. Os mercados brasileiros e africanos são particularmente famosos pela grande variedade de frutas, verduras e especiarias. Nos mercados da Guiné-Bissau você pode comprar deliciosas mangas e São Tomé e Príncipe tem excelente peixe, café e frutas tropicais. As diferentes regiões do Brasil também têm uma grande variedade de frutas tropicais, algumas praticamente desconhecidas na América do Norte, como  fruta do conde, jabuticaba ou acerola. Na verdade, a variedade é tanta que os habitantes de uma região às vezes desconhecem as frutas de outra. Atualmente há uma oferta bastante grande de polpas de frutas congeladas em todo o país. Desse modo, os brasileiros podem aproveitar mais a imensa riqueza que a natureza lhes oferece.

Fazer compras nas feiras e mercados é uma experiência interessante e diferente de outras formas de comércio. Assim, num supermercado ou numa loja grande, normalmente podemos pagar com cartão de crédito, mas o preço é fixo. Nas feiras e mercados devemos pagar com dinheiro corrente. Os comerciantes nesses lugares raramente aceitam cartões de crédito nem outras formas de pagamento (como cheques de viagem). O preço é mais baixo, mas é mais difícil trocar ou devolver os artigos comprados. Para fazer compras em mercados e feiras também é importante saber negociar e pedir desconto.

6-15 Vamos ao mercado. Conversando em pares, discutam sobre o que as pessoas podem e o que não podem fazer num mercado nos países de língua portuguesa.

Modelo   comprar café em São Tomé e Príncipe
E1: A gente pode comprar café num mercado em São Tomé e Príncipe?
E2: Pode, a gente pode comprá-lo.

1. comprar frutas tropicais no Brasil
2. comprar peixe fresco em Portugal
3. usar o cartão de crédito
4. devolver os artigos comprados
5. negociar os preços
6. pedir desconto

6-16 Comparações. Trabalhando em pares, comparem as experiências de fazer compras num grande supermercado e numa feira ou mercado tradicional (por exemplo, *flea market* ou *farmers' market*) nos Estados Unidos. Depois compartilhem os resultados com a turma.

	FEIRA/MERCADO	SUPERMERCADO
artigos que podemos comprar		
artigos que não podemos comprar		
produtos da região		
produtos importados		
formas de pagamento		
preços e promoções		
experiência do cliente		

Vídeo

Manuela adora passear no shopping e ver vitrines.

4. Reinforcing inquiries: Tag questions

Vamos analisar. Complete o seguinte diálogo utilizando as expressões indicadas nas explicações abaixo.

RITA: Você gosta de fazer compras, _____?
LILIANA: Que coisa _____? Você sabe de tudo.
RITA: Sei sim. Mas não sou desonesta, _____?
LILIANA: Eu nunca pensei nisso, _____?
RITA: Ainda bem!

■ Yes-or-no questions in spoken Portuguese are often reinforced by the use of "tags." Tags or tag questions are expressions attached at the end of yes-or-no interrogative sentences. The most common tag question is **não é?**, often shortened to **né?** in spoken Brazilian Portuguese.

Tu queres ficar, **não é?**	*You want to stay, don't you?*
Vocês vão para casa agora, **né?** (B)	*You're going home now, right?*

■ You may also reinforce the question by repeating the main verb in the negative.

Vocês vão ao cinema com a gente, **não vão?**	*You're going to the movies with us, aren't you?*

■ To request agreement, use **tá?** or **tá bom?** in spoken Brazilian Portuguese. Use **está bem?**, often shortened to **tá bem?**, in spoken European Portuguese.

Vamos sair às oito, **tá?**	*We'll go out at eight, OK?*
Tu vais ter cuidado, **está bem?**	*You'll be careful, right?*

■ Other common tag questions in spoken Brazilian Portuguese are **hein?** (used for various emphatic purposes) and **viu?**, shortened from **ouviu?** (used to reinforce commands or warnings).

Você não pode abrir essa janela, **viu?**	*You can't open that window, do you hear?*
Que bagunça, **hein?**	*What a mess, huh?*

6-17 Um diálogo. Trabalhando com um/a colega, use as seguintes expressões para completar o diálogo entre Marta e Raul, dois estudantes brasileiros.

viu   hein   não vai   tá   né

RAUL: Marta, você vai à festa do Renato, _____?
MARTA: Não sei, Raul, amanhã temos um exame, _____?
RAUL: É, por isso a gente precisa relaxar hoje à noite, _____?
MARTA: E você já estudou, _____?
RAUL: Estudei, sim, e vou estudar mais! Marta, telefone mais tarde para dizer se você vai, _____?
MARTA: Tá bom, Raul. Até logo, um beijo!

6-18 Só para confirmar. Você e um/a colega vão fazer perguntas a várias pessoas para confirmar a informação indicada abaixo.

Modelo   Maria falou com o professor.

E1: Maria, você falou com o professor, não é?	E1: Maria, falaste com o professor, não falaste?

1. Carlos tem cinco aulas hoje.	4. Lélia deve ficar em casa.
2. Chico e Susana foram ao supermercado.	5. Tomás já almoçou.
3. A gente vai à praia no sábado.	6. Elisa e João ficam com a gente.

6-19 Uma negociação. Você e um/a colega fazem planos para o fim de semana. Você trabalhou muito durante a semana e agora quer dormir, descansar e divertir-se. O/A colega acha que vocês devem estudar para os exames na semana que vem, mas aceita sugestões para fazer uma coisa divertida também. Preparem um diálogo usando as expressões interrogativas.

17-18

Mais um passo: Some more uses of *por* and *para*

- Use **por** to indicate the reason or motivation for an action.

  Ele ficou em casa **por** doença.   *He stayed home due to illness.*
  Não comprei o casaco **por** ser caro.   *I didn't buy the jacket because it's expensive.*

- If you use a conjugated verb to express the reason or motivation, then you must use **porque**.

  Ele ficou em casa hoje **porque** está doente.   *He's staying home today because he's ill.*

- Use **para** to indicate for whom something is intended or done.

  Sérgio comprou um presente **para** a namorada.   *Sérgio bought a present for his girlfriend.*

 6-20 Qual é o motivo? Com um/a colega, usem **por** ou **porque** para terminar as orações da coluna da esquerda com um complemento lógico da coluna da direita.

Modelo   Júlia não estudou a lição   estudou muito
                Helder tirou uma boa nota no exame   preguiça
                Júlia não estudou a lição por preguiça.
                Helder tirou uma boa nota no exame porque estudou muito.

1. A Rita ajuda os colegas
2. Os clientes estão contentes
3. O vendedor não foi ao mercado
4. Nós vamos sair juntos
5. A roupa é cara nesta loja
6. Voltei para casa mais cedo

a. cansaço
b. somos amigos
c. amizade
d. estar doente
e. os preços são baixos
f. ser de alta qualidade

 6-21 Para quem são os presentes? Você foi de férias a Lisboa e comprou muitos presentes para levar para casa. Um/a colega quer saber para quem são os presentes.

Modelo   o CD dos Madredeus
                E1: Para quem é o CD dos Madredeus?
                E2: É para o meu irmão.

1. a pulseira
2. os brincos
3. o dicionário português/inglês
4. o azulejo
5. a gravata
6. a carteira
7. …

Para escutar

A. Palavras cruzadas. Complete the crossword with the correct words. Then put the number next to each item.

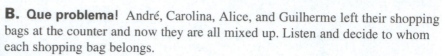

B. **Que problema!** André, Carolina, Alice, and Guilherme left their shopping bags at the counter and now they are all mixed up. Listen and decide to whom each shopping bag belongs.

C. **Lógico ou ilógico?** Indicate whether each of the following statements is **lógico** or **ilógico**.

LÓGICO	ILÓGICO
1. _____	_____
2. _____	_____
3. _____	_____
4. _____	_____
5. _____	_____
6. _____	_____

Para conversar

 6-22 No mercado. Trabalhem em pares e organizem-se em clientes e vendedores num mercado. O/A cliente quer comprar alguma coisa (uma blusa, um
chapéu, um tapete, etc.). Ele/Ela deve perguntar o preço e regatear para obter um
preço mais barato. Usem as expressões mais apropriadas.

EXPRESSÕES ÚTEIS

Para pechinchar/regatear

CLIENTE

Não tenho tanto dinheiro. Só posso pagar…
É muito caro/a! São muito caros/as!
Está caro demais!
Ih… É muito dinheiro!
Que tal … reais/euros/dólares?
Não dá para fazer mais barato/fazer um desconto?
Não pode ser mais barato?

VENDEDOR/A

Não posso fazer um preço mais barato.
Impossível! Assim eu perco dinheiro.
Eu pago … por estes/estas…
O material de … é importado/de primeira qualidade.
O preço já tem desconto. O preço normal é … reais/euros/dólares.
Não dá mesmo para descontar mais.

Cultura

Haggling (**pechinchar** in Brazil
or **regatear** in Portugal) is a
common practice throughout
the Portuguese-speaking world.
In general, people haggle in
open-air markets and sometimes in small stores, especially
older customers. One does not
haggle in department stores,
shopping malls, fine boutiques,
or government offices. ■ ■

 6-23 Grande promoção! Primeiro passo. Em grupos de quatro, sigam
as instruções:

■ Preparem um anúncio para uma grande promoção numa loja de roupa. Indiquem
o nome da loja e o período da promoção.

■ Anunciem as roupas que estão em promoção. Descrevam cada artigo e indiquem
o preço normal e o preço em promoção.

Segundo passo. Agora vão às compras:

■ Dois estudantes fazem o papel de compradores e visitam outro grupo. Os outros
dois estudantes ficam para fazer o papel de vendedores e atender outro grupo de
estudantes "compradores".

■ Depois, os compradores voltam ao seu grupo original e todos compartilham as
seguintes informações sobre a experiência:

a. que compraram/venderam
b. preço original/preço final
c. quanto pouparam/quanto ganharam

📖 **Para ler**

19-22

6-24 Preparação. Marque com um X os produtos ou serviços que se pode obter num hipermercado.

1. _____ roupa de mulher
2. _____ eletrodomésticos
3. _____ roupa para crianças
4. _____ vídeos e CDs
5. _____ agência de viagens

6. _____ frutas
7. _____ roupas íntimas
8. _____ verduras
9. _____ correios
10. _____ relógios

6-25 Primeiro olhar. Leia o seguinte artigo publicitário:

HIPERMERCADO BOMPREÇO:
um novo conceito em lojas

Mantendo a tradição de bem servir seus clientes, a rede Bompreço inaugurou o primeiro supermercado do Recife em 1966. Hoje, há vários hipermercados Bompreço somente no grande Recife. Os hipermercados são cada vez mais populares porque em apenas uma loja os clientes podem comprar desde pão fresco e quentinho a móveis e eletrodomésticos. Um "hiper" Bompreço geralmente oferece os seguintes produtos e serviços:

❋ *Roupas para homens, mulheres e crianças*

❋ *Variedades (artigos para cama e mesa, objetos de decoração, brinquedos, artigos esportivos, cine foto e som, eletrodomésticos, móveis, papelaria e livraria)*

❋ *Supermercado (padaria, frutas e verduras, produtos de leite, carne, peixe e alimentos em geral)*

❋ *Floricultura*

❋ *Restaurante*

❋ *Parque de diversões*

❋ *Serviço de caixa automático, banco 24 horas*

❋ *Farmácia*

❋ *Revelação de fotos*

Os hipermercados Bompreço são práticos e agradáveis porque o cliente pode encontrar praticamente tudo o que precisa em apenas um lugar, com estacionamento coberto, ar condicionado e segurança. Qualidade em serviços é parte da missão do Bompreço, para maior comodidade dos seus clientes. As farmácias, os restaurantes e os serviços de atendimento ao cliente das lojas Bompreço asseguram uma experiência plenamente satisfatória. Estamos prontos para servi-lo: visite um hipermercado Bompreço hoje!

Complete as afirmações com a informação adequada, de acordo com o anúncio:

1. O Bompreço é um _____.
2. O primeiro hipermercado Bompreço foi inaugurado em _____na cidade do _____.
3. O hiper Bompreço oferece, entre outros, os seguintes produtos: _____, _____ e _____.
4. No Bompreço o cliente pode não só fazer compras, mas também _____ ou _____.
5. Para comprar flores ou plantas, uma pessoa deve ir à se(c)ção de _____.
6. Os clientes podem comprar medicamentos na _____.
7. Para comprar comida, uma pessoa vai ao _____.

6-26 **Segundo olhar.** Indique os serviços que o Hipermercado Bompreço oferece aos seus clientes:

1. Pessoas que precisam de dinheiro, mas não têm tempo de ir ao banco._____
2. Pais que querem fazer compras e levam os filhos. _____
3. Um cliente que leva o carro ao hipermercado._____

6-27 **Ampliação.** Adivinhe o tipo de loja onde se vendem ou servem estes produtos. Como se chama o vendedor em cada uma dessas lojas?

PRODUTO	LOJA	VENDEDOR/A	HÁ NO HIPERMERCADO?
pão			
frutas			
peixe			
livros			
cerveja			

Para pesquisar

Use um motor de busca para pesquisar as seguintes cadeias de hipermercados: Bompreço, Eldorado, Mercadorama (no Brasil); Continente, Pingo Doce (em Portugal). Procure informações sobre: 1) promoções especiais (exemplos de produtos e preços); 2) localização e número das lojas; 3) serviços oferecidos por várias redes; e/ou 4) slogans publicitários das companhias.

Para escrever

 6-28 Primeiro passo A Associação Comercial de Lisboa e a Associação Comercial do Rio de Janeiro prepararam conjuntamente um concurso para os clientes dos centros comerciais ou shoppings dessas cidades. Os consumidores devem narrar a pior experiência imaginável em um shopping ou centro comercial. O vencedor do concurso recebe uma viagem de compras no valor equivalente a US $10.000. Você e um/a colega vão entrar no concurso, relatando uma experiência imaginária (ou real!). O seu texto deve responder às seguintes perguntas:

- Quem teve esta experiência? Quando?

- Onde aconteceu este acidente?

- O que aconteceu primeiro? E mais tarde? E finalmente?

- O que é que vocês fizeram para resolver a situação?

- Como terminou a experiência?

 6-29 Mãos à obra. Escrevam a narração juntos.

> **EXPRESSÕES ÚTEIS**
>
> primeiro
> logo/depois
> mais tarde
> finalmente

 6-30 Revisão. Verifiquem juntos:

- O conteúdo da narração: inclui toda a informação necessária? Vocês acham que o júri da competição vai ter mais perguntas para fazer?

- A forma: releiam o texto para ver se há erros de vocabulário, estrutura, acentuação, pontuação, etc.

Projeto final ────────────────

Preparação

6-31 **Uma grande festa.** Você vai preparar a festa de fim de ano da sua família e vai decidir quem vai fazer o quê. Preencha o quadro abaixo e, em seguida, responda às perguntas de um/a colega sobre as suas decisões.

	PAI	MÃE	IRMÃO	IRMÃ	AVÓ	TIOS	PRIMOS
fazer o jantar							
comprar flores							
servir as bebidas							
usar roupas novas							
comer bolo							
trazer música							

Modelo   trazer música
          E1: Quem vai trazer música?
          E2: Os meus primos vão trazê-la.

Mãos à obra

6-32 **Parte 1: Os presentes.** A sua família decidiu que os presentes serão roupas e acessórios. Trabalhando com um/a colega, decida quem vai dar o quê para quem.

a. O meu pai vai dar _____ para _____.
b. A minha mãe vai dar _____ para _____.
c. _____.
d. _____.
e. _____.

Parte 2: Descrição. Você e o/a colega escrevem um resumo descrevendo como será a sua festa de fim de ano.

Parte 3: Apresentação. O/A seu/sua colega apresenta o resumo para a turma.

Parte 4: Comentários. A turma e o/a professor/a comentam os seus planos.

Horizontes

Lisboa, a capital de Portugal

Portugal fica no extremo ocidental da Europa, entre a Espanha e o Oceano Atlântico. É um país de grande beleza natural: tem montanhas altas, cobertas de pinheiros e eucaliptos, e tem praias de areia fina, algumas com rochedos impressionantes, esculpidos pelo vento e pelas ondas. No Sul há grandes planícies com trigo, oliveiras e sobreiros. Portugal é o maior produtor mundial de cortiça e o quinto de azeite de oliveira. A população do país é de cerca de 10 milhões, 20% dos quais vivem na zona metropolitana da Grande Lisboa.

Para responder

Verdadeiro (V) ou falso (F)? Se falso, corrija.

1. ___ Portugal fica a oeste da Espanha.
2. ___ Os pinheiros e os eucaliptos crescem sobretudo nas planícies.
3. ___ Os turistas em Portugal podem escolher entre as montanhas e as praias.
4. ___ Portugal é o maior produtor mundial de azeite.
5. ___ A zona metropolitana da Grande Lisboa tem um milhão e meio de habitantes.

Lisboa, a capital de Portugal, está situada a meio da costa ocidental do país, junto da foz do rio Tejo. A cidade estende-se sobre sete colinas. Segundo a lenda, o fundador de Lisboa foi o mítico Ulisses; por isso o seu nome deriva de Ulissipo, que significa a cidade de Ulisses. Lisboa é a capital do país e, portanto, o centro da administração civil e política. É em Lisboa que se encontram a Assembleia da República, o governo e os ministérios, a Biblioteca Nacional e outras importantes instituições públicas. Lisboa também tem um grande porto que recebe navios de todo o mundo.

A maior festa tradicional de Lisboa é dedicada a Santo António, o santo padroeiro da cidade. No dia 12 de junho à noite, véspera de Santo António, os principais bairros de Lisboa participam num grande desfile na Avenida da Liberdade. Os

Rua antiga de Lisboa com lojas tradicionais e um elétrico

Teatro Nacional de D. Maria II na Praça de D. Pedro IV, mais conhecida por Rossio lisboetas (habitantes de Lisboa) vão aos bairros típicos, como Alfama ou Bairro Alto, para comer sardinhas assadas, beber vinho e dançar ou ouvir música. Em qualquer dia do ano, portugueses e turistas também gostam de ir ouvir fado nos bairros antigos da cidade. O fado é um tipo de canção, geralmente sentimental, executado por fadistas (isto é, cantores de fado). A fadista mais famosa de sempre foi Amália Rodrigues, mas hoje em dia há muitos fadistas novos, alguns—como Mariza ou Cristina Branco—com grande êxito internacional.

Lisboa tem também muitos bairros modernos e edifícios inovadores, como o complexo do Parque das Nações, onde em 1998 se realizou a Feira Internacional Expo98, a estação de Metro Oriente, ou o Centro Cultural de Belém. Ao longo do Tejo, há muitos bares, restaurantes e discotecas onde os jovens gostam de se reunir à noite. Lisboa é muito cosmopolita, com estudantes, imigrantes e turistas de todo o mundo. A cidade é também um excelente ponto de encontro com pessoas dos outros países de língua portuguesa que estudam ou trabalham em Portugal. Há muitos restaurantes e bares brasileiros, angolanos, moçambicanos, cabo-verdianos, etc.

Centro comercial Vasco da Gama no Parque das Nações

Para responder

1. Lisboa, uma cidade em sete _____, fica na _____ _____ de Portugal.
2. O parlamento português, que se chama a _____ da _____, é uma das instituições _____ que se encontram em Lisboa.
3. Na véspera do dia de Santo António, os lisboetas gostam de _____ _____.
4. Em Lisboa é possível encontrar _____ _____.

Para navegar

1. No site da Câmara Municipal de Lisboa (página "Município") procure alguns dados sobre a história da capital de Portugal. Anote cinco informações distintas e compartilhe-as com os colegas.
2. Use o mesmo site para explorar a vida cultural de Lisboa. Imagine que você vai passar uma semana em Lisboa com um grupo de amigos e use a informação sobre as instituições e os eventos culturais para formular uma agenda para a semana.
3. Procure mais informações sobre o fado e sobre alguns dos fadistas portugueses mais interessantes da atualidade: Mariza, Cristina Branco, Mísia, Camané, Mafalda Arnauth. Se possível, traga uma canção para tocar na aula.
4. Usando as palavras-chave "brasileiros", "Lisboa" e "imigrantes" ou "emigrantes", procure reunir algumas informações sobre a comunidade brasileira residente em Lisboa. Quais são as suas atividades, preocupações e desejos?

Os acessórios

o anel	*ring*
a bolsa (B)	*purse*
o boné	*cap*
o brinco	*earring*
o cachecol	*scarf*
a carteira	*wallet, purse (P)*
o chapéu	*hat*
o cinto	*belt*
o colar	*necklace*
o guarda-chuva	*umbrella*
a luva	*glove*
os óculos de sol	*sunglasses*
a pulseira	*bracelet*

As compras

o brinquedo	*toy*
o cartão de crédito	*credit card*
o cartão de débito	*debit card*
o/a cliente	*client*
o/a comprador/a	*buyer*
o desconto	*discount*
o dinheiro	*money*
o hipermercado	*superstore*
a loja	*store*
o mercado (ao ar livre)	*(open air) market*
o preço	*price*
o presente	*gift*
a promoção	*sale, special*
o shopping	*shopping mall*
o supermercado	*supermarket*
o tamanho	*size*

Tecidos e desenhos

o algodão	*cotton*
às riscas (P)	*striped*
o couro	*leather*
estampado	*printed, patterned*
a lã	*wool*
liso	*solid color*
listrado (B)	*striped*
o poliéster	*polyester*
a seda	*silk*
xadrez	*checkered, plaid*

A roupa

o abrigo (B)	*sweatsuit*
a bermuda (B)	*shorts*
o biquíni	*bikini*
a blusa	*blouse*
o blusão (P)	*sports jacket*
a bota	*boot*
as calças	*pants*
a calcinha (B)	*panties*
as calcinhas (P)	*panties*
os calções (P)	*shorts*
a camisa	*shirt*
a camisa de dormir (P)	*nightgown*
a camiseta (B)	*T-shirt*
a camisola	*nightgown (B), sweater (P)*
a capa de chuva (B)	*raincoat*
o casaco	*jacket, coat*
o chinelo	*slipper*
os collants (P)	*pantyhose*
a cueca (B)	*brief*
as cuecas (P)	*panty, brief*
o fato (P)	*suit*
o fato de banho (P)	*swimsuit*
o fato de calças e casaco (P)	*pantsuit*
o fato de treino (P)	*sweatsuit*
a gravata	*tie*
o impermeável (P)	*raincoat*
a jaqueta (B)	*sports jacket*
os jeans	*jeans*
o maiô (B)	*swimsuit*
a meia	*sock, stocking*
a meia-calça (B)	*pantyhose*
o paletó (B)	*suit jacket*
o roupão	*bathrobe*
a saia	*skirt*
a sandália	*sandal*
o sapato	*shoe*
o tênis (B)	*sneaker*
o ténis (P)	*sneaker*
o sobretudo (P)	*coat, overcoat*
o suéter (B)	*sweater*
o sutiã (B)	*bra*
o soutien (P)	*bra*
a T-shirt (P)	*T-shirt*
o terninho (B)	*pantsuit*

o terno (B)	*suit*
o vestido	*dress*

As estações

o inverno	*winter*
o outono	*fall*
a primavera	*spring*
o verão	*summer*

Verbos

ajudar	*to help*
chover	*to rain*
encontrar	*to find*
entrar	*to go in, to enter*
gastar	*to spend*
levar	*to carry, to take*
mostrar	*to show*
olhar	*to look*
pagar	*to pay*
experimentar	*to try on*
recolher	*to gather, to collect*
tentar	*to try*
vender	*to sell*

Descrições

apertado/a	*tight*
barato/a	*inexpensive, cheap*

caro/a	*expensive*
fantástico/a	*fantastic, great*
giro/a (P)	*pretty, cute*
largo/a	*wide, large*

Palavras e expressões úteis

o carro	*car*
a criança	*child*
a gente	*we; people*
em qualquer dos casos	*in any case*
Em que posso servi-lo/a?	*How may I help you?*
então	*therefore, in that case*
estar na moda	*to be fashionable*
Faz calor.	*It's hot.*
Faz frio.	*It's cold.*
Gostaria de... (B)	*I would like...*
Gostava de... (P)	*I would like...*
infelizmente	*unfortunately*
ir às compras	*to go shopping*
já	*right away*
a menina	*girl, young woman*
mesmo	*really*
parecido/a	*similar*
Queria...	*I would like...*
vale a pena	*it's worth (doing)*

*A list of expressions denoting past time can be found on page 242.

Lição **7**

O tempo e os passatempos

COMUNICAÇÃO

In this chapter you will learn to:

- Describe physical and leisure activities

- Ask and answer questions about weather conditions

- Discuss sports and sporting events

- Talk about ongoing past events and states

- Express how long ago events and states occurred

📖 Os esportes (B)/Os desportos (P)

1-4

🔊 O futebol é o esporte/desporto mais popular em todo o mundo de língua portuguesa, e no Brasil é certamente uma paixão nacional. Há excelentes times (B)/ equipas (P) de futebol no Brasil, em Portugal e nos países africanos. Os melhores jogadores dos clubes locais formam a seleção nacional que representa o país na Copa do Mundo. Em 2002, o Brasil tornou-se pentacampeão, ou seja, já ganhou cinco copas. Os estádios ocupam um lugar importante nas cidades dos países lusófonos e geralmente são grandes e imponentes. Muitos estádios novos foram construídos para o campeonato europeu de futebol, o Euro 2004, realizado em Portugal (por exemplo, o novo Estádio da Luz em Lisboa e o Estádio do Dragão no Porto). O estádio do Maracanã, internacionalmente famoso, fica na cidade do Rio de Janeiro e tem atualmente cerca de 85 mil lugares.

🔊 Há muitos outros esportes/desportos que são populares nos países de língua portuguesa. O tênis (B)/ ténis (P) tem muitos fãs no Brasil, principalmente desde que Guga (Gustavo Kuerten) chegou ao número um no ranking mundial. Portugal teve maratonistas famosos, como Carlos Lopes (campeão e recordista mundial) e Rosa Mota (campeã olímpica e mundial). A moçambicana Maria de Lurdes Mutola ganhou a medalha de ouro nos 800 metros nos Jogos Olímpicos de Sydney, em 2000, entre outros títulos mundiais em atletismo. O voleibol é muito popular no Brasil e é jogado tanto nos ginásios quanto nas praias. Os times brasileiros de vôlei de praia ganham regularmente campeonatos mundiais e medalhas olímpicas.

🔊 A capoeira, além de ser um esporte/desporto, uma dança e uma luta, é uma rica manifestação cultural. Chegou ao Brasil trazida de Angola pelos povos escravizados e desenvolveu-se principalmente na Bahia. Difundiu-se por todo o país e no exterior.

As touradas fazem parte da cultura portuguesa. É possível ir a uma delas no continente português e nas ilhas dos Açores, por exemplo. Em Portugal, ao contrário da Espanha, não se mata o touro no fim da tourada.

Jogadores e equipamentos

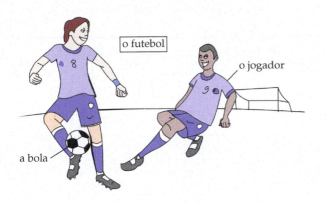

o futebol

o jogador

a bola

o golfe

os tacos de golfe

a raquete

a quadra (B)/o campo (P)

o tênis (B)/o ténis (P)

a cesta (B)/o cesto (P)

o basquete (B)/o basquetebol

a rede

o vôlei (B)/o voleibol

Cultura

O Brasil foi escolhido para sediar a Copa do Mundo de 2014 e os Jogos Olímpicos de 2016. As cidades onde ocorrerá a Copa são Belo Horizonte, Brasília, Cuiabá, Curitiba, Fortaleza, Manaus, Natal, Porto Alegre, Recife, Rio de Janeiro, Salvador e São Paulo. Os XXXI Jogos Olímpicos e os Jogos Paraolímpicos de 2016 ocorrerão apenas na cidade do Rio de Janeiro. O Brasil é o primeiro país da América do Sul a sediar os Jogos Olímpicos. ■▪

 7-1 Os esportes/desportos e os atletas. Primeiro passo. Com um/a colega, preencham os espaços da tabela com os nomes de atletas que vocês conhecem e indiquem o seu país de origem. Depois, escolham dois destes atletas.

ESPORTES/DESPORTOS	ATLETAS	PAÍSES
futebol		
tênis/ténis		
basquetebol		
automobilismo		
golfe		
ciclismo		
natação		

 Segundo passo. Troquem informações sobre os dois atletas escolhidos com outro par de colegas. Depois discutam os resultados com o resto da turma.

 7-2 Qual é o esporte/desporto? Trabalhando com um/a colega, faça as identificações.

1. É um jogo para duas ou quatro pessoas; precisamos de raquetes e de uma bolinha.
2. Neste jogo, os jogadores não podem usar as mãos.
3. Para esta atividade, precisamos de uma bicicleta.
4. Cinco jogadores lançam a bola para a cesta/o cesto.
5. Para este jogo, que é popular na praia, precisamos de uma rede e de uma bola.

7-3 Entrevista. Em pequenos grupos, façam as seguintes perguntas uns aos outros. Depois comparem os resultados com outros grupos.

1. esporte/desporto preferido: _____
2. ser bom/boa atleta: sim ___ não___
3. atleta preferido/a: _____
4. time preferido/equipa preferida: _____
5. assistir aos jogos: a. todos ___ b. poucos ___ c. nenhum ___
6. ver os jogos na televisão: a. todos ___ b. poucos ___ c. nenhum ___

Língua

Use the verb **jogar** with most sports based on a game between two or more contenders (**jogar futebol**, **jogar golfe**). For sports you can practice on your own, use the verb **fazer** (**fazer ciclismo, fazer natação**) or **praticar** (**praticar ciclismo, praticar natação**).

O tempo e as estações

■ O VERÃO

Como está o tempo? O tempo está bom e
está fazendo (B)/está a fazer (P) calor.
O dia está perfeito para jogar voleibol na
praia. O céu está limpo e o sol está quente.

■ O OUTONO

Está fresco e o vento está forte. Não é fácil
jogar golfe quando está ventando muito
(B)/está muito vento (P). Mas esta estação é
muito bonita porque muitas árvores mudam
de cor e perdem as folhas.

■ O INVERNO

O tempo está ruim (B)/mau (P). Nevou de
noite e está muito frio. Há muita neve e gelo
nas ruas. Os lagos também congelaram
(B)/gelaram (P) e algumas pessoas aprovei-
tam para patinar no gelo. Outras vão esquiar
nas montanhas no fim de semana.

■ A PRIMAVERA

Hoje está nublado e está chovendo (B)/está
a chover (P), por isso as crianças não podem
jogar futebol lá fora e vão jogar xadrez
em casa. Mas a chuva é muito boa para as
plantas e para as flores, além de limpar a
atmosfera poluída.

Para pesquisar

Como está o tempo hoje em Maputo (Moçambique)? No Recife (Brasil)? Em
Évora (Portugal)? Use um motor de busca para verificar o tempo em algumas
cidades do mundo de língua portuguesa e apresente os resultados na aula.

7-4 Como está o tempo? Pergunte a um/a colega como está o tempo de acordo com cada uma das ilustrações e procure saber quais são os planos dele/dela. Depois o/a colega vai fazer as mesmas perguntas.

Modelo

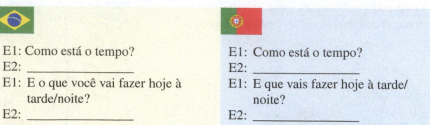

E1: Como está o tempo?
E2: _____
E1: E o que você vai fazer hoje à tarde/noite?
E2: _____

E1: Como está o tempo?
E2: _____
E1: E que vais fazer hoje à tarde/noite?
E2: _____

7-5 As estações e os esportes/desportos. Faça perguntas a um/a colega sobre as estações do ano na cidade ou região dele/dela e os esportes/desportos que faz em cada estação. Depois, o/a colega deve fazer as mesmas perguntas.

Modelo

E1: De onde você é?
E2: _____.
E1: E como é o tempo lá no/na_____?
E2: _____.
E1: E que esportes você faz então?
E2: _____.

E1: De onde és?
E2: _____
E1: E como é o tempo lá no/na_____?
E2: _____
E1: E que desportos fazes então?
E2: _____.

7-6 As temperaturas máximas e mínimas. Escolha uma cidade do mapa de Portugal e complete o seguinte diálogo com um/a colega. Note que nos países lusófonos usamos o sistema Celsius (centígrado). Para fazer a conversão ao sistema Fahrenheit, é preciso multiplicar a temperatura por 1,8 e somar 32 (ex. 10° C × 1,8 + 32 = 50° F).

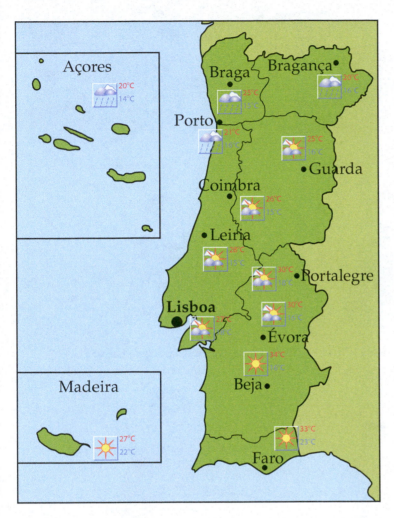

E1: Qual é a temperatura em _____?
E2: _____ graus.
E1: É a temperatura máxima ou mínima?
E2: É a temperatura _____. A temperatura _____ é de _____ graus.
E1: Quanto é isso em Fahrenheit?
E2: _____.
E1: E como está o tempo lá?
E2: _____.

🔊 Um jogo importante

Hoje há um jogo decisivo no campeonato de futebol.

João acorda cedo.   Levanta(-se).

Escova os dentes.   Olha-se no espelho e faz a barba.

Veste-se.   Senta(-se) para comer. Depois vai para
o campo de futebol.

No fim do jogo o time (B)/a equipa (P)
do João ganha. Os torcedores (B)/os adeptos
(P) aplaudem porque estão muito animados.
Um jogador do outro time/da outra equipa
discute com o juiz (B)/árbitro (P) porque não
concorda com o resultado.

João tira o uniforme
(B)/equipamento (P).

Toma banho.

Enxuga-se.

Penteia-se.

Muda de roupa.

Vai a uma festa para comemorar a vitória.

Volta para casa muito tarde. Está muito
cansado e vai para a cama.

 7-7 O que quer dizer? Com um/a colega, determine o significado de cada
palavra.

1. _____ ganhar
2. _____ time/equipa
3. _____ decisão
4. _____ juiz/árbitro
5. _____ campeão/campeã

a. jogador/a número um num esporte/desporto
b. pessoa que mantém a ordem no jogo
c. ter mais pontos ao terminar um jogo
d. a palavra final do juiz/árbitro
e. um grupo de jogadores

7-8 As atividades do João. Primeiro passo. Com um/a colega, responda às perguntas sobre as atividades do João no dia do jogo.

1. O que é que João faz em primeiro lugar?
2. Quando é que ele se veste, antes ou depois de escovar os dentes?
3. Ele faz a barba de manhã ou à noite?
4. O que é que ele usa para se enxugar?
5. Para onde é que João vai depois?
6. A que horas é que ele vai dormir?

Segundo passo. Em pequenos grupos, comentem que atividades do João mostram que ele é uma pessoa...

1. limpa: _____
2. pontual: _____
3. responsável: _____
4. que cuida da saúde: _____

Escrevam as respostas e compartilhem com o resto da turma.

7-9 Pesquisa sobre as rotinas. Indique com um número a ordem na qual você acha que um/a colega faz estas coisas. Depois verifique a ordem com ele/ela.

_____ senta(-se) para comer   _____ penteia-se
_____ enxuga-se   _____ toma banho
_____ acorda   _____ levanta(-se)
_____ veste-se   _____ escova os dentes

Para escutar

A. Os esportes/desportos. You will hear some young people talking about some sports they or others practice. Can you guess what sports they are?

1. _____ automobilismo   _____ futebol   _____ natação   _____ ciclismo
2. _____ esqui   _____ voleibol   _____ capoeira   _____ hóquei
3. _____ boxe   _____ surfe   _____ maratona   _____ futebol
4. _____ basquetebol   _____ ciclismo   _____ golfe   _____ tourada

B. O tempo. You will hear some weather forecasts. Place a check mark to indicate whether each forecast predicts good or bad weather.

TEMPO BOM	TEMPO RUIM/MAU
1. _____	_____
2. _____	_____
3. _____	_____
4. _____	_____

1. Indicating for whom an action takes place: Indirect object nouns and pronouns

Otávio, um rapaz brasileiro, encontra uma amiga portuguesa, a Catarina, em um café:

Otávio   Catarina

CATARINA: E então, Otávio? O que é que vais dar à Sílvia? Vais dar-**lhe** flores como no ano passado?

OTÁVIO: O que é que você está **me** dizendo? Por que é que devo dar algo a Sílvia? Não tenho problema algum em **lhe** dar presentes. Mas, há alguma razão especial para isso?

CATARINA: Não posso acreditar. Esqueceste que é o aniversário da Sílvia? Logo ela que é tão atenciosa com todos. Pergunta-**me** sempre por ti, manda-**te** abraços.

OTÁVIO: É verdade! Vou **lhe** enviar uma caixa de chocolates.

CATARINA: Chocolates? Estás louco? Vou dizer-**te** pela décima vez: não se dá chocolates a mulheres. Repito, não se **lhes** dá chocolates!

OTÁVIO: Tudo bem, Catarina. Mas isso **me** surpreende, pois a Sílvia é tão magrinha. Pensei que podia **lhe** oferecer qualquer coisa.

CATARINA: Pois, justamente, Otávio. Ela é magra porque não come montanhas de açúcar como alguém que conheço.

OTÁVIO: Catarina, vou **lhe** dizer, você tem cada ideia mais estranha...

Vamos analisar. Primeiro, identifique quem faz ou fez a ação e coloque o nome da pessoa no espaço em branco inicial de cada frase: Catarina, Sílvia ou Otávio. Em seguida, indique quem recebe o benefício da ação.

1. No ano passado, _____ ofereceu flores para _____ (**lhe**).
2. _____ pergunta para _____ (**lhe**) se é uma boa ideia dar chocolates para _____ (**lhes**).
3. _____ diz para _____ (**lhe**) que não se deve dar chocolates para _____ (**lhes**).
4. _____ telefonou para _____ (**lhe**) e perguntou por _____.

INDIRECT OBJECT PRONOUNS			
me	to/for me	nos	to/for us
te	to/for you (familiar, P)	vos	to/for you (plural, P)
lhe	to/for you (formal), him, her, it	lhes	to/for you (plural), them

■ In addition to verbs you have already learned, the following are some regular verbs commonly used with indirect object nouns or pronouns:

dever	*to owe*
emprestar	*to lend*
ensinar	*to teach*
enviar	*to send*
explicar	*to explain*
mandar	*to send*
oferecer	*to offer, to give*
perguntar	*to ask a question*
recomendar	*to recommend*
telefonar	*to telephone*

■ Indirect object nouns and pronouns tell *to whom* or *for whom* an action is done.

O professor **me** explica a lição. (B)   *The teacher explains the lesson to me.*
O professor explica-**me** a lição. (P)
Eu não **te** dou o livro agora.   *I won't give you the book now.*

■ Indirect object pronouns replace indirect object nouns. They have the same form as direct object pronouns except in the third person: **lhe** and **lhes**.

O estudante? Eu **o** vi de manhã. (B)   *The student? I saw **him** in the morning.*
Vi-**o** de manhã. (P)   (direct object)
O estudante? Eu **lhe** escrevi um   *The student? I wrote **him** an e-mail*
 e-mail hoje. (B)   *today.* (indirect object)
Escrevi-**lhe** um e-mail hoje. (P)

■ Brazilians generally place the indirect object pronoun before the conjugated verb. In European Portuguese, the pronoun usually follows the verb in affirmative sentences and in questions not introduced by a question word. The pronoun placed after the verb is attached to it with a hyphen.

O tio Daniel **me ofereceu** um   *Uncle Daniel gave me a watch.*
 relógio. (B)
O tio Daniel **ofereceu-me** um
 relógio. (P)

■ The pronoun always precedes the verb in negative sentences, in questions introduced by a question word, after conjunctions such as **que** or pronouns such as **quem**, and after certain adverbs such as **ainda**, **tudo**, **todos**, **só**, and **também**, among others.

O professor não **nos perguntou** nada.   *The teacher did not ask us anything.*
Quem **te emprestou** o dinheiro?   *Who lent you the money?*
Sei que **lhe devo** um favor.   *I know I owe him/her/you a favor.*
Só **me mostraram** uma foto.   *They only showed me one photo.*

■ With compound verb forms, composed of a conjugated verb and an infinitive or present participle, an indirect object pronoun may be placed before both verbs, between them, or after both.

Queria fazer-te algumas perguntas.   *I wanted to ask you some questions.*
Não **lhe vou dar** a notícia.   *I'm not going to give him/her/you the news.*
Estamos lhes enviando o pedido
 agora. (B)
Estamos a enviar-lhes o pedido   *We're sending you/them the*
 agora. (P)   *request now.*

■ In spoken Brazilian Portuguese, the pronoun is most commonly placed between the two verbs in compound verb forms. This placement also occurs in colloquial European Portuguese; when written, the pronoun is attached to the verb with a hyphen.

Eles **vão nos explicar** tudo agora. (B)	*They will explain everything to us now.*
Quero-lhe oferecer flores. (P)	*I want to give you/him/her flowers.*

■ Unlike direct object pronouns, third person indirect object pronouns do not change when attached to an infinitive and the infinitive does not lose its final **-r**.

Vamos **ensinar-lhe** português.	*We'll teach you/him/her Portuguese.*

■ In informal spoken Brazilian Portuguese, there is a tendency to avoid indirect object pronouns. The expressions **para você(s)** and **para a gente** are often used instead.

Eu escrevi um e-mail **para você**.	*I wrote you an e-mail.*
Vamos ensinar português **para vocês**.	*We'll teach you Portuguese.*
O professor não perguntou nada **para a gente**.	*The professor did not ask us anything.*

■ The use of both a direct and an indirect object pronoun in the same sentence, which results in a contraction (e.g., **me + o = mo**), occurs primarily in European Portuguese. See the **Expansão gramatical** section in the back of this book for additional usage notes and activities.

 7-10 As coisas que o/a professor/a faz. Primeiro passo. Trabalhando em pares, escolham, da lista abaixo, as coisas que o professor ou a professora de Português faz para vocês. Depois, acrescentem mais uma atividade e apresentem a lista ao resto da turma.

Modelo   fazer perguntas sobre alguns esportes/desportos

Ele/Ela nos faz perguntas sobre alguns esportes.	Faz-nos perguntas sobre alguns desportos.

1. dar nomes de atletas famosos
2. falar sobre os jogos de futebol
3. oferecer presentes
4. mostrar fotos dos seus atletas preferidos

5. dar dinheiro para comprar livros
6. explicar as regras (d)esportivas
7. escrever e-mails sobre testes e tarefas
8. …

 Segundo passo. Agora, em grupos de três estudantes, indiquem o que vocês fazem e, também, o que vocês não fazem para o/a professor/a.

1. perguntar como ele/ela está
2. dar trabalhos para casa
3. comprar presentes no aniversário dele/dela
4. tirar fotos

5. oferecer flores
6. responder em português quando ele/ela faz perguntas
7. escrever e-mails
8. …

7-11 Para estar informado/a sobre os esportes/desportos. Primeiro passo. Trabalhando em pares, usem as recomendações abaixo e a própria imaginação para responder às perguntas do/a colega. Depois troquem de papéis.

Modelo

E1: Quero saber tudo sobre esportes. O que você me recomenda?	E1: Quero saber tudo sobre desportos. Que me recomendas?
E2: Eu lhe recomendo assistir os jogos de nosso time de…	E2: Recomendo-te ver os jogos da nossa equipa de…

1. ir aos jogos/às competições de…
2. fazer pesquisa em…
3. falar com…
4. ler a revista…/o jornal…

5. ver o canal … na televisão
6. ouvir a estação … no rádio
7. …

 Segundo passo. Agora, conte a outro/a colega as recomendações que você fez e que lhe fizeram em **Primeiro passo**.

 7-12 Estudantes de sorte. Primeiro passo. Você e um/a colega acabam de ganhar muito dinheiro na loteria (B)/lotaria (P) e querem compartilhá-lo com a família e os colegas da turma.

■ Façam uma lista dos membros das suas famílias a quem vocês querem dar alguma coisa.

■ Indiquem o presente que querem oferecer a cada um.

Modelo   (os) nossos pais
Vamos lhes dar/Vamos dar-lhes ingressos/bilhetes para uma
temporada de futebol americano.
Susana
Vamos lhe oferecer/oferecer-lhe uma bicicleta de montanha.

Segundo passo. Agora, façam uma lista de quatro colegas a quem vocês querem dar alguma coisa. Indiquem, na lista abaixo, o presente que pensam dar a cada colega (podem modificar os pormenores das ofertas). Compartilhem a informação com outro grupo.

■ uma viagem ao Rio de Janeiro para assistir a um jogo de futebol no estádio do Maracanã

■ férias de uma semana num hotel de cinco estrelas no Algarve

■ uma assinatura de cinco anos da revista *Sports Illustrated*

■ ingressos/bilhetes para os próximos Jogos Olímpicos

■ mil euros para gastar no centro comercial Algarve Shopping

2. Talking about the past: Some irregular preterits

Em casa…

AVÓ: Bem-vindos! Entrem, por favor.
A Camilinha não **veio**? Está doente?

MÃE: Está escrevendo. Ontem, ela **trouxe**
muitos livros para casa e trabalhou até tarde
à noite, mas não **pôde** terminar o ensaio.
Disse que é um trabalho muito longo e difícil.

* * *

CAMILINHA: Os meus pais? **Tiveram** que ir à casa da
minha avó, mas eu não **quis** ir a outro
jantar chato. Então, **disse** uma pequena
mentira sobre o trabalho.

Vamos analisar. Indique se as seguintes afirmações são verdadeiras (**V**)
ou falsas (**F**).

1. ____ A Camilinha **teve** que terminar um trabalho.
2. ____ Os pais da Camilinha **tiveram** que ir para a casa da avó.
3. ____ A Camilinha não **quis** ir à casa da avó.
4. ____ A Camilinha **levou** muitos livros para casa.
5. ____ A Camilinha **disse** a verdade aos seus pais.

■ All irregular verbs have a **-ste** ending in the **tu** form, **-mos** ending in the **nós**
form, and **-ram** ending in the **vocês/eles/elas** form of the preterit.

■ The verbs **estar**, **ter**, and **fazer** have an **i** in the preterit stem of all forms except
in the **você/ele/ela** form, where **i** changes to **e**.

INFINITIVE	NEW STEM	PRETERIT
estar	**estiv/estev**	eu est**i**ve, tu est**i**veste, você/ele/ela est**e**ve
		nós est**i**vemos, vocês/eles/elas est**i**veram
ter	**tiv/tev**	eu t**i**ve, tu t**i**veste, você/ele/ela t**e**ve
		nós t**i**vemos, vocês/eles/elas t**i**veram
fazer	**fiz/fez**	eu f**i**z, tu f**i**zeste, você/ele/ela f**e**z,
		nós f**i**zemos, vocês/eles/elas f**i**zeram

■ The verbs **poder** and **pôr** have a **u** in the preterit stem of all forms except in the
você/ele/ela form, where **u** changes to **ô**.

INFINITIVE	NEW STEM	PRETERIT
poder	**pud/pôd**	eu p**u**de, tu p**u**deste, você/ele/ela p**ô**de
		nós p**u**demos, vocês/eles/elas p**u**deram
pôr	**pus/pôs**	eu p**u**s, tu p**u**seste, você/ele/ela p**ô**s
		nós p**u**semos, vocês/eles/elas p**u**seram

■ The verb **poder** used in the preterit followed by an infinitive usually means *to manage to do something*.

Pude ver o jogo na televisão.   *I managed to see the game on TV.*

■ The verbs **dizer**, **querer**, **saber**, and **trazer** have the same stem in all forms and the same ending in the **eu** and **você/ele/ela** preterit forms.

INFINITIVE	NEW STEM	PRETERIT
dizer	**diss**	eu **disse**, tu disseste, você/ele/ela **disse**
		nós dissemos, vocês/eles/elas disseram
querer	**quis**	eu **quis**, tu quiseste, você/ele/ela **quis**
		nós quisemos, vocês/eles/elas quiseram
saber	**soub**	eu **soube**, tu soubeste, você/ele/ela **soube**
		nós soubemos, vocês/eles/elas souberam
trazer	**troux**	eu **trouxe**, tu trouxeste, você/ele/ela **trouxe**
		nós trouxemos, vocês/eles/elas trouxeram

■ The verb **querer** in the preterit followed by an infinitive normally means *to try (but fail) to do something*.

Quisemos terminar o trabalho ontem.   *We tried to finish the work yesterday.*

■ **Saber** in the preterit normally means *to learn* or *to find out*.

Quando é que vocês **souberam** das notas?   *When did you find out the grades?*

■ The verb **dar** is conjugated in the preterit as if it were a regular **-er** verb, except in the **eu** form. **Ver** is conjugated as if it were a regular **-ir** verb.

dar   eu d**ei**, tu d**este**, você/ele/ela d**eu**, nós d**emos**, vocês/eles/elas d**eram**

ver   eu v**i**, tu v**iste**, você/ele/ela v**iu**, nós v**imos**, vocês/eles/elas v**iram**

■ The verb **vir** has a **vie-** stem in **tu, nós**, and **vocês/eles/elas** forms, and unique endings in the **eu** and **você/ele/ela** forms of the preterite.

vir   eu **vim**, tu **vie**ste, você/ele/ela **veio**, nós **vie**mos, vocês/eles/elas **vie**ram

■ The preterit form of **há** is **houve** (*there was, there were*). Both forms remain invariable.

Houve uma grande festa no Brasil depois da conquista do pentacampeonato.   *There was a great party in Brazil after the five-time championship victory.*

Houve muitas festas em várias cidades do país.   *There were many parties in various cities in the country.*

7-13 O que é que você fez no sábado passado? Você saiu para fazer compras e depois teve que se reunir com os jogadores do seu time (B)/da sua equipa (P), de forma que só pôde fazer duas ou três coisas da lista abaixo. Primeiro, marque as coisas que você fez e as que você não pôde fazer. Depois, responda às perguntas que um/a colega vai fazer.

Modelo   comprar o troféu para o campeonato

E1: Você comprou o troféu para o
   campeonato?
E2: Quis comprá-lo, mas não pude.
   ou Sim, pude comprá-lo.

E1: Compraste o troféu para o
   campeonato?
E2: Quis comprá-lo, mas não pude.
   ou Sim, pude comprá-lo.

	SIM	NÃO
1. comprar sapatos e meias	_____	_____
2. trocar as calças	_____	_____
3. experimentar o uniforme novo	_____	_____
4. conhecer o novo treinador	_____	_____
5. ver o vídeo do último jogo	_____	_____
6. discutir as estratégias para o próximo jogo	_____	_____

 7-14 O que aconteceu? Em pares, expliquem o que aconteceu a Marcos no
dia do seu aniversário. Vocês devem dar o maior número possível de informações.

7-15 Dias de descanso. Um/a colega esteve uns dias de férias no Algarve. Faça-lhe as seguintes perguntas para saber onde ele/ela esteve e o que fez.

1. Aonde você foi?
2. Quanto tempo você esteve lá?
3. Que coisas interessantes você fez?
4. Você pôde falar português?
5. Do que é que você mais gostou da viagem?
6. Você trouxe umas lembrancinhas de lá?

1. Onde foste?
2. Quanto tempo estiveste lá?
3. Que coisas interessantes fizeste?
4. Pudeste falar português?
5. De que é que mais gostaste na viagem?
6. Trouxeste lembranças?

 ## Situações

1. **Role A.** You won a contest (**concurso**) to attend the Olympic Games (**os Jogos Olímpicos**). Tell your friend that a) you won the contest and b) went to the Olympic Games. Answer all his or her questions, giving as many details as possible.

   Role B. A friend tells you about the prize he or she won. Ask your friend a) how he or she found out about the contest, b) how long he or she was away, c) with whom he or she went, and d) what events he or she attended.

2. **Role A.** You were in a tennis clinic (**a clínica de tênis/ténis**) last summer. Tell your friend a) where you went, b) the number of days you were there, and c) if you liked it or not. Answer his or her questions.

   Role B. You would like to know more about the tennis clinic your friend attended last summer. Ask your friend a) how many instructors he or she had, b) how much he or she paid for the clinic, c) if he or she improved his or her game, and d) why he or she liked or didn't like the experience.

Vamos viajar

Os clubes (d)esportivos

Os clubes esportivos (B)/desportivos (P) são instituições sociais importantes em todos os países de língua portuguesa. A história e a popularidade presente dos vários clubes estão geralmente relacionadas ao futebol, mas todos os grandes clubes brasileiros, portugueses e africanos cultivam também outros esportes/desportos. Por exemplo, os atletas do Fluminense Football Club (o mais antigo do Brasil, fundado em 1902) já ganharam campeonatos de pólo aquático, natação, tiro ao alvo, esgrima e basquete, entre outras modalidades. O Futebol Clube do Porto (campeão europeu de futebol em 2004) engloba também andebol, natação, hóquei em patins, etc. Os clubes distinguem-se pelas tradições que cultivam e especialmente pelas cores distintas que os identificam. Assim, as cores do Fluminense, também chamado o Tricolor, são verde, branco e vermelho; as do FC Porto, branco e azul; e as do Flamengo, vermelho e preto, como se pode ver na foto dos torcedores do clube no Maracanã. O São Paulo Futebol Clube, outro "Tricolor", é preto, vermelho e branco; o Petro Atlético de Luanda é azul, amarelo e vermelho; o Sporting Clube de Portugal, branco e verde, e assim por diante. Seus torcedores (B) ou os seus adeptos (P) mostram lealdade ao clube vestindo roupas e acessórios especiais ou, quando vão aos jogos, até pintando o rosto com as cores do clube.

Hoje em dia, os clubes são em geral instituições muito democráticas, mas nem sempre foi assim. Os vestígios das raízes elitistas e especificamente racistas dos clubes de futebol ainda são visíveis no presente. Por exemplo, o Fluminense é também chamado de "Pó de Arroz" e a anedota que se conta para explicar este nome é a seguinte. Em 1914, um jogador mulato do Fluminense, Carlos Alberto, querendo passar por branco, enchia o rosto de pó de arroz e, com o correr do jogo, o suor escorria pelo seu rosto e o "disfarce" desaparecia. A torcida do clube rival gritava então "Pó de Arroz! Pó de Arroz!" Com o tempo, o "Pó de Arroz!" acabou passando de Carlos Alberto para o Fluminense.

7-16 Uma pesquisa. Usando como termos de busca "clubes de futebol", escolha um clube (d)esportivo brasileiro, português ou de outro país de língua portuguesa e visite o site desse clube na Internet. Procure três notícias dos últimos seis meses (jogos que o time/a equipa ganhou ou perdeu, aquisições de jogadores, mudanças de treinadores, etc.) e partilhe a informação com a turma.

7-17 Clubes há muitos. Com um/a colega, identifiquem um clube de que vocês gostam ou que conhecem bem. Depois descrevam o clube escolhido de acordo com as indicações abaixo.

a. nome do clube (oficial/familiar)
b. de onde é o clube
c. as cores do clube
d. o mascote (B)/a mascote (P) do clube

e. o último jogo interessante/importante/memorável
f. lugar e resultado do jogo

Vídeo

Juliana é fanática por futebol e usa uma medalhinha com a bandeira do Flamengo.

3. Expressing ongoing actions and descriptions in the past: The imperfect

11-13

Antigamente, as crianças brincavam ao ar livre, tinham mais liberdade. Elas passavam mais tempo fora de casa e jogavam mais com os amigos.

Hoje em dia, as crianças passam muito tempo fechadas em casa. Elas têm menos liberdade. Divertem-se com a televisão ou com jogos de computador. Muitas crianças são obesas.

No passado, as famílias conversavam mais e havia mais segurança nas ruas.

Agora é horrível. Há muita violência, muita droga, muito sexo e os jovens não respeitam mais os idosos.

É claro que antigamente os avós diziam a mesma coisa às crianças.

Vamos analisar. Indique (✓) a função de cada uma das afirmações abaixo.

	DESCRIÇÃO NO PASSADO	AÇÃO HABITUAL NO PASSADO	AÇÃO NO PRESENTE
1. As crianças brincavam ao ar livre.	_____	_____	_____
2. As ruas eram mais tranquilas.	_____	_____	_____
3. Hoje em dia as crianças têm menos liberdade.	_____	_____	_____
4. As famílias conversavam mais.	_____	_____	_____
5. Os jovens não respeitam os idosos.	_____	_____	_____

■ So far you have seen two ways of talking about the past in Portuguese: the preterit and the imperfect. In the preceding monologue, the grandmother used the imperfect because she was focusing on what used to happen when she was young. If she had been focusing on the fact that an action was completed, like something she did yesterday, she would have used the preterit. Generally, the imperfect is used to:

1. express habitual or repeated actions in the past.

   Nós **treinávamos** futebol todos os dias.   *We used to practice soccer every day.*

2. express an action or state that was in progress in the past.

   Mário **estava** muito contente e **falava** da próxima vitória com os amigos.   *Mario was very happy and he was talking with his friends about their next victory.*

3. describe characteristics and conditions in the past.

   Pelé **era** muito rápido e **tinha** muita agilidade.   *Pelé was very fast and had great agility.*

4. tell the time in the past.

   Era uma e meia da tarde, ainda não **eram** duas.   *It was one thirty in the afternoon, it wasn't two o'clock yet.*

5. tell age in the past.

   Ela **tinha** então quinze anos.   *She was fifteen years old then.*

■ Some expressions that often accompany the imperfect to express ongoing or repeated actions or states in the past are: **enquanto**, **geralmente**, **às vezes**, **sempre**, **entretanto**, and **frequentemente**.

4. More on expressing ongoing actions and descriptions: Imperfect of regular and irregular verbs

| | REGULAR IMPERFECT | | |
	NADAR	CORRER	PARTIR
eu	nadava	corria	partia
tu	nadavas	corrias	partias
você, o/a senhor/a, ele/ela	nadava	corria	partia
nós	nadávamos	corríamos	partíamos
vocês, os/as senhores/as, eles/elas	nadavam	corriam	partiam

■ Note that the endings for **-er** and **-ir** verbs are the same.

■ All **nós** forms in the imperfect have a written accent on the second syllable before last: **nadávamos**, **corríamos**, **partíamos**.

■ The Portuguese imperfect has several English equivalents.

Eles **competiam** em muitos campeonatos.   *They competed in many tournaments.*
They were competing in many tournaments.
They used to compete in many tournaments.
They would compete in many tournaments.
(implying a repeated action)

■ There are no stem changes in the imperfect.

Eu antes **dormia** bem, mas agora
não durmo.

*I used to sleep well before,
but now I don't.*

■ There are only four irregular verbs in the imperfect:

pôr:	eu **punha**, tu **punhas**, você/ele/ela **punha**, nós **púnhamos**, vocês/eles/elas **punham**
ser:	eu **era**, tu **eras**, você/ele/ela **era**, nós **éramos**, vocês/eles/elas **eram**
ter:	eu **tinha**, tu **tinhas**, você/ele/ela **tinha**, nós **tínhamos**, vocês/eles/elas **tinham**
vir:	eu **vinha**, tu **vinhas**, você/ele/ela **vinha**, nós **vínhamos**, vocês/eles/elas **vinham**

■ The imperfect form of **há** is **havia** (*there was, there were, there used to be*). Both forms are invariable.

Havia só um atleta português
na maratona.

*There was only one Portuguese
athlete in the marathon.*

Havia muitos atletas brasileiros
nos Jogos Olímpicos.

*There were many Brazilian athletes
in the Olympic Games.*

7-18 Quando tinha dez anos. Marque as coisas que você fazia nas horas de lazer quando tinha dez anos. Depois, compare as respostas com as de um/a colega.

1. _____ Jogava futebol com os amigos.
2. _____ Treinava natação na escola.
3. _____ Ajudava com trabalhos no jardim.
4. _____ Assistia (B)/Via (P) televisão até muito tarde.
5. _____ Nas férias, ia à praia todos os dias.
6. _____ Viajava com a família.
7. _____ Ia ao cinema todas as semanas.
8. _____ …

7-19 Na escola secundária. Primeiro passo. No quadro abaixo, indique se você e os seus amigos faziam estas coisas e se as faziam muito ou pouco. Depois, compare as suas respostas com as de um/a colega.

Modelo   jogar basquetebol
Jogávamos basquetebol às vezes (muitas vezes/sempre/raramente/
nunca).

ATIVIDADES	SEMPRE	FREQUENTEMENTE	ÀS VEZES	RARAMENTE	NUNCA
fazer esporte/desporto					
dançar em festas					
ir a jogos de futebol					
nadar na praia					
jogar golfe					
ouvir música					

Segundo passo. Agora comparem as respostas com as de outros dois colegas e expliquem o seguinte:

a. Qual era a atividade que faziam raramente ou nunca? Expliquem a razão.
b. Quais eram as atividades que faziam sempre ou frequentemente? Expliquem.

 7-20 Em casa. Converse com um/a colega e descreva como era a casa onde você morava quando era criança. Explique se era um apartamento, ou uma casa (B)/moradia (P), se tinha jardim, etc. Depois o/a colega deve fazer o mesmo e explicar como era a casa dele/dela.

 7-21 Antes e agora. Em pequenos grupos, expliquem como era a vida antes e como é agora em relação aos seguintes temas:

1. a família (tamanho, grau de mobilidade, percentagem de divórcios, etc.)
2. a mulher na sociedade (participação no mundo do trabalho/da política, independência, igualdade de salário e direitos, etc.)
3. as cidades (tamanho, problemas ambientais como a poluição, violência, criminalidade, etc.)
4. os esportes/desportos (popularidade, transmissão na TV, importância internacional, a situação dos atletas, etc.)

5. Narrating in the past: The preterit and the imperfect

Era uma vez uma menina que morava com o pai dela, porque a mãe tinha morrido. A menina chamava-se Cinderela. Era bonita e tinha bom coração. Todos gostavam muito dela. Mas, um dia, a vida da menina mudou. O pai da Cinderela casou-se com uma mulher muito má que tinha duas filhas. A mulher e as filhas mudaram-se para a casa da Cinderela. As filhas eram cruéis e odiavam a Cinderela porque…

Vamos analisar. Leia as afirmações e indique (✓) a função de cada uma delas na história: narrar os eventos ou dar informações sobre o contexto e as personagens.

	NARRAR OS EVENTOS	CONTEXTUALIZAR
1. A menina chamava-se Cinderela.	_____	_____
2. Era muito bonita.	_____	_____
3. Todos gostavam muito dela.	_____	_____
4. Mas, um dia, a vida mudou.	_____	_____
5. O pai casou-se novamente.	_____	_____
6. A madrasta e as filhas eram pessoas cruéis.	_____	_____

■ The preterit and the imperfect are not interchangeable.

■ Use the preterit:

1. to talk about an action, event, or condition that is fully completed or took place at a given moment in the past.

O Sporting **ganhou** o campeonato.   *Sporting won the championship.*
Nuno **ficou** doente no sábado.   *Nuno got sick on Saturday.*
  (began feeling sick)

Ele **esteve** doente durante uma   *He was sick for a week.*
  semana.   (but is no longer sick)

2. to talk about an event, action, or condition that occurred over a period of time with a definite beginning and end.

Eusébio **jogou** no Benfica de 1961 a 1974.

Eusébio played for Benfica from 1961 to 1974.

3. to narrate a sequence of completed actions in the past. (Note that there is a forward movement of narrative time.)

O jogador **parou**, **recebeu** a bola e **chutou**.

The player stopped, received the ball and kicked it.

■ Use the imperfect:

1. to talk about customary or habitual actions, events, or conditions in the past.

Todos os dias **íamos** à praia e **jogávamos** futebol com os nossos amigos.

Every day we went to the beach and played soccer with our friends.

2. to talk about an ongoing part of an event, action, or condition.

Nessa semana **chovia** muito e todos **estavam tristes**.

During that week it rained a lot and everybody was sad.

3. to express two simultaneous ongoing actions in the past.

Rodrigo **jogava** golfe enquanto a irmã **nadava** na piscina.

Rodrigo was playing golf while his sister was swimming in the pool.

■ Use the imperfect and the preterit in the same sentence:

1. in a story, or any narrative, the imperfect provides the background information, whereas the preterit tells what happened in general.

Cinderela **ficou** em casa, mas ela **estava** muito triste porque **queria** ir ao baile.

Cinderella stayed at home, but she was very sad because she wanted to go to the ball.

2. when an ongoing action, expressed with the imperfect, is interrupted by incidents or a completed action, which is expressed with the preterit.

Cinderela **limpava** a cozinha quando **apareceu** a fada madrinha.

Cinderella was cleaning the kitchen when her fairy godmother appeared.

7-22 **Um dia para esquecer.** Ontem o Júlio ia jogar futebol com amigos e depois almoçar com a namorada. Imagine as coisas inesperadas que aconteceram enquanto tentava realizar os planos para o dia.

M o d e l o   fazer a barba
Quando o Júlio fazia a barba, acabou a água.

1. procurar as chuteiras
2. vestir o uniforme
3. caminhar para o campo de futebol
4. telefonar para a namorada
5. esperar no restaurante
6. voltar para casa

7-23 **A última vez.** Com um/a colega perguntem um ao outro quando foi a última vez que fizeram estas coisas e como se sentiam naquele momento.

Modelo andar de bicicleta

E1: Quando foi a última vez que você andou de bicicleta?
E2: Foi quando tinha 15 anos.
E1: Como você se sentia enquanto andava?
E2: Eu me sentia cheio de energia

E1: Quando foi a última vez que andaste de bicicleta?
E2: Foi quando tinha 15 anos.
E1: Como te sentias enquanto andavas?
E2: Sentia-me cheio de energia.

1. participar dum (B)/num (P) campeonato
2. comemorar uma vitória
3. andar de patins

4. fazer exercício
5. jantar num restaurante caro
6. estar numa discoteca
7. …

 7-24 **Pretérito ou imperfeito?** Com um/a colega, complete esta narrativa usando o pretérito ou o imperfeito.

No ano passado eu (1) _____ a Portugal com um grupo de colegas. Nós (2) _____ durante um semestre na Universidade do Porto, no Curso de Língua e Cultura Portuguesas para estudantes estrangeiros. Nós (3) _____ muito. Um fim de semana (4) _____ uma excursão organizada pela universidade. Primeiro (5) _____ a Lisboa, depois (6) _____ Coimbra, que tem a universidade mais antiga do país, e, finalmente, (7) _____ ao Porto. Quando (8) _____ à residência universitária já (9) _____ meia-noite. Os estudantes portugueses (10) _____, porque no dia seguinte (11) _____ exames.

No sábado seguinte (12) _____ a um jogo de futebol Porto-Benfica. Uma hora antes do jogo nós já (13) _____ no Estádio do Dragão, que é o outro nome do Futebol Clube do Porto. O jogo (14) _____ muito emocionante porque tanto o Porto como o Benfica (15) _____ bons jogadores. Durante o jogo os adeptos do Porto (16) _____: "Dragões! Dragões!", para encorajar os jogadores. Uma vez o árbitro (17) _____ a favor do Porto e os adeptos do Benfica (18) _____: "Fora o árbitro! Fora o árbitro!" No fim, o Porto (19) _____ 2-1. Os adeptos do Benfica (20) _____ muito tristes. Logo depois do jogo, (21) _____ uma grande festa no Porto; nós também (22) _____ para a rua, (23) _____ e (24) _____ até altas horas da noite.

 7-25 **Um acontecimento inesquecível.** Conte a um/a colega, com muitos pormenores, o que aconteceu de inesperado durante um fim de semana, um dia de festa, ou um evento especial no ano passado. Explique o que aconteceu, onde, como, por que razão, etc. Descreva a cena e as personagens. O/A colega deve fazer perguntas para obter mais detalhes.

Vamos viajar

A história do futebol

O futebol, o esporte/desporto mais
popular nos países de língua portuguesa,
tem origens remotas. Muitas culturas
antigas—a China, o Japão, a Grécia,
Roma, etc.—praticavam uma forma de
jogo com bola que tinha semelhanças
com o futebol moderno. Este começou a
definir-se no século XVII na Inglaterra.
O terreno do jogo media então 120 por

180 metros e nas extremidades havia dois postes de madeira que eram chamados
de "goal" (baliza em português). A bola era de couro, cheia de ar, e devia passar
entre os postes. No século XIX, foram modificadas e sistematizadas as regras do
jogo que começou a difundir-se pelo mundo. O primeiro jogo internacional foi
disputado entre a Inglaterra e a Escócia, em 1872, perante um público de três mil e
quinhentas pessoas. A primeira Copa do Mundo ocorreu em 1930 no Uruguai, com
treze participantes convidados, entre os quais o Brasil.

O primeiro jogo de futebol no Brasil realizou-se em 1895, entre funcionários de
empresas inglesas de São Paulo. No início, o futebol era um jogo de pessoas da elite,
homens brancos e ricos, e a participação de negros era proibida. Foi também nos fins
do século XIX que o futebol começou a ser jogado em Portugal. Em 1910, já existiam
vários clubes e três associações regionais com sede em Lisboa, Porto e Portalegre, e
em 1926 foi fundada a Federação Portuguesa de Futebol. O futebol também se tornou
extremamente popular nos países africanos de língua portuguesa. O maior futebolista
português do século XX, Eusébio, o chamado "Pantera Negra", era moçambicano e
começou a carreira num clube de Lourenço Marques (hoje Maputo).

Para pesquisar

Procure na Internet mais informações sobre a história do futebol no Brasil, em
Portugal, e/ou nos outros países lusófonos. Traga uma informação interessante
para a aula (uma data histórica, um jogo importante, etc.).

7-26 Algumas datas. Combine as datas (na coluna da esquerda) com os
eventos a que elas se referem (na coluna da direita). Note que em português os
numerais cardinais são usados para designar os séculos a partir do século XI.
Repare que os séculos se escrevem geralmente usando os numerais romanos:
séc. XX = o século vinte.

1. 1895   a. a estréia do Brasil na Copa do Mundo
2. 1926   b. a sistematização das regras do jogo
3. 1872   c. o início do futebol moderno
4. séc. XVII   d. o primeiro jogo de futebol no Brasil
5. 1930   e. o início das competições internacionais no futebol
6. séc. XIX   f. a criação de uma federação nacional de futebol em Portugal

7-27 O futebol antes e hoje. Trabalhando com um/a colega, contraste o passado do futebol com o presente deste jogo e preencha o quadro abaixo.

ANTES	HOJE
_____	O campo mede no máximo 90 por 120 metros.
_____	Para marcar um ponto, a bola hoje também tem de passar entre os dois postes da baliza.
_____	
_____	
A primeira Copa do Mundo teve treze participantes convidados.	_____
O futebol era um jogo de elites.	_____
	_____

Vídeo

Caio acha Pelé um grande homem.

Situações

1. **Role A.** You are a reporter interviewing Guga, the top Brazilian tennis player. Ask him a) how old he was when he started playing tennis seriously (**a sério**), b) whether he always wanted to play tennis, c) whether he liked any other sports when he studied in high school (**a escola secundária**), and d) what was the first important international tournament he won.

   Role B. You are Guga, the top Brazilian tennis player, in this interview. Answer the reporter's questions and explain that a) you began playing tennis seriously when you were 13, b) you always wanted to play tennis, c) you liked to play soccer in high school and you also liked surfing, and d) your first important tournament victory was the French Open in 1997.

2. **Role A.** Your friend went to Brazil and watched a soccer game at the Maracanã stadium in Rio. Ask him or her a) how large the stadium was, b) what teams were playing, c) what their respective uniforms were like, and d) who won the game.

   Role B. You have just come back from a visit to Rio. Answer your friend's questions saying that a) the Maracanã stadium was huge (it had about 100,000 seats), b) Flamengo was playing against Santos, c) the Flamengo uniform was red and black, and the Santos' was white and black, and d) in the first part of the game Flamengo was winning 2-1, but in the end Santos won 3-2.

Mais um passo

16-17

Há/Faz meaning *ago*

■ To say *ago* in Portuguese, use **há** or **faz** followed by an expression of time.

há três dias	*three days ago*
faz duas horas	*two hours ago*
Há cinco anos eu nadava todos os dias.	*Five years ago, I used to swim every day.*
Ela saiu **faz cinco minutos.**	*She left five minutes ago.*

■ When you refer to an event in the past expressed by the preterit, and begin your sentence with **há** or **faz**, you must use the conjunction **que**.

Faz cinco minutos que ela saiu.   *She left five minutes ago.*

 7-28 Há quanto tempo? Um/a colega quer saber há quanto tempo você fez estas coisas. Complete a resposta com informações adicionais.

Modelo   ir à praia

🇧🇷	🇵🇹
E1: Faz quanto tempo que você foi à praia? E2: Há seis meses, no verão passado. Fazia calor e o sol estava muito intenso. Nadei e depois joguei vôlei com umas pessoas que conheci esse dia.	E1: Há quanto tempo foste à praia? E2: Há seis meses, no verão passado. Fazia calor e o sol estava muito intenso. Nadei e depois joguei voleibol com umas pessoas que conheci nesse dia.

1. ver um jogo na televisão
2. andar de bicicleta
3. visitar uma cidade interessante
4. ter um teste difícil
5. saber uma notícia importante
6. acampar (B)/fazer campismo (P)

 7-29 Alguns atletas famosos. Um de vocês vai fazer o papel de repórter de uma revista (d)esportiva, e outro/a colega vai ser um/a dos atletas abaixo. O/A repórter deve fazer, pelo menos, três perguntas com **há** ou **faz**. O/A atleta deve responder com os dados da personagem que escolheu. Depois troquem de papéis.

MARIA DE LURDES MUTOLA

NACIONALIDADE: moçambicana
DATA DE NASCIMENTO: 27 de Outubro de 1972
DESTAQUES DA CARREIRA:

1. 1988, Jogos Olímpicos de Seoul, com a idade de 15 anos
2. 1993, Campeonato Mundial de Atletismo, 1º lugar em 800m
3. 1995, recorde mundial em 1000m
4. 1996, Jogos Olímpicos de Atlanta (medalha de bronze em 800m)
5. 2000, Jogos Olímpicos de Sydney (ouro em 800m)
6. 2001, cria a Fundação Lurdes Mutola para apoiar jovens atletas moçambicanos
7. 2003, campeã mundial em 800m

GUSTAVO KUERTEN

NACIONALIDADE: brasileiro
DATA DE NASCIMENTO: 10 de setembro de 1976
DESTAQUES DA CARREIRA:

1. Tornou-se profissional em 1995.
2. 1997, Torneio de Roland-Garros, Open da França (1º lugar)
3. 2000,Torneio de Roland-Garros, Open da França (1º lugar)
4. 2001,Torneio de Roland-Garros, Open da França (1º lugar)
5. Setembro de 2004, sofre uma contusão e retira-se do circuito.
6. Fevereiro de 2005, anuncia que vai voltar ao circuito.
7. 2008, anuncia ser aquele seu último ano como atleta profissional.

LUÍS FIGO

NACIONALIDADE: português
DATA DE NASCIMENTO: 4 de Novembro de 1972
DESTAQUES DA CARREIRA:

1. 1995, Taça de Portugal, com o Sporting Clube de Portugal
2. 1997, Taça dos Vencedores das Taças, com o Futebol Club de Barcelona
3. 1997 e 1998, Taça da Espanha, com o Futebol Club de Barcelona
4. 2000, Jogador Europeu do Ano
5. 2001, Jogador do Ano da FIFA
6. 2003, Fundação Luís Figo, fundada para investir no desporto e nos jovens

RUBENS BARRICHELLO

NACIONALIDADE: brasileiro
DATA DE NASCIMENTO: 23 de maio de 1972
DESTAQUES DA CARREIRA:

1. 2000, Campeonato de Pilotos Fórmula 1 (4º lugar)
2. 2001, Campeonato de Pilotos Fórmula 1 (3º lugar)
3. 2002, Campeonato de Pilotos Fórmula 1 (2º lugar)
4. 2004, Grande Prêmio (B)/ Prémio (P) da Itália (1º lugar)
5. 2004, GP da China (1º lugar)
6. 2010, no GP da Turquia, é o piloto com maior participação em grandes prêmios (294).

ROSA MOTA

NACIONALIDADE: portuguesa
DATA DE NASCIMENTO: 29 de Junho de 1958
DESTAQUES DA CARREIRA:

1. 1982, Campeonato Europeu de Atletismo, 1ª maratona feminina (ouro)
2. 1983, Maratona de Chicago (ouro)
3. 1984, Maratona de Chicago (ouro)
4. 1984, Jogos Olímpicos de Los Angeles, 1ª maratona olímpica feminina (bronze)
5. 1988, Jogos Olímpicos de Seoul (ouro)
6. 1990, Maratona de Boston (ouro)

Encontros

🔊 Para escutar

 A. Que esportes/desportos é que estas pessoas fazem? Write the number of the description below the corresponding illustration.

🔊 **B. Lógico ou ilógico?** Indicate whether each of the following statements is **lógico** or **ilógico**.

	LÓGICO	ILÓGICO		LÓGICO	ILÓGICO
1.	_____	_____	6.	_____	_____
2.	_____	_____	7.	_____	_____
3.	_____	_____	8.	_____	_____
4.	_____	_____	9.	_____	_____
5.	_____	_____	10.	_____	_____

Para conversar

 7-30 E vocês? Primeiro passo. Em pequenos grupos, recolham as informações abaixo. Escolham um/a secretário/a para escrever as informações.

1. esporte/desporto que vocês fazem; fazem em grupo ou individualmente?
2. lugar onde fazem/jogam; quantas vezes por semana/mês?
3. pessoas com quem vocês fazem/jogam
4. os dois esportes/desportos mais populares do grupo

Segundo passo. Agora comentem o seguinte e preparem-se para compartilhar as suas opiniões com o resto da turma.

Como deve estar o tempo para fazer/jogar os dois esportes/desportos mais populares do seu grupo? Justifiquem.

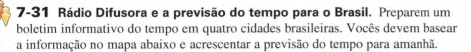

7-31 **Rádio Difusora e a previsão do tempo para o Brasil.** Preparem um boletim informativo do tempo em quatro cidades brasileiras. Vocês devem basear a informação no mapa abaixo e acrescentar a previsão do tempo para amanhã.

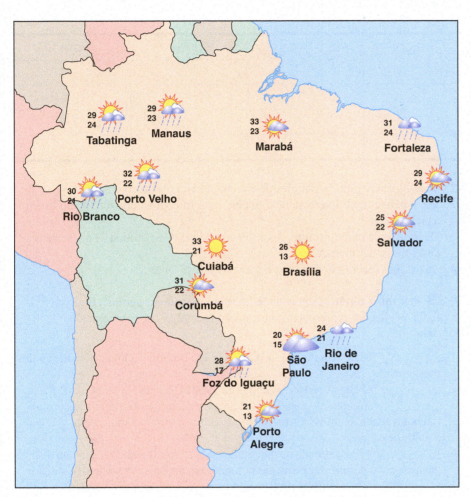

Primeiro, escolham quatro cidades brasileiras com as seguintes características:

a. uma cidade no litoral do Nordeste _____
b. uma cidade de clima relativamente frio _____
c. uma cidade próxima do Peru _____
d. uma cidade da região amazônica _____

Depois, preparem e apresentem a previsão do tempo aos colegas da turma e respondam às perguntas que eles vão fazer.

Modelo   Diretamente da Rádio Difusora, a previsão do tempo no Brasil! Está chovendo em Manaus e a temperatura está em torno de 30 graus. O tempo vai continuar nublado amanhã, com mais chuva durante o dia.

📖 Para ler

18-19

👥 **7-32 Preparação.** Com um/a colega, classifiquem as palavras abaixo, colocando-as nas colunas correspondentes. Depois respondam às perguntas.

jogador de futebol	esquis	autódromo	esquiar
chuteira	pista	jogar	nadador
touca	esquiador	piscina	piloto
nadar	carro	campo	correr

ATLETA	EQUIPAMENTO	LUGAR	VERBO

1. Vocês gostam mais de esportes/desportos individuais ou coletivos?
2. Vocês acham mais interessante o futebol ou o futebol americano? Justifiquem a preferência.
3. Onde se pode obter informações sobre as corridas de Fórmula 1: nas revistas, nos jornais, na Internet?
4. As pessoas fazem asa delta nos Estados Unidos? Onde?

7-33 Primeiro olhar. Depois de ler o artigo da página seguinte, diga se as seguintes citações representam informação factual (F) ou uma opinião (O) do/a autor/a.

1. _____ "Mas, sem dúvida, o futebol ocupa o primeiro lugar no coração dos brasileiros".
2. _____ "O Brasil venceu as copas de 1958, 1962, 1970, 1994 e 2002".
3. _____ "Atualmente jogadores, técnicos e outros profissionais ligados ao futebol trabalham em vários países estrangeiros como Espanha, Itália, Arábia Saudita, etc."
4. _____ "Não há dúvida de que muitos dos atletas brasileiros ganham a simpatia do povo por prestar pequenas homenagens ao Brasil durante suas vitórias".
5. _____ "A cada vitória do Brasil, o povo sai às ruas numa comemoração cheia de alegria e espontaneidade".
6. _____ "Senna morreu tragicamente numa corrida na Itália em 1994".

OS ESPORTES NO BRASIL

Dadas as condições climáticas, ou seja, verão durante a maior parte do ano, os esportes no Brasil tendem a ser ao ar livre, havendo uma grande interação com a natureza. A variada geografia do país oferece aos atletas a possibilidade de aproveitar um leque de opções tais como as dunas, os mares, as montanhas e as praias. Mas, sem dúvida, o futebol ocupa o primeiro lugar no coração da maior parte dos brasileiros.

O futebol chegou ao Brasil, vindo da Inglaterra, nos fins do século XIX e foi adaptado à cultura e ao jeito de ser do brasileiro. É um esporte de baixo custo que pode ser jogado basicamente em qualquer espaço livre e que requer um mínimo de recursos. É necessário ter apenas uma bola que pode ser improvisada com, por exemplo, panos e meias velhas. Nem mesmo é preciso usar chuteiras; é comum ver pessoas jogando descalças.

Atualmente, muitos jogadores, técnicos e outros profissionais brasileiros ligados ao futebol trabalham em vários países estrangeiros como Portugal, Espanha, Itália, Arábia Saudita, etc. Para os jogos da Copa do Mundo (que se realiza de quatro em quatro anos) muitos jogadores voltam ao Brasil para integrar a seleção nacional. Durante a disputa da Copa, o Brasil literalmente para e todos se reúnem diante da televisão para assistir aos jogos e torcer. A cada vitória do Brasil, o povo sai às ruas numa comemoração cheia de alegria e espontaneidade. O Brasil é o país que conquistou a Copa do Mundo mais vezes, sendo atualmente pentacampeão (cinco vezes vencedor). O Brasil venceu as copas de 1958, 1962, 1970, 1994 e 2002. Para saber mais sobre a paixão dos brasileiros pelo futebol, é recomendável a leitura do livro de Alex Bellos, *Futebol: The Brazilian Way of Life* (New York: Bloomsbury, 2002).

Mas o esporte brasileiro não se resume apenas ao futebol. Também são muito populares o basquete, o vôlei, o futevôlei (uma combinação do futebol e do vôlei), o tênis, a capoeira e a Fórmula 1. Os pilotos de Fórmula 1 são conhecidos mundialmente e alguns já ganharam muitos campeonatos e corridas como Emerson Fitipaldi, Nelson Piquet, Ayrton Senna e, na atualidade, Rubens Barrichello e Filipe Massa. Senna morreu tragicamente numa corrida na Itália em 1994. Devido à sua popularidade, cerca de um milhão de pessoas acompanhou seu cortejo fúnebre pelas ruas de São Paulo.

Não há dúvida de que muitos dos atletas brasileiros ganham a simpatia do povo por prestar pequenas homenagens ao Brasil durante suas vitórias. Por exemplo, Ayrton Senna e Emerson Fitipaldi davam uma volta na pista de corrida segurando uma bandeira do Brasil. Guga, o tenista, três vezes campeão no torneio francês de Roland Garros, uma vez desenhou com sua raquete a forma de um coração na terra vermelha da quadra, mostrando seu agradecimento à torcida. Aliás, as torcidas brasileiras são certamente conhecidas pelo mundo todo por sua exuberância e seu verde e amarelo sempre evidentes.

Outros esportes que atraem os brasileiros são a vela, a asa delta e o buggy. O Brasil já ganhou diversas medalhas em competições de barcos à vela. A asa delta é um esporte muito praticado no Rio de Janeiro onde, em qualquer dia da semana, pode-se ver no céu o colorido desses "pássaros" gigantes. As pessoas pulam da Pedra da Gávea e planam até chegarem a uma das espetaculares praias da cidade. É possível andar quilômetros e quilômetros de buggy nas gigantescas dunas das praias do Nordeste. Trata-se, novamente, de uma saudável combinação da apreciação da natureza com um esporte.

7-34 Opiniões. Sublinhe as expressões de opinião usadas pelo/a autor/a do artigo.

7-35 Segundo olhar. Leia novamente o artigo e, de acordo com a informação apresentada no texto, responda às seguintes perguntas:

1. Por que razão os esportes/desportos no Brasil tendem a ser ao ar livre?
2. Indique três razões que explicam a popularidade do futebol no Brasil.
3. Dê o nome de três esportes/desportos coletivos, dois individuais e um que não requer bola.
4. Você já observou alguma vez as torcidas brasileiras? Em caso afirmativo, você concorda com a descrição de "sua exuberância e seu verde e amarelo sempre evidentes"?
5. Nos Estados Unidos, qual é o esporte/desporto mais popular e de custo mais baixo?
6. Você acredita que algum atleta norte-americano, morrendo tragicamente, poderia atrair tanta atenção quanto Senna no Brasil? Explique.

7-36 Ampliação. Junto com um/a colega, respondam às perguntas abaixo de acordo com as informações apresentadas no artigo.

1. Que palavras vocês associam a um atleta (A) ou a um torcedor (T)?

a. _____ jogar
b. _____ comemorar
c. _____ campeão

d. _____ acompanhar
e. _____ assistir
f. _____ conquistar

2. A que se refere a expressão "pássaros gigantes" (último parágrafo)?

 ## Para escrever

20-22

 7-37 Mãos à obra: fase preliminar. Em pequenos grupos, respondam às perguntas abaixo:

1. Como se chama e onde fica o autódromo mais próximo de onde vocês moram?
2. Onde fica a estação de esqui mais próxima de onde vocês moram? Que tipos de atrações e serviços são oferecidos ao turista nacional ou estrangeiro?
3. Que informações sobre esses lugares podem ser obtidas na Internet?
4. Já houve alguma vez uma competição nacional/internacional importante nesse autódromo ou nessa estação de esqui? Quando? Quem ganhou?

Depois da pesquisa/discussão inicial, decidam se vão continuar a descrever uma estação de esqui ou um autódromo. Agora preencham a seguinte tabela com as informações necessárias.

NOME DA ESTAÇÃO DE ESQUI/DO AUTÓDROMO:
Local:
Número de pistas/características:
Competições:
Atrações e serviços:

7-38 Mãos à obra. Você é um/a jornalista brasileiro/a que trabalha na revista *Esportes do Milênio* ou um/a jornalista português/esa da revista *Desportos do Milénio*. Esta revista vai construir uma nova página na Internet e você vai ser o/a encarregado/a de escrever sobre competições de esqui ou automobilismo no local identificado acima. Você deve dar informações factuais, e também uma opinião, sobre o lugar e os serviços oferecidos aos esquiadores ou pilotos e aos turistas.

EXPRESSÕES ÚTEIS

PARA DAR INFORMAÇÃO FACTUAL

Os dados de/em… indicam que…
Na verdade…
É possível…
Em… pode-se…
Há/Existe(m)…

PARA EXPRESSAR OPINIÃO

Acho que/Acredito que…
Parece que…
Em minha opinião… (B)/Na minha opinião…
Segundo o/a…
Sem dúvida…
Não há dúvida que…
É claro que…
Certamente…

Projeto final

Preparação

7-39 No verão passado. Você foi o/a diretor/a de uma colônia (B)/colónia (P) de férias (*summer camp*) para adolescentes no verão passado. Na seguinte tabela, marque com um X os esportes/desportos que foram oferecidos de acordo com o clima.

	TEMPO QUENTE E COM SOL	TEMPO NUBLADO, COM VENTO E CHUVA
futebol		
xadrez		
natação		
atletismo		
basquetebol		
ciclismo		

Mãos à obra

7-40 Parte 1: As atividades. Levando em conta a tabela acima, faça um relato oral a um/a colega sobre o que vocês faziam quando havia sol e quando chovia.

Parte 2: Os grupos. Em dias de sol, havia sessenta adolescentes que queriam fazer esportes/desportos. Como você dividiu os grupos? Lembre-se que um time/uma equipa de futebol tem onze jogadores e o/a de basquetebol cinco. Conte para um/a colega como você fez essa distribuição.

Parte 3: Resumo. Você e o/a colega vão fazer um pequeno resumo das atividades que você desenvolveu e descreveu.

Parte 4: Apresentação. O seu/A sua colega apresenta o resumo para a turma.

Parte 5: Comentários. A turma e o/a professor/a comentam as suas atividades.

Horizontes

📖 O Sul de Portugal
23-24

Templo romano em Évora, no Alentejo

As regiões do Sul de Portugal são o Alentejo e o Algarve, com clima continental quente e gente morena de olhos escuros, que descende da mistura dos povos do Norte da Península Ibérica com os berberes do Norte de África. Os árabes invadiram a Península em 711 e permaneceram na parte sudoeste até ao século XIII; o Algarve chamava-se então Al-Gharb (reino do Oeste). Tanto no Alentejo como no Algarve, a arquitetura regional ainda lembra as mesquitas árabes com cúpulas redondas e paredes caiadas de branco. As ruas estreitas criam correntes de ar e muita sombra. As casas tradicionais têm janelas pequenas e pátios interiores com um poço e muitas plantas frondosas para criar um espaço ameno ao ar livre. Nas vilas e cidades, as praças estão rodeadas de edifícios com arcadas para as pessoas circularem abrigadas do sol.

O Alentejo é uma região predominantemente agrícola e a sua paisagem mais característica são colinas suaves cobertas de trigo dourado, com oliveiras e sobreiros, árvores da cortiça. Duas das principais produções do Alentejo são azeite de oliveira e cortiça (Portugal é o principal exportador mundial de cortiça). Em Évora, a cidade capital do Alto Alentejo, encontra-se a segunda universidade mais antiga de Portugal, fundada em 1559, e muitos monumentos históricos, entre os quais um templo romano (no tempo dos romanos Évora chamava-se Liberalitas Julia).

Um sobreiro alentejano com o castelo de Terena ao fundo

Para responder

1. **Primeiro passo.** Descrevam a região do Alentejo respondendo às seguintes perguntas:
   a. Como são os alentejanos (os habitantes do Alentejo)?
   b. Como é a arquitetura tradicional das vilas e cidades alentejanas?
   c. Quais são as bases da economia alentejana?
   d. Quais são algumas das atrações turísticas da região?

Segundo passo. Agora, caracterizem a região em que vocês se encontram respondendo às mesmas perguntas; depois, identifiquem as semelhanças e as diferenças entre essa região e o Alentejo.

2. Falem sobre a história do Sul de Portugal e sobre a história dos Estados Unidos. Há quantos anos os árabes invadiram a Península Ibérica? Há quantos séculos o Algarve se tornou português? Há quantos anos foi a fundação dos Estados Unidos? Há quanto tempo foi eleito o último presidente?

Praia da Marinha, no Algarve

O Algarve moderno é associado sobretudo com o turismo. O clima da região é ameno todo o ano, as praias têm formações de rochedos espetaculares, a areia é branca e fina e a água é límpida, ideal para fazer mergulho. Nos últimos trinta anos construíram-se na região muitas aldeias turísticas e centros de recreio, com preferência para os desportos aquáticos—como a famosa marina de Vilamoura—e os campos de golfe. No verão, a população sobe de cerca de 350.000 habitantes para cerca de um milhão. Este desequilíbrio populacional afetou a vida e as tradições dos algarvios que tiveram que se adaptar a uma verdadeira invasão anual de turistas nacionais e estrangeiros.

A cozinha regional do Algarve é outra atração irresistível para os visitantes. Entre os pratos tipicamente algarvios, estão a caldeirada de peixe e a cataplana de amêijoas, ambas preparadas com ingredientes característicos da região. Os doces típicos (como o "Dom Rodrigo") são elaborados à base de ovos; outros são feitos com puré de amêndoa ou decorados com amêndoas, um dos mais característicos produtos agrícolas do Algarve. No mês de fevereiro, os extensos campos de amendoeiras que cobrem a região estão em flor, tornando-se em mais uma atração turística única para quem vai visitar o Algarve.

Para responder

1. Quais são os principais esportes/desportos que se fazem no Algarve? Por que razão?
2. A que se refere a expressão "desequilíbrio populacional"?
3. Uma refeição tipicamente algarvia pode incluir uma _____ e, para a sobremesa, _____.

Para navegar

1. Você e um/a colega são alunos do Curso de Verão para Estrangeiros na Universidade de Évora. Depois do fim do curso, durante uma semana, você vai receber a visita do/a namorado/a e o/a colega vai receber uma visita dos pais. Façam uma pesquisa na Internet e preparem dois programas distintos de atividades para uma semana no Sul de Portugal.
2. Usando como palavras-chave "gastronomia", "receita", "Alentejo/alentejano" e/ou "Algarve/algarvio", procure mais informações sobre a cozinha tradicional da região. Prepare as seguintes informações para apresentar na aula: 1) cinco ingredientes característicos; 2) resumo de uma receita.
3. Informe-se sobre a economia agrícola do Alentejo e do Algarve. Além da cortiça, do azeite e da amêndoa, quais são os outros produtos cultivados na região? A seca é o principal desafio para os agricultores alentejanos; qual é a situação atual na região?

🔊 Vocabulário

Esportes (B)/Desportos (P)

o atletismo	*track and field*
o automobilismo	*car racing*
o basquete (B)	*basketball*
o basquetebol	*basketball*
a capoeira	*capoeira*
o ciclismo	*cycling*
o esqui	*skiing, ski*
o futebol	*soccer*
a maratona	*marathon*
a natação	*swimming*
o tênis (B)	*tennis*
o ténis (P)	*tennis*
o vôlei (B)	*volleyball*
o voleibol	*volleyball*
o vôlei/voleibol de praia	*beach volleyball*
o xadrez	*chess*

Equipamentos e regras

a bola	*ball*
a cesta (B)	*basket, hoop*
o cesto (P)	*basket, hoop*
a decisão	*decision, ruling*
a medalha	*medal*
medalha de ouro	*gold medal*
medalha de prata	*silver medal*
medalha de bronze	*bronze medal*
a raquete	*racket*
a rede	*net*
o resultado	*score, result*
o taco de golfe	*golf club*
o uniforme	*uniform*

Eventos

o campeonato	*championship, tournament*
a Copa do Mundo	*World Cup*
a corrida	*race*
o jogo	*game*
os Jogos Olímpicos	*Olympic Games*
a luta	*fight*
a tourada	*bullfight*
a vitória	*victory*

Lugares

o campo	*field, court (P)*
o clube	*club*
o estádio	*stadium*
a quadra	*court*

Pessoas

o/a adepto/a (P)	*fan*
o/a árbitro/a	*referee, umpire*
o/a atleta	*athlete*
a campeã	*female champion*
o campeão	*male champion*
a equipa (P)	*team*
o/a jogador/a	*player*
o juiz/a juíza (B)	*referee, umpire*
o/a maratonista	*marathon runner*
o/a recordista	*record holder*
a seleção	*national team*
o time (B)	*team*
o/a torcedor/a (B)	*fan*
o/a treinador/a	*coach*

Natureza

a árvore	*tree*
a atmosfera	*atmosphere*
a flor	*flower*
a folha	*leaf*
o lago	*lake*
a montanha	*mountain*
a planta	*plant*

Estações

o inverno	*winter*
o outono	*fall*
a primavera	*spring*
o verão	*summer*

Tempo

o calor	*heat*
o céu	*sky*
a chuva	*rain*

congelar	*to freeze*
fresco/a	*cool*
frio/a	*cold*
gelar (P)	*to freeze*
o gelo	*ice*
o grau	*degree*
limpo/a	*clear*
nevar	*to snow*
a neve	*snow*
nublado/a	*cloudy*
o sol	*sun*
a temperatura	*temperature*
ventar (B)	*to blow (wind)*
o vento	*wind*

Descrições

animado/a	*excited*
decisivo/a	*decisive*
excelente	*excellent*
famoso/a	*famous*
fechado/a	*closed*
idoso/a	*elderly*
local	*local*
mau	*bad*
mundial	*worldwide*
nacional	*national*
perfeito/a	*perfect*
poluído/a	*polluted*
popular	*popular*
ruim (B)	*bad*

Verbos

acordar	*to wake up*
aplaudir	*to applaud*
brincar	*to play (children)*
desenvolver(-se)	*to develop*
dever	*to owe*
difundir(-se)	*to spread*
divertir(-se)	*to entertain (oneself), to have fun*

emprestar	*to lend*
ensinar	*to teach*
enviar	*to send*
enxugar(-se)	*to dry, to wipe*
escovar	*to brush*
esquiar	*to ski*
explicar	*to explain*
fazer a barba	*to shave*
formar	*to form*
ganhar	*to win*
informar	*to inform*
mandar	*to send*
matar	*to kill*
mudar	*to change*
mudar de cor	*to change colors*
mudar de roupa	*to change clothes*
ocupar	*to occupy*
oferecer	*to offer, to give*
patinar	*to skate*
pentear(-se)	*to comb*
perder	*to lose*
perguntar	*to ask a question*
recomendar	*to recommend*
representar	*to represent*
respeitar	*to respect*
sentar-se	*to sit down*
telefonar	*to telephone*
tirar	*to take off (clothes)*

Palavras e expressões úteis

antigamente	*formerly, in the past*
ao contrário de	*contrary to*
Como está o tempo?	*What's the weather like?*
enquanto	*while*
entretanto	*in the meantime*
fazer parte de	*to be part of*
hoje em dia	*nowadays*
o pentacampeão	*five-time champion*
tanto… quanto…	*both… and…*

Festas e tradições

À PRIMEIRA VISTA

- Tradições, festas e feriados
- Outras comemorações

ESTRUTURAS

- Comparing people and things: Comparisons of inequality
- Comparing people and things: Comparisons of equality
- Comparing people and things: The superlative
- Emphasizing or clarifying information: Pronouns after prepositions
- Talking about daily routine: Reflexive verbs and pronouns

Vamos viajar

- Festas populares
- As religiões no mundo lusófono

ENCONTROS

- Para escutar: Making inferences; deciding truth value of statements
- Para conversar: Asking about, comparing, and describing past experiences
- Para ler: Identifying information stated in a text; associating meanings
- Para escrever: Reporting on collective traditions and experiences
- Projeto final: Um casamento

HORIZONTES

- O Centro e o Norte de Portugal

COMUNICAÇÃO

In this chapter you will learn to:

- Talk about holiday activities and religion
- Extend, accept, and decline invitations
- Express intent
- Make comparisons
- Discuss interpersonal relationships

À primeira vista

Festas e tradições

Em São Tomé e Príncipe, república constituída por duas ilhas no Golfo da Guiné, o ritual do *bócadu* tem grande importância. É sempre festejado na Quarta-Feira de Cinzas, o primeiro dia da Quaresma, na casa de um parente mais velho, preferencialmente uma mulher. Depois que os participantes rezam litanias, a senhora mais velha da família coloca numa esteira pratos tradicionais como *angu*, *djogó*, *calulu*, *cozido de banana* e *izaquente*. Em seguida, a senhora dá uma bênção e um bocado de comida a cada um dos participantes.

O ciclo das Festas Juninas, no Brasil, gira em torno de três datas principais: 13 de junho—Santo Antônio; 24 de junho—São João; e 29 de junho—São Pedro. Este ciclo é comemorado, com muita alegria, em todo o país. Mas, sem dúvida, no Nordeste do país as festas têm maior importância. O mesmo ciclo é também festejado em Portugal, onde os três santos—S^{to} António, S. João e S. Pedro—são os chamados "Santos Populares".

A Semana Santa em Braga é o exemplo mais solene das celebrações da Páscoa em Portugal. Milhares de pessoas ficam em pé ao longo das ruas para ver passar procissões, especialmente à noite. Entre as várias procissões, destaca-se a de Endoenças, também conhecida por Cana Verde ou Senhor do Ecce-Homo.

Em Cabo Verde, as Tabancas são associações de ajuda mútua que datam desde pelo menos o início do século XIX. Todos os anos essas associações promovem elaborados festejos que têm as suas raízes em tradições afro-cristãs.

Sopas do Espírito Santo

As Festas do Divino Espírito Santo são muito importantes em todo o arquipélago dos Açores (Corvo, Faial, Flores, Graciosa, Santa Maria, São Jorge, São Miguel, Terceira e Pico). Os festejos começam a partir do dia de Pentecostes e continuam por vários domingos. Os eventos mais importantes das Festas são a Grande Coroação e a distribuição das "Sopas do Espírito Santo".

O carnaval é celebrado em todos os países de língua portuguesa, mas o carnaval brasileiro é, com certeza, o mais conhecido. Durante o carnaval, as pessoas fantasiam-se para ir a bailes ou desfilar nas ruas. No carnaval do Rio de Janeiro, a famosa competição das escolas de samba é transmitida ao vivo pela televisão e assistida por milhões de telespectadores.

O carnaval no Mindelo, na ilha de São Vicente, Cabo Verde

Mais dias e datas importantes

A Véspera de Natal

O Dia de Natal

A Véspera de Ano Novo

Cultura

As crianças e os adultos nos países de língua portuguesa recebem presentes do Papai Noel (no Brasil) ou do Pai Natal (em Portugal e África) no Dia de Natal. No entanto, a Véspera de Natal é um dia especialmente importante para os católicos; muitas pessoas vão à igreja à meia-noite para assistir à Missa do Galo. ■■

O Dia de Ano Novo

A Páscoa

O Dia das Mães (B)
O Dia da Mãe (P)

O Dia dos Pais (B)
O Dia do Pai (P)

O Dia de Ação de Graças

O Dia das Bruxas

O Dia dos Namorados

8-1 Associações. Primeiro passo. Com um/a colega, identifique e associe as datas da esquerda com as festas da direita.

1. _____ 25/12   a. Dia da Independência dos Estados Unidos
2. _____ 24/6   b. Dia das Bruxas
3. _____ 31/10   c. Véspera de Natal
4. _____ 4/7   d. Dia de São João
5. _____ 24/12   e. Natal
6. _____ 31/12   f. Dia de São Pedro
7. _____ 29/6   g. Véspera de Ano Novo

 Segundo passo. Em pequenos grupos, comentem:

■ Qual/Quais das festas acima é que vocês comemoram?

■ Qual é a festa preferida pela maioria das pessoas do grupo e qual é a razão da preferência?

 8-2 Festas ou desfiles. Pense em algumas festas ou desfiles importantes e preencha o quadro abaixo. Um/a colega vai fazer perguntas sobre eles.

Modelo   E1: Qual é a primeira festa no seu/teu quadro?
               E2: A Tabanca.
               E1: E onde comemoram esta festa?
               E2: Em Cabo Verde.

FESTA	DATA	LUGAR	DESCRIÇÃO	OPINIÃO

 8-3 Dias festivos. Converse com um/a colega sobre como vocês comemoram as seguintes datas.

Modelo

E1: Como você comemora seu aniversário?
E2: Com minha família e amigos. Ganho presentes e minha mãe faz um jantar especial com bolo de chocolate de sobremesa. Depois ouvimos música, conversamos e às vezes dançamos.

E1: Como celebras o teu dia de anos?
E2: Com a minha família e amigos. Recebo presentes e a minha mãe faz um jantar especial com bolo de chocolate de sobremesa. Depois ouvimos música, conversamos e às vezes dançamos.

1. A Véspera de Ano Novo
2. O Natal/o Ramadã/o Rosh Hashaná
3. O Dia de Ação de Graças
4. O Dia da Independência
5. O Dia de Ano Novo
6. O Dia das Mães (B)/da Mãe (P)

8-4 Uma comemoração importante. Primeiro passo. Individualmente, procure na Internet as seguintes informações sobre uma festa importante no mundo de língua portuguesa (Carnaval, Natal, Semana Santa, Dia da Independência, etc.).

- lugar da festa
- época do ano
- modo de festejar

Segundo passo. Imagine que você e um/a colega estiveram presentes na festa que pesquisaram no **Primeiro passo**. Expliquem a outros/as colegas onde vocês estiveram, o nome da festa e o que fizeram. Os/As colegas vão fazer perguntas para obter mais informações ou esclarecer o que não entenderam.

Outras comemorações

Um convite para jantar

SRA. SILVA: Pedro, temos que convidar os Sousa para jantar.
SR. SILVA: É mesmo. Eles nos convidaram no mês passado. Por que você não telefona para eles agora? Eles poderiam vir neste fim de semana ou no próximo. (Depois de uns minutos, as duas mulheres falam ao telefone.)
SRA. SILVA: Vocês podem vir jantar conosco no próximo fim de semana?
SRA. SOUSA: Ai Maria, infelizmente não vai ser possível neste fim de semana. Compramos ingressos para ir ao teatro.
SRA. SILVA: Ai, que pena! E no sábado, dia quinze?
SRA. SOUSA: Perfeito. Estamos com saudades de vocês.
SRA. SILVA: Nós também!

8-5 Um convite. Primeiro passo. Com um/a colega, preencham o quadro abaixo de acordo com a conversa entre a Sra. Silva e a Sra. Sousa.

DATAS DOS CONVITES	EXPRESSÕES QUE A SRA. SOUSA USA
primeiro convite:	para pedir desculpa por não aceitar:
segundo convite:	para aceitar o convite:

Segundo passo. Agora convide o/a colega para jantar, ir ao teatro ou a um jogo importante. Depois, o/a colega também deve fazer-lhe um convite. Além das expressões do diálogo, vocês podem usar:

PARA ACEITAR	**PARA SE DESCULPAR**
Obrigado/a. Que ótimo!	Adoraria (B)/Adorava (P) ir, mas…
Com o maior prazer.	Que pena! Nesse dia tenho que…
Será um prazer.	Não posso, tenho um compromisso.

Cultura

Segundo dados da Organização Internacional do Trabalho, os brasileiros são extremamente trabalhadores. Porém, apesar de as pessoas no Brasil trabalharem mais horas do que os europeus, o Brasil é também campeão em feriados quando comparado às outras grandes economias mundiais. No setor público, quando um feriado acontece em uma terça-feira, por exemplo, há uma prática de "fazer ponte" também denominada de "feriadão", ou seja, "fazer feriado" no dia anterior para expandir o fim de semana. O mesmo acontece se o feriado cai em uma quinta-feira. Nesse caso a "ponte" ou "feriadão" inclui a sexta-feira. ■■

 Comemorações pessoais

Fotografia de um casamento. No Brasil e em Portugal, as damas de honra (B)/de honor (P) costumam ser crianças e não adultos como nos Estados Unidos.

 8-6 Um convite de casamento. Leiam os dois convites, um para o casamento e o outro para a rece(p)ção, e respondam às perguntas. Depois preparem uma lista com as diferenças entre este tipo de convite no Brasil e nos Estados Unidos.

Após a cerimônia religiosa, os noivos convidam para a recepção no Tênis Clube de Campinas. Rua Coronel Quirino, 1346

R.S.V.P.
32-547900

Carlos Silveira

Lucas Costa

Jandira Silveira

Cecília Costa

convidam para a cerimônia religiosa
do casamento de seus filhos
Luana e Cauã

a realizar-se no dia dez de julho
de dois mil e doze , às dezoito horas,
na Paróquia São Tomás de Aquino
Av. Papa Pio XII, 350—Jardim Chapadão,
Campinas—SP.

Rua das Acácias, 397   Rua Cícero Dias, 245
Jardim Chapadão   Cidade Universitária
13070-610 Campinas—SP   13084-010 Campinas—SP

1. Como se chamam os pais da noiva? E os do noivo?
2. Como se chamam os noivos?
3. Quando é o casamento?
4. A que horas?
5. Em que cidade, estado e país vai ser o casamento?
6. Para onde vão os convidados depois da cerimônia (B)/cerimónia (P)?

8-7 Um dia especial. Leia o convite abaixo com um/a colega e respondam às perguntas.

Nosso querido filho

Davi

será chamado para a leitura da Torá
por ocasião de seu Bar Mitzvah
na quinta-feira, 18 de novembro de 2011,
às oito da manhã, na Sinagoga Beth-El,
Rua Barata Ribeiro 489, Copacabana,
Rio de Janeiro.

Ficaremos muito honrados com sua presença
nesta ocasião tão importante e será um
prazer recebê-los para o café da manhã que
ofereceremos depois do evento no salão de
festas da sinagoga.

Davi e Rute Bauman

Fone: (21) 238-2042
Rio de Janeiro, RJ

1. Qual é o motivo da celebração?
2. Qual é o dia da celebração? A que horas?
3. Vai haver algo mais além da celebração religiosa?
4. Quem são Davi e Rute Bauman?
5. Em que país e cidade é que a celebração se vai realizar?

8-8 Uma festa especial. Pense em uma comemoração ou festa onde você esteve recentemente. Em seguida, explique a um/a colega como foi a festa. Dê detalhes sobre o número de convidados, o lugar, a comida, a música, o preço, etc.

Para escutar

Datas importantes. Listen to the following conversations. Identify the holiday each conversation refers to by writing the appropriate conversation number next to it.

_____ Dia dos Namorados
_____ Dia de Natal
_____ Carnaval
_____ Dia da(s) Mãe(s)
_____ Dia das Bruxas
_____ Semana Santa

 1. Comparing people and things: Comparisons of inequality

5-9

Duração do Carnaval	3 dias	2 dias
Público	25.390	18.864
Mulheres	6.000	2.000
Homens	4.000	5.000
Crianças	25.000	27.000
Orçamento	150.000	180.000

Para planejar o carnaval deste ano, devemos olhar para as estatísticas dos anos recentes. Devemos promover uma festa de **mais de** três dias? No ano de 2010, a participação foi **maior do que** no ano de 2011. Em 2010, havia **mais** mulheres **do que** homens, mas em 2011 participaram **menos** mulheres **do que** no ano anterior. Para fazer um carnaval **melhor do que** os anteriores, vamos ter que conseguir **mais** dinheiro **do que** nos anos passados.

Vamos analisar. Indique se as seguintes afirmações são verdadeiras (**V**), falsas (**F**) ou possíveis (**P**), segundo as estatísticas.

1. _____ No ano de 2011 havia **menos** participação do público **do que** em 2010.
2. _____ No ano de 2010 houve **menos** mulheres **do que** homens no carnaval.
3. _____ Os organizadores gastaram **mais** dinheiro em 2011 **do que** em 2010.
4. _____ No futuro, o carnaval vai durar **mais de** três dias.
5. _____ No futuro, os carnavais vão ser **melhores do que** no passado.

- Use **mais … (do) que** or **menos … (do) que** to express comparisons of inequality with nouns, adjectives, and adverbs. Either **do que** or **que** may be used to express *than*.

COMPARISONS OF INEQUALITY

Quando Marta era criança tinha { **mais** / **menos** } amigos do que Paulo.		When Marta was a child, she had { *more* / *fewer* } friends than Paulo.	
Ela era { **mais** / **menos** } animada que ele.		She was { *more* / *less* } lively than he.	
Saía { **mais** / **menos** } do que ele.		She went out { *more* / *less* } than he.	

314

- Use **de** instead of **(do) que** before numbers.

Há **mais de** dez mil pessoas no desfile.

There are more than ten thousand people in the parade.

No ano passado havia **menos de** cinco mil.

Last year there were fewer than five thousand.

- The following adjectives have irregular comparative forms.

bom	**melhor**	*better*
ruim/mau	**pior**	*worse*
pequeno	**menor**	*smaller*
grande	**maior**	*bigger*

Esta banda é {**melhor** / **pior**} do que aquela.

This band is {better / worse} than that one.

- In European Portuguese, **mais pequeno** is used more commonly than **menor** to express *smaller*, but irregular comparative forms are used with the other three adjectives. In Brazilian Portuguese, only the irregular forms may be used.

- When **bem** and **mal** function as adverbs, they have the same irregular comparative forms as **bom** and **mau**.

bem → melhor   Eu canto **melhor** do que João.   *I sing better than João.*
mal → pior   João canta **pior** que eu.   *João sings worse than I.*

Para pesquisar

Procure as seguintes informações antes de fazer a atividade 8-9:

Qual das duas cidades, Salvador ou Rio de Janeiro, já foi capital do Brasil?
Em que estados/regiões do país se situam?
Como se chamam as pessoas que nasceram nessas duas cidades?
Como é o tempo em Salvador e no Rio durante o carnaval?

8-9 Comparação de dois carnavais. Você e um/a colega querem ver como é o carnaval no Brasil, mas não sabem se devem ir ao Rio ou a Salvador. Vocês vão comparar os dois carnavais e, em seguida, vão decidir qual é a melhor cidade para passar o carnaval. Justifiquem a escolha.

	CARNAVAL DE SALVADOR	CARNAVAL DO RIO DE JANEIRO
Habitantes	2.500.000	6.000.000
Foliões	1.000.000	1.200.000
Número de blocos	100	80
Transporte	R$3.200	R$3.000
Hospedagem	R$800	R$1.500
Refeições	R$200	R$300

8-10 Pessoas famosas. Compare as pessoas abaixo no que diz respeito à aparência física, idade, tipo de trabalho, dinheiro ou fama. Se precisar, procure informações sobre elas na Internet.

1. Sônia Braga e Meryl Streep
2. Caetano Veloso e Sting
3. Guga e Roger Federer

4. Cristiano Ronaldo e David Beckham
5. o/a presidente e o/a vice-presidente

Situações

One of you was in a Portuguese-speaking country during a festival. The other should find out a) what event you attended, b) when, c) what you saw, and d) ask to compare it with a similar festival in this country.

2. Comparing people and things: Comparisons of equality

10-12

PRESIDENTE DO COMITÊ ORGANIZADOR:
Este ano tivemos um carnaval **tão** maravilhoso **quanto** o de 2010, que até este ano tinha sido o nosso maior carnaval. Nos três dias de carnaval tivemos **tanto** público **como** no ano de 2010, um total de 25.400 pessoas. Além disso, os foliões cantaram e tocaram música **tão** boa **quanto** a música do carnaval de 2010. O número de blocos também foi igual. Houve **tantos** blocos **como** no ano de 2010. Estou muito agradecida, pois vocês colaboraram **tanto quanto** nos outros anos. Vamos planejar o próximo carnaval **tão** bem **quanto** o deste ano.

Vamos analisar. Indiquem se as seguintes informações interpretam corretamente (**C**) ou incorretamente (**I**) as informações dadas pela Presidente do Comitê Organizador.

1. _____ O público no carnaval de 2010 foi **tão** numeroso **quanto** no deste ano: 25.400 pessoas.
2. _____ Neste ano, os foliões tocaram músicas de que o público gostou **menos do que** nos anos anteriores.
3. _____ Neste ano, o Comitê Organizador fez um trabalho **tão** bom **quanto** o trabalho dos outros anos.
4. _____ Neste ano tiveram **tantos** blocos **como** em 2010.

COMPARISONS OF EQUALITY	
tão ... quanto/como	*as ... as*
tanto/a ... quanto/como	*as much ... as*
tantos/as ... quanto/como	*as many ... as*
tanto quanto/como	*as much as*

■ Use **tão ... quanto/como** to express comparisons of equality with adjectives and adverbs.

O casamento foi **tão** elegante **quanto** a festa.	*The wedding was as elegant as the party.*
O pai dançou **tão** bem **como** a filha.	*The father danced as well as his daughter.*

■ Use **tanto(s)/tanta(s) ... quanto/como** to express comparisons of equality with nouns.

Havia **tanto** barulho **como** no carnaval.	*There was as much noise as at carnival.*
Havia **tanta** alegria **quanto** no carnaval.	*There was as much joy as at carnival.*
Havia **tantos** desfiles **como** no carnaval.	*There were as many parades as at carnival.*
Havia **tantas** pessoas **quanto** no carnaval.	*There were as many people as at carnival.*

■ Use **tanto como/quanto** to express comparisons of equality with verbs.

Eles dançaram **tanto quanto** nós.	*They danced as much as we did.*

■ The preferred form is **tanto/tão ... quanto** in Brazilian Portuguese and **tanto/tão ... como** in European Portuguese.

 8-11 Quatro estudantes do Porto. Com um/a colega faça comparações entre os quatro estudantes portugueses abaixo.

Modelo E1: A Vilma tem tantos irmãos quanto/como o Pedro.
E2: É verdade, mas ela tem mais irmãos do que a Marta.

	PEDRO	VILMA	MARTA	RICARDO
amigos	2	3	3	2
irmãos	5	5	4	6
dinheiro	50 euros	80 euros	50 euros	80 euros
discos	200	180	180	215
vídeos	40	32	40	32

8-12 Opiniões. Expressem as próprias opiniões para comparar as pessoas, desfiles, etc. Usem as palavras que estão entre parênteses ou escolham outras.

Modelo Scarlett Johansson e Natalie Portman (bonita)
E1: Scarlett Johansson é tão bonita quanto/como Natalie Portman.
E2: Concordo. *Ou* Não concordo. Natalie Portman é mais bonita do que Scarlett Johansson.

1. Tom Cruise e Brad Pitt
   (atraente, alto, famoso,...)
2. o Desfile das Rosas de Pasadena e o do Carnaval de Nova Orleans (B)/Orleães (P)
   (número de pessoas, carros alegóricos, divertido,...)
3. dois filmes indicados para o Oscar
   (elenco, fotografia, realização,...)
4. dois programas humorísticos de televisão
   (protagonistas, piadas, horários,...)

8-13 As diversões. Primeiro passo. Em pequenos grupos, comparem filmes ou programas de televisão de antigamente com os de hoje em dia. Baseiem-se no seguinte: temas, uso de tecnologia, violência e sexo.

Segundo passo. Agora respondam às perguntas abaixo e troquem opiniões com outros grupos.

1. Vocês acreditam que hoje em dia há violência e sexo demais nos filmes e nos programas de televisão?
2. Vocês acreditam que o que é mostrado nos filmes e nos programas de televisão afeta as crianças?
3. Vocês acreditam que deve haver censura para os filmes e programas de televisão? Justifiquem a resposta.

Situações

One of you is in favor of small weddings and the other prefers big weddings. Compare both with regard to a) expenses (**gastos**), b) worries (**preocupações**) for the bride and groom, c) work involved, and d) problems.

13-15

3. Comparing people and things: The superlative

PAULA: Laura, você tem algum plano para a Festa Junina?
LAURA: Claro que sim. Na minha cidade, nós nos reunimos com todos os conhecidos e amigos para comemorar o dia de São João. Nós acendemos a **maior** fogueira da região. É o dia em que eu **mais** me divirto no ano. De todas as festas, a comida da Festa Junina é **a mais** gostosa.
PAULA: Que interessante! Na minha cidade também comemoramos as Festas Juninas, mas acho que são **menores** e **piores**.

Vamos analisar. Complete as frases abaixo com o nome da pessoa que disse a informação.

1. Para a _____ a **melhor** festa do ano é a Festa Junina.
2. A _____ acha que na sua cidade a Festa Junina é **menor**.
3. A _____ disse que na Festa Junina eles acendem a **maior** fogueira da região.
4. A _____ acha que a festa Junina da amiga parece **melhor**.
5. A _____ acha que a comida da Festa Junina é **a mais** gostosa.

■ Use superlatives to express *most* and *least* as degrees of comparison. To form the superlative, use *definite article + noun + **mais/menos** + adjective*. To express *in* or *at* with the superlative, use **de**.

É a fantasia **mais/menos** cara (da festa).

It is the most/least expensive costume (at the party).

- Do not use **mais** or **menos** with **melhor, pior, maior**, and **menor**.

  São **os melhores** vinhos do país   *They are the best wines in the country.*

- You may delete the noun when it is clear to whom or to what you refer.

  São **os melhores** do país.   *They are the best (ones) in the country.*

Superlative with -íssimo

- To express the idea of *extremely*, add the ending **-íssimo** (**-a, -os, -as**) to the adjective. If the adjective ends in a consonant, add **-íssimo** directly to the singular form of the adjective. If it ends in a vowel, drop the vowel before adding **-íssimo**.

normal	A vida do dia a dia é **normalíssima**, mas durante o carnaval tudo muda!	*Everyday life is extremely normal, but during the carnival everything changes!*
lindo	O desfile está **lindíssimo**.	*The parade is extremely beautiful.*
elegante	A fantasia da Maria é **elegantíssima**.	*Maria's costume is extremely elegant.*

- Some superlatives in Portuguese are formed irregularly; the most common of them are listed below. Note that **bom** is generally used to mean *good* and its superlative is **ótimo**. However, in Brazilian Portuguese, when **bom** refers to people and means *kind*, its superlative is **boníssimo**.

amável	amabilíssimo	difícil	dificílimo
amigo	amicíssimo	fácil	facílimo
antigo	antiquíssimo	mau	péssimo
bom	ótimo/boníssimo (B)		

- Adjectives with written accents lose their accent when **-íssimo** is added.

  amável → **amabilíssimo**
  rápido → **rapidíssimo**

Língua

In Brazil, young people frequently use **super** to express the idea of *extremely*.

Os desfiles de carnaval são **super animados**.	*The carnival parades are extremely lively.*

 8-14 Levantamento de dados. Depois de responder às perguntas sobre a sua cidade e universidade, compare as respostas com as de um/a colega.

CIDADE

1. Onde servem…?
   a melhor pizza
   o melhor hambúrguer
   a pior comida
   o pior café
   as melhores sobremesas

UNIVERSIDADE

2. Qual é…?
   o curso mais fácil
   o/a professor/a mais interessante
   o esporte (B)/desporto (P) mais popular
   o melhor time (B)/a melhor equipa (P)
   a festa mais importante para os alunos

 8-15 Como são os colegas? Em pequenos grupos decidam quais são os/as colegas que têm as características da lista abaixo. Depois, respondam às perguntas dos outros grupos.

Modelo   simpático/a

E1: Quem é o mais simpático da turma?
E2: … é o/a mais simpático/a (da turma).

1. popular
2. sério/a
3. trabalhador/a

4. elegante
5. pessimista
6. falador/a

8-16 Perguntas pessoais. Faça as seguintes perguntas a um/a colega. Depois, ele/ela deve fazer as mesmas perguntas para você responder.

1. Quem é seu/sua melhor amigo/a?	1. Quem é o teu/a tua melhor amigo/a?
2. Você fala com seu/sua melhor amigo/a quando você tem um problema?	2. Falas com o teu/a tua melhor amigo/a quando tens um problema?
3. Qual é o pior dia da semana para você? Por quê?	3. Qual é o pior dia da semana para ti (*for you*)? Porquê?
4. Qual é o melhor dia? Por quê?	4. Qual é o melhor dia? Porquê?
5. Há alguma data muito importante para você? Por quê?	5. Há alguma data muito importante para ti? Porquê?

 8-17 Prêmios (B)/Prémios (P) ao talento. Em pequenos grupos, decidam quais dos colegas da turma são os vencedores destes prêmios/prémios. Depois, anunciem os vencedores e o sucesso deles/delas. Usem as categorias abaixo ou pensem em outras possíveis.

Modelo   melhor estilista
A melhor estilista é a famosa Janete Silva. No ano passado os desenhos e vestidos clássicos dela ganharam o Grande Prêmio/ Prémio da Moda. A roupa de Janete Silva é sempre elegantíssima.

1. melhor cantor/a
2. melhor ator/atriz
3. melhor bailarino/a
4. melhor pianista
5. melhor escritor/a
6. a pessoa mais criativa

Situações

Role A. You are interviewing a well-known film critic to find out his or her opinion on the best and worst American movies of the year. Ask him or her a) which is the best American film, b) why, c) who is the best actor or actress, d) which is the worst film of the year, and e) what he or she thinks of films from the Portuguese-speaking world.

Role B. You are a well-known film critic. Answer your interviewer's questions according to your own opinions regarding the best and worst American films and actors, and explain a) that there are some excellent Angolan, Brazilian, and Portuguese films, and b) some (**alguns**) received nominations (**indicações** (B)/**nomeações** (P)) for the Oscar in the "Best Foreign Film" category.

Vamos viajar

Festas populares

As festas e tradições populares ocupam um lugar de destaque nos países de língua portuguesa. Há um grande número de festas que ocorrem em todas as épocas do ano. Muitas dessas festas têm uma grande variedade de desfiles, procissões, missas e rituais que envolvem a participação de um número impressionante de pessoas. Em alguns casos, a preparação para esses eventos anuais é praticamente contínua. Um exemplo é o tradicional Carnaval do Rio de Janeiro para o qual as pessoas se organizam, ensaiam, enfim, se preparam durante o ano todo.

Muitas dessas festas estão relacionadas com a tradição cristã, principalmente católica, o que é, obviamente, resultado da história da presença portuguesa em diferentes partes do globo. No entanto, em vários países essas festas de origem cristã têm grande influência das religiões africanas e afro-brasileiras, ou seja, são extremamente sincréticas. Na festa de Santa Bárbara, que no candomblé corresponde ao orixá (*deity*) Iansã, podemos observar elementos desse sincretismo no Brasil, o qual está belamente representado na peça de teatro *O Pagador de Promessas* de Dias Gomes e no filme de Anselmo Duarte com o mesmo título. Mas existem também tradições relacionadas a outras religiões, por exemplo a dança Tufo das comunidades islâmicas no Norte de Moçambique. Os grupos de dança Tufo, formados por mulheres vestidas de blusas e capulanas (*wrap skirts*) tradicionais de cores vivas e brilhantes (ver a foto acima), dançam nos casamentos, festivais, comemorações políticas e outros eventos especiais. O nome Tufo é uma referência aos tambores que acompanham a dança com ritmos de origem marcadamente árabe.

Para pesquisar

Usando um motor de busca, procure informações sobre escolas de samba no Rio de Janeiro (Mangueira, Estácio de Sá, Portela, etc.) e apresente-as aos colegas.

8-18 Baile de carnaval. Um/a colega da turma vai a um baile de carnaval e precisa de uma fantasia. Baseando-se na lista abaixo, ajude-o/a a escolher a fantasia mais apropriada.

FANTASIAS	OBSERVAÇÕES
Pirata	mais ou menos fácil de fazer; não muito criativa; cara; divertida
Baiana	difícil de fazer; super criativa; muito cara; divertidíssima
Médico/a	fácil de fazer; nada criativa; barata; nada divertida
Múmia	mais ou menos fácil de fazer; criativa; barata; divertida
Palhaço	difícil de fazer; muito criativa; divertidíssima
Zorro	dificílima de fazer; nada criativa; muito cara; pouco divertida
Princesa	dificílima de fazer; nada criativa; barata; pouco divertida
Fantasma	muito fácil de fazer; mais ou menos criativa; barata; divertida

Modelo   Princesa ou Baiana?

E1: Não sei que fantasia usar para o baile. Estou na dúvida entre ir de "Baiana" ou de "Princesa".

E2: As duas fantasias são muito difíceis de fazer. A de "Princesa" é ainda mais difícil do que a de "Baiana".

E1: É verdade. A de "Princesa" é menos criativa que a de "Baiana", mas a de "Baiana" é caríssima. Como não tenho dinheiro, vou de "Princesa". *ou* Como tenho dinheiro, vou de "Baiana".

1. Pirata ou Baiana?
2. Múmia ou Fantasma?
3. Baiana ou Princesa?
4. Princesa ou Pirata?
5. Médico/a ou Palhaço?
6. Fantasma ou Médico/a?

8-19 Dia das Bruxas e Carnaval. Junto com um/a colega, elabore uma lista de no mínimo cinco diferenças e semelhanças entre essas duas festas e apresente aos colegas.

Vídeo

Dona Raimunda gosta de todos os feriados.

4. Emphasizing or clarifying information: Pronouns after prepositions

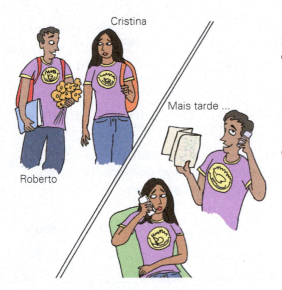

Cristina

Roberto

Mais tarde ...

ROBERTO: Estas flores são **para ti**, Cristina.
CRISTINA: **Para mim**? Obrigada Roberto.

* * *

ROBERTO: Olá Cristina. A Semana Santa em Braga começa amanhã. Queres ir **comigo**? Tenho lugar no carro.
CRISTINA: Não posso ir **contigo**, Roberto. Os meus primos estão aqui de visita e eu tenho que ir **com eles**.

Vamos analisar. Quem disse cada oração, Roberto (**R**) ou Cristina (**C**)?

1. ____ Queres ir **comigo**?
2. ____ Estas flores são **para ti**.
3. ____ Não posso ir **contigo**.
4. ____ **Para mim**?
5. ____ Eu tenho que ir **com eles**.

■ In **Lições 6 & 7**, you learned that **me** and **te** are used as both direct and indirect object pronouns corresponding to **eu** and **tu** (as well as to **você** in informal Brazilian Portuguese). These pronouns assume different forms when used after prepositions such as **de**, **para**, **sem**, etc.

Esta fantasia é **para mim**?	*Is this costume for me?*
Gosto muito **de ti**. (P)	*I like you very much.*

■ Pronouns corresponding to other persons have the same forms after a preposition as in the subject position: **ele, ela, você, nós, vocês, eles, elas**. Remember that the preposition **de** contracts with **ele**, **ela**, **eles**, and **elas**.

Ele não quer ir **sem ela**.	*He doesn't want to go without her.*
Elas pagaram **por nós** e **por você**.	*They paid for us and for you.*
Patrícia não gosta **dele**.	*Patrícia doesn't like him.*

■ The preposition **com** forms contractions with some pronouns. To express *with me*, use **comigo**; to express *with us*, use **conosco** (B) or **connosco** (P). In European Portuguese, use **contigo** to express *with you* informally, **consigo** to express *with you* formally, and **convosco** to express *with you* in the plural.

Vocês vão **comigo** ao casamento?	*Are you going with me to the wedding?*
Zília não quer ficar **con(n)osco**?	*Zília doesn't want to stay with us?*
Contigo a vida é mais fácil. (P)	*With you life is easier.*

8-20 Com quem fica o Chico? Trabalhem em grupos de três. Vocês têm que tomar conta de um papagaio chamado Chico. Decidam quem vai ficar com o Chico ao longo do ano.

Modelo   E1: Com quem fica o Chico em agosto?
E2: Fica comigo.

JANEIRO:	E1 + E2	MAIO:	E1 + E2	SETEMBRO:	E3
FEVEREIRO:	E2	JUNHO:	E3	OUTUBRO:	E1 + E3
MARÇO:	E2 + E3	JULHO:	E1	NOVEMBRO:	E2
ABRIL:	E1	AGOSTO:	E2	DEZEMBRO:	E3

8-21 Antes de ir a um concerto. Dois estudantes brasileiros, André e Sérgio, fazem planos para ir a um concerto. Complete o diálogo deles com um/a colega, usando pronomes ou combinações de preposições e pronomes.

ANDRÉ: Eu vou agora. Você vai _____?

SÉRGIO: Não, não posso ir agora com _____. Tenho que acabar o trabalho que estou escrevendo.

ANDRÉ: Que chato! Então você vai com Roberto?

SÉRGIO: Vou com _____, sim. Você quer se encontrar _____ (*with us*) no concerto?

ANDRÉ: Claro que sim. Para _____ é sempre mais divertido estar num concerto com amigos. Para _____ também, não é?

SÉRGIO: Com certeza.

5. Talking about daily routine: Reflexive verbs and pronouns

18-19

Eu **me chamo** Paulo Pereira. Eu e a minha esposa Rosa moramos em São Paulo e temos uma vida muito cheia. Nós **nos levantamos** às seis todos os dias. Outro dia a Rosa **se esqueceu** da hora e não acordou o Joãozinho e o Carlinhos. Eles tiveram que **se vestir** muito depressa, pois eles **se lembraram** que tinham provas naquele dia. Todos os dias eu e Rosa voltamos para casa muito cansados e não vemos a hora de **nos deitar**.

Vamos analisar. Complete com os nomes abaixo, indicando quem faz a ação ou recebe a ação.

1. O _____ e a _____ **se levantam** às seis horas todos os dias.
2. A _____ **se esqueceu** de acordar o _____ e o _____.
3. O _____ e o _____ tiveram que **se vestir** rapidamente.
4. O _____ e o _____ **se lembraram** que tinham prova naquele dia.
5. A _____ e o _____ não veem a hora de **se deitar** quando voltam para casa.

REFLEXIVES			
eu	**me levanto**	**levanto-me**	*I get up*
tu		**levantas-te**	*you get up*
você	**se levanta**	**levanta-se**	*you get up*
o sr./a sra.	**se levanta**	**levanta-se**	*you get up*
nós	**nos levantamos**	**levantamo-nos**	*we get up*
ele/ela	**se levanta**	**levanta-se**	*he/she gets up*
vocês	**se levantam**	**levantam-se**	*you get up*
os srs./as sras.	**se levantam**	**levantam-se**	*you get up*
eles/elas	**se levantam**	**levantam-se**	*they get up*

■ In **Lição 5**, you learned that reflexive verbs express what people do *to* or *for* themselves. You also practiced the **eu**, **tu**, **você**, **ele**, **ela** forms of some reflexive verbs. Now you will learn more about reflexives and practice other verb forms.

■ As with other *verb + pronoun* constructions, the reflexive pronoun is more commonly placed before the verb in Brazilian Portuguese and after the verb in European Portuguese (except in negative sentences, in questions beginning with a question word, after conjunctions or relative pronouns such as **que** or **quem**, and after certain adverbs).

Jandira **se levanta** às sete e meia. (B)
Jandira **levanta-se** às sete e meia. (P)　　*Jandira gets up at seven thirty.*
Nós **nos vestimos** rapidamente. (B)
Nós **vestimo-nos** rapidamente. (P)　　*We get dressed quickly.*
Elas **não se sentiram** bem ontem. (B/P)　　*They didn't feel well yesterday.*

■ With verbs followed by an infinitive, place reflexive pronouns after the infinitive, attached with a hyphen, or between the conjugated verb and the infinitive (without a hyphen in Brazilian Portuguese, with a hyphen in European Portuguese).

Eu **vou levantar-me**. (B/P)
Eu **vou me levantar**. (B)　　*I am going to get up.*
Eu **vou-me levantar**. (P)

■ In Brazilian Portuguese, with the present progressive (**estar + -ndo**) place reflexive pronouns between the conjugated form of **estar** and the present participle or place them after the present participle with a hyphen.

Eu **estou me sentindo** muito bem.　　*I am feeling very well.*
Eu **estou sentindo-me** muito bem.

■ In European Portuguese, with the present progressive (**estar a** + infinitive) place reflexive pronouns after the infinitive of the main verb with a hyphen.

Eu **estou a sentir-me** muito bem.　　*I am feeling very well.*

■ Some verbs change meaning when used reflexively. However, in informal Brazilian Portuguese, all of the following verbs may also be used non-reflexively without any change in meaning. Context will determine the intended meaning.

chamar	*to call*	**chamar-se**	*to be called*
deitar	*to put down*	**deitar-se**	*to lie down, to go to bed*
despedir	*to fire, dismiss*	**despedir-se**	*to say goodbye*
divertir	*to entertain*	**divertir-se**	*to enjoy oneself, to have fun*
lembrar	*to remind*	**lembrar-se**	*to remember*
levantar	*to lift*	**levantar-se**	*to get up*

 8-22 Que fazemos? Primeiro passo. Troque informações com um/a colega sobre os seus hábitos diários.

Modelo

E1: Eu me levanto às sete.	E1: Levanto-me às sete.
E2: E eu me levanto às oito.	E2: E eu levanto-me às oito.

1. Eu me visto (rapidamente/devagar).	1. Visto-me (rapidamente/devagar).
2. Eu (sempre/nunca) me lembro de comer.	2. Eu (sempre/nunca) me lembro de comer à mesma hora.
3. Eu (não) me divirto na universidade.	3. Divirto-me/Não me divirto na universidade.
4. Eu (não) me despeço dos colegas quando vou para casa.	4. Despeço-me/Não me despeço dos colegas quando vou para casa.
5. Eu (não) me sinto cansado/a à noite.	5. Sinto-me/Não me sinto cansado/a à noite.
6. Eu me deito (cedo/tarde).	6. Deito-me (cedo/tarde).

Segundo passo. Troquem de par. Depois, fale com o/a colega sobre os próprios hábitos e os hábitos do/a companheiro/a anterior. Façam uma comparação.

Modelo

E1: Sandra e eu nos levantamos às oito. Ela se veste rapidamente, mas eu me visto devagar. E vocês?	E1: A Sandra e eu levantamo-nos às oito. Ela veste-se rapidamente, mas eu visto-me devagar. E vocês?
E2: Carlos se levanta às sete e eu me levanto às sete e meia. Ele e eu nos vestimos rapidamente.	E2: O Carlos levanta-se às sete e eu levanto-me às sete e meia. Eu e ele vestimo-nos rapidamente.

8-23 **Hábitos e promessas. Primeiro passo.** Complete as declarações abaixo de acordo com os próprios hábitos e planos.

1. Eu me deito quando _____.
2. Eu me divirto quando _____.
3. Eu me visto elegantemente quando _____.
4. Eu nunca me lembro de _____.
5. Este ano vou me lembrar de _____.
6. Amanhã vou me levantar às _____.

1. Deito-me quando _____.
2. Divirto-me quando _____.
3. Visto-me elegantemente quando _____.
4. Nunca me lembro de _____.
5. Este ano vou lembrar-me de _____.
6. Amanhã vou levantar-me às _____.

 Segundo passo. Agora faça perguntas a um/a colega para saber os hábitos e planos dele/dela.

Modelo

E1: Quando você se deita?
E2: Quando me sinto cansado/a.

E1: Quando te deitas?
E2: Quando me sinto cansado/a.

Vamos viajar

As religiões no mundo lusófono

São ricas e variadas as tradições religiosas nos países de língua portuguesa. No Brasil, além do catolicismo, que é a religião historicamente predominante no país, e das diversas religiões africanas, afro-brasileiras e dos povos indígenas, há a presença do budismo, do espiritismo, do islamismo, do judaísmo, do protestantismo, etc. A força da religião é tamanha que muitos dos feriados católicos são também feriados nacionais. Exemplos disso são a Sexta-Feira Santa e o Dia da Padroeira do Brasil—Nossa Senhora Aparecida.

Apesar do predomínio do catolicismo no mundo lusófono, a geografia religiosa vem sofrendo profundas e rápidas mudanças. Os países mais atingidos por essas mudanças são, sem dúvida, Angola e o Brasil, este último ainda considerado, em números de seguidores, o maior país católico do mundo. Em Angola e no Brasil, há uma profusão de igrejas neopentecostais, as quais ganham diariamente mais e mais fiéis. Hoje em dia, no Brasil e na África lusófona, pode falar-se em uma "competição pelas almas", com verdadeiros "shows da fé" promovidos pelas diversas igrejas neopentecostais que tentam atrair novos seguidores. Às vezes essa competição cria momentos de tensão como, por exemplo, quando um ministro de uma das igrejas neopentecostais brasileiras chutou em público uma imagem de Nossa Senhora Aparecida. O episódio provocou muitas reações no foro público, inclusive o lançamento de uma música da autoria do famoso Gilberto Gil que aludia ao caso.

Para pesquisar

A foto na página anterior mostra uma comemoração afro-brasileira dedicada a Iemanjá. Usando um motor de busca, procure informações sobre Iemanjá e outros principais orixás do candomblé e apresente aos colegas.

8-24 Novas religiões nos Estados Unidos. Nos Estados Unidos, há uma série de novas religiões. Algumas delas são trazidas por imigrantes e outras nascem aqui mesmo. Pense em alguma religião que você não conhecia até há bem pouco tempo e conte para um/a colega o que você sabe dela agora. Faça uma lista de três elementos dessa religião. O/A colega deverá fazer o mesmo e, depois, vocês deverão contar para o resto da turma o que discutiram.

Vídeo

A Páscoa tem grande importância em Castelo de Vide, onde nasceu o pai do Jorge.

Para escutar

A. Hábitos diferentes. Daniel and Isabel are talking about the holidays. Read the statements that follow, then listen to their conversation to determine whether each statement is **verdadeiro** or **falso**.

	VERDADEIRO	FALSO
1. Isabel vai passar as festas de fim de ano nos Estados Unidos.	_____	_____
2. Isabel vai passar o Ano Novo na praia.	_____	_____
3. A família de Isabel abre os presentes à meia-noite.	_____	_____
4. Os primos de Isabel não ganham presentes.	_____	_____
5. No Brasil, as pessoas se vestem de preto no Ano Novo.	_____	_____
6. Iemanjá é a orixá dos ventos.	_____	_____
7. As pessoas jogam flores para Iemanjá.	_____	_____
8. Daniel também vai se vestir de branco no Ano Novo.	_____	_____

B. Lógico ou ilógico? You will hear several statements. As you listen, indicate whether each statement is **lógico** or **ilógico**.

	LÓGICO	ILÓGICO
1.	_____	_____
2.	_____	_____
3.	_____	_____
4.	_____	_____
5.	_____	_____
6.	_____	_____
7.	_____	_____
8.	_____	_____

C. Datas importantes. You will hear descriptions of various celebrations. Write down the month of the celebration.

1. 7 de _____: Independência do Brasil
2. 1 de _____: Dia do Trabalho nos países de língua portuguesa
3. 19 de _____: Dia do Pai em Portugal
4. 12 de _____: Dia dos Namorados no Brasil
5. 22 de _____: Chegada dos portugueses ao Brasil
6. 12 de _____: Dia de Nossa Senhora Aparecida

Para conversar

 8-25 Lembranças da infância. Faça perguntas a dois/duas colegas e depois prepare um relatório para toda a turma.

1. Três atividades que gostava de fazer quando era pequeno/a.
   _____

2. Datas em que lhe davam presentes.
   _____

3. Festas mais importantes na família.
   _____

4. Como comemoravam essas festas.
   _____

5. Recordações de atividades como desfiles e procissões. Quais?
   _____

 8-26 Entrevista. Entreviste um/a colega sobre o último aniversário dele/dela. Pergunte…

1. como queria comemorá-lo   4. que presentes queria receber
2. como comemorou   5. que presentes lhe deram
3. quem convidou   6. …

Para ler

20-23

 8-27 Preparação. Primeiro passo. Com um/a colega, escrevam as palavras ao lado da festividade ou evento a que se associam. Algumas palavras podem estar em mais de um grupo.

flores	incenso	procissão	peixe	presente
árvore	frutas	chocolate	fantasia	imagem de santo

1. Natal: _____
2. Semana Santa: _____
3. Dia dos Namorados: _____
4. Festas Juninas: _____
5. Quaresma: _____
6. Carnaval: _____

Segundo passo. Agrupem as palavras do **Primeiro passo** segundo o que simbolizam para vocês. É possível que uma palavra simbolize mais de uma coisa.

1. o amor: _____
2. a alegria: _____
3. o sacrifício: _____
4. o agradecimento: _____
5. a purificação: _____
6. o triunfo: _____
7. a devoção: _____

8-28 Primeiro olhar. Leia o artigo e siga as instruções.

CARNAVAL: A FESTA-SÍMBOLO DO BRASIL

Desfile de escolas de samba no Rio

Com raízes religiosas, o carnaval é uma das maiores festas do Brasil. Sua data é móvel, sendo determinada de acordo com a Páscoa, ou seja, o fim do carnaval marca o início da Quaresma. Os foliões se divertem de sábado até terça-feira, dias oficiais do carnaval, e se recuperam na Quarta-Feira de Cinzas. Entretanto, na realidade, o carnaval começa muito antes do sábado: há sempre bailes na sexta-feira. Em Salvador e Recife, os festejos começam semanas antes e, no Rio, as escolas de samba ensaiam praticamente o ano todo.

O carnaval acontece no país todo, mas está longe de ser homogêneo. No Rio, o ponto alto da festa é o desfile das escolas de samba no Sambódromo situado na Avenida Marquês de Sapucaí. As escolas de samba são grupos compostos, em sua maioria, por membros das comunidades pobres do Rio, conhecidas como favelas. O desfile é altamente organizado e todas as escolas passam pela avenida para serem julgadas de acordo com vários critérios como, por exemplo, samba-enredo, bateria e porta-bandeira. O luxo no carnaval é hiperbólico e está em todas as partes, como nas fantasias cheias de detalhes e nos enormes carros alegóricos. Muitas celebridades fazem questão de sair com a sua escola preferida e ganham posições de destaque no alto dos carros alegóricos. A competição entre as escolas é muito grande e ganhar o primeiro lugar significa um imenso prestígio. O desfile acontece todos os anos no Sambódromo, projeto do arquiteto Oscar Niemeyer. Durante o resto do ano, o Sambódromo serve como uma escola regular do ensino público.

Em Salvador, o carnaval é comemorado com trios elétricos e blocos de afoxé passando pelas ruas da cidade com o povo atrás em uma animação contagiosa e esfuziante. Os trios elétricos são gigantescos caminhões transformados em verdadeiros palcos onde bandas inteiras produzem um som alegre e ensurdecedor. O Carnaval do Recife é também intenso, com blocos de rua animados pelo frevo, o ritmo musical tradicional da cidade.

Não é preciso fazer parte de escolas de samba famosas ou estar em grandes cidades para participar do carnaval. Os carnavais nas pequenas cidades são tão ou mais animados do que os dos grandes centros urbanos. Há bailes nos clubes todas as noites para os adultos e à tarde há matinês para as crianças. À noite, as pessoas cantam as conhecidas e tradicionais marchas de carnaval enquanto pulam animadamente. Todos reconhecem o fim da noite quando a última música começa a tocar já com o sol raiando.

8-29 Primeira exploração. Responda às perguntas:

1. Quando começa oficialmente o carnaval?
   _____

2. Qual é o ponto alto do carnaval no Rio de Janeiro?
   _____

3. Como é comemorado o carnaval em Salvador?
   _____

4. E no Recife?
   _____

Segunda exploração. Verdadeiro ou falso? Indique se a afirmação é verdadeira ou falsa. Se for falsa, dê a informação apropriada. Localize no texto as frases que sustentam as respostas.

	VERDADEIRO	FALSO
1. O carnaval tem origens religiosas.	_____	_____
2. O carnaval nas pequenas cidades é menos animado do que nas grandes.	_____	_____
3. O carnaval acontece sempre em janeiro.	_____	_____
4. Os trios elétricos são uma característica do carnaval baiano.	_____	_____
5. O carnaval é uma festa muito modesta.	_____	_____
6. Pode-se ouvir o frevo no Sambódromo durante o ano todo.	_____	_____
7. O Sambódromo foi projetado por Oscar Niemeyer.	_____	_____
8. As celebridades adoram sair em lugar de destaque, de preferência no alto dos carros alegóricos.	_____	_____

 # Para escrever

24

8-30 Mãos à obra: fase preliminar. Você trabalha para uma agência de pesquisa social do governo dos Estados Unidos. Esta organização publica uma revista em várias línguas e você é o/a responsável pela edição em português. No próximo número—a ser distribuído em Timor-Leste e em Angola—a revista vai publicar os resultados de uma pesquisa que indica as preferências dos jovens americanos em relação às festas ou tradições religiosas. Faça a pesquisa com dez dos colegas da turma.

Assinale a resposta certa ou complete com a informação pessoal adequada.

1. A comemoração mais importante em minha casa é...
   a. o Natal.
   b. o Rosh Hashaná
   c. o Ramadã
   d. outra: _____
2. Esta comemoração dura...
   a. um dia
   b. dois ou três dias
   c. mais de uma semana
   d. outra: _____
3. Quando éramos crianças, achávamos a comemoração...
   a. muito divertida
   b. divertida
   c. nem divertida nem chata
   d. chata

4. Quando éramos crianças, para esta comemoração usávamos...
   a. roupa nova
   b. fantasias
   c. roupa do dia a dia
   d. outra: _____
5. Quando comemorávamos este dia, as crianças da família...
   a. brincavam
   b. viam televisão
   c. dormiam
   d. outra: _____
6. Diferentemente de quando era criança, hoje comemoro _____ fazendo o seguinte:

   _____
   _____
   _____

8-31 Mãos à obra. Agora escreva o artigo para a revista. As seguintes expressões podem ser úteis.

EXPRESSÕES ÚTEIS	
PARA EXPRIMIR UM PONTO DE VISTA OU A FONTE DE INFORMAÇÃO	segundo/na opinião de…/ … acredita que… de acordo com os dados de… … indica/m que…
PARA DAR DADOS ESTATÍSTICOS	a maioria/a minoria a metade (de) … por cento (de)
PARA INDICAR CONTRASTES	diferentemente de… ao contrário de…
PARA INDICAR SEMELHANÇAS	como assim/tal como
PARA DAR EXEMPLOS	por exemplo

8-32 Revisão. Um/a colega editor/a vai rever o artigo e ajudá-lo/la a expressar melhor a sua análise antes de publicá-lo.

Projeto final

Preparação

8-33 Um casamento em família. A sua irmã vai se casar e você vai ajudá-la a preparar a festa. Vocês vão contratar uma empresa, mas antes estão preparando uma lista do que precisam. Marque com um X o que você acha importante a empresa providenciar.

	IMPORTANTE	MENOS IMPORTANTE
Fazer os convites e enviá-los pelo correio	_____	_____
Organizar o jantar	_____	_____
Comprar flores	_____	_____
Providenciar as bebidas	_____	_____
Preparar o bolo	_____	_____
Fazer a decoração da festa	_____	_____
Contratar um grupo de músicos para tocar na igreja	_____	_____
Conseguir música ao vivo para a festa	_____	_____
Servir o coquetel	_____	_____

Mãos à obra

8-34 **Parte 1: As empresas.** Você recebeu duas propostas de empresas especializadas em festas de casamento. Com um/a colega, comparem as duas propostas e escolham a mais apropriada.

Para duzentos convidados:

	FIRMA 1	FIRMA 2
convites	R$ 1.100	R$ 1.250
coquetel	R$ 3.300	R$ 3.800
jantar	R$ 17.000	R$ 15.500
bebidas	R$ 5.500	R$ 5.000
flores	R$ 3.400	R$ 3.400
bolo	R$ 650	R$ 550
decoração	R$ 4.500	R$ 3.600
músicos para a igreja	R$ 5.500	R$ 5.000
músicos para a festa	R$ 6.600	R$ 7.700

Parte 2: A decisão. Você e um/a colega vão fazer um pequeno resumo comparando as duas firmas e explicando a preferência por uma delas.

Parte 3: Apresentação. O/A seu/sua colega apresenta o resumo para a turma.

Parte 4: Comentários. A turma e o/a professor/a comentam os seus planos.

Horizontes

O Centro e o Norte de Portugal

A região Centro ocupa 31% do território continental de Portugal e compreende integralmente os distritos de Coimbra, Castelo Branco e Leiria; a maior parte dos distritos de Aveiro, Viseu e Guarda; e cerca de um terço do distrito de Santarém. É uma região muito variada quanto a condições naturais, população e economia. A área mais próxima da costa atlântica (a chamada Beira Litoral) tem a maior densidade populacional; é onde se encontra Coimbra, a maior cidade da região, famosa pela universidade (a mais antiga de Portugal e uma das mais antigas da Europa). É também uma região rica em atividade industrial, em crescimento sobretudo na área das novas tecnologias da informação e comunicação. O interior da região Centro (a chamada Beira Interior que se subdivide em Beira Alta e Beira Baixa) é predominantemente montanhoso, com a Serra da Estrela destacando-se entre um grande número de serras. O Parque Nacional da Serra da Estrela é um destino turístico muito procurado em qualquer estação do ano; é ali que se encontra o ponto mais alto de Portugal continental, com 1.993 metros. A base da economia da região é a agricultura (o seu produto mais famoso é o excelente Queijo da Serra) e a exploração das florestas.

Uma estrada montanhosa na Serra da Estrela

Para responder

1. Quais são os aspe(c)tos *superlativos* de Coimbra, da Universidade de Coimbra, da Serra da Estrela e do Queijo da Serra?
2. Indique algumas atividades que se podem fazer no Parque Nacional da Serra da Estrela em várias estações do ano.

O Norte de Portugal, que compreende 20% do território de Portugal continental, inclui as regiões do Minho (com a cidade do Porto, a segunda maior do país, e a histórica cidade de Braga) e de Trás-os-Montes. O litoral nortenho, sobretudo na proximidade do Porto, é altamente industrializado; a própria cidade do Porto, situada na foz do rio Douro, tem a densidade populacional elevadíssima de 6.337,4 habitantes/km^2. O Porto é uma cidade famosa não só pela indústria, como

A cidade do Porto

também pelos monumentos, tanto históricos como modernos; entre eles contam-se a Ponte Maria Pia, construída no século dezanove pela empresa de Gustave Eiffel (o criador da famosíssima Torre Eiffel em Paris), e a Casa da Música, inaugurada em 2005, obra do aclamado arquiteto holandês Rem Koolhas. O vinho do Porto, produzido nas encostas do Douro, é o produto da cidade e da região mais conhecido internacionalmente.

Como a Beira Interior, Trás-os-Montes é uma região montanhosa (escondida atrás dos montes, como sugere o nome), de grande beleza natural, mas esparsamente populada, devido em boa parte à emigração. As cidades principais, Bragança e Vila Real, são relativamente pequenas, com menos de 50.000 habitantes, e a agricultura continua a ser a principal base económica da região. Além dos produtos agrícolas (como milho, trigo, azeite, batatas e uvas), Trás-os-Montes exporta também granito e excelentes águas minerais (como as famosas águas das Pedras Salgadas ou de Vidago).

Para responder

1. A indústria no Norte de Portugal concentra-se _____.
2. O produto internacionalmente mais famoso desta região é _____.
3. Trás-os-Montes é uma região _____ e _____.

Para navegar

1. Escolha uma das cidades do Centro ou do Norte de Portugal e procure informações sobre a sua população, economia, monumentos históricos e/ou atrações culturais. Apresente os resultados na aula.
2. Com um grupo de colegas, faça planos para uma excursão à Serra da Estrela. Decidam a) se vocês preferem ir no inverno ou no verão; b) quanto tempo vão ficar; c) onde é que vocês vão ficar e quanto vai custar o alojamento; d) o que vão fazer.
3. Pesquise um dos clubes (d)esportivos mais conhecidos das regiões Centro e Norte de Portugal: Futebol Clube do Porto, Boavista, Sporting Clube de Braga, Vitória de Guimarães, Académica de Coimbra. Anote alguns destaques dos seus sites da Internet e apresente os resultados na aula.

Torre de Menagem na cidade de Bragança

Festas e tradições

a alegria	joy
a associação	association
o baile	ball
a bênção	blessing
o carnaval	carnival, Mardi Gras
o casamento	wedding
a celebração	celebration
a cerimônia (B)	ceremony
a cerimónia (P)	ceremony
o ciclo	cycle
a comemoração	celebration
a competição	competition
a distribuição	distribution
a esteira	mat
a fantasia	costume
o feriado	holiday
o festejo	feast, celebration
o ingresso (B)	ticket
a leitura	reading
a litania	litany
a missa	Mass
o Pai Natal (P)	Santa Claus
o Papai Noel (B)	Santa Claus
o ponto	point
a procissão	procession
a refeição	meal
a religião	religion
a raiz	root
o ritual	ritual
santo/a	holy
o/a santo/a	saint
a véspera	eve

Pessoas

o adulto	adult
a dama de honra (B)	bridesmaid
a dama de honor (P)	bridesmaid
o folião	reveller
o/a participante	participant
o/a telespectador/a	TV viewer

Lugares

o arquipélago	archipelago
o golfo	gulf
a igreja	church
a ilha	island
a paróquia	parish
a sinagoga	synagogue

Descrições

afro-cristão/cristã	Afro-Christian
católico/a	Catholic
conhecido/a	known
elaborado/a	elaborate
famoso/a	famous
inteiro/a	entire, whole
melhor	better, best
maior	bigger, biggest
menor	smaller, smallest
pior	worse, worst
religioso/a	religious
solene	solemn, grand
vários/as	various

Verbos

agradecer	to thank
chamar	to call
colocar	to place
continuar	to continue
convidar	to invite
deitar	to lay down
deitar-se	to lie down, to go to bed
desfilar	to parade, to march
despedir	to fire, to dismiss
despedir-se	to say goodbye
destacar-se	to stand out
fantasiar-se	to wear a costume
festejar	to celebrate
girar	to revolve
lembrar	to remind
lembrar-se	to remember
passar	to go by
realizar-se	to take place
rezar	to pray
transmitir	to broadcast

Palavras e expressões úteis

ao longo de	along
ao vivo	live (on TV)
a partir de	beginning on
o bocado	bit, piece
chamado/a	called, so-called
com certeza	certainly
em pé	standing
em torno de	around
estar com saudades (de)	to miss (someone or something)
mais … (do) que	more … than, …er than (e.g., shorter than)
menos … (do) que	less … than, fewer … than
mesmo/a	same
tanto/a … quanto/como	as much … as
tantos/as … quanto/como	as many … as
tanto quanto/como	as much as
tão … quanto/como	as … as
sem dúvida	without a doubt

*See page 309 for holidays; see page 319 for superlatives.

O trabalho e os negócios

COMUNICAÇÃO

In this chapter you will learn to:

- Talk about the work place and professions
- Discuss job skills and abilities
- Ask about professional qualifications and requirements
- Discuss national, regional, and global economies
- Give orders and instructions

🔊 As profissões

Uma operária supervisiona a produção numa fábrica de têxteis no Recife.

Uma jovem executiva brasileira começa um dia de trabalho.

Duas cientistas portuguesas testam uma vacina.

Corretores reagem a uma notícia na bolsa de valores de São Paulo.

Técnicos e engenheiros conferem os controles da central hidroelétrica de Itaipu, na fronteira entre o Brasil e o Paraguai.

Dois pescadores cabo-verdianos no seu barco.

Um porteiro leva a mala do hóspede para o Hotel da Lapa em Lisboa.

Um cozinheiro prepara comida num restaurante no Rio de Janeiro.

Outras profissões, ofícios e ocupações

a juíza

o advogado

o ator

a empregada doméstica

o policial (B)/o polícia (P)

a bibliotecária

a caixa

o motorista

a médica

o contador (B)/o contabilista (P)

a eletricista

a enfermeira

a mulher de negócios

o engenheiro

o intérprete

a cabeleireira

o psicólogo

a jornalista

o encanador (B)/o canalizador (P)

a arquiteta

9-1 As profissões e os atributos pessoais. Junto com um/a colega, digam como devem ser essas pessoas.

Modelo   um piloto
          inteligente/sério/preguiçoso/…
          Deve ser inteligente, sério e responsável. Não deve ser preguiçoso.

1. um/a psiquiatra
   corajoso(a)/romântico(a)/impaciente/antipático(a)/inteligente/…
2. um ator/uma atriz
   atraente/simpático(a)/tímido(a)/magro(a)/alto(a)/…
3. um homem/uma mulher de negócios
   autoritário(a)/sério(a)/preguiçoso(a)/dinâmico(a)/responsável/…
4. um/a secretário/a
5. um/a astronauta
6. um/a empregado/a doméstico/a
7. um/a veterinário/a

9-2 Associações. Junto com um/a colega, associem uma ou mais profissões com os seguintes lugares de trabalho; depois digam o que essas pessoas fazem.

LUGAR	PROFISSÃO	O QUE FAZ?
o hospital		
o restaurante		
a sala de aula		
o barco de pesca		
a loja de roupas		
o consultório médico		
o salão de beleza		
o banco		

Cultura

Nos países de língua portuguesa, algumas profissões, como secretária e professora da primeira à quarta série, tendem a ser exercidas por mulheres. No Brasil, pessoas que trabalham em profissões como empregada doméstica, gari ou servente recebem, em média, o salário mínimo por oito horas de trabalho diário. ■ ■

9-3 A profissão ideal. Primeiro passo. Pense na profissão ideal que você deseja exercer no futuro. Um/a colega vai fazer-lhe perguntas sobre o que fazem as pessoas que têm essa profissão para tentar adivinhar qual é. Depois você vai adivinhar a profissão do/a colega.

Segundo passo. Agora, faça uma lista de quatro requisitos do trabalho ideal do/a colega e faça perguntas para verificar se ele/ela tem essas qualificações. A seguir, responda às perguntas do/a colega.

🔊 A entrevista

DRA. GUIMARÃES: Bom dia, senhor doutor. Chamo-me Teresa Guimarães e sou presidente da companhia.

DR. COSTA: Muito prazer, senhora doutora.

DRA. GUIMARÃES: Sente-se, por favor. O senhor candidatou-se à vaga de gerente de vendas, não é?

DR. COSTA: Candidatei, sim. Li no *Público* que havia uma vaga para esse cargo. Depois pedi um formulário de candidatura, que preenchi.

DRA. GUIMARÃES: Certo, certo. Tenho-o aqui e também tenho o seu currículo, que é excelente.

DR. COSTA: Muito obrigado.

DRA. GUIMARÃES: Atualmente trabalha na empresa Vilaverde. Porque deseja mudar de emprego?

DR. COSTA: Bem, na verdade estou muito satisfeito com o meu emprego atual, mas gostava de trabalhar para uma companhia internacional e poder usar outras línguas. Como a senhora doutora viu no meu currículo, falo espanhol, inglês e francês.

DRA. GUIMARÃES: No seu formulário, indica que deseja um salário de 3.000 euros. No entanto, para o cargo que temos, o salário oferecido é de 2.600.

DR. COSTA: Sim, sim, eu sei. Mas a diferença não é tão importante. O mais importante é que aqui posso ter a oportunidade de comunicar com os clientes na sua própria língua. Acredito que isso vai melhorar significativamente as vendas da Computel.

DRA. GUIMARÃES: Muito bem. Se acha a remuneração razoável, porque não vamos ao escritório do diretor geral para continuar a nossa entrevista?

DR. COSTA: Com muito prazer!

9-4 À procura de informações. Com um/a colega, procure as seguintes informações no diálogo anterior.

1. nome da presidente da companhia
2. cargo que o Dr. Costa solicitou
3. nome da companhia onde o Dr. Costa trabalha
4. nome da companhia onde o Dr. Costa quer trabalhar
5. línguas que ele fala
6. salário que ele quer ganhar
7. salário que a nova companhia oferece
8. motivo para o Dr. Costa mudar de trabalho

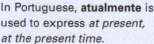

Língua

In Portuguese, **atualmente** is used to express *at present, at the present time.*

Atualmente trabalho em São Paulo.
At the present time I work in São Paulo

To express *actually*, use **realmente, na verdade** or **na realidade.**

Realmente/Na realidade/Na verdade, trabalhei apenas um mês no Rio de Janeiro.

9-5 Comportamento adequado ou inadequado? O seu amigo/a sua amiga vai a uma entrevista para o cargo de secretário/a. Com um/a colega, prepare uma lista de quatro coisas que se devem ou que não se devem fazer antes da entrevista e durante a entrevista. Depois, compare as listas que vocês fizeram com as de outros/as colegas.

Antes da entrevista:

SIM   NÃO

1. _____   _____
2. _____   _____
3. _____   _____
4. _____   _____

Durante a entrevista:

SIM   NÃO

1. _____   _____
2. _____   _____
3. _____   _____
4. _____   _____

9-6 Entrevista de trabalho. Você está à procura de trabalho e encontra os seguintes anúncios em vários jornais brasileiros e portugueses. Escolha um dos anúncios. Um/a colega vai fazer o papel do/a diretor/a de recursos humanos da empresa e vai entrevistá-lo/a para obter as seguintes informações. Depois troquem de papéis.

1. nome da pessoa que se candidata ao cargo
2. diplomas que o/a candidato/a tem
3. línguas que o/a candidato/a fala
4. lugar onde trabalha atualmente
5. responsabilidades que tem no emprego atual
6. experiência anterior
7. razões para querer trabalhar na empresa
8. …

CLÍNICA DE CIRURGIA PLÁSTICA LA BELLA
Procura

Auxiliar de enfermeira para próteses

(Implantes faciais de botox, lipoaspiração e cirurgias plásticas)

Informações:

Rua Visconde de Pirajá, 2333, conjunto 2142, Ipanema, Rio de Janeiro Telefonar para Leila, 2523-8976

Hotel Pestana Carlton Madeira
Procura

RECECIONISTA

► Boa aparência
► Diploma do décimo segundo ano
► Inglês
► Experiência com Windows

EMPREGADA DE LIMPEZA

► Experiência
► Disponível para trabalhar no turno da noite

Boas condições, excelente ambiente de trabalho.

Contacto:
Hotel Pestana Carlton Madeira,
Largo António Nobre,
9004-531 Funchal.

 Tel.: 291 239 500

EMPRESA MULTINACIONAL EM MAPUTO
Procura
◄ CONTABILISTA ►

Requisitos:
• Formação superior em Contabilidade
• Três anos de experiência profissional
• Português/Inglês

Para mais informações: tel. 0824145690

NIPPO RESTAURANTE
Comida japonesa

Precisa
Sushiman
Segundo grau completo
Três anos de experiência como sushiman

SALÁRIO INICIAL: RS $4.000,00
Restaurante em um centro empresarial de São Paulo

INFORMAÇÕES: Leonardo, fone 011-8346-9250

Editora Leitura Global
Aceita candidaturas para

Diretor de Marketing e Venda de Publicidade

Requisitos:
– Experiência mínima de 5 anos em Marketing/Publicidade
– Dinamismo e organização
– Liderança
– Inglês e espanhol fluentes
A empresa oferece:
    Salário competitivo, seguro de saúde,
    ótimo ambiente de trabalho
Envie currículo para: Caixa postal 324, São Paulo, SP 08600-001

Para escutar

A profissão de Elisa. You will hear a woman talking about her profession. Mark the appropriate ending to each statement based on what you hear.

1. Elisa Soares é…
   _____ artista
   _____ mulher de negócios
   _____ jornalista

2. O horário da Elisa é…
   _____ das 9 às 17 horas
   _____ variável
   _____ de segunda a sábado

3. Elisa faz quase todo o seu trabalho…
   _____ em casa
   _____ em diferentes lugares
   _____ no escritório

4. Elisa trabalha basicamente com…
   _____ crianças que necessitam de ajuda
   _____ pessoas importantes na comunidade
   _____ artistas famosos

Estruturas

1. Stating impersonal information: *Se* as impersonal subject

REPÓRTER: Qual é a vantagem de aprender português?
PROFESSOR: São várias. Fala-se português nos cinco continentes. São mais de 200 milhões de falantes nativos dessa língua. O potencial de negócios é muito grande.
REPÓRTER: Interessante. O senhor acredita que esta realidade é conhecida?
PROFESSOR: Sim e não. Trabalha-se muito para aumentar a visibilidade da língua portuguesa. Temos tido resultados positivos nos últimos anos.
REPÓRTER: O que é que se faz?
PROFESSOR: Tenta-se todo o tipo de estratégia. Exige-se imensa dedicação dos professores de Português. Organizam-se eventos especiais, cursos em países de língua portuguesa, cursos inovadores, festivais, etc. Colocam-se cartazes pelo campus, distribuem-se folhetos, enfim, faz-se de tudo.
REPÓRTER: Boa sorte com o semestre e com a divulgação da língua portuguesa.
PROFESSOR: Obrigado!

Vamos analisar. Indique se as seguintes afirmações são verdadeiras (**V**) ou falsas (**F**).

1. _____ Não se fala português na Ásia.
2. _____ Pretende-se aumentar a visibilidade da língua portuguesa.
3. _____ As campanhas para ampliar a visibilidade do português têm dado bons resultados.
4. _____ Faz-se muito para aumentar a visibilidade do português.
5. _____ Usa-se um grande número de estratégias.

PROCURA-SE
DIRETOR DE PESSOAL
Para multinacional

- Experiência mínima de dois anos
- Pedem-se cartas de recomendação
- Excelente ambiente de trabalho
- Salário a combinar

Enviar carta e currículo para:
Caixa postal 325, São Paulo,
SP 09321

Procuram-se
VENDEDORES

Empresa de telecomunicações
em Ponta Delgada
Exige-se experiência em vendas

**Marque entrevista pelo
telefone: 296-653-244**

■ In Portuguese, the word **se** has several meanings. The *verb* + **se** construction is used to emphasize the occurrence of an action rather than the person(s) responsible for that action. The noun (what is needed, sold, offered, etc.) usually follows the verb. The person(s) who sell(s), offer(s), etc. is/are not mentioned. This is normally done in English with the passive voice (*is/are + past participle*).

Fala-se português no Brasil.   *Portuguese is spoken in Brazil.*

■ Use a singular verb with singular nouns and a plural verb with plural nouns. In European Portuguese, it is preferable to use a singular verb, even with a plural noun.

Exige-se experiência.	*Experience is required.*
Procuram-se vendedores.	*Salespeople are needed.*
Vende-se computadores. (P)	*Computers for sale.*

■ When the construction is not followed by a noun, but rather by an adverb, an infinitive, a past participle, or a clause, use a singular verb. This is done in English with indefinite subjects such as *they, you, one, people.*

Trabalha-se muito nesta empresa.   *They work a lot in this company.*

■ **Se** follows the verb (attached by a hyphen) in affirmative sentences and in questions not introduced by a question word. **Se** precedes the verb in negative sentences, in questions introduced by a question word, after conjunctions or relative pronouns such as **que** or **quem**, and after certain adverbs. In spoken Brazilian Portuguese, **se** often precedes the verb in any context.

Aqui **não se fala** inglês.	*English is not spoken here.*
O que se faz para marcar uma entrevista?	*What does one do to set up an interview?*
Acho **que se deve** telefonar.	*I think you/one need(s) to call.*
Só se pedem duas cartas de recomendação.	*They only ask for two letters of recommendation.*

 9-7 Associações. Com um/a colega, associe as atividades com os lugares onde elas ocorrem.

ATIVIDADES	LUGARES
1. _____ Vende-se roupa infantil…	a. na livraria
2. _____ Serve-se comida…	b. no hipermercado
3. _____ Apresentam-se notícias…	c. nos concertos de música clássica
4. _____ Toca-se violino…	d. na televisão
5. _____ Vendem-se livros…	e. no restaurante

9-8 Vamos organizar o escritório. Você quer mudar a disposição dos móveis do seu escritório. Um/a colega vai perguntar onde se deve colocar os móveis, para ajudar. Você deve responder de acordo com o desenho.

Modelo   o sofá
Onde se coloca o sofá?
Coloca-se entre as duas mesinhas.

1. a mesa alta
2. as revistas
3. o abajur (B)/o candeeiro (P)
4. as duas cadeiras

5. o computador
6. os quadros
7. as plantas
8. o cesto

 9-9 O escritório de hoje e o escritório do passado. Decida que equipamento se usava nos escritórios há quarenta anos e o que se usa agora. Compare as respostas com um/a colega.

EQUIPAMENTO DE ESCRITÓRIO	ANTES	AGORA
computador		
máquina de escrever		
telefone		
fax		
cadeiras		
calculadora		
canetas		

Situações

1. **Role A.** You are an advertising manager (**gerente de publicidade**) who is presenting a new ad campaign (**campanha publicitária**) to the president of a company. After showing two ads to the president, a) ask him or her if he or she likes them; b) mention the magazines where the ads will appear; and c) state the reasons why you chose those magazines. Then answer his or her questions.

   Role B. You are the president of an important company who has to decide about a new advertising campaign. After telling the ad manager that you like the ads and listening to his or her explanations, inquire a) about the cost of the campaign, and b) when it will begin.

2. One of you is conducting interviews for your company; the other is a prospective employee. The interviewer asks the candidate a) where he or she read the ad for the job; b) where he or she worked before; c) what he or she used to do there; d) where he or she is working now, and e) why he or she wants to change jobs and work for your company.

2. Talking about the past: More on the preterit and the imperfect

9-12

Jornalista   Mário Pereira

JORNALISTA: Mário Pereira, o senhor **estava** no Bancafé quando os ladrões entraram, não é verdade? Qual é a razão que o **levou** ao banco?

MÁRIO: **Estava** no caixa. **Ia** fazer um depósito, mas claro, não **pude** fazer a transação.

JORNALISTA: O que é que os empregados **fizeram** quando **souberam** que **havia** ladrões no banco?

MÁRIO: Tudo **aconteceu** rapidamente. No momento do assalto, os caixas **estavam** ocupados com os clientes. Os seguranças do banco **viram** os ladrões e **quiseram** detê-los mas não **conseguiram**.

Vamos analisar. Indique o(s) sujeito(s) da ação durante o assalto: Mário Pereira (M), os caixas do Bancafé (BC), os clientes (CL) ou os seguranças (S).

1. _____ **estavam** ocupados com os clientes.
2. _____ **não pôde** depositar dinheiro na sua conta do Bancafé.
3. _____ **estavam** na fila do caixa.
4. _____ **não puderam** deter os ladrões.

■ In **Lição 7** you learned the preterit of **saber** with the meaning of finding out about something. You also learned the preterit of **querer** with the meaning of wanting or trying to do something, but failing to accomplish it.

Soube que chegaram ontem.	*I found out that they arrived yesterday.*
Quis ir ao aeroporto, mas foi impossível.	*I wanted (and tried) to go to the airport, but it was impossible.*

■ In the negative, the preterit of **querer** conveys the meaning of refusing to do something

Não **quis** ir.	*I refused to go.*

■ **Conhecer** and **poder** also convey a different meaning in English when the Portuguese preterite is used.

IMPERFECT	PRETERIT
Conhecia o Júlio.	Conheci o Júlio.
I knew Júlio.	*I met Júlio.*
Podia fazê-lo.	Pude fazê-lo.
I could do it (I was able to).	*I managed to do it (I accomplished it).*
Não podia fazê-lo.	Não pude fazê-lo.
I couldn't do it (I wasn't able to).	*I couldn't do it (I tried and failed).*

■ To express intentions in the past, use the imperfect of **ir** + *infinitive*.

Ia sair, mas era muito tarde.	*I was going to go out but it was very late.*

■ You have used the imperfect to express an action or event that was in progress in the past. You may also use the imperfect progressive, especially when you want to emphasize the ongoing nature of the activity.

■ In Brazilian Portuguese, form the imperfect progressive with the imperfect of **estar** and the present participle (**-ndo**).

Estava falando com a secretária quando a gerente chegou.	*I was talking to the secretary when the manager arrived.*

■ In European Portuguese, form the imperfect progressive with the imperfect of **estar** + **a** + *infinitive*.

Estava a falar com a secretária quando a gerente chegou.	*I was talking to the secretary when the manager arrived.*

9-10 Um escritório muito movimentado. Trabalhe com um/a colega. O que estavam fazendo (B)/estavam a fazer (P) as pessoas do desenho abaixo quando vocês chegaram ao escritório delas?

Reinaldo	João	o chefe	Alice
Irene	Isabel	o cliente	Laura

9-11 Você tem boa memória? Pense no momento em que você entrou na sala de aula hoje. Diga a um/a colega o que três estudantes estavam fazendo (B)/estavam a fazer (P) quando você entrou na sala. Depois, o/a colega deve dizer o que outros três estudantes estavam fazendo/estavam a fazer quando ele/ela entrou.

9-12 Use a imaginação. Estas descrições indicam o que várias pessoas estavam fazendo/estavam a fazer. Trabalhem em pares e decidam qual era a profissão de cada uma dessas pessoas e o que iam fazer depois.

Modelo   Um senhor olhava a planta de um edifício e depois disse que certas coisas não estavam bem no edifício.

E1: Ele era o arquiteto do edifício.
E2: Ia fazer algumas mudanças na planta.

1. Um senhor tinha um secador de cabelo na mão e tocava no cabelo de uma senhora que estava sentada na frente dele.
2. Uma senhora que estava numa sala cheia de estantes com livros respondia às perguntas das pessoas e entregava-lhes os livros que pediam.
3. Uma jovem bonita que estava vestida com roupa como na Roma antiga falava em frente a uma câmera (B)/câmara (P) de televisão. Tinha os olhos e a boca muito pintados e fazia gestos dramáticos.
4. Esta pessoa usava um traje especial, luvas, botas muito grandes e uma viseira de plástico transparente nos olhos para poder ver. Olhava para as estrelas muito brilhantes no céu.

Vamos viajar

Os jovens e o trabalho

Nos Estados Unidos, especialmente depois dos 16 anos, os jovens geralmente trabalham em supermercados, restaurantes, cinemas, etc., onde ganham uma remuneração relativamente pequena que ajuda a pagar algumas despesas, como, por exemplo, roupas ou o primeiro carro. Nos países de língua portuguesa, esta prática não é comum entre os jovens das classes média e média alta, os quais se dedicam exclusivamente ao estudo, recebendo uma mesada dos pais. Por outro lado, os jovens das famílias de menor renda muitas vezes precisam de trabalho remunerado para ajudar com as despesas da casa. No Brasil, de acordo com uma pesquisa nacional realizada em 2003, do total dos jovens de 15 a 17 anos, 60,9% apenas estudam, 21,4% estudam e trabalham e 7,7% apenas trabalham (dos restantes 10%, 7% realizam afazeres domésticos e 3% não realizam nenhuma atividade). Tanto no Brasil como em Portugal, a idade mínima legal para se começar a trabalhar é 16 anos. No entanto, em ambos os países há casos de trabalho infantil. Em Portugal, estes ocorrem sobretudo no Norte e no Algarve; a agricultura emprega a maior parte da mão de obra infantil, seguida pelo comércio, indústria (de vestuário e calçado), hotelaria e construção.

Em alguns países africanos de língua portuguesa, a taxa de trabalho infantil é bastante elevada. Em Angola, é possível encontrar crianças e adolescentes engraxando sapatos, trabalhando em pequenas empresas familiares e vendendo produtos alimentícios e industriais. Várias organizações não governamentais (ONGs), como Kandengues Unidos ("kandengue" quer dizer "criança" em kimbundu) e a Rede Criança, apoiam estas crianças e adolescentes a reivindicar os seus direitos de organização, melhores condições de trabalho e também o direito à educação.

Para pesquisar

Usando "trabalho infantil" como o termo chave para a busca, procure mais informações sobre este problema em um ou vários países lusófonos.

9-13 Comparando experiências. Primeiro passo. Em grupos de quatro estudantes, compilem os seguintes dados sobre a experiência individual de cada membro do grupo:

a. trabalhava ou não entre os 16 e os 18 anos de idade
b. quantos anos tinha quando fez trabalho remunerado pela primeira vez
c. que tipo de trabalho fazia nesse primeiro emprego
d. quantas horas por semana trabalhava
e. quanto ganhava

Segundo passo. Agora, comparem e analisem os dados de cada grupo para produzir um quadro estatístico da turma.

a. Trabalho remunerado entre 16 e 18 anos: sim _____ % não _____%
b. Idade para começar a trabalhar: 16 _____% 17 _____% 18 _____% outra _____%
c. Locais/tipos de trabalho (do mais comum ao menos comum): _____
_____
_____
d. Número médio de horas de trabalho por semana: _____
e. Salário médio: _____

Vídeo

Dona Sônia acredita que há trabalho no Brasil, mas as pessoas não estão capacitadas para os empregos de hoje.

3. Asking questions: More on interrogative pronouns

3-15

CARLA: Quando foi a entrevista?
PAULO: Ontem.
CARLA: Como você foi?
PAULO: Muito bem!
CARLA: Você conseguiu?
PAULO: Consegui, sim. Advinhe qual foi a companhia que me entrevistou.
CARLA: Hum… deixa eu pensar. Que tipo de companhia?
PAULO: Relativamente pequena, na área de alimentos.
CARLA: De onde é que é essa companhia?
PAULO: Do Porto.
CARLA: Já sei. É a do "Porquinho Alegre"?
PAULO: É, sim.
CARLA: Parabéns. É uma excelente companhia.
PAULO: Obrigado.

Vamos analisar. Indique se as seguintes afirmações são verdadeiras (**V**), falsas (**F**) ou não sabemos (**NS**).

1. _____ Paulo conseguiu o trabalho.
2. _____ A companhia é brasileira.
3. _____ Paulo vai trabalhar na área de cosméticos.
4. _____ Carla acha que a companhia onde Paulo vai trabalhar é excelente.
5. _____ A companhia "Porquinho Alegre" só vende carne de porco.

■ Questions that are made using an interrogative pronoun combined with a preposition (*from where*, *with whom*, etc.) are formed differently in Portuguese and in English. In Portuguese, the preposition precedes the question word; it is never placed at the end of the sentence.

De onde você é? (B)
De onde é (você)? (P)   *Where are you from?*
Com quem vamos?   *Whom are we going with?*
Para que é que ele vem aqui?   *What is he coming here for?*

■ **Que** and **qual/quais** can both mean *what* and *which*. Use **que** when requesting definition or description. Use **qual** when identification or selection is implied.

Que tipo de empresa é a Somel?   *What kind of a company is Somel?*
Que salário lhe ofereceram?   *What salary did they offer you/him/her?*
Qual é a melhor hora para telefonar?   *What is the best time to call?*
Qual é a companhia que você prefere?   *Which company do you prefer?*

■ Always use **qual** or **quais** when selecting one or more element(s) from a larger set of possibilities.

Qual destes edifícios é o Martinelli?   *Which one of these buildings is Martinelli?*
Quais são as duas universidades que ela escolheu?   *What are the two universities she chose?*

■ **Que** is more commonly followed by a noun and **qual** by a form of the verb **ser**. In Brazilian Portuguese, it is also frequent for **qual** to precede a noun.

Que companhia telefonou ontem?	*What/Which company called yesterday?*
Qual foi a melhor entrevista?	*Which/What was the best interview?*
Qual oferta você escolheu? (B)	*Which offer did you choose?*

9-14 Respostas e perguntas. Com um/a colega, faça perguntas para as respostas abaixo.

Modelo   Esta caneta não é minha.
               De quem é esta caneta?

1. Vamos pela Avenida Paulista.
2. Porque não pude.
3. Para falar com o gerente.
4. Com a presidente da companhia.
5. É para a professora.
6. Ele é de Ponta Delgada.
7. Gosto de verde.
8. O trabalho era para hoje.

9-15 Perguntas incompletas. Com um/a colega, complete as perguntas abaixo com **que**, **qual** ou **quais**.

1. _____ experiência de emprego é que ela já tem?
2. _____ foi a pergunta mais difícil que fizeram durante a entrevista?
3. _____ são as vantagens principais desta empresa?
4. _____ responsabilidades vou ter neste cargo?
5. _____ é a secretária que me pode ajudar?
6. _____ línguas falam os candidatos?

9-16 Mais perguntas. Primeiro passo. Você está à espera de um/a colega que foi a uma entrevista de emprego. Pense em cinco perguntas para lhe fazer sobre a entrevista.

1. Que _____?
2. Qual _____?
3. Quais _____?
4. Que _____?
5. Qual _____?

Segundo passo. Um colega da turma vai fazer o papel do recém-entrevistado e responder às perguntas que você lhe faz sobre a entrevista. Em seguida, troquem de papéis e respondam às perguntas do/da colega sobre a entrevista que você teve.

4. Giving instructions: Commands

RICARDO: Bom dia. Vim para saber mais sobre a vaga anunciada no jornal interno da empresa.

SECRETÁRIA: **Sente-se**, por favor. **Diga-me** o seu nome e o setor em que trabalha na empresa.

RICARDO: Ricardo Albuquerque. Trabalho na manutenção.

SECRETÁRIA: **Desculpe-me**. Não consegui anotar o trabalho. **Repita**, por favor.

RICARDO: Manutenção.

SECRETÁRIA: Por favor, **preencha** o formulário e **mande-o** pelo correio. Depois disso, dependendo das credenciais apresentadas, vamos enviar-lhe um pacote com mais informações e convidá-lo para uma entrevista.

RICARDO: Até quando devo enviá-lo?

SECRETÁRIA: Não me lembro, **desculpe-me**. Por favor, **leia** as instruções no verso do formulário. Boa sorte.

RICARDO: Obrigado

Vamos analisar. Ricardo comprou um manual com sugestões de como procurar empregos. Leia as sugestões dadas no manual e marque (✓) aquelas que parecem apropriadas à sua cultura.

1. _____ **Preencha** o formulário imediatamente.
2. _____ **Escreva** com letra bem legível.
3. _____ Não **se esqueça** de incluir o currículo.
4. _____ **Mande** flores para a secretária.
5. _____ Não **deixe** nenhum espaço em branco.
6. _____ **Envie** uma fotografia sua junto com o formulário.

■ Commands (**as ordens**) are the verb forms used to tell others to do something. The following forms are commands that you use with people you address as **você** or **o senhor/a senhora**.

■ Commands in Portuguese are derived from the **eu** form in the present tense. In regular **-ar** verbs, the final **-o** of the present-tense **eu** form changes into **-e**; in regular **-er** and **-ir** verbs, it changes into **-a**.

	VOCÊ O/A SENHOR/A	VOCÊS OS/AS SENHORES/AS	
falar → fal~~o~~	fal**e**	fal**em**	*speak*
comer → com~~o~~	com**a**	com**am**	*eat*
sair → sai~~o~~	sai**a**	sai**am**	*leave, go out*

- Verbs that are irregular in the **eu** form of the present tense maintain the same irregularity in the command.

	VOCÊ O/A SENHOR/A	VOCÊS OS/AS SENHORES/AS	
dizer → dig~~o~~	di**g**a	di**g**am	*say, tell*
dormir → durm~~o~~	d**u**rma	d**u**rmam	*sleep*
fazer → faç~~o~~	fa**ç**a	fa**ç**am	*do, make*
repetir → rep**i**t~~o~~	rep**i**ta	rep**i**tam	*repeat*
ver → vej~~o~~	ve**j**a	ve**j**am	*see*
vestir → vist~~o~~	v**i**sta	v**i**stam	*wear, dress*

- To make a command negative, place **não** before the affirmative command.

  Não **ponha** a mesa agora. *Don't set the table now.*

- Object and reflexive pronouns are attached to the end of affirmative commands by a hyphen. Object and reflexive pronouns precede the verb in negative commands and are not attached. In spoken Brazilian Portuguese, pronouns often precede affirmative commands as well.

  Compre-**a**. *Buy it.*
  Não **a** compre. *Don't buy it.*
  Diga-**lhe**. *Tell him/her.*
  Não **lhe** diga. *Don't tell him/her.*
  Sentem-**se**. *Sit down.*
  Não **se** sentem. *Don't sit down.*

- When context makes the intended meaning clear, object pronouns are often left unstated in commands.

  Abro as janelas? *Do I open the windows?*
  Abra, sim, por favor. *Yes, please, open (them).*

- The verbs **dar**, **estar**, **ir**, **querer**, **ser**, and **saber** have irregular command forms.

  dar: **dê, deem** estar: **esteja, estejam** ir: **vá, vão**
  querer: **queira, queiram** ser: **seja, sejam** saber: **saiba, saibam**

- Verbs ending in **-car**, **-çar**, **-cer**, **-gar**, and **-ger** have spelling changes in command forms.

ficar	fic~~o~~	→	fi**qu**e, fi**qu**em
começar	começ~~o~~	→	come**c**e, come**c**em
conhecer	conheç~~o~~	→	conhe**ç**a, conhe**ç**am
alugar	alug~~o~~	→	alu**gu**e, alu**gu**em
proteger	protej~~o~~	→	prote**j**a, prote**j**am

9-17 Onde dizem essas coisas? Com um/a colega, decidam quais destas ordens podem ser ouvidas ou lidas a) na sala de emergência dum hospital; b) num hipermercado; ou c) num estúdio de televisão.

1. Envie o formulário para receber o nosso cartão de desconto pelo correio.
2. Não incomode os médicos quando eles falam com os pacientes.
3. Comprem aqui todos os presentes de Natal.
4. Mude o microfone para este lado.
5. Pague na caixa.
6. Não visite os pacientes depois das 9 da noite.
7. Use o microfone.

9-18 Conselhos. Você quer saber o que o/a professor/a de Português recomenda para você tirar a melhor nota possível neste curso. Um/a colega, fazendo o papel do/a professor/a, vai responder afirmativamente às perguntas que você vai fazer.

Modelo   estudar a lição antes da aula

> E1: Estudo a lição antes da aula?
> E2: Sim, estude. *ou* Estude, sim.

1. entregar sempre a lição de casa
2. ouvir as gravações
3. fazer pesquisa na Internet
4. ler os textos
5. tomar notas na aula
6. rever o vocabulário e as estruturas antes dos testes

9-19 As ordens do/a treinador/a. Com um/a colega, façam uma lista de ordens afirmativas e negativas que um/a treinador/a normalmente dá aos jogadores/ atletas do time (B) ou da equipa (P) que dirige. Comparem a lista com as dos outros colegas.

Modelo   treinar todos os dias   não se deitar tarde
             Treinem todos os dias.   Não se deitem tarde.

9-20 O que é que estas pessoas devem fazer? Você e um/a colega devem procurar uma solução para os seguintes problemas e dizer a cada pessoa o que ele ou ela deve fazer.

Modelo   O engenheiro Luís de Moura não está contente no seu emprego.

> E1: Procure outro trabalho imediatamente.
> E2: Fale com o chefe e tente obter melhores condições.

1. A Dra. Júlia de Mendonça quer contratar mais vendedores para a companhia que dirige.
2. Marcos Tavares tem que terminar um relatório, mas o computador dele não funciona.
3. Alguns executivos norte-americanos vão ao Brasil e não sabem falar português.
4. Luísa causou um pequeno acidente de carro e o outro motorista disse que ia chamar a polícia.
5. Dona Gláucia entra no apartamento dela e vê que há muita água no chão da cozinha.
6. O cantor Rogério Bastos vai cantar num festival internacional muito importante amanhã, mas hoje ficou com dor de garganta.

Situações

1. **Role A.** You are going to be away for a series of job interviews. Tell your neighbor a) how long you will be away and b) ask if he or she could do a few things for you while you are away. After your neighbor agrees, tell him or her to a) feed the cat every day, b) water the plants every three days (**de três em três dias**), and c) pick up the mail. Thank him or her for the help.

   Role B. Your neighbor tells you that he or she is going to be away and you agree to help out. After your neighbor tells you what you will have to do, ask a) whom you should call in case of an emergency, and b) the telephone number of the veterinary.

2. **Role A.** You have moved to São Paulo and have opened a checking account (**conta corrente**) at **Banco do Estado de São Paulo**. Ask a bank employee to help you write out a check. After the employee gives you all the details, a) thank him or her and b) say that you are very happy with the service the bank provides the customers.

   Role B. You are an employee at the **Banco do Estado de São Paulo**. Using the check below, explain to the customer where a) to put the date, b) to write the payee's name, c) to write the amount (**quantia**) in numbers, d) to write the amount in words, and e) to sign the check.

Comp.	Banco	Agência		C 1	Conta		C 2		Cheque Nº	C3	R$
018	**033**	*0207*	( )	*8*	*01*	30685 9	*0*	(MBK)	*300470*	*1*	

Pague-se por este cheque a quantia de

_____

_____ a centavos acima

a _____ ou à sua ordem

de _____ de _____

especial
banespa

Banco do Estado
de São Paulo SA

T1200208210333Y300370

UNICAMP I 0207-P02
CAMPUS UNIVERSITÁRIO Z VAZ SN
CAMPINAS SP

SUSANA PINTO CAVALCANTI OU
MAURO AUGUSTO NEVES CAVALCANTI
137904390-40
DI: 18622194 SSP SP CLIENTE DESDE: 03/ 1993

⑆03205075⑆ 0193004705⑈ 202013068596⑇

Vamos viajar

A união faz a força

Nas últimas décadas os países lusófonos têm-se unido tanto entre si quanto com países não lusófonos, a fim de promover o desenvolvimento da economia e melhorar a qualidade de vida das populações. Os blocos mais conhecidos são a Comunidade dos Países de Língua Portuguesa (CPLP), o Mercosul, a União Europeia e a Commonwealth britânica.

A Comunidade dos Países de Língua Portuguesa foi formada em 1996 com sete países: Angola, Brasil, Cabo Verde, Guiné-Bissau, Moçambique, Portugal e São Tomé e Príncipe. Em 2002, depois de se libertar da ocupação da Indonésia, Timor-Leste aderiu à CPLP. A CPLP tem como objetivos gerais o diálogo político e a cooperação no domínio social, cultural e econômico (B)/económico (P). Há várias iniciativas de cooperação realizadas no âmbito da CPLP como, por exemplo, a iniciativa de "Transferência de Técnicas Cafeeiras" entre o Brasil e Timor-Leste e o "Programa para a Implantação de Bancos de Leite Humano", que tem como objetivo apoiar o aleitamento materno, recolher e distribuir leite humano e contribuir para a redução da mortalidade infantil. Todos os Países Africanos de Língua Oficial Portuguesa (PALOP) e Timor-Leste são membros da CPLP. Um dos principais objetivos dos PALOP e Timor-Leste é a promoção da solidariedade social.

O Brasil, Moçambique e Portugal pertencem também a blocos não lusófonos. Em 1991, o Brasil assinou, juntamente com a Argentina, o Paraguai e o Uruguai, o Tratado de Assunção que criou o Mercado Comum do Sul ou Mercosul. Em 1986, Portugal e Espanha aderiram à União Europeia e, em 1995, Moçambique tornou-se membro da Commonwealth britânica.

Para pesquisar

Usando um motor de busca, procure mais informações sobre a União Europeia, o Mercosul e a Commonwealth britânica e apresente-as aos colegas.

9-21 Verdadeiro ou falso? Indique com V se a afirmação for verdadeira e com F se for falsa. Se for falsa, corrija.

_____ Portugal é membro fundador dos PALOP.
_____ O Brasil, Moçambique e Portugal formam um bloco não lusófono.
_____ Fala-se português em apenas um dos países do Mercosul.
_____ Um dos objetivos da CPLP é promover a educação das populações dos países que a integram.
_____ A Commonwealth britânica inclui um país lusófono.

9-22 A política internacional e a língua portuguesa. Há um intenso debate sobre a adesão de Moçambique à Commonwealth. Comenta-se que isso representa uma ameaça à manutenção do português naquele país. Imagine que você e um/a colega trabalham no Ministério da Educação e Cultura de Moçambique. Façam uma lista com dez medidas para promover a língua portuguesa.

Vídeo

Carlos pensa que o mercado de trabalho no Brasil é injusto.

Encontros

Para escutar

A. As profissões. Before listening to the recording, look at the illustrations below. How would you describe what these people do in their respective jobs? Listen to the descriptions and write the numbers below the corresponding illustrations.

_____   _____   _____

_____   _____   _____

B. Lógico ou ilógico? You will hear several statements. As you listen, indicate whether each statement is **lógico** ou **ilógico**.

	LÓGICO	ILÓGICO		LÓGICO	ILÓGICO
1.	_____	_____	5.	_____	_____
2.	_____	_____	6.	_____	_____
3.	_____	_____	7.	_____	_____
4.	_____	_____	8.	_____	_____

Para conversar

 9-24 Oferece-se e procura-se trabalho. Primeiro passo. Leiam os anúncios abaixo com ofertas de emprego. Depois formem dois grupos (A e B) e façam os seguintes exercícios:

Grupo A: Você é o/a chefe do Departamento de Recursos Humanos de uma das empresas de São Paulo representadas nos anúncios. Entreviste as pessoas do Grupo B que estão interessadas na vaga. Faça-lhes perguntas sobre: a) a experiência, b) os estudos, c) o salário desejado, etc. Decida qual dos candidatos é o/a mais adequado/a para o trabalho.

Grupo B: Você está à procura de emprego. Escolha o anúncio com o emprego mais interessante. Responda às perguntas do/a entrevistador/a do Grupo A e, se necessário, faça também perguntas.

Segundo passo. As pessoas do Grupo B devem responder à seguinte pergunta: Você acha que vai receber uma oferta de trabalho? Justifique a expectativa.

Os entrevistadores do Grupo A devem responder à seguinte pergunta: Qual é o/a candidato/a que você vai contratar? Justifique a decisão.

AUXILIAR CONTÁBIL

Empresa de contabilidade e assessoria admite técnicos contábeis.

Requisitos: três anos de experiência em empresa similar. Oferecemos assistência médica, cesta básica e refeição no local. Os interessados deverão enviar CV com pretensão salarial para Caixa Postal 20408, São Paulo – SP.

ANALISTA FINANCEIRO

Empresa de Comércio Exterior admite analista financeiro.

Requisitos:

Conhecimentos de contabilidade avançada, análise de balanços, matemática financeira. Experiência mínima de cinco anos no setor. Enviar CV com pretensão salarial para Rua da Pêra, 2050. CEP 10280. São Paulo – SP.

ANALISTA DE MARKETING

Indústria Gráfica Mundial admite analistas de marketing para início imediato.

Requisitos:

Formação em Publicidade e Propaganda, Marketing ou Comunicação, com atuação na área de Marketing de Serviços. Conhecimentos em pesquisas e desenvolvimento de mercado, planejamento estratégico e criação de materiais de apoio à área comercial. Bom relacionamento com clientes, veículo próprio. Interessados deverão cadastrar-se no site www.graficamundial.com.br, no link do painel de vagas.

 **GERENTE COMERCIAL DE INFORMÁTICA**

REQUISITOS:

MBA, inglês e espanhol fluentes. Amplos conhecimentos de informática e licitações públicas. Experiência em gestão de equipes técnicas e comerciais. Oferecemos salários compatíveis com o cargo e possibilidade de rápida ascensão na carreira.
Os interessados deverão enviar CV para Caixa Postal 50580, São Paulo – SP.

9-25 Adivinhe! Descreva a um/a colega o que uma pessoa faz na profissão que exerce. O/A colega vai tentar adivinhar a profissão. Em seguida, troquem de papéis.

Modelo   E1: É a pessoa que defende os acusados no tribunal.
               E2: É muito fácil. É um advogado ou uma advogada.

 9-26 Um/a chefe muito mandão/mandona. Primeiro passo. Escolha um dos seguintes cargos e dê três ordens a um/a colega (o seu empregado) que deve cumprir as ordens que recebe, fazendo mímica ou, quando for possível, realizando uma ação.

1. chefe de um escritório de vendas
2. gerente de um hotel de cinco estrelas
3. diretor/a de um hospital
4. gerente de uma loja de roupas

Segundo passo. Com outro/a colega, conversem sobre o seguinte.

1. Quais as ordens que cada um de vocês teve que cumprir?
2. Qual foi a mais difícil de cumprir? Explique a razão.

Para ler

9-27 Preparação. Agrupe as seguintes palavras segundo o campo com o qual se associam. Cuidado! Há algumas palavras que pertencem a mais de um campo.

harmonia	autor	balé (B)/bailado (P)	suspense	cineasta	censura
novelas	tragédia	clássico	compositor	hip hop	DVD
público	drama	processo criativo	sucesso	fãs	poeta

1. produção literária _____
2. televisão ou cinema _____
3. produção musical _____
4. dança _____

9-28 Primeiro olhar. Leia as seguintes passagens retiradas da se(c)ção "Atualidades" da revista brasileira *Olhar Contemporâneo* e siga as instruções abaixo.

Primeira exploração. Verdadeiro ou falso? Indique com V se a afirmação for verdadeira e com F se for falsa. Corrija as afirmações falsas.

1. _____ O Grupo Corpo é uma companhia de balé clássico.
2. _____ As apresentações do Grupo Corpo encantam as plateias do mundo inteiro.
3. _____ O projeto Sambalelê promove as múltiplas expressões da dança afro-brasileira.
4. _____ O Grupo Corpo apresenta espetáculos principalmente para grupos sociais menos privilegiados.

> **CORPO GENEROSO**
>
> A famosa companhia de dança mineira—Grupo Corpo—não para de encantar. Seus espetáculos combinam, em perfeita harmonia, a rigorosa técnica do balé clássico com o vigor das múltiplas expressões da dança afro-brasileira, do hip hop, etc. Mas, além de deslumbrar e encher os olhos de plateias pelo mundo afora, o Grupo Corpo estende a mão a segmentos menos privilegiados da sociedade. Em março de 1998, criou o projeto Sambalelê. Desde então, através da arte-educação, vem atendendo crianças e jovens em situação de vulnerabilidade pessoal e/ou social.

TELEDRAMATURGIA ENGAJADA

As novelas de Glória Peres têm sempre um índice de audiência bastante elevado. É claro que um dos grandes méritos da autora é tratar de temas que envolvem uma grande dose de humor, drama e tragédia. Tudo sempre temperado com suspense, rostos jovens, lindos e talentosos. No entanto, Glória não se limita apenas a explorar fórmulas de sucesso tradicionais. A autora vai mais além e sempre inclui temas sociais em seu trabalho como, por exemplo, os direitos dos deficientes visuais.

O CINEMA NA LÍNGUA DE SHAKESPEARE

Os cineastas Walter Salles e Fernando Meirelles estão explorando a arte da direção para além do português. Depois de grandes sucessos na língua de Camões, Salles com *Central do Brasil* e Meirelles com *Cidade de Deus*, ambos lançaram filmes em inglês. Para Salles, no entanto, dirigir em uma língua estrangeira não é novidade. Lembremo-nos de *Diários de Motocicleta*, que narra os anos da juventude de Che Guevara. Tudo em espanhol, é claro!

AS VÁRIAS FACES DE CHICO

Em 2005, Chico lançou três DVDs que reúnem aspectos importantes de sua produção musical como, por exemplo, suas diversas parcerias, a temática feminina e os anos da censura e da ditadura. Mas isso ainda não é suficiente para seus fãs. Queremos mais! Que tal um DVD com discussões e comentários sobre os livros de Chico? O que o autor/compositor/músico acha da adaptação para o cinema da *Ópera do Malandro*? E de *Estorvo*? Como é seu processo criativo? Considera-se mais romancista do que compositor? Compositor de música popular ou poeta? Poeta popular? Essas são algumas das questões que adoraríamos ver nosso ídolo discutir.

Segunda exploração. Sublinhe a informação que completar melhor a declaração de acordo com o conteúdo do texto.

1. As novelas de Glória Peres têm: muitos críticos, deficientes visuais, um grande público.
2. Glória Peres não se limita: a ganhar dinheiro, a explorar temas tradicionais, a rostos jovens.
3. As novelas de Glória Peres abordam: a luta de classes, temas sociais, o tema do talento.
4. Uma das grande qualidades de Glória Peres é colocar em suas novelas: muito humor, defesa de direitos humanos, um tempero especial.

Terceira exploração. Sublinhe a afirmação que **não** representa o conteúdo do texto.

1. Salles e Meirelles trabalham: em mais de uma língua, só em português, também em inglês.
2. *Central do Brasil* e *Cidade de Deus* foram: grandes sucessos, filmados em português, falados em inglês.
3. Salles já fez filmes em: espanhol, português, francês.
4. Meirelles já fez filmes em: português, inglês, espanhol.

Quarta exploração. Associe os elementos da coluna A com os da coluna B.

A	B
1. romancista	_____ exame de trabalhos artísticos ou informativos para decidir se podem ser apresentados ao público
2. parcerias	
3. *Estorvo*	_____ romance de Chico Buarque de Holanda
4. censura	_____ escritor de obras de ficção, especialmente romances
	_____ conjuntos de dois ou mais compositores

 9-29 Segundo olhar. Um/a colega da turma é assistente social, gosta muito de artes e quer fazer um estágio no projeto Sambalelê. Construa três frases no imperativo indicando ao/à colega o que deve fazer para conseguir o estágio.

 9-30 Ampliação. Com outro/a colega determine três aspectos positivos e três negativos das seguintes profissões: teledramaturgo/a, bailarino/a, cineasta.

Para escrever

9-31 Mãos à obra: fase preliminar. Você é o músico clássico brasileiro Jorge Pereira e há alguns meses que você se divorciou da sua esposa. Vocês têm dois filhos, um menino de cinco anos e uma menina de três. A responsabilidade de cuidar das crianças ficou com você, que agora precisa de alguém para ajudar a tomar conta delas. Você escreveu um anúncio na Internet para contratar uma babá e recebeu uma mensagem de e-mail. Leia a mensagem.

```
De: Jandira.Santos@elos.net
Para: jpereira@voar.net
Ref: Uma babá para seus filhos

Senhor Jorge Pereira:

Meu nome é Jandira Santos e eu sou recepcionista, mas
quero voltar a estudar num futuro próximo. Preciso e
quero trabalhar. Não tenho muita experiência com
crianças, mas gosto delas e tenho muitos sobrinhos.
Queria fazer algumas perguntas ao senhor.

Em primeiro lugar, como são seus filhos? O que eles
gostam de fazer? São crianças acostumadas a brincar ao
ar livre ou preferem ficar dentro de casa? As crianças
estão acostumadas a ficar com outras pessoas? O senhor
acha que elas vão se adaptar facilmente a ter uma babá?
Eu gosto muito de ler. As crianças gostam de livros?
Elas assistem televisão ou o senhor prefere que elas
façam outro tipo de atividade?

Em segundo lugar, as crianças comem bem? O que as
crianças gostam de comer? Eu sei cozinhar e posso fazer
comida para elas todos os dias. As crianças podem comer
e beber de tudo ou o senhor tem alguma preferência? A
que horas fazem as refeições? As crianças fazem
merenda?

Em terceiro lugar, a que horas elas acordam de manhã?
As crianças dormem de tarde ou já não dormem mais
durante o dia? Devo dar banho nas crianças ou o senhor
vai dar, quando chegar em casa?

Por fim, qual seria o meu horário? A que horas o senhor
chega em casa? No futuro, eu quero poder estudar de
noite.

Tenho muita vontade de conhecer as suas crianças e tenho
certeza que se o senhor me der o trabalho, eu e suas
crianças vamos nos dar muito bem.

Atenciosamente,
Jandira Santos
```

9-32 Mãos à obra. Responda com o maior número de detalhes possíveis à mensagem da sua futura babá.

EXPRESSÕES ÚTEIS

BEBIDAS PARA CRIANÇAS	COMIDAS PARA CRIANÇAS
leite	gelatina de frutas
água	sopa de verduras
chá de camomila	macarrão
suco de laranja	purê de batata
suco de maracujá	cereal com leite
suco de outras frutas	frango cozido/assado

9-33 Revisão. Verifique se respondeu clara e completamente a todas as perguntas da babá.

Projeto final

Preparação

9-34 Prioridades. Você acabou de se formar e quer encontrar um bom trabalho. Determine as suas prioridades de acordo com a lista abaixo, usando números de um (a mais importante) a nove (a menos importante).

_____ oportunidade de ter novas experiências
_____ excelente salário
_____ bom ambiente de trabalho
_____ oportunidade de conhecer profissionais de várias empresas
_____ a localização do escritório da empresa na cidade onde você mora
_____ oportunidades de viajar
_____ liberdade de iniciar novos negócios
_____ oportunidade de supervisionar projetos
_____ comunicação direta com clientes

Mãos à obra

9-35 Parte 1: Os anúncios. Troque as informações do exercício anterior com um/a colega e procure, nos anúncios abaixo, o emprego que você achar mais adequado ao perfil do/a colega. O/A colega mora na cidade de São Paulo.

> Empresa internacional situada na cidade do Rio de Janeiro procura jovens talentosos para desenvolver novos negócios e interagir com clientes em todo o mundo. Capacidade de trabalhar em grupos, em ambiente extremamente competitivo. Salário: quatro mil reais.

> Empresa paulistana procura interessados/as em desenvolver novos produtos. Capacidade de trabalhar independentemente com apenas um supervisor. Disposição para trabalhar nos fins de semana. Salário: seis mil reais.

> Grande empresa com escritórios em toda a América Latina e no Brasil procura profissionais para trabalhar em seu escritório de Curitiba. Oportunidade de gerenciar pequenos projetos. Disponibilidade para viagens nacionais e internacionais e interesse em trabalhar diretamente com clientes. Salário: três mil e quinhentos reais.

Parte 2: Discussão. Discuta com o/a colega a opção de trabalho que ele ou ela escolheu para você. Você concorda ou discorda? Justifique.

Parte 3: A entrevista. Depois de chegarem a um acordo sobre o que cada um/a escolheu para o/a colega, preparem uma entrevista de trabalho para cada um/a de vocês. Façam uma lista de perguntas e respostas que julgarem adaptadas para um contexto profissional. Escolham uma das entrevistas para encenarem para o resto da turma.

Parte 4: Análise. Junto com o/a colega apresentem um resumo sobre a experiência de escolher trabalho para outra pessoa. Inclua a reação de cada um/a e os argumentos para aceitar ou recusar a escolha feita pelo/a outro/a.

Parte 5: Comentários. A turma e o/a professor/a comentam as entrevistas e os resumos.

Horizontes

📖 Os Açores e a Madeira

28-29

Portugal tem duas regiões autónomas: a Madeira e os Açores. São dois arquipélagos no Oceano Atlântico colonizados com população de Portugal e de algumas nações europeias, especialmente a França e a Flandres. As duas regiões estão integradas na República Portuguesa, mas gozam de uma certa autonomia económica e política.

A Madeira e Porto Santo

Casas tradicionais na ilha da Madeira

As ilhas da Madeira e de Porto Santo estavam desabitadas quando João Gonçalves Zarco e Tristão Vaz Teixeira lá chegaram em 1418. Os colonizadores deram o nome de "Madeira" à maior ilha deste arquipélago, porque estava coberta de uma densa floresta. O solo da Madeira e o clima subtropical tornam a ilha muito fértil. Foi lá que se estabeleceram as primeiras plantações de cana-de-açúcar que foram precursoras das grandes plantações no Brasil. Hoje, o arquipélago tem uma população de cerca de 250.000 habitantes. As principais produções da Madeira são vinho, bananas, ananases, flores e bordados; mas a base mais importante da economia é o turismo.

Os hotéis são excelentes, quase todos com piscinas junto ou voltadas para o mar. As ruas são íngremes, com esplanadas e floristas vendendo flores exóticas. As encostas da Madeira também são cobertas de flores, especialmente hortênsias. E a vida noturna é intensa e muito divertida, especialmente na capital, a cidade do Funchal.

Para responder

1. Qual é a razão para a ilha da Madeira se chamar "Madeira"?
2. Quatro atividades que um/a turista pode fazer na Madeira:
   a. _____, b. _____, c. _____ ,
   d. _____.

O arquipélago dos Açores

Os Açores são um conjunto de nove ilhas: Santa Maria, São Miguel, Terceira, Graciosa, São Jorge, Pico, Faial, Flores e Corvo. A capital da região é Ponta Delgada, na ilha de São Miguel. O arquipélago, com uma população semelhante à da

O hotel Reids visto do Hotel Carlton, no Funchal

Madeira, fica a cerca de mil milhas a oeste de Lisboa, entre Portugal e os Estados Unidos. As ilhas são o topo de uma cadeia de montanhas com vulcões que se erguem acima do nível das águas do Oceano Atlântico. Tal como a Madeira, os Açores também têm um clima subtropical, mas com mais precipitação, e o solo é extremamente fértil, especialmente para pastagem. Por isso, uma das principais produções das ilhas são os laticínios (produtos derivados do leite) e a base da economia é agrária.

Os açorianos também são excelentes pescadores, e no passado foram grandes baleeiros (caçadores de baleias). Hoje há várias associações para a proteção e observação das baleias e golfinhos com base nos Açores. No século XIX, a caça à baleia era igualmente uma indústria importante nos Estados Unidos. Muitos açorianos e madeirenses emigraram e fundaram comunidades portuguesas em Rhode Island e Massachusetts, que estão refletidas na obra clássica de Herman Melville, *Moby Dick*. Muitos açorianos em princípios do século XX também se estabeleceram em quintas no Norte da Califórnia e se tornaram prósperos produtores de leite e queijo, tal como faziam nas suas ilhas de origem.

Lago vulcânico nos Açores

Golfinhos ao largo da costa dos Açores

Para responder

1. Qual dos seguintes ramos da economia **não** é característico dos Açores: pesca, produção de leite, produção de cana-de-açúcar, agricultura?

2. Três das ilhas açorianas têm nomes de santos: _____, _____ e _____.

3. Muitos emigrantes açorianos e madeirenses nos Estados Unidos estabeleceram-se na Nova _____ e no estado da _____.

Para navegar

1. **Primeiro passo.** Trabalhando em pares, façam uma lista de cinco informações ou dados estatísticos que se podem obter sobre uma região (por exemplo, o tamanho da população, o território, o Produto Interno Bruto, etc.). Depois, uma pessoa deve procurar essas informações sobre os Açores e a outra sobre a Madeira.

   Segundo passo. Comparem e contrastem as regiões de acordo com a informação que encontraram.

2. Com outro/a colega, faça planos para passar uma semana de férias nos Açores ou na Madeira. Pesquisem e decidam: a) para onde vocês vão; b) como vão chegar lá; c) onde vão ficar; d) três atividades que vão fazer durante a semana.

Profissões, ocupações e cargos

o/a advogado/a	*lawyer*
o/a arquiteto/a	*architect*
o ator/a atriz	*actor/actress*
o/a bibliotecário/a	*librarian*
o/a cabeleireiro/a	*hairdresser*
o/a caixa	*cashier*
o/a canalizador/a (P)	*plumber*
o/a chefe	*boss*
o/a cientista	*scientist*
o/a contabilista (P)	*accountant*
o/a contador/a (B)	*accountant*
o/a corretor/a	*broker, trader*
o/a cozinheiro/a	*cook*
o/a eletricista	*electrician*
o/a empregado/a doméstico/a	*housekeeper, maid*
o/a encanador/a (B)	*plumber*
o/a enfermeiro/a	*nurse*
o/a engenheiro/a	*engineer*
o/a executivo/a	*executive*
o/a gerente	*manager*
gerente de vendas	*sales manager*
o homem/a mulher de negócios	*businessman/woman*
o/a intérprete	*interpreter*
o/a jornalista	*journalist*
o juiz/a juíza	*judge*
o/a médico/a	*medical doctor*
o/a motorista	*driver*
o/a operário/a	*worker*
o/a pescador/a	*fisherman/woman*
o polícia/a mulher polícia (P)	*policeman/woman*
o/a policial (B)	*policeman/woman*
o/a porteiro/a	*doorman, concierge*
o/a presidente	*president*
o/a psicólogo/a	*psychologist*
o/a técnico/a	*technician*

Lugares

o banco	*bank*
a bolsa (de valores)	*stock exchange*
a central (hidro)elétrica	*(hydro)electric plant*
a companhia	*company*

o consultório	*doctor's/dentist's office*
a empresa	*company*
a fábrica	*industrial plant*
a fronteira	*border*
o hospital	*hospital*
o hotel	*hotel*

Trabalho

o ambiente	*environment*
o anúncio	*ad (advertisement)*
a candidatura	*job application*
a carta	*letter*
carta de recomendação	*letter of recommendation*
os controles (B)	*controls*
o currículo	*résumé, CV*
o emprego	*employment*
a entrevista	*interview*
a experiência	*experience*
o formulário	*form*
a iniciativa	*initiative*
a mala	*case, suitcase*
a notícia	*news*
a oportunidade	*opportunity*
a produção	*production*
o salário	*salary*
os têxteis	*textiles*
a vacina	*vaccine*
a vaga	*opening, job vacancy*
a venda	*sale*

Verbos

candidatar-se	*to apply*
combinar	*to negotiate*
comunicar	*to communicate*
conferir	*to check*
descarregar	*to unload*
desejar	*to wish, to desire*
marcar	*to schedule*
melhorar	*to improve*
preencher	*to fill out*
preparar	*to prepare*
reunir-se	*to meet*
supervisionar	*to supervise*
testar	*to test*

Palavras e expressões úteis

atualmente	*at present*
Certo.	*That's right.*
o/a cliente	*client*
com (muito) prazer	*with (great) pleasure*
a diferença	*difference*
o/a hóspede	*guest*
na realidade	*actually, in reality*
na verdade	*actually, in truth*
razoável	*reasonable*
satisfeito/a	*satisfied, happy*
tão	*so*

A comida

À PRIMEIRA VISTA

- No supermercado
- À mesa
- Onde compramos?

ESTRUTURAS

- Expressing subjective attitudes: Introduction to the present subjunctive
- Talking about expectations: The subjunctive used to express wishes and hopes
- Expressing doubt and uncertainty: The subjunctive with verbs and expressions of doubt
- Telling people what to do: More on commands

Vamos viajar

- A gastronomia tradicional
- A comida rápida

ENCONTROS

- Para escutar: Recording detail
- Para conversar: Discussing food preferences; making and reacting to suggestions
- Para ler: Exploring detailed information
- Para escrever: Giving advice to a friend
- Projeto final: Alimentos e dietas especiais

HORIZONTES

- Angola

COMUNICAÇÃO

In this chapter you will learn to:

- Discuss food, shopping, and planning menus
- Discuss and compare culinary traditions
- Express wishes and hopes
- Express opinions and doubts
- Give informal orders and instructions

🔊 No supermercado

Frutas e verduras

o alho | os pimentões | as cenouras
os pepinos | o espinafre | o milho
as cebolas | as bananas | as peras
as maçãs | as toranjas | as uvas
os abacates | as cerejas | os morangos

Laticínios

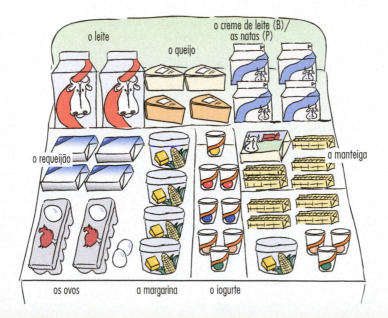

o leite | o queijo | o creme de leite (B) / as natas (P)
o requeijão | a manteiga
os ovos | a margarina | o iogurte

Carnes e peixes

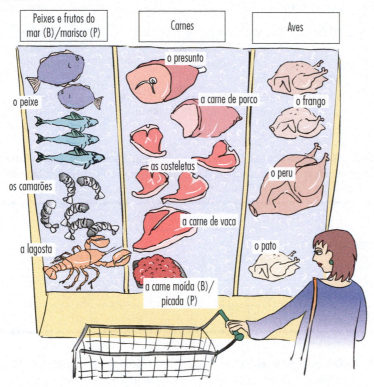

| Peixes e frutos do mar (B)/marisco (P) | Carnes | Aves |

o peixe
os camarões
a lagosta

o presunto
a carne de porco
as costeletas
a carne de vaca
a carne moída (B)/ picada (P)

o frango
o peru
o pato

Os condimentos

o sal
a pimenta
a mostarda
a baunilha
a farinha
o açúcar
o vinagre
o azeite
o molho
a banha
o molho de tomate
a maionese

o pão
os biscoitos
o pão doce
os refrigerantes
o vinho tinto
o vinho branco

10-1 Associações. Depois de associar cada uma das explicações com a palavra adequada, converse com um/a colega e descubra se ele/ela gosta desses alimentos.

1. _____ Põe-se no cereal, no café ou no chá.   a. a farinha
2. _____ Coloca-se na salada de alface.   b. as uvas
3. _____ Usa-se para fazer vinho.   c. a maionese
4. _____ Usa-se para fazer pão.   d. o leite
5. _____ Prepara-se para o Dia de Ação de Graças.   e. o azeite e o vinagre
6. _____ Usa-se para preparar saladas de atum   f. o peru
   ou frango.

10-2 Dietas diferentes. Com um/a colega, preencha o quadro abaixo com alimentos adequados para essas dietas. Justifiquem as recomendações.

DIETA	PODE-SE COMER	NÃO SE PODE COMER
vegetariana		
para diabéticos		
para engordar		
para emagrecer		

10-3 Do que precisamos? Você e um/a colega são estudantes brasileiros nos Estados Unidos. Vocês querem fazer um jantar para a família com quem moram, mas não têm todos os ingredientes necessários. Do que é que vocês precisam e qual é o preço dos ingredientes?

Modelo   E1: Vamos preparar hambúrgueres. Precisamos de um quilo de
                     carne moída.
                E2: Isso custa oito dólares.

10-4 Os estudantes e a comida. Primeiro passo. Em pequenos grupos, falem sobre as refeições que os estudantes da sua universidade costumam comer. O que comem? Quando comem?

Segundo passo. Façam uma lista de recomendações para uma dieta estudantil mais saudável e mostrem ao resto da turma.

À mesa

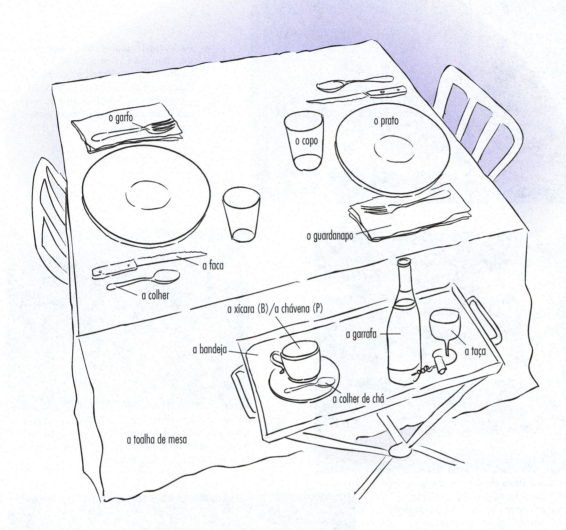

o garfo
o prato
o copo
o guardanapo
a faca
a colher
a xícara (B)/a chávena (P)
a garrafa
a bandeja
a taça
a colher de chá
a toalha de mesa

10-5 Treinamento no emprego. Trabalhem em pares. Você é o dono do restaurante *Estrela do Mar* e o/a colega acaba de ser contratado/a para ser garçom/garçonete (B) ou empregado/a de mesa (P) no seu restaurante. Diga ao/à colega onde deve colocar cada coisa de acordo com o desenho. Depois troquem de papéis.

Modelo   E1: Ponha a faca à direita do prato.
E2: Muito bem. E onde devo colocar a taça?
E1: _____

Onde compramos?

 As frutas tropicais como, por exemplo, bananas, mangas e abacaxis são abundantes no Brasil e nos países lusófonos da África e da Ásia. Durante o inverno, os Estados Unidos importam muitas frutas do Brasil, especialmente laranjas.

 As feiras ao ar livre são muito populares nos países lusófonos. Nelas pode-se comprar uma grande variedade de frutas, legumes, verduras, produtos artesanais e industriais.

 Os bolos e os doces à base de ovos e açúcar têm uma longa tradição em Portugal. No passado, eram especialidades feitas em conventos. Agora fabricam-se e vendem-se estes bolos e doces tradicionais em pastelarias.

 As águas do Atlântico proporcionam às ilhas dos Açores uma grande abundância de peixes e mariscos, os quais, naturalmente, ocupam um lugar importante na cozinha do arquipélago.

10-6 A compra e os preparativos. Em pares, preparem um menu e uma lista do que vocês têm que comprar para um jantar. Depois, cada um dos pares vai fazer perguntas a outro par para obter as seguintes informações:

1. menu
2. ingredientes
3. número de convidados

4. custo do jantar
5. divisão do trabalho
6. limpeza

 10-7 Um jantar. Ontem você esteve muito ocupado/a porque teve convidados para o jantar. Diga a um/a colega tudo o que você fez. O/A colega vai perguntar onde você fez as compras, quem convidou e o que serviu. Depois troquem de papéis.

FEIJOADA COMPLETA

Ingredientes

1/2 kg de carne de porco salgada
1/2 kg de carne seca
1 kg de feijão preto
1/2 kg de carne de vaca
1/2 kg de linguiça
Um paio
100 gramas de bacon
Algumas costeletas de porco ou 1/2 kg de lombo de porco fresco
Cebola
Óleo
Alho
Cheiro-verde
Laranjas
Opcional: um pé, uma orelha e um focinho de porco salgados

Modo de preparo

1. Coloque os seguintes ingredientes de molho na véspera: meio quilo de carne de porco salgada, meio quilo de carne seca, o pé, a orelha e o focinho de porco salgados.
2. No dia seguinte, de manhã, escolha um quilo de feijão preto e leve-o ao fogo num caldeirão com bastante água.
3. Em outra panela, ferva os ingredientes que ficaram de molho durante a noite.
4. Depois de uma hora no fogo, junte ao feijão os ingredientes fervidos e mais meio quilo de carne de vaca, meio quilo de linguiça, paio, 100 g de bacon, costeletas de porco ou meio quilo de lombo de porco fresco.
5. Faça, à parte, o seguinte refogado: cebola picadinha, uma colher de sopa de óleo, alho amassado e cheiro-verde.
6. Acrescente o refogado ao cozido de feijão e carne. Deixe essa mistura cozinhar em fogo brando para não grudar no fundo do caldeirão.
7. Na hora de servir, tire todos os ingredientes, coloque-os numa travessa, arrumando-os com jeito. O feijão deve ser servido separadamente em uma travessa de barro.
8. Sirva a feijoada acompanhada de laranjas picadas, arroz, farinha de mandioca e couve frita em alho e óleo.

Bom apetite!

10-8 As receitas preferidas. Em pares, escolham uma receita simples. Escrevam os ingredientes e depois expliquem à outra dupla como se prepara o prato. As seguintes palavras podem facilitar a explicação: **cortar**, **bater**, **ferver**, **cozer** (P), **fritar**.

Para escutar

 Um cozinheiro. Você vai ouvir duas explicações curtas sobre Seu Pedro Silveira e o que ele faz na cozinha. Marque as colunas apropriadas para indicar se cada uma das afirmações que você vai ouvir em seguida é verdadeira ou falsa. Não se preocupe se não entender todas as palavras.

	DESCRIÇÃO 1			DESCRIÇÃO 2	
	VERDADEIRO	FALSO		VERDADEIRO	FALSO
1. _____		_____	1. _____		_____
2. _____		_____	2. _____		_____
3. _____		_____	3. _____		_____
4. _____		_____	4. _____		_____

Antes de continuar

The indicative and the subjunctive

In previous lessons, you used the indicative mood to state facts (what is happening, what regularly happens, or what has happened) and to talk about what you are certain will occur. Thus, in the sentence **Eu sei que o João habitualmente come nesse restaurante**, the speaker is stating the facts as he or she knows them to be true: João usually eats at that restaurant. The indicative is used to talk about actions, events, or states the speaker sees as real.

In this chapter, you will learn about the subjunctive, a verbal mood used for anticipated or hypothetical actions, events, or states. You already know and have used two forms of the subjunctive when you practiced the formal commands in **Lição 9**. With a command, you are trying to impose your will on someone else because you are expressing what you want that person to do: **Venha cedo** is equivalent to saying **Eu quero que você venha cedo**. Note that the arrival has not happened yet. In fact, it may not happen at all; therefore, it is an unrealized action and the subjunctive is needed.

In this chapter, you will learn about the use of the subjunctive to talk about what you want to happen, and what you hope or doubt will happen.

1. Expressing subjective attitudes: Introduction to the present subjunctive

PAULO: Estou deprimido, doutor. Estou sempre cansado, o trabalho não me dá prazer, nem a companhia dos amigos. Já não vou ao café para conversar com eles há dois meses. Qual é o problema? O que devo fazer?

MÉDICO: Talvez o senhor **esteja** ocupado demais e sob muita pressão. Recomendo que **tome** estes comprimidos, mas é importante que **faça** um esforço pessoal e **esteja** preparado para algumas mudanças na sua vida.

PAULO: Mudanças?! Mas que tipo de mudanças?

MÉDICO: É importante que o senhor **trabalhe** menos, **saia** de casa, **vá** ao café, **converse** com os amigos, **nade** duas vezes por semana, **corra** no parque e **procure** prazer nas pequenas coisas. Deste modo, espero que o senhor **durma** melhor e **descanse** mais, mental e fisicamente. **Coma** comida leve. **Peça** que lhe **façam** canja de galinha e **compre** frutas e saladas. **Beba** muita água…

Mais tarde…

ALICE: Qual é a recomendação do médico?

PAULO: Ele recomenda que eu **descanse** mais. Também pede que você **limpe** o apartamento, **faça** canja de galinha, **traga** sorvete para casa todos os dias…

ALICE: E eu recomendo que você não **conte** mais mentiras…

Vamos analisar. Escreva abaixo o nome da pessoa que recomenda a ação e o nome de quem vai fazer a ação.

1. O _____ recomenda que o _____ tome água e canja de galinha.
2. O _____ quer que a _____ prepare a canja de galinha
3. O _____ espera que o _____ durma melhor.
4. O _____ quer que a _____ limpe o apartamento.
5. A _____ recomenda que o _____ diga menos mentiras.

- To form the present subjunctive, use the **eu** form of the present indicative, drop the final **-o**, and add the subjunctive endings. Notice that, as with formal commands, **-ar** verbs change the **-a** ending to **-e,** while **-er** and **-ir** verbs change the **e** and the **i** to **a.**

	NADAR	CORRER	PARTIR
eu	nad**e**	corr**a**	part**a**
tu	nad**es**	corr**as**	part**as**
você, ele/ela, o/a senhor/a	nad**e**	corr**a**	part**a**
nós	nad**emos**	corr**amos**	part**amos**
vocês, eles/elas, os/as senhores/as	nad**em**	corr**am**	part**am**

383

■ The present subjunctive of the following verbs with irregular indicative **eu** forms is as follows:

dizer:	eu dig~~o~~ → di**ga**		pôr:	eu ponh~~o~~ → po**nha**
fazer:	eu faç~~o~~ → fa**ça**		trazer:	eu trag~~o~~ → tra**ga**
ouvir:	eu ouç~~o~~ → ou**ça**		ver:	eu vej~~o~~ → ve**ja**
poder:	eu poss~~o~~ → po**ssa**		vir:	eu venh~~o~~ → ve**nha**

■ The present subjunctive of **há** is **haja**. The following verbs also have irregular subjunctive forms:

dar:	**dê, dês**…		querer:	**queira, queiras**…
estar:	**esteja, estejas**…		saber:	**saiba, saibas**…
ir:	**vá, vás**…		ser:	**seja, sejas**…

■ Verbs ending in **-car**, **-çar**, **-cer**, **-gar**, and **-ger** have spelling changes; they are the same changes you have seen in the commands you learned in **Lição 9**.

ficar:	fi**que**, fi**ques**…
começar:	come**ce**, come**ces**…
conhecer:	conhe**ça**, conhe**ças**…
alugar:	alu**gue**, alu**gues**…
proteger:	prote**ja**, prote**jas**…

10-9 Na cozinha. Use os seguintes verbos para descrever o que um chefe de cozinha disse ao novo assistente.

voltar	vir	falar
almoçar	comprar	ajudar

1. É importante que você _____ verduras frescas.
2. Espero que você _____ rapidamente do mercado.
3. Preciso que você me _____ a preparar as saladas.
4. É preciso que você _____ cedo.
5. Quero que você _____ comigo e com a dona do restaurante.
6. É importante que nós _____ sobre os novos pratos.

 10-10 O passeio de sábado. Alfredo quer organizar um passeio e deixou uma nota para você e outra para um/a colega. Você e o/a colega devem dizer o que Alfredo quer que vocês façam.

Modelo   fazer sanduíches
            O Alfredo quer que façamos sanduíches,

Ligar para o Frederico
Comer algo antes de sair
Sair cedo

Buscar a Margarida
Comprar refrigerantes
Fechar a porta da garagem

2. Talking about expectations: The subjunctive used to express wishes and hopes

A família Silveira tem que se apressar para ir almoçar no clube com os amigos Castro:

D. REGINA: Espero que não **cheguemos** muito tarde. Os Castro chegam sempre cedo.

MARIANINHA: Eu espero que **sirvam** aquele bolo de chocolate que eu adoro.

LUÍS: Tomara que eles **tenham** doces portugueses, como os pastéis de nata. São muito melhores!

D. REGINA: Meninos! Vocês só pensam nas sobremesas! É preferível que vocês **pensem** em comer uma boa salada. Não quero que **comam** muitos doces. Fazem muito mal.

SR. SILVEIRA: Vou pedir que me **tragam** um delicioso café duplo no fim do almoço.

D. REGINA: Ó Helder, isso parece impossível! O médico proíbe que **tomemos** cafeína.

Vamos analisar. Confirme se são verdadeiras (**V**) ou falsas (**F**) as expectativas e instruções indicadas nas frases seguintes:

1. _____ A D. Regina não quer que todos cheguem tarde ao almoço.
2. _____ A Marianinha espera que sirvam torta de morango hoje.
3. _____ O Luís prefere que lhe tragam uma boa salada.
4. _____ O Sr. Silveira deseja que lhe sirvam um café duplo.
5. _____ O médico proíbe que o casal Silveira tome café.

■ Notice in the examples below that there are two clauses, each with a different subject. When the verb of the main clause expresses a wish or hope, use a subjunctive verb form in the dependent clause.

MAIN CLAUSE	DEPENDENT CLAUSE
A mãe **quer**	que o filho **ponha** a mesa.
The mother wants	*her son to set the table.*
Eu **espero**	que ele **termine** cedo.
I hope	*he will finish early.*

■ When there is only one subject, use an infinitive instead of the subjunctive.

As crianças **precisam (de) almoçar** cedo para ir ao clube.	*The children need to have lunch early to go to the club.*
O mais velho **quer comer** frango.	*The older one wants to eat chicken.*
O mais novo **quer tomar** um copo de leite com biscoitos.	*The younger one wants to have a glass of milk with cookies.*

■ Some common verbs that express want are **desejar**, **esperar**, **precisar**, **preferir**, and **querer**.

Eles querem que você **compre** peixe.	*They want you to buy fish.*

■ Verbs that express an intention to influence the actions of others (**aconselhar**, **pedir**, **permitir**, **proibir**, **recomendar**) also require the subjunctive.

O juiz pede que eles **digam** a verdade.　　*The judge asks them to tell the truth.*

■ The expression **oxalá** (*I/we hope*), which comes from Arabic, originally meaning *May Allah grant that…,* is always followed by the subjunctive. In Brazilian Portuguese, the expression **tomara que** is used more commonly than **oxalá**.

Tomara que/Oxalá **venham** cedo.　　*I hope they'll come early.*
Tomara que/Oxalá ele **possa** ir ao supermercado.　　*I hope he can go to the supermarket.*

■ You may also try to impose your will or express your influence, wishes, and hopes through some impersonal expressions such as **é preciso**, **é importante**, **é bom**, and **é melhor**.

É preciso que eles **venham** cedo.　　*It's necessary that they come early.*
É melhor que você **coma** a salada agora.　　*It's better that you eat the salad now.*

■ If you are not addressing or speaking about someone in particular, use the infinitive.

É melhor **comer** a salada agora.　　*It's better to eat the salad now.*

 10-11 Uma festa no clube de português. Com um/a colega, usem **tomara que** ou **oxalá** para comentar as afirmações.

Modelo　　servir comida angolana
　　　　　　E1: Dizem que vão servir comida angolana.
　　　　　　E2: Tomara que/Oxalá sirvam comida angolana.

1. começar às nove
2. tocar música brasileira
3. convidar os alunos estrangeiros
4. servir vinho do Porto
5. trazer pão da padaria
6. não terminar cedo

10-12 No dia da festa. Os organizadores da festa do clube de português estão muito ocupados com as preparações para a festa. O que é que os organizadores querem/esperam/precisam que essas pessoas façam?

Sílvio, Paulo e Marta

Alice

Carlos

Luana

João e Pedro

Aparecida e Roberto

10-13 Convidados para o jantar. Você tem convidados para jantar na sua casa neste sábado. Prepare uma lista das coisas que você quer fazer e outra lista com o que você espera que os convidados façam. Depois compare as duas listas com as de um/a colega.

Modelo   E1: Quero limpar a sala na sexta-feira
            E2: Eu também quero limpá-la./Eu não, a sala já está limpa.
            E1: Espero que os convidados cheguem cedo.
            E2: E eu espero que os convidados gostem dos pratos que
                vou servir.

10-14 Um trabalho complicado. Você trabalha no supermercado e um/a colega quer saber quais são as responsabilidades e condições do trabalho que você faz. Ele/Ela vai fazer perguntas usando os verbos **aconselhar**, **pedir**, **proibir**, **permitir**, **dizer** e **recomendar**. Responda usando as seguintes opções ou as suas próprias experiências. Depois troquem de papéis.

Modelo   E1: O chefe proíbe alguma coisa?
              E2: Ele proíbe que eu fale com os amigos.
              E1: O que é que os colegas do trabalho recomendam?
              E2: Eles recomendam que eu seja amável com os clientes.

1. usar o uniforme sempre limpo
2. manter as verduras sempre frescas
3. usar o telefone enquanto trabalho
4. chegar cedo ao trabalho
5. verificar as datas dos queijos e do leite
6. atender os clientes na caixa
7. saber onde estão os diferentes produtos
8. …

 10-15 Conselhos e sugestões. Você está no processo de abrir um novo restaurante e tem alguns problemas em certas áreas. Explique-os a dois/duas colegas da turma. Eles/Elas vão oferecer sugestões para resolver os problemas.

Modelo   o preço das bebidas

E1: Deram-me preços muito altos para as bebidas.	E1: Deram-me preços muito altos para as bebidas.
E2: É importante que você pergunte os preços em outros lugares.	E2: É importante que perguntes os preços em outros lugares.
E3: E também é melhor que você compre garrafas grandes porque são mais baratas.	E3: E também é melhor que compres garrafas grandes porque são mais baratas.

poucos garçons (B)/   um dos cozinheiros   a decoração do lugar
  empregados (P)   os móveis   os talheres e a louça
uma sala pequena demais

 ## Situações

Role A. You are unable to go shopping for food this week, because you are sick (**doente**). Call a friend to explain your predicament, and ask him or her to go for you. Answer his or her questions and a) say what you need him or her to buy (chicken, some vegetables, fruit, bread, etc.), b) give him or her advice about the shops where he or she can get those items, and c) thank him or her.

Role B. A friend of yours calls to ask a favor. Say a) that you will be happy to do his or her shopping, and b) ask what he or she needs and where to buy those things. After writing down the list, say that it is important that he or she rest and that you will be at his or her house around 11 a.m.

3. Expressing doubt and uncertainty: The subjunctive with verbs and expressions of doubt

ANA MARIA: Não acredito que o supermercado **abra** hoje.

JÚLIO: Sim, não é provável! Mas talvez **encontremos** um pequeno supermercado de bairro ainda aberto.

ANA MARIA: Pode ser, mas duvido. Talvez **possamos** almoçar hoje no restaurante.

JÚLIO: Tudo bem. Mas não acho que **cozinhem** tão bem como você. Prefiro comer em casa.

ANA MARIA: Júlio, é óbvio que eu já estou cansada de cozinhar, você não vê?

Vamos analisar. Baseado no diálogo acima, indique se as seguintes frases são verdadeiras (**V**) ou falsas (**F**):

1. _____ É possível que o supermercado **esteja** fechado hoje.
2. _____ É provável que pelo menos um supermercado **abra** hoje.
3. _____ É improvável que o Júlio **queira** jantar em um restaurante.
4. _____ Talvez a Ana Maria **insista** em encontrar um supermercado aberto.
5. _____ É óbvio que o Júlio **gosta** da comida da Ana Maria.

■ When the verb in the main clause expresses doubt or uncertainty, use a subjunctive verb form in the dependent clause.

Duvido que **vendam** peixe fresco.   *I doubt that they (will) sell fresh fish.*

■ When the verbs **achar, acreditar, crer,** and **pensar** are used in the negative and doubt is implied, the subjunctive is used. In affirmative sentences, the indicative is used after these verbs.

SUBJUNCTIVE

Não acredito que o mercado **abra** hoje.   *I don't believe the market opens today.*

INDICATIVE

Mas acho que **abre** às nove horas amanhã.   *But I think it opens at nine tomorrow.*

■ Use the subjunctive with impersonal expressions that denote doubt or uncertainty, such as: **é possível que, é difícil que, é provável que**, and **é improvável que**.

É improvável que **encontremos** maracujá no supermercado.   *It is (will be) unlikely for us to find passion fruit at the supermarket.*

É possível que **vendam** uvas.   *It is possible that they sell grapes.*

■ Use the indicative with impersonal expressions that denote certainty: **é óbvio que, é certo que,** and **é verdade que**.

É óbvio que não **devemos** comer gordura em excesso.   *It is obvious that we should not eat fat in excess.*

■ Since the adverb **talvez** conveys uncertainty, it is normally followed by the subjunctive.

Talvez ela **prove** a sobremesa. *Perhaps she'll try the dessert.*

 10-16 O que é que vocês acham? Com um/a colega, dê opiniões sobre as afirmações abaixo.

Modelo   O azeite é melhor que o óleo de milho para a saúde.
              E1: Eu acho que o azeite é melhor que o óleo de milho para a saúde.
              E2: Talvez seja melhor, mas devemos usar pouco para não engordar.

1. O iogurte com frutas tem muitas calorias.
2. Todos devemos beber muita água.
3. A água que se bebe nas cidades deste país é muito boa.
4. Doces engordam mais do que queijo.
5. Peixe é melhor do que carne para a saúde.
6. A comida que uma pessoa come influencia a personalidade.

 10-17 Um jantar com uma pessoa muito famosa. Primeiro passo. Um/a colega e você ganharam um concurso e o prêmio (B)/prémio (P) é um jantar com a pessoa que vocês mais admiram. Escolham a pessoa e depois façam uma lista com três coisas que vocês esperam que aconteçam e três coisas que vocês duvidam que aconteçam no jantar. Expliquem as razões.

Modelo   Madonna
              E1: Esperamos que a Madonna pague a conta do jantar porque ela tem muito dinheiro.
              E2: Duvido que a Madonna cante durante o jantar por não ter público.

Segundo passo. Juntem-se a outra dupla e digam quem vocês escolheram e a razão da escolha. Falem sobre as expectativas e dúvidas que vocês têm em relação à situação. Comentem se estão ou não de acordo com o que dizem os colegas do outro par.

 ## Para pesquisar

Vá a um supermercado local e procure a se(c)ção onde se vendem produtos de países lusófonos. Se esta opção não existe no local onde você se encontra, procure lojas especializadas na Internet usando os termos de busca "comida brasileira", "comida portuguesa", etc. Faça uma lista das comidas, preços e, se possível, para que são usadas. Na aula seguinte, entreviste um/a colega para saber o que ele/ela descobriu e o que acha do supermercado ou do site, dos preços e da comida que vendem. Depois é a vez dele/dela fazer a entrevista com você. Contem ao resto da turma o que descobriram.

Vamos viajar

A gastronomia tradicional

Comer e preparar os alimentos no mundo lusófono são atividades que vão muito além de simplesmente nutrir o corpo. A preparação da comida e a hora da refeição são momentos especiais em que as pessoas compartilham não apenas a comida, mas o seu dia a dia. A base da cozinha brasileira é o famoso "arroz com feijão". Entretanto, há uma grande variedade regional que traduz a diversidade étnica da população e as diferenças climáticas e geográficas. A feijoada, feita à base de feijão preto e carne de porco, é apreciada em todo o território nacional. O churrasco, também bastante popular, é servido em churrascarias que preparam uma grande variedade de cortes de carnes, de aves e de peixes. A influência africana é forte na culinária baiana que inclui muitos pratos à base de frutos do mar, coco e azeite de dendê. No Norte e no Nordeste do Brasil sente-se a presença indígena na utilização de ingredientes tais como a mandioca e especiarias em geral. Por fim, há uma grande riqueza de frutas que são consumidas ao natural, em sobremesas, sucos e vitaminas.

Em Portugal, a culinária é fortemente voltada para a utilização de peixe e mariscos, embora haja também muitos pratos tradicionais à base de carne (especialmente de porco e borrego) no interior do país. Há muitas maneiras de preparar o bacalhau; algumas das mais populares são, por exemplo, "bacalhau à Brás", "bacalhau à Gomes de Sá" ou "bacalhau à lagareiro". Os portugueses apreciam muito as sopas, sobretudo o famoso caldo verde. Também famosos são os antigos doces conventuais, com os nomes que ainda evocam a sua origem, como "toucinho do céu" e "barrigas de freira". Dado o seu alcance geográfico, a cozinha lusófona africana e asiática é extremamente rica e variada. Em Timor, por exemplo, há pratos que incluem ingredientes como flor de papaia, carne de porco e uma variedade de peixes e legumes. A cachupa, prato nacional de Cabo Verde, combina milho, feijão, vários tipos de carne, batatas, mandioca, couve, cebola e especiarias. Na Guiné-Bissau, a deliciosa "galinha à moda da Guiné" passa por três fases de preparação: é marinada, cozida e, finalmente, assada na brasa.

 10-18 Uma festa da culinária lusófona. Você e um/a colega vão organizar uma festa para demonstrar a riqueza da culinária lusófona. Procurem na Internet receitas populares no mundo de língua portuguesa. Façam três menus diferentes e, se possível, ilustrem-nos com fotografias dos pratos que encontraram na Internet. Procurem fazer um dos menus exclusivamente vegetariano. Mostrem os resultados ao resto da turma.

 10-19 Uma encomenda. Você está com muita fome e não tem nada para comer em casa. Telefone para um restaurante de comida tradicional de um país lusófono e pergunte o que é que o restaurante oferece esta noite. Um/a colega da turma será o/a telefonista do restaurante. Procurem usar as seguintes estruturas nas perguntas e respostas:

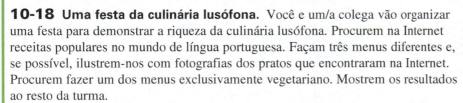

duvido que	é provável que	não acho que	é possível que	espero que
tomara que (B)/oxalá (P)		quero que		talvez

Modelo   comida vegetariana
E1: Eu sou vegetariano/a e preciso que vocês me entreguem um prato só com legumes e verduras.
E2: Não acho que isso seja um problema. Temos vários pratos vegetarianos deliciosos como, por exemplo, uma maravilhosa abobrinha recheada e uma deliciosa sopa de mandioquinha.

1. comida com poucas calorias
2. uma sobremesa maravilhosa
3. comida para um atleta

4. comida para dois adultos e uma criança pequena
5. comida barata

Vídeo

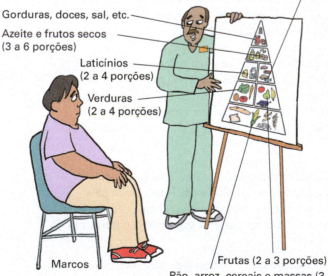

O prato preferido da Manuela é cozido à portuguesa.

4. Telling people what to do: More on commands

15-16

Gorduras, doces, sal, etc.
Azeite e frutos secos (3 a 6 porções)
Laticínios (2 a 4 porções)
Verduras (2 a 4 porções)
Carne, peixe e substitutos (2 porções)
Frutas (2 a 3 porções)
Pão, arroz, cereais e massas (3 a 6 porções)
Marcos

Marcos, uma boa alimentação é fundamental para uma boa saúde. **Tome** um bom café da manhã todos os dias. **Beba** mais água. **Evite** comer muita gordura. **Coma** carne com moderação. **Faça** mais exercício físico. Não se **esqueça** de comer frutas e verduras.

Vamos analisar. O que é que o nutricionista disse ao Marcos? Indique se as seguintes frases são verdadeiras (**V**) ou falsas (**F**).

1. ____ **Coma** mais carne.
2. ____ **Tome** mais água.
3. ____ **Durma** bastante.
4. ____ **Não ponha** açúcar no café.
5. ____ **Coma** mais frutas e verduras.

■ In general, use informal commands with those whom you address as **você** in Brazilian Portuguese and **tu** in European Portuguese.

■ In Brazilian Portuguese these commands have the same forms as the commands you learned in **Lição 9**.

Coma tudo, filho.	*Eat everything, son.*
Ponha a camisa.	*Put your shirt on.*
Não **coma** demais.	*Don't eat too much.*
Não **ponha** esta camisa.	*Don't put this shirt on.*

Comam os legumes, filhos!

■ In affirmative commands, the informal **tu** form, which is used mostly in Portugal, as well as in the South of Brazil, is the same as the **você** form of the present indicative.

Fala mais alto.	*Speak louder.*
Come tudo, filho.	*Eat everything, son.*
Divide o apartamento.	*Share the apartment.*
Põe a camisa.	*Put your shirt on.*

■ In negative commands, the **tu** form corresponds to the forms of the present subjunctive.

Não **fales** com ele.	*Don't talk to him.*
Não **escrevas** no livro.	*Don't write in the book.*
Não **durmas** na aula.	*Don't sleep in class.*
Não **ponhas** essa camisa.	*Don't put this shirt on.*

■ In spoken Brazilian Portuguese, in both affirmative and negative commands, the **tu** affirmative form is often used even when **você** is the form of address.

Lia, você vai ao cinema hoje?	*Lia, are you going to the movies tonight?*
Vou, sim.	*Yes, I am.*
Então, **convida** o Pedro, mas não **convida** o João	*Then invite Pedro, but don't invite João.*

■ Placement of object and reflexive pronouns is the same in informal and formal commands.

Fale-lhe.	Não lhe fale.
Fala-lhe.	Não lhe fales. (P)
Senta-te.	Não te sentes. (P)
Sente-se.	Não se sente.

■ The plural of all commands corresponds to the forms of the present subjunctive.

Comam mais peixe.	*Eat more fish.*
Não **tomem** tanto café.	*Don't drink so much coffee.*

10-20 Conselhos. Com um/a colega, escolha os conselhos mais adequados para cada situação.

1. Um/a colega bebeu muito café e agora não consegue dormir.
   - a. Tomar mais café.
   - b. Beber um copo de leite quente.
   - c. Tomar um banho quente.
   - d. Limpar a casa.
   - e. Ir ao cinema.
   - f. Telefonar para um amigo.

2. Um/a amigo/a está com muita fome.
   - a. Tomar um chá.
   - b. Ler o jornal.
   - c. Comer uma cenoura.
   - d. Ir a um restaurante italiano.
   - e. Cozinhar uma feijoada.
   - f. Comer um bolo de chocolate.

3. O primo Tomás quer fazer um churrasco.
   - a. Acender a churrasqueira.
   - b. Preparar a carne.
   - c. Limpar o micro-ondas.
   - d. Comprar leite.
   - e. Pôr a mesa da sala de jantar.
   - f. Fazer uma salada.

 10-21 Uma dieta equilibrada. Vocês vão fazer uma pesquisa sobre o estilo de vida e, sobretudo, a alimentação dos estudantes portugueses. Em grupos, leiam o relatório sobre o que consome um/a estudante típico/a no dia a dia e identifiquem os problemas. Depois façam uma lista de cinco recomendações para ele/ela seguir um estilo de vida mais saudável e uma dieta equilibrada. Comparem as listas de vários grupos.

> Levanta-se à pressa e não toma o pequeno-almoço. Sai correndo para a primeira aula da manhã. Quando a aula termina, vai ao bar da faculdade, toma um café expresso bem forte e fuma um cigarro. Depois volta para outra aula. À hora do almoço, vai à cantina da faculdade e come uma sopa de legumes, um bife com batatas fritas e um ovo estrelado. Para beber, toma uma cerveja. De sobremesa, come uma mousse de chocolate, bebe outra bica e fuma outro cigarro. Regressa às aulas. No fim das aulas da tarde, vai para a biblioteca e leva um chocolate para comer quando ficar com fome. Sai da biblioteca às oito horas da noite e encontra-se com outros colegas para jantar e para estudarem para o próximo exame. Resolvem jantar na casa de um dos colegas e compram duas pizzas grandes. Uma pizza é de bacon com azeitonas e a outra é de fiambre com ananás. Para beber, encomendam duas garrafas grandes de refrigerante de limão. Às onze horas, fazem um intervalo e vão todos ao café tomar outro café forte para ficarem acordados durante a noite e estudar um pouco mais. Às duas horas da manhã, volta para casa para dormir um pouco antes de voltar para a faculdade.

10-22 Correio sentimental. Você e um/a colega redigem o correio sentimental de um jornal e têm que responder às cartas que recebem. Que conselhos vão dar ao caso abaixo?

Querida Zefinha,

Estou desesperado. Preciso de alguém que conheça a mentalidade feminina. Tenho 27 anos e sou um homem bonito, atlético e musculoso. Mas há um ano eu não era assim. Eu pesava 150 quilos, tinha que usar roupas bem grandes, era muito complexado e tímido. Um dia, na sala de espera do nutricionista, conheci minha noiva. Uma moça linda, alta, magra, loura, sorridente, enfim, uma mulher muito atraente.

Resolvi fazer um grande esforço para ela gostar de mim. Fiz uma dieta rigorosíssima para perder peso e cumpri um programa de exercício físico diário. Agora sou modelo para duas revistas de moda no Brasil e já recebi propostas de agências internacionais, uma em Nova Iorque e outra em Milão.

Mas este golpe de sorte também trouxe muita infelicidade. A minha noiva diz que prefere como eu era antes, porque as outras mulheres não olhavam para mim. Ela quer que eu volte ao nutricionista e faça uma dieta para engordar. Ela acha que talvez assim eu atraia menos atenção e possamos viver felizes. Eu não acho que voltar a engordar seja uma solução, porque é menos saudável e ela pode apaixonar-se por outro homem tão atraente como eu sou agora.

Duvido que a minha noiva me ame verdadeiramente, senão não me pediria o sacrifício de perder os meus contratos de modelo. Talvez ela já não goste de mim e queira acabar o noivado. O que é que a intuição feminina diz sobre esse assunto? Devo escolher minha nova carreira ou minha noiva?

Um homem atormentado,
Narciso

Situações

1. **Role A.** You are playing the role of Narciso above. You have decided to keep your fiancée and go on a weight-gain diet. You go to a nutritionist. Tell him or her a) who you are and why you made the appointment, and b) that you want to know how to gain 20 kilograms. Then ask him or her c) what foods you should eat, d) what drinks you should have, and e) whether he or she thinks it is dangerous to gain so much weight and why.

   Role B. You are a nutritionist. Your client wants to gain weight to please his fiancée. Ask him a) why he made the appointment and what he wants to achieve; then tell him b) what is necessary for a person to do in general in order to gain weight, and specifically c) what foods he should eat, and d) what drinks he should have. Finally, e) tell him that you do not think it is healthy to gain or lose a lot of weight rapidly and that excessive weight can cause health problems.

2. **Role A.** You are a new manager for the Student Union who wants to improve the food and service at the cafeteria. In a meeting with the cafeteria manager, say a) that it is important that students receive a better service, and b) that you hope prices will not increase (**subir**) this semester. Listen to the cafeteria manager's comments and ask questions to get additional information.

   Role B. You are the cafeteria manager. Agree with the Student Union manager and tell him or her a) that you have a good team, b) that you want everyone to do a good job, c) that you will be happy to meet with a student committee and have students suggest (**sugerir**) menus.

Vamos viajar

A comida rápida

O conceito de *fast food* (comida rápida) não nasceu com a rede McDonald's e não se limita ao tipo de comida (hambúrguer, cachorro-quente, batata frita) que associamos com esta e outras grandes redes de restaurantes de conveniência. Sempre houve, em diversas culturas, uma variedade de refeições pequenas e rápidas que se podem comer sem gastar muito tempo à mesa e mesmo sem interromper o trabalho ou o passeio. O acarajé (bolinho de feijão fradinho moído) vendido nas ruas de Salvador da Bahia ou os petiscos portugueses, tais como pastéis de bacalhau ou rissoles (B)/rissóis (P) de camarão, são bons exemplos de comida rápida tradicional.

No entanto, é também verdade que nas últimas décadas tem ocorrido uma expansão e globalização de refeições rápidas produzidas em massa e comercializadas através de redes de restaurantes ou lanchonetes. Alguns tipos de comida tradicionalmente associados a uma cozinha nacional, como a pizza ou o sushi, são agora conhecidos em todo o mundo. No Brasil, além das grandes redes norte-americanas, existem também empresas brasileiras de comida rápida, como as redes Bob's e Habib's. Fundada em 1952 por um tenista americano, o Bob's é hoje uma empresa brasileira com 660 lanchonetes em 26 estados, no Distrito Federal e também em Angola. Embora o seu produto mais característico seja o milkshake de ovomaltine, a rede serve também (de acordo com a própria publicidade da empresa) comidas "com sabor genuinamente brasileiro". Habib's, a maior rede mundial de comida rápida árabe, fundada em 1988 por um filho de imigrantes portugueses, conta com mais de 300 lanchonetes espalhadas por todo o Brasil. As multinacionais de comida rápida que operam nos países de língua portuguesa geralmente modificam a oferta culinária de acordo com as expectativas locais. Assim, por exemplo, os restaurantes McDonald's em Portugal servem uma variedade de sopas, prato muito apreciado pelos portugueses, e no Brasil vendem produtos inspirados no gosto brasileiro como torta de banana, água de coco e suco de maracujá.

10-23 Bons conselhos. Você e um/a colega vão preparar uma apresentação sobre o tópico "Como comer bem nos restaurantes de comida rápida". Formulem pelo menos cinco conselhos. Alguns verbos úteis: **beber, comer, escolher, evitar, informar-se, pedir, preferir**.

Modelo   E1: Não comam produtos com muita gordura.
              E2: Prefiram as redes que servem saladas e sopas.

10-24   Comida rápida ou comida lenta? Muitos críticos da expansão da comida rápida defendem o conceito de *slow food* (comida lenta), que rejeita a uniformização imposta pelos restaurantes de comida rápida e defende a alimentação preparada de forma tradicional e diversificada regionalmente. Discuta as vantagens e as desvantagens destes dois modos de comer com um/a colega. Um/a de vocês deve ser a favor da comida rápida e outro/a da comida lenta. Depois comparem os argumentos com o resto da turma.

Modelo   E1: Não acho que a comida rápida seja muito saudável, em geral.
              E2: Mas é óbvio que a comida lenta também pode ter muita
                   gordura e não ser nada saudável.

Para pesquisar

Visite e compare os sites da Internet da rede McDonald's no Brasil e em Portugal. Quais são as semelhanças e as diferenças entre o funcionamento da rede nesses dois mercados?

Vídeo

De tarde, Mônica não tem tempo para comer e come qualquer coisa na faculdade.

Para escutar

 A. Lógico ou ilógico? Você vai ouvir várias afirmações. Indique se são "lógicas" ou "ilógicas".

LÓGICO   ILÓGICO   LÓGICO   ILÓGICO

1. _____   _____   4. _____   _____
2. _____   _____   5. _____   _____
3. _____   _____   6. _____   _____

 B. De onde são estes produtos? Ouça a conversa sobre a origem de vários alimentos. Ao ouvir, marque todos os produtos que são originários das Américas.

_____ abacate   _____ milho
_____ arroz   _____ laranja
_____ café   _____ batata
_____ chocolate   _____ tomate

C. Que problema! Quatro estudantes internacionais, Brigitte, Peter, Marek e Cláudia foram fazer compras num supermercado de Lisboa. Depois, puseram todos os sacos juntos no chão e agora não sabem que saco pertence a quem. Ajude-os a decidir quem é o dono de cada um dos sacos.

Para conversar

 10-25 Pesquisa. Primeiro passo. Pergunte a um/a colega se ele/ela gosta ou não das comidas indicadas no quadro abaixo.

Modelo

E1: Você gosta de camarão?
E2: Adoro! E você?
E1: Eu não gosto.

E1: Gostas de camarão?
E2: Adoro! E tu?
E1: Eu não gosto.

COMIDA	ADORAR	GOSTAR MUITO	GOSTAR	NÃO GOSTAR
peixe				
espinafre				
queijo				
presunto				
carne de porco				
mousse de chocolate				
doces em geral				

Segundo passo. Em grupos de quatro, decidam quais são as comidas de que vocês gostam mais e de que gostam menos. Comparem o resultado do seu grupo com outros grupos.

 10-26 Tomara que sim! Em grupos de três, cada estudante deve dar uma sugestão para as situações abaixo. Em seguida, cada estudante deve dizer se acredita que a pessoa vai cumprir o seu desejo ou não.

Modelo E1: A Lúcia está gordinha e quer emagrecer.
E2: Espero que ela faça uma boa dieta!
E3: Eu recomendo que ela não coma carne nem doces.
E2: Acho que ela vai emagrecer. Ela é uma pessoa determinada.
E3: Pois eu duvido que ela emagreça. É muito difícil!

1. A avó tem que fazer dieta para baixar o colesterol.
2. Os filhos do meu irmão comem chocolate o tempo todo. Não é bom para eles.
3. O vendedor da loja está magro demais. Parece estar doente.
4. A Dona Cecília põe muito sal na comida. Toda a família está com a pressão arterial alta.
5. O Sérgio e eu adoramos carne de vaca. Comemos todos os dias.

 ## Para pesquisar

A influência árabe na língua portuguesa é visível nas palavras como **oxalá** e várias outras, sobretudo as que começam por **al** (por exemplo: **álcool**, **alface**, **algodão**). Como se explica esta influência? Quando é que os árabes estiveram na Península Ibérica? Por quanto tempo? Onde se estabeleceram por mais tempo?

 10-27 Adivinhe, adivinhador. Num concurso de televisão, o animador do programa (um/a colega da turma) dá instruções para você fazer uma tarefa. Você tem que adivinhar para que são as instruções (ou seja: qual é a tarefa).

Modelo E1: Tire uma coisa verde da geladeira (B)/do frigorífico (P). Lave-a, enxugue, corte ou rasgue, e tempere com azeite e vinagre.
E2: É para fazer uma salada de alface!

10-28 Decisões, decisões. Você e um/a colega vão dar uma festa. Vocês devem decidir: o número de convidados, a comida, as bebidas, onde vai ficar a mesa com a comida e as bebidas, a música que vão tocar, etc. Você é muito prático, mas o/a colega não. Conversem sobre os planos para a festa e tentem chegar a um consenso.

Modelo E1: Espero que você compre garfos de plástico.
E2: Não, não. É melhor que usemos os garfos normais; são mais elegantes.

Para ler

17-21

 10-29 Preparação. O que você sabe sobre os efeitos que estas comidas e estas atividades causam ao organismo do ser humano? Com um/a colega, discutam e preencham o quadro abaixo.

ALIMENTOS	ENGORDA(M)	EMAGRECE(M)	DÁ/DÃO ENERGIA	FAZ(EM) MAL	FAZ(EM) BEM
os ovos					
os produtos de leite					
os cereais					
o açúcar					
as bebidas alcoólicas					
as verduras					
as frutas					
os produtos enlatados					
ATIVIDADES					
comer muito					
reduzir a quantidade de comida					
tomar um banho muito quente					
estar sempre ao computador					
beber álcool diariamente					
andar muito a pé					
fazer exercício					

10-30 Primeira exploração. A. Leia a primeira parte do texto e depois complete as seguintes afirmações:

1. A macrobiótica é uma filosofia de origem _____.
2. O propósito da macrobiótica é _____
   _____.
3. Segundo a macrobiótica, os seguintes elementos têm um efeito imediato no indivíduo: _____, _____,
   _____ e _____.
4. Segundo a macrobiótica, as pessoas ficam doentes se _____.
5. A dieta macrobiótica _____ o organismo de uma pessoa doente.

B. Marque com um X as declarações que melhor completam a frase seguinte: Algumas das propostas da macrobiótica são que…

1. _____ a natureza tem duas partes iguais.
2. _____ as forças da natureza funcionam como uma dicotomia.
3. _____ a saúde implica a harmonia entre o positivo e o negativo.
4. _____ o yin e o yang se associam somente com os alimentos.

Mais do que uma dieta

A macrobiótica é uma filosofia que nasceu a partir da doutrina oriental Zen, com o objetivo de conseguir uma união harmoniosa entre o homem e a natureza, através de uma dieta e conduta bastante rigorosas.

A palavra macrobiótica (do grego macros: grande; bio: vida) foi introduzida por Hipócrates, o pai da medicina ocidental, mas sua popularidade se deve a um japonês, George Oshawa, que reintroduziu este conceito durante os anos setenta.

Centralizando-se no ritmo natural e na pureza dos alimentos, a macrobiótica diz que cada um de nós é continuamente infuenciado pelo que nos cerca: os alimentos que ingerimos, nosso contacto diário com o resto da sociedade, o lugar onde moramos e o clima.

Nossa saúde, segundo os especialistas, é o resultado do que comemos e bebemos, assim como da maneira como vivemos. Se não existe harmonia em nossa vida, o corpo se desequilibra e adoece. É desta forma que a dieta macrobiótica adquire uma importância vital: pode ajudar-nos a curar as enfermidades do corpo através de um regime estrito que purifica o organismo. A macrobiótica, tal como a doutrina Zen, na qual se baseia, afirma que a natureza se compõe de duas partes opostas que se complementam, o yin e o yang. O yin é a força positiva e o yang é a força negativa. O equilíbrio entre ambas é necessário para uma boa saúde. Desta forma, os cereais ricos em água e em potássio, por exemplo, representam o yin. O yang se associa tanto aos produtos que geram calor como aos produtos que são neutros em alcalinidade e ricos em sódio.

Segunda exploração. Leia a segunda parte do texto e indique...

1. por que razão não é recomendável fazer uma mudança brusca de uma dieta ocidental para a dieta macrobiótica.

2. quais são as condutas apropriadas para uma pessoa que segue a dieta macrobiótica:

   _____ comer mais

   _____ consumir menos comida

   _____ passar mais tempo usando as capacidades mentais

   _____ comer o que desejar

3. quais das seguintes comidas pode consumir uma pessoa que faz dieta macrobiótica:

   _____ marisco e peixe

   _____ sopa de galinha enlatada

   _____ alface, tomate e espargos

   _____ feijão e algas marinhas

Seguir a dieta macrobiótica implica uma mudança radical para a maioria das pessoas acostumadas à dieta ocidental, portanto é importante fazer a dieta de forma gradual para limitar o impacto da nova dieta no organismo. O objetivo final da dieta é reduzir a quantidade de alimentos consumidos diariamente. Na medida do possível, isso é feito para permitir que o corpo libere a energia que normalmente dedica a processos físicos, tais como a digestão, para que a energia se concentre no plano intelectual. Embora existam muitas variações a nível individual, a dieta macrobiótica padrão propõe a seguinte divisão na alimentação diária:

➤ 50% dos alimentos devem conter cereais integrais variados

➤ 20–30% devem consistir em verduras variadas

➤ 5–10% devem incluir sopas naturais

➤ 5–10% devem consistir em legumes e vegetais marinhos

Para obter bons resultados, a macrobiótica recomenda eliminar certas comidas da nossa dieta habitual, tais como carnes de qualquer tipo, ovos e produtos derivados do leite, açúcares, alimentos refinados, alimentos com colorantes ou conservantes, enlatados, além de todas as bebidas alcoólicas.

Terceira exploração. Leia o texto abaixo e indique...

1. cinco tipos de comida/produtos que se proíbem aos seguidores da dieta macrobiótica _____

2. uma restrição que se relaciona com o número das refeições _____
   _____

   uma que limita que tipo de roupa se deve usar _____
   _____

   uma que se associa com o tipo de atividade física do indivíduo _____
   _____

   uma que se relaciona com aparelhos de uso doméstico _____
   _____

Para a obtenção de um maior equilíbrio em nosso sistema, existem certas mudanças de estilo de vida que os seguidores da macrobiótica devem fazer, como as seguintes:

➤ Coma somente quando você está com fome, beba somente quando você está com sede e mastigue os alimentos pelo menos 50 vezes. É importante que você mantenha uma postura correta enquanto come e expresse gratidão pelo alimento que você esteja comendo.

➤ Evite os banhos quentes prolongados porque eles fazem com que o corpo perca minerais essenciais.

➤ Utilize roupas de fibras naturais como o algodão e evite substâncias químicas, tais como cosméticos, perfumes, produtos para os cabelos, etc.

➤ Faça exercício com regularidade e tome sol diariamente.

➤ Não use eletrodomésticos de nenhum tipo e evite o contato com objetos emissores de campos eletromagnéticos, tais como a televisão ou o computador.

Embora a dieta macrobiótica tenha levado a resultados positivos no tratamento de algumas doenças, o seu propósito é prevenir e não curar. Sem dúvida, as pessoas que querem adotá-la devem consultar o médico antes de fazer qualquer mudança importante em sua dieta. Como a dieta macrobiótica mais restrita se baseia em um número de calorias muito reduzido, ela pode causar problemas físicos, tais como anemia, deficiência de cálcio, perda excessiva de peso e, inclusive, morte.

10-31 Ampliação. Procure no texto os substantivos associados com os seguintes verbos. Identifique a terminação de cada palavra. O substantivo é masculino ou feminino?

1. unir _____
2. alimentar _____
3. digerir _____
4. dividir _____
5. obter _____
6. agradecer _____

📖 Para escrever ————————————

22-23

10-32 Preparação. Você acaba de receber um longo e-mail do seu amigo brasileiro Antônio Carlos. Leia-o.

> Querido/a amigo/a,
>
> Peço mil desculpas por não ter escrito antes, mas você vai ver que tenho boas razões. É que já faz algum tempo que ando muito cansado. Estou trabalhando apenas quatro horas por dia, mas por volta das três da tarde sinto-me tão cansado que só penso em voltar para casa e descansar. Como ando sem apetite, quase não cozinho. Geralmente esquento uma sopa enlatada ou frito ovos. Às vezes faço hambúrguer, outras vezes frito uma costeleta de porco com bastante sal e pimenta. Adoro uma pimentinha!
> Ah! Também tomo muito café, estou sempre em um dos cafés do campus. Preciso tomar café para ter energia e fazer meu trabalho. O único problema é que a cafeína que me dá energia durante o dia não me deixa dormir à noite! Para relaxar, bebo uma dose de uísque antes de adormecer. De manhã é uma verdadeira tortura acordar com uma dor de cabeça terrível todos os dias!
> Acho que vou ter que ir ao médico, mas não tenho dinheiro agora, por isso tenho que esperar até o próximo mês. Estou doente e sem dinheiro! Que situação!
> Bem, mande notícias também, quero saber como estão as coisas por aí. Juízo.
>
> Grande abraço,
> Antônio Carlos

10-33 Mãos à obra. Agora, faça duas colunas. Na primeira coluna, escreva os problemas do seu amigo. Na outra coluna, escreva três recomendações para cada um dos problemas que o amigo tem. Depois, responda à carta do seu amigo colocando as recomendações.

EXPRESSÕES ÚTEIS	
PARA EXPRIMIR PREOCUPAÇÃO:	PARA FAZER RECOMENDAÇÕES:
Lamento que…	Recomendo que…
É pena que…	Aconselho que…
Preocupa-me que…	É importante/urgente/necessário que…

10-34 **Revisão.** Um/a colega editor/a vai ajudar a rever as recomendações para o Antônio Carlos.

Projeto final ———————————————————

Preparação

10-35 **Os alimentos.** Imagine que você é um/a médica/o especializada/o em dietas e acaba de receber a lista abaixo. Você deve classificar os alimentos como calóricos (C), não calóricos (NC) ou depende (D).

____ café	____ chá	____ leite	____ pão	____ torradas
____ açúcar	____ verduras	____ legumes	____ frutas	____ carne vermelha
____ peixe	____ frango	____ ovos	____ arroz	____ feijão
____ batata	____ macarrão	____ bolo	____ sorvete (B) / gelado (P)	
____ gelatina	____ iogurte	____ manteiga	____ queijo	____ presunto

Mãos à obra

10-36 **Parte 1: Dietas especiais.** Com a colaboração de um/a colega, você vai montar três refeições para uma dieta de emagrecimento e para um/a atleta.

DIETA DE EMAGRECIMENTO	DIETA PARA UM/A ATLETA
Café da manhã/pequeno-almoço	Café da manhã/pequeno-almoço
Almoço	Almoço
Jantar	Jantar

Parte 2: Recomendações. Junto com o/a colega, escolha uma pessoa que quer emagrecer ou um/a atleta e crie um diálogo desta pessoa com um/a médico/a. Use verbos no imperativo (por exemplo, **Beba muito leite**) e as seguintes expressões: **Recomendo que…, É preciso que…, É importante que…, Tomara que…, Oxalá…, Espero que…,** etc.

Parte 3: Apresentação. Junto com o/a colega apresente o diálogo para o resto da turma.

Parte 4: Comentários. A turma e o/a professor/a comentam o diálogo e dão sugestões.

Horizontes

📖 Angola
24-25

Angola, com a superfície total de 1 246 700 km², é o maior dos países africanos de língua oficial portuguesa e o segundo maior país africano ao sul do Saara, mas conta com uma população de apenas 13 milhões (estimativa de 2010). Acredita-se que os primeiros habitantes do que é hoje o território angolano foram os povos khoisan, caçadores-recoletores que desapareceram como consequência da dominação da região pelos povos bantu. Vários poderosos reinos bantu existiam na África Austral na época em que os portugueses empreenderam a exploração da costa africana ao sul do Golfo da Guiné, fundando em 1567 São Paulo de Luanda (hoje Luanda, a capital de Angola). Angola tornou-se rapidamente o principal mercado abastecedor de escravos destinados às plantações da cana-de-açúcar no Brasil, e a colonização portuguesa limitou-se essencialmente às fortalezas da costa atlântica até ao século XIX.

No século XX, a colonização do interior e a diversificação da exploração económica de Angola foram acompanhadas por uma crescente oposição à dominação colonial. Em 1956 foi publicado o primeiro manifesto do Movimento Popular de Libertação de Angola (MPLA) e, no princípio dos anos sessenta, três movimentos de libertação, entre os quais o MPLA, iniciaram a luta armada contra o colonialismo português. Depois da chamada Revolução dos Cravos (25 de abril de 1974), que pôs fim ao regime ditatorial em Portugal, começaram as negociações com os grupos nacionalistas angolanos, levando à declaração da independência em Novembro de 1975. Entre 1975 e 2002, Angola foi devastada pela guerra civil entre o MPLA e o movimento rival UNITA, durante vários anos apoiado pelos Estados Unidos (enquanto o MPLA tinha o apoio da União Soviética e de Cuba).

Pequena aldeia ao estilo português em Angola

Os estragos causados pela guerra civil em Cuito, no interior de Angola

Para responder

1. Qual foi a relação histórica entre os povos khoisan, os bantu e os portugueses?
2. Em 1567, os portugueses _____ _____.
3. Na história angolana, que significado têm as datas 1956, 1975 e 2002?

O enorme potencial económico de Angola é devido à riqueza dos recursos naturais do país. Angola é o segundo maior produtor de petróleo na África subsariana (depois da Nigéria) e o petróleo é responsável por

40% do Produto Interno Bruto (PIB) do país. Muitos minérios também são abundantes em Angola, sobretudo os diamantes, cuja exploração e exportação clandestina desempenhou um papel trágico nos anos da guerra civil, financiando a continuação da luta armada. A agricultura (sobretudo a produção de café), a exploração dos recursos florestais e a pesca são outras fontes potenciais de riqueza económica que foram essencialmente paralisadas pela guerra civil e agora estão a ser recuperadas gradualmente.

Os principais grupos étnicos de Angola são os ovimbundu (37%), os kimbundu (25%) e os bakongo (13%), com uma pequena minoria de mulatos e de brancos, principalmente de origem portuguesa. A variada produção cultural e artística de Angola é conhecida internacionalmente sobre-

Plataforma de petróleo em Angola

tudo através da música, sendo Waldemar Bastos o músico angolano mais famoso. O disco *Renascence*, lançado por Bastos em 2005, celebra o regresso da paz a Angola e exprime o desejo pelo renascimento do país devastado pela guerra. Escritores angolanos de várias gerações—como Luandino Vieira, Pepetela, Manuel Rui, José Eduardo Agualusa, Ana Paula Tavares, ou Ondjaki—têm explorado a complexa e dolorosa herança histórica de Angola e a sua difícil e estimulante época presente. Em 1997, Pepetela foi o segundo escritor africano (depois do poeta moçambicano José Craveirinha em 1991) distinguido com o Prémio Camões, o mais importante prémio literário no mundo de língua portuguesa.

O escritor angolano Pepetela

Para responder

1. Quais são os principais produtos de Angola?
2. O maior grupo étnico de Angola chama-se _____ e o segundo maior _____.
3. Como se distinguem Waldemar Bastos, Ana Paula Tavares e Pepetela?

 ## Para navegar

1. Luanda e Houston, TX, são cidades gêmeas (B)/gémeas (P) desde setembro de 2003. Procure mais informações sobre esta relação e apresente os resultados da pesquisa na aula.
2. Pesquise a gastronomia angolana na Internet e faça uma lista dos cinco ingredientes mais usados nas receitas que você encontrou. Compare a lista com os resultados obtidos pelos colegas.
3. Informe-se sobre a situação política atual de Angola. Qual é o partido político no poder? Como se chama o presidente? Houve recentemente ou vai haver eleições legislativas ou presidenciais?
4. Você e um/a colega são jornalistas de televisão e preparam-se para filmar uma reportagem de quinze minutos sobre Angola. Façam uma pesquisa na Internet para identificar os tópicos sobre os quais vocês vão falar e os lugares que vão visitar. Depois escrevam um plano detalhado da reportagem para apresentar na aula.

Comida

o abacate	avocado
o abacaxi	pineapple
o açúcar	sugar
o alho	garlic
as aves	poultry, fowl
o azeite	olive oil
a banana	banana
a banha	lard
a baunilha	vanilla
o biscoito	cookie, cracker
o bolo	cake
a carne moída (B)	ground meat
a carne picada (P)	ground meat
a carne de porco	pork
a carne de vaca	beef
a cenoura	carrot
a cereja	cherry
a costeleta	chop
a cozinha	cuisine
o creme de leite (B)	cream
o doce	candy/sweets
o espinafre	spinach
a farinha	flour
o fruto do mar (B)	shellfish
o iogurte	yogurt
o laticínio	dairy product
a lagosta	lobster
a maçã	apple
a maionese	mayonnaise
a manga	mango
a margarina	margarine
o marisco (P)	shellfish
o milho	corn
o molho	sauce, salad dressing
molho de tomate	tomato sauce
o morango	strawberry
a mostarda	mustard

as natas (P)	cream
a pastelaria (P)	pastry shop, café
o pato	duck
o pepino	cucumber
a pera	pear
o peru	turkey
a pimenta	hot pepper
o pimentão	bell pepper
o presunto	ham (B), smoked ham (P)
a receita	recipe
o requeijão	Brazilian cream cheese/ Portuguese cottage cheese
o sal	salt
a toranja	grapefruit
a uva	grape
o vinagre	vinegar

Na mesa

a bandeja	tray
a chávena (P)	cup
a colher	spoon
colher de chá	teaspoon
o copo	glass
a faca	knife
o garfo	fork
a garrafa	bottle
o guardanapo	napkin
o prato	plate
a taça	(stemmed) glass
a toalha de mesa	tablecloth
a xícara (B)	cup

Verbos

aconselhar	to advise
acrescentar	to add
bater	to beat
cortar	to cut

cozer (P)	to boil
crer	to believe
desejar	to desire, wish
duvidar	to doubt
especializar-se	to specialize
esperar	to hope
ferver	to boil
fritar	to fry
importar	to import
juntar	to add, combine
permitir	to allow
proibir	to forbid
proporcionar	to provide

Descrições

fresco/a	fresh
frito/a	fried
óbvio/a	obvious
salgado/a	salted, salty
seco/a	dry

Palavras e expressões úteis

logo	soon
oxalá (P)	I/we hope
tomara que (B)	I/we hope
talvez	maybe

À PRIMEIRA VISTA

- As partes do corpo
- A saúde
- Os médicos, as farmácias e os hospitais

ESTRUTURAS

- Expressing emotions, opinions, and attitudes: The subjunctive with expressions of emotion
- Suggesting that someone and the speaker do something: The equivalents of the English *let's*
- Expressing movement, time, and action: **Por** and **para** (review)
- Using prepositions to express a range of meanings: Additional uses of **por** and **para**
- Referring to people and things: Relative pronouns

Vamos viajar

- A saúde pública
- As farmácias e a farmacologia

ENCONTROS

- Para escutar: Classifying and summarizing information
- Para conversar: Describing reading preferences; commenting on literary texts
- Para ler: Discussing symbolic meanings; exploring complex vocabulary
- Para escrever: Composing a dialogue between imaginary characters
- Projeto final: Uma consulta médica

HORIZONTES

- Cabo Verde

COMUNICAÇÃO

In this chapter you will learn to:

- Describe the body, health, and medical treatments
- Discuss and compare health-care systems
- Express emotions, opinions, and attitudes
- Express collective suggestions and requests
- State goals and purposes

À primeira vista

As partes do corpo

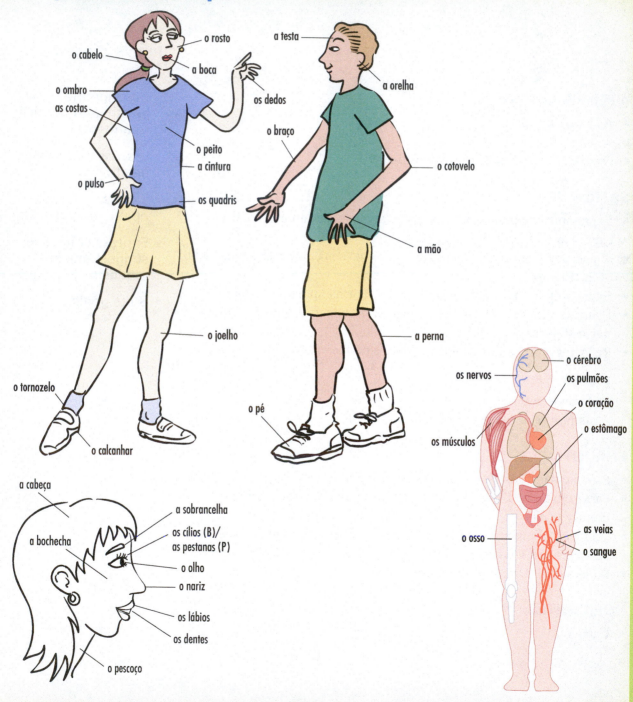

o cabelo
o rosto
a boca
o ombro
as costas
os dedos
o peito
a cintura
o pulso
os quadris
o joelho
o tornozelo
o calcanhar

a testa
a orelha
o braço
o cotovelo
a mão
a perna
o pé

a cabeça
a sobrancelha
a bochecha
os cílios (B)/
as pestanas (P)
o olho
o nariz
os lábios
os dentes
o pescoço

o cérebro
os nervos
os pulmões
o coração
o estômago
os músculos
o osso
as veias
o sangue

De que é que estas pessoas se queixam?

Está gripada. Espirra muito e está com tosse.

Torceu o pé.

Caiu e quebrou (B)/partiu (P) o braço.

11-1 Associação. Primeiro passo. Com um/a colega, decida em que parte do corpo se usam os seguintes acessórios e roupas.

1. as meias _____
2. o anel _____
3. as luvas _____
4. o cinto _____
5. o colar _____
6. os brincos _____
7. o relógio _____
8. o chapéu _____

a. o pulso
b. o dedo
c. a cintura
d. as orelhas
e. o pescoço
f. a cabeça
g. os pés
h. as mãos

Segundo passo. Com um/a colega, diga que acessórios da lista você não tem e mencione três que lhe parecem absolutamente indispensáveis. Justifique. Comparem as respostas.

11-2 Para que servem? Associe a explicação da direita com a parte do corpo correspondente. Depois, você e um/a colega devem dizer para que servem essas partes do corpo.

Modelo os dedos
Há cinco dedos em cada mão.
Servem para tocar piano.

1. as mãos _____
2. o sangue _____
3. os pulmões _____
4. os braços _____
5. os olhos _____
6. as pernas _____
7. os dentes _____
8. o cérebro _____

a. Ligam as mãos ao corpo.
b. Permitem que as pessoas vejam.
c. Oxigenam o sangue.
d. É um líquido vermelho que circula pelo corpo.
e. Ligam os quadris aos pés.
f. Devem ser escovados depois das refeições.
g. Estão nas extremidades dos braços.
h. Dá ordens ao corpo.

Jorginho está doente

DONA CLOTILDE: Jorginho, você está muito abatido. Será que você está doente?

JORGINHO: Estou com dor de garganta. Tossi muito de noite.

DONA CLOTILDE: Vou colocar o termômetro. Você está com uma febre de 39 graus. Vou lhe dar uma aspirina e ligar para o Dr. Oliveira.

MÉDICO: Vamos ver, Jorginho. Como você está?

JORGINHO: Estou com dor de cabeça e dor de ouvido.

MÉDICO: Vamos examinar seus ouvidos e sua garganta. Abra bem a boca e diga "Ah". Você está com a garganta e os ouvidos inflamados. Não é nada muito sério, mas é preciso que você se cuide.

JORGINHO: Doutor, eu não quero tomar injeção.

MÉDICO: Não, não é preciso. Vou lhe receitar uns comprimidos. Você deve tomá-los de quatro em quatro horas.

JORGINHO: Combinado, doutor.

MÉDICO: Você também está gripado. Você precisa descansar e tomar muito líquido. Aqui está a receita.

 11-3 A doença do Jorginho. Com um/a colega, preencha o quadro com a informação apropriada.

temperatura	
sintomas	
recomendações	
nome do médico	

 11-4 Você é o/a médico/a. O que é que você recomenda nos casos abaixo? Escolha a melhor recomendação, compare as respostas com as de um/a colega e juntos pensem em mais duas sugestões para o mesmo problema.

1. A paciente tem uma inflamação nos olhos. É bom que ela:
   a. nade muito
   b. tome antibióticos
   c. leia muito
   d. …

2. Este paciente está com febre e dores no corpo. É bom que ele:
   a. descanse e tome uma aspirina
   b. coma muito e ande a pé
   c. vá trabalhar
   d. …

3. O paciente seguinte está com muitas dores nos joelhos e nos pés. É bom que ele:
   a. corra todos os dias
   b. faça aulas de dança
   c. descanse e não faça exercício
   d. …

4. A última paciente está com dor de garganta e com tosse. É bom que ela:
   a. fale pouco e não saia
   b. vá esquiar
   c. cante no concerto
   d. …

11-5 No consultório. Você está muito gripado/a e vai consultar um/a médico/a. Diga-lhe como se sente e pergunte-lhe o que deve fazer. O/A médico/a vai fazer recomendações e responder às perguntas.

Modelo   E1: Sinto…/Estou com…
E2: Acho que…
E1: É/Não é bom comer muitas frutas e verduras?
E2: É excelente comer frutas e verduras porque têm muita vitamina.

RECOMENDAÇÕES

■ tomar vitaminas, sobretudo vitamina C

■ comer carne

■ beber oito copos de água diariamente

■ fazer exercício todos os dias

 11-6 Quem devemos consultar? Primeiro passo. Explique a um/a colega os seus sintomas e o que você precisa. O/A colega vai dizer quem devemos consultar de acordo com os anúncios abaixo.

Modelo   precisar de um exame médico para um novo emprego
E1: Preciso de um exame médico para um novo emprego.
E2: É preciso consultar…

Dr. Álvaro de Azevedo
Oftalmologista e Cirurgião
875-42-33
Consultório 431

Dra. Sílvia Albuquerque
Medicina Interna
875-65-28

Dr. Fernando Arruda de Souza Filho
Cirurgião Dentista
875-39-22
Consultório 415

Dr. Francisco Escobar
Medicina Familiar e Cirurgia
875-96-87
Consultório 216

Dra. Regina Santos
Psiquiatra
875-55-72

Dra. Ruth Andrade de Melo
Pediatra
Recém-Nascidos, Crianças e Adolescentes
875-11-54

Clínica de Asma e Alergias
Dr. Arnaldo Paiva
Alameda 617-B
Terceiro piso
512-5947
784-3612

1. ter dor de cabeça quando você lê
2. sentir-se triste e deprimido/a
3. estar doente/estar com febre
4. achar um médico para uma sobrinha de três anos
5. não poder respirar bem e estar com a pele irritada
6. ter dor de dentes quando come
7. não poder dormir

Segundo passo. Com um/a colega escolha dois dos problemas mencionados. Um de vocês está doente e o/a outro/a faz o papel de médico/a. O/A doente deve explicar os sintomas e detalhes da sua condição. O/A médico/a deve recomendar ao/à paciente o que deve fazer. Depois troquem de papéis.

Médicos, farmácias e hospitais

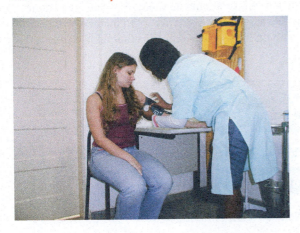

🔊 Uma enfermeira tira a pressão arterial de uma paciente na clínica.

🔊 Em muitos países de língua portuguesa, alguns médicos recém-formados trabalham em zonas rurais pobres ou em clínicas públicas, como forma de serviço social ou por escolha própria, antes de estabelecerem o próprio consultório ou trabalharem num hospital.

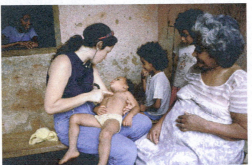

🔊 No Brasil, a venda de certos remédios (por exemplo, dos antibióticos) só pode ser feita com receita médica. O Brasil, aliás, é um dos países que mais consome remédios no mundo. Muitas vezes os farmacêuticos, em casos menos sérios, dão conselhos e tiram a pressão dos doentes que vêm à farmácia e assim se estabelece uma relação pessoal entre os clientes e o farmacêutico.

11-7 Uma emergência. Primeiro passo. Durante uma viagem pelo Brasil, você está com um/a amigo/a que tem um problema de saúde. Em Salvador, num café com Internet, você encontrou a seguinte informação sobre médicos e farmácias que estão de plantão. Decidam quem vocês devem consultar de acordo com os sintomas do/a amigo/a.

Segundo passo. Telefone, descreva a doença e peça o endereço do lugar onde será a consulta médica. Depois, o/a colega que faz o papel de farmacêutico/a ou médico/a vai fazer perguntas e sugerir o tratamento adequado.

Para escutar

 Descrição de sintomas. Primeiro passo. Imagine que você torceu o pé. Como você descreveria os sintomas? Trabalhe com um/a colega para fazer uma descrição.

Segunda fase. Agora, ouça dois pacientes descrevendo os sintomas. Depois de cada descrição, você vai escutar alguns conselhos. Assinale a coluna apropriada para indicar se os conselhos são adequados ou não.

		BOM	MAU				BOM	MAU
1.	a.	_____	_____		2.	a.	_____	_____
	b.	_____	_____			b.	_____	_____
	c.	_____	_____			c.	_____	_____
	d.	_____	_____			d.	_____	_____

1. Expressing emotions, opinions, and attitudes: The subjunctive with expressions of emotion

ERNESTO: Detesto que **fumem**.
Também me incomoda que **falem** tão alto.
SARA: É bom que já **estejam** tomando café.
Espero que **saiam** do restaurante bem depressa.

Vamos analisar. Indique nas frases abaixo qual é o verbo ou expressão que expressa um sentimento e qual se refere a uma ação.

	VERBO/FRASE DE SENTIMENTO	VERBO DE AÇÃO
1. Ele detesta que fumem.	_____	_____
2. Incomoda-lhe que falem alto.	_____	_____
3. Agrada-lhes que saiam do restaurante depressa.	_____	_____
4. É pena que permitam fumar no restaurante.	_____	_____
5. É desagradável que fumem numa mesa tão próxima da nossa.	_____	_____

■ When the verb in the main clause expresses emotion (e.g., fear, happiness, sorrow, regret), use a subjunctive form in the dependent clause.

Lamento que o seu filho **esteja** doente.　　*I'm sorry (that) your son is ill.*

Alegra-me que não **tenha** nada de grave.　　*I'm glad (that) he has nothing serious.*

■ Some common verbs that express emotion are: **alegrar-se**, **agradar**, **satisfazer**, **lamentar**, **sentir**, **recear**, **incomodar**.

■ Impersonal expressions and other expressions that show emotion are also followed by the subjunctive.

É pena que ele **esteja** com a perna quebrada (B)/ partida (P).　　*It's sad (that) he has a broken leg.*

É bom que não **seja** grave.　　*It is good (that) it is not serious.*

11-8 Um amigo doente. Com um/a colega, associe cada comentário sobre o estado de saúde do seu amigo à expressão adequada.

1. Pedro está muito doente. ____
2. Os pais chegam hoje para estar com ele. ____
3. Acho que o Dr. Silva vai operá-lo. ____
4. Parece que é uma operação difícil. ____
5. Não vai poder jogar no campeonato. ____

a. Alegra-me que possam vir.
b. Lamento que esteja tão mal.
c. Que sorte que tenha esse médico.
d. É pena que não possa participar.
e. Espero que não tenha complicações.

11-9 Uma visita a um amigo. Operaram o joelho do seu amigo e você vai visitá-lo no hospital. O amigo faz várias afirmações sobre o estado de saúde dele e as condições no hospital. Você responde usando uma das expressões abaixo ou outra expressão de emoção.

Modelo　　E1: As enfermeiras são atenciosas.
　　　　　　　E2: Que sorte que sejam atenciosas!

1. Estou com uma dor terrível no joelho.
2. Estou com febre e dores de cabeça.
3. Sinto muita dor no estômago porque os medicamentos são fortes.
4. Sinto enjoo por causa dos efeitos da anestesia.
5. Detesto ficar deitado tanto tempo.
6. A comida do hospital é horrível.
7. As enfermeiras vêm ver-me o tempo todo.
8. A cirurgiã que me operou é muito competente.

EXPRESSÕES ÚTEIS

Sinto que…	Não me agrada que…	Receio que…
Alegra-me que…	Que simpático que…	Espero que…

11-10 Opiniões. Maria de Lourdes e Carlos trabalham num hospital. Eles foram a uma conferência sobre o que se deve fazer para evitar doenças graves e manter uma saúde estável. Um/a colega vai dizer o que Maria de Lourdes e Carlos pensam fazer na próxima semana para iniciar um bom regime de saúde. Dê a sua opinião usando algumas das expressões úteis do exercício anterior. Depois troquem de papéis.

Modelo   E1: Amanhã Maria de Lourdes vai deixar de fumar.
E2: Espero que ela nunca mais fume.

PESSOAS	2ª-FEIRA	4ª-FEIRA	6ª-FEIRA	DOMINGO
Maria de Lourdes	começar uma dieta	ir ao ginásio	fazer exercício	andar 2 km
Carlos	trabalhar no hospital todo o dia	sair do hospital cedo para ir ao cinema	ficar em casa	encontrar-se com os amigos

 11-11 As coisas que me incomodam. Primeiro passo. Faça uma lista dos hábitos das outras pessoas que o/a incomodam.

Modelo   Incomoda-me que os meus amigos telefonem de manhã cedo.

Segundo passo. Organizem-se em pequenos grupos, comparem as listas e escolham os hábitos que os incomodam mais. Justifiquem. Comparem os resultados com o resto da classe.

Vamos viajar

Cultura

A primeira Escola de Medicina do Brasil foi criada em 1808 por D. João VI. Em 1832, ganhou a denominação de Faculdade de Medicina da Bahia. Fica no Terreiro de Jesus e é parte de um complexo de monumentos históricos do Pelourinho, tombado pela UNESCO como Patrimônio (B)/ Património (P) da Humanidade. A primeira médica formada no Brasil foi Rita Lobato Velho Lopes, em 1887. Ela foi também a segunda médica formada na América Latina. Em 1967, a Empresa Brasileira de Correios e Telégrafos lançou um selo comemorativo ao centenário de nascimento de Rita Lopes.

As farmácias e a farmacologia

Nos países de língua portuguesa, as farmácias são tradicionalmente lojas independentes, não integradas em estabelecimentos comerciais polivalentes. No entanto, nos últimos anos, algumas redes de hipermercados brasileiros, como o Pão de Açúcar por exemplo, começaram a incluir farmácias, ou drogarias, próprias da rede. Independentes ou integradas, as farmácias vendem medicamentos e também produtos de perfumaria, higiene, beleza e cuidados pessoais. Os medicamentos são vendidos com ou sem receita médica, mas geralmente não podem ser comprados em outros tipos de lojas, ao contrário dos Estados Unidos.

Além dos produtos farmacêuticos autorizados pela medicina oficial, existe também uma vasta gama de produtos de medicina alternativa que são comercializados em lojas especializadas, em mercados tradicionais e também nas farmácias. Ervas medicinais e medicamentos holísticos e homeopáticos encontram hoje em dia muitos consumidores, mas vários destes remédios tradicionais (como os que se podem ver na foto acima) têm uma tradição milenar nos países lusófonos. Ervas como calêndula, camomila, unha-de-gato ou cidreira são usadas, tipicamente, em forma de chás ou extratos concentrados. No continente africano, cerca de 80% da população recorre ainda predominantemente à medicina tradicional e os países de língua portuguesa não fogem a esta regra. Sobretudo nas áreas rurais, as plantas medicinais são aplicadas pelos curandeiros contra uma grande variedade de doenças, às vezes em colaboração e outras vezes em conflito com os métodos da medicina e farmacologia moderna.

11-12 Identificações. Identifique as palavras da coluna da esquerda com as definições da direita.

1. curandeiro ____ A ciência dos medicamentos.
2. camomila ____ O que o médico entrega ao doente para apresentar na farmácia.
3. farmácia ____ Uma erva medicinal muito popular.
4. farmacologia ____ A loja que vende medicamentos.
5. receita ____ Uma pessoa com conhecimentos sobre remédios e práticas da medicina tradicional.

 11-13 Opiniões. O que é que você acha sobre estas tendências da farmacologia contemporânea? Formule as opiniões e compare com as de um/a colega.

Modelo   As ervas medicinais são estudadas pelos cientistas farmacêuticos. É bom que as ervas medicinais sejam estudadas pelos cientistas farmacêuticos.

1. Os medicamentos nos Estados Unidos são geralmente mais caros do que nos outros países.
2. A medicina alternativa encontra cada vez mais seguidores.
3. As companhias farmacológicas competem na produção e comercialização de novos medicamentos.
4. Os cientistas estudam as práticas tradicionais dos curandeiros.
5. Os medicamentos homeopáticos podem ser comprados sem receita médica.
6. Os doentes nos países em desenvolvimento muitas vezes têm acesso limitado aos medicamentos mais sofisticados.

 # Para pesquisar

Use a Internet para fazer uma pesquisa sobre as propriedades medicinais de três remédios tradicionais diferentes. Uma sugestão: use os nomes das ervas em português ou em latim e limite a busca às páginas em língua portuguesa.

Vídeo

Adriana acredita em tratamentos com medicina alternativa, como acupuntura e homeopatia.

2. Suggesting that someone and the speaker do something: The equivalents of the English *let's*

CARLOS: Meu Deus! Coitado! Aquele homem caiu da bicicleta!

LAURA: **Vamos perguntar** se ele está bem.

CARLOS: Coitado, parece que deslocou o joelho. **Vamos levá-lo** para a casa dele.

LAURA: Não, **não vamos** fazer isso, tenho outra ideia. **Telefonemos** para o hospital e **chamemos** uma ambulância, não é melhor?

CARLOS: Boa ideia. **Telefonemos** já para o hospital. **Não vamos** perder mais tempo.

Vamos analisar. Escreva nos espaços o nome da pessoa que sugere cada ação:

1. _____ quer perguntar se o homem está bem.
2. _____ quer levar o homem para a casa dele.
3. _____ não acha bem levar o homem para casa.
4. _____ sugere telefonar para o hospital e chamar uma ambulância.
5. _____ concorda em chamar uma ambulância.

■ **Vamos** + *infinitive* is commonly used in Portuguese to express the English *let's* + *verb.*

Vamos chamar uma ambulância.   *Let's call an ambulance.*

■ Use **vamos** by itself to mean *let's go.* The negative *let's not go* is **não vamos.**

Vamos para o clube.   *Let's go to the club.*
Não vamos agora; vamos mais tarde. *Let's not go now; let's go later.*

■ Another equivalent for *let's* + *verb* is the **nós** form of the present subjunctive. The negative form is rarely used.

Vejamos.	*Let's see.*
Telefonemos para o hospital.	*Let's call the hospital.*
Não telefonemos agora.	*Let's not call now.*

■ When the present subjunctive **nós** form is used, followed by the direct object pronoun **o, a, os, as**, the final **-s** of the verbal form is dropped, a hyphen is added, and the object pronoun becomes **lo, la, los, las**.

Ajudemos a Maria. **Ajudemo-la** agora.   *Let's help Maria. Let's help her now.*

■ When the present subjunctive **nós** form is used with a reflexive verb, the final **-s** of the verbal form is dropped.

Lembremo-nos dos nossos amigos.   *Let's remember our friends.*

 11-14 Que vamos fazer? Você está em um jogo de futebol com um grupo de amigos. De repente um dos jogadores cai e não é capaz de se levantar. Cada uma das pessoas no seu grupo deve escolher três das seguintes opções e dizer o que se deve fazer.

Modelo   levá-lo para casa   telefonar à família
             E1: Vamos levá-lo para casa.   E2: Vamos telefonar à família.

1. perguntar como se sente	6. tirar as meias
2. ajudá-lo a levantar	7. avisar a família
3. dar-lhe água	8. falar com o médico
4. dizer-lhe que repouse	9. telefonar para o hospital
5. dar-lhe um comprimido	10. chamar uma ambulância

 11-15 Decisões. Você e um/a colega decidem ter uma vida mais saudável. Agora, vocês vão falar alternadamente sugerindo o que devem fazer. O/A colega vai decidir se está de acordo ou não.

Modelo   comer mais legumes
             E1: Vamos comer mais legumes.
             E2: Sim, vamos. / Não, não vamos (comer mais legumes).
                 Vamos comer mais salada.

1. tomar mais vitaminas e minerais	5. ir para a cama mais cedo
2. fazer mais exercício	6. tomar menos café
3. correr pela praia	7. deixar de fumar
4. beber oito copos de água por dia	

 11-16 Um evento de caridade. Em pequenos grupos, decidam o que é que vocês vão fazer para angariar fundos em benefício de uma creche para crianças desfavorecidas. Apresentem cinco propostas.

Modelo   Vamos organizar uma mini-maratona. / Organizemos uma
             mini-maratona.

Situações

You and your partner are planning to visit your grandmother who is sick at home. Decide a) when you will visit her, b) what you are going to take her, c) whether you should call her first, d) whether you should warn your family, e) whether you should take her to the doctor, f) whether you should take her to the cinema to have some fun or to the beach to get some fresh air, and h) whether you should stay with her until she gets better.

3. Expressing movement, time, and action: *Por* and *para* (review)

TELEFONISTA:	Tenho uma chamada **para** a D. Júlia Ribeiro.
D. JÚLIA:	Sou eu mesma. Pode dizer.
TELEFONISTA:	O seu marido está aqui no Hospital S. João **por** ter deslocado o joelho.
D. JÚLIA:	Ai, meu Deus! Vou já **para** aí.
TELEFONISTA:	Quando a senhora chegar aqui, entre **pela** porta principal, fale com a enfermeira na portaria e depois siga **pelo** corredor da direita até chegar à enfermaria C. O seu marido está relativamente bem e já tem cirurgia marcada **para** amanhã de manhã. Não se preocupe porque ele está em boas mãos.

Vamos analisar. Explique qual é o significado das preposições **por**, **para** e **pelo/a** em cada um dos casos.

SIGNIFICADO DE POR/PARA

1. O hospital telefonou **para** a D. Júlia.   _____
2. A telefonista disse **para** a D. Júlia não ficar preocupada.   _____
3. A D. Júlia vai ao hospital **por** estar preocupada com o marido.   _____
4. A D. Júlia deve entrar **pela** porta principal.   _____
5. Ela deve seguir **pelo** corredor à direita.   _____
6. A cirurgia está marcada **para** o dia seguinte.   _____

In previous lessons, you have used **por** in expressions such as **por favor** and **por exemplo**. You have also used **por** and **para** to express the following meanings:

POR	PARA
MOVEMENT	
through or by a place	toward a destination
Caminharam **por** todo o hospital.	Caminharam **para** o hospital.
They walked through the entire hospital.	*They walked to the hospital.*
TIME	
duration of an event	action deadline
Ele ficou lá **por** muitos anos.	Ele precisa do antibiótico **para** terça-feira.
He stayed there for many years.	*He needs the antibiotic by Tuesday.*
ACTION	
reason or motive of an action	for whom something is intended or done
A Ana foi ao consultório **por** estar com dor de garganta.	Ele comprou o antibiótico **para** a Ana.
Ana went to the doctor's office because of a sore throat.	*He bought the antibiotic for Ana.*

■ When the preposition **por** is followed by a definite article (**o**, **a**, **os**, **as**), a contraction of **por** with the article occurs.

por + o = **pelo**   por + os = **pelos**
por + o = **pela**   por + as = **pelas**
Ele caminhou **pelo** hospital.   *He walked through the hospital.*

11-13

4. Using prepositions to express a range of meanings: Additional uses of *por* and *para*

Passo a passo, anda-se por dia um bom pedaço

■ **Para** viver mais, não é necessário mais dinheiro. Não pague uma fortuna **pelos** aparelhos de ginástica. Mova-se!
■ Suba à sua sala de aula ou escritório **pelas** escadas. Evite o elevador.
■ Vá a pé **para** a sua loja favorita.
■ Caminhe 30 minutos **por** dia e viverá mais. Passeie **pelo** parque com os amigos e a família e guarde o dinheiro só **para** coisas necessárias.
■ Caminhe ao ar livre **pela** manhã ou **pelo** fim da tarde quando não está muito calor.

Para quem quer ser saudável, seguir estes conselhos é um pequeno sacrifício **para** gozar de boa saúde **por** muitos e muitos anos. Faça isto **pelo** futuro dos seus filhos.

Vamos analisar. Indique se as afirmações estão certas (**C**) ou erradas (**E**) segundo a informação do panfleto. Depois, escolha o significado de **por** e **para** que corresponde a cada afirmação e escreva no espaço indicado.

	CERTO/ERRADO	SIGNIFICADO DE POR/PARA
1. **Para** ter uma vida longa é importante ser ativo/a.	_____	_____
2. Caminhar 30 minutos **por** dia ajuda a viver **por** mais anos.	_____	_____
3. É melhor ir de carro quando vamos **para** as lojas.	_____	_____
4. É importante fazer sacrifícios **pelo** futuro dos nossos filhos.	_____	_____
5. Deve-se caminhar lá **pelas** duas horas da tarde, quando faz mais calor.	_____	_____

Use **por** to:

■ indicate exchange or substitution.

Irma pagou $60 **pelo** remédio.　　*Irma paid $60 for the medicine.*
Ele trocou aqueles comprimidos　　*He exchanged those pills for these.*
　　por estes.

■ express unit or rate.

Caminho 5 km **por** hora.　　*I walk 5 kilometers per hour.*
O juro é de dez **por** cento.　　*The interest is ten percent.*

■ express *instead of*.

Como eu estava doente, não fiz　　*As I was sick, I didn't do the cleaning*
　　o trabalho de limpeza no hospital.　　*at the hospital.*
Jorge fez o trabalho **por** mim.　　*Jorge did the work instead of me.*

■ to express approximate time.

Eles chegaram lá **pelas** três　　*They arrived around three a.m.*
　　da manhã.
Eles chegaram **pelo** fim da tarde.　　*They arrived late in the afternoon.*

Use **para** to:

■ express judgment or point of view.

Para nós, esta é a melhor　　*For us, this is the best drugstore*
　　farmácia da cidade.　　*in town.*
É um caso muito difícil **para**　　*It is a very difficult case for such*
　　um médico tão jovem.　　*a young physician.*

■ express intention or objective followed by infinitive.

Saíram **para** comprar aspirina.　　*They left to buy aspirin.*
Ela trabalhou **para** ajudar as　　*She worked to help sick people.*
　　pessoas doentes.

11-17 Por onde e para onde vão? Com um/a colega, façam perguntas e respondam de acordo com os desenhos.

Modelo   E1: Por onde vai o aluno?
E2: Ele vai pelo corredor.
E1: Para onde vai?
E2: Ele vai para a aula de Português.

11-18 No laboratório. Marília e Dirceu, dois jovens médicos brasileiros, trabalham para a organização Médicos sem Fronteiras e fazem um estágio no laboratório de uma clínica na cidade do Mindelo, em Cabo Verde. Eles conversam sobre as próximas tarefas que vão fazer. Completem as lacunas no diálogo com **por**, **pela**, **pelo** ou **para**.

MARÍLIA: Você vai _____ a sala de radiografias?
DIRCEU: Vou, sim. Mas antes tenho que passar _____ sala do chefe. Preciso ir lá _____ pegar o exame de sangue de um de meus pacientes.
MARÍLIA: Preciso de um favor seu. _____ estar muito cansada não estou com vontade de passar _____ laboratório. Você poderia pegar a radiografia do meu paciente?
DIRCEU: Tudo bem. Posso fazer isso _____ você.
MARÍLIA: Muito obrigada. Mas, por favor, preste atenção. Da última vez você trocou a radiografia do meu paciente _____ radiografia do seu!

11-19 A formatura de dois médicos. Complete os parágrafos sobre a formatura de Carlos Alberto e Mônica.

A formatura de Carlos Alberto (24 anos) e Mônica (28 anos) ocorreu no dia 19 de dezembro, na Faculdade de Medicina da Universidade Federal do Paraná, em Curitiba. A mãe deles, Dona Maria Aparecida Preto, mora em Curitiba. A mãe de Carlos Alberto e Mônica decidiu comprar um presente bem significativo (1) _____ cada um dos filhos. Então, ela foi ao Shopping Avenida. Ela andou (2) _____ Shopping inteiro (3) _____ comprar os presentes (4) _____ eles. Primeiro, ela foi a uma livraria e comprou uma biografia de um médico famoso, escrita originalmente em inglês, mas traduzida (5) _____ português (6) _____ um excelente tradutor. O outro presente foi um porta-retratos (7) _____ cada um deles. Nos porta-retratos ela colocou uma foto dos filhos quando eram crianças, brincando de médico, e vai também colocar uma foto da formatura deles. Depois ela foi (8) _____ casa. Vários familiares de Carlos Alberto e Mônica moram em cidades distantes. Eles foram (9) _____ a festa de formatura também. No dia da formatura todos chegaram cedo (10) _____ descansar. A festa de formatura foi muito bonita. Carlos Alberto e Mônica foram homenageados (11) _____ professores da Faculdade de Medicina. Afinal, não é nada comum que dois irmãos se formem médicos no mesmo dia! A mãe deles e todos os familiares estavam muito orgulhosos.

Vamos viajar

A saúde pública no mundo lusófono

O Brasil, os PALOP e Timor-Leste apresentam grandes semelhanças no que diz respeito às condições do clima, da sociedade e da economia. Portanto, não é de surpreender que haja uma intensa colaboração entre esses países no campo da saúde pública. No Brasil, um dos pioneiros nesse campo foi Oswaldo Cruz. O bacteriologista nasceu em 1872 no estado de São Paulo. Em 1900, começou a desenvolver pesquisas num instituto que veio mais tarde a receber seu nome. Oswaldo Cruz fez enormes contribuições em relação ao combate e à erradicação de doenças tais como a febre amarela, a peste bubônica (B)/bubónica (P) e a varíola. Hoje em dia, a Fiocruz (Fundação Oswaldo Cruz)—veja acima a foto da sede

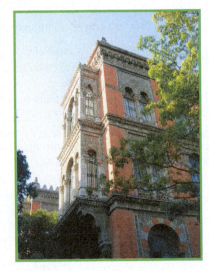

da fundação no Rio de Janeiro—está cada vez mais dinâmica e faz importantes contribuições à saúde pública através da pesquisa nas mais diferentes áreas. Além da pesquisa, uma das missões da Fiocruz é de ordem educativa, pois é evidente que um povo bem informado sobre a transmissão de doenças pode preveni-las mais eficazmente. Com este fim, há inclusive jogos educativos para os jovens que têm como função educá-los sobre o HIV e outras doenças transmitidas sexualmente.

Como o HIV é também um problema da saúde pública nos PALOP e em Timor-Leste, estes países mobilizaram-se para uma iniciativa chamada "Recursos Humanos em Saúde Pública nos PALOP e Timor-Leste" na área da vigilância epidemiológica. Na Guiné-Bissau, por exemplo, há um acordo assinado entre o Brasil e o governo local para colocar em prática tanto um tratamento de terapias antirretrovirais de primeira linha contra o HIV quanto um programa de prevenção da transmissão do vírus entre mães e filhos. Há ainda intensa colaboração entre o Brasil e Moçambique no campo do tratamento da AIDS/SIDA: muitos moçambicanos foram tratados com medicamentos brasileiros e há mais propostas de cooperação neste sentido. Portugal também colabora estreitamente em iniciativas de saúde pública desenvolvidas em países de língua portuguesa. Por exemplo, é signatário de um plano de ação que visa a erradicação da malária em São Tomé e Príncipe.

Para pesquisar

Faça uma pesquisa na Internet para descobrir quais das seguintes doenças infecciosas atingem as populações dos países de língua portuguesa e descreva os sintomas destas doenças:

cólera   tuberculose   sarampo   esquistossomose

11-20 A saúde no mundo. Junto com um/a colega, pense em duas doenças que têm impacto na população do seu país ou região de origem. Descreva-as para o resto da turma.

11-21 Educação e saúde. Qual é a melhor maneira de educar um povo em relação à sua saúde? Junto com um/a colega, crie um anúncio publicitário que visa informar o povo sobre uma doença e a sua prevenção.

11-22 Por ou para? Complete com **por** ou **para**.

1. Os países lusófonos estão unidos _____ prevenir e combater uma série de doenças.
2. Os trabalhadores da área da saúde pública têm feito pesquisa _____ descobrir novos medicamentos.
3. O enfermeiro cabo-verdiano trocou uma das camas velhas _____ uma cama nova.
4. Às vezes é preciso passar _____ momentos difíceis antes de valorizar a saúde.
5. É preciso paciência _____ descobrir novas soluções.
6. Maria vai trabalhar como médica voluntária em Cabo Verde, mas primeiro ela vai passar _____ Lisboa.

Vídeo

O Adolónimo diz que o sistema de saúde pública em Portugal tem problemas, mas dá acesso a todos.

5. Referring to people and things: Relative pronouns

O cachorro é o melhor amigo dos diabéticos?

Cientistas irlandeses **que** investigam a habilidade do cachorro para dete(c)tar os níveis de açúcar nos diabéticos esperam provar **que** os caninos podem ajudar os pacientes que sofrem desta doença a vigiar o seu nível de açúcar no sangue.

Segundo os pesquisadores, os cachorros **que** possuem o sentido do olfato aguçado podem receber treinamento para antecipar a hipoglicemia. Se os estudiosos provarem esta hipótese, os milhares de diabéticos **que** existem em todo o mundo serão beneficiados por esta descoberta, principalmente os diabéticos **que** são cegos, surdos ou **que** sofrem de alguma outra disfunção. Sendo assim, a pessoa **com quem** você vive pode ser uma ótima companhia, mas o seu cachorro pode ser o seu melhor enfermeiro!

Vamos analisar. Primeiro, responda se as seguintes afirmações estão certas (**C**) ou erradas (**E**), segundo o texto acima. Depois sublinhe a palavra a que se refere o pronome **em negrito**.

1. _____ Os cientistas **que** querem provar a hipótese de que os cachorros têm capacidade de cuidar dos diabéticos são franceses.
2. _____ Uma pessoa diabética **que** não pode ouvir nem ver não pode viver sem a ajuda destes cachorros.
3. _____ Os cachorros **que** vigiam o nível de açúcar no sangue dos diabéticos são treinados.
4. _____ A habilidade **que** os cachorros têm de antecipar a queda no nível de glicose nos pacientes é maravilhosa.
5. _____ A pessoa **com quem** vive o cachorro pode sofrer uma hipoglicemia, mas o cachorro pode dete(c)tar uma situação de hipoglicemia do seu dono através do olfato.

- The relative pronouns **que** and **quem** combine two clauses into one sentence.

Os médicos trabalham neste hospital.	*The doctors work at this hospital.*
Os médicos são excelentes.	*The doctors are excellent.*
Os médicos **que** trabalham neste hospital são excelentes.	*The doctors who work at this hospital are excellent.*

- **Que** is the most commonly used relative pronoun. It introduces a dependent clause and it may refer to persons or things.

As vitaminas **que** eu tomo são muito caras.	*The vitamins (that) I take are very expensive.*
Este é o médico **que** me receita as vitaminas.	*This is the doctor who prescribes my vitamins.*

- Use **quem** after a preposition (**com**, **de**, **para**, etc.) when referring to people.

Aquela é a enfermeira **com quem** falei esta manhã.	*That is the nurse with whom I spoke this morning.*

11-23 Uma novela brasileira. Há alguns anos, Lílian, uma médica brasileira que mora nos Estados Unidos, tirou uma licença de seu trabalho para cuidar dos pais no Brasil durante três meses. No Brasil, estavam passando na televisão uma novela muito controvertida: *América*. Quando Lílian voltou aos Estados Unidos, mandou um e-mail a um colega brasileiro resumindo os temas principais da novela. Complete o relato com **que** ou **quem**.

"*América* é uma novela _____ causou muita polêmica. A atriz Débora Secco, _____fez o papel de Sol, estava apaixonada por um jovem. Murilo Benício (Tião) era o rapaz por _____ Sol estava apaixonada. Mas Sol, _____tinha obsessão pelos Estados Unidos, rompeu com Tião e decidiu morar no país de seus sonhos. A novela, _____ tratou de temas como cleptomania e imigração ilegal para os Estados Unidos, causou muita polêmica. Todas as pessoas com _____ eu conversei falaram coisas boas e ruins da novela."

 11-24 Um acidente. Flávio e Chico estão conversando sobre um acidente que ocorreu em Florianópolis, no Brasil. Trabalhando com um/a colega, complete com os pronomes **que** ou **quem**.

FLÁVIO: Por que você está aqui no hospital? Quem você veio visitar?
CHICO: Vim visitar minha amiga Mariana com _____ eu estava no carro. Nós tivemos um acidente.
FLÁVIO: E como ela está?
CHICO: Está bem melhor, graças a Deus. Nós tivemos um acidente feio com o carro _____ é do pai dela. Eu não tive nem um arranhão, mas a Mariana, _____ estava dirigindo o carro, se feriu muito.
FLÁVIO: Que horror! Você chamou alguém?
CHICO: Nem tive tempo. A polícia chegou logo em seguida. Bom, a médica _____ atendeu a Mariana vai chegar logo e eu quero fazer umas perguntas para ela.

Situações

One of you is involved in the celebration of "O Dia da Saúde" at your university. Tell your friend that the faculty at the School of Medicine will give advice on health and nutrition and will check blood pressure for free. Your friend should ask a) more about the celebration, b) who is going with you, and c) if he or she can go as well.

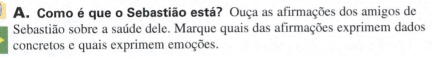

Encontros

Para escutar

A. Como é que o Sebastião está? Ouça as afirmações dos amigos de Sebastião sobre a saúde dele. Marque quais das afirmações exprimem dados concretos e quais exprimem emoções.

DADOS	EMOÇÕES		DADOS	EMOÇÕES
1. _____	_____		5. _____	_____
2. _____	_____		6. _____	_____
3. _____	_____		7. _____	_____
4. _____	_____		8. _____	_____

B. Quem é quem? Ouça as descrições e identifique as pessoas com os desenhos.

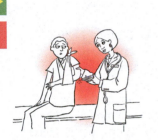      

_____   _____   _____

_____   _____   _____

Para conversar

11-25 O livro preferido. Entreviste um/a colega para descobrir um livro de que ele/ela gosta muito.

1. Nome do/a colega _____
2. Livro preferido _____
3. Justificação da preferência _____

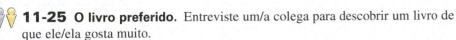

4. Peça para o/a colega fazer um resumo do livro:

_____

_____

_____

5. Como é que o/a colega "descobriu" o livro? _____

6. O/A colega já leu outros livros deste/a autor/a? Quais?

_____

7. Qual o gênero (B)/género (P) do livro?
( ) romance   ( ) romance policial   ( ) poesia   ( ) ficção científica
( ) contos   ( ) ensaio   ( ) teatro   ( ) outro:
                                          especificar _____

11-26 Prosa e poesia. Em grupos de três, discutam as diferenças entre prosa e poesia. Identifiquem pelo menos duas diferenças e contem o que descobriram ao resto da turma.

Para ler

16-18

11-27 Preparação. Primeiro passo. Vamos ler um poema de Machado de Assis, um dos escritores mais conhecidos e importantes no mundo lusófono. Procure mais informações sobre esse autor e apresente-as aos colegas.

Segundo passo. O poema que vamos ler intitula-se "Uma criatura". Junto com um/a colega, pense nos possíveis sentidos que este título pode evocar e, em seguida, discutam estas interpretações com o resto da turma.

11-28 Primeiro olhar. No poema transcrito abaixo há uma série de palavras que expressam conceitos contrários, como, por exemplo, as palavras "poluto" e "impoluto". Ambas pertencem a um léxico bastante culto e querem dizer, respetivamente, "corrompido; sujo; impuro" e "não corrompido; não poluído; puro". Leia o poema e preencha o quadro abaixo com palavras que exprimem contradição.

CONCEITOS CONTRADITÓRIOS	
poluto	impoluto

UMA CRIATURA

Sei de uma criatura antiga e formidável,
Que a si mesma devora os membros e as entranhas,
Com a sofreguidão da fome insaciável.

Habita juntamente os vales e as montanhas;
E no mar, que se rasga, à maneira de abismo,
Espreguiça-se toda em convulsões estranhas.

Traz impresso na fronte o obscuro despotismo.
Cada olhar que despede, acerbo e mavioso,
Parece uma expansão de amor e de egoísmo.

Friamente contempla o desespero e o gozo,
Gosta do colibri, como gosta do verme,
E cinge ao coração o belo e o monstruoso.

Para ela o chacal é, como a rola, inerme;
E caminha na terra imperturbável, como
Pelo vasto areal um vasto paquiderme.

Na árvore que rebenta o seu primeiro gomo
Vem a folha, que lento e lento se desdobra,
Depois a flor, depois o suspirado pomo.

Pois esta criatura está em toda a obra;
Cresta o seio da flor e corrompe-lhe o fruto;
E é nesse destruir que as forças dobra.

Ama de igual amor o poluto e o impoluto;
Começa e recomeça uma perpétua lida,
E sorrindo obedece ao divino estatuto.
Tu dirás que é a Morte; eu direi que é a Vida.

Segundo olhar. No poema de Machado, há uma série de palavras que pertencem a um léxico culto e que podem ter mais de um sentido. Trabalhe com um/a colega e decidam, dentre os sentidos indicados na lista abaixo, os que parecem mais apropriados no contexto do poema. As definições estão baseadas no *Dicionário Eletrônico Houaiss da Língua Portuguesa* (Editora Objetiva).

SOFREGUIDÃO

___ maneira de quem come ou bebe apressadamente, mastigando mal e engolindo
    às pressas, para ingerir a maior quantidade possível; voracidade, gulodice
___ desejo ou ambição de conseguir sem demora alguma coisa; impaciência,
    ansiedade, avidez
___ desejo sensual imoderado

ACERBO

___ de sabor acre; azedo, ácido
___ de gosto amargo
___ que causa angústia, que é difícil de suportar; atroz, cruel, terrível

MAVIOSO

___ de caráter comovente, enternecedor

___ caracterizado pela suavidade; brando, delicado
___ agradável aos ouvidos; melodioso

CINGIR

___ estar à volta de; fechar, conter ou incluir no seu interior; rodear, circundar, cercar
___ pôr ou usar (peça de roupa, enfeite, acessório, etc.) ao redor de uma parte do corpo
___ apertar ou prender dando a volta

INERME

___ sem armas ou meios de defesa; desarmado, indefeso, inofensivo
___ sem espinhos (diz-se de vegetal ou de qualquer de seus órgãos)

GOMO

___ cada uma das divisões naturais, em forma de meia-lua, da polpa de certos frutos como a laranja e o limão
___ cada uma das partes com que é feita a parte de fora da bola
___ broto

POMO

___ sinônimo de fruto
___ sinônimo de maçã

CRESTAR

___ queimar(-se) de leve, superficialmente
___ queimar(-se), fazer(-se) secar por excesso de calor ou de frio; ressecar(-se)
___ enfraquecer(-se)

LIDA

___ ato ou efeito de lidar
___ esforço fora do comum; trabalho intenso

Terceiro olhar. Famílias de palavras. Tomando como base o vocabulário do poema, complete as seguintes famílias de palavras.

Corpo humano:

_____
_____

Animais:

_____
_____

Vegetais:

_____
_____

Geografia:

_____
_____

19-20

Para escrever

11-29 Preparação. Uma das possíveis interpretações do poema de Machado é que a "criatura" representaria a Natureza que, por sua vez, representaria tanto a "Vida" quanto a "Morte". Pode-se ainda dizer que a Natureza representada no poema é totalmente indiferente à vida e à morte. Quais seriam os versos do poema que melhor podem exprimir essa indiferença?

11-30 Mãos à obra. Junto com um/a colega, escreva um diálogo em que a "Morte" e a "Vida", tais como representadas no poema, conversam entre si. No final do diálogo, as personagens descobrirão que são irmãs. O diálogo deverá ter pelo menos dez réplicas.

Projeto final

Preparação

11-31 Durante uma consulta. Às vezes, a comunicação entre o/a paciente e o/a profissional de saúde pode ser difícil. Abaixo há uma lista de sugestões para o/a paciente a fim de que a consulta seja mais proveitosa. Numere-as de um (a mais importante) a seis (a menos importante).

____ Prepare-se para a consulta. Escreva os sintomas e faça um resumo do que aconteceu com a sua saúde desde a última consulta.

____ Diga ao/à profissional de saúde o grau de envolvimento que você gostaria de ter no tratamento. A tendência atual é que o/a paciente tome decisões em conjunto com os/as profissionais de saúde. Há, no entanto, profissionais de saúde e pacientes que preferem que todas as decisões sejam tomadas pelo/a profissional. Nesse caso, não há necessidade de longas explicações sobre o tratamento.

____ Seja honesto/a, mesmo que alguns temas o/a incomodem.

____ Faça perguntas sobre qualquer tipo de remédio que o/a médico/a lhe receitar.

____ Tome notas durante a consulta.

____ Se você tiver dúvidas ou perguntas sobre o tratamento aconselhado, não deixe de dar a sua opinião.

Mãos à obra

11-32 Parte 1: Os sintomas. Você não se sente bem e decide ir a um/a médico/a. Para se preparar melhor antes da consulta, você deve escrever quais são os seus sintomas. Um/a colega vai ajudá-la/o a escrever essa narrativa.

a. Você está com dor de _____ (cabeça, garganta, etc.). Você também está com dor _____ (no estômago, nas costas, etc.).

b. Quando é que você sente dor(es)? _____ (o tempo todo, à noite, de manhã, em certas situações).

c. Que tipo de dor você sente? _____ (aguda, moderada, fraca, constante, intermitente).

d. Há quanto tempo você sente essa dor? _____ (segundos, minutos, horas, dias)

e. Quando é que essa dor começou? _____

f. Há algo que faça com que a dor melhore ou piore? _____

g. Você tem outros sintomas quando sente essa dor? _____ (náusea, insônia, cansaço, etc.)

Parte 2: Um cartaz. Junto com o/a colega, faça um cartaz sugerindo como devemos nos preparar para uma consulta médica. Você pode usar desenhos, fotos, imagens e/ou palavras.

Parte 3: Apresentação. Junto com o/a colega apresente o cartaz para o resto da turma.

Parte 4: Comentários. A turma e o/a professor/a comentam o cartaz e dão sugestões.

Horizontes

📖 Cabo Verde
21

A República de Cabo Verde ocupa um arquipélago situado no Oceano Atlântico a cerca de 500 km de distância do continente africano, a oeste do Senegal. As nove ilhas habitadas do arquipélago dividem-se em dois grupos: o grupo de Barlavento (ao norte) inclui as ilhas de Santo Antão, São Vicente, São Nicolau, Sal e Boa Vista; as ilhas que pertencem ao grupo de Sotavento (ao sul) são Maio, Santiago, Fogo e Brava. As maiores cidades do país são a capital, Praia, situada na ilha de Santiago, e Mindelo, na ilha de São Vicente. Com menos de meio milhão de habitantes, Cabo Verde é, no entanto, o país de origem de uma vasta diáspora de emigrantes espalhados pelo mundo inteiro (residentes, sobretudo, nos Estados Unidos, em Portugal, França e Holanda).

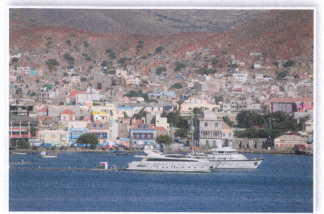
Vista do Porto Grande localizado à entrada da ilha de São Vicente

Originalmente desabitadas, as ilhas de Cabo Verde foram descobertas pelos navegadores portugueses em meados do século XV e povoadas gradualmente pelos colonizadores europeus e escravos trazidos do continente africano. Cabo Verde tornou-se independente em 1975, na mesma altura que as outras ex-colónias portuguesas em África. A economia de Cabo Verde sofre com a escassez dos recursos naturais e com o clima árido e falta de chuvas regulares, o que prejudica a agricultura e cria a necessidade de sistemas de irrigação. Os emigrantes caboverdianos contribuem para o desenvolvimento do país com remessas financeiras significativas; nos últimos anos, o turismo passou a ser um setor importante da atividade económica.

Montanhas e aldeias na ilha de Santo Antão

Para responder

1. A capital de Cabo Verde chama-se _____ e situa-se _____.
2. Os dois continentes com as maiores comunidades de emigrantes caboverdianos são a _____ e a _____.
3. Cabo Verde é um país independente há _____.
4. O problema principal da agricultura caboverdiana é _____.

A língua materna da grande maioria dos habitantes de Cabo Verde é o crioulo (*kriolu*) caboverdiano, idioma que se desenvolveu ao longo de séculos de interação da língua portuguesa com as várias línguas faladas pelos africanos que foram viver nas ilhas. Embora a língua oficial do arquipélago continue a ser o português—ensinado nas escolas, usado pelas instituições do estado e nos media—o processo da padronização (isto é, uniformização gramatical e ortográfica) do crioulo está a avançar, devendo conduzir, relativamente em breve, à sua oficialização. A cultura caboverdiana é um complexo riquíssimo de elementos africanos, europeus e até sul- e norte-americanos. Os tradicionais ritmos musicais de Cabo Verde, particularmente a morna e a coladera, são conhecidos no mundo inteiro, ultimamente sobretudo

Cesária Évora

graças à popularidade de Cesária Évora, a artista caboverdiana mais famosa. Entre os anos trinta e cinquenta do século vinte, o grupo de intelectuais ligados à revista *Claridade* (os chamados "claridosos") construiu os fundamentos da literatura caboverdiana pós-colonial. A obra *Chiquinho* (1947) de Baltasar Lopes é considerada o primeiro romance da literatura nacional. Em 1987, Manuel Veiga publicou *Odju d'Água*, o primeiro romance caboverdiano escrito em crioulo. O escritor caboverdiano mais conhecido atualmente é Germano de Almeida, cujo romance *O Testamento do Senhor Napumoceno da Silva Araújo* (1989) foi traduzido para várias línguas e existe também em versão cinematográfica.

Para responder

1. Qual é o estatuto das duas línguas em uso em Cabo Verde, o crioulo e o português?
2. Em relação ao crioulo caboverdiano, o que quer dizer "padronização"?
3. Quem foram os chamados "claridosos"?
4. *Chiquinho*, *Odju d'Água* e *Testamento do Senhor Napumoceno* são três _____ _____.

Língua

In Brazilian and Portuguese dictionaries, you will find **cabo-verdiano** (with a hyphen) as the adjective meaning "from or of Cape Verde." However, many Cape Verdeans write this adjective of their nationality without a hyphen (**caboverdiano**). Both spellings have been used in this book.

Para navegar

1. Visite e explore a página da Internet do Instituto Nacional de Estatística de Cabo Verde. Tome nota de três dados estatísticos distintos e apresente os resultados da pesquisa na aula.
2. Usando como termo de busca "música cabo-verdiana" e/ou "Cesária Évora", procure ouvir músicas de alguns artistas de Cabo Verde que se podem encontrar através da Internet. Depois, busque três adjetivos para descrever a impressão que a música caboverdiana lhe causa. Se possível, traga a música de que você mais gostou para tocar na aula.
3. Com um grupo de colegas, faça planos para uma visita a Cabo Verde. Nessa viagem, vocês vão poder visitar só três ilhas do arquipélago. Expliquem quais são as ilhas que vão visitar e justifiquem a escolha. Digam o que vão fazer em cada uma das três ilhas.
4. Procure e traga para a aula um fragmento de um texto escrito em crioulo de Cabo Verde. Com um grupo de colegas, escolha um dos textos que vocês procuraram e tente traduzi-lo para o português.

O corpo humano

a boca	mouth
a bochecha	cheek
o braço	arm
a cabeça	head
o cabelo	hair
o calcanhar	heel
o cérebro	brain
os cílios (B)	eyelashes
a cintura	waist
o coração	heart
as costas	back
o cotovelo	elbow
o dedo	finger
o dente	tooth
o estômago	stomach
a garganta	throat
o joelho	knee
o lábio	lip
a mão	hand
o músculo	muscle
o nariz	nose
o nervo	nerve
o olho	eye
o ombro	shoulder
a orelha	(outer) ear
o osso	bone
o ouvido	(inner) ear
o pé	foot
o peito	chest
a perna	leg
o pescoço	neck
as pestanas (P)	eyelashes
o pulmão	lung
o pulso	wrist
o sangue	blood
a sobrancelha	eyebrow
a testa	forehead
o tornozelo	ankle
a veia	vein

Tratamento médico

a ambulância	ambulance
o antibiótico	antibiotic
a aspirina	aspirin
a clínica	clinic
o comprimido	pill, medicine
o conselho	advice
o/a farmacêutico/a	pharmacist
a farmácia	pharmacy
a injeção	injection
a receita	prescription
o remédio	medicine
o termômetro (B)	thermometer
o termómetro (P)	thermometer

A saúde

a AIDS (B)	AIDS
a doença	illness
a dor	pain, ache
dor de garganta	sore throat
dor de cabeça	headache
a febre	fever
a gripe	flu
o hospital	hospital
a inflamação	infection
a pressão (arterial)	(blood) pressure
o resfriado (B)	cold
a SIDA (P)	AIDS
o sintoma	symptom
a tosse	cough

Verbos

alegrar-se	to be glad
cair	to fall
cuidar de	to care for
espirrar	to sneeze
examinar	to examine
fumar	to smoke

lamentar	*to be sorry, to regret*		
ligar	*to telephone*		
partir (P)	*to break*		
quebrar (B)	*to break*		
queixar-se	*to complain*		
recear	*to fear*		
receitar	*to prescribe*		
respirar	*to breath*		
satisfazer	*to satisfy*		
sentir	*to be sorry*		
torcer	*to twist*		
tossir	*to cough*		

Descrições

abatido/a	*depressed, in low spirits*
deprimido/a	*depressed*
doente	*sick*
gripado/a	*sick with a cold*

Palavras e expressões úteis

de… em… horas	*every… hours*
O que é que você tem?	*What's wrong (with you)?*
estar com dor de…	*to have a(n) … ache*
estar com febre	*to run a fever*

Chegadas

12:48
página 01

	Origem/Escalas	Observação
4	SÃO PAULO	Aeronave no Pátio
3	R DE JANEIRO	Aeronave no Pátio
	CAMPINAS	Aeronave no Pátio
	B. HORIZONTE	Aeronave no Pátio
	VITÓRIA	Pouso
	GUARULHOS	Pouso
	BRASÍLIA	Confirmado
	GUARULHOS	Aeronave no Pátio
	RASÍLIA	Confirmado
	ARREIRAS	Confirmado
	O PAULO	Confirmado
	DE JANEIRO	Cia. não Informou
	RTALEZA	Confirmado
	O PAULO	Confirmado
	ROLINA	Confirmado
		Confirmado

À PRIMEIRA VISTA

- Os meios de transporte e as viagens
- A reserva do hotel
- O correio e a correspondência

ESTRUTURAS

- Expressing affirmation and negation: Affirmative and negative expressions
- Talking about things that may not exist: The indicative and the subjunctive in adjective clauses
- Making qualified statements: The subjunctive in adverbial clauses
- Expressing wishes, recommendations, and conditions in the past: The past subjunctive

Vamos viajar

- Os meios de transporte ontem e hoje
- A emigração e a imigração

ENCONTROS

- Para escutar: Making inferences; listening for specific meaning
- Para conversar: Making travel-related arrangements
- Para ler: Summarizing and extrapolating from a text
- Para escrever: Arguing in favor of a preferred choice
- Projeto final: Planos para as férias

HORIZONTES

- Moçambique

COMUNICAÇÃO

In this chapter you will learn to:

- Make travel arrangements and discuss itineraries

- Ask for and give directions

- Express denial and uncertainty

- Talk about past expectations, wishes, and demands

- Discuss emigration and immigration

📖 À primeira vista

Os meios de transporte e as viagens

🔊 Muita gente usa transporte público. Os ônibus (B)/ autocarros (P) são comuns nas cidades e também em viagens de longa distância. Trata-se de uma boa solução para quem não tem carro ou simplesmente não gosta de dirigir (B)/conduzir (P).

🔊 No Brasil dizemos "trem" e em Portugal "comboio". Mas, sem dúvida, esse meio de transporte é muito mais popular em Portugal do que no Brasil. Existem comboios de Lisboa para Coimbra e para o Porto, alguns dos quais são de alta velocidade. Outros comboios regionais ligam as várias zonas de Portugal e as linhas internacionais levam os passageiros até Madrid e Paris.

🔊 Fazer um cruzeiro é outra forma de viajar. Em navios com uma capacidade que varia de 400 até mais de 5.000 pessoas, os passageiros têm muitas opções de lazer. Nas escalas que fazem em diferentes portos, há excursões organizadas e oportunidades para fazer compras e conhecer as cidades. À noite, a diversão continua na discoteca, nas mesas de jogo e no teatro. Um navio de cruzeiro é um meio de transporte e um lugar para passar férias.

🔊 O metrô (B)/metro (P) é outra forma de transporte eficiente nos centros urbanos como Lisboa, São Paulo e Rio de Janeiro.

Para pesquisar

Procure na Internet a informação sobre as redes de metrô do Rio de Janeiro e de metro de Lisboa e compare as duas redes em relação a: 1) número de linhas; 2) número de estações; 3) horário de funcionamento; 4) preço de bilhetes.

No avião

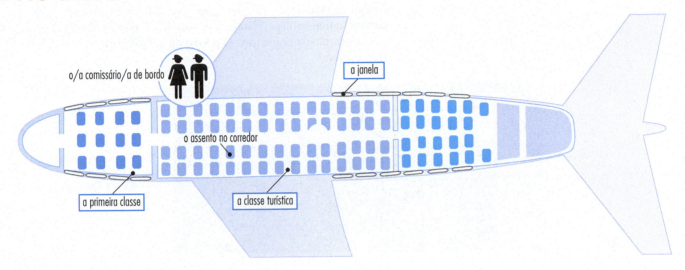

o/a comissário/a de bordo

a janela

o assento no corredor

a primeira classe

a classe turística

O avião é a solução, ainda que mais cara, para viajar rapidamente de um lugar para o outro, especialmente em regiões onde é difícil construir estradas por causa da geografia ou do clima.

No aeroporto

Os passageiros fazem fila em frente do balcão da companhia aérea para enviar a bagagem, marcar o assento e pedir o cartão de embarque.

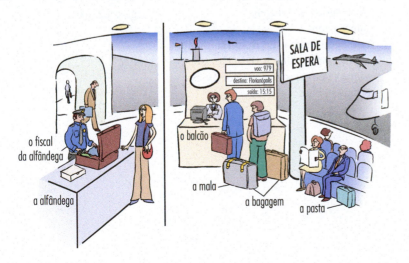

o fiscal da alfândega

a alfândega

o balcão

a mala

a bagagem

a pasta

SALA DE ESPERA

voo: 979
destino: Florianópolis
saída: 15:15

O balcão da companhia aérea

FUNCIONÁRIA: Bom dia. Passaporte e passagem, por favor.

PASSAGEIRO: Pois não. Se possível, prefiro um assento perto da saída de emergência.

FUNCIONÁRIA: Perfeitamente. Janela ou corredor?

PASSAGEIRO: Corredor, por favor. A senhora sabe se há alguma casa de câmbio aqui no aeroporto?

FUNCIONÁRIA: Há, sim. É logo em frente, à direita.

PASSAGEIRO: Obrigado. A senhora colocou as milhas do voo no meu cartão de milhagem?

FUNCIONÁRIA: Coloquei, sim. Como sua passagem é de ida e volta, o senhor vai ganhar muitas milhas. Seu assento para Florianópolis é o 8F e este é o seu cartão de embarque. O portão de embarque é o número 4C. Boa viagem!

SAÍDA DEPARTURE	EMBARQUE BOARDING	SALA LOUNGE	PORTÃO DE EMBARQUE GATE	DESTINO DESTINATION
15:15	14:45	A	4C	FLORIANÓPOLIS
15:45	15:15	B	3	NATAL
16:00	15:30	A	6	PORTO ALEGRE
16:20	15:50	A	4	CUIABÁ
16:40	16:10	B	3	RECIFE
17:00	16:30	A	2	MARINGÁ
17:30	17:00	B	4	BRASÍLIA

O avião para Florianópolis sai às 15:15. A que horas sai o voo para Cuiabá?

12-1 Associações. Primeiro passo. Associe cada uma das palavras à descrição correspondente. Compare as respostas com as de um/a colega.

1. _____ viagem num navio grande
2. _____ pessoa que serve comida durante um voo
3. _____ transporte subterrâneo
4. _____ inspeção na fronteira de um país
5. _____ documento de identificação necessário para viagens internacionais
6. _____ passagem para ir de Belo Horizonte a Curitiba e voltar a Belo Horizonte
7. _____ viaja-se em assentos confortáveis e come-se bem

a. comissário/a de bordo
b. passaporte
c. primeira classe
d. metrô (B)/metro (P)
e. alfândega
f. passagem de ida e volta
g. cruzeiro

Segundo passo. Com um/a colega, fale sobre a sua última viagem. Especifique:

- meio de transporte

- conforto (primeira classe, classe turística, etc.)

- tipo de passagem

- necessidade de passaporte e visto, passar pela alfândega, etc.

 12-2 Pedido do/a cliente. Você é um/a agente de viagens e um/a colega é o/a cliente. Faça perguntas ao/à cliente para preencher o seguinte formulário e depois faça recomendações de viagem.

NOME: _____
Nº do passaporte: _____
Data/s de viagem: _____
Meio de transporte: _____
Destino: _____

 12-3 Na agência de viagens. Você é agente de viagens e um/a colega é o/a cliente. O/A cliente vai dizer para onde deseja ir e o/a agente vai apresentar o plano de uma viagem com todos os detalhes do itinerário, meio de transporte e preço. Depois troquem de papéis.

 # Viajar de carro

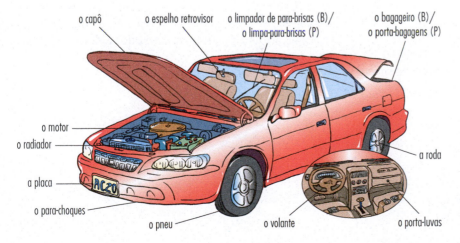

o capô — o espelho retrovisor — o limpador de para-brisas (B) / o limpa-para-brisas (P) — o bagageiro (B) / o porta-bagagens (P)

o motor
o radiador
a placa
o para-choques
o pneu
o volante
o porta-luvas
a roda

12-4 O que é? Com um/a colega, procure no desenho do carro na página anterior a palavra que corresponde às descrições abaixo. Depois, descrevam a outro par de colegas as outras partes do carro indicadas no desenho para ver se eles/elas sabem quais são.

1. É para pôr as malas.
2. Permite que vejamos bem quando chove.
3. São pretos e estão cheios de ar.
4. Controla a direção do carro.
5. Devemos pôr água nele para não ter problemas com o motor.

_____
_____
_____
_____
_____

 12-5 O carro preferido. Em primeiro lugar, verifique o meio de transporte que um/a colega usa mais frequentemente. Depois, pergunte-lhe qual é o carro de que ele/ela mais gosta. Peça-lhe que dê quatro razões para justificar a preferência.

A reserva do hotel

FUNCIONÁRIO:	Boa tarde. Em que posso servi-la?
D. CARLA SILVEIRA:	Boa tarde. Temos dois quartos reservados.
FUNCIONÁRIO:	Em nome de quem?
D. CARLA SILVEIRA:	Silveira.
FUNCIONÁRIO:	Um momento, por favor… Sim, senhora. Há a reserva de um quarto duplo e de um simples.
D. CARLA SILVEIRA:	É isso mesmo, um é para meu marido e eu e o outro para nosso filho. Eu gostaria de deixar alguns cheques de viagem em um lugar seguro. O senhor poderia…?
FUNCIONÁRIO:	A senhora pode deixá-los aqui na recepção. Temos um cofre para guardar os artigos de valor de nossos hóspedes.
D. CARLA SILVEIRA:	Obrigada.
FUNCIONÁRIO:	Às ordens. Aqui estão as chaves magnéticas. Daqui a alguns minutinhos vão levar sua bagagem para cima. Os quartos são no segundo andar.
	(mais tarde)
SEU PEDRO SILVEIRA:	Por favor, o senhor poderia nos dizer onde fica a farmácia mais próxima?
FUNCIONÁRIO:	Pois não. Olhem, sigam sempre em frente nessa rua até a próxima esquina. Chegando lá, virem à esquerda e andem um quarteirão até uma praça. A farmácia fica à direita. Não há como errar.
SEU PEDRO SILVEIRA:	Muitíssimo obrigado.

12-6 **Estamos perdidos.** Use o mapa da sua universidade e pergunte a um/a colega como ir a alguns lugares. O/A colega vai explicar como chegar ao destino.

VOCÊ ESTÁ:	VOCÊ QUER IR:
no Departamento de Línguas	à biblioteca
no seu dormitório	ao ginásio
na reitoria	à livraria

 12-7 **O hotel. Primeiro passo.** Com um/a colega, compare e comente a informação que você conseguiu na Internet sobre um hotel no mundo lusófono.

1. localização
2. instruções para chegar ao hotel
3. serviços oferecidos pelo hotel
4. atrações mais importantes

Segundo passo. Você sabe que o hotel que você pesquisou aceita guias voluntários para turistas que falam inglês. Um/a colega vai fazer o papel do/a gerente do hotel. Fale com ele/ela para oferecer os seus serviços e obter as seguintes informações sobre o trabalho.

1. obrigações e horários
2. benefícios (refeições, alojamento, etc.)
3. número de semanas ou meses de duração do trabalho
4. data em que o trabalho começa
5. forma mais conveniente para se chegar ao hotel

 # O correio e a correspondência

uma carta

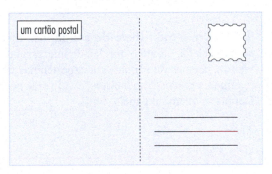

um cartão postal

um selo

um envelope

Ex.ma Sr.a
D. Celina Magane
Av. Zimbabwé, 846, R/C
Maputo, Moçambique

o pacote (B)/
a encomenda (P)

o carteiro

a caixa de correio

12-8 A correspondência. Com um/a colega, complete as frases com a palavra adequada.

1. _____ O lugar onde enviamos cartas e compramos selos é o…
2. _____ A pessoa que entrega cartas e postais é o…
3. _____ O lugar em que colocamos as cartas para o carteiro recolher é a…
4. _____ Para mandar uma carta devemos colocá-la num…
5. _____ Se queremos enviar um presente, temos que preparar um/a…
6. _____ Não podemos enviar uma carta sem escrever o endereço e pôr um…

a. carteiro
b. correio
c. selo
d. pacote/encomenda
e. envelope
f. caixa de correio

12-9 Um e-mail cheio de saudades. Envie um e-mail ou um cartão postal a um/a colega. Conte o que fez de interessante nas últimas férias: lugar(es) que visitou, pessoas que conheceu, experiências novas, etc. O/A colega vai responder, reagindo aos seus comentários, e vai fazer perguntas para obter mais detalhes. Depois troquem de papéis.

Para escutar

Antes de uma viagem. Você vai ouvir uma conversa breve e, a seguir, cinco afirmações sobre ela. Primeiro, adivinhe o local da conversa. Depois, indique se cada uma das afirmações é verdadeira ou falsa.

LUGAR:_____

	VERDADEIRO	FALSO
1.	_____	_____
2.	_____	_____
3.	_____	_____
4.	_____	_____
5.	_____	_____

1. Expressing affirmation and negation: Affirmative and negative expressions

AGENTE: Sinto muito, este voo está lotado. Não há nenhum assento disponível.

RICARDO: E no voo da tarde?

AGENTE: Há alguns lugares, mas não é voo direto. O voo faz escala em Salvador.

MARIANA: E não há outro voo direto?

AGENTE: Não, este é o único. Mas por que vocês não fazem reserva para o voo da tarde e eu coloco vocês na lista de espera para o voo direto da manhã?

RICARDO: 'Tá bom, então. Tem sempre alguém que cancela o voo.

Vamos analisar. Decida se as afirmações abaixo são verdadeiras (**V**) ou falsas (**F**).

1. _____ O agente disse que não tem **nenhum** assento disponível para o voo da manhã.

2. _____ O agente disse que não tem **nenhum** assento disponível **nem** no voo da manhã, **nem** no voo da tarde.

3. _____ A Mariana perguntou se **também não** têm assentos disponíveis no voo da tarde.

4. _____ Ricardo disse que **uma vez** ele conseguiu pegar o voo que ele queria, ficando na lista de espera.

5. _____ Ricardo está confiante em conseguir viajar no voo da manhã, porque há **sempre alguém** que cancela a passagem.

AFFIRMATIVE		NEGATIVE	
tudo	*everything*	**nada**	*nothing*
algum/a	*some, any*	**nenhum/a**	*no, not any*
alguns, algumas	*several*	**nenhuns, nenhu-mas** (P)	*none*
alguém	*someone*	**ninguém**	*no one, nobody*
alguma pessoa	*someone*	**nenhuma pessoa**	*no one, nobody*
algo	*something*	**nada**	*nothing, anything*
alguma coisa	*something*	**nenhuma coisa**	*nothing, anything*
todo (-a, -os, -as)	*all, entire, whole*		
todos	*everybody*		
ou … ou	*either … or*	**nem … nem**	*neither … nor*
sempre	*always*	**nunca**	*never*
uma vez	*once*		
alguma vez	*sometime, ever*	**jamais**	*never, (not) ever*
algumas vezes	*sometimes*		
às vezes	*sometimes, at times*		
também	*also*	**também não**	*not either, neither*

- Negative words may precede or follow the verb. If they follow the verb, use the word **não** before the verb.

  Ninguém mora aqui.   *No one/Nobody lives here.*
  Não mora **ninguém** aqui.

- **Alguém** and **ninguém** are not followed or preceded by any word and always refer to people.

  Alguém está sentado no meu assento.   *Someone is sitting in my seat.*
  Ninguém está sentado no meu assento.   *No one is sitting in my seat.*

- **Algum** and **nenhum** may refer to people or things and are followed by a noun with which they agree in gender and number. In Brazilian Portuguese, **nenhum** and **nenhuma** are used only in the singular.

  Há **algum** hotel perto do aeroporto?   *Is there any hotel near the airport?*
  Nenhum passageiro cancelou a reserva.   *No passenger cancelled the reservation.*

  Algumas malas ficaram na estação.   *Some bags were left at the station.*

- **Tudo** (*everything*) is not preceded or followed by any word and never changes its form. **Todo/a/os/as** (*all, entire, whole*) precedes (and sometimes follows) a noun and agrees with it in gender and number.

  Você levou **tudo**?   *Did you take everything?*
  Todos os passageiros já estão no avião.   *All passengers are already on the plane.*

  Passei **a manhã toda** na sala de espera.   *I spent the whole morning in the waiting room.*

12-10 **Planos de viagem. Primeiro passo.** Você e um/a colega querem fazer uma viagem de ecoturismo no Brasil. Primeiro, decidam para onde vocês vão; depois, comentem o que vão ou não vão fazer antes de chegar ao destino.

Modelo   comprar a passagem com duas semanas de antecedência
                  E1: Eu quero comprar a passagem com duas semanas de antecedência.
                  E2: Eu também./ Eu não. É mais barato comprar um mês antes.

                  não levar cheques de viagem
                  E1: Eu não vou levar cheques de viagem.
                  E2: Eu também não. Vou levar dinheiro e cartão de crédito.

1. procurar informações sobre o Pantanal do Mato Grosso, Foz do Iguaçu e Amazônia
2. comprar botas confortáveis para caminhar
3. pedir o assento no corredor

4. não levar muita roupa
5. não gastar muito dinheiro
6. levar repelente de mosquito
7. …
8. …

Segundo passo. Conversem sobre tudo o que vocês vão fazer depois de chegar ao destino. Depois, reúnam-se com outro grupo e expliquem três dos seus planos. Os colegas vão fazer perguntas para saber os detalhes.

 12-11 **Com que regularidade?** Preencha a tabela abaixo, indicando com que frequência você faz as seguintes atividades e os motivos por que as faz. Depois, faça perguntas a um/a colega e anote a informação obtida.

Modelo   correr
                  E1: Eu corro todos os dias porque gosto e porque quero estar em forma. E você/tu?
                  E2: Eu não corro nunca porque prefiro caminhar./Eu corro duas ou três vezes por semana porque não tenho tempo nem energia para mais.

ATIVIDADE	EU	MOTIVO	COLEGA	MOTIVO
andar de bicicleta				
comer fora				
usar transporte público				
viajar de carro				
viajar de avião				
enviar cartas aos amigos				
ficar nos hotéis				

12-12 Um restaurante péssimo. Durante uma viagem, você e um/a colega querem jantar. Você quer ir a um restaurante que fica ao lado do hotel. O/A colega, que já conhece o restaurante, vai responder às suas perguntas negativamente.

Modelo   servir pratos regionais
          E1: Servem pratos regionais nesse restaurante?
          E2: Não, não servem nenhum prato regional.

1. ter sobremesas boas
2. servir peixe fresco
3. ter comida vegetariana
4. aceitar cartão de crédito
5. servir muitas saladas
6. …

Vamos viajar

Os meios de transporte ontem e hoje

Como em todo o mundo, os meios de transporte nos países de língua portuguesa evoluíram muito nos últimos 150 anos. A primeira ferrovia foi construída no Brasil em 1854 por Irineu Evangelista de Souza, o Barão de Mauá, ligando Petrópolis ao Porto de Mauá, no Rio de Janeiro. Dois anos mais tarde, a primeira linha ferroviária em Portugal ligou Lisboa ao Carregado. Depois dos caminhos de ferro, a próxima revolução nos transportes mecânicos foi a invenção do automóvel, seguida muito de perto pelos transportes aéreos: o primeiro carro mecanizado no Brasil— um Peugeot importado da França em 1891—era propriedade de Alberto Santos Dumont, futuro pioneiro da aviação brasileira e global. Também em Portugal a evolução foi rápida. O primeiro automóvel a circular em Portugal foi um Panhard-Levassor trazido de Paris em 1895 pelo Conde de Avilez. Em 1909, um grupo de oficiais do Exército Português fundava o Aero Clube de Portugal, marcando o acontecimento com um breve voo do francês Armand Zipfel junto da Torre de Belém. Em 1922, os oficiais da Marinha Portuguesa, Gago Coutinho e Sacadura Cabral, fizeram a primeira travessia aérea do Atlântico Sul numa viagem de Lisboa ao Rio de Janeiro. Gago Coutinho adaptou o sextante, aparelho para navegação marítima, à navegação aérea, o que permitiu fazer viagens aéreas de longo curso, sendo um grande avanço para a aeronáutica internacional.

Hoje em dia, as rodovias, ferrovias e ligações aéreas formam redes extensas por todas as partes do mundo lusófono. No Brasil, devido às grandes distâncias que separam as principais cidades do país, o transporte aéreo está muito desenvolvido. Duas companhias brasileiras de alcance internacional são a TAM e a Varig. A última é a mais antiga do país e agora opera em parceria com a GOL. Além delas, operam também no Brasil várias outras companhias aéreas, tanto nacionais, quanto regionais (como a TRIP e a Rico). Em Portugal, além da linha nacional TAP, também existem outras companhias aéreas (por exemplo, as açorianas SATA Air Açores e SATA Internacional). Todos os PALOP têm as suas próprias linhas: TAAG (Transportes Aéreos de Angola), LAM (Linhas Aéreas de Moçambique), TACV (Transportes Aéreos de Cabo Verde), GBA (Guiné-Bissau Airlines) e ASTP (Air São Tomé e Príncipe). As ligações aéreas são particularmente importantes para os habitantes dos arquipélagos como os Açores ou Cabo Verde, porque hoje as viagens entre as ilhas se fazem sobretudo de avião. Nos primeiros quatro meses de 2010, as companhias do grupo açoriano SATA transportaram mais de 380 mil passageiros, cerca de 130 mil dos quais entre as ilhas do arquipélago dos Açores.

12-13 Tudo ligado! Conversando com um/a colega, explique a relação entre os elementos indicados abaixo.

Modelo   Peugeot e o Brasil
                E1: Qual é a relação entre a Peugeot e o Brasil?
                E2: O primeiro carro que entrou no Brasil era da marca Peugeot.

1. Petrópolis e o Porto de Mauá
2. Alberto Santos Dumont e a evolução dos transportes mecanizados
3. Gago Coutinho e o Atlântico Sul
4. Varig e GOL
5. TAAG e LAM
6. Cabo Verde e os Açores

12-14 Uma pesquisa. Falando com um/a colega, você faz o papel de um/a turista moçambicano/a que pretende visitar os Estados Unidos e quer informar-se sobre os meios de transporte neste país. Depois troquem de papéis.

Modelo   E1: Há alguma ligação ferroviária entre Los Angeles e
                   São Francisco?

Para pesquisar

Em pequenos grupos, desenhem um itinerário para uma viagem a um ou vários países de língua portuguesa. Primeiro, decidam que países, cidades e pontos de interesse querem visitar. Depois, pesquisem na Internet para criar o itinerário da viagem com todas as ligações (aéreas e/ou por terra/mar). Apresentem o resultado na aula.

Vídeo

Chupeta gosta de conforto quando viaja.

2. Talking about things that may not exist: The indicative and the subjunctive in adjective clauses

Numa estação no Rio de Janeiro

MULHER: Por favor, queria um bilhete para o trem que **sai** agora, às 9:00 da noite.

AGENTE: Não há trens que **saiam** à noite. O último trem sai às 6:00 da tarde.

MULHER: Ai meu Deus! E agora? O senhor tem um trem que **saia** de manhã cedo?

AGENTE: Tenho, sim. O primeiro trem sai às 7:00.

MULHER: Bom, terei que esperar até amanhã, então. O senhor pode recomendar um hotel que **fique** perto? Preciso de um que não **seja** caro.

AGENTE: Sim, claro. Eu posso recomendar o Hotel Colonial. É um bom hotel, com preços razoáveis.

Vamos analisar. Para cada oração abaixo, indique se a pessoa fala de algo que existe (**E**), de algo que não existe (**NE**) ou de algo que possivelmente exista (**PE**).

1. _____ Queria um bilhete para o trem que **sai** hoje, às nove da noite.
2. _____ Não há trens que **saiam** à noite.
3. _____ Há um trem que **saia** de manhã cedo?
4. _____ O senhor pode recomendar um hotel que **fique** perto?
5. _____ Preciso de um hotel que não **seja** caro.
6. _____ É um bom hotel que **tem** preços razoáveis.

■ An adjective clause is a dependent clause that is used as an adjective.

{adjective}

Vamos a um hotel **muito moderno**.   *We are going to a very modern hotel.*

{adjective clause}

Vamos a um hotel **que é muito moderno**.   *We are going to a hotel that is very modern.*

■ Use the indicative in an adjective clause that refers to a person, place, or thing (antecedent) that exists or is known.

Conheço um hotel que **fica** perto do aeroporto.
I know a hotel that is near the airport.

Quero viajar no trem/comboio que **sai** de manhã.
I want to travel on the train that leaves in the morning.
(you know there is such a train)

■ Use the subjunctive in an adjective clause that refers to a person, place, or thing that does not exist or whose existence is unknown or in question.

Não há nenhum hotel que **fique** perto do aeroporto.
There isn't any hotel that is near the airport.

Quero viajar em um trem/num comboio que **saia** de manhã.
I want to travel on a train that leaves in the morning.
(any train as long as it leaves in the morning)

■ When the antecedent is a specific person, place or thing, use the indicative. If the antecedent is not a specific object, use the subjunctive.

Procuro um piloto que **trabalha** para esta companhia.
I am looking for a pilot who works for this airline.
(a specific pilot I know who works for the airline)

Procuro um piloto que **trabalhe** para esta companhia.
I am looking for a pilot who works for this airline.
(any pilot as long as he or she works for the airline)

■ In questions, you may use the indicative or the subjunctive, according to the degree of certainty you have about the matter.

Há alguém aqui que **vai** nesse voo?
Is there anyone here going on that flight?
(I don't know, but I assume that there may be.)

Há alguém aqui que **vá** nesse voo?
Is there anyone here going on that flight?
(I don't know, but I doubt it.)

Cultura

A EMBRAER, Empresa Brasileira de Aeronáutica, fundada em 1969 na cidade São José dos Campos, é hoje uma das maiores empresas construtoras e exportadoras de aviões do mundo, tendo vendido mais de 5.000 unidades para 88 países, incluindo os Estados Unidos. Talvez você já tenha viajado em um avião da EMBRAER em viagens domésticas dentro dos Estados Unidos com a American Airlines, Delta, Continental, US Airways ou United, entre outras. ■■

12-15 Não sei mesmo! Você sabe muito pouco sobre a vida dos colegas da aula de Português. Trabalhem em pares, fazendo perguntas. Caso a resposta seja afirmativa, você deve dizer quem é essa pessoa e dar informação adicional.

M o d e l o   viajar todos os meses

E1: Tem alguém que viaje todos os meses?

E2: Sim, tem alguém que viaja todos os meses.

E1: Quem é?

E2: É a Marta. Ela visita a família dela duas vezes por mês.

E1: Tem alguém que seja brasileiro?

E2: Não, não tem ninguém que seja brasileiro.

E1: Há alguém que viaje todos os meses?

E2: Sim, há alguém que viaja todos os meses.

E1: Quem é?

E2: É a Marta. Ela visita a família dela duas vezes por mês.

E1: Há alguém que seja moçambicano?

E2: Não, não há ninguém que seja moçambicano.

1. ter medo de viajar de avião
2. tirar muitas fotografias durante as viagens
3. conhecer mais de dois continentes
4. saber pilotar um avião
5. viajar ao Brasil este ano
6. ir esquiar no inverno

 12-16 Uma emergência. Dois funcionários da LAM (Linhas Aéreas de Moçambique) ficaram doentes e não podem trabalhar hoje. Há muito trabalho no aeroporto porque é período de férias e muitas pessoas vão viajar. Trabalhem em pares. Um/a estudante faz o papel de gerente local da LAM e o/a outro/a faz o papel do funcionário que vai substituir os dois funcionários doentes. O gerente quer que certas coisas sejam feitas e o funcionário vai dizer se há (ou não) alguém no aeroporto que possa fazê-las. O gerente deve oferecer soluções, caso necessário.

M o d e l o   reprogramar os itinerários no computador

E1: Preciso de uma pessoa que reprograme os itinerários no computador.

E2: Há um funcionário que pode fazer isso./Não há ninguém aqui que saiba reprogramar os itinerários.

E1: É necessário que encontremos alguém no aeroporto que possa reprogramar os itinerários.

1. falar inglês, japonês e português num voo para o Japão
2. receber o voo que vem de Portugal
3. dar uma informação aos passageiros do voo 477
4. levar os passageiros para a alfândega
5. poder trabalhar neste domingo

12-17 Um lugar para descansar. Primeiro passo. Trabalhando em pares, façam perguntas sobre um bom lugar para descansar. Respondam de acordo com a informação da tabela.

Modelo   hotel/ter piscina aquecida
E1: Esse lugar tem algum hotel que tenha piscina aquecida?
E2: Sim, tem um hotel que tem piscina aquecida. *ou*
Não, não tem nenhum hotel que tenha piscina aquecida.

TEM	NÃO TEM
lojas/vender roupa para esquiar	hotéis/ter descontos para estudantes
cinema/mostrar filmes estrangeiros	restaurantes/servir comida vegetariana
lugares/aceitar cartões de crédito	lugares/aceitar cheques

Segundo passo. Agora você e o/a colega devem descrever como é o lugar ideal para descansar, explicando a localização, ambiente e passeios. Depois, comparem a descrição com as de outros pares.

 12-18 Agência CBT. Você quer viajar para o Brasil, mas não conhece nenhuma agência de viagens. Um/a colega recomenda a agência CBT. Peça-lhe informações sobre a agência baseando-se no anúncio abaixo e fazendo pelo menos três perguntas adicionais.

Turismo CBT
Companhia Brasileira de Turismo
Agência de viagens
Planejamos sua viagem para qualquer lugar do Brasil.
Vendemos passagens aéreas,
fazemos reservas em hotéis e alugamos carros.
Organizamos excursões para a terceira idade,
turismo ecológico e viagens em geral.
Quinze anos servindo o público em português e inglês.
Telefone: 0-800-3288-2195   Fax: 21-4322-2296
E-mail: cbtbrazil@cbt.org

Situações

Papel A. Você deseja viajar ao Brasil. Ligue para um/a agente de viagens para saber: a) o preço da passagem, b) o horário dos voos, c) se é necessário ter visto. Depois de obter estas informações, d) explique onde você gostaria de ficar hospedado/a (localização, preço aproximado, etc.).

Papel B. Você é um/a agente de viagens. Responda às perguntas do/da cliente, dando-lhe as seguintes informações: a) os preços das passagens para primeira classe e classe turística e b) horário dos voos. Depois c) pergunte a nacionalidade da pessoa que vai viajar, para saber se é necessário ou não obter visto, e d) sugira um hotel indicando a tarifa e os serviços que oferece. Finalmente, recomende alguns lugares para o/a cliente visitar na(s) cidade(s) para onde vai viajar.

3. Making qualified statements: The subjunctive in adverbial clauses

MARIA: **Por mais que** eu goste da sua mãe, eu não quero que ela viaje conosco para Salvador.
JOÃO: Mas ela insistiu e eu concordei, **embora** eu também prefira que ela não vá.
MARIA: Está bem, mas **desde que** ela fique em um quarto separado.
JOÃO: Muito obrigado, meu amor.
MARIA: Desta vez, tudo bem, mas **caso** haja outra viagem depois desta, espero que ela não vá.

Vamos analisar. Escolha na coluna da direita o significado das palavras em negrito.

1. _____ **Por mais que** eu goste da sua mãe, eu não quero que ela viaje conosco.
2. _____ Mas ela insistiu e eu concordei, **embora** eu também prefira que ela não vá.
3. _____ Está bem, mas **desde que** ela fique em um quarto separado.
4. _____ **Caso** haja outra viagem depois desta, espero que ela não vá.

a. *although*
b. *as long as*
c. *in case*
d. *however much*

■ An adverbial clause is a dependent clause that is used as an adverb (qualifying the action expressed in the main clause) and is introduced by an adverbial conjunction.

■ The following are the most commonly used adverbial conjunctions that always require the subjunctive:

a menos que	*unless*	**mesmo que**	*even though, even if*
caso	*in case*	**para que**	*so that*
desde que	*as long as*	**por mais que**	*however much*
embora	*although*	**sem que**	*without, until, before*

Não me importo de ficar numa pousada, **embora prefira** um hotel cinco estrelas.
I don't mind staying in a bed and breakfast, although I prefer a five-star hotel.

Por mais que o preço da gasolina **possa** subir, nós vamos viajar de carro.
However much the price of gasoline may go up, we are going to travel by car.

Devemos fazer um seguro, **caso haja** um acidente.
We should get insurance in case there is an accident.

O turismo pode e deve ser desenvolvido **desde que** não **prejudique** o ecossistema.
Tourism can and should be developed as long as it does not damage the ecosystem.

A menos que o tempo **piore**, o avião vai partir hoje.
Unless the weather gets worse, the plane will leave today.

Não podemos partir **sem que** o piloto **fale** com a torre de comando.
We cannot leave until the pilot speaks to the control tower.

 12-19 Vamos ou não vamos? A sua turma quer fazer uma excursão ao Amazonas. Você e um/a colega estão encarregados de organizar a viagem. Na conversa, completem as frases abaixo combinando as expressões da coluna da esquerda com os elementos apropriados da direita.

Modelo   fazer as reservas/o preço da passagem não seja muito alto
              E1: Vamos fazer as reservas?
              E2: Vamos, desde que o preço da passagem não seja muito alto.

caso	escolher um bom itinerário/não haja problemas
para que	viajar de noite/todos concordem
embora	(não) poder partir juntos/todos tenham o visto
sem que	(não) poder fazer a excursão/a universidade permita
desde que	ficar três dias em Manaus/tenhamos pouco tempo
a menos que	deixar o itinerário detalhado na universidade/aconteça algum acidente
	variar o programa/todos se divirtam
	fazer uma viagem fantástica/seja um plano complicado

 12-20 Na agência de viagens. Você está em Portugal e quer fazer uma viagem a São Tomé e Príncipe. Você vai a uma agência de viagens em Lisboa. Um/a colega, no papel de agente de viagens, vai fazer várias perguntas e sugestões. Responda usando a conjunção sugerida (ou outra que prefira).

Modelo   E1: O Sr./A Sra. prefere viajar em primeira classe ou turística?
                  (desde que)
              E2: Prefiro em primeira classe desde que não seja muito caro.

1. Quando prefere fazer a viagem? (desde que)
2. É um problema viajar de noite? (embora)
3. O Sr./A Sra. quer um assento perto da janela? (mesmo que)
4. Não se esqueça de que só pode levar 20 kg de bagagem. (por mais que)
5. Em caso de emergência, para quem devemos telefonar? (caso)
6. O Sr./A Sra. pode vir à agência amanhã para buscar o bilhete? (a menos que)
7. …

12-21 É bom ter amigos. Durante uma viagem à Reserva de Marromeu, em Moçambique, você teve um acidente no rio Zambeze e perdeu o passaporte, cartões de crédito e dinheiro. De regresso em Quelimane você fala por telefone com um/a amigo/a em Maputo que talvez possa ajudar. Digam o que vão fazer completando o diálogo seguinte.

VOCÊ: Não vou partir de Quelimane sem que _____.
AMIGO/A: Tudo vai correr bem desde que _____.
VOCÊ: Tenho que telefonar ao banco para que _____.
AMIGO/A: E eu vou ao consulado amanhã de manhã, a menos que _____
_____.
VOCÊ: Não vou conseguir dormir hoje, por mais que _____.
AMIGO/A: É importante manter a calma, mesmo que _____.
VOCÊ: _____.
AMIGO/A: _____.

 12-22 Preferência de transporte. Indique a sua opinião com um X na coluna apropriada. Depois compare as respostas com as de um/a colega. Quando a resposta for negativa, defendam a sua opinião e expliquem as condições em que a situação poderia mudar.

Modelo   O carro próprio e os transportes públicos são igualmente populares. Não, os transportes públicos são menos populares e isso não vai mudar, a menos que os transportes públicos melhorem e os preços da gasolina subam.

O CARRO PRÓPRIO E OS TRANSPORTES PÚBLICOS	SIM	NÃO
… são igualmente rápidos.		
… são igualmente confortáveis.		
… são igualmente convenientes.		
… são igualmente acessíveis.		
… são igualmente seguros.		

Situações

1. **Papel A.** Você perdeu a sua carteira (preta, nova, com US$20 e R$100, um cartão de crédito e algumas fotos) num hotel de São Paulo. Responda a todas as perguntas que o/a rece(p)cionista vai fazer. Depois mostre um documento de identificação e agradeça.

   Papel B. Você é rece(p)cionista no Hotel Marini em São Paulo e fala com um/a cliente que perdeu uma carteira. Obtenha as seguintes informações: a) nome da pessoa, b) descrição da carteira, c) quando perdeu a carteira e d) dinheiro e documentos que a carteira continha. Depois peça-lhe um documento de identificação e devolva a carteira (que foi encontrada no elevador).

2. Cada um de vocês tem um condomínio em um lugar de férias muito chique. Falem dos seus condomínios dando as informações mais completas possíveis.

4. Expressing wishes, recommendations, and conditions in the past: The past subjunctive

ENTREVISTADOR: Maló, explique aos nossos telespetadores porque é que você se tornou treinador de futebol.

MALÓ: Eu ainda me lembro como se **fosse** ontem. Eu nasci em Angola, mas queria ir estudar Medicina em Coimbra. Como gostava de futebol, um amigo sugeriu que eu **falasse** com o treinador da Académica, o clube da universidade. Um dia fui ao estádio e pediram-me que **fizesse** um teste. Eles queriam que eu **jogasse** um jogo amigável com o Salgueiros, um clube pequeno, e eu concordei. No fim, o treinador recomendou que eu me **treinasse** para guarda-redes. Fiquei surpreendido, mas aceitei. Acho que mesmo que me **pedissem** para ser outra coisa qualquer também aceitava, porque o meu desejo era ficar na universidade e terminar o curso de Medicina. Quando terminei o curso, convidaram-me para ser treinador. Se alguém **tivesse** previsto essa mudança na minha carreira eu não teria acreditado. Mas se não **fosse** médico, e não **tivesse** a experiência de jogar em campo, nunca seria um bom treinador.

Vamos analisar. Indique com X se os verbos sublinhados nas frases abaixo se referem a um fa(c)to ou a uma hipótese.

	FA(C)TO	HIPÓTESE
1. Um amigo de Maló **sugeriu** que ele falasse com o treinador da Académica.	_____	_____
2. Ele **queria** estudar Medicina.	_____	_____
3. Mesmo que **pedissem** para ele ter outra função, ele aceitaria.	_____	_____
4. **Pediram** que Maló jogasse contra o Salgueiros	_____	_____
5. Se Maló não **fosse** médico, não seria um bom treinador.	_____	_____

■ To form the past subjunctive (which is also called the imperfect subjunctive) of all regular and irregular verbs, use the **eles** form of the preterit, drop the final **-ram**, and substitute the past subjunctive endings. The **nós** forms of the past subjunctive carry a written accent.

	CHEGAR	CORRER	PARTIR	ESTAR
	(chega~~ram~~)	(corre~~ram~~)	(parti~~ram~~)	(estive~~ram~~)
eu	chegasse	corresse	partisse	estivesse
tu	chegasses	corresses	partisses	estivesses
você, o/a sr./sra., ele/ela	chegasse	corresse	partisse	estivesse
nós	chegássemos	corrêssemos	partíssemos	estivéssemos
vocês, os/as srs./sras., eles/elas,	chegassem	corressem	partissem	estivessem

■ The present subjunctive is oriented to the present or future while the past subjunctive refers to the past. In general, the same rules that determine the use of the present subjunctive also apply to the past subjunctive.

PRESENT/FUTURE   →   PRESENT SUBJUNCTIVE

Vou recomendar que eles **peçam** um assento na janela.
I'll recommend that they ask for a window seat.

Nós gostamos de viajar desde que não **haja** problemas.
We like to travel as long as there are no problems.

PAST   →   PAST SUBJUNCTIVE

Recomendei que eles **pedissem** um assento no corredor.
I recommended that they ask for an aisle seat.

Gostávamos de viajar desde que não **houvesse** problemas.
We used to like to travel as long as there were no problems.

■ Always use the past subjunctive after the expression **como se** (*as if, as though*). The verb in the main clause may be in the present or in the past.

O carro cheira **como se fosse** novo.   *The car smells as if it were new.*
Ele corria **como se tivesse** 20 anos.   *He ran as if he were 20 years old.*

 12-23 Quando eu era mais jovem. Com um/a colega, fale sobre o que os seus pais permitiam—ou não permitiam—que vocês fizessem quando eram mais jovens.

Modelo   andar de bicicleta

E1: Eles permitiam que você andasse de bicicleta na rua?	E1: Os teus pais permitiam que andasses de bicicleta na rua?
E2: Sim, meus pais permitiam que eu andasse de bicicleta na rua. *ou* Não, mas eles permitiam que eu andasse de bicicleta no parque.	E2: Sim, permitiam que andasse de bicicleta na rua. *ou* Não, mas permitiam que andasse de bicicleta no parque.

1. ir para a escola sozinho/a
2. usar transporte público
3. comprar uma motocicleta
4. andar de patins
5. ficar acordado/a até muito tarde
6. sair à noite com os amigos
7. comer chocolate todos os dias
8. …

12-24 Recomendações para a viagem. Você e um/a colega vão viajar a Moçambique. Você acaba de consultar uma agente de viagens e vai agora contar ao/à colega as recomendações que a agente fez. Depois troquem de papéis. Para relatar os conselhos usem os verbos **recomendar**, **aconselhar**, **dizer** e/ou **insistir**.

Modelo   comprar uma passagem para Joanesburgo
Ela recomendou (aconselhou, insistiu) que comprássemos uma
passagem para Joanesburgo.

1. visitar a Reserva de Elefantes de Maputo
2. fazer uma excursão à Ilha de Moçambique
3. ficar no Hotel Costa do Sol em Maputo
4. ir à cidade da Beira
5. comer peixe e camarão
6. ver uma exposição de pintura de Malangatana
7. dançar nas discotecas de Maputo

12-25 Lembranças. Com um/a colega, troquem recordações das viagens que vocês faziam com a família quando eram mais jovens.

Modelo   Nunca ficávamos em um hotel que…
Nunca ficávamos em um hotel que não tivesse piscina/que fosse
muito caro/…

1. Preferíamos ficar em hotéis que…
2. Não íamos a lugares onde…
3. Gostávamos de ir a lugares onde…
4. Queríamos sempre ir a restaurantes que…
5. Insistíamos em ir a lojas que…

12-26 Uma pessoa desagradável. Vocês conhecem uma pessoa de quem não gostam nem um pouco. Em grupos, digam como se comporta esta pessoa em cada um dos seguintes casos. Usem os verbos da lista abaixo ou outros.

Modelo   falar
Ele/Ela fala como se sempre tivesse razão.

dirigir (B)/conduzir (P)   viver   usar   gastar   discutir
comportar-se   vestir-se   tratar

■ dinheiro/finanças

■ estilo de roupa

■ relações com outras pessoas

■ maneira de dirigir/conduzir

Vamos viajar

A emigração e a imigração

Emigrar significa sair do país ou da região de origem para ir viver, por algum tempo ou definitivamente, em outro lugar. Um emigrante que se estabelece em terra estrangeira torna-se nela um "imigrante", alguém que veio de fora. Ambas as formas de migração têm uma longa história nos países lusófonos, sobretudo a partir do começo da expansão colonial dos portugueses no século XV. O Brasil, tal como os Estados Unidos, é um país de imigrantes, tanto externos como internos. Ao influxo dos italianos, japoneses, alemães, libaneses, ucranianos e muitos outros grupos étnicos, particularmente no fim do século XIX e nas primeiras décadas do século XX, seguiram-se os deslocamentos dos brasileiros das regiões mais economicamente desfavorecidas (sobretudo do Nordeste) para as grandes metrópoles do Sudeste, São Paulo e Rio de Janeiro. Mais recentemente, iniciou-se também a emigração externa dos brasileiros, particularmente para a América do Norte, Europa e Japão. Nos Estados Unidos, as maiores comunidades de imigrantes brasileiros concentram-se em Nova Iorque e arredores, Massachusetts e Flórida. Atlanta, na Georgia, é agora também um grande centro de imigração brasileira.

Portugal, tradicionalmente um país de emigrantes, com uma vasta diáspora de lusodescendentes espalhada pelo mundo, nos últimos trinta anos passou a receber também números significativos de imigrantes africanos, sul-americanos (sobretudo brasileiros) e europeus (na maioria ucranianos, romenos e moldavos). No continente africano, tanto na época colonial como depois da descolonização, houve e continua a haver vários movimentos de migração. Antes da independência, muitos homens moçambicanos emigravam para trabalhar, em regime de trabalho forçado, nas minas de ouro e de diamantes na África do Sul, enquanto trabalhadores cabo-verdianos eram levados para as plantações de café e de cacau em São Tomé e Príncipe. Ao mesmo tempo, Moçambique foi destino de populações imigrantes do continente asiático, particularmente indianos. A forma mais trágica de migração forçada foram as deslocações dos refugiados da guerra civil em Moçambique, especialmente em Angola. Estima-se que mais de quatro milhões de angolanos foram deslocados durante as quase três décadas de conflito armado no país.

12-27 Um mapa das migrações. Preencha a tabela de acordo com a informação apresentada no texto. Se alguma parte da informação não se encontra no texto, procure completá-la através de pesquisa independente.

PAÍS	EMIGRAÇÃO PARA	IMIGRAÇÃO DE
Angola		
Brasil		
Cabo Verde		
Moçambique		
Portugal		

12-28 Movimentos migratórios. Com um/a colega, complete as perguntas abaixo sobre os movimentos migratórios no século XX. Usem os verbos **emigrar**, **imigrar**, **deslocar-se** e/ou **estabelecer-se** (*to settle*). Depois, façam as perguntas a outro par de colegas e respondam às perguntas deles/delas. Caso não saibam a resposta para alguma pergunta, pesquisem para encontrar a informação.

Modelo   Havia portugueses que emigravam/emigrassem para os Estados Unidos?

1. Havia brasileiros que _____?
2. Havia cabo-verdianos que _____?
3. Havia moçambicanos que _____?
4. Havia portugueses que _____?
5. Havia angolanos que _____?

Vídeo

O Tomás visita sempre o pai, que mora nos Estados Unidos.

Encontros

Para escutar

 A. Lógico ou ilógico? Indique se cada uma das seguintes afirmações é lógica ou ilógica.

	LÓGICO	ILÓGICO		LÓGICO	ILÓGICO
1.	_____	_____	5.	_____	_____
2.	_____	_____	6.	_____	_____
3.	_____	_____	7.	_____	_____
4.	_____	_____	8.	_____	_____

 B. Uma viagem. Escute a seguinte conversa entre um cliente e uma agente de viagens. Depois, marque a expressão que melhor completar cada afirmação de acordo com o que você ouviu.

1. O nome da agência de viagens é…
   a. BTC
   b. Continental
   c. Braziltur

2. A agente de viagens oferece a Marcelo…
   a. duas viagens ao Brasil, de caráter turístico e ecológico
   b. uma viagem aos Estados Unidos
   c. uma viagem a Moçambique

3. A viagem à Amazônia é…
   a. tão demorada quanto uma viagem ao Pantanal
   b. mais demorada do que uma viagem ao Pantanal
   c. menos demorada do que uma viagem ao Pantanal

4. A viagem ao Pantanal demora…
   a. uma semana
   b. cinco dias
   c. duas semanas

5. A viagem à Amazônia inclui…
   a. hotel e refeições
   b. sete dias no hotel-fazenda
   c. passagem e hotel

6. A viagem ao Pantanal custa…
   a. menos do que a viagem à Amazônia
   b. mais do que a viagem à Amazônia
   c. tanto quanto a viagem à Amazônia

7. Marcelo prefere…
   a. não viajar este ano
   b. verificar os preços de uma viagem ao Nordeste do Brasil
   c. a viagem à Amazônia

8. Marcelo quer…
   a. um assento na janela
   b. seu passaporte
   c. informação sobre o preço de refeições e restaurantes em geral

Para conversar

12-29 Itinerário. Você trabalha no Departamento de Relações Públicas da Casa do Vinho do Porto em Lisboa, onde vai haver um congresso de vinicultura. Você tem que dar instruções a dois motoristas sobre o horário de chegada de quatro participantes e confirmar quem os vai buscar ao aeroporto da Portela em Lisboa e levar ao hotel. Com mais dois colegas fazendo o papel dos motoristas, verifiquem a companhia aérea, o dia e a hora da chegada e o hotel onde os participantes vão ficar instalados.

Modelo   E1: O Dr. Antonioni, da companhia Lucca d'Oro, chega de Nápoles na Alitalia no dia 3?

E2: Sim, é o avião que chega às 18:40. Eu posso ir buscá-lo ao aeroporto e levá-lo ao Hotel Meridional.

NOME E COMPANHIA DO PASSAGEIRO	ORIGEM	LINHA AÉREA	DIA E HORA DA CHEGADA	HOTEL
Sr. Fernando Isidro Medeiros Exportações	Funchal	TAP	4/4, 15:25	Meridional
Dr. John Simpson A & W Wines	Sydney	Quantas	5/4, 10:47	Avenida
Sr. Jacques Dupont Perrot & Perrot	Bordéus	AirFrance	3/4, 13:10	Central
Dra. Ann Modesto California ExpoImpo	Los Angeles	Continental	4/4, 8:56	Palácio

12-30 Boa viagem! Primeiro passo. Em pequenos grupos, escolham uma pessoa (um/a colega da turma ou o/a professor/a) que vocês acham merecer umas férias inesquecíveis. Apresentem três razões para justificar a escolha.

Segundo passo. Cada grupo deve fazer um plano de férias decidindo os elementos indicados abaixo:

- Meio de transporte que vocês querem que o/a viajante use.

- Quantia de dinheiro que vocês vão oferecer e sugestões sobre como gastá-lo.

- Um mínimo de cinco atividades que vocês desejam que o/a viajante faça (o que deve comprar, onde deve ir, o que deve comer/beber/vestir, o que deve ver, etc.).

- Finalmente, expliquem à turma os seus planos e desejos para o/a viajante. No fim, toda a turma deve votar pelo melhor plano de férias.

12-31 Guia desorganizado/a! Em grupos de quatro estudantes, representem a seguinte situação. Um/a de vocês é guia de um grupo de turistas. Hoje de manhã cada um dos turistas fez um pedido ao/à guia. Ao fim do dia, vocês querem saber se o/a guia tem as coisas que vocês pediram. Ele/Ela não se lembra de quem fez os pedidos e tem que fazer perguntas sobre eles.

Modelo

GUIA: As entradas para o museu são suas?
CLIENTE 1: Não, não são minhas. Eu pedi um bilhete para o Teatro Estúdio na quinta-feira.
CLIENTE 2: As entradas para o museu são minhas.
GUIA: *(para o cliente 3)* Os seus bilhetes são para hoje à noite?
CLIENTE 3: Não, os meus são para amanhã à tarde.

Pedidos dos clientes

Dois bilhetes para o circo, terça-feira, 11/7, 15:30

Dois bilhetes para a comédia musical O Fantasma da Casa Assombrada, segunda-feira, 10/7, 14:30

Três bilhetes para o concerto de Maria Rita, sábado, 8/7, 21:00

Um bilhete para o Teatro Estúdio, quinta-feira, 13/7, 19:00

Quatro bilhetes para o jogo de futebol, quarta-feira, 12/7, 19:30

Duas entradas para o museu, sexta-feira, 7/7, 11:00

Para ler

22-24

12-32 Preparação. Marque com X as frases que correspondem à sua opinião sobre viagens. Depois, compare as respostas com as de um/a colega.

1. _____ Prefiro viajar de carro porque tenho medo de voar.
2. _____ Adoro passar tempo nos aeroportos.
3. _____ Os aeroportos são lugares confortáveis onde se come bem.
4. _____ Eu gostava de visitar os aeroportos quando era criança.
5. _____ O aeroporto é um lugar que estimula a imaginação.
6. _____ A vida no aeroporto é provisória e, portanto, interessante.
7. _____ Gosto de viajar de avião.
8. _____ No aeroporto é possível fugir à realidade do dia a dia

12-33 Primeiro olhar. Leia o texto e siga as instruções.

A de Aeroporto

Moacyr Scliar

Houve época em que o romantismo das viagens estava ligado ao cais do porto ou à estação ferroviária—esta última, sobretudo no século dezenove, quando a "arquitetura do ferro", de que fala Walter Benjamin, produziu elegantes gares. Depois veio o avião e o aeroporto assumiu definitivamente o papel de trampolim para o longínquo. Para o desconhecido.

É um lugar bonito, o aeroporto. Dizem que nos países atrasados há pelo menos três lugares que impressionam os visitantes: o parlamento, o palácio do governo e o aeroporto. Mas para chegar ao palácio ou ao parlamento é preciso primeiro passar pelo aeroporto. Que é assim o cartão de visita número um. Daí o esplendor. Daí o conforto. Não importa que a região seja tropical, com termômetros marcando temperaturas elevadíssimas: no aeroporto o ar condicionado proporciona sempre um fresco refúgio. E há bares, e restaurantes, e livrarias e butiques. Sem falar no grande terraço.

Sempre há gente no terraço. Não são os *frequent travellers*, só viajantes habituais; estes já estão cansados de ver aviões decolando ou pousando. Não, os visitantes do terraço são outros. É gente que vem de longe para conhecer o aeroporto. Para muitos, espetáculo significa um concerto, uma peça de teatro; para pessoas que moram no interior e, sobretudo para os jovens, espetáculo é o que se descortina do terraço. Alugam um ônibus de excursão e viajam às vezes muitas horas.

Toda sua experiência de aeroporto se resumirá a isto, àquelas poucas horas que ali ficarão, apoiados no parapeito, mirando extasiados as aeronaves. Pela primeira, e, em muitos casos, pela última vez: a barreira entre os pobres e ricos separa também aqueles que viajam de avião e aqueles que sonham com esta possibilidade. Penso na faxineira que um dia, no aeroporto, me perguntou se eu ia para o Rio. Não, eu ia para São Paulo. O meu sonho era conhecer o Rio, suspirou ela, acrescentando:

—Mas se eu pudesse ir até Santa Catarina também já estava bom.

O aeroporto é assim: um lugar de sonhos. E de vida provisória. A existência fica, enganosamente embora, em suspenso, enquanto os alto-falantes anunciam, monotonamente, a chegada e a partida de voos. Algumas pessoas leem, outras caminham; eu escrevo. Sempre achei que o aeroporto fosse um lugar ideal para escrever, sobretudo ficção. Que exige, como disse Coleridge, *that willing suspension of disbelief*, aquela momentânea suspensão da incredulidade sem a qual nem escritor nem leitor abandonam a realidade. Tudo, no aeroporto, colabora para tal: a arquitetura futurista, a distância da cidade, a imaculada limpeza do chão, o brilho espectral dos monitores que indicam números de voos, horários e portões. O aeroporto é ficção ancorada na realidade.

Primeira exploração. Siga as seguintes instruções de acordo com o texto.

1. Dê o nome de três lugares que impressionam os visitantes nos "países atrasados".
   a. _____
   b. _____
   c. _____

2. Dê o nome de quatro estabelecimentos que há em todos os aeroportos.
   a. _____
   b. _____
   c. _____
   d. _____

Segunda exploração. Responda às seguintes perguntas e depois compare as suas respostas com as de um/a colega.

1. Para o autor, o aeroporto é "um lugar de sonhos" e, ao mesmo tempo, de "vida provisória". Encontre no texto palavras e expressões para apoiar cada afirmação.
2. O autor declara que o aeroporto é um lugar ideal para escrever. E para você, o aeroporto é um lugar ideal para fazer o quê?
3. Pense em outro lugar que, na sua opinião, representa também uma "ficção ancorada na realidade" e formule três razões para justificar a escolha.

12-34 Segundo olhar. Que palavras no texto estão relacionadas—no que diz respeito ao significado—com as seguintes?

1. gare _____
2. conforto _____
3. espetáculo _____
4. ficção _____

 # Para escrever ————————————————————

25-26

12-35 Preparação. Você vai viajar com um amigo para o Rio de Janeiro, mas vocês discordam sobre como viajar. Você quer viajar de avião e o seu amigo Ricardo quer viajar de trem. Faça uma lista dos prós e contras de viajar de avião.

12-36 Mãos à obra. Agora escreva um e-mail ao Ricardo explicando por que é melhor viajar de avião. Inclua os itens que você colocou na sua lista.

EXPRESSÕES ÚTEIS

Não há dúvida que…
É melhor que…
É importante/necessário/aconselhável que…
Recomendo que…

 12-37 Revisão. Um/a colega vai ajudar a expressar melhor os seus argumentos para que você possa convencer o Ricardo que é melhor viajarem de avião.

12-38 Expansão. O Ricardo responde ao seu e-mail concordando com você ou discordando, conforme a força do seu argumento.

Projeto final

Preparação

12-39 Preferências. Você está fazendo planos para as suas férias e faz uma lista de preferências usando as seguintes opções.

1. Eu gostaria que a viagem fosse para um país…
   _____ lusófono
   _____ cuja língua desconheço
   _____ anglófono

2. Eu preferiria que dentro do país andássemos de…
   _____ carro
   _____ avião
   _____ trem/comboio
   _____ ônibus/autocarro

3. Eu gostaria que…
   _____ fizéssemos uma excursão
   _____ fôssemos totalmente independentes e que não fizéssemos plano algum
   _____ fôssemos totalmente independentes, mas que tivéssemos reservas de hotéis

4. Eu preferiria que ficássemos…
   _____ na casa de amigos
   _____ em um hotel grande e confortável
   _____ em um hotel pequeno e familiar

Faça um relato para o resto da turma explicando a razão das suas preferências. Identifique alguém que tenha preferências parecidas com as suas.

Mãos à obra

12-40 Parte 1: Planos de viagem. Junto com o/a colega identificado/a na atividade 12-39 acima, faça planos de viagem específicos.

- País a ser visitado. Razão?
- Datas da viagem. Razão?
- O que pretendem conhecer?
- …

Tente incluir pelo menos uma das seguintes conjunções adverbiais: **a menos que**, **caso**, **desde que**, **embora**, **mesmo que**, **para que**, **por mais que**, **sem que**.

Parte 2: Uma publicidade. Você e o/a colega querem convencer mais alguém a viajar. Preparem um panfleto publicitário sobre a viagem. Vocês podem encenar um anúncio de televisão ou fazer uma apresentação com fotos, clipes, Internet, PowerPoint, etc.

Parte 3: Apresentação. Junto com o/a colega apresente o projeto para o resto da turma.

Parte 4: Discussão. A turma e o/a professor/a comentam o projeto e dão sugestões. Depois, você e o/a colega, perguntam se convenceram alguém. Caso tenham convencido alguém, peçam que a pessoa se justifique. Caso contrário, também peçam que as pessoas exponham as suas razões.

Horizontes

📖 Moçambique

27

Uma escola primária em Dondo, na província de Sofala

Localizado no sudeste da África, na costa do Oceano Índico, Moçambique tem uma área de aproximadamente 800.000 km² e cerca de 20 milhões de habitantes, distribuídos por três províncias da região Norte (Cabo Delgado, Niassa e Nampula), quatro do Centro (Tete, Zambézia, Manica e Sofala) e três do Sul (Inhambane, Gaza e Maputo). Embora português seja a língua oficial do país, é língua materna de apenas 6% da população (mas de 25% dos habitantes de Maputo, a capital moçambicana), segundo dados de 1997. No mesmo recenseamento, 40% dos moçambicanos e 87% dos habitantes de Maputo declararam saber falar português. As várias línguas maternas da maior parte da população de Moçambique pertencem todas à família bantu. Em 2003, o estado introduziu a prática de ensino em 17 línguas locais. Todavia, das oito mil escolas de nível básico existentes no país, apenas 29 lecionam nas línguas bantu a título experimental.

Entre os séculos XVI e XIX, os colonizadores portugueses coexistiam em Moçambique com as estruturas locais de poder político e económico, a mais notável das quais era o Império dos Monomotapa (ou Mwenemutapa) que se estendeu do século XV ao XVII. Nos fins do século XIX, a intensificação da ocupação colonial levou ao confronto entre os portugueses e o último dos estados africanos existentes no atual território moçambicano, o Império de Gaza. Gungunhana (ou Ngungunhane), o último imperador de Gaza, foi derrotado e preso em 1895, morrendo onze anos mais tarde na ilha Terceira, nos Açores, para onde foi exilado. A luta armada contra o domínio colonial em Moçambique recomeçou nos anos 60 do século XX, levando à independência em 1975. A guerra civil que devastou o novo país nos anos 80 terminou em 1992. Desde então, Moçambique tem beneficiado de crescimento económico e melhorias significativas em todas as áreas de desenvolvimento.

Uma pintura mural retrata a luta contra o colonialismo

Para responder

Qual é…

a. …a percentagem dos habitantes da capital de Moçambique que falam português?

b. …o número das línguas africanas ensinadas nas escolas do país?

c. …a data da morte do último imperador de Gaza?

d. …a data do acordo de paz que pôs fim à guerra civil em Moçambique?

Moçambique é um país de grande beleza e variedade natural, étnica e cultural. Os três principais ecossistemas do seu território—floresta densa nas terras altas do Norte e Centro, floresta aberta e savana no Sul e os mangais na costa marítima—são habitados por espécies selvagens como leões, leopardos, elefantes, hipopótamos, antílopes e muitos tipos de aves. Os visitantes podem apreciar esta biodiversidade nos parques naturais e reservas, entre os quais se destacam o Parque Nacional de Gorongosa e as Reservas de Maputo (rica em elefantes) e de Marromeu (com grande número de búfalos). O crescente número de turistas que visitam Moçambique optam sobretudo pelas magníficas praias da região Sul e das ilhas costeiras, como o arquipélago Bazaruto que abriga a maior reserva marinha do Índico.

Além das várias etnias bantu (sendo os grupos principais os macua no Norte, os sena e ndau no vale do Zambeze e os tsonga no Sul) e dos descendentes de portugueses, a população de Moçambique inclui também minorias de origem indiana e árabe. A gastronomia moçambicana reflete esta diversidade, com vários pratos típicos de origem indiana, como o caril de galinha, as chamuças, ou as tradicionais sobremesas portuguesas transformadas à maneira africana, como o toucinho-do-céu moçambicano com papaia e castanha de caju. Os escritores moçambicanos—Luís Bernardo Honwana, José Craveirinha, Mia Couto, Paulina Chiziane, Ungulani Ba Ka Khosa e Lília Momplé, entre outros—têm retratado a complexa realidade histórica e contemporânea do seu país. Pintores como Malangatana e Chichorro têm combinado as heranças estéticas da tradição cultural moçambicana e do modernismo ocidental em imagens de grande intensidade visual.

Uma pequena embarcação no litoral moçambicano

Para responder

1. Descreva as principais características do ambiente natural de Moçambique.
2. Como se manifesta a diversidade étnica na cultura material e intelectual moçambicana?

Para navegar

1. Pesquise o site do Instituto Nacional de Estatística de Moçambique. Anote três dados estatísticos distintos que você achou interessantes e apresente os resultados da pesquisa na aula.
2. Procure mais informações sobre Gungunhana, o último imperador de Gaza. Depois, compare a informação que você encontrou com os resultados da pesquisa feita por mais três colegas da turma. Preparem um resumo comum para apresentar na aula.
3. Em pequenos grupos, façam planos para uma viagem a Moçambique. Decidam a) orçamento; b) meios de transporte e o itinerário para chegar a Maputo; c) alojamento em Maputo; d) três lugares para visitar além da capital.
4. Procure na Internet algumas imagens de pinturas de Malangatana ou Chichorro. Escreva três frases para descrever a impressão que as pinturas lhe causaram. Depois, em pequenos grupos, comparem e discutam essas impressões.

Uma menina da província de Inhambane descasca mandioca

Meios de transporte

o autocarro (P)	bus
o automóvel	car
o avião	plane
o barco	ship/boat
o comboio (P)	train
o metrô (B)	subway
o metro (P)	subway
o ônibus (B)	bus
o trem (B)	train

No aeroporto

a alfândega	customs
o balcão	counter
o cartão de embarque	boarding pass
o cartão de milhagem	frequent flyer card
a companhia/linha aérea	airline
a porta (P)	gate
o portão (B)	gate
a sala de espera	waiting room
o voo	flight

No avião

o assento	seat
no corredor/na janela	aisle/window seat
a classe turística	economy class
a primeira classe	first class
a saída de emergência	emergency exit

O correio

a caixa de correio	mailbox
a carta	letter
o cartão postal	postcard
a encomenda (P)	package
o envelope	envelope
o pacote (B)	package
o selo	stamp

Pessoas

o/a agente de viagens	travel agent
o/a carteiro/a	letter carrier
o/a comissário/a de bordo	flight attendant
o/a fiscal da alfândega	customs official
o/a funcionário/a	employee/clerk
o/a hóspede	guest

o/a passageiro/a	passenger
o/a rececionista (P)	receptionist
o/a recepcionista (B)	receptionist

Partes do carro

o bagageiro (B)	trunk
o capô	hood
o espelho retrovisor	rearview mirror
o limpador de para-brisas (B)	windshield wiper
o limpa-para-brisas (P)	windshield wiper
a matrícula (P)	registration plate
a placa (B)	registration plate
o motor	engine
o para-choques	bumper
o pneu	tire
o porta-bagagens (P)	trunk
o porta-luvas	glove compartment
o radiador	radiator
a roda	wheel
o volante	steering wheel

Viagens

a agência de viagens	travel agency
a bagagem	luggage
o bilhete	ticket
o câmbio	currency exchange
a chegada	arrival
o cheque de viagem	traveller's check
o cruzeiro	cruise
a escala	stopover
a estrada	road
a excursão	excursion
a lista de espera	waiting list
a partida (P)	departure
a pasta	briefcase
a passagem	ticket
o passaporte	passport
o porto	port
a reserva	reservation
a saída (B)	departure
a velocidade	speed

No hotel

a chave	key
o cofre	safe
o quarto duplo/simples	double/single room
a receção (P)	reception
a recepção (B)	reception

Lugares

a esquina	*corner*
o quarteirão	*city block*

Descrições

comum	*common*
direto/a	*direct*
disponível	*available*
eficiente	*efficient*
lotado/a	*full, fully booked*

Verbos

cancelar	*to cancel*
conduzir (P)	*to drive*
construir	*to build*
deixar	*to leave (something)*
dirigir (B)	*to drive*
guardar	*to keep*
ligar	*to connect*

marcar	*to book, to select*
reservar	*to make a reservation*
variar	*to vary*
virar	*to turn*
voar	*to fly*

Palavras e expressões úteis

à esquerda/direita	*to the left/right*
Às ordens.	*At your service.*
como se	*as if*
de ida e volta	*round trip*
fazer fila	*to stand in line*
Não há como errar.	*You can't miss it.*
Pois não. (B)	*Certainly./Of course.*
seguir em frente	*to go straight ahead*
só de ida	*one way (trip)*

*For a list of affirmative and negative expressions, see page 452. For a list of adverbial conjunctions, see page 460.

À PRIMEIRA VISTA

- Preocupações ambientais no mundo lusófono
- Reciclagem de lixo

ESTRUTURAS

- Planning the future: The future tense
- Hypothesizing about the future: The future subjunctive
- Hypothesizing about what might happen: The conditional
- Expressing reciprocity: Reciprocal verbs and pronouns

Vamos viajar

- Preservação do meio ambiente
- O ecoturismo

ENCONTROS

- Para escutar: Listening for specific meaning
- Para conversar: Planning an environmentally friendly vacation; discussing protection of the environment
- Para ler: Understanding different viewpoints on environmental preservation
- Para escrever: Arguing in favor of an informed viewpoint
- Projeto final: Vamos reciclar

HORIZONTES

- Guiné-Bissau e São Tomé e Príncipe

COMUNICAÇÃO

In this chapter you will learn to:

- Describe states and conditions
- Give opinions
- Talk about the future
- Express hypothetical conditions
- Discuss environmental issues

Preocupações ambientais no mundo lusófono

🔊 Em Cabo Verde, há uma grande escassez de água que causa danos imensos à agricultura. A seca faz com que a população rural migre para as cidades e, por isso, os centros urbanos enfrentam dificuldades nas áreas do saneamento básico e da distribuição de água potável. Uma das soluções que os caboverdianos propõem para resolver o problema é a dessalinização da água do mar.

🔊 Em Portugal, o "Imposto Automóvel" integra preocupações ambientais na medida em que beneficia os veículos com menos emissões de dióxido de carbono, o principal gás com efeito estufa (B)/ efeito de estufa (P) responsável pelas alterações climáticas. Desse modo, o sistema fiscal português leva em consideração o princípio do poluidor-pagador e do incentivo às tecnologias menos prejudiciais ao ambiente.

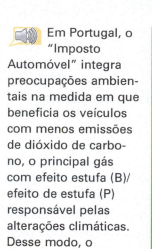

🔊 Os longos anos de guerra que afligiram Angola deixaram o solo semeado de minas antipessoais mortíferas. Trata-se de um legado cruel que continua a mutilar e a tirar a vida de cidadãos angolanos. A guerra terminou, mas a luta do povo continua para livrar o país das minas.

🔊 Uma grande parte da Floresta Amazônica, a maior floresta tropical do mundo, situa-se no Brasil. Também conhecida como "o pulmão do mundo", a floresta já sofreu e ainda sofre uma exploração desordenada. O desmatamento, feito através de queimadas ou motosserras, ainda é uma constante. Tanto organizações não governamentais quanto órgãos governamentais brasileiros e estrangeiros acreditam que é importante envolver as populações tradicionais locais para combater a degradação da floresta.

13-1 Amigos do meio ambiente. Com um/a colega, preencham o quadro abaixo segundo as informações apresentadas. Depois, falem sobre a gravidade de cada uma das situações e deem sugestões para ajudar a resolver o problema.

TEMA	PROBLEMA	ESTRATÉGIAS
Cabo Verde		
Portugal		
Angola		
Brasil		

 13-2 O meio ambiente e a comunidade. Primeiro passo. Com um/a colega, identifique o problema mais agudo com o meio ambiente no local onde vocês residem. Preparem um breve relato sobre esse problema e apresentem ao resto da turma.

Segundo passo. Com um/a colega, criem um panfleto publicitário para aconselhar a população local sobre o melhor modo de trabalhar para a prevenção e/ou solução do problema encontrado na sua comunidade.

Saber usar para nunca faltar

O planeta Terra, também conhecido como "Planeta Água", está com os recursos hídricos ameaçados. Contradição? De jeito nenhum! Veja as estatísticas abaixo:

- 97% da água do planeta é salgada (mares e oceanos);

- 2% formam geleiras (B)/glaciares (P) inacessíveis;

- 1% é água doce, encontrada em lençóis subterrâneos, rios e lagos.

13-3 Problemas e soluções. Primeiro passo. Com um/a colega, faça uma lista com quatro problemas de desperdício de água e quatro propostas para solucioná-los.

PROBLEMA	SOLUÇÃO

Segundo passo. Agora criem um slogan para uma campanha publicitária de conscientização sobre a conservação da água.

🔊 Enquanto falta de um lado, de outro...

Sobra lixo no planeta! É assustador pensar que uma simples garrafa de plástico pode demorar quatrocentos anos para se decompor na natureza. Mas, há ainda cenários mais aterradores como, por exemplo, pneus que demoram seiscentos anos e vidros que levam quatro mil anos para se reintegrarem à mãe natureza. A fim de tentar minimizar o problema, a reciclagem é, sem dúvida, fundamental. Mas, para implementar esse processo, é necessário que a população esteja informada e que exista tecnologia apropriada. O povo deve ser educado para aprender a separar o lixo e as administrações comunitárias têm que estar equipadas com a tecnologia necessária para fazer a reciclagem necessária.

Especificação das cores para a triagem do lixo

Metais: amarelo

Plástico: vermelho

Vidro: verde

Papel: azul

13-4 Preparação do lixo. Para a reciclagem, é necessário organizar minimamente o lixo. Com um/a colega, preencha o quadro abaixo.

TIPOS DE LIXO	EXEMPLOS	CUIDADOS
Papéis		
Plásticos		
Vidros		Devem estar limpos; podem ser inteiros ou quebrados; não coloque lâmpadas.
Metais	latas, alumínio, cobre	

Para escutar

 A seca no Nordeste do Brasil. Você vai ouvir um breve relato sobre as secas que periodicamente afetam o Nordeste do Brasil. Leia as afirmações abaixo antes de ouvir o relato e tome notas. Finalmente, determine se cada uma das afirmações é verdadeira ou falsa.

	VERDADEIRO	FALSO
1. A seca no Nordeste brasileiro é causada pelo aquecimento global.	_____	_____
2. A primeira seca registrada na história foi a de 1559.	_____	_____
3. Cerca de quinhentas mil pessoas morreram na seca de 1877.	_____	_____
4. A mídia brasileira ignora os flagelos da seca.	_____	_____
5. A problemática da seca é constantemente retratada na arte brasileira.	_____	_____
6. Os açudes são lagos artificiais.	_____	_____

📖 1. Planning the future: The future tense

5-7

REPÓRTER: Quais **serão** os principais desafios da pessoa que **governará** o país nos próximos anos?

CANDIDATA: **Serão** vários e alguns de difícil resolução. Mas, se eleita, **enfrentarei** todos com determinação.

REPÓRTER: A senhora poderia dar um exemplo?

CANDIDATA: Claro. Uma das questões mais complicadas **será** a da exploração das imensas reservas de petróleo e gás natural que temos.

REPÓRTER: A senhora **permitirá** que façam mais poços?

CANDIDATA: Veja bem, isso não é decisão única e exclusivamente da presidente ou do presidente. Essas decisões **deverão** ser votadas no congresso.

REPÓRTER: E a sua opinião? Podemos saber qual é?

CANDIDATA: A minha opinião é secundária. Se eleita, **farei** o possível para agir de modo racional e respeitar a vontade do povo.

REPÓRTER: Parabéns, senhora. Muita sorte nas eleições.

CANDIDATA: Obrigada.

Vamos analisar. As frases abaixo são verdadeiras (**V**) ou falsas (**F**)?

1. ____ O repórter faz perguntas difíceis à candidata.
2. ____ A candidata faz uma boa entrevista.
3. ____ O repórter é insistente.
4. ____ A candidata parece estar bastante irritada.
5. ____ O repórter parece irritado.

You have been using the present tense and **ir** + *infinitive* to express future plans. Portuguese also has a future tense. While you have these other ways to express the future action, event, or state, you should be able to recognize the future tense in reading and in listening.

■ The future tense is formed by adding the future endings **-ei**, **-ás**, **-á**, **-emos**, **-ão** to the infinitive. These endings are the same for **-ar**, **-er**, and **-ir** verbs.

	NADAR	CORRER	PARTIR	PODER
eu	nadar**ei**	correr**ei**	partir**ei**	poder**ei**
tu	nadar**ás**	correr**ás**	partir**ás**	poder**ás**
você o/a senhor/a ele/ela	nadar**á**	correr**á**	partir**á**	poder**á**
nós	nadar**emos**	correr**emos**	partir**emos**	poder**emos**
vocês os/as senhores/as eles/elas	nadar**ão**	correr**ão**	partir**ão**	poder**ão**

■ There are only three verbs in Portuguese that have irregular stems in the future.

	DIZER	FAZER	TRAZER
eu	dir**ei**	far**ei**	trar**ei**
tu	dir**ás**	far**ás**	trar**ás**
você o/a senhor/a ele/ela	dir**á**	far**á**	trar**á**
nós	dir**emos**	far**emos**	trar**emos**
vocês os/as senhores/as eles/elas	dir**ão**	far**ão**	trar**ão**

13-5 Uma viagem ao Porto. Cláudio vai ao Porto visitar a família. Faça perguntas sobre os planos dele a um/a colega. O/A colega deverá responder de acordo com a agenda abaixo. Depois troquem de papéis.

Modelo   E1: O que é que o Cláudio fará na terça à noite?
E2: Jantará com amigos.
E1: Quando é que ele irá ao cinema com os primos?
E2: Irá ao cinema na terça.

SEGUNDA	TERÇA	QUARTA	QUINTA	SEXTA
viajar para o Porto	visitar as caves	fazer compras	visitar museus	fazer as malas
chegar às sete	conhecer primos	ir à igreja	comprar vinho	almoçar com o tio
jantar com os tios	sair com primos	jantar com a tia	ir ao teatro	ir à discoteca

13-6 Um cruzeiro inesquecível. Os Silva, uma família brasileira que mora em Miami, vão de navio fazer ecoturismo na Costa Rica. Usando os verbos indicados, você e um/a colega dirão o que fará cada um dos membros da família. Depois, ponham as ações em ordem cronológica e comparem as respostas com outros grupos da turma.

_____ Os Silva _____ (chegar) à Costa Rica.

_____ O cruzeiro _____ (fazer) escala em Cozumel e os passageiros _____ (passar) um dia na praia.

_____ A Dona Sandra Silva _____ (ir) a uma agência de viagens para comprar as passagens.

_____ Durante uma visita a São José, a família _____ (ir) ao mercado comprar artigos de artesanato.

_____ No porto de Miami, os funcionários da alfândega _____ (examinar) a bagagem e a família Silva _____ (voltar) para casa.

_____ Os Silva _____ (passar) uma semana na pousada ecológica no Parque Nacional Tortuguero.

_____ A família _____ (embarcar) no navio em Miami.

_____ De Cozumel, o cruzeiro _____ (seguir) para a Costa Rica.

13-7 O horóscopo. Escreva o seu nome num pedaço de papel. Ponha o papel numa caixa. O/A professor/a vai misturar bem os papéis. Em seguida, cada estudante deve tirar um papel. Depois, usando o futuro, prepare o horóscopo da pessoa que tirou para ler na próxima aula. Os outros estudantes tentarão adivinhar de quem é o horóscopo.

Situações

Um/a de vocês vai passar uns dias de férias no seu lugar preferido. O/A outro/a é uma pessoa muito curiosa e fará perguntas para saber: a) onde, como, com quem e por quanto tempo o/a colega estará fora; b) onde ficará.

8-10
2. Hypothesizing about the future: The future subjunctive

REPÓRTER: Se o senhor **for** eleito, quais serão as primeiras providências que tomará?

CANDIDATO: Se o povo me **der** o seu voto, mudarei muitas coisas.

REPÓRTER: O senhor poderia dar um exemplo?

CANDIDATO: Certamente. Assim que **chegar** ao poder, farei uma limpeza na casa.

REPÓRTER: O senhor consultará o povo?

CANDIDATO: Veja bem, se o povo **quiser** votar em mim é porque tem confiança na minha capacidade de tomar decisões.

REPÓRTER: Então, isso quer dizer que logo que o senhor **tiver** mais poder, não consultará mais os eleitores.

CANDIDATO: Por favor, tenha a gentileza de não distorcer a realidade.

REPÓRTER: Desculpe, não se ofenda, por favor. Obrigado pela entrevista.

CANDIDATO: De nada.

Vamos analisar. As frases abaixo são verdadeiras (**V**) ou falsas (**F**)?

1. _____ O repórter faz perguntas difíceis ao candidato.
2. _____ A entrevista é tranquila.
3. _____ O repórter é insistente.
4. _____ O candidato parece estar bastante irritado.
5. _____ O repórter parece irritado.

■ The future subjunctive is frequently used in Portuguese. It is formed by dropping the **-am** ending from the **vocês** form of the preterite and by adding **-es** for the **tu** form, **-mos** for the **nós** form, and **-em** for the **eles** form. This is true for both regular and irregular verbs.

REGULAR VERBS			
	NADAR	**CORRER**	**PARTIR**
eu	nadar	correr	partir
tu	nadar**es**	correr**es**	partir**es**
você o/a senhor/a ele/ela	nadar	correr	partir
nós	nadar**mos**	correr**mos**	partir**mos**
vocês os/as senhores/as eles/elas	nadar**em**	correr**em**	partir**em**

IRREGULAR VERBS			
	PÔR	**SER**	**TER**
eu	puser	for	tiver
tu	puser**es**	for**es**	tiver**es**
você o/a senhor/a ele/ela	puser	for	tiver
nós	puser**mos**	for**mos**	tiver**mos**
vocês os/as senhores/as eles/elas	puser**em**	for**em**	tiver**em**

■ The future subjunctive is used after certain conjunctions to indicate an action in the future. The most important of these conjunctions are:

assim que	*as soon as*	**onde**	*where*
como	*as*	**quando**	*when*
depois que	*after*	**se**	*if*
enquanto	*while*	**sempre que**	*whenever*
logo que	*as soon as*		

Você pode vir à nossa casa **sempre que** quiser.	*You can come to our house whenever you want.*
Telefonem para mim **assim que** vocês chegarem.	*Call me as soon as you arrive.*
Se formos ao cinema hoje, vamos convidar o João.	*If we go to the movies tonight, we will invite João.*

■ If the above conjunctions introduce verbs that refer to an action in the present or in the past, use tenses of the indicative mode.

SUBJUNCTIVE	INDICATIVE
Quando **for** ao Rio na semana que vem, vou comer muita feijoada. *When I go to Rio next week, I will eat a lot of feijoada.*	Quando vou ao Rio, como muita feijoada. *When I go to Rio, I eat a lot of feijoada.*
	Quando fui ao Rio, comi muita feijoada. *When I went to Rio, I ate a lot of feijoada.*
	Quando ia ao Rio, comia muita feijoada. *When I went to Rio, I would eat a lot of feijoada.*
Sempre que **lermos** este livro, pensaremos em você. *Whenever we will read this book, we will think about you.*	Sempre que lemos este livro, pensamos em você. *Whenever we read this book, we think about you.*
	Sempre que líamos este livro, pensávamos em você. *Whenever we read this book, we thought about you.*

13-8 Soluções para o meio ambiente. Forme afirmações completas e lógicas sobre o meio ambiente combinando os elementos da coluna da esquerda com os da coluna da direita.

1. _____ Se o desmatamento não parar…
2. _____ Logo que acabarmos de ler o jornal…
3. _____ Enquanto não for resolvido o problema das minas antipessoais em Angola…
4. _____ Assim que o governo de Cabo Verde implementar o programa de dessalinização…
5. _____ Quando as autoridades brasileiras resolverem o problema da seca…

a. …devemos colocá-lo na caixa de reciclagem.
b. …continuará a haver vítimas mortais.
c. …haverá menos migração rural no país.
d. …o "pulmão do mundo" não poderá respirar.
e. …haverá menos problemas no Nordeste.

 13-9 O futuro não está longe. Junto com um/a colega, façam hipóteses sobre o futuro.

Modelo   não tirar o visto de trabalho (nós)
Se não tirarmos o visto de trabalho, não poderemos trabalhar.
não estudar para a prova (os alunos)
Se os alunos não estudarem para a prova, não tirarão boas notas.

1. não cuidar do meio ambiente (nós)
2. parar de fumar (as pessoas que fumam)
3. estar doente no dia da prova (nós)
4. fazer ginástica três vezes por semana (eu)
5. visitar um país lusófono (o presidente da universidade)
6. não reciclar o lixo (os estudantes)

13-10 Quem sabe? Entreviste um/a colega usando as perguntas abaixo. Depois troquem de papéis.

1. Depois que você terminar os estudos, o que você vai fazer?
2. Se você não terminar os estudos, o que você vai fazer?
3. Para onde você vai quando terminar esta aula?
4. Logo que as férias começarem, para onde você vai?
5. Se você ganhar na loteria, qual será a primeira coisa que você vai comprar?

1. Depois que terminares os estudos, o que vais fazer?
2. Se não terminares os estudos, o que vais fazer?
3. Para onde vais quando esta aula acabar?
4. Logo que as férias começarem, para onde vais?
5. Se ganhares na lotaria, qual será a primeira coisa que vais comprar?

Vamos viajar

Preservação do meio ambiente

A preservação do meio ambiente é uma questão social e política de grande importância nos países de língua portuguesa, particularmente no Brasil, cujo território abriga alguns dos ecossistemas mais importantes do mundo e cerca de 20% de toda a biodiversidade conhecida do planeta. O Pantanal do Mato Grosso é a maior planície alagável do mundo, quase dez vezes maior que os Everglades na Flórida. A Floresta Amazônica, com aproximadamente 3.300.000 km^2, ocupa 38,5% do território nacional do Brasil e é a maior floresta tropical da Terra, considerada por muitos como o "pulmão do mundo". Portanto, a preservação do meio ambiente é um assunto prioritário tanto para o governo brasileiro quanto para as inúmeras organizações não governamentais (ONGs) brasileiras e internacionais que trabalham com questões ambientais. As principais áreas de intervenção do governo e das ONGs são o combate ao desmatamento ilegal, a redução da perda de biodiversidade e a expansão do acesso das populações à água potável e ao saneamento básico. Um estudo feito em 2006 sobre a qualidade ambiental em relação aos ecossistemas e à saúde humana em 133 países colocou o Brasil em 34° lugar no ranking global (no mesmo ranking, os Estados Unidos ficaram em 28° lugar), sublinhando que, apesar de uma performance "muito irregular", o Brasil "está se saindo muito bem … comparado a outros países da sua categoria".

Em Portugal, a prevenção dos incêndios que regularmente devastam as florestas do país é uma das preocupações ambientais mais urgentes. Ao mesmo tempo, o reconhecimento crescente da importância da sustentabilidade ecológica tem alterado a paisagem urbana e rural portuguesa. Nas cidades, multiplicam-se os "ecopontos" (centros de reciclagem), como o que se vê na foto acima, e no campo surgem cada vez mais "parques eólicos" (grupos de moinhos de vento gigantes) que exploram a energia renovável do vento. Nos países africanos de língua oficial portuguesa, a preservação do meio ambiente enfrenta enormes desafios. Em alguns casos (por exemplo, em Angola), as décadas de guerra civil causaram danos gravíssimos tanto nas populações como nos recursos naturais do país. Na Guiné-Bissau e em São Tomé e Príncipe, uma das preocupações ambientais é a expansão recente e pouco regulamentada do turismo e a pesca nociva para o ambiente marinho praticada pelos turistas estrangeiros.

13-11 Explicações. Com um/a colega, identifique o significado dos números e termos seguintes.

Modelo   34° lugar
E1: O que significa 34° lugar?
E2: É o lugar que o Brasil ocupa no ranking de qualidade ambiental entre 133 países.

1. ecoponto
2. 38,5%
3. ONGs
4. 20%
5. parque eólico
6. o "pulmão do mundo"

13-12 Vamos opinar. Em pares, combinem os elementos das duas colunas para expressar opiniões sobre a preocupação com a preservação do ambiente no mundo de língua portuguesa. É possível usar uma expressão da coluna esquerda mais de uma vez. Repare que é necessário completar as frases de forma lógica.

Modelo   Onde… Há preocupação ambiental e há também preservação ambiental no mundo lusófono.
Se… As autoridades instalam ecopontos na Guiné-Bissau e as pessoas passam a reciclar o lixo.
E1: Onde houver preocupação ambiental no mundo lusófono, haverá também preservação ambiental.
E2: Se as autoridades instalarem ecopontos na Guiné-Bissau, as pessoas passarão a reciclar o lixo.

1. Sempre que…
2. Se…
3. Assim que…
4. Quando…
5. Onde…

a. Os governos de São Tomé e Príncipe e da Guiné-Bissau tomam medidas para preservar o ambiente marinho e os seus mares não são destruídos.
b. Os brasileiros se preocupam com os direitos dos povos indígenas e há mais prosperidade para todos no país.
c. Há menos queimadas na Floresta Amazônica e há menos espécies de animais ameaçadas de extinção.
d. Há ecopontos e há também recolha de materiais recicláveis em todo o mundo lusófono.
e. Há ecoturismo e há também desenvolvimento sustentável em todo o mundo lusófono.

Vídeo

Rogério acha que, para melhorar a preservação do ambiente, é preciso uma tomada de consciência.

3. Hypothesizing about what might happen: The conditional

GLÓRIA:	Aqui só há três instrumentos. Onde é que estão os outros?
CARLOS:	**Gastaríamos** muito para trazer os instrumentos de percussão, os violões e os cavaquinhos. **Seria** uma pequena fortuna. Então, gravamos digitalmente o som desses instrumentos.
GLÓRIA:	Quanto **custaria** para trazer todos os instrumentos?
CARLOS:	Não **saberia** dizer exatamente o montante. Mas, sem dúvida, **pagaríamos** muito.

Vamos analisar. Indique se as seguintes afirmações são reais (**R**) ou hipotéticas (**H**).

1. _____ Aqui só há três instrumentos.
2. _____ Gravamos digitalmente o som desses instrumentos.
3. _____ Quanto custaria para trazer todos os instrumentos?
4. _____ Seria uma pequena fortuna.
5. _____ Não saberia dizer exatamente o montante.

The conditional is the verb form used to express what you would do. The conditional is easy to recognize. It is formed by adding **-ia**, **-ias**, **-ia**, **-íamos**, **-iam** to the infinitive.

CONDITIONAL				
	NADAR	**CORRER**	**PARTIR**	**PODER**
eu	nadar**ia**	correr**ia**	partir**ia**	poder**ia**
tu	nadar**ias**	correr**ias**	partir**ias**	poder**ias**
você o/a senhor/a ele/ela	nadar**ia**	correr**ia**	partir**ia**	poder**ia**
nós	nadar**íamos**	correr**íamos**	partir**íamos**	poder**íamos**
vocês os/as senhores/as eles/elas	nadar**iam**	correr**iam**	partir**iam**	poder**iam**

■ Verbs that have an irregular stem in the future tense have that same stem in the conditional. There are only three verbs in Portuguese that are irregular in the conditional form: **dizer**, **fazer**, and **trazer**.

	DIZER	**FAZER**	**TRAZER**
eu	dir**ia**	far**ia**	trar**ia**
tu	dir**ias**	far**ias**	trar**ias**
você o/a senhor/a ele/ela	dir**ia**	far**ia**	trar**ia**
nós	dir**íamos**	far**íamos**	trar**íamos**
vocês os/as senhores/as eles/elas	dir**iam**	far**iam**	trar**iam**

- The use of the conditional in Portuguese is similar to the use of the construction *would* + *verb* in English when hypothesizing about a situation that does not form part of the speaker's reality.

  Eu **iria** mais cedo para o aeroporto.   *I would go earlier to the airport.*

- When English *would* implies *used to*, the imperfect is used.

  Quando eu era criança, eu **saía** cedo   *When I was a child, I would*
     para a escola.   *(I used to) leave early for school.*

- Portuguese also uses the conditional to express probability in the past.

  Eu tomava um cafezinho. **Seriam**   *I was having coffee. It was probably*
     mais ou menos dez horas da manhã.   *ten in the morning.*

13-13 Que sorte! Primeiro passo. Imagine que você e um/a colega ganharam na loteria (B)/lotaria (P). Digam o que vocês fariam com o dinheiro.

ESTUDANTE 1	ESTUDANTE 2
1. ir ao arquipélago de Bazaruto	1. viajar para São Tomé e Príncipe
2. ficar num hotel de luxo em Manaus	2. visitar um parque eólico
3. fazer mergulho em Fernando de Noronha	3. pescar na Guiné-Bissau
4. comprar uma fazenda no Pantanal	4. doar dinheiro para preservar o planeta
5. …	5. …

Segundo passo. Como vocês têm muito dinheiro, vocês decidiram criar uma fundação para promover o desenvolvimento do ecoturismo na Amazônia, para preservar o meio ambiente e melhorar o nível de vida dos habitantes. O que vocês fariam para promover o ecoturismo nas seguintes áreas?

     educação   comércio   turismo   ecologia

13-14 Agenda presidencial. Você é um/a dos candidatos à presidência do seu país. Para você, o meio ambiente tem que ser preservado para uma vida melhor para as futuras gerações. O que é que você faria? Prepare uma lista e justifique a sua agenda política. Compare a lista com a de outros/as colegas. Quem é mais realista e quem mais idealista?

Vamos viajar

O ecoturismo

O ecoturismo, também conhecido como turismo sustentável, ganha cada vez mais importância e visibilidade nos países lusófonos. Trata-se de um tipo de turismo que tem por objetivo tanto o respeito e a preservação do meio ambiente quanto a melhoria do bem-estar das populações locais. O ecoturismo está intimamente relacionado com a prática desportiva como meio de interagir com a natureza. Há propostas tentadoras para os amantes de trilhas e os praticantes de alpinismo, de escalada, de cavalgada, de voo livre, de mergulho, etc.

    No Brasil, país de dimensões continentais e inacreditável biodiversidade, não são poucas as empresas e organizações que oferecem opções de ecoturismo. Há ainda, no entanto, muito espaço para que essa área cresça e se fortaleça. É possível fazer ecoturismo em praticamente todas as regiões do país e as agências que incentivam essa atividade enfatizam o seu potencial de criar empregos alternativos

e de estimular o uso racional de recursos naturais e culturais locais. O caso do ecoturismo no arquipélago de Fernando de Noronha oferece um bom exemplo da combinação da preservação do meio ambiente e promoção social. Situado a 545 km de Recife, o arquipélago possui um rico ecossistema e uma beleza natural ímpar. O estado de Pernambuco permite que haja apenas um total de 450 visitantes de cada vez no arquipélago e cobra uma taxa de preservação ambiental para cada pessoa. Há mais de 70 pousadas em Fernando de Noronha e todas elas funcionam nas residências dos moradores, mais ou menos adaptadas a esse tipo de serviço.

Nos países africanos lusófonos as propostas de ecoturismo são também extremamente variadas. Moçambique, por exemplo, conta com belíssimos parques nacionais como o arquipélago de Bazaruto e o Coutada. O parque de Bazaruto é um verdadeiro paraíso marinho que encanta qualquer tipo de mergulhador que se disponha a explorar as águas cristalinas e recifes multicolores. Em Portugal, as ofertas são também excelentes. Exemplos desse dinâmico cenário são as duas federações que promovem o ecoturismo no país: a FCMP (Federação de Campismo e Montanhismo de Portugal) e a FPME (Federação Portuguesa de Montanhismo e Escalada). Outro destaque são as possibilidades de fazer caminhadas por deslumbrantes ecovias, cheias de charme e valor histórico, como os caminhos por onde as tropas de Napoleão passaram no início do século XIX. Muitos solares e quintas, agora adaptados ao turismo rural, usam métodos tradicionais para recolher a água das chuvas a ser reutilizada na rega de jardins, hortas e pomares, de onde saem os legumes e frutas servidos às refeições.

Para pesquisar

Seguindo as indicações encontradas no texto acima, procure mais informações sobre ecoturismo no mundo lusófono.

13-15 As vantagens do ecoturismo. Com um/a colega, faça uma lista com cinco vantagens do ecoturismo. Depois, criem um panfleto para promover o ecoturismo em um país lusófono.

13-16 O que é que vocês fariam? Você e um/a colega devem decidir o que fariam nas situações abaixo. Depois, comparem as respostas com outro par.

1. Você vai viajar para Fernando de Noronha e não pagou a taxa de preservação para entrar na ilha.
2. Você conseguiu reservar um apartamento numa pousada em Fernando de Noronha, mas não comprou a passagem e agora a companhia aérea não tem mais nenhum lugar.
3. Ainda há vagas para fazer uma viagem a Manaus.
4. Vocês marcaram uma caminhada de três horas pela floresta amazônica, mas o guia está doente.

Vídeo

Mariana acha que há poucos parques na vizinhança dela.

15-16

4. Expressing reciprocity: Reciprocal verbs and pronouns

O Lulu e a Mimi não **se suportam**. Brigam e **agridem-se** o tempo todo. Na verdade, acho que **se detestam**. Para felicidade de todos, não **se veem** com frequência. Mas, quando isso acontece, eles latem e **arranham-se**. Uma gatinha e um cãozinho que honram o ditado "brigam feito cão e gato".

Vamos analisar. As frases abaixo são verdadeiras (**V**) ou falsas (**F**)?

1. ____ O Lulu e a Mimi têm um comportamento agressivo.
2. ____ O Lulu agride a Mimi e vice-versa.
3. ____ O Lulu e a Mimi raramente se encontram.
4. ____ A Mimi é uma gatinha diferente, pois sempre briga com o Lulu.

- Use the plural reflexive pronouns (**nos**, **se**) to express reciprocal actions. In English, reciprocal actions are usually expressed with *each other* or *one another*.

- In Brazilian Portuguese, as you learned in **Lição 5** and **Lição 8**, the reflexive pronoun is usually placed before the verb in affirmative main clauses.

As mulheres brasileiras se beijam quando se encontram.	*Brazilian women kiss each other when they meet.*
Nós nos vemos todas as semanas na aula de Biologia.	*We see each other every week during biology class.*

- In European Portuguese, as you learned in **Lição 5** and **Lição 8**, the reflexive pronoun is usually placed after the verb in affirmative main clauses.

As mulheres portuguesas beijam-se quando se encontram.	*Portuguese women kiss each other when they meet.*
Vemo-nos todas as semanas na aula de Biologia.	*We see each other every week in biology class.*

■ In both Brazilian and European Portuguese, the reflexive pronoun precedes the verb in negative sentences, in questions beginning with a question word, after conjunctions or relative pronouns such as **que** or **quando**, and after certain adverbs.

Não nos vemos todas as semanas na aula de Química.

We do not see each other every week in chemistry class.

13-17 O que fazem os bons amigos? Primeiro passo. Em grupos de três estudantes, façam uma lista das atitudes que vocês consideram importantes para manter uma boa amizade. Escolham as quatro atitudes mais importantes. Comparem a sua lista com outros grupos.

Segundo passo. Decida se os bons amigos fazem ou não estas coisas e em que circunstâncias. Você pode combinar verbos da lista na sua resposta. Compartilhe opiniões com um/a colega.

Modelo   corresponder-se por e-mail
          E1: Acho que os bons amigos se correspondem sempre por e-mail.
          E2: Eu também, mas acho que, se os bons amigos se veem todos os dias, eles não se correspondem tanto por e-mail.

1. visitar-se todos os dias
2. compreender-se
3. ajudar-se quando têm problemas
4. insultar-se e ofender-se
5. criticar-se constantemente
6. aconselhar-se
7. respeitar-se

13-18 As minhas relações com... Pense em uma pessoa (pai/mãe, namorado/a, parente, amigo/a, irmão/irmã) e diga a um/a colega como são as suas relações com essa pessoa. As expressões abaixo podem ser úteis.

Modelo   querer-se bem

Minhas relações com meu pai são muito boas. Nós nos queremos bem.

As minhas relações com o meu pai são muito boas. Nós queremo-nos bem.

1. respeitar-se
2. entender-se bem/mal
3. detestar-se
4. comunicar-se
5. identificar-se
6. interessar-se um pelo outro
7. ofender-se

Situações

Papel A. Você tem problemas com um/a colega de trabalho e por isso vai falar com o seu chefe. Explique que o/a colega não o/a trata bem. Tudo porque você se preocupa muito com os produtos que podem ser reciclados no seu escritório. O/A colega não se importa com isso e coloca tudo no lixo. Você fica furioso/a! Responda às perguntas do seu chefe.

Papel B. Você é o chefe de uma companhia de exportação. Escute as reclamações de um/a empregado/a. Faça perguntas para saber quais são precisamente os comportamentos negativos do/a colega. Pergunte se há testemunhas desse comportamento. Sugira uma reunião com os três.

Para escutar

  A. A reciclagem. Ouça a descrição das atividades da Luísa. Depois preencha o quadro abaixo indicando o que ela reciclou e onde colocou os produtos reciclados.

METAL   VIDRO   ORGÂNICO   PLÁSTICO   PAPEL

1   2   3   4   5

_____   _____   _____   _____   _____
_____   _____   _____   _____   _____
_____   _____   _____   _____   _____
_____   _____   _____   _____   _____

 B. A preservação do meio ambiente. Ouça o relato e complete as afirmações abaixo de acordo com o que você ouvir.

1. Evite _____ nas florestas e parques.
2. _____ irresponsáveis podem provocar incêndios.
3. Produtos com aerossol podem _____ a camada de ozono.
4. As indústrias devem usar _____ para evitar a poluição.
5. A água é _____ para o ser humano.
6. Em muitos países a água é um _____ escasso.
7. Desperdiçamos água com _____ muito demorados.

 C. Os problemas ambientais. Você vai ouvir descrições de vários problemas ambientais específicos. Identifique os problemas na lista abaixo com a sua descrição ou definição de acordo com a ordem que você ouvir.

a. _____ poluição dos solos por produtos químicos
b. _____ buraco na camada de ozônio (B)/ozono (P)
c. _____ desmatamento
d. _____ efeito estufa
e. _____ esgoto
f. _____ lixo
g. _____ poluição do ar

Para conversar ———————————————————

13-19 Férias ecológicas. Primeiro passo. Em pequenos grupos, escolham um dos três lugares na lista abaixo para passar férias. Apresentem três razões para justificar a escolha.

- Fernando de Noronha no Brasil
- Parque de Bazaruto em Moçambique
- Serra da Estrela em Portugal

Segundo passo. Cada grupo deve criar um plano de férias decidindo os aspetos indicados abaixo:

- meio de transporte que usarão
- lugares onde ficarão alojados
- um mínimo de quatro atividades que farão

Finalmente, expliquem os seus planos à turma. No fim, todos votarão pelo melhor plano de férias.

13-20 Congressistas comprometidos/as. Primeiro passo. Você e um/a colega trabalham como membros de um congresso para melhorar a situação do meio ambiente no seu país. Preparem um relato oral para explicar quais são as condições existentes e as mudanças que vocês propõem.

ÁREAS	CONDIÇÕES EXISTENTES	MUDANÇAS
qualidade dos rios		
qualidade dos mares		
qualidade do ar		

Segundo passo. Reúnam-se com outro par, comparem as propostas de mudança e avaliem se são possíveis. Justifiquem.

Para ler ———————————————————

13-21 Preparação. Primeiro passo. Complete as lacunas com uma das seis palavras na lista abaixo. Cada palavra só poderá ser usada uma vez.

- degradação
- patrimônio (B)/património (P)
- queimadas
- reserva
- internacionalizado
- especulador

1. O que podemos deixar de _____ para os que vierem depois de nós?
2. Que tipos de _____ um ser humano ou o meio ambiente pode sofrer?
3. Que tipos de _____ existem na natureza?
4. O que faz um _____?
5. O que você acha que pode ou deve ser _____?
6. Onde há _____ e por que razão?

Segundo passo. Usando as perguntas acima, entreviste um/a colega. Depois compartilhem as respostas com o resto da turma.

497

13-22 Mãos à obra. Leia o seguinte artigo e siga as indicações abaixo.

Internacionalização da Amazônia

Cristóvam Buarque
O Globo, Opinião, 23 outubro 2000

Durante debate em uma universidade nos Estados Unidos, o ex-governador do Distrito Federal e atual Ministro da Educação, Cristóvam Buarque, foi questionado sobre o que pensava da internacionalização da Amazônia. Um jovem americano introduziu sua pergunta dizendo que esperava a resposta de um humanista e não de um brasileiro. Esta foi a resposta de Cristóvam Buarque:

"De fato, como brasileiro eu simplesmente falaria contra a internacionalização da Amazônia. Por mais que nossos governos não tenham o devido cuidado com esse patrimônio, ele é nosso. Como humanista, sentindo o risco da degradação ambiental que sofre a Amazônia, posso imaginar a sua internacionalização, como também de tudo o mais que tem importância para a humanidade. Se a Amazônia, sob uma ética humanista, deve ser internacionalizada, internacionalizemos também as reservas de petróleo do mundo inteiro. O petróleo é tão importante para o bem-estar da humanidade quanto a Amazônia para o nosso futuro. Apesar disso, os donos das reservas sentem-se no direito de aumentar ou diminuir a extração de petróleo e subir ou não o seu preço.

Da mesma forma, o capital financeiro dos países ricos deveria ser internacionalizado. Se a Amazônia é uma reserva para todos os seres humanos, ela não pode ser queimada pela vontade de um dono, ou de um país. Queimar a Amazônia é tão grave quanto o desemprego provocado pelas decisões arbitrárias dos especuladores globais. Não podemos deixar que as reservas financeiras sirvam para queimar países inteiros na volúpia da especulação.

Antes mesmo da Amazônia, eu gostaria de ver a internacionalização de todos os grandes museus do mundo. O Louvre não deve pertencer apenas à França. Cada museu do mundo é guardião das mais belas peças produzidas pelo gênio humano. Não se pode deixar que esse patrimônio cultural, como o patrimônio natural amazônico, seja manipulado e destruído pelo gosto de um proprietário ou de um país.

Não faz muito, um milionário japonês decidiu enterrar com ele um quadro de um grande mestre. Antes disso, aquele quadro deveria ter sido internacionalizado.

Durante este encontro, as Nações Unidas estão realizando o Fórum do Milênio, mas alguns presidentes de países tiveram dificuldades em comparecer por constrangimentos na fronteira dos EUA. Por isso, eu acho que Nova York, como sede das Nações Unidas, deve ser internacionalizada. Pelo menos Manhattan deveria pertencer a toda a Humanidade. Assim como Paris, Veneza, Roma, Londres, Rio de Janeiro, Brasília, Recife, cada cidade, com sua beleza específica, sua história do mundo deveria pertencer ao mundo inteiro.

Se os EUA querem internacionalizar a Amazônia, pelo risco de deixá-la nas mãos de brasileiros, internacionalizemos todos os arsenais nucleares dos EUA. Até porque eles já demonstraram que são capazes de usar essas armas, provocando uma destruição milhares de vezes maior do que as lamentáveis queimadas feitas nas florestas do Brasil.

Nos seus debates, os atuais candidatos à presidência dos EUA têm defendido a ideia de internacionalizar as reservas florestais do mundo em troca da dívida. Comecemos usando essa dívida para garantir que cada criança do Mundo tenha possibilidade de comer e de ir à escola. Internacionalizemos as crianças tratando-as, todas elas, não importando o país onde nasceram, como patrimônio que merece cuidados do mundo inteiro. Ainda mais do que merece a Amazônia. Quando os dirigentes tratarem as crianças pobres do mundo como um patrimônio da Humanidade, eles não deixarão que elas trabalhem quando deveriam estudar, que morrem quando deveriam viver.

Como humanista, aceito defender a internacionalização do mundo. Mas, enquanto o mundo me tratar como brasileiro, lutarei para que a Amazônia seja nossa. Só nossa."

13-23 Para pensar e discutir. Em grupos de três, respondam às seguintes perguntas:

- Você acredita que devam existir patrimônios (B)/patrimónios (P) da humanidade?
- Na sua opinião, quais são outros tipos de lugares (culturais, ambientais ou outros) no mundo que poderiam ser internacionalizados?
- Se você pudesse escolher um local para internacionalizar, qual seria?
- Se você e um/a colega estivessem no debate com Cristóvam Buarque, que perguntas gostariam de fazer? Escrevam três perguntas.
- Troquem as perguntas com outro grupo e respondam.
- Coloquem as perguntas no quadro para que toda a turma as discuta.

Para escrever

18

13-24 Mãos à obra. Primeiro passo. Faça uma lista com cinco opiniões posicionando-se em relação à seguinte afirmação de Cristóvam Buarque:

"Como humanista, aceito defender a internacionalização do mundo. Mas, enquanto o mundo me tratar como brasileiro, lutarei para que a Amazônia seja nossa. Só nossa!"

Para compor a lista, exprima primeiro a sua própria opinião ou opiniões. Depois, descubra as opiniões de outras pessoas. Entreviste colegas da turma, amigos, parentes, etc., e/ou procure na Internet discussões sobre a internacionalização dos valores patrimoniais da humanidade.

Segundo passo. Agora escreva uma carta a Cristóvam Buarque referindo as opiniões recolhidas. Você poderá assumir uma identidade brasileira ou outra qualquer.

EXPRESSÕES ÚTEIS

Para exprimir uma opinião pessoal:
Eu acredito que…
Eu acho que…
A minha experiência de vida
 mostra que…
Na minha opinião…

Para mencionar a opinião dos outros:
Na opinião de…
De acordo com…
… acredita(m) que…
Os especialistas afirmam/argumentam/
 dizem que…

13-25 Revisão. Um/a colega vai ajudá-lo/a a expressar melhor as posições assumidas na carta. Não se esqueça de verificar:

1. que o interlocutor, Cristóvam Buarque, foi levado em consideração. Assegure-se que o tom do texto é realmente de uma carta.
2. que o tom é apropriado (formal, sério) e que as opiniões estão bem organizadas.
3. que há conexão dentro dos parágrafos e entre eles (use conjunções para fazer as transições).
4. que as expressões relacionadas com o tema foram usadas de forma adequada e que o vocabulário é variado e interessante.
5. que a ortografia, a pontuação e a acentuação são apropriadas.

Projeto final

Preparação

13-26 Os recicláveis. O que você costuma ter em sua casa que poderia ser reciclado ou o que você já recicla?
____ jornais ____ revistas ____ livros ____ presentes que você recebeu
____ papéis impressos que podem servir de rascunho ou ser impressos no verso
____ vidros (garrafas, vasos de flor, copos, embalagens de alimentos)
____ plásticos (embalagens de vários tipos, talheres, copos, sacolas de supermercado)
____ móveis ____ roupas ____ outros: _____

Mãos à obra

13-27 Parte 1: Vamos economizar papel. Junto com um/a colega, faça quatro sugestões para os alunos e professores economizarem papel.

a. _____
b. _____
c. _____
d. _____

Parte 2: Discussão. Façam sugestões em voz alta e comparem-nas com as sugestões feitas por outros grupos.

Parte 3: Compilação. Faça uma lista incluindo todas as sugestões feitas pelos colegas.

Parte 4: Uma mensagem. Junto com o/a colega, escreva um e-mail para circular em todo o departamento onde você estuda. Nesse e-mail vocês devem:

a. mostrar a importância de reciclar papel;
b. apresentar ideias para economizar papel;
c. mostrar o que todos vão ganhar se economizarem papel.

Horizontes

📖 Guiné-Bissau
19

Uma vendedora de verduras e legumes na Guiné-Bissau

Guiné-Bissau, um país situado na costa atlântica do continente africano entre o Senegal e a Guiné, teve uma longa e conturbada história colonial antes de obter a independência nos anos 70 do século vinte. Os navegadores portugueses tomaram posse oficial da Guiné em 1446, embora só em 1630 fosse estabelecida uma Capitania Geral para administrar formalmente o território. Junto com Cabo Verde, a "Guiné Portuguesa" (o nome do território na época colonial) tornou-se um dos centros principais do tráfico de escravos até ao século XIX. No porto de Cacheu embarcavam anualmente cerca de três mil africanos escravizados trazidos do interior e destinados sobretudo ao Brasil.

Em 1956, o Partido Africano para a Independência da Guiné e Cabo Verde (PAIGC), liderado por Amílcar Cabral, iniciou a luta pela autonomia política da Guiné-Bissau. O PAIGC conduziu uma luta armada pela independência a partir de 1961 e em 1968 já controlava a maior parte do território da Guiné-Bissau, levando à declaração unilateral da independência em 1973. Hoje, a Guiné-Bissau é uma democracia multipartidária, embora as décadas pós-independência testemunhassem vários conflitos armados e golpes de estado que prejudicaram seriamente a coesão social e a economia do país. Alguns filmes do famoso cineasta guineense Flora Gomes (por exemplo, *Mortu Nega* e *Udju Azul di Yonta*) examinam de forma penetrante a história recente da Guiné-Bissau.

Como em Cabo Verde, português é a língua oficial do país, mas a língua materna da maior parte da população é o crioulo (*kriol*) da Guiné-Bissau, enquanto cerca de 23% dos guineenses falam outras línguas africanas. A pesca e a agricultura são a base da economia do país e o principal produto agrícola é a castanha de caju (a Guiné-Bissau é o maior produtor de caju na África Ocidental e o quinto maior no mundo). O ingrediente mais característico da cozinha guineense é, provavelmente, a mancarra (amendoim), usada numa grande variedade de receitas (bolinhos, sopas, molhos, etc.).

Para responder

1. O que aconteceu na história da Guiné Bissau no século quinze? E no século vinte?

Colheita de castanhas de caju

2. Qual é a situação da língua portuguesa na Guiné-Bissau? E a situação do crioulo e das línguas africanas?
3. Qual é o papel da castanha de caju na economia da Guiné-Bissau?

São Tomé e Príncipe

Uma casa da época colonial em São Tomé

Com apenas 1.000 km^2 e cerca de 160.000 habitantes, São Tomé e Príncipe é o menor dos PALOP e também o menor país do continente africano. Este arquipélago de origem vulcânica, situado no Golfo da Guiné, compõe-se de duas ilhas (Ilha de São Tomé e Ilha do Príncipe) e de vários ilhéus desabitados. Descobertas pelos navegadores portugueses entre 1469 e 1472, no século XVI as ilhas tornaram-se o principal centro de produção de açúcar em África, empregando os escravos importados do continente nas plantações (as chamadas "roças") de cana-de-açúcar. A partir do século XIX, o café e, sobretudo, o cacau passaram a ser os produtos mais importantes das ilhas; no início do século XX, São Tomé era o maior produtor mundial de cacau e hoje este produto também é a principal exportação do país. Calcula-se que a recente descoberta de depósitos de petróleo nas águas territoriais de São Tomé e Príncipe terá efeitos muito significativos para a economia do país.

Como nos outros países africanos de língua oficial portuguesa, a organização política de São Tomé e Príncipe imediatamente depois da independência (em 1975) baseou-se no regime de partido único e economia centralizada, transitando, a partir dos anos 90, para o sistema multipartidário e a economia de mercado livre. Além da exploração do petróleo, o desenvolvimento do turismo poderá alterar profundamente a realidade do país e a vida dos são-tomenses: embora o acesso às ilhas ainda continue a ser difícil, o seu clima tropical e vegetação exuberante atraem cada vez mais turistas, na maioria sul-africanos.

Apesar de ser um país pequeno em dimensões geográficas, São Tomé ocupa um lugar importante no panorama literário pós-colonial em língua portuguesa, devido, sobretudo, à figura do poeta Francisco José Tenreiro (1921-63), considerado um dos maiores representantes da poética da negritude no espaço lusófono. Um fenómeno cultural único é o tchiloli são-tomense, um espetáculo popular derivado da peça *Tragédia do Marquês de Mântua* (1665) do dramaturgo madeirense Baltasar Dias e representado nas ilhas desde o século XVII, juntamente com outros espetáculos semelhantes, como o *Auto de Floripes*. No tchiloli ("tchiloli" significa em crioulo "peça teatral"), o texto literário de origem europeia funde-se com os elementos artísticos e rituais africanos, num complexo processo de sincretismo formal e simbólico.

Um ator são-tomense na peça *Auto de Floripes*

Para responder

1. No início, a economia são-tomense dependia de _____, mas nos últimos cem anos o produto mais importante tem sido _____.

2. No futuro de São Tomé e Príncipe, prevê-se o impacto crescente de _____ _____.

3. O tchiloli é _____, no qual _____.

Para navegar

1. Você e um/a colega são donos da agência de turismo *Off the Beaten Track* que se especializa em organizar viagens a destinos turísticos pouco conhecidos. Pesquisem a informação relevante para os turistas viajando à Guiné-Bissau e/ou a São Tomé e Príncipe: voos dos Estados Unidos, alojamento, documentos necessários, etc. Apresentem os resultados na aula.

2. Informe-se sobre a situação atual da exploração dos depósitos petrolíferos nas águas territoriais de São Tomé e Príncipe. A exploração já começou? Quais são as empresas concessionárias? Esta exploração provoca preocupações ecológicas?

3. Trabalhando em pares e usando como termos de busca "receitas" e "gastronomia", procurem na Internet algumas receitas da cozinha guineense (você) e são-tomense (o/a colega). Depois comparem as receitas. Quais são as semelhanças e quais as diferenças?

4. Pesquise a filmografia do cineasta guineense Flora Gomes. Anote três informações biográficas e/ou profissionais sobre o artista e apresente-as na aula.

O meio ambiente

a agricultura	agriculture
a água potável	drinking water
a água doce/salgada	fresh/salt water
o aquecimento global	global warming
a conservação	preservation
o dano	damage
a degradação	degradation
a dessalinização	desalination
o desmatamento	deforestation
o dióxido de carbono	carbon dioxide
o ecossistema	ecosystem
o ecoturismo	ecotourism
o efeito (de) estufa	greenhouse effect
a emissão	emissions
a escassez	lack, scarcity
a floresta tropical	rain forest
a geleira (B)	glacier
o glaciar (P)	glacier
o lençol subterrâneo	aquifer
o patrimônio (B)	heritage
o património (P)	heritage
a perda	loss
o planeta	planet
a poluição	pollution
a população	population
a preservação	preservation
a queimada	burning
o recurso	resource
recursos hídricos	water resources
a reserva	preserve, reservation
o saneamento básico	basic sanitation
a seca	drought
o solo	soil
o veículo	vehicle

Reciclagem

o alumínio	aluminum
o cobre	copper
a lata	can
o metal	metal
o plástico	plastic
a triagem	sorting, triage
o vidro	glass

Pessoas

o cidadão/a cidadã	citizen
o/a especulador/a	speculator
o/a mergulhador/a	diver

Descrições

ambiental	environmental
assustador/a	frightening, scary
cruel	cruel
desordenado/a	disorganized
mortífero/a	mortal
prejudicial	harmful
subterrâneo/a	subterranean
rural	rural
urbano/a	urban

Verbos

brigar	to fight, to quarrel
combater	to fight against
decompor	to decompose
degradar	to degrade
demorar	to take time, to last
devastar	to devastate
emitir	to emit
envolver	to involve
faltar	to lack
migrar	to migrate
mutilar	to mutilate
poluir	to pollute
reciclar	to recycle
semear	to plant
separar	to separate
sobrar	to be in excess, to overflow
sofrer	to suffer
suportar	to bear, to suffer

Palavras e expressões úteis

de jeito nenhum	not at all, no way
fazer com que	to cause
o imposto	tax
o legado	legacy
a motosserra	chainsaw
a organização não governamental	non-governmental organization
o órgão governamental	government agency

*See pages 487 for conjunctions that are followed by the future subjunctive.

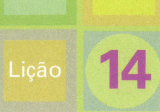

Lição **14** A sociedade

COMUNICAÇÃO

In this chapter you will learn to:

- Describe and discuss social conditions and political systems
- Express political opinions
- Describe ongoing states and activities
- Communicate about object-oriented events and actions
- Talk about the past from a past perspective

As mulheres na sociedade brasileira

A sociedade brasileira tem passado por grandes transformações nos âmbitos da demografia, da economia e da cultura. Segundo o IBGE (Instituto Brasileiro de Geografia e Estatística), as tendências que mais se destacam quanto às formas de organização doméstica são a redução do tamanho das famílias e o crescimento da proporção das famílias cujas pessoas responsáveis são mulheres.

MULHERES RESPONSÁVEIS PELOS DOMICÍLIOS NO BRASIL	
Região Norte	22,9%
Região Nordeste	25,9%
Região Sudeste	25,6%
Região Sul	22,6%
Região Centro-Oeste	24,2%
Todo o país	24,9%

Fonte: IBGE

14-1 Análise da tabela. Com um/a colega, analise a tabela acima e discuta as hipóteses indicadas abaixo para explicar a razão da maior concentração de mulheres responsáveis por domicílios no Nordeste. Em seguida, comparem e discutam os resultados com o resto da turma.

HIPÓTESE	PROVÁVEL	IMPROVÁVEL
1. As mulheres no Nordeste são por natureza mais mandonas.		
2. A migração dos homens à procura de trabalho é comum nesta região.		
3. É uma região pobre e a pobreza gera maior igualdade entre os sexos.		
4. Os homens nordestinos preferem uma vida sem responsabilidades.		
5. Na família nordestina tradicional, a responsabilidade da mulher é a casa e a do homem o trabalho fora de casa.		

14-2 Realidades semelhantes? Procure saber se no seu país ou na sua região também houve um aumento do número de mulheres responsáveis pelos domicílios. A seu ver quais seriam as razões para tal tendência?

14-3 Análise da tabela. Com um/a colega, procure na tabela abaixo a informação necessária para responder às perguntas na página seguinte.

ALGUNS INDICADORES DE MULHERES RESPONSÁVEIS POR DOMICÍLIOS		
INDICADORES	1991	2000
Proporção de domicílios com responsáveis do sexo feminino (%)	18,1	24,9
Proporção de responsáveis do sexo feminino alfabetizadas (%)	68,7	79,5
Média de anos de estudo de responsáveis do sexo feminino	4,4	5,6
Proporção de responsáveis do sexo feminino com até 3 anos de estudo (%)	49,6	37,7
Proporção de responsáveis do sexo feminino com 15 anos ou mais de estudo (%)	5,5	7,0
Proporção de crianças de 0 a 6 anos em domicílios com responsáveis femininos (%)	10,5	17,8
Proporção de crianças de 0 a 6 anos em domicílios com responsáveis femininos, com rendimento de até 2 salários mínimos (%)	71,3	56,8

Fonte: IBGE, Censo Demográfico 1991 e 2000.

1. Em 1991, em cada 100 mulheres brasileiras responsáveis pelos próprios domicílios, quantas sabiam ler e escrever? E no ano de 2000?
2. Em 1991, quantas tinham três anos ou menos de estudo? E em 2000?
3. Quantas chegaram a estudar na universidade, em 1991 e 2000?
4. Para cada 100 crianças brasileiras menores de 6 anos, quantas viviam em domicílios geridos por uma mulher em 2000? Este número subiu ou baixou em relação a 1991?
5. Os domicílios com rendimento de até dois salários mínimos são domicílios pobres, de classe média, ou de classe alta?

14-4 Vamos pesquisar. Pense em dez famílias que você conhece e faça um cálculo com base nos pontos abaixo. Depois compare os resultados com os de um/a colega.

■ Proporção de domicílios com responsáveis do sexo feminino

■ Média de anos de estudo dos responsáveis do sexo feminino

■ Proporção de crianças de 0 a 6 anos em domicílios com responsáveis femininos

Mudanças na sociedade portuguesa

A população envelhece

Em Portugal há 108,7 idosos (65 ou mais anos) para cada 100 jovens com idades compreendidas entre os 0 e os 14 anos. A análise por regiões permite observar as disparidades regionais: o Alentejo com o maior índice de envelhecimento (170,4) e a Região Autónoma dos Açores com o menor (62,4).

A dimensão das famílias diminui

Cerca de 71% das famílias são compostas no máximo por três pessoas. Em termos regionais, a maior proporção de famílias compostas por quatro e mais pessoas encontra-se na R.A. dos Açores, enquanto que a menor se encontra na região de Lisboa com, respetivamente, 42,6% e 22,7%.

O número de casamentos diminui e a idade média do casamento aumenta

O número de casamentos diminuiu cerca de 8,5%, tendo a taxa de nupcialidade (número anual de casamentos por mil habitantes) passado de 5,1% para 4,7%. A nível regional, as taxas de nupcialidade mais elevadas continuam a ser observadas nas Regiões Autónomas dos Açores e da Madeira, com aproximadamente 6%. A idade média do casamento tem vindo a aumentar, atingindo 30,9 anos para os homens e 28,5 para as mulheres.

A população estrangeira aumenta

A população estrangeira com residência legal em Portugal aumentou 6%. O crescimento foi devido ao número de pessoas com origem em países europeus (8,6%), africanos (4,3%), da América Central e do Sul (8%) e da Ásia (7,1%).

Fonte: Instituto Nacional de Estatística

 14-5 Uma entrevista. Faça perguntas a um/a colega para obter os seguintes dados sobre a família dele/dela. Depois responda às perguntas que ele/ela vai fazer.

■ número de pessoas que formam a família nuclear

■ número de membros da família com mais de 65 e com menos de 14 anos

■ idade média dos casamentos na família

14-6 **Conclusões. Primeiro passo.** Em grupos de quatro, compilem a informação obtida na atividade 14-5 e com ela preparem uma tabela que indique a percentagem de famílias que têm:

■ mais/menos de três membros

■ número de parentes idosos superior/inferior ao número de menores de 14 anos

■ casamentos com mais/menos de vinte e cinco anos

Segundo passo. Agora comparem os dados que vocês produziram com os dados estatísticos sobre a população portuguesa.

14-7 **Pesquisa sobre a imigração.** Com um/a colega, faça uma pesquisa para descobrir se houve aumento da população imigrante na região onde vocês vivem. Descubram as origens dos imigrantes mais numerosos.

Temas contemporâneos

As desigualdades sociais e regionais refletidas no uso da Internet

Na frente de batalha para combater a exclusão digital

Aparecida Pires, Belo Horizonte

Infelizmente, não é novidade alguma o fato de o Brasil ser dono de uma das piores taxas de distribuição do rendimento no mundo. Como seria de esperar, esta triste realidade acaba tendo impactos profundos nas mais diversas áreas da sociedade. Portanto, o acesso ao uso de computadores e da Internet não poderia ser diferente. Há, efetivamente, um desequilíbrio imenso entre o número de cidadãos que podem usufruir plenamente deste tipo de avanço tecnológico e os que ainda estão excluídos do mundo digital.

No setor bancário, por exemplo, pesquisas apontam que o Brasil é o segundo país do mundo em *Internet banking*, ficando atrás apenas dos EUA. Por outro lado, grande parte da população ainda tem acesso precário a computadores e Internet. O Comitê Gestor da Internet no Brasil encomendou ao Instituto Ipsos-Opinion pesquisas sobre o uso das tecnologias da informação e da comunicação junto à população do país. Os resultados são impressionantes:

Uso do computador

55%	da população brasileira nunca usou um computador
16,6%	da população brasileira possui um computador em casa
13,8%	da população brasileira usa computador diariamente

Uso da Internet

68%	da população brasileira nunca utilizou a Internet
24%	da população brasileira utilizou nos últimos 3 meses
9,6%	da população brasileira usa a Internet diariamente
41%	da população brasileira utiliza a Internet para atividades educacionais
32%	da população brasileira utiliza a Internet para fins pessoais
26%	da população brasileira utiliza a Internet para trabalho

Felizmente, já há vários cidadãos conscientes deste novo tipo de exclusão social tentando reverter ou, pelo menos, melhorar esse quadro perverso. A Fundação do Banco do Brasil tem se aliado com ONGs e governos locais para criar estações digitais nas regiões Norte e Nordeste e em bairros carentes de São Paulo, Belo Horizonte e Brasília. Cada estação digital tem de 10 a 30 computadores e oferece serviços e cursos a crianças e adultos.

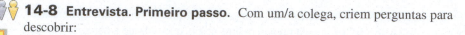

14-8 Entrevista. Primeiro passo. Com um/a colega, criem perguntas para descobrir:

- tipos de uso da Internet (compras, notícias, etc.)
- sites mais visitados
- salas de bate-papo mais interessantes
- vantagens e desvantagens no uso da Internet

Segundo passo. Em pequenos grupos, façam uns aos outros as perguntas que vocês prepararam e compilem a informação obtida através das respostas. Em seguida, compartilhem os resultados com o resto da turma.

Para escutar

A mulher no Brasil. Escute uma parte da entrevista com uma advogada paulista comentando sobre o status das mulheres no Brasil. A seguir, você vai ouvir seis afirmações sobre o mesmo tema. Baseando-se nas declarações da advogada, indique se estas afirmações são verdadeiras ou falsas.

	VERDADEIRO	FALSO
1.	_____	_____
2.	_____	_____
3.	_____	_____
4.	_____	_____
5.	_____	_____
6.	_____	_____

Estruturas

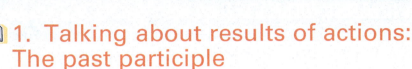

1. Talking about results of actions: The past participle

Ao telefone

ALBERTO: Você está com uma voz estranha.

DANIELA: Estou preocupada. Ainda tenho que terminar de escrever o trabalho que é para entregar amanhã de manhã.

ALBERTO: Pensei que você já o **tinha escrito**.

DANIELA: O trabalho **foi escrito**, sim. Até **foi impresso**. Você viu que eu **tinha imprimido** o trabalho, não viu? Mas hoje descobri que não **tinha incluído** uma referência essencial. Tenho que escrever pelo menos mais uma página.

ALBERTO: E você não pode pedir uma extensão à professora?

DANIELA: Acho que não. Ela **tinha dito** que tiraria pontos a quem se atrasasse com o trabalho.

Vamos analisar. As frases abaixo são verdadeiras (**V**) ou falsas (**F**)?

1. _____ Alberto acreditava que o trabalho de Daniela já estava escrito.
2. _____ Daniela disse a Alberto que ainda não tinha imprimido o trabalho.
3. _____ Daniela ainda tem que escrever mais antes de entregar o trabalho.
4. _____ Daniela tinha incluído todas as referências essenciais.
5. _____ Daniela não quer atrasar-se com a entrega do trabalho.

■ In Portuguese, all past participles of **-ar** verbs end in **-ado**, while past participles of **-er** and **-ir** verbs generally end in **-ido**. In English, past participles are often formed with the endings *-ed* and *-en*, for example *finished*, *eaten*.

falar	*to speak*	→	**falado**	*spoken*
vender	*to sell*	→	**vendido**	*sold*
servir	*to serve*	→	**servido**	*served*

■ Some **-er** and **-ir** verbs have irregular past participles. Here are some of the most common ones:

abrir	*to open*	→	**aberto**	*opened*
cobrir	*to cover*	→	**coberto**	*covered*
dizer	*to say*	→	**dito**	*said*
escrever	*to write*	→	**escrito**	*written*
fazer	*to do/make*	→	**feito**	*done/made*
pôr	*to put*	→	**posto**	*put*
ver	*to see*	→	**visto**	*seen*
vir	*to come*	→	**vindo**	*come*

■ Some verbs have two participle forms, one regular and the other irregular. The irregular form is used with the auxiliary verbs **ser** and **estar** (*to be*) and the regular form is used with the verbs **ter** and **haver** (*to have*). Further explanations on the use of auxiliary verbs will be given below. Here are some of the most common verbs with two participles:

INFINITIVE		IRREG. PARTICIPLE	REG. PARTICIPLE	
aceitar	*to accept*	aceito (B)/aceite (P)	aceitado	*accepted*
acender	*to light*	aceso	acendido	*lighted*
confundir	*to confuse*	confuso	confundido	*confused*
eleger	*to elect*	eleito	elegido	*elected*
entregar	*to deliver*	entregue	entregado	*delivered*
ganhar	*to win*	ganho	ganhado	*won*
gastar	*to spend*	gasto	gastado	*spent*
imprimir	*to print*	impresso	imprimido	*printed*
limpar	*to clean*	limpo	limpado	*clean, cleaned*
matar	*to kill*	morto	matado	*killed*
morrer	*to die*	morto	morrido	*died*
pagar	*to pay*	pago	pagado	*paid*
prender	*to arrest*	preso	prendido	*arrested*
salvar	*to save*	salvo	salvado	*saved*
suspender	*to suspend*	suspenso	suspendido	*suspended*

■ When a past participle is used as an adjective, it agrees with the noun it modifies.

um cantor **conhecido**	*a well-known singer*
uma porta **fechada**	*a closed door*
os livros **abertos**	*the opened/open books*
as casas **alugadas**	*the rented houses*

■ Portuguese uses **estar** + *past participle* to express a state or condition resulting from a prior action.

ACTION	RESULT
Ela terminou o trabalho.	O trabalho **está terminado.**
A biblioteca fechou.	A biblioteca **está fechada.**
Eles reservaram os quartos.	Os quartos **estão reservados.**

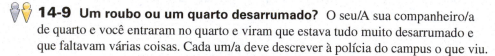

14-9 Um roubo ou um quarto desarrumado? O seu/A sua companheiro/a de quarto e você entraram no quarto e viram que estava tudo muito desarrumado e que faltavam várias coisas. Cada um/a deve descrever à polícia do campus o que viu.

Modelo porta do armário / aberto
A porta do armário (não) estava aberta.

ESTUDANTE 1

1. o espelho do armário / quebrado
2. as janelas / fechado
3. a cama / arrumado
4. os casacos / dependurado

ESTUDANTE 2

as luzes / aceso
a televisão / desligado
as fotos / rasgado
os livros / aberto

14-10 Uma noite muito especial. Um amigo brasileiro enviou para você este relato da experiência da irmã dele, Márcia. Com um/a colega leia o parágrafo abaixo usando o particípio passado dos verbos entre parênteses.

Márcia Pires entrou no teatro, andou pelo corredor e se sentou. Sua melhor amiga estava (1)_____ (sentar) a seu lado. Era uma noite muito especial porque iam anunciar os atores vencedores do ano. Todos estavam muito (2)_____ (emocionar). O apresentador falou alguns minutos sobre a importância do evento, a orquestra tocou algumas músicas (3)_____ (conhecer) e outras pessoas falaram. Finalmente, chegou o momento tão (4)_____ (esperar). Uma moça entregou dois envelopes (5)_____ (fechar) ao apresentador. Este abriu o primeiro e, com o envelope (6)_____ (abrir) na mão, disse o nome da vencedora. Márcia não podia acreditar. Estava (7)_____ (deslumbrar). Repetia para si mesma: Ganhei, ganhei! Sem saber como, levantou-se para ir ao palco. Estava muito (8)_____ (confundir) e, naquele instante, acordou e viu que estava (9)_____ (deitar) em seu quarto. Foi tudo um sonho! Ela ficou muito (10)_____ (chatear). . .

2. Emphasizing facts resulting from actions: The passive voice

CARLA: Desculpe dizer, mas esse ensaio não **foi** bem **escrito**.

LAURA: Mas fiz tudo o que **foi pedido**. Horas e horas **foram gastas** lendo os livros da lista que **foi recomendada** pela professora.

CARLA: E além dos livros que **foram recomendados** pela professora, você fez a sua própria pesquisa?

LAURA: É claro que não. Todas as informações **foram dadas** pela professora.

CARLA: Você está enganada. A lista tinha apenas informações básicas. Você não leu este aviso?

LAURA: "Atenção. Esta é uma lista básica. Pesquisa suplementar deverá **ser feita** pelos alunos". Ai, que tonta!

Vamos analisar. As frases abaixo são verdadeiras (**V**) ou falsas (**F**)?

1. ____ Laura seguiu as instruções da professora.
2. ____ Carla leu bem as instruções da professora.
3. ____ Laura leu muito para escrever o ensaio.
4. ____ Laura critica Carla.
5. ____ A professora deu todas as informações aos alunos.

■ The passive voice is formed with the verb **ser** (*to be*) + *past participle*. The passive voice is most commonly used in the preterit, though at times you will also see it used in other tenses. It is often found in written Portuguese, especially in newspapers and formal writing; it is much less common in conversation.

A independência de Timor-Leste **foi declarada** em 2002.

East Timor's independence was declared in 2002.

■ Use the preposition **por** when indicating who or what performs the action.

A casa foi destruída.
   (Who or what did it is not expressed.)

The house was destroyed.

A casa foi destruída **pelo furacão**.
   (The hurricane did it.)

The house was destroyed by
   the hurricane.

■ The past participle functions as an adjective and therefore agrees in gender and number with the subject.

Todas as estatísticas foram **analisadas**
   pelos estudantes.

All the statistics were
   analyzed by the students.

O aumento da população foi **atribuído**
   à imigração.

The increase in population was
   attributed to immigration.

 14-11 Uma reunião importante. Primeiro passo. Você e um/a colega são jornalistas e vão escrever um artigo para relatar o que aconteceu na reunião do governo com o presidente.

Modelo   ministros / receber / o presidente
          Os ministros foram recebidos pelo presidente.

1. agenda / preparar / o secretário
2. agenda / aprovar / todos os participantes
3. plano para reformar a lei eleitoral / escrever / uma comissão do governo
4. plano / apresentar / o primeiro-ministro
5. comentários / ler / o presidente
6. perguntas / fazer / os ministros

Segundo passo. Em seguida, vocês vão contar a mesma informação aos seus amigos durante um jantar informal. Usem a voz ativa.

Modelo   ministros / receber / o presidente
          O presidente recebeu os ministros.

 14-12 Um teste de História. Em pequenos grupos, usem as sugestões na tabela abaixo para formular pelo menos cinco perguntas sobre eventos da história mundial. (Atenção: vocês devem saber as respostas dessas perguntas!) Depois, cada grupo vai fazer as perguntas que preparou ao resto da turma.

Modelo   Em que século foi construída a Ponte de Brooklyn, em Nova Iorque?

Quando		descobrir	o edifício…
Em que ano/década/século		inventar	a universidade…
Por quem	foi	fundar	o livro…
Onde		construir	a vacina contra…
Em que país/cidade		escrever	o quadro…
etc.		criar	a canção…
		pintar	a sinfonia…
		compor	a companhia…
		desenhar	a cidade…
		inaugurar	etc.
		publicar	
		etc.	

Vamos viajar

Os sistemas políticos

Hoje em dia, todos os países de língua oficial portuguesa são, pelo menos formalmente, democracias multipartidárias. No entanto, há ainda relativamente pouco tempo a situação era muito diferente. Independente desde 1822, o Brasil tornou-se república em 1889. Nas décadas seguintes, o país passou por períodos de maior e menor abertura democrática (a "República Velha" de 1889 a 1930, o autoritário "Estado Novo" de Getúlio Vargas de 1930 a 1945, o segundo período democrático de 1945 a 1964). Em 1964, um golpe de estado instaurou a ditadura militar que se caracterizou pela limitação de direitos constitucionais, repressão às forças de oposição ao regime e a imposição da censura. A redemocratização do país foi um processo gradual que começou nos anos setenta, culminando em 1985 com a eleição do primeiro presidente civil desde o golpe, a Constituição de 1988 e as primeiras eleições presidenciais diretas em 1989. A Constituição de 1988 define o Brasil como uma república federativa presidencialista, com o poder executivo exercido pelo presidente eleito de quatro em quatro anos; o poder legislativo nas mãos do Congresso Nacional (composto pela Câmara dos Deputados e pelo Senado Federal); e o poder judiciário encabeçado pelo Supremo Tribunal Federal.

Nos últimos cem anos, depois da instauração da república em 1910, Portugal também sofreu um longo período de governo antidemocrático. Seguindo-se ao golpe militar de 1926, a ditadura de António de Oliveira Salazar (1932-1968)—modelo político para o Estado Novo de Getúlio Vargas no Brasil—transformou o país numa "república corporativa" de tendência fascista. Depois do afastamento de Salazar em 1968, o regime autoritário durou ainda seis anos, sendo finalmente derrubado pela chamada "Revolução dos Cravos" em 1974, que restaurou a democracia.

A história recente dos PALOP e de Timor-Leste está estreitamente ligada ao processo de descolonização que, na maior parte dos casos, foi acompanhado por forte turbulência política, resultando até em guerras civis. Eventualmente, com o fim da guerra fria e do apoio da União Soviética, os regimes marxistas dos PALOP permitiram que outros movimentos de libertação, rivais desde antes da independência, se transformassem em partidos políticos legais e que se realizassem eleições multipartidárias.

 14-13 Um relatório. Você e um/a colega foram encarregados de escrever um relatório sobre o desenvolvimento da democracia nos países de língua portuguesa. Usem a informação do texto e, se necessário, pesquisa independente para formular afirmações completas.

Modelo   o sistema republicano/instalar
                   O sistema republicano foi instalado no Brasil em 1889. *ou*
                   O sistema republicano foi instalado em Portugal em 1910.

1. a ditadura/impor
2. o regime/derrubar
3. a democracia/restaurar
4. o poder legislativo/exercer
5. as eleições/realizar
6. …

14-14 Como funciona? Você conheceu um estudante timorense—cidadão da mais jovem democracia no mundo de língua portuguesa—que lhe pediu informações sobre o funcionamento do sistema político nos Estados Unidos. Prepare uma descrição, tomando cuidado para comentar os elementos indicados abaixo. Depois compare a sua descrição com a de um/a colega e discuta eventuais divergências.

- divisão dos poderes (legislativo, executivo e judicial)
- composição dos órgãos de poder
- distribuição territorial dos poderes (federal, estadual, municipal, local, etc.)
- partidos políticos
- sistema eleitoral

Para pesquisar

Na Internet, escolha o site de um órgão político de um dos países lusófonos (por exemplo, a Presidência do Brasil, um partido político português, um ministério cabo-verdiano, etc.). Anote pelo menos três pontos distintos que lhe despertaram interesse e compartilhe os resultados da pesquisa com a turma.

Vídeo

Caio diz que a democracia no Brasil tem caminhado.

11-13

3. Talking about the recent past: The present perfect

ALICE: Olá, César, tudo bem?

CÉSAR: Olá, Alice. Você **tem visto** o Jonas? Estou muito preocupado!

ALICE: Aconteceu alguma coisa?

CÉSAR: A prova de História é amanhã e eu não **tenho tido** tempo para estudar. Além disso, o Jonas levou o meu livro emprestado e desapareceu. Você sabe se ele **tem vindo** para a universidade? E você, **tem estudado** ultimamente?

ALICE: Eu não **tenho lido** quase nada para esta prova, mas eu **tenho falado** com o Jonas todos os dias. Ele **tem estudado** muito e **tem feito** muitas anotações. Podemos marcar um encontro para estudar com ele hoje à noite.

Vamos analisar. Leia as afirmações abaixo e indique a quem se aplica cada uma delas: à Alice (**A**), ao César (**C**) ou ao Jonas (**J**).

1. ____ **Tem falado** com Jonas.
2. ____ Não **tem tido** tempo para estudar.
3. ____ **Tem estado** preocupado.
4. ____ Não **tem lido** muito para a prova.
5. ____ **Tem estudado** muito.
6. ____ **Tem feito** muitas anotações.

■ Both Portuguese and English have perfect tenses that are used to refer to past actions, events, and conditions. Both languages use an auxiliary verb (**ter** or **haver** in Portuguese, *to have* in English) and a past participle.

PRESENT TENSE *TER* + PAST PARTICIPLE		
eu	tenho	falado
tu	tens	comido
você, o sr./a sra., ele/ela	tem	dormido
nós	temos	escrito
vocês, os srs./as sras., eles/elas	têm	posto

■ Form the present perfect by using the present tense of **ter** as an auxiliary verb with the past participle of the main verb. The auxiliary verb agrees with the subject of the sentence, but the participle always retains the same form (ending in **-o**).

A sociedade brasileira **tem mudado** muito nos últimos anos. *Brazilian society has changed greatly in recent years.*

■ If the main verb has both a regular and an irregular participle, the regular form is used with the present perfect. However, the irregular participles of the verbs **ganhar** (**ganho**), **gastar** (**gasto**), and **pagar** (**pago**) are commonly used instead of the regular forms.

Temos gasto uma fortuna. *or*
Temos gastado uma fortuna. *We have spent a fortune.*

■ Use the present perfect to refer to actions or states that began in the past and continue in the present.

Nós **temos trabalhado** muito esta semana. *We have been working a lot this week.*
Tem chovido muito este ano. *It has rained a lot this year.*

■ Do not use the present perfect to refer to concluded actions or states, even if they have some relation to the present; use the preterite instead.

Patrícia, você já **comeu**? *Patrícia, have you eaten already?*
Não, ainda não **comi**. *No, I haven't eaten yet.*
Estivemos no Brasil muitas vezes. *We've been to Brazil many times.*

■ Use the present tense of **acabar + de** + *infinitive*, not the present perfect, to state that something has just happened.

Acabo de ouvir as notícias. *I have just heard the news.*

■ Place object and reflexive pronouns before or after the auxiliary **ter**, never after the participle.

A fundação **tem se aliado** a este plano. (B) *The foundation has supported this plan.*
A fundação **tem-se aliado** a este plano. (P)

As condições de vida **não se têm alterado** nos últimos dez anos. *Living conditions have not changed in the past ten years.*

14-15 O que temos feito. Você e um/a colega devem escolher as opções da lista abaixo para dizer o que cada um de vocês tem feito recentemente. Depois comparem as respostas com outro par de colegas.

1. Eu tenho…
   a. estudado muito.
   b. estudado pouco.
   c. estudado todas as noites.

2. Tenho…
   a. ido muito ao cinema.
   b. saído todos os sábados.
   c. saído pouco.

3. Eu tenho…
   a. corrido regularmente.
   b. ido ao ginásio.
   c. feito pouco exercício.

4. Tenho…
   a. lido livros interessantes.
   b. comprado muitas revistas.
   c. lido jornais na Internet.

5. Eu tenho…
   a. escrito muitos e-mails.
   b. escrito no meu diário.
   c. escrito só trabalhos de casa.

6. Tenho…
   a. andado de carro.
   b. andado de bicicleta.
   c. caminhado muito.

 14-16 Um esforço da imaginação. Em pequenos grupos, pensem em uma pessoa famosa e preparem uma lista de cinco coisas que vocês acham que essa pessoa tem feito recentemente. Apresentem a lista ao resto da turma.

Modelo   Neymar é um jogador de futebol muito famoso.
Ele tem treinado intensamente.
Ele. . .

 14-17 As mudanças na sociedade. Com um/a colega, discuta as condições existentes na sua cidade, região ou país. Quais dos seguintes indicadores têm aumentado e quais têm diminuído nos últimos tempos? Acrescentem uma frase ilustrativa ou explicativa para cada afirmação. Depois comparem os resultados com o resto da turma.

Modelo   o interesse pela política
O interesse pela política tem diminuído nos últimos anos. As pessoas não confiam nos políticos e acham que não vale a pena votar.

1. a qualidade da vida
2. o consumo
3. a criminalidade

4. o desemprego
5. o preço das casas
6. os salários

14-18 Agora mesmo. Você e um/a colega vão dizer o que é que as seguintes pessoas acabam de fazer, dando a informação mais completa possível.

Modelo   Juca e Silviano saem da discoteca.
Eles acabam de dançar muito. Cada um foi com sua namorada, mas elas começaram a dançar com outros meninos. Juca e Silviano estão zangados; eles acabam de sair sozinhos da discoteca.

1. Mariana sai do supermercado.
2. Cristiano, Paula e Leila saem do estádio de futebol.
3. Um homem passa correndo na rua.
4. Duas mulheres saem do cinema rindo muito.
5. Jorge e Sérgio voltam para casa cansadíssimos.
6. Rubens começa a chorar.

Vamos viajar

As organizações não governamentais

No mundo contemporâneo, assistimos a uma forte participação das organizações não governamentais na política nacional e internacional, e os países de língua portuguesa não fogem a esta regra. A ABONG (Associação Brasileira de Organizações Não Governamentais) agrupa um grande número de organizações sem fins lucrativos que trabalham em áreas tão variadas como a agricultura, justiça e promoção de direitos, arte e cultura, saúde, segurança pública, etc. Também as grandes ONGs internacionais, como a Greenpeace (dedicada ao meio ambiente) ou Médicos Sem Fronteiras (dedicada à saúde), estão presentes nos países lusófonos. As campanhas da Greenpeace no Brasil têm visado, entre outros objetivos, impedir o progresso do desmatamento na Amazônia, combater a construção de usinas nucleares e alertar a população para os perigos das substâncias tóxicas comuns (campanha Veneno Doméstico). Médicos Sem Fronteiras luta contra a SIDA/AIDS e a desnutrição em Moçambique e Angola, além de reagir contra as emergências que afetam a saúde pública nos países africanos, como, por exemplo, o terrível surto de cólera em Angola em 2006.

Em paralelo com as grandes ONGs internacionais, existe também uma rede extensa de pequenas ou médias associações locais, regionais ou nacionais que sustentam as sociedades civis do mundo de língua portuguesa. Por exemplo, a Associação Progresso, uma ONG moçambicana, trabalha para elevar o nível de vida de comunidades rurais, capacitando-as para beneficiar de maior autonomia. Uma das suas principais campanhas é o "Programa de criação dum ambiente de leitura" cujos componentes incluem, entre outros, estabelecimento de bibliotecas nas escolas primárias, alfabetização em línguas locais e formação de professores para o ensino da leitura e escrita. A ONG timorense Fundação Haburas ("haburas" significa "fazer verde e fresco" em tétum) tem trabalhado na área do meio ambiente e desenvolvimento sustentável. A Haburas tem promovido, por exemplo, a criação de bases para o turismo ético que deverá beneficiar as comunidades da região mais desprivilegiada de Timor-Leste.

14-19 Explicações. Você e um/a colega foram contratados por uma ONG internacional que deseja estabelecer-se no Brasil. Redijam o texto para o site da associação, incluindo um glossário de termos referentes à sua atividade. Escrevam definições explicando o significado dos seguintes termos.

1. a organização sem fins lucrativos
2. a desnutrição
3. a sociedade civil
4. a alfabetização
5. o desenvolvimento sustentável

14-20 O que é que eles têm feito? Escolha uma associação sem fins lucrativos que você conhece (pode ser local, nacional ou internacional) e pesquise as atividades recentes que esta associação tem desenvolvido. Prepare um breve resumo para apresentar na aula.

Modelo   O Clube Serra Verde é uma associação que trabalha para a defesa do meio ambiente. Nos últimos tempos, eles têm promovido. . .

Para pesquisar

Explore o site da ABONG e, especificamente, a informação sobre as organiza-ções associadas. Identifique três ONGs que trabalham em três áreas diferentes e escreva três breves parágrafos resumindo a informação que você recolheu sobre estas associações.

Cultura

O dia 20 de novembro é o Dia Nacional da Consciência Negra no Brasil. O dia é uma homenagem a Zumbi, líder do Quilombo dos Palmares, em Alagoas, fundado em 1597. Zumbi dos Palmares é o maior ícone da resistência negra ao escravismo e de sua luta pela liberdade. A lei 10.639, de 9 de janeiro de 2003, também tornou obrigatório o ensino de História e Cultura Afro-Brasileira. ■ ■

Vídeo

Carlos gosta de discutir o tema da proliferação das ONGs no Brasil.

14-16

4. Talking about the past from a past perspective: The past perfect

Estocolmo, capital do Nobel

LUCAS: Olá, Juju. Não pude ir à aula de Literatura Portuguesa. O que é que vocês discutiram?

JULIANA: Começamos a falar sobre o José Saramago. Você sabe alguma coisa sobre a biografia dele?

LUCAS: Sei algumas coisas e inclusive já li vários livros dele. Acho que *Todos os Nomes* é muito bom.

JULIANA: Então você sabe que em 1998 o Saramago ganhou o Nobel de Literatura e que, antes dele, nenhum escritor da língua portuguesa **tinha recebido** esta distinção.

LUCAS: Sei, sim. Mas antes disso ele já **tinha tido** algum outro reconhecimento oficial?

JULIANA: Não sei com certeza. O que sei é que *O Memorial do Convento* foi o seu primeiro livro a fazer sucesso. Quando isso aconteceu, ele já **tinha escrito** alguns livros, mas não **tinham sido** reconhecidos pelo público.

LUCAS: É verdade que ele era de uma família muito pobre?

JULIANA: É sim.

LUCAS: É verdade também que ele era funcionário público e que antes **tinha trabalhado** como serralheiro mecânico?

JULIANA: É tudo verdade. Mas, como é que você sabe tantos detalhes?

LUCAS: É simples. Quando soube que íamos estudar o Saramago este ano, comecei a ler os livros e a pesquisar a biografia dele. Antes das aulas começarem, já **tinha lido** quase tudo o que ele escreveu.

JULIANA: Ah! Agora entendi porque você não foi à aula de hoje.

Vamos analisar. Indique quais das seguintes experiências de José Saramago se referem a um momento cronologicamente anterior ao momento em que ele ficou famoso.

1. _____ Saramago tinha escrito muitos livros.
2. _____ Ele tinha nascido numa família pobre.
3. _____ Ele tinha trabalhado como serralheiro mecânico.
4. _____ Ele ainda não tinha publicado *O Memorial do Convento*.

■ Form the past perfect with the imperfect tense of **ter** or **haver** and the past participle of the main verb. **Ter** is commonly used in both spoken and written Portuguese. **Haver** is used much more rarely, primarily in writing.

IMPERFECT *TER/HAVER* + PAST PARTICIPLE		
eu	tinha/havia	falado
tu	tinhas/havias	comido
você, o sr./a sra., ele/ela	tinha/havia	dormido
nós	tínhamos/havíamos	escrito
vocês, os srs./as sras., eles/elas	tinham/haviam	posto

■ If the main verb has both a regular and an irregular participle, the regular form is used with the past perfect. However, the irregular participles of the verbs **ganhar** (**ganho**), **gastar** (**gasto**), and **pagar** (**pago**) are commonly used instead of the regular forms.

Nós **tínhamos pago/pagado** a conta antes de receber o aviso.

We had paid the bill before receiving the notice.

■ Use the past perfect to refer to a past event or action that occurred prior to another past event.

Os estudantes **tinham procurado** a informação na Internet antes de escrever o trabalho.	*The students had looked for the information on the Internet before writing the paper.*
Eram dez da noite; a votação **havia acabado** às nove.	*It was ten p.m.; the voting had ended at nine.*

 14-21 Recordações. Primeiro passo. Marque com X as opções que correspondem à sua experiência em vários momentos da vida. Depois compare as respostas com as de um/a colega. Comentem as experiências comuns e diferentes.

1. _____ Quando eu tinha 10 anos, já tinha escutado discussões políticas em casa.
2. _____ Quando fiz 19 anos, já tinha votado.
3. _____ Quando acabei a escola secundária, os meus pais já tinham comprado um carro para mim.
4. _____ Quando comecei a estudar na universidade, já tinha tido pelo menos dois empregos diferentes.
5. _____ Depois do primeiro mês de aulas, eu já tinha explorado toda a universidade.
6. _____ Antes de começar a aprender português, eu já tinha conhecido vários falantes de língua portuguesa.

Segundo passo. Agora fale com o/a colega para descobrir o seguinte:

■ uma experiência divertida, triste ou incrível antes de fazer quinze anos.

■ dois êxitos antes de começar a estudar na universidade.

■ um evento marcante na vida sentimental antes dos dezoito anos.

 14-22 Uma família muito colaboradora. Marcela Santos teve uma reunião importante na empresa em que trabalha e voltou para casa muito tarde. Todos os membros da família já tinham ajudado nas tarefas domésticas. Você e um/a colega devem dizer o que cada um deles tinha feito.

Modelo Quando ela ia sair de manhã, disse ao marido que provavelmente
       voltaria tarde.
       Quando ela voltou, o marido tinha preparado o jantar para toda a
       família.

1. Antes de sair, ela não pôs os pratos sujos na máquina de lavar louça.
2. Ela olhou pela janela e viu que havia muitas folhas secas no jardim.
3. Quando saía de casa, ela notou que a garagem estava muito suja.
4. Os quartos dos filhos estavam desarrumados e havia roupa no chão.
5. Como ela estava com pressa, deixou em casa algumas cartas importantes que queria mandar pelo correio.
6. Ela não levou um vestido que queria deixar na costureira para ser ajustado.

Situações

Papel A. Você começou a carreira política recentemente e acaba de ser eleito/a para o seu primeiro cargo público. Responda às perguntas de um/a jornalista. Dê-lhe informações detalhadas sobre as suas expectativas para o futuro.

Papel B. Você é um/a jornalista que entrevista um/a político/a jovem que acaba de ganhar as eleições. Faça-lhe perguntas para saber: a) quando decidiu concorrer nas eleições; b) que experiência política tinha tido antes de tomar essa decisão; c) o que promete aos eleitores e d) o que espera conseguir no cargo que vai ocupar.

Para escutar

 A. Lógico ou ilógico? Indique se cada uma das seguintes afirmações é lógica ou ilógica.

LÓGICO	ILÓGICO		LÓGICO	ILÓGICO
1. _____	_____		5. _____	_____
2. _____	_____		6. _____	_____
3. _____	_____		7. _____	_____
4. _____	_____		8. _____	_____

B. Mudanças. Leia as afirmações abaixo antes de ouvir a gravação. Depois, escute e determine quais delas são verdadeiras e quais falsas.

	VERDADEIRO	FALSO
1. Nesta apresentação só se fala da família moderna.	_____	_____
2. Discutem-se as responsabilidades das famílias que vivem nas cidades grandes e no campo.	_____	_____
3. De acordo com a apresentação, as tarefas domésticas hoje são divididas entre os casais jovens.	_____	_____
4. Nas famílias modernas as mulheres são mais estressadas do que antigamente.	_____	_____
5. O complexo de culpa que os pais têm é resultado das pressões do dia a dia.	_____	_____
6. Nesta apresentação não é discutido o problema do divórcio.	_____	_____

Para conversar

14-23 Uma mulher de sucesso. Primeiro passo. Leia o seguinte texto sobre Benedita da Silva.

UMA MULHER DE SUCESSO

Benedita da Silva é o que se pode chamar de uma mulher de sucesso. Benedita cresceu na favela Chapéu Mangueira, no Rio de Janeiro. Como mulher negra e favelada, Benedita sofreu todo o tipo de discriminação. Mas devido a sua tenacidade, Benedita terminou os estudos secundários e se tornou professora de curso primário. Depois completou os estudos superiores, tornando-se assistente social. Estabeleceu sua base política na favela onde morava e acabou sendo eleita como vereadora (1983) e depois deputada federal (1987–95). Em 1998, tornou-se senadora. Foi a primeira mulher senadora e a primeira pessoa de cor negra a ocupar esse posto. Em 1999, foi eleita vice-governadora do estado do Rio de Janeiro.

Em seu livro *Benedita*, entre outras coisas, ela fala sobre o assédio sexual sofrido, a discriminação por ser negra e pobre, a fome, a falta de estrutura básica na favela e a ocupação das favelas por gangues do narcotráfico.

Nas suas proposições, como deputada federal e senadora, Benedita defendeu emendas para proteger portadores de deficiências físicas, sensoriais ou mentais; para proteger crianças contra exploração sexual; contra o assédio sexual no trabalho e o trabalho de menores. Ela trabalhou também na revisão do estatuto da criança e do adolescente e batalhou pelos direitos e deveres de empregados e empregadores, bem como para a eliminação da discriminação racial e violência contra a mulher.

Benedita tem recebido inúmeras homenagens; entre elas:

➡ Diploma de uma das dez Mulheres do Ano de 1983 atribuído pelo Conselho Nacional de Mulheres.

➡ Certificado de Amiga da Cidade de Los Angeles atribuído pela Prefeitura de Los Angeles, EUA (1983).

➡ Título de Hospéde de Honra da Cidade de Manágua atribuído pela Prefeitura de Manágua, Nicarágua (1985).

➡ Chave da Cidade de Washington, EUA (1992).

➡ Medalha da Ordem do Rio Branco do Itamaraty (1992), a mais alta condecoração do governo brasileiro.

 Segundo passo. Em grupos de três, identifiquem pelo menos três dificuldades ou problemas que Benedita da Silva enfrentou antes de ser senadora e mesmo depois de eleita. Em seguida, indiquem que programas ou propostas de lei é que Benedita criou para acabar com esses problemas. Comparem as propostas com outros grupos.

14-24 Preocupações sociais. Converse com um/a colega sobre as questões que preocupam a sociedade contemporânea. Usem as expressões do quadro abaixo nas perguntas e respostas. Escrevam as respostas. Depois, comparem as opiniões com outro par de colegas.

Modelo   a falta de segurança nas escolas
           E1: Será que podemos acabar com a falta de segurança nas escolas?
           E2: Sim, podemos acabar com a falta de segurança nas escolas quando houver mais disciplina e melhor educação.

OS TEMAS	DEPOIS QUE	ASSIM QUE	QUANDO	ENQUANTO
a igualdade das mulheres				
a discriminação racial				
a eutanásia assistida				
a pílula abortiva				
a violência doméstica				
a proibição das armas de fogo				

Para ler

14-25 Preparação. Primeiro passo. O texto abaixo é um fragmento de *Livro do Desassossego*, escrito pelo autor português Fernando Pessoa, mas assinado por um *alter ego* do escritor chamado Bernardo Soares. Pesquise na Internet para aprender mais sobre este escritor e sobre a relação entre Pessoa e os seus "heterónimos" (um dos quais foi Soares).

A estátua de Fernando Pessoa no Chiado, em Lisboa

Segundo passo. O texto de Bernardo Soares explora a relação entre o eu e o outro, e mais especificamente, a capacidade que o narrador do fragmento tem de assumir, na imaginação, a identidade das outras pessoas. Você alguma vez imaginou possuir uma identidade que não fosse a sua? Fale sobre essa experiência com um/a colega. Na conversa, comentem os seguintes pontos:

- a identidade da(s) personalidade(s) alternativa(s)

- a motivação para se imaginar outro/a

- os efeitos da experiência

 14-26 Primeira exploração. Leia o texto e sublinhe todos os verbos e expressões que Bernardo Soares usa para descrever a sua experiência de viagem. Depois, trabalhe com um/a colega para decidir quais deles se referem à experiência "real" (concreta, física) do viajante e quais à experiência imaginária.

Cada vez que viajo, viajo imenso. O cansaço que trago comigo de uma viagem de comboio até Cascais é como se fosse o de ter, nesse pouco tempo, percorrido as paisagens de campo e cidade de quatro ou cinco países.

Cada casa por que passo, cada chalé, cada casita isolada caiada de branco e de silêncio—em cada uma delas num momento me concebo vivendo, primeiro feliz, depois tediento, cansado depois; e sinto que tendo-a abandonado, trago comigo uma saudade enorme do tempo em que lá vivi. De modo que todas as minhas viagens são uma colheita dolorosa e feliz de grandes alegrias, de tédios enormes, de inúmeras falsas saudades.

Depois, ao passar por diante de casas, de vilas, de chalés, vou vivendo em mim todas as vidas das criaturas que ali estão. Vivo todas aquelas vidas domésticas ao mesmo tempo. Sou o pai, a mãe, os filhos, os primos, a criada e o primo da criada, ao mesmo tempo e tudo junto, pela arte especial que tenho de sentir ao mesmo tempo várias sensações diversas, de viver ao mesmo tempo—e ao mesmo tempo por fora, vendo-as, e por dentro sentindo-mas—as vidas de várias criaturas.

Criei em mim várias personalidades. Crio personalidades constantemente. Cada sonho meu é imediatamente, logo ao aparecer sonhado, encarnado numa outra pessoa, que passa a sonhá-lo, e eu não.

Para criar, destruí-me; tanto me exteriorizei dentro de mim, que dentro de mim não existo senão exteriormente. Sou a cena nua onde passam vários atores representando várias peças.

14-27 Segunda exploração. Indique se as seguintes afirmações sobre o texto são verdadeiras (V) ou falsas (F). Justifique todas as decisões e corrija as afirmações falsas.

1. _____ Podemos afirmar seguramente que quem narra o texto é um homem.
2. _____ O texto descreve um acontecimento ocorrido uma única vez.
3. _____ A viagem de comboio até Cascais é uma viagem longa.
4. _____ O viajante experimenta muitas emoções variadas e contraditórias durante a viagem.

5. ____ O narrador só consegue imaginar a vida das pessoas que são semelhantes a ele.
6. ____ A própria personalidade do narrador é forte e bem definida.
7. ____ A despersonalização é uma experiência muito comum para o narrador.
8. ____ O narrador compara-se a um teatro.

 14-28 Terceira exploração. Com um/a colega, responda às perguntas abaixo. Depois comparem as conclusões com outro par de colegas da turma.

■ É possível ter saudades (*to miss*) daquilo que só se viveu na imaginação?

■ A imaginação do outro é equivalente à compreensão do outro?

■ A capacidade de imaginar intensamente a vida dos outros leva a um sentido de solidariedade social?

Para escrever

14-29 Preparação. Prepare-se para escrever o relato de uma vida imaginária. Primeiro, determine os seguintes elementos da sua personalidade alternativa:

■ o nome

■ a nacionalidade

■ o sexo (masculino, feminino, outro)

■ a idade

■ o nível de vida (uma pessoa pobre, rica, de classe média)

■ o lugar onde mora

■ a profissão ou ocupação

■ duas características particulares que tornam essa pessoa única, diferente das outras

■ um desejo grande que essa pessoa tem

14-30 Mãos à obra. Agora escreva o relato. Use o tempo presente (**Sou. . ., Tenho. . .**), mas, se você quiser, poderá também referir-se às experiências do passado e aos planos para o futuro.

14-31 Revisão. Leia o relato mais uma vez. Você acha que representou bem a sua personalidade assumida? O retrato é interessante e coerente? Corrija o que houver para corrigir no texto para que fique ainda melhor. Depois, troque o relato com o de um/a colega. Leiam os textos e comparem as personalidades assumidas.

Projeto final

Preparação

14-32 O Brasil em números. Abaixo, há uma lista de fa(c)tos—baseada em dados do Instituto Brasileiro de Estatística e do Banco Mundial—que podem revelar a situação de desigualdade no Brasil. Numere-os de 1 (o mais relevante) a 17 (o menos relevante).

_____ É o oitavo país mais desigual do mundo em termos de desenvolvimento social (entre os 128 países avaliados).

_____ É a décima maior economia do mundo.

_____ Ocupa o 70° lugar em termos de desenvolvimento humano (entre os 179 países avaliados).

_____ É o maior produtor mundial de açúcar, café e suco de laranja.

_____ 10% da população é analfabeta.

_____ 54,5% da população adulta não conclui a escola elementar.

_____ É o terceiro maior produtor mundial de aviões.

_____ É o terceiro maior produtor mundial de frutas.

_____ Dentre 57 países avaliados na área de educação, o Brasil foi o quarto pior em matemática, o sexto pior em ciências e o oitavo pior em leitura.

_____ 10% dos mais ricos concentram 45,4% da riqueza do país.

_____ É o país cujos habitantes passam o maior número de horas diárias na Internet.

_____ Em alguns bairros de São Paulo há mais heliportos que pontos de ônibus.

_____ É o quarto maior produtor mundial de chocolate.

_____ Ganhou seis vezes a Copa do Mundo.

_____ Há quase 200 línguas indígenas faladas no Brasil.

_____ Tem a maior população de italianos e japoneses fora da Itália e do Japão.

_____ O aparelho de televisão é o eletrodoméstico mais comprado depois do fogão e antes da geladeira.

Mãos à obra

14-33 Parte 1: Os slides. Junto com um/a colega, você vai fazer dois slides para mostrar as desigualdades no Brasil. Escolha dados do exercício acima para o projeto. Limite a seleção a oito dados (quatro para cada slide).

Slide 1

a. _____

b. _____

c. _____

d. _____

Slide 2

a. _____

b. _____

c. _____

d. _____

Parte 2: Apresentação. Junto com o/a colega apresente o projeto para o resto da turma. Justifiquem as suas escolhas.

Parte 3: Comparação e comentários. Comparem os slides com os dos demais da turma. A turma e o/a professor/a comentam os projetos.

Horizontes

Timor-Leste

Timor-Leste, o mais novo dos países de língua oficial portuguesa, possui um território de 18.000 km² que ocupa a parte oriental da ilha de Timor, situada no Oceano Pacífico entre a Indonésia e a Austrália. A população de Timor Lorosae (o nome do país em tétum, a sua outra língua oficial) é de cerca de um milhão de habitantes, apenas 50.000 dos quais vivem na capital Dili. Os primeiros portugueses chegaram à ilha no início do século XVI em busca de recursos naturais, principalmente de sândalo, uma madeira nobre muito prezada. No entanto, só no século XVIII teve início a ocupação colonial e a organização administrativa do território, que passou a chamar-se Timor Português. Após a Revolução de 25 de Abril de 1974 em Portugal, a República Democrática de Timor-Leste foi proclamada em novembro de 1975, mas poucos dias depois as tropas indonésias invadiram a parte oriental da ilha. A ocupação indonésia e a supressão brutal da resistência timorense, que a caracterizou, duraram 24 anos, até ao referendo promovido pelas Nações Unidas em 1999. A esmagadora maioria dos timorenses votou pela independência, que foi restaurada formalmente em 2002, quando a Organização das Nações Unidas entregou o poder ao primeiro Governo Constitucional de Timor-Leste.

Os timorenses festejam a independência do seu país

A população de Timor-Leste é altamente heterogênea, compondo-se de vários grupos étnicos malaio-polinésios, papuanos e chineses. Além das línguas oficiais (tétum e português), quinze "línguas nacionais" são faladas no território timorense. Devido à presença dos missionários católicos na ilha desde o século XVI, e não obstante a política de islamização forçada durante a ocupação indonésia, a grande maioria da população (cerca de 90%) professa o catolicismo.

Após o referendo de 1999, a infraestrutura económica de Timor-Leste foi devastada pelas tropas indonésias e milícias anti-independência, e o esforço da sua reconstrução continua a ser um grande desafio para o jovem país. A esperança principal da economia timorense está ligada aos vastos depósitos de petróleo nas águas territoriais de Timor, atualmente avaliados em mais de 30 mil milhões de dólares. A agricultura e a pesca são as bases tradicionais da economia de subsistência, mas a aposta em certas culturas, nomeadamente o café, na tentativa de construir uma economia orientada para a exportação, tem enfrentado dificuldades devido tanto às tendências globais do mercado como às deficiências persistentes da infraestutura local.

Para responder

1. Entre os oito países de língua oficial portuguesa, qual é o lugar de Timor-Leste em termos de população? E quanto ao território?

2. Os principais desafios da economia de Timor-Leste são _____ _____.

3. O que significa o termo "economia de subsistência"?

Macau

Macau, atualmente uma Região Administrativa Especial da República Popular da China, foi a primeira colónia europeia no Extremo Oriente, tendo sido ocupada pelos portugueses em meados do século XVI. Situado no sul da China, a 60 km de Hong Kong, o território de Macau é composto por uma península e duas ilhas, com uma superfície total de apenas 28,6 km². No dia 1 de janeiro de 2000, Macau passou à soberania chinesa, mas mais de quatro séculos de colonização portuguesa deixaram no território macaense muitos vestígios arquitetónicos e culturais. O Centro Histórico de Macau, que faz parte do Património Mundial da Humanidade da UNESCO, atrai grande número de turistas de todo o mundo. O turismo é, aliás, uma das principais atividades da região, estando em grande medida associado ao jogo: em 2007, Macau ultrapassou Las Vegas, tornando-se o principal centro mundial da indústria do jogo.

Cerca de 95% da população de Macau é de etnia chinesa e o cantonês é a língua materna de 85,7% dos macaenses (de acordo com o censo de 2001). No entanto, existem ainda na região vários órgãos de comunicação social em português, como os jornais diários *Hoje Macau*, *Jornal Tribuna de Macau* e *Ponto Final*, juntamente com algumas estações de TV e rádio.

Fachada da antiga catedral de São Paulo em Macau

Placa bilíngue com nome de rua

Para responder

1. Qual é a relação entre Macau e Las Vegas?

2. Os habitantes de Macau chamam-se _____. Em termos étnicos, são maioritariamente _____ e falam principalmente a língua _____.

🌐 Para navegar

1. Pesquise na Internet qual foi o papel das seguintes personalidades na luta do povo timorense pela independência e o que têm feito desde a independência: José Ramos Horta, Xanana Gusmão, Carlos Filipe Ximenes Belo.

2. Trabalhando em pequenos grupos, preparem um relatório sobre o sistema político de Timor-Leste. Quais são as diferenças e as semelhanças entre este sistema e o dos Estados Unidos?

3. Explore os sites dos jornais macaenses publicados em português. Tome nota de três notícias atuais em três áreas diferentes (por exemplo, economia, política e cultura) e apresente os resultados na aula.

Vocabulário

A sociedade

o acesso	*access*
o âmbito	*sphere, area*
o casamento	*marriage*
o crescimento	*growth*
a demografia	*demographics*
o desequilíbrio	*imbalance*
a desigualdade	*inequality*
o domicílio	*household*
a estatística	*statistics*
a exclusão	*exclusion*
o fa(c)to	*fact*
o fim	*objective, goal*
o indicador	*indicator*
a mudança	*change*
a novidade	*news, novelty*
a origem	*origin*
a proporção	*proportion*
a redução	*decrease*
o rendimento	*income*
a taxa	*rate*
a tendência	*tendency*

Descrição

alfabetizado/a	*literate*
carente	*economically challenged*
consciente	*conscious*
contemporâneo/a	*contemporary*

doméstico/a	*domestic*
elevado/a	*high*
estrangeiro/a	*foreign*
médio/a	*average*
precário/a	*precarious*

Verbos

aliar-se	*to join, to form an alliance*
apontar	*to indicate, to point out*
atingir	*to reach*
aumentar	*to increase*
combater	*to fight against*
criar	*to create*
destacar-se	*to stand out*
diminuir	*to decrease*
encomendar	*to order*
envelhecer	*to grow old*
passar por	*to go through*
reverter	*to turn around*
usufruir	*to take advantage of*

Palavras e expressões úteis

cerca de	*about*
cujo, -a, -os, -as	*whose*
devido a	*due to*
no máximo	*at the most*
por outro lado	*on the other hand*

Lição **15**

A ciência e a tecnologia

À PRIMEIRA VISTA

- As tecnologias de informação e comunicação
- A cidade do futuro
- As biotecnologias

ESTRUTURAS

- Expressing actions: Uses of the impersonal infinitive
- Personalizing the expression of actions: The personal infinitive
- Hypothesizing about the present and the future: Present and future *if*-clause sentences
- Expressing subjective attitudes: Diminutives and augmentatives

Vamos viajar

- A Internet em português
- O futuro da ciência e tecnologia

ENCONTROS

- Para escutar: Identifying main ideas and specific information
- Para conversar: Expressing and discussing complex scenarios
- Para ler: Extracting information from a specialized text
- Para escrever: Discussing political and economic issues formally
- Projeto final: A língua portuguesa como herança

HORIZONTES

- Comunidades de língua portuguesa nos Estados Unidos

COMUNICAÇÃO

In this chapter you will learn to:

- Talk about advances in science and technology
- Give opinions and make suggestions
- Hypothesize about the present and the future
- Express contrary-to-fact conditions in the present
- Express subjective perceptions and attitudes

As tecnologias de informação e comunicação

VeloNet:

Mais opções, mais qualidade, melhores preços.

Internet Banda Larga, Telefone & TV Cabo

Serviço integrado para quem não quer perder tempo nem dinheiro.

Oferta especial para novos aderentes: apenas €45/mês* com instalação grátis e um ano de utilização da Infopédia Online.
Serviços incluídos: Controlo de Acesso para Crianças, Anti-Vírus, Firewall e Anti-Spam.

Mais detalhes em www.velonet.pt
*Durante 12 meses, para adesões até 31 de outubro

 A integração cada vez maior de vários serviços digitais é uma das tendências claras no desenvolvimento das novas tecnologias de informação e comunicação. Pode-se transferir dados, em forma de texto, fotos ou vídeos, entre computadores, computadores de bolso e telefones celulares (B)/telemóveis (P). Em Portugal, a rede integrada de caixas multibanco permite aos usuários (B)/utilizadores (P) realizar muitas operações além dos serviços bancários tradicionais (como sacar [B]/levantar [P], depositar ou transferir dinheiro): pagar as contas de casa (de gás, água, etc.), comprar bilhetes para concertos, jogos ou transportes públicos, etc. O número dos clientes da rede celular no Brasil já ultrapassou o dobro dos clientes da rede fixa e há um progresso constante na integração de novas e cada vez mais variadas funções nos telefones celulares: fotografia, vídeo, jogos, música, acesso à Internet, etc.

Para pesquisar

Usando como palavras-chave "TV (a) cabo", "satélite", "Internet" e/ou "celular" (ou "telemóvel"), procure algumas ofertas comerciais de serviços digitais para consumidores individuais. Identifique duas ofertas comparáveis de empresas rivais e decida qual delas é mais vantajosa para o consumidor. Apresente os resultados da pesquisa na aula.

 15-1 Serviços e funções. Você e um/a colega devem preencher a seguinte tabela de acordo com a informação apresentada acima. Depois indiquem quais dos serviços listados vocês usam no dia a dia e discutam essa experiência (vantagens, desvantagens, custo, grau de necessidade, etc.).

SERVIÇO	FUNÇÃO
Internet banda larga	
	comunicar com amigos, parentes, etc.

 15-2 Imaginando o futuro. Em pequenos grupos, imaginem um serviço tecnológico que ainda não existe, mas que vocês acham que deveria existir. Em seguida, criem um folheto publicitário para descrever e comercializar esse serviço. Toda a turma vai votar se considera cada um dos serviços apresentados indispensável (2 pontos), interessante (1 ponto) ou desnecessário (0 pontos). A invenção que obtiver o maior número de pontos vencerá a competição.

A cidade do futuro

1. AS CIDADES

   ■ Serão construídas cidades verticais com edifícios climatizados usando energia solar. Haverá também cidades construídas sobre o mar.

   ■ 90% da população global morará nas cidades.

   ■ Todo o lixo produzido pelas populações urbanas será reciclado.

2. A ATMOSFERA

   ■ O aquecimento global da atmosfera provocará a subida do nível do mar e inundações das regiões costeiras.

- Devido à instabilidade atmosférica do planeta, aumentará o número e a força dos furacões.

- A manipulação genética ajudará a criar plantas que melhorarão a qualidade do ar e espécies animais resistentes à poluição.

3. AS CASAS

- Todos os lares terão acesso permanente à rede informática. As compras, os serviços e a manutenção dos sistemas domésticos serão processados por computador.

- As portas e janelas das casas e os aparelhos domésticos serão controlados pela voz.

- Haverá robôs especializados para fazer trabalhos de limpeza, preparar a comida, etc.

4. O TRANSPORTE

- Os transportes públicos de alta velocidade circularão nos trilhos suspensos à altura dos edifícios.

- Os carros utilizarão energia solar e combustíveis orgânicos renováveis. Serão pequenas cápsulas voadoras que podem movimentar-se horizontal e verticalmente.

- Todo o trânsito aéreo será controlado por satélite.

5. OS SERVIÇOS

- Os serviços de abastecimento e manutenção dos edifícios serão geridos virtualmente.

- A maioria dos doentes serão tratados em casa através da telemedicina.

- Os microcomputadores individuais permitirão acesso instantâneo dos cidadãos aos serviços de segurança e urgência.

 15-3 Mais invenções. Você e um/a colega vão acrescentar mais um ponto em cada uma das categorias da descrição da cidade do futuro. Depois comparem estas previsões com as de outro par de colegas e decidam qual delas é a mais provável e qual a mais desejável.

 15-4 Um futuro melhor? Primeiro passo. Com um/a colega, comparem as cidades de hoje com a cidade do futuro representada na ilustração anterior. Considerem pelo menos duas das seguintes variáveis: tecnologia, meio ambiente, transporte, qualidade de vida dos cidadãos, segurança, saúde.

Segundo passo. Agora fale com o/a colega sobre dois problemas específicos que existem nas cidades do presente. Façam uma lista de dois ou três elementos de cada problema que gostariam de melhorar. Compartilhem as propostas com o resto da turma.

Modelo Nas cidades contemporâneas há pouca segurança.
Qualquer pessoa pode obter uma arma e matar quem quiser.
Nós gostaríamos de propor uma lei para limitar o acesso às armas de fogo.

15-5 O futuro é agora! Faça uma lista de cinco coisas que existem hoje e que não existiam quando os seus pais tinham a idade que você tem agora. Depois compare a lista com as listas compostas por mais dois colegas da turma. Expliquem o impacto dessas coisas nas suas vidas, em comparação com a vida dos seus pais.

Cultura

Pouco antes de 2000, as primeiras Lan Houses foram abertas no Brasil. Atualmente, há mais de 3.500 em todo o país oferecendo computadores de última geração aos clientes que podem usá-los para acessar a Internet para se divertirem, trabalharem ou simplesmente participarem de bate-papos virtuais. ■■

As biotecnologias

O desenvolvimento científico na área das biotecnologias tem sido uma característica marcante da nossa era. Praticamente não há dia em que as manchetes dos jornais não tragam alguma notícia relativa à clonagem, pesquisa sobre células estaminais, engenharia genética, fertilização *in vitro*, entre outras inovações. Os avanços na capacidade de manipular os genes, por exemplo, têm profundas implicações no combate a várias doenças, entre as quais o câncer (B)/cancro (P), bem como na agricultura, com a produção de variedades de plantas comestíveis resistentes à seca e outras condições adversas. Ao mesmo tempo, a manipulação genética tem provocado muita controvérsia de ordem ética e ambiental, no que diz respeito, sobretudo, à manipulação do genoma humano, mas também à produção dos alimentos geneticamente modificados.

15-6 O que é...? Combine os termos da coluna da esquerda com as descrições da coluna da direita.

1. _____ plantas comestíveis
2. _____ células estaminais
3. _____ genoma humano
4. _____ fertilização *in vitro*
5. _____ clonagem
6. _____ modificação genética

a. uma técnica que permite produzir embriões fora do útero
b. o conjunto dos genes que se encontram nos seres humanos
c. arroz, trigo, milho, soja, etc.
d. o processo de manipulação dos genes num organismo
e. podem assumir várias funções no processo de diferenciação
f. produção de uma cópia geneticamente igual de um organismo

15-7 Uma questão de ética. Em pequenos grupos, formulem três preocupações éticas que acompanham os desenvolvimentos na área das biotecnologias. Depois, comparem a lista com as elaboradas por outros grupos e escolham um tema para debater em conjunto. Metade da turma deverá assumir a posição a favor e a outra metade contra, mas o objetivo do debate deve ser a elaboração de um compromisso viável para todos.

Para escutar

O problema da alimentação. Você vai ouvir uma breve discussão sobre o problema de alimentar adequadamente a população global. Leia as declarações abaixo antes de ouvir a gravação; depois decida se cada uma delas é verdadeira ou falsa.

	VERDADEIRO	FALSO
1. Os cientistas trabalham para resolver o problema da alimentação.	_____	_____
2. O Instituto Internacional de Pesquisa do Arroz encontra-se nos Estados Unidos.	_____	_____
3. Nos países em desenvolvimento não existem centros de pesquisa dedicados à alimentação.	_____	_____
4. A engenharia genética permite aumentar a produção de arroz.	_____	_____
5. As técnicas tradicionais de cultivo terão que mudar para aumentar a produtividade.	_____	_____
6. As novas técnicas de cultivo e a engenharia genética poderão aumentar a produção de arroz em até 5%.	_____	_____

In Portuguese, there are two types of infinitives: the impersonal infinitive and the personal infinitive. You have used the impersonal infinitive in various contexts since **Lição 1**.

1. Expressing actions: Uses of the impersonal infinitive

Uma aluna caloura dorme enquanto um professor dá conselhos

Professor: Trabalhar árdua e inteligentemente é um dos lemas da nossa escola. É importante **pensar** antes de **fazer** perguntas aos professores. Ao **preparar** as aulas, leia além do que lhe foi pedido. Aliás, **ler** e **ler** e **ler** é outro lema da escola. Depois de **escrever** um ensaio, leia-o em voz alta para um colega ouvir e dar uma opinião. Ao **receber** críticas, não pense que é pessoal. Estamos aqui para **ajudar**, portanto a crítica construtiva faz parte do processo. Agora, por favor, diga-me se tem alguma dúvida.

Vamos analisar. Os infinitivos enunciados pelo professor ocorrem por três razões diferentes; portanto, podem ser divididos em três categorias. Tente agrupar os infinitivos enunciados pela mesma razão.

Categoria 1: _____

Categoria 2: _____

Categoria 3: _____

■ The infinitive is the only verb form that may be used as the subject of a sentence. In that case, it corresponds to the English **-ing** form.

Trabalhar com novas tecnologias é gratificante.

Working with new technologies is rewarding.

■ Use an infinitive after a preposition.

Nos dias de hoje, o conhecimento da informática é importante **para encontrar** um bom emprego.

Nowadays, knowledge of information technology is important to find a good job.

■ **Ao** + *infinitive* is the equivalent of **quando** + *conjugated verb*.

Ao chegar, Pedro ligou o computador.

Upon arriving, Pedro turned on the computer.

Quando chegou, Pedro ligou o computador.

When he arrived, Pedro turned on the computer.

15-8 As novas tecnologias nos dias de hoje. Elabore afirmações completas e lógicas sobre o uso das novas tecnologias de informação e comunicação combinando os elementos da coluna da esquerda com os da coluna da direita.

1. ____ Transferir dados de…	a. para aprender novas tecnologias.
2. ____ A coisa mais fácil do mundo é…	b. viver sem Internet.
3. ____ Agora é difícil…	c. oferecer novos serviços através da Internet.
4. ____ Eles querem…	d. um computador para outro é muito fácil.
5. ____ As novas tecnologias permitem…	e. pagar contas usando as novas tecnologias.
6. ____ Às vezes, é preciso muita paciência…	f. fazer muita coisa mais rapidamente.

 15-9 Hábitos diferentes. Pergunte a um/a colega o que ele/ela faz nos seguintes casos. Depois, compartilhe as reações dele/dela com outro/a colega.

Modelo   antes de viajar de avião

E1: O que você faz antes de viajar de avião?
E2: Antes de viajar de avião, normalmente compro revistas e ponho um bom livro na mochila.

E1: Que fazes antes de viajar de avião?
E2: Antes de viajar de avião, normalmente compro revistas e ponho um bom livro na mochila.

1. antes de fazer uma longa viagem de carro
2. antes de ir à biblioteca
3. depois de ler as notícias na Internet
4. depois de terminar as tarefas do dia
5. antes de dormir
6. antes de sair de casa

 15-10 Uma vida melhor. Ao tornar-se uma empresária de sucesso, Clara Peixoto conseguiu acumular um bom capital e deseja fazer outras coisas interessantes na vida. Com um/a colega, imagine os resultados dos planos dela.

Modelo   E1: Pensa em trabalhar menos horas.
             E2: Ao trabalhar menos, vai dormir mais.
             E1: Ao dormir mais, ficará mais saudável.

1. Gostaria de conhecer todos os países lusófonos.
2. Quer aprender a esquiar.
3. Pensa em ter aulas de forró.
4. Gostaria de ficar mais tempo com os amigos.
5. Como é divorciada, gostaria de conhecer alguém que fosse compatível com ela.
6. Quer contratar dois empregados para fazer o trabalho que ela fazia.

2. Personalizing the expression of actions: The personal infinitive

8-10

Frederico escreve um diário desde os sete anos de idade. Este é o trecho mais recente:

A Marta pediu para nós **lermos** a obra de uma poeta muito famosa. Fiquei chateado porque a Marta sempre pede para **estudarmos** o máximo de autores que conseguirmos mas ela nunca pede para **lermos** nenhum autor específico. Desta vez foi diferente e o resultado foi um desastre. Por **terem** que ler algo obrigatório, muitos alunos protestaram e não leram nada. A Luísa e eu fomos os únicos a fazer o que a Marta pediu. E ainda bem: ao **lermos** um dos seus poemas, ficamos apaixonados pela obra da jovem autora.

Vamos analisar. As frases abaixo são verdadeiras (**V**) ou falsas (**F**)?

1. ____ A Marta é professora do Frederico.
2. ____ O Frederico e a Luísa estudam na mesma escola.
3. ____ A Marta não é professora da Luísa.
4. ____ A Luísa e o Frederico protestaram contra a imposição da Marta.
5. ____ O Frederico e a Luísa gostaram muito da autora imposta por Marta.

- Portuguese, Galician, and Mirandese are the only Romance languages that have a personal infinitive. It is called the personal infinitive because it has a subject with which the infinitive agrees.

  Os cientistas inventaram aparelhos para nós **usarmos**.

  The scientists invented appliances for us to use.

- The personal infinitive is formed by adding **-es** to the **tu** form, **-mos** to the **nós** form, and **-em** to the **eles** of the impersonal infinitive.

	NADAR	CORRER	PARTIR	PODER
eu	nadar	correr	partir	poder
tu	nadar**es**	correr**es**	partir**es**	poder**es**
você o/a senhor/a ele/ela	nadar	correr	partir	poder
nós	nadar**mos**	correr**mos**	partir**mos**	poder**mos**
vocês os/as senhores/as eles/elas	nadar**em**	correr**em**	partir**em**	poder**em**

- The personal infinitive is generally used when the subject of the main verb in a sentence is not the same as the subject of the infinitive.

  Luciana pediu para **usarmos** a impressora da Maria.

  Luciana asked that we use Maria's printer.

■ The use of the personal infinitive is optional when the subjects of the main verb and the infinitive are the same.

Por não **terem** acesso à Internet, elas não puderam enviar e-mails a ninguém.

Because they did not have Internet access, they could not send e-mails to anybody.

Por não **ter** acesso à Internet, elas não puderam enviar e-mails a ninguém.

Because they did not have Internet access, they could not send e-mails to anybody.

■ The personal infinitive is commonly used as a replacement for the subjunctive.

PERSONAL INFINITIVE	SUBJUNCTIVE
É melhor usarmos a Internet todos os dias.	**É melhor que usemos** a Internet todos os dias.
It is better for us to use the Internet every day.	*It is better that we use the Internet every day.*
Não vou fazer nada **até vocês dizerem** o que querem.	Não vou fazer nada **até que vocês digam** o que querem.
I am not going to do anything until you tell me what you want.	*I am not going to do anything until you tell me what you want.*
O José pediu **para eles abrirem** a porta.	O José pediu **que eles abrissem** a porta.
José asked them to open the door.	*José asked them to open the door.*

15-11 A cidade do futuro. Forme afirmações completas e lógicas sobre como serão as cidades do futuro combinando os elementos da coluna da esquerda com os da coluna da direita.

1. Depois de…
2. É melhor eles…
3. Seria difícil vocês…
4. As autoridades pedem para nós…
5. Antes de…
6. É difícil eu sair de casa…

a. aceitarem os robôs especializados em fazer trabalhos de limpeza.
b. aperfeiçoarem aparelhos domésticos controlados pela voz, tudo será mais fácil.
c. morarem fora da cidade.
d. termos telemedicina, tudo era mais complicado.
e. reciclarmos o lixo.
f. sem consultar os satélites que controlam o trânsito.

 15-12 Preparar o futuro. Junto com um/a colega, discutam o futuro da biotecnologia.

Modelo   investir no desenvolvimento de biotecnologias
É melhor nós investirmos no desenvolvimento de biotecnologias.

1. fazer campanhas para que a clonagem seja feita com ética
É desejável vocês _____
2. estudar mais engenharia genética no futuro
É crucial elas _____
3. desenvolver novas leis para lidar com as novas biotecnologias
É urgente nós _____

4. preparar campanhas publicitárias para conscientizar o público sobre os possíveis riscos da biotecnologia
   É melhor as autoridades _____

5. debater questões éticas que envolvem a biomedicina
   É importante as escolas de medicina _____

 15-13 Uma casa mais confortável. Fale sobre as casas do futuro com um/a colega.

Modelo   abrir as portas / ter aparelhos comandados pela voz
             (para—nós)
             Para abrirmos as portas, nós teremos aparelhos comandados
             pela voz.
             ter robôs / nunca cozinhar em casa (antes de—vocês)
             Antes de vocês terem robôs, vocês nunca cozinhavam em casa.

1. aprender a usar a rede de informática / ter mais trabalho (até—elas)
2. mudar para a cidade do futuro / ficar maravilhados (ao—nós)
3. morar numa cidade moderna / não querer mais morar numa antiga (depois de—eu)
4. não saber usar a rede de informática / não ter acesso aos serviços (por—vocês)
5. morar numa cidade moderna / morou numa cidade antiga (antes de—ele)

Vamos viajar

A Internet em português

Nos países de língua portuguesa, tal como no resto do mundo, verifica-se uma expansão constante das dimensões e funções do universo *online* nas áreas de informação, comunicação, comércio, entretenimento, ensino, política, relações interpessoais, etc. No Brasil, o comércio *online* cresceu 355% entre 2001 (data em que começou a ser medido o  volume das vendas pela Internet) e o final de 2005. Entretanto, a adesão a esta forma de consumo ainda é uma opção minoritária: um estudo realizado em 2006 em São Paulo mostrou que só 12,3% de paulistanos já fizeram compras pela Internet e que 75,9% nunca compraram *online* nem gostariam de fazê-lo. É claro que estas estatísticas são condicionadas pelo grau de acesso das populações à tecnologia informática. Nos países africanos, o acesso à Internet está ainda fora do alcance da maior parte dos cidadãos, mesmo nos centros urbanos. Em Cabo Verde, o país com os indicadores de qualidade de vida mais altos entre os PALOP, 25.000 pessoas usavam a Internet em 2005, o que correspondia a 5,3% da população total do país.

A proliferação dos sites e portais em português é notável no campo da mídia (B)/dos média (P). Já em 1995, todos os principais jornais portugueses tinham colocado as suas edições na Internet; hoje seria difícil, ou mesmo impossível, encontrar um jornal, revista, canal de televisão ou agência de notícias sem um site próprio. Grandes empresas brasileiras de telecomunicação, como a TV Globo, possuem sites altamente complexos e sofisticados, oferecendo ao usuário informação completa da programação, acesso a vídeo, sites especializados com todos os programas emitidos pela Globo, notícias em tempo real e muitos outros serviços. As comunidades das diásporas brasileira, portuguesa e cabo-verdiana nos Estados Unidos também mantêm uma presença forte na Internet: vejam-se, por exemplo, a revista *Brazzil Magazine*, os jornais *Portuguese Times* e *Brazilian Voice*, ou o portal *CaboVerdeOnline*. Os blogs (B) ou blogues (P) em português têm florescido muito dinamicamente nos últimos anos: já em meados de 2006, um guia de blogs brasileiros contava mais de 40.330 blogs cadastrados, alguns gerais, outros especializados, dedicados a temas tão variados como engenharia, humor, cinema, política, medicina e muitos outros.

15-14 O mundo virtual. Combine os elementos das duas colunas para formar frases completas e lógicas.

1. É espantoso os blogs
2. É desejável os sites dos jornais e das revistas
3. Antes de estarem presentes na Internet
4. É fácil
5. Por terem acesso ainda limitado à Internet
6. É interessante o nome de *Brazzil Magazine*

a. ser escrito com dois z.
b. os cabo-verdianos não fazem muitas compras *online*.
c. serem tão numerosos no Brasil.
d. oferecerem acesso grátis aos leitores.
e. obtermos as notícias mais recentes através da Internet.
f. os jornais e as revistas existiam só em papel.

15-15 Uma exploração. Em grupos de três, escolham três das seguintes áreas para explorar na Internet em língua portuguesa: informação, comércio, entretenimento, educação, política ou relações interpessoais. A seguir, cada estudante deve identificar e examinar pelo menos cinco sites na área que lhe foi atribuída, comparando-os aos sites equivalentes em inglês e fazendo uma lista de observações relevantes. Finalmente, comparem os resultados com o resto da turma e discutam as conclusões da pesquisa.

Vídeo

A Helena usa a Internet para e-mail, salas de chat e para fazer pesquisa.

3. Hypothesizing about the present and the future: Present and future *if*-clause sentences

MÁRIO: Olá, Letícia. Você já viu o novo telefone celular sensível ao toque? É incrível! **Se** a tecnologia **continuar** avançando assim, logo **inventarão** um robô que **pensará** como um ser humano.

LETÍCIA: Mário, você está mesmo desatualizado. Isso já é tão comum… Mas, diga lá, **se inventarem** um robô semelhante aos seres humanos, você acredita que **haverá** alguma vantagem para a humanidade em geral?

MÁRIO: Claro que sim. **Seria** formidável se já **tivéssemos** esses robôs. **Se eu tiver** a oportunidade de trabalhar nessa área, **aceitarei** o desafio com prazer.

LETÍCIA: Mário, muito bom o seu interesse. No entanto, você não respondeu à pergunta que lhe fiz.

MÁRIO: Desculpe! Pois bem, **se tivermos** robôs mais humanos **poderemos**, por exemplo, enviá-los à guerra e poupar vidas humanas.

LETÍCIA: Francamente, Mário. Essa é resposta que se dê?! **Se** não o **conhecesse** há tantos anos, **ficaria** tão escandalizada com a sua resposta que não suportaria vê-lo.

MÁRIO: Letícia, tudo bem. Continuamos amigos, porém desisto. Não a entendo.

Vamos analisar. Indique se as afirmações feitas pelo Mário e pela Letícia indicam uma condição relacionada com o presente (**P**), com o futuro (**F**) ou se indicam uma condição improvável (**I**).

1. _____ **Se** a tecnologia **continuar** avançando assim, logo **produzirão** um robô que pensará como um ser humano.
2. _____ **Se** não o **conhecesse** há tantos anos **ficaria** tão escandalizada…
3. _____ **Se inventarem** um robô semelhante aos seres humanos, você acredita que **haverá** alguma vantagem para a humanidade em geral?
4. _____ **Seria** fantástico **se** já **tivéssemos** esses robôs.

■ As you have already learned to do in **Lição 13**, use the present or future indicative in the main clause and future subjunctive in the *if*-clause to express what happens or will happen if certain conditions are met.

Se as pessoas **tiverem** mais conhecimento sobre o meio ambiente, **reciclarão** mais.

If people are better informed about the environment, they will recycle more.

Se **houver** transportes públicos de alta velocidade, menos pessoas **vão andar** de carro.

If there are high-speed public transports, fewer people will travel by car.

Você **pode** encontrar essa informação facilmente se **fizer** uma pesquisa na Internet.

You can easily find that information if you search the Internet.

■ Use the imperfect subjunctive in the *if*-clause to express a condition that is unlikely or contrary to fact. Use the conditional in the main clause.

Se **usássemos** energia solar nas casas, **economizaríamos** muito dinheiro.

If we used solar energy in our homes, we would save a lot of money.

A saúde pública **melhoraria** muito se todos **tivessem** acesso à telemedicina.

Public health would improve greatly if everyone had access to telemedicine.

15-16 O mundo que queremos. Com um/a colega, complete as orações da esquerda com uma conclusão lógica, contida na coluna da direita. Em alguns casos, pode haver mais de uma possibilidade.

1. _____ Se tivéssemos mais disciplina nas escolas
2. _____ Se houvesse menos violência na televisão
3. _____ Se cuidássemos mais do nosso planeta
4. _____ Teríamos um mundo melhor
5. _____ Se houvesse transportes de alta velocidade
6. _____ Gastaríamos menos gasolina

a. não contaminaríamos tanto o meio ambiente.
b. os estudantes aprenderiam mais.
c. se todos nos respeitássemos mais.
d. as pessoas viajariam menos de carro.
e. haveria menos problemas na sociedade.
f. se usássemos transportes públicos.

15-17 O que vai acontecer se...? Converse com um/a colega sobre as seguintes condições e os efeitos que elas terão se forem cumpridas.

Modelo   ler jornais regularmente
Se as pessoas lerem jornais regularmente, elas saberão/vão saber o que acontece no mundo.

1. aprender línguas estrangeiras
2. ter carros voadores
3. fazer compras só na Internet
4. dizer "não" às drogas
5. poder predefinir as características genéticas das crianças
6. povoar a Lua

15-18 Como seria o mundo...? Com um/a colega, digam como seria o mundo em certas circunstâncias. Depois, compartilhem as opiniões com o resto da turma.

1. se não existisse televisão
2. se vivêssemos 150 anos
3. se fosse proibido aos cidadãos possuirem armas de fogo
4. se não houvesse fronteiras entre os países
5. se as viagens transcontinentais fossem muito rápidas e baratas

Situações

Você e um/a colega vão representar a universidade no concurso "Imagine a Vida na Lua", patrocinado pela NASA. Preparem uma apresentação explicando detalhadamente como as pessoas viverão se a humanidade decidir povoar a Lua (falem de casas, espaços públicos, trabalho, entretenimento, alimentação, etc.).

Vamos viajar

O futuro da ciência e da tecnologia

Nas últimas décadas tem havido uma conscientização cada vez maior no que diz respeito ao desenvolvimento de tecnologias adaptadas às necessidades e realidades específicas dos países que integram o mundo lusófono. O Brasil destaca-se em áreas como a produção de vacinas e medicamentos derivados de sistemas biológicos, a exploração e produção de petróleo em águas profundas e a pesquisa espacial.

Desde os anos 80, o investimento em tecnologias de ponta na produção de vacinas levou o Brasil a ser autossuficiente nessa área. Hoje em dia, mais de 80% das vacinas utilizadas no sistema de saúde público e distribuídas gratuitamente à população brasileira são produzidas no Brasil. Como grande parte dos recursos petrolíferos brasileiros se encontra no mar, os pesquisadores desenvolveram tecnologias para explorar o petróleo e o gás natural nesse tipo de ambiente. O Brasil tornou-se líder mundial em tecnologia *offshore*, produzindo sofisticadas plataformas e outros tipos de estruturas flutuantes para explorar petróleo em alto-mar. A participação do Brasil na pesquisa espacial remonta ao início do século XX e é cercada de controvérsias. Muitos atribuem a invenção do avião a um aviador brasileiro—Alberto Santos Dumont—em detrimento dos irmãos norte-americanos Wilbur e Orville Wright. Segundo os defensores de Santos Dumont, os irmãos Wright usaram uma catapulta para a decolagem da sua aeronave, ao passo que o brasileiro usou um avião que teve uma decolagem autopropelida. Menciona-se também que o voo dos irmãos Wright, em 1903, não teve testemunhas credíveis devido ao isolamento do local da decolagem. Em contrapartida, o voo de Santos Dumont, que ocorreu em 1906, no Campo de Bagatelle em Paris, foi amplamente testemunhado. De qualquer modo, o interesse pela conquista do espaço mantém-se vivo no Brasil, como é o caso da Embraer, que produz aviões para diferentes companhias aéreas em mais de 20 países. Há um investimento significativo na área de desenvolvimento de lançamentos de foguetes espaciais. Em 2006, o Brasil enviou pela primeira vez um astronauta ao espaço: Marcos César Pontes, que realizou experimentos em ambiente de microgravidade por alguns dias na Estação Espacial Internacional.

Em Portugal há uma preocupação muito grande com o desenvolvimento das ciências da vida. Só entre 2001 e 2004, o número de empresas dedicadas à biotecnologia passou de 21 a 36. Há investimentos importantes nos campos da oncologia, das doenças cardiovasculares e nos estudos dos chips de DNA (um gráfico com o genoma completo de um determinado organismo). Destacam-se ainda o estudo de compostos bioativos que poderão ser usados na prevenção da cárie e a análise da relação rolha-vinho para determinar alterações nas propriedades antioxidantes do vinho tinto engarrafado com diferentes tipos de rolhas. O primeiro Parque de Biotecnologia de Portugal foi inaugurado em 2005 em Cantanhede. Os PALOP e Timor Leste ainda vão dando os primeiros passos em termos de desenvolvimento tecnológico, mas o futuro pode ser promissor devido ao imenso potencial natural e humano desses países.

Língua

Os aviões no Brasil **decolam** e **aterrisam**, enquanto em Portugal e nos países africanos de língua portuguesa os aviões **descolam** e **aterram**. **Decolagem** e **aterrisagem** (B) ou **descolagem** e **aterragem** (P) significam, respe(c)tivamente, **liftoff** e **landing**.

 15-19 Pioneiros na aviação. Junto com um/a colega, faça uma pesquisa na Internet para descobrir mais sobre Santos Dumont e os irmãos Wright. Depois, compartilhem com o resto da turma o que descobriram.

 15-20 Debate sobre a aviação. A turma será dividida em dois grupos. Um dos grupos defenderá Santos Dumont como o pioneiro da aviação. O outro grupo defenderá os irmãos Wright. Os grupos terão dez minutos para preparar as defesas.

Vocês poderão integrar as seguintes expressões no debate:

Eu acho que _____   Pode ser que _____
Eu não acho que _____   Depende _____
Eu concordo com _____   É melhor _____
Eu discordo de _____   É pior _____
É interessante, mas _____   De jeito nenhum!
Eu prefiro _____

Vídeo

Dona Sônia acha que a questão da clonagem é muito complicada.

4. Expressing subjective attitudes: Diminutives and augmentatives

16

MARTA: Como foi o primeiro dia de aulas com o Professor Ferreira?
CLARA: Uma **aulinha** comprida.
MARTA: Estou surpresa. Uma pessoa com aquele **vozeirão**. Nunca pensei que pudesse dar uma aula **chatinha**.
MARTA: Também fiquei surpresa. Acordei **cedinho**, tomei um **leitinho quentinho** e vim para cá. Quando cheguei, a sala já estava cheia.
CLARA: Outra surpresa. É aquela **salona** que fica ao lado da sala de leituras?
MARTA: Exatamente. Clara, você poderia fazer um **favorzinho** para mim?
CLARA: Claro!
MARTA: Por favor, não diga a ninguém o que acabo de contar. Não quero influenciar os outros alunos.

Vamos analisar. Indique se os diminutivos e aumentativos usados no diálogo acima exprimem ênfase (**E**), polidez (**P**) ou ironia (**I**).

1. _____ aulinha   5. _____ leitinho
2. _____ vozeirão   6. _____ quentinho
3. _____ chatinha   7. _____ salona
4. _____ cedinho   8. _____ favorzinho

Diminutives

■ To form a diminutive of a word ending in an unstressed vowel, drop the final vowel and add the suffix **-inho** or **-inha**.

menino	→	**menininho**
carro	→	**carrinho**
mesa	→	**mesinha**

■ To form the diminutive of a word ending in a consonant, a stressed vowel or a diphthong, add **-zinho** or **-zinha**. If the word ends in **-m**, the consonant changes to **-n** when **-zinho/a** is added.

flor	→	**florzinha**	cartão	→	**cartãozinho**
pé	→	**pezinho**	marrom	→	**marronzinho**

■ Words that originally had a written accent lose it when the suffix is added.

café	→	**cafezinho**

■ Words ending in **-co, -ca, -go,** and **-ga** have a spelling change to show how the word is pronounced.

pouco	→	**pouquinho**	lago	→	**laguinho**
fraca	→	**fraquinha**	manga	→	**manguinha**

■ Diminutives are commonly used in Portuguese; their meaning is pragmatic and depends on the context. They may be used to indicate:

SMALL SIZE OR QUANTITY

mesinha	*small table*
um pouquinho	*a little bit*
pinguinho	*a tiny drop*

AFFECTION

Gosto muito de você, meu **benzinho**!	*I like you so much, my darling!*
Que menina tão **queridinha**!	*What a sweet little girl!*

POLITENESS

Queria pedir um **favorzinho** à senhora.   *I wanted to ask you a favor.*

NICKNAME

Luizinho   **Mariazinha**   **Jorginho**   **Margaridinha**

SARCASM OR IRONY

Este **doutorzinho** é mesmo competente!   *This doctor is really competent!*
                                                                        (I think he's completely incompetent.)

EMPHASIS

Nós acordamos **cedinho.**   *We wake up very early.*

Augmentatives

- Augmentatives in Portuguese can be expressed with several suffixes, the most common of which are **-(z)ão** and **-(z)ona**. They are formed in the same way as diminutives.

valente	→	**valentão, valentona**
mesa	→	**mesona**
carro	→	**carrão**
favor	→	**favorzão**
pé	→	**pezão**

- Many commonly used augmentatives do not follow the pattern of formation described above.

grande	→	**grandalhão**
casa	→	**casarão**
nariz	→	**narigão**

- The grammatical gender of a word sometimes changes when an augmentative is formed from it.

mulher (*f*)	→	**mulherão** (*m*)
voz (*f*)	→	**vozeirão** (*m*)
forno (*m*)	→	**fornalha** (*f*)

- The meaning of augmentatives, like that of diminutives, varies and depends on the context.

Ouvi um **barulhão**.	*I heard a huge noise.* (emphasis)
Este cantor tem um **vozeirão**.	*This singer has a great voice.* (praise)
Que **homenzarrão**!	*What a big, ugly man!* (negative opinion)

15-21 Tudo pequenino. Primeiro passo. Complete as frases com os diminutivos das palavras entre parênteses.

1. Meu _____ (amor), estou muito feliz com o nosso novo _____ (carro)!
2. _____ (filha), você está com febre, espere até amanhã para sair.
3. Bill Gates comprou uma _____ (casa) para a família.
4. Esta _____ (mesa) não tem lugar para quatro pessoas.
5. Já era _____ (noite) quando Jorge voltou a casa.
6. Esperem um _____ (minuto), já vou aí.
7. O senhor não se importa de levantar o _____ (pé)?
8. Ela é tão _____ (linda)!
9. A embaixada ofereceu um modesto _____ (jantar) para cem pessoas.

Segundo passo. Com um/a colega, analise as frases acima para decidir que significados transmitem estes diminutivos. Escrevam os números das frases nos espaços apropriados e discutam as conclusões com o resto da turma.

_____ tamanho/quantidade
_____ sarcasmo/ironia
_____ afeição/carinho
_____ ênfase/intensificação
_____ delicadeza/cortesia

15-22 Grande, grandalhão. Primeiro, sublinhe os aumentativos nas frases abaixo. Depois, trabalhando com um/a colega, decida qual das expressões alternativas melhor representa o significado das palavras sublinhadas. Comparem as conclusões com outro par.

1. Gastei um dinheirão com a festa.
   a. _____ algum dinheiro
   b. _____ muito dinheiro

2. Jaime pensa que é um espertalhão.
   a. _____ muito esperto (e eu concordo)
   b. _____ muito esperto (mas eu não concordo)

3. Ele é um figurão da política brasileira.
   a. _____ figura importante
   b. _____ figura feia e desprezível

4. Esta casa só tem três quartos, não é nenhum casarão!
   a. _____ casa elegante
   b. _____ casa grande

5. O Zé está um rapagão; cresceu muito este ano.
   a. _____ rapaz alto e forte
   b. _____ rapaz desajeitado

6. O narigão daquele homem era um espanto.
   a. _____ nariz clássico
   b. _____ nariz enorme

Para pesquisar

Usando um motor de busca, procure exemplos do uso de alguns dos diminutivos e aumentativos indicados acima. Escolha três exemplos que você acha que ilustram bem várias funções dessas palavras em contextos diferentes e apresente o resultado da pesquisa na aula.

Situações

Papel A. Você viaja muito e, quando viaja, leva sempre fotografias da família, da casa, das férias, etc., que você gosta de mostrar aos companheiros de viagem. Mostre várias fotografias a um/a colega, identificando as pessoas e os lugares. Reaja aos comentários dele/dela.

Papel B. Durante uma viagem de avião, você vê as fotografias que a pessoa no assento ao seu lado lhe mostra. Faça comentários enfáticos sobre as pessoas e os lugares nas fotografias.

Encontros

Para escutar

A. O que aconteceu com eles e com elas? Paulo, Ítalo, Lídia, Glória e Adriana tiveram um dia cheio de problemas. Ouça o que aconteceu com cada uma das pessoas e escreva o nome dele ou dela nos espaços abaixo.

1. _____   2. _____   3. _____

4. _____   5. _____

B. Os implantes que salvam vidas. Primeiro passo. Como é que a tecnologia tem ajudado a melhorar a saúde da população? Com um/a colega, pense em algumas vantagens e compartilhem essa informação com outros estudantes.

Segundo passo. Agora, ouça uma discussão sobre tecnologia e medicina e expectativas futuras nessa área. Você poderá ler as afirmações abaixo antes de ouvir o discurso e/ou tomar notas. Como etapa final, determine se cada afirmação é verdadeira ou falsa.

	VERDADEIRO	FALSO

1. Os *pacemakers* foram usados pela primeira vez há mais de 50 anos.   _____   _____
2. Os *pacemakers* ajudam muito os diabéticos.   _____   _____
3. As mini-bombas são comprimidos para a diabetes.   _____   _____
4. O implante colocado no ouvido é um tipo de microcomputador.   _____   _____
5. Há um implante que permite que os surdos ouçam.   _____   _____
6. Os cientistas esperam que, no futuro, os cegos possam ver.   _____   _____

Para conversar

 15-23 A tecnologia: ajuda ou limita o ser humano? Com um/a colega, comentem sobre a influência da tecnologia nas suas vidas em cada uma das seguintes áreas: estudos, casa, trabalho, transporte, saúde e relações interpessoais. Depois compartilhem as conclusões com os outros colegas da turma.

 15-24 Um mundo novo. Em pequenos grupos, imaginem que vocês podem criar uma nova sociedade, utópica ou real. Escolham um nome que represente a posição/visão futurista do grupo e expliquem a razão da escolha (por exemplo, "Os pacifistas": o principal interesse do grupo é a paz mundial). Depois discutam os seguintes pontos e tomem notas. Compartilhem os resultados com o resto da turma.

- Valores positivos deste novo mundo: igualdade? cooperação? justiça? solidariedade? amor?

- Problemas que desaparecerão: discriminação? segregação? machismo? individualismo? poluição do meio ambiente? desemprego? guerras? fome?

- Necessidade de infraestrutura: escolas? hospitais? estradas?

- Sistema de governo: democracia? tecnocracia? ditadura? teocracia? anarquia?

Para ler

17-18

 15-25 Preparação. Vamos ler um texto sobre uma solução brasileira para o problema da crise de energia. Usando um motor de busca, procure informações sobre fontes de energias alternativas como a energia eólica e a energia solar. Quais são as vantagens e as desvantagens principais destas energias?

15-26 Primeiro olhar. Leia o texto e siga as indicações abaixo.

Uma alternativa brasileira

O Brasil possui a mais avançada tecnologia e infraestrutura mundial de produção, transporte e distribuição de álcool etílico, também chamado de etanol.

Desde a década de 30 já se utilizava o álcool anidro (teor alcoólico 99,3%) misturado à gasolina. Em virtude do choque do petróleo devido ao embargo da OPEP em 1973, foi criado, em 1975, o Programa Nacional do Álcool, que visava diminuir a dependência energética e o dispêndio em dólares na importação de petróleo. O programa diversificou a indústria açucareira, recebendo investimentos públicos e privados que possibilitaram a ampliação da área plantada com cana-de-açúcar e a implantação de destilarias de álcool, a maioria delas acopladas às usinas de açúcar. Inicialmente, o álcool foi utilizado como aditivo a gasolina, em um percentual de 20%; a partir de 1980, o álcool hidratado (teor alcoólico 93,2%) substituiu a gasolina em carros cujos motores foram adaptados para receber álcool. Como este não proporcionou um desempenho adequado, foi necessário investir em novas pesquisas e tecnologias para desenvolver motores específicos para o uso de álcool como combustível.

A importância do álcool em 1984 refletiu-se na produção anual de automóveis movidos a álcool, que, em dado momento, chegou a ser 94,4% dos veículos produzidos. A partir de 1986, no entanto, a produção de carros a álcool diminuiu. Uma vez afastada a crise do petróleo, o governo, que antes estimulava com subsídios a compra de carros a álcool, acabou cortando os subsídios e contribuindo para a queda da produção de álcool.

Com a oferta muito próxima da demanda em virtude da falta de álcool hidratado, falta esta decorrente da opção das usinas pela produção de açúcar, cujos preços estavam em alta no mercado internacional, ocorreram problemas logísticos e em 1989 houve uma crise de abastecimento do álcool. A produção de veículos somente movidos a álcool caiu de 63% da produção total de veículos fabricados para 1,02% em 2001.

A queda da demanda de álcool hidratado foi compensada pelo maior uso de álcool anidro, já que foi mantida a adição de 20 a 25% de álcool na gasolina e, portanto, este uso cresceu com o aumento da produção de veículos. Em 2002, as montadoras de automóveis no Brasil lançaram os primeiros veículos com motores bicombustíveis, que usam gasolina ou álcool indiferentemente, os chamados motores "flex-fuel". O motor bicombustível funciona de maneira similar a um motor a gasolina convencional. O que muda é a central eletrônica que gerencia o funcionamento. A central identifica a proporção da mistura álcool-gasolina e ajusta o funcionamento do motor, alterando o ponto de ignição, o tempo de injeção de combustível e a abertura e o fechamento das válvulas.

A participação dos veículos bicombustíveis atingiu em novembro de 2005 a marca de 70,9% sobre as vendas internas de automóveis e comerciais leves no país. No acumulado do ano, os veículos flex também ultrapassaram os movidos a gasolina: os bicombustíveis somam 51,6% das vendas, frente a 42% dos movidos a gasolina, 1,8% dos movidos a álcool puro e 4,5% das unidades movidas a diesel.

Segundo olhar. Indique se as seguintes afirmações são verdadeiras (**V**) ou falsas (**F**) de acordo com o texto. Corrija as afirmações falsas.

1. _____ A meta principal do Programa Nacional do Álcool foi a redução da dependência do Brasil das fontes externas de petróleo.
2. _____ O uso de álcool hidratado puro como combustível para motores a gasolina foi um sucesso desde o início.
3. _____ Em 1984, a grande maioria dos carros produzidos no Brasil era movida a álcool.
4. _____ Na segunda metade dos anos oitenta, o governo brasileiro deixou de subsidiar a produção de álcool.
5. _____ Os carros monocombustíveis têm motores que podem usar tanto gasolina quanto álcool.
6. _____ O funcionamento dos motores bicombustíveis depende de uma válvula localizada no radiador.
7. _____ Em 2005, o número de carros flex-fuel vendidos no Brasil era mais baixo do que o número de carros movidos a gasolina.

15-27 Primeira exploração. Procure a seguinte informação no artigo:

1. Três tipos de combustíveis: _____
2. Duas desvantagens associadas à importação do petróleo: _____
_____
3. Dois tipos de veículos: _____
4. A relação entre a subida dos preços de açúcar nos mercados internacionais e a queda da produção de álcool: _____
_____
_____

15-28 Segunda exploração. Que palavras do artigo se associam pelo significado às seguintes?

1. queda: _____
2. crescimento: _____
3. veículo: _____
4. combustível: _____

Para escrever

19

15-29 Preparação. Em pares, pesquisem os dados relativos aos combustíveis usados nos Estados Unidos. Procurem encontrar a seguinte informação:

■ tipos de combustíveis alternativos à gasolina e a relativa importância destes em comparação com a gasolina

■ produção de veículos movidos a combustíveis alternativos

■ proporção de combustíveis importados de fontes externas

15-30 Mãos à obra. Baseando-se na informação conseguida, escrevam uma carta para o seu representante no Congresso, apresentando uma análise da situação e sugerindo maneiras de melhorá-la. Primeiro, discutam conjuntamente o conteúdo e a organização da carta. Depois, dividam a escrita de acordo com as seguintes indicações:

VOCÊ

■ introdução
■ análise da situação nos Estados Unidos

COLEGA

■ exemplo contrastivo do Brasil
■ sugestões para melhorar a situação nos EUA
■ conclusão

15-31 Revisão. Leia a parte da carta escrita pelo/a colega e corrija o que for necessário. O/A colega deve fazer o mesmo com a sua parte. Em seguida, combinem as duas partes e releiam o texto mais uma vez antes de entregar ao professor/à professora. Eliminem inconsistências, divergências de vocabulário, etc., que possam ter resultado da divisão do trabalho.

Projeto final

Preparação

15-32 Preservar uma herança. Há um número cada vez maior de falantes de herança (*heritage speakers*) de português nos Estados Unidos. Dependendo de vários fatores, tais como a idade em que imigraram ou a época em que nasceram aqui, esses falantes "perderam" ou "perdem" pouco a pouco o português. Como é que a tecnologia poderia ter um impacto positivo na preservação da língua portuguesa? Abaixo, há uma série de sugestões. Numere-as de um (a mais relevante) a seis (a menos relevante). Depois acrescente pelo menos mais uma sugestão não refletida na lista abaixo.

_____ Pedir para os falantes de herança assistirem/verem televisão em língua portuguesa.

_____ Dizer para os falantes de herança conversarem em português na Internet.

_____ Insistir para deixarem o rádio sempre ligado em canais lusófonos.

_____ Elaborar uma lista de _websites_ de acordo com os interesses do/a falante de herança.

_____ Aconselhar os falantes de herança a instalarem um programa nos seus computadores para fazerem tele- ou videoconferências gratuitas com falantes de português.

_____ Sugerir aos falantes de herança endereços de e-mail de falantes de português para trocarem correspondências.

Outras sugestões: _____

_____

Mãos à obra

15-33 Parte 1: Os argumentos. Junto com um/a colega, elabore quatro argumentos para convencer uma família de imigrantes a continuar a falar português com os filhos.

Modelo   desenvolver a cognição

a. _____

b. _____

c. _____

d. _____

Parte 2: A persuasão. Junto com o/a colega, transforme esses argumentos em frases completas de acordo com o modelo.

Modelo

Se a senhora falar português com os seus filhos desde que eles forem pequenos, eles desenvolverão a cognição e o pensamento abstrato mais rapidamente do que as crianças que só falam inglês.

a. _____

b. _____

c. _____

d. _____

Parte 3: A divulgação. Junto com o/a colega, escrevam um folheto alertando a comunidade lusófona sobre as vantagens de ser bilíngue. Tomando como ponto de partida a tecnologia, sugiram vários tipos de estratégias para manter a língua portuguesa.

Parte 4: Apresentação. Junto com o/a colega, apresentem o folheto para o resto da turma. Justifiquem as suas escolhas.

Parte 5: Comparação e comentários. O/A professor/a, você e os/as colegas comparam e comentam os folhetos.

Horizontes

20

📖 Comunidades de língua portuguesa nos Estados Unidos

A inda que não sejam extremamente visíveis, há várias comunidades de língua portuguesa nos Estados Unidos. As mais numerosas são a cabo-verdiana, a brasileira e a portuguesa.

A presença portuguesa nos Estados Unidos remonta aos tempos em que os europeus começaram a chegar ao "Novo Mundo". O navegador português João Rodrigues Cabrilho (também conhecido como Juan Rodríguez Cabrillo) ocupa um papel importante na história oficial dos Estados Unidos por ter sido o chefe da primeira expedição de europeus para a Califórnia. Durante a época colonial, os portugueses continuaram a emigrar para a América do Norte, tal como foi o caso de um grupo de judeus portugueses que chegaram em 1654 e contribuíram para a fundação da cidade de Nova Iorque. O início do século XIX conheceu uma imigração portuguesa numericamente mais importante, a qual adquiriu status de imigração em massa na década de 1870. Como todos os europeus que migraram para os EUA no século XIX, os portugueses foram absorvidos pela ideologia do *melting pot* que impedia a celebração do multi-culturalismo. Esse contexto tem, no entanto, mudado nas últimas décadas e muitos luso-americanos têm celebrado as suas origens portuguesas. Calcula-se que mais de um milhão de portugueses vivem nos Estados Unidos. As maiores comunidades situam-se nos estados da Califórnia, de Massachusetts e de Nova Jersey.

Museu Histórico Português em San José, Califórnia

Para responder

Verdadeiro (V) ou falso (F)?

1. _____ Os primeiros portugueses começaram a chegar aos Estados Unidos no século XIX.

2. _____ A imigração de portugueses em massa para os Estados Unidos começou no início do século XX.

3. _____ A ideologia do *melting pot* não permitia que os portugueses celebrassem as suas origens.

4. _____ Há mais de um milhão de portugueses na América do Norte.

A presença caboverdiana nos Estados Unidos é igualmente muito antiga, datando, pelo menos, de finais do século XVIII. Encontramos relatos de que os caboverdianos começaram a chegar à América como tripulantes de navios baleeiros. Mais tarde, em meados do século XIX, iniciou-se uma migração em massa que se juntou aos outros fluxos populacionais, oriundos principalmente da Europa. A grande maioria dos caboverdianos instalou-se nos estados de Massachusetts e Rhode Island, encontrando empregos tanto na então florescente indústria têxtil como no meio rural. A imigração caboverdiana, como a de vários outros grupos, incluindo os portugueses, tem tido um fluxo constante para os Estados Unidos. Na

região de Boston, por exemplo, é comum encontrar caboverdianos já na quarta ou quinta geração convivendo com caboverdianos recém-imigrados. O censo norte-americano de 2000 contou pouco mais de setenta e sete mil caboverdianos nos Estados Unidos. Acredita-se, no entanto, que o número seja muito maior. A discrepância nos dados é atribuída à circunstância de que os caboverdianos tendiam a ser contados como portugueses até o ano de 1975, quando o país se tornou finalmente independente de Portugal. Além disso, os caboverdianos são muitas vezes contados como afro-americanos e até mesmo como hispânicos.

Um grupo de capoeira em Miami Beach, Flórida

Os brasileiros têm uma história de imigração para os Estados Unidos muito mais recente que a dos caboverdianos e portugueses. Tradicionalmente um país de imigrantes, o Brasil começou a experimentar a emigração em massa apenas na segunda metade dos anos oitenta do século XX. No início, grande parte dos brasileiros que para aqui vinham eram oriundos do estado de Minas Gerais. Hoje em dia, a situação mudou bastante e há imigrantes de todos os estados do Brasil. As maiores comunidades brasileiras concentram-se na Flórida, em Massachusetts e em Nova Jersey. Há controvérsia sobre o número preciso de brasileiros que vivem neste país. Enquanto o censo norte-americano de 2000 contou apenas 181.076 brasileiros, fontes como o Itamaraty e diversas associações comunitárias estimam que haja mais de um milhão de brasileiros vivendo nos Estados Unidos. As principais razões apontadas para esta inconsistência são a constante contagem dos brasileiros como hispânicos e o temor que muitos têm de preencher o formulário do censo, devido à falta de documentação imigratória.

Para responder

1. Quando começou a imigração dos caboverdianos para os Estados Unidos e quais foram os estados de destino escolhidos pelos imigrantes?

2. Quais foram as primeiras ocupações dos caboverdianos nos Estados Unidos?

3. Onde se concentram as maiores comunidades de brasileiros nos Estados Unidos e quando começaram a constituir-se?

4. O censo norte-americano de 2000 deixou de contar um grande número de brasileiros e de caboverdianos. Quais são as razões desta omissão?

Para navegar

1. Procure na Internet nomes de associações comunitárias brasileiras, portuguesas e caboverdianas. Quais são as atividades que estas associações desenvolvem?

2. Você e um/a colega são jornalistas e devem fazer uma reportagem sobre uma festa da comunidade brasileira, portuguesa ou caboverdiana. Identifiquem uma festa, procurem informações sobre vários elementos dela (calendário, eventos, participantes, comidas, etc.) e preparem um relatório. Se necessário, suplementem a informação obtida usando outras fontes (por exemplo, que comida poderia ser servida numa festa brasileira?).

3. Procure informações sobre a mídia (B)/os média (P) em língua portuguesa nos Estados Unidos (jornais, revistas, canais de televisão, etc.). Depois, escolha um exemplo para apresentar na aula (analise o seu formato, conteúdo, periodicidade, grafia e outras características relevantes).

Tecnologias de informação e comunicação

o aparelho	*equipment, appliance*
a banda larga	*broadband*
o cabo	*cable*
a caixa multibanco (P)	*ATM*
os dados	*data*
a função	*function*
a instalação	*installation*
a manutenção	*maintenance*
a rede	*network*
o satélite	*satellite*
o serviço	*service*
o telefone celular (B)	*cell phone*
o telemóvel (P)	*cell phone*

Ambiente

a espécie	*species*
o furacão	*hurricane*
a inundação	*flooding*

Ciência e engenharia

o abastecimento	*supply*
o avanço	*advance*
a capacidade	*ability*
o combate	*fight*
o combustível	*fuel*
a controvérsia	*controversy*
a implicação	*implication*
a inovação	*innovation*
a pesquisa	*research*
o robô	*robot*
o trânsito aéreo	*air traffic*
o trilho	*rail*

Biotecnologias

o câncer (B)	*cancer*
o cancro (P)	*cancer*
a célula	*cell*
célula estaminal	*stem cell*
a clonagem	*cloning*
a fertilização	*fertilization*
a manipulação	*manipulation*
o gene	*gene*
o genoma	*genome*
a variedade	*variety*

Pessoas

o/a aderente (P)	*customer, client*
o/a usuário/a (B)	*user*
o/a utilizador/a (P)	*user*

Descrições

adverso/a	*adverse*
atmosférico/a	*atmospheric*
climatizado/a	*air-conditioned*
comestível	*edible*
especializado/a	*specialized*
ético/a	*ethical*
genético/a	*genetic*
informático/a	*computing, information*
instantâneo/a	*instantaneous*
integrado/a	*integrated*
modificado/a	*modified*
permanente	*permanent*
renovável	*renewable*
resistente	*resistant*
suspenso/a	*suspended*
voador/a	*flying*

Verbos

circular	*to circulate*
controlar	*to control*
gerir	*to manage*
manipular	*to manipulate*
movimentar(-se)	*to move*
processar	*to process*
provocar	*to provoke*
transferir	*to transfer*
ultrapassar	*to exceed, to surpass*
utilizar	*to use*

Palavras e expressões úteis

cada vez mais	*more and more*
o lar	*home, household*
a manchete	*headline*
a urgência	*emergency*

This grammatical supplement includes structures that may be considered optional for the introductory level by instructors emphasizing proficiency, as well as less crucial grammar points that are uncommon in Brazilian Portuguese, with the exception of highly formal written discourse. The explanations and activities in this section use the same format as grammatical material throughout *Ponto de Encontro* in order to facilitate their incorporation into the core lessons of the program or their addition as another chapter in the book.

Estruturas

- More on direct object pronouns
- Contractions of direct and indirect object pronouns
- Object pronouns with future and conditional verb forms
- The present perfect subjunctive
- The conditional perfect and the pluperfect subjunctive
- *If*-clause sentences with the perfect tenses
- The future perfect and the future perfect subjunctive

EP SAM: 1-3

1. More on direct object pronouns

- As you have learned in **Lição 6**, in European Portuguese the pronoun usually follows the verb in affirmative sentences and in questions not introduced by a question word. The pronoun is attached to the verb with a hyphen. In Brazilian Portuguese, this construction occurs only in very formal written discourse.

  Conheces a Joana há muito tempo?   *Have you known Joana for a long time?*
  Sim, **conheço-a** há dez anos.   *Yes, I've known her for ten years.*

- When an object pronoun **o**, **a**, **os**, or **as** follows a verb form ending in **-s** or **-z**, the **-s** or **-z** ending is dropped and the pronoun changes to **lo**, **la**, **los**, or **las**.

  Conhece-la há dez anos, a sério?   *You've known her for ten years, really?*
    (conheces + a)
  O Pedrinho sabe dizer o poema?   *Can Pedrinho say the poem?*
  Sim, **di-lo** muitíssimo bem.   *Yes, he says it extremely well.*
    (diz + o)

■ With **-ar** and **-er** verb forms ending in **-s** or **-z** that are stressed on the last syllable (like **fez**, **dás**, or **refaz**, but not **conheces** or **compramos**), a written accent is required.

Quem traz os bolos?	*Who brings the cakes?*
O Jorge **trá-los** da pastelaria.	*Jorge brings them from the pastry shop.*
A Dra. Margarida Cunha refez a análise?	*Did Dr. Margarida Cunha redo the test?*
Refê-la, sim.	*She redid it, yes.*

■ When an object pronoun **o**, **a**, **os**, or **as** follows a verb form ending in **-m** or **-ão**, the ending is not affected, but the pronoun changes to **no**, **na**, **nos**, or **nas**.

Os teus vizinhos venderam a casa?	*Did your neighbors sell their house?*
Sim, **venderam-na** recentemente.	*Yes, they sold it recently.*
Os documentos **dão-no** como nascido em 1885.	*Documents give his date of birth as (give him as born in) 1885.*

■ When the pronoun precedes the verb (in negative sentences, in questions introduced by a question word, after conjunctions or relative pronouns such as **que** or **quem**, and after certain adverbs), these changes do not occur.

Não **as convidas** para a festa?	*You're not inviting them to the party?*
Não sei quem **o fez**.	*I don't know who did it.*

 EG-1 Perguntas e respostas. Você vai completar as declarações abaixo de acordo com a sua experiência e um/a colega vai fazer-lhe perguntas para pedir mais informações. Responda a essas perguntas. Depois troquem de papéis.

Modelo   E1: Conheço um jogador dos Patriots.
              E2: Conhece-lo bem ou mal?
              E1: Conheço-o mal.

1. Conheço…
2. Faço…
3. Compro…

4. Compreendo…
5. Jogo…

 EG-2 Tanta negatividade! O Simão é uma pessoa muito negativa que pensa e espera sempre o pior. Com um/a colega no papel do Simão, responda às afirmações dele corrigindo-as. Depois você vai fazer o papel do Simão para o/a colega responder.

Modelo   E1: Estou certo de que eles não ganharam o prémio.
              E2: Pelo contrário, ganharam-no!

1. A Sílvia e o Luís fazem o trabalho muito mal.
2. Aposto que eles não compraram as bebidas.
3. Estes jogadores perdem o jogo, sem dúvida.
4. Elas não compreendem a situação.
5. Os alunos não respeitam os professores.
6. O Ricardo e o Nuno não pagaram estas contas.

 EG-3 Duas experiências diferentes. Primeiro passo. Com um/a colega, complete a seguinte tabela com a informação sobre a experiência de dois casais recém-casados (Cláudia e Roberto, Paulo e Mariana) que foram fazer compras a um grande centro comercial. Digam quem fez e quem não fez as coisas indicadas.

Modelo encontrar os lençóis verdes
A Cláudia e o Roberto encontraram-nos/não os encontraram.
O Paulo e a Mariana não os encontraram/também os encontraram.

	CLÁUDIA E ROBERTO	PAULO E MARIANA
comprar a mesa de cozinha		
ver as televisões		
admirar os móveis italianos		
encontrar o sofá perfeito		
comprar os vinhos para a festa		
procurar os candeeiros		

Segundo passo. Agora juntem-se com outro par para fazer os papéis dos dois casais e contar o que vocês fizeram no centro comercial.

Modelo os lençóis verdes
Cláudia e Roberto encontraram-nos./Paulo e Mariana não os encontraram.
E1/E2: Nós encontramo-los.
E3/E4: E nós não os encontramos.

EP SAM: 4-6

2. Contractions of direct and indirect object pronouns

	O	OS	A	AS
me	mo	mos	ma	mas
te	to	tos	ta	tas
lhe	lho	lhos	lha	lhas
nos	no-lo	no-los	no-la	no-las
lhes	lho	lhos	lha	lhas

■ Direct object pronouns **o**, **os**, **a**, and **as** form contractions with indirect object pronouns (**me**, **te**, **lhe**, **nos**, and **lhes**) when both are used in the same clause. Except for **no-lo**, **no-los**, **no-la**, and **no-las**, which are rarely used, these contractions are relatively common in European Portuguese. They are not used at all in Brazilian Portuguese.

O Pedro deu-te o livro? *Did Pedro give you the book?*
Não, não **mo** deu. (me + o) *No, he didn't give it to me.*
Os alunos entregaram os trabalhos *Did students hand in their papers*
   à professora? *to the teacher?*
Sim, entregaram-**lhos**. (lhe + os) *Yes, they handed them in to her.*

EG-4 Mais perguntas. Trabalhando em pares, respondam às perguntas usando as contrações indicadas.

Modelo E1: Tu entregaste a composição ao/à professor/a esta semana?
E2: Entreguei-lha, sim./Não, não lha entreguei.

1. O/A professor/a devolveu-te a última composição? (ma)
2. Envias cartões de aniversário aos teus amigos? (lhos)
3. Ofereces flores à tua mãe no Dia da Mãe? (lhas)
4. Quem te deu o último presente que recebeste? (mo)
5. Se eu te pedir muito, dás-me o teu relógio? (to)
6. Contaste o teu maior segredo aos teus pais? (lho)

EG-5 O João é muito esquecido! Primeiro passo. Complete o seguinte relato dos esquecimentos do João com as contrações apropriadas.

O João é um rapaz inteligente e simpático, mas muito esquecido. Ontem foi o aniversário do casamento dos pais do João e ele até comprou um pequeno presente para eles, mas depois esqueceu-se de _____ dar. Na semana passada, o professor pediu para o João trazer uma carta dos pais justificando uma falta, mas o João não se lembrou de _____ entregar. Quando eu empresto um livro ao João, penso sempre que nunca _____ vai devolver. Mas quando lhe lembro que tem alguma coisa minha, ele pede desculpa e devolve-_____ no dia seguinte. Foi assim com alguns CDs de música rap que o João me pediu: emprestei-_____ em março e ele só _____ devolveu em novembro, depois de eu lhe lembrar que ainda os tinha!

 Segundo passo. Você e um/a colega são amigos/as do João e falam sobre o comportamento habitual dele. Digam quem emprestou as seguintes coisas ao João e se ele as devolveu ou não.

Modelo o CD dos Da Weasel
E1: Tu emprestaste o teu CD dos Da Weasel ao João?
E2: Emprestei-lho, sim.
E1: E ele devolveu-to?
E2: Não, ainda não mo devolveu.

1. a bicicleta
2. o cachecol do Benfica
3. os apontamentos da aula de Física
4. a T-shirt da seleção nacional
5. os óculos de sol
6. …

Situações

Papel A. Você e a sua família vão mudar de casa e organizaram uma grande "venda de quintal" (*yard sale*) para vender as coisas que não querem levar na mudança. Conte a um/a colega o que vocês conseguiram vender e a quem. Diga também o que não foi vendido. Responda às perguntas e às propostas do/a colega.

Papel B. Você tem muita curiosidade em saber como correu a "venda de quintal" organizada pela família do/a colega. Ouça as explicações dele/dela e faça perguntas sobre itens específicos que foram vendidos (ou não). Exprima interesse em comprar algumas das coisas que não foram vendidas e discuta os preços.

EP SAM: 7-9

3. Object pronouns with future and conditional verb forms

■ When object pronouns (direct, indirect, or contractions) are used with future and conditional verb forms, the pronoun is placed either before the verb or between the stem and the ending of the verb. The latter construction is rarely used in spoken European Portuguese and is avoided altogether in Brazilian Portuguese, except for highly formal written discourse.

Chamar-me-ão logo que puderem.	*They will call me as soon as they can.*
Falar-lhe-íamos sobre este assunto.	*We would speak to you (him, her) about this matter.*
O médico **dar-lhos-á** amanhã.	*The doctor will give them to him (her, you) tomorrow.*

■ The pronouns **o**, **a**, **os**, and **as** change to **lo**, **la**, **los**, and **las** when attached to future and conditional verb forms and the verb stem loses its final **-r**. A written accent is required in **-ar** and **-er** verbs.

Fá-lo-ei muito rapidamente.	*I'll do it very quickly.*
Vendê-las-íamos se fosse possível.	*We would sell them if it were possible.*

■ In constructions in which the pronoun precedes future and conditional verb forms, neither the pronoun nor the verb change in any way.

Não **o farei** hoje, não tenho tempo.	*I won't do it today; I don't have the time.*
Sabes que **te avisaríamos** imediatamente.	*You know we would warn you immediately.*

EG-6 Um quebra-cabeças. Decida quais das seguintes combinações de verbos e pronomes melhor completam as frases abaixo e compare as suas soluções com as de um/a colega.

trá-los-ia	emprestar-lhas-íamos	te pedirão
oferecer-lhos-ei	mos contarias	di-la-emos

1. Jaime, os teus pais certamente não _____ este sacrifício!
2. Se pudesse, _____, mas não tenho tempo para os ir buscar.
3. Já comprei os chocolates para a Cristina e _____ amanhã.
4. Dizes que confias em mim, mas guardas muitos segredos e não sei se _____.
5. Temos algumas cadeiras de que não precisamos e _____ com todo o gosto, se nos pedisse.
6. Quer que lhe digamos a verdade? Está bem, _____ toda, sem omitir nada.

EG-7 A Sílvia é muito cumpridora! Com um/a colega, façam perguntas sobre os compromissos da Sílvia e deem respostas afirmativas.

Modelo   acabar o trabalho até amanhã
E1: A Sílvia acabará o trabalho até amanhã?
E2: Sim, acabá-lo-á com certeza.

1. comprar leite para o pequeno-almoço
2. pagar as contas do gás e da eletricidade
3. escrever o relatório que o diretor lhe pediu
4. trazer os filhos da escola
5. cumprir as promessas que fez aos pais
6. levar a filha ao dentista

EG-8 Venderias o teu carro? Pergunte a um/a colega se ele/ela faria estas coisas. Depois responda às perguntas dele/dela.

Modelo   vender o teu carro por mil dólares
               E1: Venderias o teu carro por mil dólares?
               E2: Sim, vendê-lo-ia. *ou*
                   Não, não o venderia. Mas vendê-lo-ia por dois mil.

1. comprar a minha bicicleta (por…)
2. passar as tuas férias na Gronelândia
3. dar-me o teu computador
4. escrever ao Presidente dos Estados Unidos sobre os teus problemas
5. oferecer flores ao reitor/à reitora da universidade
6. aceitar um emprego interessante mas com salário baixo

4. The present perfect subjunctive

The present perfect subjunctive is formed with the present subjunctive of the verb **ter** + *past participle*.

PRESENT SUBJUNCTIVE OF *TER* + PAST PARTICIPLE		
eu	tenha	falado
tu	tenhas	comido
você, o sr./a sra., ele/ela	tenha	dormido
nós	tenhamos	escrito
vocês, os srs./as sras., eles/elas	tenham	posto

■ Use this tense to refer to a completed action, event, or condition in sentences that require the subjunctive.

Talvez eles já **tenham chegado**.   *Perhaps they have already arrived.*

■ As is generally true with subjunctive tenses, present perfect subjunctive is most commonly used in the dependent clause. The time implied or expressed in the main clause is the present, while the dependent clause expresses what happened (or did not happen) before.

Espero que Juca **tenha fechado**   *I hope Juca has closed the*
a porta da garagem.   *garage door.*
Que bom que vocês **tenham vindo**   *How nice that you came earlier.*
mais cedo.
É lamentável que ela não   *It's regrettable that she hasn't called.*
tenha telefonado.

 EG-9 Esperanças. Escolha a frase que corresponde logicamente às seguintes situações. Compare as suas respostas com as de um/a colega.

1. O seu computador está com problemas e você teve que pedir a um técnico que o consertasse. Você espera que o técnico…
   a. tenha vendido o computador.
   b. tenha destruído os programas.
   c. tenha encontrado o problema.

2. Duas amigas acabam de voltar de férias no Brasil. Você diz: "Espero que vocês…
   a. tenham visitado muitos lugares interessantes".
   b. tenham perdido muito dinheiro".
   c. tenham tido problemas de saúde".

3. Um colega da turma esteve no hospital, mas já voltou a casa. Você diz ao/à professor/a "Sinto muito que ele…
   a. tenha vendido a casa".
   b. tenha estado tão doente".
   c. tenha saído do hospital".

4. Você telefona a uma amiga para a convidar para jantar, mas ela não atende o telefone. É improvável que ela…
   a. já tenha jantado.
   b. tenha saído de casa.
   c. tenha sido raptada por extraterrestres.

5. Você descobre que um parente lhe disse uma mentira. Naturalmente, você fica triste que ele…
   a. não tenha dito a verdade.
   b. não tenha dito nada.
   c. não tenha falado com a família.

 EG-10 Uma viagem. Uma amiga acaba de passar um semestre em Lisboa. Você e um/a colega vão falar com ela e dizer o que vocês esperam que ela tenha feito durante esse tempo. Depois troquem de papéis.

Modelo   conhecer muitas pessoas interessantes / visitar o Algarve

E1: Espero que você tenha conhecido muitas pessoas interessantes. E2: E eu espero que você tenha visitado o Algarve.	E1: Espero que tenhas conhecido muitas pessoas interessantes. E2: E eu espero que tenhas visitado o Algarve.

1. dançar muito nas discotecas
2. ir à praia na Costa da Caparica
3. aprender muito português
4. comer sardinhas assadas nas Festas dos Santos Populares
5. não gastar dinheiro demais
6. ver muitas coisas interessantes
7. …
8. …

 EG-11 Os avanços científicos. Você e um/a colega são cientistas e trabalham em dois laboratórios diferentes de engenharia genética. Façam perguntas para descobrir que metas cada um dos laboratórios conseguiu ou não conseguiu alcançar.

Modelo   isolar o novo vírus / é possível que
                E1: Vocês isolaram o novo vírus?
                E2: É possível que o tenhamos isolado.

1. não fazer mais implantes / é pena que
2. duplicar órgãos / não acreditar que
3. melhorar a técnica de fertilização *in vitro* / é importante que
4. conseguir mudar a estrutura da célula / duvidar
5. descobrir o código genético / é fantástico que
6. modificar os genes / é possível que

Situações

Você e um/a colega dirigem o grupo de trabalho que vai organizar uma exposição de tecnologia na universidade. Preparem três listas: a primeira, com as coisas que vocês sabem que os membros do grupo já fizeram; a segunda, com as que vocês esperam que eles tenham feito; e a terceira, com as que duvidam que eles tenham feito. Comparem as listas com as dos outros pares.

5. The conditional perfect and the pluperfect subjunctive

AM:
-15
AM:
-6

In this section you will study two new verb tenses: the conditional perfect and the pluperfect subjunctive. Use these tenses to hypothesize about events that could have occurred in the past.

■ Use the conditional of **ter** + *past participle* to form the conditional perfect.

CONDITIONAL PERFECT		
eu	teria	falado
tu	terias	comido
você, o sr./a sra., ele/ela	teria	dormido
nós	teríamos	escrito
vocês, os srs./as sras., eles/elas	teriam	posto

■ The conditional perfect usually corresponds to English *would have + past participle*.

  Sei que ele **teria gostado** desta casa.   *I know he would have liked this house.*

■ Use the past subjunctive of **ter** + *past participle* to form the pluperfect subjunctive.

PLUPERFECT SUBJUNCTIVE		
eu	tivesse	falado
tu	tivesses	comido
você, o sr./a sra., ele/ela	tivesse	dormido
nós	tivéssemos	escrito
vocês, os srs./as sras., eles/elas	tivessem	posto

■ The pluperfect subjunctive corresponds to English *might have*, *would have*, or *had + past participle*. It is used in constructions where the subjunctive is normally required.

Duvidei que você já **tivesse chegado**.	*I doubted that you had/would have already arrived.*
Esperávamos que eles **tivessem comido** em casa.	*We were hoping that they might have eaten at home.*
Talvez ela **tivesse pensado** antes de agir.	*Maybe she had thought before she acted.*

 EG-12 O que teríamos feito nestas circunstâncias? Primeiro passo. Você e um/a colega devem dizer o que cada um/a de vocês teria feito nas seguintes situações. Depois escolham a resposta que lhes parece mais adequada para cada situação.

Modelo   Você recebeu um convite para um jantar na Casa Branca.
E1: Eu teria telefonado imediatamente para aceitar.
E2: Teria lido o convite várias vezes para me certificar se era verdadeiro.

1. No aeroporto disseram-lhe que você poderia viajar na primeira classe todo o ano sem pagar extra.
2. Um produtor de cinema que você conheceu na praia ofereceu-lhe um papel no próximo filme dele.
3. A NASA telefonou para saber se você estaria interessado/a em passar três meses na estação espacial.
4. Você recebeu uma oferta de emprego de uma ONG ambiental baseada no Brasil.
5. Você recebeu uma carta do/a reitor/a da sua universidade pedindo opinião sobre as mudanças que os estudantes acham necessárias no campus.

Segundo passo. Comparem as respostas escolhidas com as de outro par e decidam qual é a melhor em cada caso. Depois compartilhem essas respostas com o resto da turma.

EG-13 Recordações felizes (ou não). Você e um/a colega vão trocar recordações sobre a experiência que tiveram quando começaram a estudar na universidade e sobre as coisas que tinham acontecido (ou não) antes disso.

Modelo   enviar muita informação / explicar a estrutura do curso
E1: Eu gostei que tivessem enviado muita informação.
E2: E eu não gostei que não tivessem explicado a estrutura do curso.

1. oferecer um quarto pequeno / grande
2. dizer o que poderia trazer para a universidade
3. convidar para uma festa de boas-vindas
4. esclarecer dúvidas sobre as bolsas / os pagamentos
5. resolver todos os problemas
6. dar conselhos úteis para o primeiro semestre
7. …
8. …

Situações

Papel A. Você brigou com o/a namorado/a. Explique a um/a colega o que aconteceu e pergunte o que ele/ela teria feito no seu lugar. Depois diga ao/à colega o que você pensa fazer.

Papel B. Escute o que o/a colega vai contar sobre a briga que teve com o/a namorado/a. Faça-lhe perguntas para saber mais pormenores. Depois a) diga o que você teria feito na mesma situação e b) pergunte o que ele/ela pensa fazer para resolver o problema.

6. *If*-clause sentences with the perfect tenses

SAM:
-17
SAM:
-8

The conditional perfect and the pluperfect subjunctive are used together in contrary-to-fact *if*-statements referring to actions, events, and experiences that did not occur (but could have occurred) in the past.

■ The *if*-clause containing the plupeferfect subjunctive refers to an unfulfilled past condition, while the conditional perfect in the main clause expresses its hypothetical outcome in the past.

Se você **tivesse vindo**, **teria gostado**   *If you had come* [*which you did not*], da festa.   *you would have liked the party.*

■ If the hypothetical outcome you want to express refers to the present, use the conditional in the main clause.

Se **tivesse dormido** mais, não   *If I had slept more, I wouldn't be* **estaria** tão cansada agora.   *so tired now.*

EG-14 **Tudo teria sido tão diferente.** Com um/a colega, diga quais teriam sido os resultados se...

Modelo   se não tivessem inventado a roda
          E1: Se não tivessem inventado a roda, não teriam surgido muitas
                  outras tecnologias importantes.
          E2: Se não tivessem inventado a roda, o ambiente estaria muito
                  menos poluído.

1. se não tivessem inventado as armas de destruição maciça
2. se a Revolução de 1776 nunca tivesse acontecido
3. se extraterrestres tivessem invadido a América do Norte
4. se as mulheres tivessem tido sempre as mesmas oportunidades que os homens
5. se Albert Einstein tivesse morrido na infância
6. se os dinossauros não tivessem sido exterminados

EG-15 **Desculpas, desculpas!** Como é que vocês se desculpariam nas seguintes situações?

Modelo   Você não se lembrou de fazer o trabalho de casa.
          E1: Se a professora me tivesse lembrado, eu não teria esquecido.
          E2: Se não tivesse tido um teste no outro curso ontem, eu teria feito
                  o trabalho.

1. Você teve um acidente de carro.
2. Você não telefonou para a sua avó no dia do aniversário dela.
3. Você não se lembrou de comprar comida para o jantar.
4. Você combinou ir ao cinema com os amigos, mas não apareceu.
5. Você não pagou a conta do telefone.
6. Você não limpou a casa antes da visita dos seus pais.

 EG-16 Uma vida alternativa. Faça uma lista de três coisas que você poderia ter feito de uma maneira diferente na vida e indique quais teriam sido os resultados. Compartilhe a lista com um/a colega.

Modelo   Se eu tivesse estudado mais para o teste de Matemática, teria tido uma boa nota.

Situações

Papel A. Você assistiu a uma conferência muito interessante sobre as novas tecnologias. Explique a um/a colega a) onde e quando foi a conferência; e b) o que é que o/a colega teria aprendido se tivesse ido também.

Papel B. O seu/A sua colega assistiu a uma conferência sobre as novas tecnologias. Faça-lhe perguntas para obter mais informações sobre os tópicos discutidos.

7. The future perfect and the future perfect subjunctive

EP SAM: 18-21
BP SAM: 9-12

■ Use the future of **ter** + *past participle* to form the future perfect.

FUTURE PERFECT		
eu	terei	falado
tu	terás	comido
você, o sr./a sra., ele/ela	terá	dormido
nós	teremos	escrito
vocês, os srs./as sras., eles/elas	terão	posto

■ The future perfect corresponds to English *will have + past participle*. It is used to emphasize that a future action will be concluded by a certain time or before another future action takes place.

Até quarta-feira eu já **terei acabado** os exames.

By Wednesday I will have already finished the exams.

Eles **terão feito** reservas antes de viajar.

They will have made reservations before traveling.

■ Use the future subjunctive of **ter** + *past participle* to form the future perfect subjunctive.

FUTURE PERFECT SUBJUNCTIVE		
eu	tiver	falado
tu	tiveres	comido
você, o sr./a sra., ele/ela	tiver	dormido
nós	tivermos	escrito
vocês, os srs./as sras., eles/elas	tiverem	posto

■ Future perfect subjunctive is used after the same conjunctions as the future subjunctive whenever it is desirable to emphasize the conclusion of an action in the future.

Telefonem para mim assim que eles **tiverem chegado**.
Call me as soon as they have arrived.

Se **tivermos acabado** até sexta-feira, viajaremos no sábado.
If we have finished by Friday, we will travel on Saturday.

Enquanto não **tiver devolvido** os livros, não poderei usar a biblioteca.
As long as I haven't returned the books, I won't be able to use the library.

EG-17 Imaginemos o futuro. Primeiro passo. O que é que você já terá feito até…? Complete as previsões e combine-as com as datas apropriadas.

Modelo   Até segunda-feira, eu já terei escrito uma carta importante.

1. Até 2025
2. Até amanhã
3. Antes do Natal
4. Até sábado
5. Antes de 2040

a. terei comprado…
b. terei viajado a…
c. terei falado com…
d. terei estudado…
e. terei conhecido…
f. terei…

 Segundo passo. Faça perguntas a um/a colega para saber se ele/ela terá feito as mesmas coisas que você. Depois troquem de papéis.

Modelo

E1: Até 2025 você já terá comprado uma casa?
E2: Não, mas terei morado três anos no Brasil.

E1: Até 2025 já terás comprado uma casa?
E2: Não, mas terei vivido três anos em Portugal.

EG-18 O que é preciso fazer? Você e um/a colega devem dizer o que estas pessoas terão feito em preparação para várias atividades.

Modelo Ricardo e Juliana / antes de irem ao cinema
E1: Antes de irem ao cinema, Ricardo e Juliana terão conferido o horário dos filmes.
E2: Eles também terão jantado, porque o filme é às nove horas da noite.

1. nós / antes de voltarmos para casa hoje
2. o/a professor/a de Português / antes da próxima aula
3. Sérgio e Patrícia / antes de casar
4. o Dr. Silveira / antes de operar o paciente
5. Nívia e Vanda / antes de irem à discoteca
6. nós / antes do próximo teste

EG-19 Combinações. Forme frases lógicas combinando elementos da coluna da esquerda com os da coluna da direita.

Modelo Se você tiver estudado antes do teste, terá uma boa nota.

1. Se Rogério tiver saído de casa cedinho
2. Quando vocês tiverem acabado
3. Logo que os Silva tiverem vendido a casa
4. Quando eu tiver partido
5. Se o nosso avião tiver chegado antes das oito
6. Enquanto os dois lados não tiverem assinado o acordo

a. vão mudar-se para a Califórnia.
b. a guerra continuará.
c. telefonem-nos logo.
d. não chegará atrasado.
e. não se esqueça de mim.
f. partiremos à hora marcada.

EG-20 Condições. Você ficará feliz quando tiver acabado o semestre? Ou quando tiver regressado para casa esta noite? Complete as frases de acordo com as suas previsões. Depois compare-as com as afirmações de um/a colega.

1. Ficarei feliz se…
2. Vou sentir um grande alívio quando…
3. Vou ficar com saudades logo que…
4. Acho que ficarei doente sempre que…
5. Estarei muito mais contente depois que…

Situações

Papel A. Você é um/a agente de viagens que tem um/a cliente muito nervoso/a. O/A cliente vai viajar ao Brasil e acha que lhe podem acontecer muitos problemas durante a viagem. Procure acalmá-lo/a explicando que, antes de ele/ela viajar, você já terá preparado a viagem de modo a evitar todos os problemas. Dê explicações detalhadas sobre o que você terá feito. Depois responda às perguntas do/a cliente.

Papel B. Você vai fazer uma viagem longa ao Brasil e não quer ter problemas durante a viagem. Diga ao/à agente de viagens quais são os problemas que você quer evitar. Escute as explicações dele/dela e faça mais perguntas para pôr fim aos seus receios. Dê exemplos de problemas hipotéticos que poderão ocorrer se certas coisas tiverem acontecido.

Word formation in Portuguese

Being able to recognize certain patterns in Portuguese word formation can be very helpful in deciphering meaning. Use the following information about word formation to help you understand new words as you read.

■ **Prefixes.** Portuguese and English share a number of prefixes that affect the meaning of the word to which they are attached: **inter-** (between, among); **intro/a-** (within); **en-/em-** (becoming, change of condition); **ex-** (former; toward the outside); **in-/im-/a-** (not, without); **in-** (together; toward the inside), among others.

inter-	interdisciplinar, intermédio
intro/a-	introvertido, introdução, intravenoso
en-/em-	encorajar, empobrecer (*to become poor*), engordar, emagrecer
ex-	ex-marido, expor (*to expose*), excursão
in-/im-/a-	incompleto, independente, impossível, amoral
in-	incluir, integrar, invadir, investimento

■ **Suffixes.** Suffixes, and word endings in general, will help you identify various aspects of words such as part of speech, gender, meaning, degree, etc. Some common Portuguese suffixes are **-aria, -eiro/a, -dor/-tor, -ista, -za, -mento, -dade/-tade, -ura, -oso/a, -ês/esa, -ense, -(z)inho/a, -(z)ão/ona, -íssimo/a,** and **-mente.**

-aria	place where something is made and/or bought: **padaria** (*bakery*), **sapataria** (*shoe store*), **livraria.**
-eiro/a	person who makes and/or sells a product or service; also, a place where something is stored or deposited: **padeiro/a** (*baker*), **cabeleireiro/a** (*hairdresser*); **lixeira** (*trash can*), **roupeiro** (*wardrobe*).
-dor/-tor	tool or occupation: **apagador, aspirador, vendedor, caçador, trabalhador, corretor.**
-ista	profession, occupation, or personal trait: **jornalista, maratonista, idealista, pessimista.**
-ês/esa	adjective of nationality or origin: **português/portuguesa, inglês/inglesa, japonês/japonesa, camponês/camponesa.**
-eza	feminine, abstract noun: **certeza** (*certainty*), **pobreza** (*poverty*), **riqueza, limpeza.**
-mento	masculine, abstract noun: **desenvolvimento, crescimento, nascimento.**
-dade/-tade	feminine noun: **liberdade** (*liberty, freedom*), **cidade, vontade** (*will, wish, desire*), **comunidade.**
-ura	feminine noun: **loucura** (*madness*), **doçura** (*sweetness*), **agricultura, temperatura, frescura** (*freshness*).
-oso/a	adjective meaning having the characteristics of the noun from which it is derived: **montanhoso** (*mountainous*), **chuvoso** (*rainy*), **religioso, ambicioso.**

-ense	adjective of nationality or origin: **guineense, são-tomense, cearense.**
-(z)inho/a	diminutive form of noun or adjective: **Ronaldinho, mesinha, mãozinha, bonitinho.**
-(z)ão/ona	augmentative form of noun or article: **narigão** (*big nose*), **carrão** (*big car*), **bonitão, laranjona, mulherona.**
-íssimo/a	superlative form of adjective: **elegantíssimo/a, famosíssimo/a, lindíssimo/a.**
-mente	attached to the feminine form of adjective to form an adverb: **completamente, simplesmente.**

■ **Compounds.** Compounds are made up of two words (e.g., *doorbell*), each of which has meaning in and of itself. The words forming the compound may maintain their respective integrity (this is called juxtaposition) or may become fused in such a way that the word they have formed no longer appears like a compound at all (this is called agglutination). Many compounds formed by juxtaposition are linked by a hyphen: **sofá-cama, para-brisas** (formed from **parar** and **brisas**), **guarda-chuva** (formed from **guardar** and **chuva**), **couve-flor** (*cauliflower*). Other compounds form a single word: **aguardente** (*brandy*, formed from **água** and **ardente**), **girassol** (*sunflower*, formed from **girar** and **sol**). Your knowledge of the root words will help you recognize the compound; likewise, learning compounds can help you to learn the root words. What do you think **parar** in **para-brisas** (*windshield*) means?

■ **Portuguese–English associations.** Learning to associate aspects of word formation in Portuguese with aspects of word formation in English can be very helpful. Look at the associations below.

PORTUGUESE	ENGLISH
es + consonant	*s + consonant*
estômago, estranho, especial	*stomach, strange, special*
gu-	*w-*
guerra, guarda-roupa, Guilherme	*war, wardrobe, William*
-dade	*-ty*
qualidade, variedade, cidade	*quality, variety, city*
-mente	*-ly*
igualmente, normalmente	*equally, normally*
-ção	*-tion*
emoção, imitação, nação	*emotion, imitation, nation*
-são	*-sion*
tensão, conclusão, televisão	*tension, conclusion, television*

Stress and written accents in Portuguese

In Portuguese, normal word stress falls on the second-to-last syllable of words ending in **-a, -e, -o, -m,** or **-s** (except when **-m** or **-s** are preceded by vowels **i** or **u**); and on the last syllable of words ending in other vowels and consonants, or in a diphthong.

second-to-last syllable:

| casa | estudante | falo | livro | falam | casas |

last syllable:

| professor | papel | faz | peru | Jesus | falei |

When a word does not follow this pattern, a written accent is used to signal where the word is stressed. Below are examples of words that do not follow the pattern.

1. Words accented on the third-to-last syllable:

| sábado | simpático | máquina | utensílio |
| rádio | Matemática | Química | gramática |

2. Words that are accented on the second-to-last syllable despite ending in **-l, -r, -x, -i** followed or not by a consonant, or a diphthong:

| fácil | têxtil | móvel | dólar |
| Félix | táxi | lápis | órgão |

3. Words that are accented on the last syllable despite ending in **-a, -e, -o, -m,** or **-s**:

| está | café | paletó | avô |
| também | mantém | português | inglês |

Other uses of written accents

Some words in Portuguese follow normal stress patterns but use written accents for other reasons. The accent distinguishes them from other words with the same spelling but different pronunciation, stress, and/or meanings.

dá	*gives*	da	*of the* (f. sing.)
está	*is*	esta	*this* (f. sing.)
lá	*over there*	lã	*wool*
más	*bad* (f. pl.)	mas	*but*
sé	*cathedral*	se	*if*

Diphthongs and hiatuses

The combination of an unstressed **i** or **u** with another vowel forms a single syllable, which is called a diphthong.

| pai | voleibol | loiro | mau | quatro |
| qual | meu | couro | sentiu | cuidado |

The combination of an unstressed **e** or **o** with a nasal vowel **ã** or **õ** forms a nasal diphthong.

| mãe | irmão | pão | opções | limões |

When a stressed **i** or **u** appears with another vowel, two syllables are formed, and a written accent mark is used over the **i** or **u**. This combination of independently pronounced vowels is called a hiatus.

| aí | baía | cafeína | conteúdo | ruído | sanduíche |

Verb charts

Regular verbs: simple tenses

infinitive present participle past participle	personal infinitive	indicative			
		present	preterite	imperfect	future
falar falando falado	falar falares falar falarmos falarem	falo falas fala falamos falam	falei falaste falou falamos falaram	falava falavas falava falávamos falavam	falarei falarás falará falaremos falarão
comer comendo comido	comer comeres comer comermos comerem	como comes come comemos comem	comi comeste comeu comemos comeram	comia comias comia comíamos comiam	comerei comerás comerá comeremos comerão
partir partindo partido	partir partires partir partirmos partirem	parto partes parte partimos partem	parti partiste partiu partimos partiram	partia partias partia partíamos partiam	partirei partirás partirá partiremos partirão

Regular verbs: perfect tenses

indicative			
present perfect	past perfect	future perfect	conditional perfect
tenho falado tens comido tem partido temos têm	tinha/havia falado tinhas comido tinha partido tínhamos tinham	terei falado terás comido terá partido teremos terão	teria falado terias comido teria partido teríamos teriam

	subjunctive			imperative
conditional	**present**	**imperfect**	**future**	
falaria	fale	falasse	falar	—
falarias	fales	falasses	falares	fala (não fales)
falaria	fale	falasse	falar	fale
falaríamos	falemos	falássemos	falarmos	falemos
falariam	falem	falassem	falarem	falem
comeria	coma	comesse	comer	—
comerias	comas	comesses	comeres	come (não comas)
comeria	coma	comesse	comer	coma
comeríamos	comamos	comêssemos	comermos	comamos
comeriam	comam	comessem	comerem	comam
partiria	parta	partisse	partir	—
partirias	partas	partisses	partires	parte (não partas)
partiria	parta	partisse	partir	parta
partiríamos	partamos	partíssemos	partirmos	partamos
partiriam	partam	partissem	partirem	partam

subjunctive					
present perfect		**past perfect**		**future perfect**	
tenha	falado	tivesse	falado	tiver	falado
tenhas	comido	tivesses	comido	tiveres	comido
tenha	partido	tivesse	partido	tiver	partido
tenhamos		tivéssemos		tivermos	
tenham		tivessem		tiverem	

Irregular verbs

infinitive present participle past participle	personal infinitive	**indicative**			
		present	preterite	imperfect	future
caber	caber	caibo	coube	cabia	caberei
cabendo	caberes	cabes	coubeste	cabias	caberás
cabido	caber	cabe	coube	cabia	caberá
	cabermos	cabemos	coubemos	cabíamos	caberemos
	caberem	cabem	couberam	cabiam	caberão
crer	crer	creio	cri	cria	crerei
crendo	creres	crês	creste	crias	crerás
crido	crer	crê	creu	cria	crerá
	crermos	cremos	cremos	críamos	creremos
	crerem	creem	creram	criam	crerão
dar	dar	dou	dei	dava	darei
dando	dares	dás	deste	davas	darás
dado	dar	dá	deu	dava	dará
	darmos	damos	demos	dávamos	daremos
	darem	dão	deram	davam	darão
dizer	dizer	digo	disse	dizia	direi
dizendo	dizeres	dizes	disseste	dizias	dirás
dito	dizer	diz	disse	dizia	dirá
	dizermos	dizemos	dissemos	dizíamos	diremos
	dizerem	dizem	disseram	diziam	dirão
estar	estar	estou	estive	estava	estarei
estando	estares	estás	estiveste	estavas	estarás
estado	estar	está	esteve	estava	estará
	estarmos	estamos	estivemos	estávamos	estaremos
	estarem	estão	estiveram	estavam	estarão
fazer	fazer	faço	fiz	fazia	farei
fazendo	fazeres	fazes	fizeste	fazias	farás
feito	fazer	faz	fez	fazia	fará
	fazermos	fazemos	fizemos	fazíamos	faremos
	fazerem	fazem	fizeram	faziam	farão
haver	haver	hei	houve	havia	haverei
havendo	haveres	hás	houveste	havias	haverás
havido	haver	há	houve	havia	haverá
	havermos	havemos	houvemos	havíamos	haveremos
	haverem	hão	houveram	haviam	haverão

		subjunctive		imperative
conditional	**present**	**imperfect**	**future**	
caberia	caiba	coubesse	couber	—
caberias	caibas	coubesses	couberes	cabe (não caibas)
caberia	caiba	coubesse	couber	caiba
caberíamos	caibamos	coubéssemos	coubermos	caibamos
caberiam	caibam	coubessem	couberem	caibam
creria	creia	cresse	crer	—
crerias	creias	cresses	creres	crê (não creias)
creria	creia	cresse	crer	creia
creríamos	creiamos	crêssemos	crermos	creiamos
creriam	creiam	cressem	crerem	creiam
daria	dê	desse	der	—
darias	dês	desses	deres	dá (não dês)
daria	dê	desse	der	dê
daríamos	demos	déssemos	dermos	demos
dariam	deem	dessem	derem	deem
diria	diga	dissesse	disser	—
dirias	digas	dissesses	disseres	diz (não digas)
diria	diga	dissesse	disser	diga
diríamos	digamos	disséssemos	dissermos	digamos
diriam	digam	dissessem	disserem	digam
estaria	esteja	estivesse	estiver	—
estarias	estejas	estivesses	estiveres	está (não estejas)
estaria	esteja	estivesse	estiver	esteja
estaríamos	estejamos	estivéssemos	estivermos	estejamos
estariam	estejam	estivessem	estiverem	estejam
faria	faça	fizesse	fizer	—
farias	faças	fizesses	fizeres	faz (não faças)
faria	faça	fizesse	fizer	faça
faríamos	façamos	fizéssemos	fizermos	façamos
fariam	façam	fizessem	fizerem	façam
haveria	haja	houvesse	houver	—
haverias	hajas	houvesses	houveres	há (não hajas)
haveria	haja	houvesse	houver	haja
haveríamos	hajamos	houvéssemos	houvermos	hajamos
haveriam	hajam	houvessem	houverem	hajam

Irregular verbs (continued)

infinitive present participle past participle	personal infinitive	indicative			
		present	preterite	imperfect	future
ir indo ido	ir ires ir irmos irem	vou vais vai vamos vão	fui foste foi fomos foram	ia ias ia íamos iam	irei irás irá iremos irão
ler lendo lido	ler leres ler lermos lerem	leio lês lê lemos leem	li leste leu lemos leram	lia lias lia líamos liam	lerei lerás lerá leremos lerão
ouvir ouvindo ouvido	ouvir ouvires ouvir ouvirmos ouvirem	ouço ouves ouve ouvimos ouvem	ouvi ouviste ouviu ouvimos ouviram	ouvia ouvias ouvia ouvíamos ouviam	ouvirei ouvirás ouvirá ouviremos ouvirão
pedir pedindo pedido	pedir pedires pedir pedirmos pedirem	peço pedes pede pedimos pedem	pedi pediste pediu pedimos pediram	pedia pedias pedia pedíamos pediam	pedirei pedirás pedirá pediremos pedirão
poder podendo podido	poder poderes poder podermos poderem	posso podes pode podemos podem	pude pudeste pôde pudemos puderam	podia podias podia podíamos podiam	poderei poderás poderá poderemos poderão
pôr pondo posto	pôr pores pôr pormos porem	ponho pões põe pomos põem	pus puseste pôs pusemos puseram	punha punhas punha púnhamos punham	porei porás porá poremos porão
querer querendo querido	querer quereres querer querermos quererem	quero queres quer queremos querem	quis quiseste quis quisemos quiseram	queria querias queria queríamos queriam	quererei quererás quererá quereremos quererão

		subjunctive		imperative
conditional	present	imperfect	future	
iria	vá	fosse	for	—
irias	vás	fosses	fores	vai (não vás)
iria	vá	fosse	for	vá
iríamos	vamos	fôssemos	formos	vamos
iriam	vão	fossem	forem	vamos
leria	leia	lesse	ler	—
lerias	leias	lesses	leres	lê (não leias)
leria	leia	lesse	ler	leia
leríamos	leiamos	lêssemos	lermos	leiamos
leriam	leiam	lessem	lerem	leiam
ouviria	ouça	ouvisse	ouvir	—
ouvirias	ouças	ouvisses	ouvires	ouve (não ouças)
ouviria	ouça	ouvisse	ouvir	ouça
ouviríamos	ouçamos	ouvíssemos	ouvirmos	ouçamos
ouviriam	ouçam	ouvissem	ouvirem	ouçam
pediria	peça	pedisse	pedir	—
pedirias	peças	pedisses	pedires	pede (não peças)
pediria	peça	pedisse	pedir	peça
pediríamos	peçamos	pedíssemos	pedirmos	peçamos
pediriam	peçam	pedissem	pedirem	peçam
poderia	possa	pudesse	puder	—
poderias	possas	pudesses	puderes	pode (não possas)
poderia	possa	pudesse	puder	possa
poderíamos	possamos	pudéssemos	pudermos	possamos
poderiam	possam	pudessem	puderem	possam
poria	ponha	pusesse	puser	—
porias	ponhas	pusesses	puseres	põe (não ponhas)
poria	ponha	pusesse	puser	ponha
poríamos	ponhamos	puséssemos	pusermos	ponhamos
poriam	ponham	pusessem	puserem	ponham
quereria	queira	quisesse	quiser	—
quererias	queiras	quisesses	quiseres	quer (não queiras)
quereria	queira	quisesse	quiser	queira
quereríamos	queiramos	quiséssemos	quisermos	queiramos
quereriam	queiram	quisessem	quiserem	queiram

Irregular verbs (continued)

infinitive present participle past participle	personal infinitive	present	preterite	imperfect	future
			indicative		
saber	saber	sei	soube	sabia	saberei
sabendo	saberes	sabes	soubeste	sabias	saberás
sabido	saber	sabe	soube	sabia	saberá
	sabermos	sabemos	soubemos	sabíamos	saberemos
	saberem	sabem	souberam	sabiam	saberão
ser	ser	sou	fui	era	serei
sendo	seres	és	foste	eras	serás
sido	ser	é	foi	era	será
	sermos	somos	fomos	éramos	seremos
	serem	são	foram	eram	serão
ter	ter	tenho	tive	tinha	terei
tendo	teres	tens	tiveste	tinhas	terás
tido	ter	tem	teve	tinha	terá
	termos	temos	tivemos	tínhamos	teremos
	terem	têm	tiveram	tinham	terão
trazer	trazer	trago	trouxe	trazia	trarei
trazendo	trazeres	trazes	trouxeste	trazias	trarás
trazido	trazer	traz	trouxe	trazia	trará
	trazermos	trazemos	trouxemos	trazíamos	traremos
	trazerem	trazem	trouxeram	traziam	trarão
ver	ver	vejo	vi	via	verei
vendo	veres	vês	viste	vias	verás
visto	ver	vê	viu	via	verá
	vermos	vemos	vimos	víamos	veremos
	verem	veem	viram	viam	verão
vir	vir	venho	vim	vinha	virei
vindo	vires	vens	vieste	vinhas	virás
vindo	vir	vem	veio	vinha	virá
	virmos	vimos	viemos	vínhamos	viremos
	virem	vêm	vieram	vinham	virão

	subjunctive			imperative
conditional	**present**	**imperfect**	**future**	
saberia	saiba	soubesse	souber	—
saberias	saibas	soubesses	souberes	sabe (não saibas)
saberia	saiba	soubesse	souber	saiba
saberíamos	saibamos	soubéssemos	soubermos	saibamos
saberiam	saibam	soubessem	souberem	saibam
seria	seja	fosse	for	—
serias	sejas	fosses	fores	sê (não sejas)
seria	seja	fosse	for	seja
seríamos	sejamos	fôssemos	formos	sejamos
seriam	sejam	fossem	forem	sejam
teria	tenha	tivesse	tiver	—
terias	tenhas	tivesses	tiveres	tem (não tenhas)
teria	tenha	tivesse	tiver	tenha
teríamos	tenhamos	tivéssemos	tivermos	tenhamos
teriam	tenham	tivessem	tiverem	tenham
traria	traga	trouxesse	trouxer	—
trarias	tragas	trouxesses	trouxeres	traz (não tragas)
traria	traga	trouxesse	trouxer	traga
traríamos	tragamos	trouxéssemos	trouxermos	tragamos
trariam	tragam	trouxessem	trouxer	tragam
veria	veja	visse	vir	—
verias	vejas	visses	vires	vê (não vejas)
veria	veja	visse	vir	veja
veríamos	vejamos	víssemos	virmos	vejamos
veriam	vejam	vissem	virem	vejam
viria	venha	viesse	vier	—
virias	venhas	viesses	vieres	vem (não venhas)
viria	venha	viesse	vier	venha
viríamos	venhamos	viéssemos	viermos	venhamos
viriam	venham	viessem	vierem	venham

Stem-changing verbs

infinitive present participle past participle	personal infinitive	indicative			
		present	preterite	imperfect	future
sentir (e, i) sentindo sentido	sentir sentires sentir sentirmos sentirem	sinto sentes sente sentimos sentem	senti sentiste sentiu sentimos sentiram	sentia sentias sentia sentíamos sentiam	sentirei sentirás sentirá sentiremos sentirão
subir (u, o) subindo subido	subir subires subir subirmos subirem	subo sobes sobe subimos sobem	subi subiste subiu subimos subiram	subia subias subia subíamos subiam	subirei subirás subirá subiremos subirão
dormir (o, u) dormindo dormido	dormir dormires dormir dormirmos dormirem	durmo dormes dorme dormimos dormem	dormi dormiste dormiu dormimos dormiram	dormia dormias dormia dormíamos dormiam	dormirei dormirás dormirá dormiremos dormirão
odiar (i, ei) odiando odiado	odiar odiares odiar odiarmos odiarem	odeio odeias odeia odiamos odeiam	odiei odiaste odiou odiamos odiaram	odiava odiavas odiava odiávamos odiavam	odiarei odiarás odiará odiaremos odiarão
construir (u, oi) construindo construído	construir construíres construir construirmos construírem	construo constróis constrói construimos constroem	construí construíste construiu construímos construíram	construía construías construía construíamos construíam	construirei construirás construirá construiremos construirão

	subjunctive			imperative
conditional	present	imperfect	future	
sentiria	sinta	sentisse	sentir	—
sentirias	sintas	sentisses	sentires	sente (não sintas)
sentiria	sinta	sentisse	sentir	sinta
sentiríamos	sintamos	sentíssemos	sentirmos	sintamos
sentiriam	sintam	sentissem	sentirem	sintam
subiria	suba	subisse	subir	—
subirias	subas	subisses	subires	sobe (não subas)
subiria	suba	subisse	subir	suba
subiríamos	subamos	subíssemos	subirmos	subamos
subiriam	subam	subissem	subirem	subam
dormiria	durma	dormisse	dormir	—
dormirias	durmas	dormisses	dormires	dorme (não durmas)
dormiria	durma	dormisse	dormir	durma
dormiríamos	durmamos	dormíssemos	dormirmos	durmamos
dormiriam	durmam	dormissem	dormirem	durmam
odiaria	odeie	odiasse	odiar	—
odiarias	odeies	odiasses	odiares	odeia (não odeies)
odiaria	odeie	odiasse	odiar	odeie
odiaríamos	odiemos	odiássemos	odiarmos	odiemos
odiariam	odeiem	odiassem	odiarem	odeiam
construiria	construa	construísse	construir	—
construirias	construas	construísses	construíres	constrói (não construas)
construiria	construa	construísse	construir	construa
construiríamos	construamos	construíssemos	construirmos	construamos
construiriam	construam	construíssem	construírem	construam

Portuguese to English vocabulary

This vocabulary includes all words presented in the text, except for diminutives and augmentatives with a literal meaning, regularly formed adverbs with a literal meaning introduced in **Lição 4** and thereafter, proper names with the same spelling in Portuguese and in English, and cardinal numbers (presented on page 16). Close cognates and words easily recognized because of the context that appear in texts and activities from **Lição 6** onwards have not been included either.

The number following each entry corresponds to the chapter in which the word was first introduced. Numbers in italics followed by *r* signal that the item was presented for recognition rather than as active vocabulary.

Words that are spelled differently in Brazilian and European Portuguese appear in both versions if both were introduced in the text.

A

a art. *the* 1; prep. *to* 1; pron. *you, her, it* 6
o abacate *avocado* 10
o abacaxi *pineapple* 10
abaixo *below 2r*
o abajur (B) *lamp* 5
abastecedor/a *supplying 10r*
o abastecimento *supply* 15
abatido/a *depressed, in low spirits* 11
a abertura *opening 3r*
abordar *to address, to deal with 9r*
aborrecido/a *upset* 2; *bored, boring* (P) 2
o abraço *hug, embrace 4r*
o abre-latas (P) *can opener 5r*
a abreviatura *abbreviation 3r*
o abridor de latas (B) *can opener 5r*
abrigado/a *sheltered, protected 7r*
abrigar *to contain, to shelter, to house 5r*
o abrigo (B) *sweatsuit* 6
abril *April* Lp
abrir *to open* 3
a abundância *abundance 10r*
acabar *to end 5r*
acadêmico/a (B) *academic 3r*
académico/a (P) *academic 3r*
acampar (B) *to go camping 7r*
a Ação de Graças *Thanksgiving* 8
aceitar *to accept 3r*, 8
acender *to light 8r*
o acento *accent* Lpr
a acentuação *accentuation 6r*

aceso/a *on (lights) 4r*
o acesso *access 5r*, 14
o acessório *accessory* 5
achar *to think (have an opinion)* 4
o acidente *accident 2r*
o ácido graxo *fatty acid 10r*
o aço *steel 5r*; **aço inoxidável** *stainless steel 5r*
o acompanhamento *accompaniment 3r*
acompanhar *to accompany 7r*
aconselhar *to advise 2r*, 10
acontecer *to happen* 3
o acontecimento *event, happening 1r*
acoplado/a *combined, joined 15r*
acordado/a *awake 10r*
acordar *to wake up* 7
o acordo: de acordo com *according to 2r*
os Açores *Azores* 2
acreditar *to believe* 2
acrescentar *to add* 10
o acrílico *acrylic 3r*
o açúcar *sugar 3r*, 10
o açude *water reservoir 13r*
acumular *to accumulate 4r*
o/a adepto/a (P) *sports fan* 7
adequado/a *adequate 9r*
o/a aderente (P) *customer, client* 15
aderir (a) *to join 9r*
a adesão *entrance, joining 9r*
adeus (P) *good-bye* Lp
o adiamento *postponement, delay 4r*
adicional *additional 4r*
adivinhar *to guess 2r*

a administração *administration 2r*
administrativo/a *administrative 2r*
admirar *to admire 5r*
adoecer *to fall ill 10r*
adolescente *adolescent 3r*
adorar *to like a lot, to love* 1
adormecer *to fall asleep 10r*
adornar *to adorn 1r*
adquirir *to acquire 10r*
o/a adversário/a *adversary 9r*
adverso/a *adverse* 15
o/a advogado/a *lawyer* 9
o adulto *adult* 8
o aeroporto *airport 4r*, 12
afastado/a *distanced, overcome 15r*
o afastamento *withdrawal, retirement 14r*
os afazeres *work, chores 9r*
afetar *to affect 3r*
afiado/a *sharpened 5r*
o/a afilhado/a *godchild* 4
a afirmação *statement 4r*
afirmativamente *affirmatively 5r*
afligir *to afflict, to ravage 13r*
o afluente *tributary 4r*
o afoxé *Afro-Brazilian carnival parade 8r*
africano/a *African 1r*
afro-brasileiro/a *Afro-Brazilian 2r*
afro-cristão/cristã *Afro-Christian* 8
a agência *agency 3r*; **agência de viagens** *travel agency* 12; **agência imobiliária** *real estate agency 5r*

a agenda *schedule 3r*
o/a agente *agent 5r*; **agente de viagens** *travel agent* 12
agora *now* 2; **agora mesmo** *right now 14r*
agradar *to please 4r*
agradável *nice* 2
agradecer *to thank* 8
agradecido/a *thankful 8r*
agrário/a *agrarian 9r*
agredir *to attack 13r*
agressivo/a *agressive* Lpr
agrícola *agricultural, farming 2r*
a agricultura *agriculture 5r*, 13
a água *water* 3; **água com/sem gás** *carbonated/still water* 3; **água doce/salgada** *fresh/salt water* 13; **água potável** *drinking water* 13
aguardar *to await, to expect 2r*
aguçado/a *keen, acute 11r*
agudo/a *acute 13r*
aí *there* 5
a AIDS (B) *AIDS* 11
ainda *still 3r*, 5; *even 8r*
ajudar *to help 4r*, 6
a ala *wing 3r*
a alameda *boulevard* Lp
o Alasca *Alaska 2r*
o álbum *album* 4
o alcance *reach 10r*
o álcool *alcohol 10r*
alcoólico/a *alcoholic 3r*
a aldeia *village 7r*
alegrar-se *to be glad* 11
alegre *happy, joyful* 1

alegremente *happily* 4

a alegria *joy* 8

além *beyond 10r;* **além de** *besides 5r*

alemão/alemã *German 2r*

a alergia *allergy 3r*

alfabetizado/a *literate 14*

o alfabeto *alphabet Lpr*

a alface *lettuce 3*

a alfândega *customs 12*

algo *something 12*

o algodão *cotton 6*

alguém *someone, anyone 9r, 12*

algum/a *some, any 1r, 12;* **alguns/algumas** *several 12;* **alguma coisa** *something 12;* **alguma pessoa** *someone 12*

o alho *garlic 5r, 10*

ali *there, over there 5*

aliar-se *to join, to form an alliance 14*

aliás *by the way 7r*

a alimentação *nutrition 10r*

alimentício/a adj. *food 9r*

o alimento *food 9r*

a alma *soul 8r*

almoçar *to eat lunch 1*

o almoço *lunch 3*

a almofada (P) *pillow 5*

o almofariz (P) *mortar and pestle 5r*

alô (B) *hello 3*

o alojamento *lodging 8r*

alternativo/a *alternative 3r*

alto/a *high 1r, tall 2, loud 11r*

o alto-falante *loudspeaker 12r*

a altura *height 4r;* **na altura** *at the time 4r*

alugado/a *rented 1r*

alugar *to rent 3*

o alumínio *aluminum 13*

o/a aluno/a *student Lp*

amanhã *tomorrow Lp;* **depois de amanhã** *the day after tomorrow Lp*

o/a amante *lover 1r*

amarelo/a *yellow 2*

amargo/a *bitter 11r*

amassar *to mash 5r*

amável *nice (person) 6r*

ambicioso/a *ambitious Lpr*

ambiental *environmental 13*

o ambiente *environment 1r, 9*

o âmbito *sphere, area 9r, 14*

ambos *both 2r, 3*

a ambulância *ambulance 11*

a ameaça *threat 9r*

a amêijoa *mussel 7r*

a amêndoa *almond 7r*

o amendoim *peanut 13r*

ameno/a *pleasant, mild 7r*

a América *America;* **América Latina** *Latin America 1r;* **América do Sul** *South America 2r;* **América do Norte** *North America 2r*

amigável *friendly 12r*

o/a amigo/a *friend Lp*

o amor *love 3*

amparar *to support 4r*

ampliar *to increase 9r*

a anatomia *anatomy 1r*

o andar *floor, story 5;* **andar térreo** (B) *first floor 5;* **andar** v. *to go, to walk, to ride 1;* **andar de bicicleta** *to ride a bicycle 1*

o andebol (P) *handball 7r*

a anedota *anecdote, joke 7r*

o anel *ring 6*

angariar *to raise (funds) 11r*

angolano/a *Angolan 1r, 2*

a angústia *anxiety 11r*

animado/a *lively, animated Lpr;* *excited 7*

o animador *host 10r*

o animal *animal 2*

o aniversário *birthday, anniversary Lp*

o ano *year Lp;* **o ano passado** *last year 6*

anotar *to write down, to make note of 1r*

a ansiedade *anxiousness 11r*

a anta *tapir 5r*

anteontem *day before yesterday 4r, 6*

o/a antepassado/a *ancestor 2r*

anterior *previous 8r*

antes *before Lpr*

o antibiótico *antibiotic 11*

antigamente *formerly, in the past 7*

antigo/a *ancient, old 1r, former 2r*

antipático/a *unpleasant, not likeable 2*

a Antropologia *anthropology 1*

anual *annual 2r*

anunciar *to advertise 2r*

o anúncio *ad (advertisement) 2r, 9*

ao contrário de *contrary to 7*

ao longo de *during 5r, along 6r, 8*

aonde *where (to) 3*

ao vivo *live (on TV) 8*

apagado/a *off (light) 4r*

o apagador *eraser Lp*

apagar *to turn off 4r*

apaixonar-se (por) *to fall in love (with) 10r*

aparecer *to appear 5r*

o aparelho *set 1r; tool, instrument 10r; equipment, appliance 11r, 15*

a aparência *appearance 2r*

o apartamento *apartment 2r, 5*

apenas *only, just 2r*

aperfeiçoar *to polish, to make perfect 5r*

apertado/a *tight 6*

apesar de *in spite of 4r*

aplaudir *to applaud 7*

apoiar *to support 6r*

apologético/a *apologetic 2r*

apontar *to make note of 5r; to indicate, to point out 14*

após *after 8r*

a aposta *stake, wager 14r*

apreciar *to appreciate 4r, to have a taste for 10r, to admire 12r*

aprender *to learn 3*

a aprendizagem *learning 4r*

a apresentação *introduction Lpr, presentation 3r*

apresentado/a *presented 1r*

apresentar *to present 2r*

apropriado/a *appropriate 4r*

aprovar *to approve 5r*

aproveitar *to take advantage of 3*

aproximadamente *approximately 2r*

o aquecimento *heating 5;* **aquecimento global** *global warming 13*

aquele *that (one) 5*

aqui *here 1r, 5;* **aqui mesmo** *right here 8r*

aquilo *that, it 5*

o ar *air 3r;* **ar condicionado** *air conditioning 5;* **ao ar livre** *outdoors 3;* **a corrente de ar** *wind current 7r*

árabe *Arabic 2r*

a Arábia Saudita *Saudi Arabia 7r*

o/a árbitro/a *referee, umpire 7*

o arbusto *shrub, bush 5r*

árduo/a *hard, arduous 15r*

a área *area 2r*

a areia *sand 6r*

o armário *closet, cabinet, armoire 5*

o arquipélago *archipelago, group of islands 8*

o/a arquiteto/a *architect 9*

a Arquitetura *architecture 2*

o arquivo *filing cabinet 2r*

o arranhão *scratch 11r*

arranhar *to scratch 13r*

arrecadar *to collect 15r*

os arredores *suburbs, surrounding areas 1r*

arrogante *arrogant Lpr*

o arroz *rice 3;* **arroz doce** *sweet rice pudding 3r*

arrumar *to tidy up 5*

a arte *art 1r*

o artesanato *handicrafts 3r*

o artigo *article 4r*

o/a artista *artist 1r*

a árvore *tree 5r, 7;* **árvore genealógica** *family tree 4r*

as art. *the Lpr;* pron. *you, them 6*

a asa delta *hang gliding 7r*

asiático/a *Asian 10r*

o aspirador *vacuum cleaner 5*

aspirar (P) *to vacuum 5*

a aspirina *aspirin 11*

assado/a *roasted, grilled 3*

o assalto *assault 9r*

o assédio *harassment 14r*

assegurar *to guarantee, to perform 5r;* **assegurar-se** *to make sure 13r*

o assento *seat 12;* **assento no corredor/na janela** *aisle/ window seat 12*

a assessoria *consulting 9r*

assim *so, thus 6r; like this 12r;* **assim que** *as soon as 13;* **e assim por diante** *and so forth 7r*

assinar *to sign 9r*

a assinatura *signature 2r; subscription 7r*

a assistência *assistance 2r*

o/a assistente *assistant 5r*

assistir *to watch (B), to attend (an event) 3*

a associação *association 8*

associado/a *associated 2r*

associar *to associate 4r*

assumir *to assume, to take on 5r*

o assunto *subject, matter 3r*

assustador/a *frightening, scary 13*

o/a astronauta *astronaut 9r*

a Astronomia *astronomy 3r*

até *until Lp;* **até já** *see you in a bit Lp;* **até logo** *see you soon Lp;* **até amanhã** *see you tomorrow Lp; even 7r*

a atenção *attention 4r*

atencioso/a *attentive 7r*

atender *to attend to, to see 9r; to answer (the phone) 9r*

o atendimento *service 6r*

atento/a *attentive 4r*

aterrador/a *frightening, appalling* 13r

aterrar (P) *to land (plane)* 15r

aterrisar (B) *to land (plane)* 15r

atingir *to affect* 8r, *to reach* 14

atípico/a *not typical* 4r

a atividade *activity* Lpr

o Atlântico *Atlantic Ocean* 3r

o/a atleta *athlete* 1r, 7

atlético/a *athletic* Lpr

o atletismo *track and field* 7

a atmosfera *atmosphere* 7

atmosférico/a *atmospheric* 15

o ator *actor* 9

atormentado/a *tormented* 12r

a atração *attraction* 2r

atraente *attractive* 2

atrair *to attract* 1r

atrás (de) *behind* Lp

atrasado/a *late* 13r; *backward* 12r

através *through* 3r

a atriz *actress* 9

atualmente *at present* 2r, 9

o atum *tuna* 3

a audiência *audience* 9r

a aula *class* Lp

aumentar *to increase* 9r, 14

ausente *absent* Lpr

austral *Southern* 10r

o autocarro (P) *bus* 12

o autódromo *car racing track* 7r

o automobilismo *car racing* 7

o automóvel *car* 2r, 12

autónomo/a *autonomous* 9r

o/a autor/a *author* 3r

a autoridade *authority* 2r

o auxílio *assistance, help* 2r

a avaliação *evaluation, assessment* 1r

avaliar *to evaluate* 14r

avançado/a *advanced* 1r

avançar *to advance, to go on* 5r

o avanço *advance* 15

a ave *bird* 4r; **aves** *poultry, fowl* 10

a avenida *avenue* Lp

a aventura *adventure* 3r

o avião *plane* Lpr, 12

o aviso *announcement, warning* 14r

a avó *grandmother* 4; **avó materna/paterna** *maternal/paternal grandmother* 4

o avô *grandfather* 4; **avô materno/paterno** *maternal/paternal grandfather* 4

o axé *Brazilian music style* 3r

azedo/a *sour* 11r

a azeite *olive oil* 10; **azeite de dendê** *palm oil* 10r

a azeitona *olive* 10

azul *blue* 2

o azulejo *decorative tile* 5r

B

a babá (B) *nanny* 9r

o bacalhau *salt cod* 3

o bagageiro (B) *car trunk* 12

a bagagem *luggage* 12

a bagunça (B) *mess* 5

a baía *bay* 1r

baiano/a *from or of the state of Bahia (Brazil)* 3r

o/a bailarino/a *dancer* 8r

o baile *ball* 5r, 8

o bairro *neighborhood* 1r, 4; **bairro da lata** (P) *shanty town* 5r; **bairro de caniço** *shanty town (Mozambique)* 5r

baixo/a *low* 1; *short (in stature)* 2

o balão *baloon* 10r

o balcão *counter* 12

o balé *ballet* 2r

baleeiro/a *whaling* 15r

a baleia *whale* 9r

a baliza *goal posts* 7r

a banana *banana* 10

o banco *bank* 5r, 9

a banda *band* 3r; **banda larga** *broadband* 15

a bandeira *flag* 2r

a bandeja *tray* 10

a banha *lard* 10

a banheira *bathtub* 5

o banheiro (B) *bathroom* 2r, 5

o banho *bath* 5

o banquete *banquet* 2r

o bar *bar* 1r

barato/a *cheap* 5r, 6

a barba: fazer a barba *to shave* 7

o barco *ship, boat* 12; **barco à vela** *sailboat* 7r; **barco de pesca** *fishing boat* 9r

a barriga *belly* 10r

o barro *clay* 10r

barroco/a *Baroque* 3r

a base *basis* 1r

baseado/a *based* 3r

basear-se (em) *to resort (to), to rely (on)* 8r

básico/a *basic* 3r

o basquete (B) *basketball* 1r, 7

o basquetebol *basketball* 7

bastante *enough* 1; *quite, rather* 2; *plenty* 10r

a batalha *battle* 14r

a batata *potato* 3; **batatas fritas** *French fries* 3

o batedor *mixer, beater* 5r

bater *to beat* 5r, 10

a bateria *drums, percussion* 8r

o batido (P) *shake, smoothie* 3r

o batizado *christening* 4

a batucada *drumming* 3

o batuque *Cape Verdean music style* 3r

a baunilha *vanilla* 10

o/a bebê (B) *baby* 5r

beber *to drink* 3

a bebida *beverage* 3

beijar *to kiss* 13r

o beijo *kiss* 4r, 5

a beira-mar *seaside* 10r

a beleza *beauty* 1r

a Bélgica *Belgium* 4r

belo/a *beautiful* 1r

bem *well* Lp; *very, really* 2r; **o bem-estar** *well-being* 13r; **bem como** *as well as* 14r

a bênção *blessing* 8

a biblioteca *library* 1

o/a bibliotecário/a *librarian* 9

a bica (P) *espresso coffee* 3r

a bicicleta *bicycle* 2

bienal *biennial* 1r

a bifana (P) *steak sandwich* 3r

o bife *steak* 3

o bilhete *ticket* 3r, 12

a biodiversidade *biodiversity* 5r

a Biologia *biology* 1

a biotecnologia *biotechnology* 15

o biquíni *bikini* 6

o biscoito *cookie, cracker* 10

o bloco *block* 1r

a blusa *blouse* 6

o blusão *sports jacket* 6

boa *good (fem.)* 1; **boa tarde** *good afternoon* Lp; **boa noite** *good afternoon/ night* Lp

a boca *mouth* 11

o bocado *bit, piece* 8

a bochecha *cheek* 11

a bola *ball* 7

o bolo *cake* 5r, 10

a bolsa *purse* (B) 6, *grant* 9r; **bolsa (de valores)** *stock exchange* 9

bom *good (masc.)* 1; **bom dia** *good morning* Lp

o boné *cap* 6

bonito/a *pretty, good-looking* 2

o bordado *embroidery* 3r

o borrego (P) *lamb* 10r

a bota *boot* 6

o boto *dolphin* 4r

o braço *arm* 11

branco/a *white* 2; **Branca de Neve** *Snow White* 2r; **em branco** *blank* 9r

a brasa *charcoal* 10r

o Brasil *Brazil* Lpr, 2

brasileiro/a *Brazilian* 1r, 2

breve *brief* 6r; **em breve** *shortly, soon* 2r

brigar *to fight, to quarrel* 13

brincar *to play (children)* 4r, 7; *to joke* 3r

o brinco *earring* 6

o brinquedo *toy* 3r, 6

a broa de milho *Portuguese corn bread* 3r

o broto *bud, sprout* 11r

brusco/a *sudden* 10r

a bruxa *witch*; **Dia das Bruxas** *Halloween* 8

o budismo *Buddhism* 8r

o buraco *hole* 13r

buscar *to search, to seek* 3; *to pick up* 12r

C

a cabeça *head* 11

o/a cabeleireiro/a *hairdresser* 9

o cabelo *hair* 2

o cabo *cable* 15

Cabo Verde *Cape Verde* 2

cabo-verdiano/a *Cape Verdean* 2

o/a caçador/a *hunter* 9r; **caçador-recoletor** *hunter-gatherer* 10r

o cacau *cocoa* 12r

o cachecol *scarf* 6

o cachorro (B) *dog* 11r; **cachorro quente** *hot dog* 4r

o/a caçula (B) *the youngest child* 4

cada *each, every* 1r; **cada vez mais** *more and more* 5r, 15

cadastrar-se (B) *to register* 9r

a cadeia *chain* 6r

a cadeira *chair* Lp

o caderno *notebook* Lp

o café *coffee house* 1; *coffee* 1r, 3; **café da manhã** (B) *breakfast* 3

a cafeína *caffeine* 10r

o cafezinho (B) *espresso coffee* 3

caiado/a *whitewashed 7r*
cair *to fall 11*
o cais *pier 12r*
o/a caixa *cashier, cash register 6r, 9;* **a caixa** *box, bin 7r;* **caixa de correio** *mailbox 12;* **caixa multibanco** (P) *ATM 15*
calado/a *quiet, silent 2*
o calçado *footwear 9r*
o calcanhar *heel 11*
o calção (B) *shorts 6*
as calças *pants 6;* **calças jeans** *jeans 6*
a calcinha (B) *panties 6*
as calcinhas (P) *panties 6*
os calções (P) *shorts 6*
a calculadora *calculator Lp*
o cálculo *calculus 1r*
a caldeirada *fish or shellfish stew 7r*
o caldeirão *large pot 10r*
o caldo: **caldo de cana** *sugar-cane juice 3r;* **caldo verde** *Portuguese kale-and-potato soup 3r*
o calendário *calendar Lpr*
calmo/a *calm Lpr, 2*
o calor *heat 7;* **faz calor** *it's hot 6*
o/a calouro/a *first-year student 15r*
a cama *bed 4;* **cama de casal** *double bed 5*
a camada *layer 13r*
a câmara *chamber 14r;* **câmara municipal** (P) *city hall 6r*
o camarão *shrimp 3*
a cambalhota *somersault, tumble 3r*
o câmbio *currency exchange 5r, 12*
a caminhada *hike 13r*
o caminhão *truck 8r*
caminhar *to walk 1*
o caminho *road, pathway 3r*
a camisa *shirt 6;* **camisa de dormir** (P) *nightgown 6*
a camiseta (B) *T-shirt 6*
a camisola *nightgown* (B), *sweater* (P) *6*
a campanha *campaign 9r*
a campeã *female champion 7*
o campeão *male champion 7*
o campeonato *championship, tournament 7*
o campismo (P) *camping 6r;* **fazer campismo** (P) *to go camping 7r*

o campo *field 7;* *court* (P) *7;* *countryside 5r*
a cana-da-Índia *cane (in furniture) 5r*
a cana-de-açúcar *sugar cane 2r*
o Canadá *Canada 2r*
o canal *channel 15r*
o/a canalizador/a (P) *plumber 9*
a canção *song 3r*
cancelar *to cancel 12*
o câncer (B) *cancer 15*
o cancro (P) *cancer 15*
o candeeiro (P) *lamp 5*
candidatar-se *to apply (for a job/grant) 2r, 9*
o/a candidato/a *candidate 2r*
a candidatura *application 9*
o candomblé *Afro-Brazilian religion 3r*
a caneta *pen Lp*
a canja *broth, soup 3r;* **canja de galinha** *chicken soup 10r*
cansado/a *tired 2*
cantar *to sing 2r, 3*
a cantina (P) *cafeteria 1*
o/a cantor/a *singer 2r*
a capa de chuva (B) *raincoat 6*
a capacidade *ability 4r, 15*
capaz *capable 13r*
o capital *capital (money)13r*
a capital *capital (city) 2r*
a capivara *capybara 5r*
o capô *hood 12*
a capoeira *capoeira (Brazilian martial art) 3r, 7*
o cara (B) *man, guy 5*
a característica *trait, characteristic 2r*
o cardápio (B) *menu 3*
cardeal *cardinal 7r*
a cardiologia *cardiology 3r*
a carência *need 4r*
carente *destitute 14*
o cargo *position (job) 9r, office 14r*
a caridade *charity 11r*
a cárie *tooth decay 15r*
o caril *curry 12r*
carinhoso/a *affectionate 2r*
carioca *from or of Rio de Janeiro 1r*
carismático/a *charismatic 2r*
o carnaval *carnival, Mardi Gras 1r, 8*
a carne *meat 2r, 3;* **carne moída** (B) *ground meat 10;* **carne picada** (P)

ground meat 10; **carne de porco** *pork 3r, 10;* **carne de vaca** *beef 10*
caro/a *expensive 1r, 6*
o caroço *pit, seed (in fruit) 5r*
a carreira *career 7r*
o carro *car 1r, 6*
a carta *letter 2r, 9;* **carta de recomendação** *letter of recommendation 9*
o cartão *card 2r;* **cartão de crédito** *credit card 3r, 6;* **cartão de débito** *debit card 6;* **cartão de embarque** *boarding pass 12;* **cartão de milhagem** *frequent-flyer card 12;* **cartão postal** *postcard 12;* **cartão de visita** *calling (business) card 12r*
o cartaz *poster 9r*
a carteira *desk Lp; wallet 6; purse* (P) *6*
o/a carteiro/a *mail carrier 12*
a cartografia *cartography 3r*
a casa *house, home 1; square (in bingo) 5r,* **casa de banho** (P) *bathroom 2r, 5*
o casaco *jacket, coat 6*
casado/a *married 2*
o casal *couple 4*
o casamento *wedding 3r, 8; marriage 14*
casar *to marry, to get married 4*
caseiro/a *domestic, home 4r*
o caso *case 1r;* **caso** *conj. in case 12;* **em qualquer dos casos** *in any case 6*
a castanha de caju *cashew nut 12r*
castanho/a *brown 2*
o castelo *castle 7r*
o catolicismo *Catholicism 8r*
católico/a *Catholic 8r*
causar *to cause 11r*
a cavalgada *horseback riding 13r*
o cavaquinho *small guitar 13r*
a cave *basement* (P) *5; cellar 13r*
a cebola *onion 3*
cedo *early 4*
cego/a *blind 11r*
a celebração *celebration 4r, 8*
a célula *cell 15;* **célula estaminal** *stem cell 15*
o cenário *scenario 5r*
a cenoura *carrot 10*
o censo *census 2r*
a censura *censorship 8r*

centígrado *Celsius 7*
a central hidroelétrica *hydroelectric plant 9*
o centro *center 1r; downtown 5;* **centro comercial** (P) *shopping mall 6*
cerca de *about, approximately 1r, 14*
cercar *to surround 10r*
o cereal *cereal 3*
o cérebro *brain Lpr, 11*
a cereja *cherry 10*
a cerimônia (B) *ceremony 8*
a cerimónia (P) *ceremony 8*
a certeza: **ter certeza** *to be sure 4r;* **com certeza** *certainly 8*
certo/a *true 5r;* **Certo.** *That's right. 9*
a cerveja *beer 3*
a cesta (B) *basket, hoop 7*
o cesto *basket, hoop* (P) *7; wastebasket 9r*
o céu *sky 7*
o chá *tea 3;* **chá de ervas** *herbal tea 3r*
o chacal *jackal 11r*
chamado/a *called, so-called 8;* **a chamada** *roll call Lpr, phone call 11r*
chamar *to call 8*
chamar-se *to be named, to be called Lp*
o champanhe *champagne 4r*
a chamuça *Indian-style turnover 12r*
o Chanuká *Hanukkah 3r*
o chão *floor 9r*
o chapéu *hat 6*
chatear *to annoy 14r*
chato/a *boring 1*
a chave *key 12*
a chávena (P) *cup 10*
o/a chefe *boss, director Lpr, 9; leader 15r*
a chegada *arrival 12*
chegar *to arrive 1*
cheio/a *full 7r*
o cheiro-verde (B) *blend of herbs (parsley, chive, etc.) 10r*
o cheque *check 4r;* **cheque de viagem** *traveler's check 6r, 12*
o chinelo *slipper 6*
chinês/chinesa *Chinese 4r*
o chocolate *chocolate 3*
chorar *to cry 14r*
o choro *Brazilian music style 3r*

o **chouriço** *Portuguese smoked sausage* 3r
chover *to rain* 6
o **chuchu** *chayote* 10r
a **churrascaria** *grill (restaurant)* 2r
o **churrasco** *grill (dish)* 10r
a **churrasqueira** *grill (appliance)* 5
chutar *to kick* 7r
a **chuteira** *soccer shoe* 7
a **chuva** *rain* 5r, 7
o **chuveiro** *shower* 5
o **ciclismo** *cycling* 7
o **ciclo** *cycle* 8
a **cidadania** *citizenship* 2r
o **cidadão/a cidadã** *citizen* 2r, 13
a **cidade** *city* 1r, 3
a **cidreira** *melissa (herb)* 11r
a **ciência** *science* 1
científico/a *scientific* 3r
o/a **cientista** *scientist* 9
os **cílios** *eyelashes* 11
cima: em cima (de) *on, above* Lp
o/a **cineasta** *filmmaker* 3r
o **cinema** *movie theater, cinema* 3
a **cinematografia** *cinematography* 3r
cinematográfico/a *cinematographic* 3r
o **cinto** *belt* 6
a **cintura** *waist* 11
cinza (B) *grey* 2
cinzento/a (P) *grey* 2
o **circo** *circus* 3r
circular *to circulate* 15
o **cirurgião/a cirurgiã** *surgeon* 11r
a **clara de ovo** *egg white* 5r
claro/a *light, bright* 2r; *of course* 5; *clear, legible* 9r
a **classe** *class* 3r; **classe alta** *upper class* 14r; **classe média** *middle class* 4r; **classe média alta** *upper middle class* 9r; **classe turística** *economy class* 12; **primeira classe** *first class* 12
clássico/a *classical* 2r
classificar *to classify* 4r
o/a **cliente** *customer, client* 6
o **clima** *climate* 2r
climatizado/a *air-conditioned* 15
a **clínica** *clinic* 11
a **clonagem** *cloning* 15
o **clube** *club* 2r, 7

o **coador** *strainer* 5r
coberto/a *covered* 6r
o **cobertor** *blanket* 5
a **cobra** *snake* 2
cobrar *to charge* 13r; **telefonar a cobrar** *to make a collect call* 4r
o **cobre** *copper* 13
cobrir *to cover* 4
o **coco** *coconut* 10r
a **coerência** *coherence* 4r
o **cofre** *safe* 12
a **coisa** *thing* 1r; **Que coisa! Gosh!** 1
coitado/a *poor (thing)* 11r
colaborar *to cooperate* 2r
a **coladera** *Cape Verdean music genre* 11r
o **colar** *necklace* 6
a **coleção** *collection* 3r
o/a **colecionador/a** *collector* 3r
o/a **colega** *classmate, workmate, colleague* Lp
a **colheita** *harvest* 13r
a **colher** *spoon* 5r, 10
a **colina** *hill* 7r
os **collants** (P) *pantyhose* 6
a **colocação** *placement* 5r
colocar *to place* 2r, 8
colonial *colonial* 1r
a **colonização** *colonization* 2r
colonizar *to colonize* 3r
a **coluna** *column* 5r
o **comandante** *commander* Lpr
o **combate** *fight* 15
combater *to fight against* 11r, 13
combinado/a *agreed* 5r
combinar *to combine* 3r, *to negotiate* 9
o **comboio** (P) *train* 12
o **combustível** *fuel* 15
começar *to begin* 3
a **comemoração** *celebration* 1r, 8
comemorar *to celebrate* 3
o **comentário** *comment* 4r
comer *to eat* 2r, 3
comercial *commercial* 5r
comercializar *to market, to sell* 2r
o/a **comerciante** *merchant* 6r
comestível *edible* 15
a **comida** *food* 2r, 3
comigo *with me* 4r, 8
o/a **comissário/a de bordo** *flight attendant* 12
como *how, what* Lp; *as, like* 2r, 4; **Como vai?** *How are*

you? Lp; **Como está(s)?** (P) *How are you?* Lp; **como se** *as if* 12
a **cômoda** (B) *dresser* 5
a **cómoda** (P) *dresser* 5
a **comodidade** *comfort* 5r
comovente *moving* 11r
o/a **companheiro/a** *partner* 4
a **companhia** *company* 9; **companhia aérea** *airline* 12
comparado/a *comparative* 1r
comparar *to compare* 2r
comparecer *to attend, to be present* 13r
compartilhar *to share* 4r
a **compensação** *compensation* 4r
competente *competent* Lpr
a **competição** *competition* 1r, 8
competir *to compete* 4
complementar *to complement* 1r
completar *to complete* 2r
complexo/a *complex* 3r
complicado/a *complicated* 4
o **comportamento** *behavior* 4r
comportar-se *to behave* 4r
a **composição** *composition* 3r
o/a **compositor/a** *composer* 9r
composto/a *composed* 5r
o/a **comprador/a** *buyer* 5r, 6
comprar *to buy* 1
as **compras: fazer as compras** *to do the shopping* 4r; **ir às compras** *to go shopping* 6
compreender *to understand* Lpr, 3; *to comprise* 8r
comprido/a *long* 2
o **comprimido** *pill, medicine* 11
o **compromisso** *commitment* 2r, *compromise* 15r
o **computador** *computer* Lp
comum *common* 3
a **comunicação** *communication* 1r, 15
comunicar *to communicate* 9
comunicativo/a *communicative* 2
a **comunidade** *community* 1r
conceber *to conceive* 14r
o **conceito** *concept, idea* 1r
a **concentração** *concentration* 4r
concentrar(-se) *to concentrate* 2r
o **concerto** *concert* Lpr
conciliar *to reconcile* 1r

a **conclusão** *conclusion, ending* 1r
concordar *to agree* 4
concorrer *to run, to compete* 14r
o **concurso** *contest* 6r
a **condição** *condition* 2r
o **condimento** *condiment* 10
conduzir *to drive* (P) 12, *to lead* 11r
a **conexão** *connection* 5r
a **conferência** *conference, lecture* 2r
conferir *to check* 9
confessar *to confess* 4r
confiante *confident* 12r
confiar (em) *to trust* 14r
o **conflito** *conflict* 4r
confortável *comfortable* 3r, 5
o **conforto** *comfort* 5r
confundir *to confuse* 14r
a **confusão** *confusion* 5
congelar *to freeze* 7
o **congresso** *conference, congress* 3r
conhecer *to know, to meet* 2r, 4
o/a **conhecido/a** *acquaintance* 2r; **conhecido/a** adj. *(well-)known* 1r, 8
conjugar *to conjugate* 3r
o **conjunto** *set* 5r, *group* 9r; **em conjunto** *together* 4r
connosco (P) *with us* 8
conosco (B) *with us* 3r, 8
conquistar *to conquer* 7r
a **consciência** *consciousness* 13r
consciente *conscious* 14
conseguir *to manage, to be able to* 4r; *to obtain* 8r
o **conselho** *advice* 11, *council* 14r
consentir *to consent* 4
consequentemente *consequently* 3r
consertar *to mend, to repair* 5r
a **conservação** *preservation* 13
conservador/a *conservative* 2r
o **conservante** *preservative* 10r
constipado/a (P) *sick with a cold* 11
a **constituição** *constitution* 4r
o **constrangimento** *constraint* 13r
a **construção** *construction* 5r
construído/a *built* 5r
construir *to build* 5r
o/a **cônsul** *consul* 2r
o **consulado** *consulate* 2r

o **consultório** *doctor's/ dentist's office* 9

o/a **consumidor/a** *consumer 15r*

consumir *to consume 10r*

a **conta** *bill 5r*

a **Contabilidade** *accounting* 1

o/a **contabilista** (P) *accountant* 9

o/a **contador/a** (B) *accountant* 9

contagioso/a *contagious 8r*

contar *to tell, to recount 1r; to count 15r;* **contar com** *to count on, to have access to 4r*

contemporâneo/a *contemporary 1r, 14*

contente *happy, glad 2*

conter *to contain 4r*

o **conteúdo** *content 6r*

o **contexto** *context 2r*

contigo (P) *with you 8*

continental *continental 2r*

o **continente** *continent 2r*

a **continuação** *continuation 4r*

continuar *to continue 3r, 8*

o **conto** *short story 11r*

contra *against 15r*

contrário/a: ao contrário de *contrary to 7*

o **contraste** *contrast 3r*

contratar *to hire 8r*

contribuir *to contribute 1r*

controlar *to control 15*

o **controle remoto** *remote control Lp*

os **controles** (B) *controls 9*

o **controlo** (P) *control 15r*

a **controvérsia** *controversy 15*

controvertido/a *controversial 11r*

conturbado/a *turbulent 13r*

a **contusão** *injury (in sports) 7r*

o **convento** *convent 10r*

a **conversa** *conversation Lpr, 3*

a **conversão** *conversion 7r*

conversar *to talk , to converse 1*

o/a **convidado/a** *guest 3r*

convidar *to invite 3r, 8*

o **convite** *invitation 8*

conviver *to live side by side 15r*

a **cooperação** *collaboration 9r*

a **Copa do Mundo** *World Cup 7*

o **copo** *glass, cup 3r;* **copo graduado** *measuring cup 5r*

o **coqueiral** *coconut-palm grove 3r*

o **coquetel** *cocktail 3r*

a **cor** *color 2*

o **coração** *heart 7r, 11*

corajoso/a *courageous Lpr*

cor de laranja *orange 2*

cor-de-rosa *pink 2*

a **coroação** *crowning 8r*

o **corpo** *body 2*

o/a **corretor/a** *broker, trader 9*

o **corredor** *hallway 5, aisle 12r;* o/a **corredor/a** *runner 2r*

o **correio** *mail 2r, 12;* os **correios** *post office 6r;* **correio eletrónico** *e-mail 2r;* **correio sentimental** *personal-advice column 10r*

correr *to run 3, to race (cars) 7r;* **correr bem/mal** *to go well/wrong 9r*

corresponder(-se) *to correspond 2r*

a **corrida** *race 7*

corrigir *to correct 4r*

corrompido/a *corrupted 11r*

cortar *to cut 5r, 10*

o **corte** *cut 10r*

o **cortejo** *procession 7r*

a **cortesia** *courtesy Lpr*

a **cortiça** *cork 6r*

a **cortina** *curtain 5*

a **costa** *coast 2r;* **Costa Leste** *East Coast 2r*

as **costas** *back (of the body) 11*

costeiro/a *coastal 12r*

a **costeleta** *chop, cutlet 10*

costumar *to use to, to do customarily 3*

a **costureira** *seamstress 14r*

cotidiano/a (B) *daily 4r*

o **cotovelo** *elbow 11*

o **couro** *leather 6*

a **couve** *cabbage 10r*

cozer *to cook, to boil* (P) *10*

cozido/a *cooked 5r*

a **cozinha** *kitchen 2r, 5; cuisine 10*

cozinhar *to cook 4r, 5*

o/a **cozinheiro/a** *cook 2r, 9*

o **cravo** *carnation 10r*

a **creche** *nursery, day care 11r*

o **creme de leite** (B) *cream 10*

crer *to believe 10*

crescente *growing 2r*

crescer *to grow 5r*

o **crescimento** *growth 2r, 14*

crespo/a *curly 2*

a **criada** *maid, servant 14r*

a **criança** *child 1r, 6*

criar *to create 1r, 14; to bring up 4*

criativo/a *creative Lpr*

a **criatura** *creature 11r*

crioulo/a *Creole 2r*

o **cristal** *cut glass 5r*

cristão/cristã *Christian 8*

o **critério** *criterion 2r*

o **crocodilo** *crocodile 3r*

cruel *cruel 7r, 13*

o **cruzeiro** *cruise 3r, 12*

a **cueca** (B) *panty, brief 6*

as **cuecas** (P) *panty, brief 6*

o **cuidado** *care 4r;* **ter cuidado** *to be careful 5*

cuidadoso/a *careful 4r*

cuidar (de) *to care (for) 9r, 11*

cujo/a/os/as *whose 14*

a **culinária** *cooking, cuisine Lpr*

a **culpa** *guilt 14r*

cultivar *to cultivate 1r*

o **culto** *worship, cult 3r;* **culto/a** adj. *learned, formal 11r*

a **cultura** *culture 1r*

cultural *cultural 2r*

culturalmente *culturally 2r*

o **cumprimento** *greeting 3r*

cumprir *to carry out, to fulfill 9r*

o/a **cunhado/a** *brother/sister-in-law 6r*

a **cúpula** *dome 7r*

o **curandeiro** *healer 11r*

curar *to cure 10r*

curioso/a *curious 2r*

o **currículo** *résumé, CV 9*

o **curso** *course 1*

curto/a *short (in length) 2*

custar *to cost 1*

o **custo** *cost 5r*

D

os **dados** *data 2r, 15*

a **dama: dama de honra** (B) *bridesmaid 8;* **dama de honor** (P) *bridesmaid 8*

dançar *to dance 1*

o **dano** *damage 13*

dar *to give 2r, 5;* **dar certo** *to turn out well, to work 5;* **não dar em nada** *to come to nothing 5;* **não dar** *to be impossible 3r, 5;* **dar-se bem** *to get along well 9r*

a **data** *date Lp*

datar *to date 5r*

de *of, from 1r, 2*

debaixo (de) *under Lp*

o **debate** *debate Lpr*

decidir *to decide 3*

décimo/a *tenth 5*

a **decisão** *decision 1r, ruling 7*

decisivo/a *decisive 7*

declarar *to state, to declare 3r*

decolar (B) *to take off 12r*

decompor *to decompose 13*

a **decoração** *decoration 5r*

o/a **decorador/a** *decorator 5r*

decorar *to decorate 5r*

decorrente *resulting 15r*

dedicado/a *dedicated 2r*

dedicar *to devote, to dedicate 2r*

o **dedo** *finger 11*

defender *to defend 4r*

a **defesa** *defense 4r*

o/a **deficiente visual** *visually impaired person 9r*

a **degradação** *degradation 13*

degradar *to degrade 13*

deitar *to lay down 8;* **deitar fora** (P) *to throw out 5*

deitar-se *to lie down, to go to bed 8*

deixar *to leave (something) 5r, 12; to let 10r;* **deixar de** *to quit 11r, to fail to 15r*

dela *her 2*

delas *their (female) 2*

dele *his 2*

deles *their (male or mixed) 2*

delicioso/a *delicious 4r*

demais *too much 3r, 4;* adj. *other 15r*

a **demografia** *demographics 14*

demográfico/a *demographic 3r*

demonstrar *to demonstrate 3r*

a **demora** *delay 11r*

demorado/a *long 12r*

demorar *to take (time), to last 13*

a **densidade** *density 4r*

o **dente** *tooth 11*

dentro *inside 4r*

dependurar *to hang 14r*

depois (de) *after, afterwards 3;* **depois que** conj. *after 13*

depressa *fast 4*

deprimido/a *depressed 11*

o/a **deputado/a** *representative, congressman/woman 14r*

derrotado/a *defeated 12r*

derrubar *to overthrow 14r*

desabitado/a *uninhabited 9r*

o **desafio** *challenge 7r*

desagradável *disagreeable, unpleasant 7*
desagradar *to displease 11r*
desajeitado/a *awkward 15r*
desaparecer *to disappear 10r*
o desastre *disaster 5r*
desatualisado/a *not up to date 15r*
descalço/a *barefoot 7r*
descansar *to rest 1*
descarregar *to unload 9*
o/a descendente *descendant 2r*
a descoberta *discovery 3r*
descobrir *to discover 4*
descolar (P) *to take off 12r*
desconhecer *to ignore 12r*
desconhecido/a *unknown 6r*
o desconto *discount, markdown 6*
descortinar *to reveal, to lift the curtain on 12r*
descrever *to describe 3r*
a descrição *description Lpr*
desculpar: desculpe *I'm sorry* Lp; **desculpar-se** *to excuse oneself, to apologize 8r*
desde *since 2r*; **desde que** *as long as 12*
desejar *to wish, to desire 2r, 9*
o desejo *desire 11r*
desembarcar *to disembark 3r*
desempenhar *to play (a role) 10r*
o desempenho *performance 15r*
o desemprego *unemployment 13r*
desenhar *to draw 7r*
o desenho *drawing 3r, pattern 6*
desenvolver(-se) *to develop 4r, 7*
o desenvolvimento *development 1r*
o desequilíbrio *imbalance 7r, 14*
desesperado/a *desperate 10r*
o desespero *despair 11r*
desfavorecido/a *underprivileged 11r*
desfilar *to parade, to march 8*
o desfile *parade 1r, 8*
a designação *designation 3r*
a desigualdade *inequality 14*
desistir *to give up 15r*
deslumbrante *dazzling 3r*
o desmatamento *deforestation 13*
a desnutrição *malnutrition 14r*
desonesto/a *dishonest 6r*

desordenado/a *disorganized, disordered 13*
desorganizado/a *disorganized 2r*
a despedida *farewell* Lp
despedir *to fire, to dismiss 8*
despedir-se *to say goodbye 8*
despejar *to get rid off, to throw out 5r*
a despensa *pantry 5*
desperdiçar *to waste 13r*
o desperdício *waste 13r*
despertar *to awake, to provoke 14r*
a despesa *expense 9r*
o desporto (P) *sport 1r, 7*
a dessalinização *desalination 13*
destacar-se *to stand out 1r, 8*
o destaque *high point, highlight 7r*; **o lugar de destaque** *prominent place 8r*
destinar-se *to be destined 1r*
o destino *destination 3r*
destruir *to destroy 4r*
a desvantagem *disadvantage 5r*
o detalhe *detail 7r*
determinar *to determine 4r*
devagar *slowly* Lpr, *4*
devastar *to devastate 13*
dever *ought to, should 2r, 3*; *to owe 7*; **os deveres** *chores 4*; **dever de casa** *homework 1*
devido a *due to 12r, 14*
devolver *to return 6r*
dezembro *December* Lp
o dia *day* Lp; **dia a dia** *everyday life 1r*; **dia de anos** *birthday* (P) *8r*
o diálogo *dialogue 3r*
o diamante *diamond 10r*
diante *in front of 7r*
diário/a *daily 3r*; **o diário** *diary 6r*
o dicionário *dictionary 1*
a dieta *diet 10r*
a diferença *difference 4r, 9*
diferenciar *to differentiate 3r*
diferente *different 2r*
difícil *difficult 1*
difundir(-se) *to spread 7*
digerir *to digest 10r*
a digestão *digestion 10r*
diminuir *to decrease 13r, 14*
dinâmico/a *dynamic* Lpr, *2*
o dinheiro *money 5r, 6*; **dinheiro corrente** *cash 6r*

o dióxido de carbono *carbon dioxide 13*
a diplomacia *diplomacy 2r*
direto/a *direct 12*
a direita *right (side) 4r*; **à direita** *to the right 12*
o Direito *law 1*; **direito** *right 4r*
dirigir *to direct, to manage, to run 9r*; *to drive* (B) *11r, 12*
a disciplina *(academic) subject 1*; *discipline 4r*
disciplinado/a *disciplined 3r*
discordar *to disagree 12r*
o disco *CD, record 2r*
a discoteca *dance club 1*
discriminar *to discriminate 4r*
discutir *to discuss, to argue 3*
o disfarce *disguise 7r*
o dispêndio *expenditure 15r*
a disponibilidade *availability 2r*
disponível *available 1r, 12*
a disposição *disposal 2r*
distinguir *to distinguish 5r*
distinto/a *distinct 1r*
a distribuição *distribution 8*
o distrito *district 8r*
o ditado *saying 13r*
a ditadura *dictatorship 9r*
a diversão *entertainment, fun 3*
a diversidade *diversity 2r*
diverso/a *diverse 1r*
divertido/a *amusing, fun 2*
divertir *to entertain 8*; **divertir-se** *to enjoy oneself, to have fun 3r, 7*
a dívida *debt 13r*
dividir *to divide, to share 1r*
a divisão *division 2r*
divorciado/a *divorced 2r, 4*
divorciar-se *to divorce 9r*
o divórcio *divorce 4r*
a divulgação *promotion 9r*
dizer *to say, tell 2r, 4*
doar *to give, to donate 13r*
dobrar *to increase twofold 11r*
o doce *candy, sweets 10*
o documentário *documentary* Lpr
o documento *document 2r*
a doença *illness 11*
doente *sick 11*
o dólar *dollar 1*
doloroso/a *painful 10r*
doméstico/a *domestic 4r, 14*
o domicílio *household 14*
o domingo *Sunday 3*
o domínio *domain 9r, rule 12r*
Dona (D.) *Ms./Mrs.* Lp
o/a dono/a *owner 13r*

do que *than 2r*
a dor *pain, ache 11*; **dor de garganta** *sore throat 11*; **dor de cabeça** *headache 11*; **estar com dor de…** *to have a(n) … ache 11*
dormir *to sleep 4*
dotado/a *endowed 4r*
dourado/a *golden 3r*
o/a doutor/a *doctor* Lpr
o/a dramaturgo/a *playwright 3r*
a droga *drug 7r*
duplo/a *double 5r*
a duração *duration 1r*
durante *during 3*
durar *to last 3r*
a dúvida *doubt 7r*; **sem dúvida** *without a doubt 7r, 8*
duvidar *to doubt 10*

E

e *and* Lp
ecológico/a *ecological 5r*
a Economia *economics 1*; **economia** *economy 2r*
econômico/a (B) *economic 2r*
económico/a (P) *economic 8r*
economizar *to save 15r*
o ecossistema *ecosystem 5r, 13*
o ecoturismo *ecotourism 13*
o edifício *building 2r, 5*
educar *to educate 4r*
o efeito *effect 10r*; **efeito estufa** (B)/**efeito de estufa** (P) *greenhouse effect 13*
eficiente *efficient* Lpr, *12*
ela *she* Lp
elaborado/a *elaborate 8*
ele *he* Lp
o elefante *elephant 3r*
elegante *elegant* Lpr
eleger *to elect 14r*
a eleição *election 10r*
eleito/a *elected 13r*
elementar *elementary, beginning 1r*
o elemento *element 5r*
o elenco *cast (in a show/ movie) 8r*
o/a eletricista *electrician 9*
elétrico/a *electrical 5r*
o eletrodoméstico *electrical appliance 5*
elevado/a *high 9r, 14*
o elevador *elevator 5*
elitista *elitist 7r*
em *in, at, on* Lpr, *1*
emagrecer *to lose weight 3*

a **embarcação** *ship, vessel 3r*
embora *although 12*
a **emenda** *amendment 14r*
a **ementa** (P) *menu 3*
a **emigração** *emigration 1r*
a **emissão** *emission 13*
emitir *to emit 13*
emocionante *exciting 7r*
empreender *to undertake 10r*
o/a **empregado/a** *employee 2r; waiter/waitress (P) 3*
o/a **empregado/a doméstico/a** *housekeeper, maid 9*
o **emprego** *employment 5r, 9*
a **empresa** *company 2r, 9*
o/a **empresário/a** *businessman/woman 15r*
emprestar *to lend 7*
encabeçado/a *headed 14r*
o/a **encanador/a** (B) *plumber 9*
encantar *to charm, to delight 9r*
encarnado/a *red (P) 2r, embodied 14r*
encarregado/a (de) *in charge (of) 7r*
encenar *to stage 9r*
encerrar *to close 3r*
encher *to fill 7r*
encomendar *to order 10r, 14*
encontrar *to find 2r, 6; to meet 3r;* **encontrar-se** *to be located 5r, to meet 11r*
o **encontro** *meeting, date, encounter 1r, 3*
encorajar *to encourage 7r*
a **encosta** *slope 8r*
o **endereço** *address Lp*
a **energia** *energy 3r*
enfatizar *to emphasize 13r*
o **enfeite** *ornament 11r*
o/a **enfermeiro/a** *nurse 9*
a **enfermidade** *sickness 4r*
enfim *in a word 8r*
enfraquecer *to weaken 11r*
enfrentar *to face 13r*
engajado/a *committed, engagé 9r*
enganado/a *wrong, mistaken 2*
enganoso/a *illusory, misleading 12r*
engarrafado/a *bottled 15r*
a **Engenharia** *engineering 1r, 2*
o/a **engenheiro/a** *engineer Lpr, 9*
o **engenho de açúcar** (B) *sugar mill 3r*

englobar *to encompass, to count 3r*
engolir *to swallow 11r*
engordar *to gain weight 3*
engraçado/a *funny 2r*
engraxar *to shine (shoes) 9r*
o **enjoo** *nausea 11r*
enlatado/a *canned 10r*
enorme *huge, enormous 2r*
enquanto *while 7, as long as 13r;* **por enquanto** *for the time being 3r*
ensaiar *to rehearse 8r*
o **ensaio** *essay, paper 3r*
ensinar *to teach 7*
o **ensino** *teaching 1r*
ensurdecedor *deafening 8r*
entanto: no entanto *however 5r*
então *therefore, in that case 6*
entender *to understand 8r*
enternecedor/a *moving, touching 11r*
enterrar *to bury 13r*
a **entrada** *appetizer 3; ticket, entrance 2r*
as **entranhas** *viscera, internal organs 11r*
entrar *to go in, to enter 4r, 6*
entre *between, among Lp*
entregar *to hand (in) 9r, to deliver 10r*
entretanto *in the meantime 7, nevertheless 7r*
o **entretenimento** *entertainment 15r*
a **entrevista** *interview 1r, 9*
entrevistar *to interview 2r*
envelhecer *to grow old 14*
o **envelope** *envelope 12*
enviar *to send 2r, 7*
envolver *to involve 9r, 13*
enxugar(-se) *to dry, to wipe (oneself) 5r, 7*
eólico/a *adj. wind 13r*
o **episódio** *episode 4r*
a **época** *era, period 2r; season 3r*
equilibrado/a *balanced 10r*
o **equilibrismo** *ropewalking 3r*
a **equipa** (P) *team 7*
equipado/a *equipped 5r*
o **equipamento** *equipment 5r, 7*
erguer-se *to rise 9r*
errado/a *false, wrong 5r*
errar *to err, to miss 12*
o **erro** *mistake 6r*
a **erva** *herb 11r*

a **escada** *stairs, staircase 5*
a **escala** *rotation 4r; stopover 12*
a **escalada** *rock climbing 13r*
escandalizado/a *scandalized 15r*
a **escassez** *lack, scarcity 11r, 13*
esclarecer *to clarify 8r*
a **escola** *school 1r;* **escola primária** *elementary school 5r;* **escola secundária** *high school 7r*
escolher *to choose, pick 1r, 3*
escondido/a *hidden 8r*
o **escorredor** *drainer 5r*
escorrer *to drain 5r; to trickle, to flow 7r*
escovar *to brush 7*
escravizado/a *enslaved 7*
o/a **escravo/a** *slave 2r*
escrever *to write Lpr, 3*
escrito/a *written 2r*
o/a **escritor/a** *writer 2r*
o **escritório** *office 1*
a **escultura** *sculpture 3r*
escuro/a *dark 2r*
escutar *to listen Lpr, 1*
a **esfera** *sphere 2r*
o **esforço** *effort 10r*
esfuziante *whistling, noisy 8r*
o **esgoto** *sewage 13r*
a **esgrima** *fencing 7r*
esmagador/a *overwhelming 14r*
a **esmeralda** *emerald 3r*
espacial *adj. space 9r*
o **espaço** *space 3r, room 13r*
espaçoso/a *spacious 2r, 5*
o **espaguete** (B) *spaghetti 5r*
espalhado/a *scattered 2r*
a **Espanha** *Spain 7r*
espanhol/a *Spanish 1*
espantoso/a *amazing 15r*
o **espargo** *asparagus 10r*
o **esparguete** (P) *spaghetti 5r*
especial *special 5r*
especificar *to specify 5r*
especializado/a *specialized 15*
especializar-se *to specialize 10*
especialmente *especially 2r*
a **especiaria** *spice 6r*
a **espécie** *species 3r, 15*
especificamente *specifically 5r*
o/a **especulador/a** *speculator 13*
o **espelho** *mirror 5;* **espelho retrovisor** *rearview mirror 12*

a **esperança** *hope 14r*
esperar *to wait (for) 3; to hope 4r, 10*
o **espetáculo** *spectacle 4r*
o **espinafre** *spinach 10*
o **espinho** *thorn 11r*
o **espiritismo** *spiritualism 8r*
espirrar *to sneeze 11*
a **esplanada** (P) *outdoor seating, sidewalk café 3r*
a **espontaneidade** *spontaneity 7r*
o **esporte** (B) *sport Lpr, 7*
a **esposa** *wife 3r, 4*
o **esposo** *husband 4*
espreguiçar-se *to stretch, to sprawl 11r*
o **espremedor** *squeezer 5r*
espremer *to squeeze 5r*
esquecer-se *to forget 4r*
esquentar *to warm up 10r*
a **esquerda** *left (side) 4r;* **à esquerda** *to the left 12*
o **esqui** *ski 7*
esquiar *to ski 7*
a **esquina** *corner 12*
esquisito/a *bizarre Lpr*
a **esquistossomose** *schistosomiasis 11r*
esse/a *that, that one Lp*
estabelecer *to establish 2r;* **estabelecer-se** *to settle 9r*
a **estação** *station 3r; season 6*
o **estacionamento** *parking 6r*
o **estádio** *stadium 7*
o **estado** *state 1r;* **estado civil** *marital status 2r*
os **Estados Unidos** *United States 1r*
estadual *adj. state 1r*
o/a **estagiário/a** *intern 2r*
o **estágio** *internship 9r*
estampado/a *printed, patterned 6*
a **estante** *shelf 9r*
estar *to be 1;* **estar de acordo** *to agree 3;* **estar na moda** *to be fashionable 6*
a **estatística** *statistics 2r, 14*
o **estatuto** *status 11r, decree 11r*
estável *stable 4r*
este/a *this, this one Lp; the latter 7r*
a **esteira** *mat 8*
estender *to hang out (clothes) 5, to put out (hand) 9r;* **estender-se** *to stretch, to extend 4r*
o/a **estilista** *designer 8r*
o **estilo** *style 2r*

estimar *to estimate 5r*
o estômago *stomach 11*
estonteante *stunning 13r*
a estrada *road 12*
o estrago *damage 10r*
estrangeiro/a *foreign 2r, 14;* o/a estrangeiro/a *foreigner 2r*
estranho/a *strange 7r*
a estratégia *strategy 7r*
estreito/a *close, tight 2r; narrow 7r*
a estrela *star 3r*
estrito/a *strict 10r*
o estrondo *boom, loud noise 4r*
a estrutura *structure 1r*
o/a estudante *student 1*
estudar *to study 1*
estudioso/a *studious 1*
o estudo *study 1r*
a etapa *stage 4r*
eterno/a *eternal 5r*
ético/a *ethical 15*
a etiqueta *etiquette 5r*
a etnia *ethnic group 12r*
étnico/a *ethnic 1r*
a Etnologia *ethnology 1r*
eu *I* Lp; o eu *self 14r*
o eucalipto *eucalyptus tree 6r*
europeu/europeia *European 2r*
o evento *event 1r, 7*
eventual *possible 2r*
evidente *evident 5r*
evocar *to evoke 3r*
evoluir *to evolve 12r*
o exame *exam 1r; medical test 11r*
examinar *to examine 11*
excelente *excellent 3r, 7*
excluir *to exclude 2r*
a exclusão *exclusion 14*
exclusivamente *exclusively 2r*
a excursão *excursion, trip 6r, 12*
o/a executivo/a *executive* Lpr, 9
o exemplo *example;* por exemplo *for example 1r, 3*
exercer *to practice, to pursue (a profession) 9r; to exercise (power) 14r*
o exercício *exercise 4r;* fazer exercício *to exercise 4r*
exigir *to demand 9r*
existir *to exist 2r*
o êxito *success 6r*
o êxodo *exodus, migration 3r*
exótico/a *exotic 5r*
expandir *to expand 5r*
a expansão *expansion 5r*

expedir *to issue 2r*
a experiência *experience 2r, 9*
experimentar *to try out 4r, to try on 6*
explicar *to explain 4r, 7*
a exploração *exploration 8r*
o/a explorador/a *explorer 4r*
explorar *to explore 1r*
a exportação *export 10r*
a exposição *exhibition 1r*
a expressão *expression* Lpr
exprimir *to express 11r*
a extensão *spread, reach 4r*
extenso/a *large, extensive 5r*
o exterior *outside, exterior 5r; abroad 12r;* exterior adj. *external 2r*
extraordinário/a *extraordinary 4r*
extraterrestre *extraterrestrial, alien 9r*
o extremo *extreme 6r*
extrovertido/a *extroverted* Lpr, 2

F

o/a fã *fan, admirer 7*
a fábrica *industrial plant 9*
a faca *knife 5r, 10*
fácil *easy 1*
facilitar *to facilitate, to ease 5r*
o facto (P) *fact 14*
a faculdade *college, school of 1; university 5r*
o/a fadista *fado singer 3r*
o fado *traditional Portuguese song genre 6r*
falado/a *spoken 2r*
falador/a *talkative 2*
o/a falante *speaker 9r*
falar *to speak 1*
falso/a *false* Lpr
a falta *lack 11r*
faltar *to lack 13r, to miss 14r*
a fama *fame 3r*
a família *family 1r, 4*
o/a familiar *family member 11r*
famoso/a *famous 1r, 7*
a fantasia *costume 8*
fantasiar-se *to wear a costume 8*
o fantasma *ghost 8r*
fantástico/a *fantastic, great 6*
a farinha *flour 10*
o/a farmacêutico/a *pharmacist 11*
a farmácia *pharmacy 6r, 11*
a farofa *toasted manioc flour 3r*

fascinante *fascinating* Lpr
fascinar *to fascinate 3r*
o fascínio *fascination 2r*
o fato (B) *fact 14*
o fato (P) *suit 6;* fato de banho (P) *swimsuit 6;* fato de calças e casaco (P) *pantsuit 6;* fato de treino (P) *sweatsuit 6*
a favela (B) *shanty town 5r*
o favor: a favor (de) *in favor (of) 15r*
favorecer *to favor 3r*
favorito/a *favorite 2r*
a faxineira (B) *cleaning woman 12r*
a fazenda *ranch 12r*
fazer *to do, to make 1r, 4;* fazer a barba *to shave (one's beard) 7;* fazer a cama *to make the bed 4;* fazer com que *to cause 11r, 13;* fazer mal *to be bad for you 10r;* fazer parte de *to be part of 7;* faz *ago 4r, 7;* faz quanto tempo *(for) how long 4*
a fé *faith 8r*
a febre *fever 11;* febre amarela *yellow fever 11r;* estar com febre *to run a fever 11*
fechado/a *closed 7*
federal *federal 1r*
o feijão *beans 5r;* feijão fradinho *black-eyed peas 10r*
a feijoada *bean-and-meat stew 3*
feio/a *ugly 2*
feito/a (B) *like 13r*
a felicidade *happiness 13r*
feliz *happy 2*
o fenômeno (B) *phenomenon 4r*
o feriado *holiday 3r, 8*
as férias *vacation 3*
o ferro *iron 12r*
a ferrovia *railway 12r*
a fertilização *fertilization 15*
ferver *to boil 10*
a festa *party 1r, 3*
festejar *to celebrate 8*
o festejo *feast, celebration 8*
o festival *festival 3r*
fevereiro *February* Lp
o fiambre (P) *cooked ham 10r*
ficar *to stay, to be located 1; to become, to get 5;* ficar bem *to make a good impression 3r*

a ficção *fiction 9r;* ficção científica *science fiction 3r*
fiel *faithful 8r*
a figura *figure 3r*
a fila *line 9r;* fazer fila *to stand in line 12*
o filé (B) *steak, fillet 3*
a filha *daughter 4;* filha única *only daughter 4;* filha do meio *middle daughter 4*
o filho *son 4;* filho único *only son 4;* filho do meio *middle son 4;* filhos *children 2r*
o filme *film, movie* Lpr, 3
o fim *end 2r; objective, goal 14;* fim de semana *weekend 1;* a fim de *in order to 9r;* estar a fim de (B) *to be interested, to want to (do something) 3r*
final *final 2r*
as finanças *finance, finances 1r*
financeiro/a *financial 9r*
fino/a *fine 7r*
o fio *string 3r;* fio dental *dental floss 6r*
o/a fiscal da alfândega *customs official 12*
a Física *physics 1*
físico/a *physical 2r*
a fita *ribbon 1r*
flexível *flexible 2r*
a flor *flower 4r, 7*
florescer *to flourish 15r*
a floresta *forest 3r;* floresta tropical *rain forest 13*
a fluência *fluency 2r*
fluentemente *fluently 3r*
flutuante *floating 15r*
a foca *seal 3r*
o focinho *snout 10r*
o fogão *stove 5*
o fogo *flame, fire 10r;* fogo brando *low flame 10r*
a fogueira *bonfire 8r*
o foguete *rocket 15r*
folclórico/a *folkloric 3r*
a folha *leaf 7*
o folheto *flyer 9r*
o folião *reveller 8*
a fome *hunger 3r;* estar com fome *to be hungry 2;* ter fome *to be hungry 5*
a fonte *source 8r*
fora *out, outside 1r, 3*
a forma *form 5r*
a formação *(professional or academic) training 1r*
formal *formal 2r*

formar *to form 4r, 7;*
formar-se *to graduate 9r*
o **formato** *format 3r*
a **formatura** *graduation 11r*
o **formulário** *form 1r, 9*
o **fornecimento** *supply 5r*
o **forno** *oven 5;* **forno
micro-ondas** *microwave
oven 5*
o **foro** *forum 8r*
o **forró** *traditional Brazilian
dance and music genre 1r*
fortalecer(-se) *to
strengthen 13r*
a **fortaleza** *fortress 10r*
forte *strong 2*
a **foto** *photo 2r*
a **fotografia** *photography 2r;
picture, photo 5r*
a **foz** *estuary 6r*
fraco/a *weak 2*
a **França** *France 7r*
francês/francesa *French 1r*
o **frango** *chicken 3*
a **frase** *sentence 4r*
a **freira** *nun 10r*
frente: em frente (de) *in
front (of) Lp*
frequentar (P) *to attend 1r*
frequentemente *often,
frequently 3r*
fresco/a *fresh 3r, 10; cool 7*
o **frevo** *traditional Brazilian
dance 3r*
o **frigorífico** (P) *refrigerator 5*
frio/a *cold 2*
fritar *to fry 10*
frito/a *fried 3r, 10*
frondoso/a *leafy 7r*
a **fronte** *forehead 11r*
a **fronteira** *border 9*
a **fruta** *fruit 3*
o **fruto do mar** (B)
shellfish 10
fugir *to escape 11r*
fumar *to smoke 11*
a **função** *function 4r, 15*
funcionar *to work, to
function 9r*
o/a **funcionário/a** *employee,
clerk 2r, 12*
fundado/a *founded 5r*
o **fundamento** *foundation,
basis 4r*
fundar *to found, to
establish 1r*
fundir-se *to fuse, to
intermingle 13r*
o **fundo** *bottom 10r*
fúnebre adj. *funeral 7r*
o **funil** *funnel 5r*

o **furação** *hurricane 14r, 15*
a **fusão** *fusion 2r*
o **futebol** *soccer Lpr, 4*
o **futuro** *future 4r;* **futuro/a**
adj. *future 2r*

G

a **galeria** *gallery 3r*
a **gama** *range, array 11r*
ganhar *to win 3r, 7; to earn
9r; to gain 13r; to receive
(B) 8r*
a **garagem** *garage 5*
o **garçom** (B) *waiter 3*
a **garçonete** (B) *waitress 3*
a **gare** *train station 12r*
o **garfo** *fork 5r, 10*
a **garganta** *throat 11*
o **gari** (B) *trash collector,
street cleaner 9r*
o/a **garota/o** (B) *young man/
woman 3*
a **garrafa** *bottle 5r, 10*
gastar *to spend 5r, 6*
o **gasto** *expense 8r*
o/a **gato/a** *cat 2*
gaúcho/a *from or of Rio
Grande do Sul (Brazil) 3r*
a **geladeira** (B) *refrigerator 5*
o **gelado** (P) *ice cream 3;*
gelado/a adj. *chilled, cold 3*
a **gelatina** *jelly 10r*
a **geleira** (B) *glacier 13*
o **gelo** *ice 7*
gêmeo/a (B) *twin 10r*
gémeo/a (P) *twin 10r*
o **gene** *gene 15*
generoso/a *generous Lpr*
genético/a *genetic 15*
o **genoma** *genome 15*
a **gente** *we; people 6*
a **gentileza** *kindness 13r*
a **Geografia** *geography 1*
geográfico/a *geographical 1r*
a **geração** *generation 4*
geral *general 3r;* **em geral** *in
general 1r*
geralmente *generally 1r*
gerar *to generate 1r*
gerenciar *to manage 9r*
o/a **gerente** *manager 6r, 9;*
gerente de vendas *sales
manager 5r, 9*
gerir *to manage 14r, 15*
a **Gestão** *management 1r*
o **gesto** *gesture 9r*
o **gibi** (B) *comic book 2r*
gigante *gigantic 5r*
o **ginásio** *gymnasium 1*

a **ginástica** *exercise,
gymnastics 1r*
a **girafa** *giraffe 3r*
girar *to revolve 8*
giro/a (P) *pretty, cute 6*
o **giz** *chalk Lp*
o **glaciar** (P) *glacier 13*
o **golfe** *golf 5r*
o **golfinho** *dolphin 9r*
o **golfo** *gulf 8*
o **golpe: golpe de estado**
coup, overthrow 14r; **golpe
de sorte** *stroke of luck 10r*
gordo/a *fat 2*
a **gordura** *fat 10r*
o **gorila** *gorilla 5r*
gostar de *to like 1;* **Gostaria
de…** (B), **Gostava de…**
(P) *I would like to… 6*
gostoso/a *tasty 8r*
governar *to govern 13r*
o **governo** *government 5r*
gozar *to enjoy 9r*
graças a *thanks to 11r*
a **graduação** *undergraduate
studies 1r*
grande *big, great 1*
a **gratidão** *gratitude 10r*
grátis *free of charge 3r*
gratuito/a *free of charge 15r*
o **grau** *degree 7;* **grau
centígrado** *degree
Celsius 7*
gravar *to record 13r*
a **gravata** *tie 6*
grave *serious 9r*
a **gravidade** *gravity 15r*
a **gravidez** *pregnancy 10r*
a **gravura** *engraving 3r*
grelhado/a *grilled 3r*
a **grinalda** *garland, wreath 6r*
gripado/a *sick with a cold/
flu 11*
a **gripe** *flu 11*
gritar *to scream 7r*
grudar *to stick 10r*
o **grupo** *group 2r*
o **guaraná** *Brazilian soft
drink 3r*
o **guarda-chuva** *umbrella 5r*
o **guarda-louça** *cupboard 5r*
o **guardanapo** *napkin 10*
guardar *to keep 11r, 12*
o/a **guarda-redes** (P)
goalkeeper 12r
o **guarda-roupa** *wardrobe 5r*
a **guerra** *war 3r*
o **gueto** *ghetto 15r*
o **guia** *guidebook 1r;* o/a **guia**
guide (person) 12r

a **Guiné-Bissau**
Guinea-Bissau 2
guineense *Guinean 2*
a **guitarra** *guitar 3r*
a **gulodice** *gluttony 11r*

H

há *there is, there are Lp; ago
4r, 7;* **há quanto tempo**
(for) how long 4
a **habilidade** *aptitude, skill 9r*
a **habitação** *dwelling, living
arrangements 5r*
o/a **habitante** *inhabitant,
resident 1r*
habitar *to live in, to inhabit 2r*
o **hambúrguer** *hamburger 3*
a **harmonia** *harmony 4r*
hein? *huh? 6*
a **herança** *heritage 5r,
inheritance 14r*
heterogêneo/a (B)
heterogeneous 2r
hiperbólico/a *hyperbolic 8r*
o **hipermercado** *superstore 6*
hipocondríaco/a
hypochondriac 1
o **hipopótamo** *hippopotamus 2*
a **História** *history 1*
histórico/a *historical 2r*
hoje *today Lp;* **hoje em dia**
nowadays 7
holandês/holandesa *Dutch 8r*
o **homem** *man 4*
o **homem/a mulher de
negócios** *businessman/
woman 9*
homenageado/a *recognized,
honored 11r*
a **homenagem** *tribute 7r*
a **homogeneidade**
homogeneity, uniformity 2r
a **honestidade** *honesty 4r*
honrado/a *honored 8r*
o **hóquei** *hockey;* **hóquei
em patins** *roller-skate
hockey 7r*
a **hora** *hour Lp;* **as horas**
time (specific) Lp; **horas
de lazer** *free time, leisure
1r, 3;* **de… em… horas**
every… hours 11
o **horário** *schedule Lpr;*
horário de atendimento
office hours 1r
o **horizonte** *horizon 1r*
a **hospedagem** *lodging 8r*
o/a **hóspede** *guest 9*
o **hospital** *hospital 9*
o **hotel** *hotel 3r, 9*

a humanidade *humankind 3r*
humano/a *human 1r*
humorístico/a *humorous 2r*

I

a ida: de ida e volta *round trip 12*; **só de ida** *one way (trip) 12*
a idade *age 3r*; **Idade Média** *Middle Ages 3r*; **(pessoa de) terceira idade** *senior 12r*
idealista *idealist Lpr*
a idealização *idealization 3r*
a ideia *idea 1r*
a identidade *identity 1r*
a identificação *identification Lpr*
identificar(-se) *to identify (oneself) 2r*
idoso/a *elderly 7*
a igreja *church 3*
a igualdade *equality 4r*
igualmente *likewise Lp, equally 2r*
ilegal *illegal 5r*
a ilha *island 2r, 8*
o ilhéu *islet 13r*
ilógico/a *illogical, senseless 5r*
a imagem *image 4r*
a imaginação *imagination 4r*
imaginar *to imagine 4r, 5*
imenso/a *immense 3r*
a imigração *immigration 2r*
o/a imigrante *immigrant 1r*
imigrar *to immigrate 2r*
a imitação *imitation 4r*
imparcial *impartial Lpr*
impedir *to obstruct, to thwart 14r*
o imperador *emperor 12r*
o impermeável (P) *raincoat 6*
a implicação *implication 15*
imponente *imposing, grand 7r*
impor *to impose 14r*
a importância *importance 1r*
importante *important Lpr, 4*
importar *to import 10*; *to matter 13r*; **importar-se (com)** *to be concerned (with) 13r*; **importar-se (de)** *to mind (doing something) 15r*
o imposto *tax 5r, 13*
a impressão *impression 11r*; **impressão digital** *fingerprint 2r*
impressionar *to impress 4r*
a impressora *printer 2r*
imprimir *to print 14r*
improvável *improbable 3r*

improvisado/a *improvised 5r*
impulsivo/a *impulsive Lpr*
inadequado/a *inadequate 9r*
inaugurar *to inaugurate 5r*
o incêndio *fire 13r*
incentivar *to stimulate 13r*
o incentivo *incentive 13*
incluir *to include 1r*
incomodar *to bother 9r, 11*
incrível *incredible 2*
a independência *independence 3r*
independente *independent Lpr*
indiano/a *Indian (from India) 12r*
a indicação (B) *nomination 3r*
o indicador *indicator 14*
indicar *to nominate 3r, to indicate 1r*
indígena *indigenous 2r*
a indigestão *indigestion 3r*
índio/a *Indian (Native American) 4r*
indisciplinado/a *undisciplined 4r*
indispensável *indispensable 5r*
industrial *industrial 2r*
industrializado/a *industrialized 2r*
inesperado/a *unexpected 7r*
a infecção *infection 11*
a infelicidade *unhappiness 10r*
infelizmente *unfortunately 1r, 6*
a influência *influence 2r*
a informação *information 1r, 15*
informar *to inform 2r, 7*
a Informática *computer science 1*
informático/a adj. *computing, information 15*
a infraestrutura *infrastructure 5r*
ingerir *to ingest 11r*
a Inglaterra *England 7r*
inglês/inglesa *English 1*
o ingrediente *ingredient 5r*
íngreme *steep 9r*
o ingresso *ticket 3r, 8*
inicial *beginning, initial 1r*
iniciar *to begin, to initiate 3r*
a iniciativa *initiative 9*
o início *beginning 2r*
a injeção *injection 11*
injusto/a *unjust 9r*
a inovação *innovation 15*
insistir *to insist 12r*
a insônia (B) *insomnia, sleeplessness 4r*
a inspiração *inspiration 3r*

inspirar *to inspire 3r*
a instalação *installation 15*
instantâneo/a *instantaneous 15*
a instauração *establishment, institution 14r*
a instituição *institution 4r*
o instrumento *instrument 4r*
integrado/a *integrated 3r, 15*
integrar *to integrate 3r*
inteiro/a *entire, whole 2r, 8*
a inteligência *intelligence 4r*
inteligente *intelligent Lpr, 1*
interagir *to interact 9r*
o intercâmbio *exchange 3r*
interessado/a *interested 2r*
interessante *interesting Lpr, 1*
interessar *to interest 4r*; **interessar-se por** *to be interested in 13r*
o interesse *interest 1r*
o interior *inside, interior 5r*
intermédio/a *intermediate 1r*
internacional *international 1r*
internacionalmente *internationally 1r*
o/a intérprete *interpreter 9*
interromper *to interrupt 10r*
o intervalo *break, recess Lpr*
íntimo/a *intimate Lpr*
a introdução *introduction 5r*
introduzido/a *introduced 4r*
introvertido/a *introverted Lpr*
a intuição *intuition 10r*
inúmero/a *countless 13r*
a inundação *flooding 15*
invadir *to invade 7r*
o inverno *winter 6*
o investimento *investment 1r*
a ioga *yoga Lpr*
o iogurte *yoghurt 10*
ir *to go 2r, 3*; **ir às compras** *to go shopping 6*; **ir embora** *to go away/off 13r*
a irmã *sister 1r, 4*
o irmão *brother 4*
irresponsável *irresponsible 4r*
irritante *irritating, annoying 4r*
islâmico/a *Islamic 8r*
o islamismo *Islamism 8r*
isso *that (thing) 5*
isto *this (thing) 5*; **isto é** *that is 3r*
a Itália *Italy 1r*
italiano/a *Italian 1r*

J

já *already 5*; *right away 6*; *now 5r*
o jacaré *alligator 5r*

jamais *never, (not) ever 12*
janeiro *January Lp*
a janela *window Lpr*
o jantar *dinner, supper 3*; **jantar** v. *to eat dinner 1*
o Japão *Japan 1r*
japonês/japonesa *Japanese 1r*
a jaqueta (B) *sports jacket 6*
o jardim *garden 5*; **jardim zoológico** *zoo 3r*
o jeito: jeito de ser *way of being, identity 7r*; **de jeito nenhum** *not at all, no way 13*; **ter jeito para** *to have a knack for 4r*
o joelho *knee 11*
o/a jogador/a *player 7*
jogar *to play (game, sport) 4*; *to throw (B) 8r*; **jogar fora** (B) *to throw out 5*
o jogo *game Lpr, 4*; **Jogos Olímpicos** *Olympic Games 7*
a joia *jewel 6r*
o jornal *newspaper 1r, 3*
o/a jornalista *journalist 9*
o/a jovem *young man/woman 3*; **jovem** adj. *young 2*
o judaísmo *Judaism 8r*
judeu/judia *Jewish, Jew 15r*
o juiz/a juíza *referee, umpire (B) 7, judge 9*
julgado/a *judged 8r*
julho *July Lp*
junho *June Lp*
juntar *to bring together 3r; to add, to combine 10*
junto/a/os/as *together 1r, 4*; **junto a** *near, close to 3r*
justamente *exactly, precisely 7r*
justificar *to justify 2r*
a juventude *youth 3r*

L

lá *there, over there 3*
a lã *wool 6*
o lábio *lip 11*
o labirinto *labyrinth Lpr*
o laboratório *laboratory Lpr, 1*; **laboratório de línguas** *language lab 1*
o lado: ao lado (de) *next (to) Lp*; **por outro lado** *on the other hand 2r, 14*
o ladrão *thief, robber 9r*
o lago *lake 7*
a lagoa *pond, lagoon 5r*
a lagosta *lobster 10*

lamentar *to be sorry, to regret Lpr,* 11
a lâmina *blade 5r*
a lâmpada *light bulb 13r*
o lançamento *launching, release 8r*
lançar *to throw, to shoot 7r; to launch 15r*
a lanchonete (B) *casual restaurant serving light meals and snacks 4r*
o lápis *pencil Lp*
o lar *home, household 15*
a laranja *orange 3*
a lareira *fireplace 5*
o largo *square Lpr;* **largo/a** *wide, large 6;* **ao largo de** *off (the coast of) 9r*
a lata *can 5r,* 13
o laticínio *dairy product 8r,* 10
o latim *Latin 11r*
o lava-louças (P) *kitchen sink 5*
a lavandaria (P) *laundry, dry-cleaner 6r*
a lavanderia (B) *laundry, dry-cleaner 6r*
lavar(-se) *to wash 5;* **lavar a seco** *to dry-clean 6r*
o lavatório (P) *bathroom sink 5*
o lazer *leisure 1r,* 3
leal *loyal 2r*
a lealdade *loyalty 7r*
o leão *lion 3r*
lecionar *to teach 12r*
o legado *legacy 13*
legal *cool, great, excellent (B) 3; legal 4r*
legalizado/a *legalized 4r*
os legumes *vegetables 3*
a lei *law 4r*
o leite *milk 2r,* 3
o/a leitor/a *reader 2*
a leitura *reading 5r*
o lema *motto 15r*
a lembrança *souvenir 7r, recollection 12r*
lembrar *to recall, to remind 7r,* 8; **lembrar-se** *to remember 8*
o lençol *bed sheet 5;* **lençol subterrâneo** *aquifer 13*
a lenda *legend 6r*
lendário/a *legendary 3r*
lento/a *slow 10r*
o leque *range 7r*
ler *to read 2r,* 5
o leste *East 2r*
as Letras *Letters, humanities 1;* **letras** *(song) lyrics 2r;* **letra** *handwriting 9r;*

letra maiúscula *capital letter 14r;* **letra minúscula** *lower-case letter 14r*
o levantamento de dados *data survey 5r*
levantar *to raise, to lift 8;* **levantar(-se)** *to get up 5*
levar *to carry, to take 4r,* 6; *to lead 10r*
leve *light 15r*
lhe *to/for you (formal, singular), him, her, it 7*
lhes *to/for you (formal, plural), them 7*
a liberdade *liberty, freedom 7r*
a libertação *liberation 10r*
a licença: com licença *excuse me, pardon me Lp*
a licitação *bidding, auction 9r*
o licor *liqueur 3r*
lidar *to toil, to labor 11r; to deal (with something) 15r*
a liderança *leadership 9r*
ligado/a *connected, linked 5r*
ligar *to telephone 3r,* 11; *to connect 11r,* 12
o limão *lemon 5r*
limitado/a *limited 5r*
a limonada *lemonade 4r*
o limpador de para-brisas (B) *windshield wiper 12*
o limpa-para-brisas (P) *windshield wiper 5r,* 12
limpar *to clean 4r,* 5
a limpeza *cleaning 5r*
límpido/a *clear, limpid 7r*
limpo/a *clean 5, clear 7*
lindo/a *beautiful, pretty 5r*
a língua *language 1;* **língua materna** *native language 2r*
a linguiça *dry cured sausage 10r*
a linha aérea *airline 12*
a liquidação *clearance sale 6r*
o líquido *liquid 5r*
liso/a *straight (hair) 2; solid color (fabric) 6*
a lista *list Lpr;* **lista de espera** *waiting list 12*
listrado/a (B) *striped 6*
a litania *litany 8*
a literatura *literature 1*
o litoral *coast 3*
a livraria *bookstore 1*
livre *free 1r*
o livro *book Lp*
o lixo *garbage, trash 5*
o local *place 1r;* **local** *local 7*
a localização *location 1r*
localizado/a *located 2r*

lógico/a *logical Lpr*
logo *soon, later 10;* **até logo** *see you soon Lp;* **logo que** *as soon as 13*
loiro/a *blond(e) 2*
a loja *store, shop 6*
o lombo *loin 10r*
Londres *London 13r*
longe (de) *far (from) 5*
longínquo/a *faraway 12r*
longo/a *long 10r;* **ao longo de** *during 5r; along 6r,* 8
lotado/a *full, fully booked 12*
a loteria *lottery 3r*
a louça *dishes, china 5*
louco/a *crazy 7r*
a lua *moon 15r*
o lugar *place 1;* **em primeiro lugar** *in the first place 9r*
luso-americano/a *Portuguese-American 2r*
luso-canadiano/a (P)/ **luso-canadense** (B) *Portuguese-Canadian 2r*
lusófono/a *Portuguese-speaking 1r*
a luta *fight, struggle 7*
a luva *glove 6*
o luxo *luxury 3r*
a luz *light 4r*

M

a maçã *apple 10*
o macaco *monkey 4r*
o macarrão *pasta, macaroni 3r*
macrobiótico/a *macrobiotic 10r*
a madeira *wood 3r*
a madrasta *stepmother 4*
a madrinha *godmother 4*
a mãe *mother 3r,* 4
magoar *to hurt 13r*
magro/a *thin (person or animal) 2*
maio *May Lp*
o maiô (B) *swimsuit 6*
a maionese *mayonnaise 10*
maior *bigger, larger, greater 1r,* 8; *of age, adult 4r;* **o/a maior** *the biggest, the largest, the greatest 1r,* 8
a maioria *majority 8r*
mais *more Lp;* **mais ou menos** *more or less Lp;* **mais... (do) que** *more... than, ...er than 8*
mal *ill, poorly Lp*
a mala *case, suitcase 9*
o malabarismo *juggling 3r*

a mamãe *mom 4r*
a manchete *headline 15*
mandão/mandona *bossy 9r*
mandar *to send 7*
a mandioca *manioc, cassava 10r*
a mandioquinha *South American root vegetable, arracacha 10r*
a maneira *way, manner 4r*
a manga *mango 10*
o mangal *mangrove forest 12r*
a mangueira *mango tree 4r*
a manhã *morning Lp;* **de manhã** *in the morning Lp;* **da manhã** *a.m. Lp*
a manifestação *manifestation 7r*
manifestar(-se) *to show, to manifest (itself) 4r*
a manipulação *manipulation 15*
manipular *to manipulate 15*
a manteiga *butter 3*
manter *to maintain 2r*
manual *manual 5r*
a manutenção *maintenance 9r,* 15
a mão *hand 5r,* 11; **mão de obra** *workforce, labor 9r*
o mapa *map 1*
a máquina: máquina de lavar *washer 5;* **máquina de lavar louça** *dishwasher 5;* **máquina de secar** *clothes dryer 5;* **máquina de escrever** *typewriter 9r*
o mar *sea 3*
o maracujá *passion fruit 3r*
a maratona *marathon 1r,* 7
o/a maratonista *marathon runner 7*
maravilhoso/a *wonderful 3r*
a marca *brand name 4r*
marcar *to mark 4r, to score 7r, to schedule 5r,* 9; *to book, to select 12*
a marcha *march 1r*
março *March Lp*
a margarina *margarine 10*
a Marinha *Navy 3r*
marinho/a *marine 3r*
o marisco (P) *shellfish 3r,* 10
marrom (B) *brown 2r*
mas *but 1*
o mascote (B)/**a mascote** (P) *mascot 7r*
a massa *pasta 3*
mastigar *to chew 10r*
matar *to kill 7*

a **Matemática** *mathematics* 1
a **matéria** *subject (academic) 1r*
o **material** *material 5r*
materialista *materialist Lpr*
materno/a *maternal 4*
mau *bad 7*
máximo/a: no máximo *at the most 7r, 14*
me *me Lpr, 6; to/for me 7*
os **meados** *middle 4r*
a **medalha** *medal 7;* **medalha de ouro/prata/bronze** *gold/silver/bronze medal 7*
o **medicamento** *medicine (remedy) 6r*
a **Medicina** *medicine (science) 1*
o/a **médico/a** *medical doctor Lpr, 9;* **médico/a** *medical 11*
a **medida** *measure 9r;* **na medida (em) que** *insofar as 5r*
medieval *Medieval 3r*
médio/a *average 2r, 14; medium 5r;* **em média** *on the average 5r*
medir *to measure 5r*
o **medo: com medo** *afraid 2*
a **meia** *sock, stocking 6*
a **meia-calça** (B) *pantyhose 6*
a **meia idade** *middle age 2r*
a **meia-irmã** *half sister 4*
a **meia-noite** *midnight Lp*
o **meio** *middle 3r, means 12, setting 15r*
o **meio ambiente** *environment 12*
o **meio-dia** *noon Lp*
o **meio-irmão** *half brother 4*
a **melancia** *watermelon 2r*
melancólico/a *melancholy 3r*
melhor *better 8;* **o/a melhor** *best 5r, 8*
melhorar *to improve 5r, 9*
o **membro** *member 1r, 4*
a **memória** *memory 2r*
mencionar *to mention 1r*
a **menina** *girl, young woman 1r, 6*
o **menino** *boy 1r;* **menino/a prodígio** *child prodigy 4r*
menor *smaller 4r, 8; under age 4r;* **o/a menor** *the smallest 2r, 8*
menos *minus, to (for telling time) Lp; less, fewer 3r, 8;* **menos... (do) que** *less... than, fewer... than 8;* **a**

menos que *unless 12;* **pelo menos** *at least 3*
a **mensagem** *message 3r*
mentir *to lie 4*
a **mentira** *lie 7r*
o **mercado** *market 1r;* **mercado ao ar livre** *open-air market 6;* **mercado de consumo** *consumer market 1r*
merecer *to deserve 4*
a **merenda** *afternoon snack 9r*
o/a **mergulhador/a** *diver 13*
mergulhar *to dive 7r*
o **mérito** *merit 9r*
o **mês** *month Lp;* **o mês passado** *last month 6*
a **mesa** *table Lp*
a **mesada** *monthly allowance 9r*
mesmo *really 1r, 6; even 15r;* **mesmo/a** *same 2r, 8;* **ao mesmo tempo** *at the same time 2r;* **mesmo que** *even though, even if 12*
a **mesquita** *mosque 7r*
o **mestre** *master 13r*
a **meta** *goal 13r*
a **metade** *half 2r*
o **metal** *metal 13*
o **método** *method 4r*
o **metrô** (B) *subway 12*
o **metro** (P) *subway 12*
a **metrópole** *metropolis 1r*
metropolitano/a *metropolitan 1r*
meu(s) *my (masc.) Lpr, 2*
o **micro-ondas** *microwave 5*
a **migração** *migration 3r*
migrar *to migrate 13*
o **mil** *thousand 1r*
o **milénio** (P) *millenium 7r*
o **milênio** (B) *millenium 7r*
a **milha** *mile 3r*
o **milhão** *million 1r, 3*
o **milhar** *thousand 4r*
o **milho** *corn 5r, 10*
mim *me 3r, 8*
mineiro/a *from or of the state of Minas Gerais (Brazil) 9r*
o **mineral** *mineral 3r*
o **minério** *ore 10r*
minha(s) *my (fem.) Lpr, 2*
a **minoria** *minority 8r*
o **minuto** *minute Lp*
mirar *to stare at 12r*
a **miséria** *poverty 3r*
a **missa** *mass 8;* **Missa do Galo** *midnight mass 8r*
a **mistura** *mix, mixture 2r*
misturado/a *mixed 2r*

misturar(-se) *to mix 4r*
a **mitologia** *mythology 1r*
a **mobília** *furniture 5r*
a **moça** *girl, young woman Lp*
moçambicano/a *Mozambican 1r, 2*
Moçambique *Mozambique 2*
a **mochila** *backpack Lp*
o **moço** *boy, young man 2r*
o/a **modelo** *fashion model 2r*
o **Modernismo** *Modernism 3r*
moderno/a *modern Lpr, 5*
modesto/a *modest, humble 2r*
modificado/a *modified 15*
o **modo** *way, style 3r*
a **moeda** *coin, currency Lpr*
moído/a *ground 10r*
o **moinho de vento** *windmill 13r*
moldavo/a *Moldovan 12r*
o **molho** *sauce, salad dressing 3r, 10;* **molho de tomate** *tomato sauce 10;* **de molho marinating 10r*
o **momento** *moment 8r;* **neste momento** *currently 2r;* **de momento** *currently, at present 9r*
monocultor/a *monocultural (in agriculture) 2r*
monopolizar *to monopolize 1r*
a **montadora** *assembly plant 15r*
a **montagem** *assembly 2r*
a **montanha** *mountain 7*
o **montanhismo** *moutain hiking 6r*
montar *to assemble, to put together 10r*
o **montante** *amount 12r*
o **monte** *mountain 8r*
o **monumento** *monument 2r*
a **moradia** (P) *single-family house 5*
o/a **morador/a** *resident 5r*
moral *moral 4r*
o **morango** *strawberry 10*
morar *to live (reside) 1*
moreno/a *dark, brunet(te) 2*
a **morna** *Cape Verdean music genre 2r*
morno/a *warm 3r*
morrer *to die 12r*
a **morte** *death 10r*
mortífero/a *mortal, lethal 13*
o **mosaico** *mosaic 2r*
a **mostarda** *mustard 10*
mostrar *to show 5r, 6*
a **motosserra** *chainsaw 13*

o **motor** *engine 12;* **motor de busca** *search engine 5r*
o/a **motorista** *driver 9*
o **móvel** *piece of furniture 5;* **móvel** adj. *movable 8r*
mover(-se) *to move 11r*
movimentado/a *busy 9r*
movimentar(-se) *to move 15*
o **movimento** *movement 3r*
a **mudança** *change 8r, 14; move 5r*
mudar *to change 4r, 7;* **mudar de cor** *to change colors 7;* **mudar de roupa** *to change clothes 7*
muito *very Lp;* **muito/a** *much, a lot 2;* **muitos/as** *many 1r, 3*
a **mulher** *woman 2r, 4*
multiplicar *to multiply 7r*
a **múmia** *mummy 8r*
mundial *worldwide 7*
o **mundo** *world 1r;* **pelo mundo afora** (B) *throughout the world 9r*
o **mural** *mural 1r*
o **músculo** *muscle 11*
o **museu** *museum 1r*
a **música** *music 1r, 3; song 2r*
o/a **músico/a** *musician 2r*
o **musseque** *shanty town (in Angola) 5r*
mutilar *to mutilate 13*
mútuo/a *mutual 8*

N

a **nação: Nações Unidas** *United Nations 5r*
nacional *national 1r, 7*
a **nacionalidade** *nationality 2*
nada *nothing, anything 5r, 12;* **de nada** *you're welcome Lp*
nadar *to swim 3*
a **namorada** *girlfriend 2r, 4*
o **namorado** *boyfriend 4;* **Dia dos Namorados** *Valentine's Day Lpr, 8*
não *no, not Lp;* **não obstante** *notwithstanding 14r*
Napoleão *Napoleon 1r*
Nápoles *Naples 1r*
o **narcotráfico** *drug traffic 14r*
o **nariz** *nose 1r, 11*
narrar *to narrate 2*
nascer *to be born 4r*
o **nascimento** *birth 2r*
a **natação** *swimming 7*

o **Natal** *Christmas Lpr*, 8
as **natas** (P) *cream* 10
natural *natural 1r*
a **natureza** *nature 7*
a **nave espacial** *spaceship 9r*
o **navio** *ship 11r*
a **necessidade** *necessity 2r*
negativo/a *negative 4r*
negociar *to negotiate 6r*
o **negócio** *business 9r*
negro/a *black 2*
nem *not even 5r*;
   nem... nem *neither...
   nor 12*; **nem tanto** *not so
   much 4r*
nenhum/a *no, not any 12*;
   nenhuma coisa *nothing,
   anything 12*; **nenhuma
   pessoa** *no one, nobody
   12*; **nenhuns, nenhumas**
   (P) *none 12*
o **nervo** *nerve 11*
nervoso/a *nervous Lpr, 2*
a **neta** *granddaughter 4*
o **neto** *grandson 4*
nevar *to snow 7*
a **neve** *snow 7*
ninguém *no one,
   nobody 5r, 12*
o **nível** *level 1r*
nobre *noble 14r*
nocivo/a *harmful 13r*
a **noite** *night Lp*; **de/à noite**
   at night Lp; **da noite** *p.m.
   Lp*; **esta noite** *tonight 3*
a **noiva** *bride, fiancée 4r*
o **noivado** *engagement 10r*
o **noivo** *bridegroom, fiancé 4r*
o **nome** *name Lp*; **nome
   completo/por extenso**
   full name 1r
nono/a *ninth 5*
o **nordeste** *northeast 2r*
nordestino/a *northeastern 3r*
normalmente *normally 1r*
o **norte** *North 2r*
norte-americano/a *North
   American 1r*
nos *us 6, to/for us 7*
nós *we Lpr, 1*
a **nota** *note, grade 1*
a **notícia** *news Lpr, 9*
novamente *again 7r*
a **novela** *soap opera Lpr*
a **novidade** *news,
   novelty 9r, 14*
novembro *November Lp*
novo/a *new 2; young 2r, 4*
nu/nua *naked 14r*
nublado/a *cloudy 7*
o **número** *number Lp*

numeroso/a *numerous 2r*
nunca *never 1*; **nunca mais**
   never again 11r
o/a nutricionista
   nutritionist 10r
nutrir *to nourish 10r*

O

o *the Lp; you (formal,
   singular), him, it
   (masculine) 6*
obedecer *to obey 11r*
o **objeto** *object 3r*
a **obra** *work 5r*
obrigado/a *thank you,
   thanks Lp*
obrigar *to oblige, to force 4r*
observar *to observe 5r*
obter *to obtain 4r*
obtido/a *obtained 5r*
óbvio/a *obvious 10*
a **ocasião** *occasion 4r*
o **oceano** *ocean 2r*; **Oceano
   Índico** *Indian Ocean 2r*
ocidental *Western 2r*
os **óculos** *glasses 4*; **óculos de
   sol** *sunglasses 6*
ocorrer *to happen, to
   occur 2r*
a **ocupação** *occupation 4r*
ocupado/a *busy 4*
ocupar *to occupy 2r, 7*
a **odontologia** *dental
   medicine 11r*
o **oeste** *West 2r*
oferecer *to offer 1r, 7*
a **oferta** *offer 9r, supply 15r*
oficial *official 2r*
oficialmente *officially 8r*
oi (B) *hello, hi Lp*
oitavo/a *eigth 5*
olá *hello, hi Lp*
o **óleo** *(cooking) oil 10r, oil
   painting 3r*
o **olfato** *smell 11r*
olhar *to look 6*; o **olhar** *look,
   gaze 4r*
o **olho** *eye 2*
a **oliveira** *olive tree 6r*
o **ombro** *shoulder 11*
a **onça** *jaguar 5r*
a **onda** *wave 4r*
onde *where Lp*
ondulado/a *wavy 2*
o **ônibus** (B) *bus 12*
ontem *yesterday 4r, 6*
operar *to operate 11r*
o/a operário/a *worker 9*
a **opinião** *opinion 3r*

a **oportunidade** *opportunity
   2r, 9*
o **que** *what Lp*
o **orçamento** *budget 12r*
a **ordem** *order 1r*; **Às ordens.**
   At your service. 12
a **orelha** *(outer) ear 10r, 11*
a **organização** *organization
   1r*; **organização não
   governamental** *non-
   governmental organization
   9r, 13*; **organização sem
   fins lucrativos** *non-profit
   organization 14r*
organizado/a *organized 1r, 2*
organizar *to organize 3r, 5*
o **órgão** *organ 11r*;
   órgão governamental
   government agency 13
orgulhoso/a *proud 11r*
a **origem** *origin 1r, 14*
o/a orientador/a *academic
   (faculty) adviser 1r*
original *original 5r*
oriundo/a *originating 15r*
o **orixá** *deity (in Afro-
   Brazilian religion) 8*
o **ornamento** *ornament 5r*
a **orquestra** *orchestra 4r*
a **ortografia** *orthography,
   spelling 4r*
os *the (plural) Lpr, 1; them
   (masculine) 6*
o **osso** *bone 11*
otimista *optimistic Lpr, 2*
ótimo/a *great, excellent Lp*
ou *or Lpr; ou... ou either...
   or 12*; **ou seja** *that is 8r*
ousado/a *daring 3r*
o **outono** *fall 6*
outro/a *other, another 1r, 3*
outubro *October Lp*
o **ouvido** *(inner) ear 11*
ouvir *to hear 2r, 4*
o **ovo** *egg 3*; **ovo estrelado**
   fried egg 10r; **ovos mexidos**
   scrambled eggs 3r
oxalá (P) *I/we hope 10*
o **ozônio** (B) *ozone 13r*
o **ozono** (P) *ozone 13r*

P

paciente *patient Lpr*;
   o/a paciente *patient
   (medical) 11*
o **pacote** (B) *package 12*
a **padaria** *bakery 6r*
o **padrão** *standard 10r*
o **padre** *priest 4r*
o **padrinho** *godfather 4*

o/a padroeiro/a *patron
   (saint) 8r*
a **padronização**
   standardization 11r
o **pagamento** *payment 6r*
pagar *to pay 6*
a **página** *page Lpr*
o **pagode** *Brazilian music
   style 3r*
o **pai** *father 3r, 4*; **Pai Natal**
   (P) *Santa Claus 8*
o **paio** *thick cured sausage 10r*
os **pais** *parents 3r, 4*
o **país** *country 1r, 3*
a **paisagem** *landscape,
   scenery 2r*
a **paixão** *passion Lpr*
o **palácio** *palace 5r*
a **palavra** *word Lpr*;
   palavra-chave *keyword 4r*
o **palco** *stage 4r*
o **paletó** (B) *suit jacket*
a **palha** *straw 3r*
o **palhaço** *clown 8r*
a **panela** *pot 10r*
o **pano** *piece of cloth, rag 7r*;
   pano de cozinha *kitchen
   towel 5r*
o **pão** *bread 3*
o **papai** (B) *dad 4r*;
   Papai Noel (B) *Father
   Christmas 8*
o **papel** *role Lpr, paper 13*
a **papelaria** *stationery
   store 6r*
o **par** *pair 4r*
para *for, to Lp*; **para onde**
   where (to) 3; **para que**
   conj. so that 12
os **parabéns**
   congratulations 9r
o **para-choques** *bumper 12*
o **parágrafo** *paragraph 4r*
paralisado/a *paralyzed 10r*
o **parapeito** *parapet,
   railing 12r*
parar *to stop 7r*
o/a parceiro/a *(business)
   partner 9r*
a **parceria** *partnership 9r*
parcial *partial Lpr*
pardo/a (B) *mixed-race 2r*
parecido/a *similar 1r, 6*
a **parede** *wall 7r*
os **parentes** *relatives 4*
o **parentesco** *family
   relationship 2r*
a **paróquia** *parish 8*
o **parque** *park 2r, 3*;
   parque de campismo (P)
   campground 6r

a parte *part 2r;* **fazer parte de** *to be part of 7*
a participação *participation 3r*
o/a participante *participant 8*
participar *to participate 1r*
a partida (P) *departure 12*
o partido *(political) party 14r*
partilhar *to share 7r*
partir *to leave (depart) 3,* *to break (P) 11;* **a partir de** *from, beginning (at/on) 3r, 8*
a partitura *musical score 4r*
a Páscoa *Easter 8*
o passado *past 4r;* **passado/a** *last 4r, 6*
o/a passageiro/a *passenger 12*
a passagem *ticket, fare 3r, 12;* **passagem do ano** *New Year's Eve 1r*
o passaporte *passport 2r, 12*
passar *to spend (time) 1r, 4; to pass (of time) 4r;* **passar o aspirador** (B) *to vacuum 5;* **passar (a ferro)** *to iron 5;* **passar por** *to go by 8, to go through 2r, 14; to pass for 7r;* **passar a** *to go on to, to become 11r*
o pássaro *bird 7r*
o passatempo *pastime 7*
passear *to stroll 6r*
o passeio *trip, outing 3r; walk 10r*
passivo/a *passive Lpr*
o passo *step Lpr*
a pasta *briefcase 12*
a pastagem *pasture, grazing 9r*
a pastelaria (P) *bakery, café 10*
a pastilha *pill 15r*
paterno/a *paternal 4*
pateta *silly, foolish 2r*
patinar *to skate 7*
o pátio *patio, courtyard 7r*
o pato *duck 10*
o patrimônio (B) *heritage 11r*
o património (P) *heritage 13r*
patrocinado/a *sponsored 15r*
paulista *from or of the state of São Paulo 14r*
paulistano/a *from or of the city of São Paulo 15r*
a paz *peace 10r*
o pé *foot 10r, 11;* **em pé** *standing 8;* **a pé** *on foot 11r*
a peça *theatre play 3r, piece 5r, work 13r*
o pecado *sin 3r*
pechinchar (B) *to haggle 6r*
a pecuária *cattle raising 5r*

o pedaço *piece Lp*
pedir *to order 3, to ask for 4;* **pedir desculpa** *to apologize 8r*
pegar *to catch 3*
o peito *chest 11*
o peixe *fish 3*
a pele *skin 2r, leather (P) 6r*
a pena: Que pena! *What a pity! 1*
a pensão *boarding house 1r*
o pensamento *thought 15r*
pensar *to think 4*
o pentacampeão *five-time champion 7*
pentear(-se) *to comb (hair) 7*
o pepino *cucumber 10*
pequeno/a *small 1;* **o pequeno-almoço** (P) *breakfast 3*
a pera *pear 10*
perante *before, in the presence of 7r*
a percentagem *percentage 5r*
percorrer *to traverse, to travel over 14r*
a perda *loss 10r, 13*
perder *to lose 7*
o/a peregrino/a *pilgrim 3r*
perfeccionista *perfectionist Lpr*
perfeito/a *perfect 1r, 7*
a pergunta *question Lpr*
perguntar *to ask a question 4r, 7*
perigoso/a *dangerous 10r*
o período *period, era 1r*
permanecer *to remain 7r*
permanente *permanent 15*
permitir *to allow 4r, 10*
a perna *leg 11*
persa *Persian 5r*
o/a personagem *character (in fiction) 2r*
a personalidade *personality 2r*
persuasivo/a *persuasive 2r*
pertencer *to belong 2r*
perto (de) *near (close to) 5*
o peru *turkey 10*
o pesadelo *nightmare Lpr*
a pesca *fishing 10r*
pescar *to fish 13r*
o/a pescador/a *fisherman/ woman 9*
o pescoço *neck 11*
a pesquisa *research, survey 1r, 15*
o/a pesquisador/a *researcher 5r*
pesquisar *to research 1*
pessimista *pessimistic Lpr*
a pessoa *person Lpr, 1*

pessoal *personal 3r*
as pestanas (P) *eyelashes 11*
a peste *plague 11r*
o petisco *tidbit, prepared snack food 10r*
o petróleo *oil 3r*
a pia (B) *sink 5*
a piada *joke 8r*
a picanha *prime cut of beef 3r*
picar *to chop, to mince 5r*
o pilão (B) *mortar and pestle 5r*
o/a piloto *pilot 7*
a pílula *pill 14r*
a pimenta *hot pepper 10*
o pimentão *bell pepper 10*
o pinheiro *pine tree 6r*
pintar *to paint 1r*
o/a pintor/a *painter 2r*
a pintura *painting 3r*
o/a pioneiro/a *pioneer 11r*
pior *worse 8;* **o/a pior** *the worst 6r, 8*
piorar *to get worse 11r*
o piquenique *picnic Lpr*
o/a pirata *pirate 8r*
a piscina *swimming pool 3r, 5*
o piso *floor (in a building) 5*
a pista *track, lane 7*
a placa *plate 3r, registration plate 12*
o planalto *plateau 5r*
planar *to glide 7r*
planejar (B) *to plan 5r*
o planeta *planet 3r, 13*
a planície *plain 6r;* **planície alagável** *wetland 13r*
o plano *plan 3r;* **plano/a** *flat 5r*
a planta *plant 7, plan 5r*
a plantação *plantation 9r*
o plantão: estar de plantão *to be on duty 11r*
o plástico *plastic 5r, 13*
a plateia *audience 9r*
pleno/a *full 5r*
o pneu *tire 12*
pobre *poor 2*
o poço *(water, oil) well 7r*
o pó de arroz *face powder 7r*
poder *to be able to, can 3r, 4;* **o poder** *power 5r*
poderoso/a *powerful 10r*
pois *because 4r, well 10r;* **pois não** (B) *certainly, of course 11r, 12*
polaco/a (P) *Polish 2r*
o polícia/a mulher polícia (P) *policeman/woman 9*
o/a policial (B) *policeman/ woman 9*

policultor/a *polycultural (in agriculture) 2r*
o poliéster *polyester 6*
poliglota *multilingual 2r*
a política *politics 1r*
político/a *political 1r*
politicamente *politically 3r*
polivalente *multifunctional 11r*
polonês/polonesa (B) *Polish 2r*
a poltrona *armchair 5*
a poluição *pollution 7r, 13*
poluído/a *polluted 7*
poluir *to pollute 13*
a ponta: de ponta *adj. cutting-edge 15r*
a ponte *bridge 8r*
o ponto *point 1r, 8; period 3r;* **em ponto** *sharp (of time) Lp;* **ponto e vírgula** *semicolon 3r;* **ponto de vista** *point of view 2r*
a pontuação *punctuation 6r*
a população *population Lpr, 13*
popular *popular Lpr, 7*
por *for, through, by 3r, 11;* **por acaso** *by chance, by accident 3r;* **por favor** *please Lp;* **por fim** *finally 3r;* **por isso** *that's why 3r;* **por mais que** *however much 12;* **por mim** *as far as I'm concerned 3r;* **por que** (B) *why 1;* **por volta de** *around (number) 7r*
pôr *to put 4;* **pôr a mesa** *to set the table 4*
a porção *portion 3*
o pormenor *detail 5r*
porque *because 1, why (P) 1*
a porta *door Lpr, gate (at the airport) 12*
o porta-bagagens (P) *car trunk 5r, 12*
o/a porta-bandeira *flag-bearer 8r*
o porta-luvas *glove compartment 5r, 12*
portanto *therefore 4*
o portão (B) *gate (at the airport) 12*
o porta-retratos *photo frame 11r*
a portaria *reception, lobby 11r*
o porta-toalhas *towel rack 5r*
o/a porteiro/a *doorman, concierge 9*
o porto *port 12*
português/portuguesa *Portuguese 2*

a pós-graduação *graduate studies 1r*, 2
a posição *position Lpr*
a posse *posession 2r*
possível *possible 2r*
possuir *to possess 11r*
a potência *power 14r*
pouco/a: poucos/as *few 3*; um pouco *a little 4*; pouco a pouco *little by little, gradually 4r*
a pousada *inn 13r*
pousar *to land 12r*
o povo *people 7r*
povoar *to populate 11r*
a praça *square Lp*
a praia *beach 1*
a prática *practice 4r*
praticar *to practice Lpr*, 1
prático/a *practical 5*
o prato *plate 10*; prato principal *main course 3*
o prazer: muito prazer *nice to meet you Lp*; com (muito) prazer *with (great) pleasure 9*
precário/a *precarious 14*
precisar *to need 1*
o preço *price 3r*, 6
o/a precursor/a *precursor, forerunner 9r*
o prédio *building 5r*
predileto/a *favorite 2r*
predominar *to be dominant, to predominate 2r*
preencher *to fill out 2r*, 9
a prefeitura *(B) city hall 1r*
a preferência *preference 2r*
preferido/a *favorite 1*
preferir *to prefer 3r*, 4
a preguiça *sloth 4r*
preguiçoso/a *lazy 1r*, 2
prejudicar *to harm 13r*
prejudicial *harmful 13*
o prêmio *(B) prize, award 7r*, 8
o prémio *(P) prize, award 7r*, 8
prender *to seize 11r*
a preocupação *concern, worry 6r*
preocupado/a *concerned, worried 11r*
preocupar-se (com) *to be concerned with, to pay attention to 3r*
a preparação *preparation 5r*
preparar *to prepare 1r*, 9
o presente *gift 5r*, 6; presente adj. *present Lpr*
a preservação *preservation 13*
o/a presidente *president 5r*, 9

preso/a *imprisoned 12r*
a pressa: estar com pressa *to be in a hurry 2*; ter pressa *to be in a hurry 5*; à pressa *in a hurry 10r*
a pressão arterial *blood pressure 11*
a prestação *rendering (of service) 5r*
prestar *to offer, to render 2r*; prestar atenção *to pay attention 11r*
o prestígio *prestige 8r*
o presunto *ham (B), smoked ham (P) 10*
preto/a *black 2*
prevenir *to prevent 10r*
prever *to foresee 12r*
a previsão *forecast 4r*
prezado/a *prized, valued 14r*
a primavera *spring 6*
primeiro/a *first Lpr*, 5
o/a primo/a *cousin 4*
a princesa *princess 8r*
principal *principal 1r*
principalmente *principally, mainly 2r*
o príncipe *prince 5r*
o princípio *principle 2r*
privado/a *private 1r*
privilegiado/a *privileged 5r*
o problema *problem 3r*, 4
processar *to process 15*
o processo *process 4r*
a procissão *procession 8*
a proclamação *proclamation Lpr*
procurar *to look for 1*
o prodígio *prodigy 4r*
a produção *production 2r*, 9
o produto *product 1r*; Produto Interno Bruto (PIB) *gross domestic product (GDP) 1r*
o produtor *producer 3r*
produzir *to produce 2r*
o/a professor/a *professor, teacher Lp*
profissional *professional 2r*
o profissionalismo *professionalism 3r*
profundo/a *deep 15r*
o programa *program, show 1r*
proibido/a *forbidden, not allowed 1*
proibir *to forbid 10*
prolongado/a *extended, lengthy 3r*
prometer *to promise 4r*
a promoção *sale, special 3r*, 6
promover *to promote 8r*

promovido/a *promoted 1r*
pronto/a *ready 5r*
propor *to propose 13r*
a proporção *proportion 14*
proporcionar *to provide 10*
o propósito *purpose 2*
a proposta *proposal, offer 10r*
a propriedade *property 2r*
próprio/a *own 4r*
proteger *to protect 14r*
o protestantismo *Protestantism 8r*
o protesto *protest 1r*
a prova *exam, test 2r*
provar *to taste 5r*
provável *probable 3r*
provavelmente *probably 3r*
proveitoso/a *useful, beneficial 11r*
a providência *measure 13r*
providenciar *to supply 8r*
provisório/a *provisional, transitory 12r*
provocador/a *provocative 3r*
provocar *to provoke 15*
próximo/a *next 2r*, 3
a Psicologia *psychology 1*
o/a psicólogo/a *psychologist 1r*, 9
o/a psiquiatra *psychiatrist 11r*
a publicidade *advertising 9r*
publicitário/a *advertising, promotional 12r*
público/a *public 1r*
o pudim *pudding 5r*
pular *to jump 7r*
o pulmão *lung 11*
a pulseira *bracelet 6*
o pulso *wrist 11*

Q

a quadra *(B) court (playing field) 7*
o quadro *blackboard Lp, picture 5, chart 5r*
qual/quais *what, which (one/s) Lp*
a qualidade *quality 4r*
a qualificação *qualification 2r*
qualquer *any 4r*
quando *when 1*
a quantidade *quantity 4r*
quanto/a *how much 1*; quanto a *with regard to 8r*
quantos/as *how many 1*
a Quaresma *Lent 8r*
a quarta-feira *Wednesday Lp*; Quarta-Feira de Cinzas *Ash Wednesday 8r*

o quarteirão *city block 12*
o quarto *quarter Lp; room, bedroom 1r*, 5; quarto de banho *(P) bathroom 5*; quarto duplo/simples *double/single room 12*
quarto/a *fourth 5*
quase *almost 2r*
que *what 1, that 2*; Que coisa! *Gosh! 1*; Que pena! *What a pity! 1*; Que tal...? *How about...? 3*
o quebra-nozes *nutcracker 5r*
quebrar *to break 11*
a queda *fall 11r*
o queijo *cheese 3*
a queima *burning 1r*
a queimada *burning 13*
queixar-se *to complain 11*
quem *who Lp*
quente *hot 3*
querer *to want 2r, 3*; Queria... *I would like... 6*; querer dizer *to mean 2r*
querido/a *dear 4r*
o questionário *questionnaire 5r*
a Química *chemistry 1*
químico/a *chemical 13r*
a quinta *farm 9r*
a quinta-feira *Thursday 3*
quinto/a *fifth 2r*, 5
quotidiano *(P) daily 4r*

R

a raça *ethnic race 2r*
racial *racial 2r*
o radiador *radiator 12*
o rádio *radio set 5*
a rádio *radio, radio station 1r*
a radiografia *X-ray 11r*
raiar *to appear (sun), to shine 8r*
a raiz *root 2r*, 8
o ralador *grater 5r*
ralar *to grate 5r*
o ramo *branch 9r*
o rapaz *boy, young man Lp*
a rapidez *rapidity 4r*
rápido/a *fast 3*
a raquete *racket 7*
raramente *rarely 3r*
rasgar *to tear 10r*
a razão *reason 1r; ter razão to be right 2r*, 5
razoável *reasonable 9*
reagir *to react 1r*, 4
o real *Brazilian currency 3r*

a realidade *reality 3r;* **na realidade** *actually, in reality 9*
realizado/a *carried out 2r*
o/a realizador/a (de cinema) *film director 2r*
realizar-se *to take place 1r, 8;* **realizar** *to carry out 5r*
rebelde *rebellious Lpr*
recear *to fear 11*
receber *to receive 3*
a receção (P) *reception 12*
o/a rececionista (P) *receptionist 12*
a receita *recipe 5r, 10; prescription 11*
receitar *to prescribe 11*
recém: recém-entrevistado/a *just-interviewed 9r;* **recém-formado/a** *recently graduated 11;* **recém-nascido/a** *newborn 11r*
recente *recent 1r*
a recepção (B) *reception 8r, 12*
o/a recepcionista (B) *receptionist 12*
recheado/a *stuffed (food) 10r*
a reciclagem *recycling 13*
reciclar *to recycle 13*
o recife *reef 13r*
o recipiente *container 5r*
o recital *recital 4r*
reclamar *to complain 2*
recolher *to gather, to collect 5r, 6*
a recomendação *recommendation 4r*
recomendar *to recommend 7*
reconhecido/a *recognized 1r*
o reconhecimento *recognition 14r*
a recordação *memory, recollection 8r*
recordar *to remember 6r*
o/a recordista *record holder 7*
o recreio *recreation 7r*
recuperar(-se) *to recover 8r*
o recurso *resource 7r, 13;* **recursos hídricos** *water resources 13*
a rede *net (in sports) 7, network 15;* **rede de esgoto** *sewer network 5r*
redigir *to compose, to edit 10r*
redondo/a *round 7r*
o redor: ao redor de *around 11r*
a redução *decrease 14*
a refeição *meal 8*

referir-se *to refer 5r*
o refogado *stew 10r*
o refrigerante *soda, soft drink 3*
o/a refugiado/a *refugee 12r*
regatear (P) *to haggle 6r*
a região *region 1r*
regional *regional 2r*
a regra *rule 7*
regressar *to return 10r*
o regresso *return 10r*
regular *to regulate 4r*
regularmente *regularly 2*
o rei *king 2r*
o reino *kingdom 7r*
o/a reitor/a *university president/chancellor Lpr*
a reitoria *main administration buiding (university) 12r*
a reivindicação *claim, demand 9r*
rejeitar *to reject 10r*
a relação *relation, relationship 2r*
o relacionamento *relationship 4*
relacionado/a *related 3r*
relativamente *relatively 2r*
o relato *account 7r*
o relatório *report 2r*
a religião *religion 8*
religioso/a *religious Lpr, 8*
o relógio *clock, watch Lp*
o remédio *medicine 11*
a remessa *remittance 11r*
remontar *to go back (in time) 15r*
a remuneração *wages, compensation 9r*
o renascimento *rebirth 10r*
a renda *income 2r, lace 3r*
o rendimento *income 14*
renovável *renewable 13r, 15*
o repertório *repertoire 4r*
a repetição *repetition 4r*
repetir *to repeat Lpr, 4*
a réplica *line (in a dialogue) 11r*
a reportagem *news report 10r*
o/a repórter *reporter 1r*
repousar *to rest 11r*
representar *to represent 2r, 7; to playact 12r*
a república *republic Lpr*
o requeijão *Brazilian cream cheese/Portuguese cottage cheese 10*
requerer *to require 7r*
o requisito *requirement 2r*
o rés do chão (P) *first floor 5*

a reserva *reservation 12; preserve 3r, 13; reserve 4r*
reservar *to make a reservation 12*
o resfriado (B) *cold (illness) 11*
residencial *residential 1r*
residente *resident 2r*
resistente *resistant 5r, 15*
resolver *to solve 3r, to decide 10r*
respeitar *to respect 4r, 7*
o respeito *respect 13r;* **dizer respeito a** *to concern, to respect 8r*
respeitoso/a *respectful 3r*
respirar *to breathe 11*
responder *to answer 2r*
a responsabilidade *responsibility 1r*
responsável *responsible Lpr, 1*
a resposta *answer Lpr*
restaurado/a *restored 5r*
o restaurante *restaurant, cafeteria (B) 1*
o resto *the rest 2r*
o resultado *result 2r, score 7*
resumir-se (a) *to be limited (to) 7r*
o resumo *summary 5r*
retorcido/a *twisted 5r*
retratar *to portray 3r*
a reunião *meeting, gathering Lpr, 3*
reunir *to gather 4r*
reunir-se *to meet 4r, 9*
reverter *to turn around 14*
a revisão *revision 1r*
a revista *magazine 1r, 3*
revolucionário/a *revolutionary 4r*
rezar *to pray 8*
rico/a *rich 1r, 2*
ridículo/a *ridiculous 2r*
o rio *river 5r*
o ritmo *rhythm 3*
o ritual *ritual 8*
o robô *robot 3r, 15*
o rochedo *rugged, steep rock 6r*
a roda *wheel 12*
rodeado/a *surrounded 7r*
a rodovia *roadway 12r*
rogar *to ask, to request 2r*
a rola *turtle dove 11r*
a rolha *cork (in a bottle) 5r*

o romance *novel 9r;* **romance policial** *detective novel 11r*
o/a romancista *novelist 9r*
romântico/a *romantic Lpr*
romeno/a *Romanian 12r*
romper *to break up 11r*
o rosto *face 7r*
a rota *route 3r*
a rotina *routine 3r*
o roubo *burglary 14r*
a roupa *clothes 5;* **roupas de cama** *bedclothes 5r;* **roupas de mesa** *table linens 5r*
o roupão *robe 6*
o roupeiro (P) *built-in closet 5*
roxo/a *purple 2*
a rua *street Lp*
o ruído *noise 8r*
ruim (B) *bad 7*
ruivo/a *redhead 2*
rural *rural 13*
russo/a *Russian 3r*
rústico/a *rustic, country-style 5r*

S

o Saara *Sahara 10r*
o sábado *Saturday 3*
saber *to know 4r, 5*
o saca-rolhas *corkscrew 5r*
o sacrifício *sacrifice 10r*
a saia *skirt 6*
a saída *departure, exit 4r; flight departure (B) 12;* **saída de emergência** *emergency exit 12*
sair *to leave, go out 3r, 4;* **sair-se bem** *to do well 13r*
o sal *salt 10*
a sala: sala de aula *classroom Lp;* **sala de bate-papo** (B) *chat room 14r;* **sala de chat** (P) *chat room 15r;* **sala de espera** *waiting room 12;* **sala (de estar)** *living room 5;* **sala de jantar** *dining room 5*
a salada *salad 3*
o salário *salary 9*
salgado/a *salted, salty 10*
a salsa *parsley 10r*
salvar *to save 14r*
o samba *samba, Brazilian dance and music genre 1r;* **samba enredo** *Rio-style carnaval samba 8r*
sambar *to dance samba 1r*
a sandália *sandal 6*

a sandes (P) *sandwich* 3
o sanduíche (B) *sandwich* 3
o saneamento básico *basic sanitation* 13
o sangue *blood* 2r, 11
a sanita (P) *toilet bowl* 5
santo/a *holy, saint* 8; **Dia de Todos os Santos** *All Saints' Day Lpr*
o/a santo/a *saint* 3r, 8
são-tomense *Sao Tomean* 2
o santuário *sanctuary* 5r
o sapato *shoe* 6; **(sapato) tênis** (B) *sneaker* 6; **(sapato) ténis** (P) *sneaker* 6
o sarampo *measles* 11r
a sardinha *sardine* 3
o satélite *satellite* 15
satisfazer *to satisfy* 11
satisfeito/a *satisfied, happy* 9
a saudação *greeting Lpr*
a saudade *longing, nostalgia* 4r; **estar com saudades** *to miss* 8; **ter saudades** *to miss* 14r
saudável *healthy* 10r
a saúde *health* 9r, 11
a savana *savannah, prairie* 5r
se *if, whether* 3
a seca *drought* 3r, 13
o secador de cabelo *hair dryer* 9r
secar *to dry* 5
seco/a *dry* 10
o/a secretário/a *secretary Lpr*
o século *century* 1r
secundário/a *secondary* 2r
a seda *silk* 6
a sede *site, headquarters* 13r; **estar com sede** *to be thirsty* 2; **ter sede** *to be thirsty* 5
o segredo *secret Lpr*
seguinte *following* 3r
seguir *to follow* 4; **seguir em frente** *to go straight ahead* 12; **a seguir a** *following* 14r
a segunda-feira *Monday* 3
segundo *according to* 3
segundo/a *second* 2r, 5
a segurança *security, safety* 6r, 7; **o/a segurança** *security guard* 9r
segurar *to hold* 7r
seguro/a *safe* 12; **o seguro** *insurance* 3r
o seio *breast* 11r
a seleção *national team* 7
o selo *stamp* 12
a selva *jungle* 5r
selvagem *wild* 12r

sem *without* 2r, 8; **sem que** *without, until, before* 12
a semana *week Lp*; **a semana passada** *last week* 6; **Semana Santa** *Holy Week* 8r
semanal *weekly* 4r
semear *to sow, to plant* 13
a semelhança *similarity* 4r
semelhante *similar* 1r
semestral *semester-long* 1r
o semestre *semester* 1r
sempre *always* 1; **sempre que** *whenever* 13
o/a senador/a *senator* 1r
o senhor (Sr.) *Mr. Lp*
a senhora (Sra.) *Ms., Mrs., Miss Lp*
sensível *sensitive* 2r
sentar-se *to sit down* 7
o sentido *meaning* 11r, *sense* 14r
o sentimento *feeling* 5r
sentir(-se) *to feel* 4, *to be sorry* 11; **sinto muito** *I'm sorry, I regret Lp*
separado/a *separated* 4r
separar *to separate* 13
ser *to be* 2; **o ser humano** *human being* 10r
a série *series* 3r
sério/a *serious Lpr*, 1; **a sério** *seriously* 7r
a serra *mountain range* 8r
o/a serralheiro/a *metalworker* 14r
o sertão *interior, backland* 3r
o/a servente (B) *unskilled worker* 9r
o serviço *service* 5r, 15
servir *to serve* 3r, 4; **Em que posso servi-lo/a?** *How may I help you?* 6
setembro *September Lp*
sétimo/a *seventh* 5
seu(s) *your, his, her, their (masc.) Lpr*, 2
Seu (B) *Mr. Lp*
o sexo *sex* 2r
a sexta-feira *Friday* 3
sexto/a *sixth* 5
o shopping *shopping mall* 6
a SIDA (P) *AIDS* 11
o significado *meaning* 5r
significar *to mean* 3r
significativo/a *significant, important* 5r; *meaningful* 11r
o silêncio *silence* 3r
sim *yes Lp*
o simbolismo *symbolism Lpr*
a simpatia *affection, liking* 7r
simpático/a *nice, likeable* 2

a sinagoga *synagogue* 8
sincero/a *sincere Lpr*
sintético/a *synthetic* 5r
o sintoma *symptom* 11
sistemático/a *systematic* 1
o site *Internet site* 1r
a situação *situation* 1r, *location* 5r
situado/a *situated* 2r
situar-se *to be located* 1r
só *only* 1r, 3
a sobrancelha *eyebrow* 11
sobrar *to be in excess, to overflow* 13
sobre *about* 1r
a sobremesa *dessert* 3
o sobreiro *cork oak* 6r
sobretudo adv. *above all Lpr*
o sobretudo (P) *coat, overcoat* 6
a sobrinha *niece* 4
o sobrinho *nephew* 4
social *social* 1r
a sociedade *society* 2r, 4
a Sociologia *sociology* 1
o socorro *aid, relief* 11r
o sofá *sofa* 5; **sofá-cama** *sofabed* 5r
sofrer *to suffer* 4r, 13
a soja *soy* 5r
o sol *sun* 3
solene *solemn, grand* 8
a solicitação *application* 2r
solicitar *to request* 2r
o sólido *solid* 5r
o solo *soil* 9r, 13
solteiro/a *single, unmarried* 2
a solução *solution* 6r
o som *sound* 5r
somar *to add (arithmetic)* 7r
a sombra *shade* 7r
somente *only* 6r
sonhar *to dream* 12r
o sonho *dream* 2r
o sono: estar com sono *to be sleepy* 2; **ter sono** *to be sleepy* 5
a sopa *soup* 3
sorridente *smiling* 10r
a sorte *luck* 1; **boa sorte** *good luck* 1; **estar com sorte** *to be lucky* 2; **por sorte** *luckily, fortunately* 4r; **ter sorte** *to be lucky* 5
o sorvete (B) *ice cream* 3
sozinho/a *alone* 12r
sua(s) *your, his, her, their (fem.) Lpr*, 2
suave *gentle* 7r
subir *to rise, to go up* 7r; *to bring up* 13

sublinhar *to underline* 4r, *to emphasize* 13r
subsariano/a (P) *sub-Saharan* 10r
o subsolo (B) *basement* 5
subterrâneo/a *underground* 12r, 13
o subúrbio *suburb* 5r
o sucesso *success* 3r
o suco (B) *juice* 3
a sucuri *anaconda* 4r
o sudeste *Southeast* 1r
o sudoeste *Southwest* 7r
o suéter (B) *sweater* 6
suficiente *sufficient* 3r
sugerir *to suggest* 4
a suíte *master bedroom* 5
sujo/a *dirty* 5
o sul *South* 2r
sul-americano/a *South American* 4r
o sumo (P) *juice* 3
o suor *sweat* 7r
a superfície *area* 10r
o Super-Homem *Superman* 2r
superior *greater, superior* 5r
o supermercado *supermarket* 6
supervisionar *to supervise* 9
suportar *to bear, to stand* 11r, 13
surdo/a *deaf* 11r
surfar *to surf* 2
o/a surfista *surfer* 4r
surpreender *to surprise* 7r
a surpresa *surprise* 2r
o surto *outbreak* 14r
suspender *to suspend* 14r
suspenso/a *suspended* 3r, 15
suspirar *to sigh* 12r
a sustentabilidade *sustainability* 13r
sustentável *sustainable* 13r
o sutiã (B) *bra* 6
o soutien (P) *bra* 6

T

a T-shirt (P) *T-shirt* 6
a tabela *table, chart* 4r
a tábua *board* 5r
a taça *cup (in sports)* 7r, *(stemmed) glass* 10
o taco de golfe *golf club* 7
o talento *talent* 2r
os talheres *silverware* 5r
talvez *maybe* 10
o tamanduá-bandeira *ant-eater* 5r
o tamanho *size* 2r, 6; **tamanho/a** adj. *so great* 8r

também *also* 1; **também não** *not either, neither* 12

o tambor *drum 3r*

tanto/a *so much 4r*; **tanto/a... quanto/como** *as much... as 2r, 8*; **tantos/as... quanto/ como** *as many... as 8*; **tanto quanto/como** *as much as 8*

tão *so 9*; **tão... quanto/como as... as 1r, 8*

o tapete *carpet, rug 5*

a tarde *afternoon* Lp; **de/à tarde** *in the afternoon* Lp; **da tarde** *p.m.* Lp; **tarde** *adv. late 4*; **mais tarde** *later 3*

a tarefa *assignment, task Lpr*; **tarefa doméstica** *household chore 5*

a tartaruga *turtle 3r*

a taxa *rate 9r, 14*; *fee 13r*

tchau *ciao, good-bye* Lp

te *you (familiar, singular) Lpr, 6; to/for you (familiar) 7*

teatral *theatrical 3r*

o teatro *theater Lpr, 3*; **teatro infantil** *children's theater Lpr*

o tecido *fabric 6*

o/a técnico/a *technician 9*

a tecnologia *technology 4r, 15*

tediento/a *bored, weary 14r*

o/a teledramaturgo/a *TV scriptwriter 9r*

telefonar *to phone 3r, 7*

o telefone *telephone 3*; **telefone celular** (B) *cell phone Lpr, 15*; **por/pelo telefone** *by phone 3*

o telefonema *phone call 9r*

o telemóvel (P) *cell phone Lpr, 15*

o/a telespectador/a *TV viewer 8*

a televisão *TV, TV set* Lp

tem (B) *there is, there are* Lp

o tema *topic 2r*

o temor *fear 15r*

temperar *to season 10r*

a temperatura *temperature 2r, 7*

o tempero *seasoning 5r*

o tempo *time (general) 1*; *weather Lpr, 7*; **Como está o tempo?** *What's the weather like? 7*; **a tempo** *on time 9r*

a temporada *sport season 7r*

a tendência *tendency 14*

o tênis (B) *tennis 7*; **os tênis** *sneakers 6*

o ténis (P) *tennis 7*; **os ténis** *sneakers 6*

a tensão *tension 8r*

tentar *to try 4r, 6*

a tentativa *attempt 14r*

o teor *content 15r*

a teoria *theory 1r*

ter *to have 1r, 3*; **ter a ver (com)** *to have to do (with) 5*; **O que é que você tem?** *What's wrong (with you)? 11*

terceiro/a *third 1r, 5*

um terço *one third 8r*

terminar *to end, to finish 3*

o termo *term 4r*

o termômetro (B) *thermometer 11*

o termómetro (P) *thermometer 11*

o terninho (B) *pantsuit 6*

o terno (B) *suit 6*

a terra *land 2r*; *earth, ground 7r*

o terraço *terrace, patio 5*

o terreno *land, terrain 5r*

territorial *territorial 2r*

o território *territory 2r*

terrível *terrible Lpr*

a tesoura *scissors 5r*

o tesouro *treasure 6r*

a testa *forehead 11*

testar *to test 9*

o teste *test 1r*

a testemunha *witness 13r*

teu(s) *your (P, masc., informal) 2*

os têxteis *textiles 9*

o texto *text 4r*

a tia *aunt 4*

a tigela *bowl 5r*

o time (B) *team 7*

tímido/a *timid Lpr, 2*

timorense *Timorese 2*

Timor-Leste *East Timor 2*

o tio *uncle 4*

típico/a *typical 3*

o tipo *type 1r*

tirar *to get (grades), to take out 1*; *to pull out 5r*; *to take off 7*; **tirar férias** *to take a vacation 4r*; **tirar a pressão (arterial)** *to take blood pressure 11r*

o tiro ao alvo *target shooting 7r*

o/a titular *bearer (of a document) 2r*

o título *title 3r*

a toalha *towel 5*; **toalha de mesa** *tablecloth 10*

o toca-CDs *CD player 5r*

tocar *to play (music), to touch 3*

todo/a/os/as *all, entire, whole 1r, 12*; **todos** *everybody, all 2r, 12*; **todos os dias** *every day 1*

tolerante *tolerant 1r*

o tom *tone 2r*

tomar *to take, to drink 1*; **tomar conta de** *to take care of 4r*; **tomar notas** *to take notes 1*; **tomar sol** *to sunbathe 3*

tomara que (B) *I/we hope 10*

o tomate *tomato 3*

tonto/a *dumb 14r*

o toque *touch 15r*

Tóquio *Tokyo 2r*

a toranja *grapefruit 10*

o/a torcedor/a *sports fan 7*

torcer *to cheer 7r, to twist 11*

a torcida *cheering group 7r*

tornar-se *to become 5r*

o torneio *tournament 5r*

o torno: em torno de *around 7r, 8*

o tornozelo *ankle 11*

a torrada *toast 3*

a torta *cake 10r*

a tosse *cough 11*

tossir *to cough 11*

a touca *swim cap 7r*

o toucinho *bacon 10r*

a tourada *bullfight 7*

o touro *bull 7r*

trabalhador/a *hard-working 2*

trabalhar *to work 1*

o trabalho *work 1r, 5*; *paper (for a class) 3r*; **trabalho de casa** *homework 1*; **Dia do Trabalho** *Labor Day 3r*

o traço *feature, characteristic 3r*

a tradição *tradition 1r, 8*

tradicional *traditional Lpr*

traduzir *to translate 1r*

o tráfico *traffic 3r*

a tragédia *tragedy 9r*

o traje *suit 9r*

tranquilo/a *calm 5r*

transferir *to transfer 15*

a transformação *transformation 4r*

a transição *transition 3r*

o trânsito aéreo *air traffic 15*

transmitir *to broadcast 8*

o transporte *transportation 1r, 12*

o trapézio *trapeze 3r*

o tratado *treaty 9r*

o tratamento *treatment 11*

tratar (de) *to take care of, to deal with 5r*; *to treat 12r*; **tratar-se de** *to be about 4r, 5*

a travessa *platter 10r*

o travesseiro (B) *pillow 5*

trazer *to bring 4*

o trecho *excerpt 15r*

o/a treinador/a *coach 7*

treinar *to train, to practice 1*

o trem (B) *train 12*

a triagem *sorting, triage 13*

o trigo *wheat 6r*

a trilha *trail 13r*

o trilho *rail 15*

o/a tripulante *crew member 15r*

triste *sad 2*

trocar *to exchange 2r*

o troféu *trophy 7r*

o tronco *(tree) trunk 5r*

a tropa *troop, army 13r*

tropical *tropical 3r*

tu *you (P, informal)* Lp

tua(s) *your (P, fem., informal) 2*

o tubarão *shark 3r*

tudo *everything 5r, 12*; **Tudo bem?** *How are you?* Lp

o tuiuiú *large stork 5r*

o turismo *tourism 5r*

o/a turista *tourist 1r*

a turma *class (group of students) 1*

o turno *shift 9r*

U

ucraniano/a *Ukrainian 2r*

o uísque *whiskey 10r*

último/a *last 3r*

ultrapassar *to exceed, to surpass 5r, 15*

um *a, one (masc.)* Lp; **um ao outro** *each other 4r*

a unha de gato *cat's claw (herb) 11r*

a união *union 2r*

único/a *unique 1r*; adj. *only 4*

a unidade *unit 1r*

unido/a *united 3r*

o uniforme *uniform 7*

unir(-se) *to join, to unite 4r*

a universidade *university 1*

universitário/a adj.
  university 1r, 2
o universo *universe Lpr*
o/a urbanista *urbanist 5r*
urbano/a *urban 3r*, 13
a urgência *urgency 9r*, 15
urgente *urgent 1r*
o urso *bear* 2
usado/a *used 5r*
usar *to use* 1
a usina *power plant 14r*,
  mill 15r
o/a usuário/a (B) *user* 15
usufruir *to take*
  advantage of 14
o utensílio *utensil 5r*
útil *useful Lpr*
o/a utilizador/a (P) *user* 15
utilizar *to use* 15
a uva *grape 8r*, 10

V

a vaca *cow 2r*
a vacina *vaccine* 9
a vaga *opening, vacancy 2r*, 9
o vale *valley 5r*
valer: vale a pena *it's worth*
  (doing) 6
válido/a *valid 2r*
o valor *value 4r*
valorizar *to value 11r*
a valsa *waltz 5r*
a válvula *valve 15r*
a vantagem *advantage 5r*
a varanda *balcony* 5
variado/a *varied 1r*
variar *to vary 5r*, 12
a variedade *variety 2r*, 15
vário/a *various 1r*, 8
a varíola *smallpox 11r*
varrer *to sweep* 5
o vaso *vase 5r*; **vaso sanitário**
  (B) *toilet bowl* 5
o veado *deer 5r*

a veia *vein* 11
o veículo *vehicle 9r*, 13
a vela *sail, sailing 7r*
a velhice *old age 4r*
velho/a *old* 2
a velocidade *speed,*
  velocity 4r, 12
vencer *to win* 4
a venda *sale* 9; **à venda** *for*
  sale 5r
o/a vendedor/a *seller,*
  salesperson 1
vender *to sell* 6
o veneno *poison 14r*
Veneza *Venice 13r*
ventar (B) *to be windy, to*
  blow 7
o vento *wind* 7
ver *to see 2r*, 5
o verão *summer 1r*, 6
o verbo *verb Lpr*
a verdade *truth 10r*; **É verdade**
  That's true. 2; **na verdade**
  actually, in truth 6r, 9
verdadeiro/a *true 1r*
verde *green* 2
as verduras *greens* 3
o/a vereador/a *member of*
  city council 14r
verificar *to check, to find*
  out 4r
o verme *worm 11r*
vermelho/a *red* 2
o verso *reverse 9r*
a véspera *eve 6r*, 8
o vestido *dress 2r*, 6
o vestígio *vestige,*
  remnant 7r
vestir(-se) *to wear, to dress,*
  to get dressed 4
o vestuário *clothing 6r*
o véu *veil 6r*
a vez *time (frequency) 4r*;
  alguma vez *sometime,*
  ever 12; **algumas vezes**

sometimes 12; **às vezes**
  sometimes, at
  times 1; **em vez de**
  instead of 2r; **muitas**
  vezes *often, many times*
  1; **outra vez** *again Lpr*;
  pela primeira vez *for the*
  first time 3; **pela última**
  vez *for the last time* 3;
  uma vez *once* 12
a viagem *trip 1r*, 12; **viagem**
  de compras *shopping*
  spree 6r
viajar *to travel 2r*, 3
a vida *life 1r*; **vida noturna**
  night life 9r
o vídeo *VCR Lp*
o vidro *glass* 13
vigiar *to watch over 11r*
a vila (P) *small town 7r*
o vinagre *vinegar* 10
o vínculo *link, tie 2r*
a vinha *vineyard 2r*
o vinho *wine* 3; **vinho tinto**
  red wine 3
o violão *guitar* 3
o violino *violin 4r*
vir *to come* 5
virar *to turn* 12
a vírgula *comma 3r*
a visão *vision 3r*
visar *to seek, to aim at 14r*
a viseira *visor 9r*
a visibilidade *visibility 2r*
a visita *visit 1r*
o/a visitante *visitor 1r*
visitar *to visit* 2
visível *visible 2r*
a vista *view* 5; **à primeira**
  vista *at first sight 1r*
o visto *visa 12r*
visual *visual 1r*
a vitamina *shake, smoothie*
  (B) *3r, vitamin* 10
a vítima *victim 13r*

a vitória *victory* 7
a vitrine *store window 6r*
viver *to live 2r*, 4
vivo/a *alive 3r*, 4; **ao vivo**
  live (broadcast, music) 8
o/a vizinho/a *neighbor* 4
voador/a *flying* 15
voar *to fly 5r*, 12
o vocabulário *vocabulary*
  Lpr
você *you Lp*
o volante *steering wheel* 12
o vôlei (B) *volleyball 1r*,
  7; **vôlei de praia** *beach*
  volleyball 7
o voleibol *volleyball 1r*, 7
a volta *round 7r*
voltado/a para *facing 9r*
voltar *to return* 4
a volúpia *orgy, frenzy 13r*
o voo *flight 3r*, 12; **voo livre**
  gliding 13r
vos (P) *you (plural)* 6, *to/for*
  you (plural) 7
vós (P) *you (plural, highly*
  formal) 1r
vosso/a (P) *your*
  (plural) 2
votar *to vote 4r*
o voto *vote 4r*
a vovó *grandma 5r*
a voz *voice 15r*
o vulcão *volcano 9r*
a vulnerabilidade
  vulnerability 9r

X

xadrez *checkered, plaid* 6;
  o xadrez *chess* 7
a xícara (B) *cup* 10

Z

zangado/a *angry* 2
zangar-se *to quarrel 14r*

English to Portuguese vocabulary

A

a, an um/a; **a little** um
    pouco; **a lot** muito/a
abbreviation a abreviatura
ability a capacidade
above em cima (de),
    acima (de)
to accept aceitar
access o acesso
accessory o acessório
accountant o/a contador/a
    (B), o/a contabilista (P)
accounting a contabilidade
according to segundo, de
    acordo com
ache a dor
activity a atividade
actor o ator
actress a atriz
actually na realidade,
    na verdade
to add acrescentar
address o endereço
to admire admirar
adult o adulto
advance o avanço
adventure a aventura
adverse adverso/a
advertisement o anúncio
advice o conselho
to advise aconselhar
after depois (de), *conj.*
    depois que
afternoon a tarde; **in the
    afternoon** de/à tarde
afterwards depois
again outra vez, novamente
to agree estar de acordo,
    concordar
agriculture a agricultura
ago faz, há
AIDS a AIDS (B), a SIDA (P)
air-conditioned climatizado/a
air conditioning o ar
    condicionado
airline a companhia aérea, a
    linha aérea
airplane o avião
airport o aeroporto
air traffic o trânsito aéreo

album o álbum
alive vivo/a
all todo/a/os/as
to allow permitir
along ao longo de
already já
also também
although embora
aluminum o alumínio
always sempre
a.m. da manhã
ambulance a ambulância
American americano/a
among entre
amusing divertido/a
and e
Angolan angolano/a
angry zangado/a
animal o animal
anniversary o aniversário
another outro/a
anthropology
    a Antropologia
antibiotic o antibiótico
any algum/a, alguns/mas,
    nenhum/a, nenhuns/
    mas (P)
anything algo, alguma coisa,
    nada, nenhuma coisa
apartment o apartamento
to apologize desculpar-se,
    pedir desculpa
appetizer a entrada
to applaud aplaudir
apple a maçã
appliance o aparelho, o
    eletrodoméstico
application a candidatura
to apply (for) candidatar-se
April abril
approximately cerca de
archipelago o arquipélago
architect o/a arquiteto/a
architecture a arquitetura
area a área, o âmbito
to argue discutir
arm o braço
armchair a poltrona
around em torno de
arrival a chegada
to arrive chegar

as como; **as ... as** tão ...
    quanto/como; **as many ...
    as** tantos/as ... quanto/
    como; **as much as** tanto
    quanto/como; **as much ...
    as** tanto/a ... quanto/como;
    as if como se; **as long as**
    desde que; **as soon as**
    assim que, logo que
to ask (a question) perguntar
to ask for pedir
aspirin a aspirina
assignment a tarefa
association a associação
at em, a; **at least** pelo menos;
    at present atualmente; **at
    the most** no máximo; **at
    times** às vezes
athlete o/a atleta
atmosphere a atmosfera
atmospheric atmosférico/a
to attend (an event) assistir (a)
attractive atraente
August agosto
aunt a tia
available disponível
avenue a avenida
avocado o abacate
award o prêmio (B),
    o prémio (P)
Azorean açoriano/a

B

back (of the body) as costas
backpack a mochila
bad mau/má, ruim (B)
bakery a padaria
balcony a varanda
ball a bola (*sports*), o baile
    (*party*)
banana a banana
bank o banco
basement o subsolo (B), a
    cave (P)
basket o cesto
basketball o basquetebol, o
    basquete
bath o banho
bathroom o banheiro (B), a
    casa/o quarto de banho (P);

bathroom sink a pia (B),
    o lavatório (P)
bathtub a banheira
to be estar, ser; **be able to**
    poder; **be about
    (something)** tratar-se de; **be
    careful** ter cuidado; **be glad**
    alegrar-se; **be hungry** estar
    com fome, ter fome; **be in
    a hurry** estar com pressa,
    ter pressa; **be located** ficar;
    be lucky estar com sorte,
    ter sorte; **be part of** fazer
    parte de; **be right** ter razão;
    be sleepy estar com sono,
    ter sono; **be sorry** sentir,
    lamentar; **be thirsty** estar
    com sede, ter sede
beach a praia
to bear suportar
to beat bater
because porque
to become ficar, tornar-se
bed a cama; **bed sheet** o
    lençol; **double bed** a cama
    de casal
bedroom o quarto; **master
    bedroom** a suíte
beef a carne de vaca
beer a cerveja
to begin começar
behind atrás (de)
to believe acreditar, crer
bell pepper o pimentão
belt o cinto
best o/a melhor
better melhor
between entre
beverage a bebida
bicycle a bicicleta
big grande; **bigger** maior;
    biggest o/a maior
bikini o biquíni
biology a Biologia
biotechnology a biotecnologia
bird o pássaro, a ave
birthday o aniversário
bit o bocado, pouco; **a little
    bit** um pouco
black preto/a, negro/a
blackboard o quadro

blanket o cobertor
blessing a bênção
blond(e) loiro/a
blood o sangue; **blood pressure** a pressão arterial
blouse a blusa
to blow (wind) ventar (B), fazer vento (P)
blue azul
boarding pass o cartão de embarque
boat o barco
body o corpo
boil ferver, cozer (P)
bone o osso
book o livro
bookstore a livraria
boot a bota
border a fronteira
boring chato/a, aborrecido/a (P)
boss o/a chefe
both ambos/as
to bother incomodar
bottle a garrafa
boy o rapaz, o menino, o garoto
boyfriend o namorado
bra o sutiã (B), o soutien (P)
bracelet a pulseira
brain o cérebro
Brazilian brasileiro/a
bread o pão
break quebrar, partir (P)
breakfast o café da manhã (B), o pequeno-almoço (P)
to breathe respirar
bridge a ponte
brief (underwear) a cueca (B), as cuecas (P)
briefcase a pasta
to bring trazer; **bring up** educar
broadband a banda larga
to broadcast transmitir
broker o/a corretor/a
brother o irmão
brown castanho/a, marrom (B)
to brush escovar
building o edifício, o prédio
bullfight a tourada
bumper o para-choques
bus o ônibus (B), o autocarro (P)
businessman/woman o homem/a mulher de negócios
busy ocupado/a
but mas
butter a manteiga
to buy comprar

buyer o/a comprador/a
by por

C

cabinet o armário
cable o cabo
cafeteria o restaurante (B), a cantina (P)
cake o bolo
calculator a calculadora
to call chamar
calm calmo/a
can *v.* poder, *n.* a lata; **can opener** o abridor de latas (B), o abre-latas (P)
to cancel cancelar
cancer o câncer (B), o cancro (P)
candy o doce
cap o boné
Cape Verdean cabo-verdiano/a, caboverdiano/a
car o carro, o automóvel; **car racing** o automobilismo; **car trunk** o bagageiro (B), o porta-bagagens (P)
carbon dioxide o dióxido de carbono
card o cartão; **credit card** o cartão de crédito; **debit card** o cartão de débito
care o cuidado
to care (for) cuidar (de)
carnival o carnaval
carpet o tapete
carrot a cenoura
to carry levar
case o caso; **in any case** em qualquer dos casos; **in case** *conj.* caso; **in that case** então
cash o dinheiro (corrente); **cash register** a caixa
cashier o/a caixa
cat o/a gato/a
to catch pegar
to celebrate celebrar, comemorar, festejar
celebration a celebração, a comemoração, o festejo
cell a célula; **stem cell** a célula estaminal; **cell phone** o telefone celular (B), o telemóvel (P)
cereal o cereal
ceremony a cerimônia (B), a cerimónia (P)
certainly com certeza
chair a cadeira

chalk o giz
champion o campeão, a campeã
championship o campeonato
to change mudar; **change clothes** mudar de roupa; **change colors** mudar de cor
chaotic caótico/a
cheap barato/a
to check conferir, verificar
checkered xadrez
cheek a bochecha
cheese o queijo
chemistry a Química
cherry a cereja
chess o xadrez
chest o peito
chicken o frango
child a criança, o/a filho/a; **youngest child** o/a caçula (B)
chilled gelado/a
china a louça
chocolate o chocolate
to choose escolher
chore o dever, a tarefa
christening o batizado
Christian cristão/cristã
Christmas o Natal
church a igreja
cinema o cinema
to circulate circular
citizen o cidadão/a cidadã
city a cidade
class a aula, a classe; **class (group of students)** a turma
classmate o/a colega
classroom a sala de aula
to clean limpar; **clean** *adj.* limpo/a
clear limpo/a
clerk o/a funcionário/a
client o/a cliente
clinic a clínica
clock o relógio
cloning a clonagem
close (to) junto (a), perto (de)
closed fechado/a
closet o armário
clothes a roupa; **clothes drier** a máquina de secar
cloudy nublado/a
club o clube
coach o/a treinador/a
coast o litoral, a costa
coat o casaco, o sobretudo (P)
coffee o café; **coffee house** o café; **espresso coffee** o cafezinho (B), a bica (P)
cold frio/a

cold (illness) o resfriado (B)
colleague o/a colega
college a faculdade
color a cor
to comb (hair) pentear(-se)
to combine juntar
to come vir
comfortable confortável
common comum
to communicate comunicar
communication a comunicação
communicative comunicativo/a
company a empresa, a companhia
compete competir
competition a competição
to complain reclamar, queixar-se
complicated complicado/a
computer o computador; **computer science** a Informática
concierge o/a porteiro/a
condiment o condimento
confusion a confusão
to connect ligar
conscious consciente
to consent consentir
contemporary contemporâneo/a
to continue continuar
contrary to ao contrário de
to control controlar
controversy a controvérsia
conversation a conversa
to cook cozinhar; **cook** *n.* o/a cozinheiro/a
cookie o biscoito
cool fresco/a
copper o cobre
corn o milho
corner a esquina
to cost custar; **cost** *n.* o custo
costume a fantasia
cotton o algodão
to cough tossir; **cough** *n.* a tosse
counter o balcão
country o país
couple o casal
course o curso
court (playing field) a quadra (B), o campo (P)
cousin o/a primo/a
to cover cobrir
cream o creme de leite (B), as natas (P)
to create criar
cruel cruel

cruise o cruzeiro
cucumber o pepino
cup a xícara (B), a chávena (P)
curly crespo/a
curtain a cortina
customer o/a cliente
customs a alfândega; **customs official** o/a fiscal da alfândega
to cut cortar
cutlet a costeleta
CV o currículo
cycle o ciclo
cycling o ciclismo

D

dairy product o laticínio
damage o dano
to dance dançar; **dance club** a discoteca
dark escuro/a, moreno/a
date a data
daughter a filha; **middle daughter** filha do meio; **only daughter** filha única
day o dia; **day after tomorrow** depois de amanhã; **day before yesterday** anteontem
December dezembro
to decide decidir
decision a decisão
decisive decisivo/a
to decompose decompor
to decrease diminuir
deforestation o desmatamento
to degrade degradar
degree o grau
demographics a demografia
departure a saída, a partida (P)
depressed abatido/a, deprimido/a
to deserve merecer
to desire desejar
desk a carteira
dessert a sobremesa
destitute carente
to develop desenvolver(-se)
dictionary o dicionário
difference a diferença
difficult difícil
dinner o jantar
direct direto/a
director o/a chefe, o/a diretor/a
dirty sujo/a
discount o desconto
to discover descobrir
to discuss discutir
dishes a louça

dishwasher a máquina de lavar louça
to dismiss despedir
disorganized desorganizado/a, desordenado/a
distribution a distribuição
diver o/a mergulhador/a
divorced divorciado/a
to do fazer
doctor (medical) o/a médico/a
dollar o dólar
domestic doméstico/a
door a porta
doorman o/a porteiro/a
to doubt duvidar; **doubt** n. a dúvida; **no doubt** sem dúvida
downtown o centro
to dress vestir(-se); **dress** n. o vestido
dresser a cômoda (B), a cómoda (P)
to drink beber, tomar
to drive dirigir (B), conduzir (P)
driver o/a motorista
drought a seca
to dry secar, enxugar(-se); **dry** adj. seco/a
duck o pato
due to devido a
during ao longo de, durante
dynamic dinâmico/a

E

ear (inner) o ouvido; **ear (outer)** a orelha
early cedo
earring o brinco
Easter a Páscoa
easy fácil
to eat comer; **eat dinner** jantar; **eat lunch** almoçar
economics a Economia
economy a economia; **economy class** a classe turística
ecosystem o ecossistema
ecotourism o ecoturismo
edible comestível
effect o efeito
efficient eficiente
egg o ovo
eighth oitavo/a
either … or ou … ou
elaborate elaborado/a
elbow o cotovelo
elderly idoso/a
electrician o/a eletricista

elevator o elevador
emission a emissão
to emit emitir
employee o/a empregado/a, o/a funcionário/a
employment o emprego
encounter o encontro
to end acabar, terminar; **end** n. o fim
engine o motor
engineer o/a engenheiro/a
engineering a Engenharia
English inglês/inglesa
to enjoy oneself divertir-se
enough bastante
to enter entrar
to entertain divertir
entertainment a diversão
entire inteiro/a
envelope o envelope
environment o ambiente, o meio ambiente
environmental ambiental
equipment o equipamento, o aparelho
eraser o apagador
to err errar
ethical ético/a
eve a véspera
even até; **even if/though** mesmo que; **even more/less** ainda mais/menos
event o evento
ever alguma vez, nunca
every cada; **every day** todos os dias; **every … hours** de … em … horas
everybody todos
everything tudo
to examine examinar
example o exemplo; **for example** por exemplo
to exceed ultrapassar
excellent excelente, ótimo/a
excited animado/a
exclusion a exclusão
to excuse (oneself) desculpar(-se); **excuse me** com licença
executive o/a executivo/a
exit a saída; **emergency exit** a saída de emergência
expensive caro/a
experience a experiência
to explain explicar
extroverted extrovertido/a
eye o olho
eyebrow a sobrancelha
eyelash o cílio (B), a pestana (P)

F

fabric o tecido
face o rosto, a cara
fact o fato (B), o facto (P)
to fall cair; **fall (season)** o outono
family a família
famous famoso/a
fan o/a fã
fantastic fantástico/a
far (from) longe (de)
fare a passagem
farewell a despedida
fast adj. rápido/a, adv. depressa
fat gordo/a
father o pai
favorite preferido/a, favorito/a
to fear ter medo, recear
February fevereiro
to feel sentir(-se)
fever a febre; **to run a fever** estar com febre
few poucos/as
fewer menos; **fewer … than** menos … (do) que
fiction a ficção
field o campo
fifth quinto/a
to fight brigar, combater, lutar; **fight** n. o combate, a luta
to fill out preencher
film o filme
to find encontrar
finger o dedo
to finish acabar, terminar
to fire despedir; **fire** n. o fogo
fireplace a lareira
first primeiro/a
fish o peixe
fisherman/woman o/a pescador/a
flight o voo; **flight attendant** o/a comissário/a de bordo
floor o chão; **floor (in a building)** o andar, o piso; **first floor** o andar térreo (B), o rés do chão (P)
flour a farinha
flower a flor
flu a gripe
to fly voar
to follow seguir
food a comida
foot o pé
for para, por; **for sale** à venda; **for the first time** pela primeira vez

to forbid proibir
forbidden proibido/a
forehead a testa
foreign estrangeiro/a
forest a floresta, a selva
fork o garfo
to form v. formar; **form** n.
o formulário
formerly antigamente
fourth quarto/a
free livre; **free time** as horas
de lazer
to freeze congelar
French francês/francesa;
French fries as batatas
fritas
Friday a sexta-feira
fried frito/a
friend o/a amigo/a
from de, a partir de
fruit a fruta
to fry fritar
fuel o combustível
full cheio/a
fun n. a diversão, adj.
divertido/a
function a função
furniture a mobília; **piece of
furniture** o móvel

G

to gain ganhar; **gain weight**
engordar
game o jogo; **Olympic
Games** os Jogos
Olímpicos
garage a garagem
garbage o lixo
garden o jardim
garlic o alho
gate (airport) o portão (B),
a porta (P)
to gather recolher
gene o gene
genetic genético/a
genome o genoma
geography a Geografia
generation a geração
to get ficar; **get dressed**
vestir(-se); **get grades** tirar
notas; **get married** casar;
get up levantar(-se)
gift o presente
girl a moça, a menina, a garota
girlfriend a namorada
to give dar
glacier a geleira (B),
o glaciar (P)
glass o copo, a taça, o vidro
glasses os óculos

glove a luva; **glove
compartment** o porta-luvas
to go ir, andar; **go by/through**
passar por; **go in** entrar; **go
out** sair; **go shopping** ir
às compras; **go straight
ahead** seguir em frente;
go to bed deitar-se
goal o fim, o objetivo, a meta
godchild o/a afilhado/a
godfather o padrinho
godmother a madrinha
good bom/boa; **good luck**
boa sorte; **good-looking**
bonito/a
government o governo
grade a nota
graduate studies
a pós-graduação
granddaughter a neta
grandfather o avô
grandmother a avó
grandson o neto
grape a uva
grapefruit a toranja
great grande, fantástico/a,
ótimo/a, legal (B)
green verde
greenhouse effect o efeito
estufa (B), o efeito de
estufa (P)
greens as verduras
grey cinza (B), cinzento/a (P)
grill (appliance) a churrasqueira; **grill (dish)**
o churrasco
grilled grelhado/a, assado/a
to grow crescer; **grow
(plants)** cultivar;
grow old envelhecer
growth o crescimento
guest o/a hóspede
Guinean guineense
guitar o violão, a guitarra
gulf o golfo
gymnasium o ginásio

H

hair o cabelo
hairdresser o/a cabeleireiro/a
half meio/a; **half brother/
sister** o meio-irmão/a
meia-irmã
Halloween o Dia das Bruxas
hallway o corredor
ham o presunto, o fiambre (P)
hamburger o hambúrguer
hand a mão
to hang out (clothes) estender
to happen acontecer, ocorrer

happy alegre, contente, feliz
hard-working trabalhador/a
harmful prejudicial
hat o chapéu
to have ter; **to have fun**
divertir-se; **have to do
(with)** ter a ver (com)
he ele
head a cabeça
headache a dor de cabeça
headline a manchete
health a saúde
to hear ouvir
heart o coração
heat o calor
heating o aquecimento
heel (foot) o calcanhar
hello oi (B), olá (P); alô (B),
está? (P) (phone)
to help ajudar
her dela, seu(s), sua(s); a, lhe
here aqui
heritage o patrimônio (B), o
património (P)
high alto/a, elevado/a
him o, lhe
hippopotamus o hipopótamo
his dele, seu(s), sua(s)
history a História
holiday o feriado
holy santo/a
home a casa
homework o trabalho de casa
hood (car) o capô
hoop (basketball) a cesta
(B), o cesto (P)
to hope esperar
hospital o hospital
hot quente
hotel o hotel
hour a hora
house a casa
household o domicílio, o lar
housekeeper o/a empregado/a
doméstico/a
how como; **how many**
quantos/as; **how much**
quanto/a; **How about … ?**
Que tal … ?; **How are you?**
Tudo bem? Como vai? (B),
Como está(s)? (P); **How
may I help you?** Em que
posso servi-lo/a?
however no entanto,
contudo; **however much**
por mais que
hug o abraço
humanities as Letras, as
Humanidades
hunger a fome
hurricane o furacão

husband o esposo
hypochondriac
hipocondríaco/a

I

I eu
ice o gelo
ice cream o sorvete (B), o
gelado (P)
if se
illness a doença
to imagine imaginar
imbalance o desequilíbrio
implication a implicação
to import importar
important importante
to improve melhorar
in em; **in a hurry** à pressa; **in
front (of)** em frente (de)
incentive o incentivo
to include incluir
income a renda, o rendimento
to increase aumentar, ampliar
incredible incrível
to indicate apontar, indicar
inequality a desigualdade
infection a infecção (B), a
infeção (P)
to inform informar
information a informação
initiative a iniciativa
injection a injeção
innovation a inovação
inside dentro
installation a instalação
instead of em vez de
intelligent inteligente
interesting interessante
interpreter o/a intérprete
to interview v. entrevistar;
interview n. a entrevista
invitation o convite
to invite convidar
to involve envolver
to iron passar (a ferro)
island a ilha
it isto, o/a

J

jacket o casaco
January janeiro
jeans as calças jeans
journalist o/a jornalista
joy a alegria
joyful alegre
judge o juiz/a juíza
juice o suco (B), o sumo (P)
June junho
July julho

K

to keep guardar
key a chave
to kill matar
to kiss beijar; **kiss** *n.* o beijo
kitchen a cozinha
knee o joelho
knife a faca
to know conhecer, saber

L

laboratory o laboratório
lake o lago
lamp o abajur (B),
  o candeeiro (P)
language a língua; **language
  lab** o laboratório de
  línguas
lard a banha
large grande, largo/a
to last demorar, durar; **last**
  adj. passado/a (*previous*),
  último/a
late tarde
laundry a lavanderia (B),
  a lavandaria (P)
law o Direito
lawyer o/a advogado/a
lazy preguiçoso/a
leaf a folha
to learn aprender
leather o couro, a pele (P)
to leave sair, partir; **leave
  (something)** deixar
left esquerdo/a; **left
  (side)** a esquerda
leg a perna
legacy o legado
leisure o lazer
to lend emprestar
less menos; **less ... than**
  menos ... (do) que
letter a carta; **letter
  carrier** o/a carteiro/a;
  letter of recommendation
  a carta de recomendação
lettuce a alface
librarian o/a bibliotecário/a
library a biblioteca
to lie mentir
to lie down deitar-se
to lift levantar
light a luz
to like gostar (de); **I would
  like...** Queria..., Gostaria
  de... (B), Gostava de... (P)
like *conj.* como
likeable simpático/a
likewise igualmente
lip o lábio

list a lista
to listen escutar
litany a litania
literate alfabetizado/a
literature a literatura
to live viver, morar
live (broadcast) ao vivo
lobster a lagosta
long comprido/a, longo/a
to look olhar; **look for**
  procurar
to lose perder; **lose weight**
  emagrecer
loss a perda
to love adorar; **love** *n.* o amor
low baixo/a
luck a sorte
luggage a bagagem
lunch o almoço
lung o pulmão

M

Madeiran madeirense
magazine a revista
maid a empregada doméstica
mail o correio; **mail carrier**
  o/a carteiro/a
mailbox a caixa de correio
main principal; **main course**
  o prato principal
maintenance a manutenção
to make fazer
man o homem
to manage gerir
manager o/a gerente
mango a manga
to manipulate manipular
manipulation a manipulação
many muitos/as
map o mapa
marathon a maratona;
  marathon runner
  o/a maratonista
March março
Mardi Gras o Carnaval
margarine a margarina
markdown o desconto
market o mercado; **open air
  market** mercado ao ar livre
marriage o casamento
married casado/a
to marry casar
mass (Christian) a missa
mat a esteira
maternal materno/a
mathematics a Matemática
May maio
maybe talvez
mayonnaise a maionese
to mean querer dizer, significar

means o meio
meat a carne; **ground meat**
  carne moída (B), carne
  picada (P)
medal a medalha; **gold/silver/
  bronze medal** medalha de
  ouro/prata/bronze
medical médico/a
medicine o comprimido, o
  remédio; **medicine
  (science)** a Medicina
to meet conhecer, encontrar,
  reunir-se
meeting o encontro
member o membro
menu o cardápio (B), a
  ementa (P)
mosque a mesquita
mess a bagunça (B)
metal o metal
microwave (oven) o (forno)
  micro-ondas
midnight a meia-noite
to migrate migrar
milk o leite
million o milhão
minus menos
minute o minuto
mirror o espelho
to miss estar com saudades;
  errar (*err*)
mistaken enganado/a
modern moderno/a
Monday a segunda-feira
money o dinheiro
month o mês; **last month** o
  mês passado
more mais; **more and more**
  cada vez mais; **more
  or less** mais ou menos;
  **more... than, ...-er than
  (e.g., shorter than)** mais
  ... (do) que
morning a manhã; **in the
  morning** de manhã
mortal mortal, mortífero/a
mother a mãe
mountain a montanha
mouth a boca
to move movimentar(-se),
  mover(-se)
movie o filme; **movie theater**
  o cinema
Mozambican moçambicano/a
Mr. o senhor (Sr.), Seu (B)
Ms., Mrs., Miss
  a senhora (Sra.)
much muito/a
muscle o músculo
music a música
mustard a mostarda

to mutilate mutilar
mutual mútuo/a
my meu(s), minha(s)

N

name o nome
napkin o guardanapo
to narrate narrar
national nacional
nationality a nacionalidade
nature a natureza
near perto (de), junto a
neck o pescoço
necklace o colar
to need precisar
neighbor o/a vizinho/a
neither também não
neither ... nor nem ... nem
nephew o sobrinho
nerve o nervo
nervous nervoso/a
net, network a rede
never nunca, jamais
new novo/a
news a(s) notícia(s),
  a novidade
newspaper o jornal
next próximo/a, seguinte;
  next (to) ao lado (de)
nice agradável, amável,
  simpático/a; **Nice to meet
  you.** Muito prazer.
niece a sobrinha
night a noite; **at night**
  de/à noite
nightgown a camisola (B),
  a camisa de dormir (P)
ninth nono/a
no, not não; **no way** de jeito
  nenhum; **not even** nem
no one, nobody nenhuma
  pessoa, ninguém
none nenhum/a, nenhuns/
  nenhumas (P)
noon o meio-dia
nose o nariz
note a nota
notebook o caderno
nothing nada, nenhuma coisa
novel o romance
November novembro
now agora
nowadays hoje em dia
number o número
nurse o/a enfermeiro/a

O

objective o objetivo, o fim,
  a meta
obvious óbvio/a

to occupy ocupar
October outubro
of de
of course claro
to offer oferecer
office o escritório;
  doctor's/dentist's
  office o consultório
often frequentemente,
  muitas vezes
old velho/a
olive a azeitona; **olive**
  oil o azeite
on em, em cima (de); **on the**
  other hand por outro lado
once uma vez
one way (trip) só de ida
onion a cebola
only só; *adj.* único/a
to open abrir; **open,**
  opened aberto/a
opportunity a oportunidade
optimistic otimista
or ou
orange *n.* a laranja, *adj.* cor
  de laranja
to order encomendar, pedir;
  order *n.* a ordem
organization a organização;
  non-governmental
  organization a organização
  não governamental
to organize organizar
organized organizado/a
origin a origem
other outro/a
ought to dever
out, outside fora
outdoors ao ar livre
oven o forno
over there ali, lá
overcoat o casaco,
  o sobretudo (P)
to owe dever
ozone o ozônio (B),
  o ozono (P)

P

package o pacote (B),
  a encomenda (P)
page a página
pain a dor
panties a calcinha (B), as
  calcinhas (P)
pantry a despensa
pants as calças
pantsuit o terninho (B), fato
  de calças e casaco (P)
pantyhose a meia-calça (B),
  os collants (P)

paper o papel, o trabalho
  (*written assignment*)
to parade desfilar; **parade** *n.*
  o desfile
paragraph o parágrafo
pardon me com licença
park o parque
parents os pais
parish a paroquia
participant o/a participante
to participate participar
partner o/a companheiro/a,
  o/a parceiro/a (*business*)
party a festa
passenger o/a passageiro/a
passion a paixão
passport o passaporte
pasta a massa
pastime o passatempo
paternal paterno/a
patient paciente; **patient**
  (medical) o/a paciente
patio o terraço
pattern o desenho
patterned estampado/a
to pay pagar
payment o pagamento
peace a paz
pear a pera
pen a caneta
pencil o lápis
people as pessoas, a gente,
  o povo
pepper a pimenta; **bell**
  pepper o pimentão
perfect perfeito/a
permanent permanente
person a pessoa
pharmacist o/a
  farmacêutico/a
pharmacy a farmácia
to phone telefonar; **phone** *n.*
  o telefone
physics a Física
picture o quadro
piece o bocado, o pedaço
pill o comprimido
pillow o travesseiro (B), a
  almofada (P)
pilot o piloto, a mulher piloto
pineapple o abacaxi, o ananás
pink cor-de-rosa
to place colocar, pôr; **place**
  n. o lugar
plaid xadrez
planet o planeta
to plant semear; **plant** *n.* a
  planta; **industrial plant** a
  fábrica
plastic o plástico
plate o prato

to play brincar (*children*),
  jogar (*game, sport*), tocar
  (*music*)
player o/a jogador/a
please por favor
plumber o/a encanador/a (B),
  o/a canalizador/a (P)
p.m. da tarde, da noite
point o ponto; **point of view**
  o ponto de vista
to point out apontar
policeman/woman o/a policial (B), o polícia/a mulher
  polícia (P)
politics a política
to pollute poluir
polluted poluído/a
pollution a poluição
polyester o poliéster
poor pobre
poorly mal
popular popular
population a população
pork a carne de porco
port o porto
portion a porção
Portuguese português/portu-
  guesa; **Portuguese-**
  speaking lusófono/a
possible possível
postcard o cartão postal
potato a batata
poultry as aves
power o poder
powerful poderoso/a
practical prático/a
to practice praticar, treinar
to pray rezar
precarious precário/a
to prefer preferir
to prepare preparar
to prescribe receitar
prescription a receita
preservation a conservação, a
  preservação
preserve a reserva
president o/a presidente
pretty bonito/a
previous anterior
price o preço
priest o padre
printed (fabric) estampado/a
prize o prêmio (B),
  o prémio (P)
problem o problema
process o processo
procession a procissão
production a produção
professor o/a professor/a
to promise prometer
to provide proporcionar

to provoke provocar
psychologist o/a psicólogo/a
psychology a Psicologia
purple roxo/a
purpose o propósito
purse a bolsa (B), a carteira (P)
to put pôr

Q

quarter o quarto
question a pergunta
quiet calado/a
quite bastante, bem

R

race a corrida
racket a raquete
radiator o radiador
radio o rádio
rail o trilho
to rain chover; **rain** *n.*
  a chuva; **rain forest** a
  floresta tropical
raincoat a capa de chuva (B),
  o impermeável (P)
to raise levantar(-se)
rate a taxa
rather bastante, bem
to reach atingir
to react reagir
to read ler
reader o/a leitor/a
ready pronto/a
really mesmo, bem
rearview mirror o espelho
  retrovisor
reasonable razoável
to recall lembrar
to receive receber
recent recente; **recently**
  graduated recém-
  formado/a
reception a recepção (B), a
  receção (P)
receptionist o/a recepcionista
  (B), o/a rececionista (P)
recipe a receita
to recommend recomendar
record o recorde; **record**
  holder o/a recordista
recorder (tape, CD, DVD) o
  gravador
to recycle reciclar
recycling a reciclagem
red vermelho/a,
  encarnado/a (P)
redhead ruivo/a
referee o/a árbitro/a, o juiz/a
  juíza (B)

refrigerator a geladeira (B),
o frigorífico (P)
registration plate a placa
to regret sentir, lamentar
regular regular
relationship o relacionamento,
a relação
relatives os parentes
religion a religião
religious religioso/a
to remember lembrar-se,
recordar
to remind lembrar
renewable renovável
to rent alugar
to repeat repetir
to represent representar
to research pesquisar;
research *n.* a pesquisa
reservation a reserva
resistant resistente
resource o recurso
to respect respeitar
responsible responsável
to rest descansar
restaurant o restaurante
résumé o currículo
to return voltar
to revolve girar
rice o arroz
rich rico/a
to ride (bicycle) andar
(de bicicleta)
right direito/a; **right (side)**
a direita
ring o anel
ritual o ritual
river o rio
rhythm o ritmo
road a estrada
roasted assado/a
robe o roupão
robot o robô
room o quarto; **double/single
room** o quarto duplo/sim-
ples; **living room** a sala
(de estar); **dining room**
a sala de jantar; **waiting
room** a sala de espera
root a raiz
round trip (a viagem, a
passagem) de ida e volta
rug o tapete
rule a regra
ruling a decisão
to run correr
rural rural

S

sad triste
safe *n.* o cofre, *adj.* seguro/a

safety a segurança
saint o/a santo/a
salad a salada; **salad dressing**
o molho de salada
salary o salário
sale a venda
sales manager o/a gerente
de vendas
salesperson o/a vendedor/a
salt o sal
salt cod o bacalhau
salted, salty salgado/a
same mesmo/a
sandal a sandália
sandwich o sanduíche (B),
a sandes (P)
Santa Claus Papai Noel (B),
Pai Natal (P)
Sao Tomean são-tomense
sardine a sardinha
satellite o satélite
satisfied satisfeito/a
to satisfy satisfazer
Saturday o sábado
sauce o molho
to say dizer; **say good-bye**
despedir-se
scarcity a escassez
scared com medo
scarf o cachecol
scary assustador/a
to schedule marcar
school a escola
science a ciência
scientist o/a cientista
score o resultado
sea o mar
to search buscar
season a estação
seat o assento; **aisle/window
seat** o assento no corredor/
na janela
second segundo/a
security a segurança
to see ver; **see you in a bit**
até já; **see you soon** até
logo; **see you tomorrow**
até amanhã
to seek buscar
to sell vender
seller o/a vendedor/a
to send enviar, mandar
to separate separar
September setembro
serious sério/a
seriously a sério
to serve servir
service o serviço
to set the table pôr a mesa
seventh sétimo/a
several alguns/algumas
sharp (of time) em ponto

to shave (beard) fazer a barba
she ela
shellfish o fruto do mar (B),
o marisco (P)
ship o barco, o navio
shirt a camisa
shoe o sapato
shop a loja
shopping mall o shopping,
o centro comercial (P)
shoulder o ombro
short (in length) curto/a;
short (in stature) baixo/a
shorts o calção (B), os
calções (P)
should dever
to show mostrar
shower o chuveiro
shrimp o camarão
sick doente; **sick with
a cold/flu** gripado/a,
constipado/a (P)
silent calado/a
silk a seda
similar parecido/a
since desde
to sing cantar
single solteiro/a
sink a pia (B), o lavatório
(P); **kitchen sink**
o lava-louças (P)
sister a irmã
to sit down sentar-se
sixth sexto/a
size o tamanho
to skate patinar
to ski esquiar; **ski** *n.* o esqui
skin a pele
skirt a saia
sky o céu
to sleep dormir
slipper o chinelo
slow lento/a
slowly devagar
small pequeno/a; **smaller**
menor, mais pequeno (P);
smallest o/a menor
to smoke fumar
snake a cobra
sneaker o (sapato) tênis (B),
o (sapato) ténis (P)
to sneeze espirrar
to snow nevar; **snow** *n.* a neve
so tão; **so much/many** tanto/a/
os/as; **so that** para que
so-called chamado/a
soccer o futebol; **soccer shoe**
a chuteira
society a sociedade
sociology a Sociologia
sock a meia
soda o refrigerante

sofa o sofá
soft drink o refrigerante
soil o solo
solemn solene
solid color (fabric) liso/a
some algum/a, alguns/algumas
someone alguém, alguma pessoa
something algo, alguma coisa
sometimes às vezes,
algumas vezes
son o filho; **middle son**
o filho do meio; **only son**
o filho único
song a música (B), a canção
soon logo
soup a sopa
to sow semear
spacious espaçoso/a
Spanish espanhol/a
to speak falar
to specialize especializar-se
specialized especializado/a
species a espécie
speed a velocidade
to spend gastar; **spend
(time)** passar
sphere o âmbito
spinach o espinafre
spoon a colher
sport o esporte (B), o
desporto (P); **sports fan**
o/a torcedor/a (B), o/a
adepto/a (P); **sports jacket**
a jaqueta (B), o blusão (P)
to spread difundir(-se)
spring a primavera
square a praça
stadium o estádio
staircase, stairs a escada
stamp o selo
to stand (bear) suportar;
stand in line fazer fila;
stand out destacar-se
standing em pé
statistics a estatística
to stay ficar
steak o bife, o filé (B)
steering wheel o volante
stepfather o padrasto
stepmother a madrasta
still ainda
stock exchange a bolsa
(de valores)
stocking a meia
stomach o estômago
to stop parar
stopover a escala
store a loja
story (in a building) o andar,
o piso
stove o fogão
straight (hair) liso/a

strange estranho/a
strawberry o morango
street a rua
striped listrado/a (B), às riscas (P)
strong forte
struggle a luta
student o/a aluno/a, o/a estudante
studious estudioso/a
to study estudar
subject (academic) a disciplina
subway o metrô (B), o metro (P)
to suffer sofrer
sugar o açúcar
to suggest sugerir
suit o terno (B), o fato (P)
suit jacket o paletó (B), o casaco (P)
suitcase a mala
summer o verão
sun o sol
to sunbathe tomar sol
Sunday o domingo
sunglasses os óculos de sol
supermarket o supermercado
superstore o hipermercado
to supervise supervisionar
supper o jantar
to surf surfar
to surpass ultrapassar
to surprise surpreender
survey a pesquisa
sweater o suéter (B), a camisola (P)
sweatsuit o abrigo (B), o fato de treino (P)
to sweep varrer
sweets os doces
to swim nadar
swimming a natação; **swimming pool** a piscina
swimsuit o maiô (B), o fato de banho (P)
symptom o sintoma
synagogue a sinagoga
systematic sistemático/a

T

T-shirt a camiseta (B), a T-shirt (P)
table a mesa
tablecloth a toalha de mesa
to take levar, tomar; **take advantage of** aproveitar, usufruir; **take off** tirar (*clothes*), decolar (B), descolar (P) (*plane*); **take out** tirar;

take place realizar-se; **take time** demorar
to talk conversar
talkative falador/a
tall alto/a
tax o imposto
tea o chá
to teach ensinar
teacher o/a professor/a
team o time (B), a equipa (P)
technician o/a técnico/a
technology a tecnologia
to telephone ligar, telefonar; **telephone** *n.* o telefone
television, TV set a televisão; **TV viewer** o/a telespectador/a
to tell dizer
temperature a temperatura
tendency a tendência
tennis o tênis (B), o ténis (P)
tenth décimo/a
terrace o terraço
to test testar
textiles os têxteis
to thank agradecer; **thank you, thanks** obrigado/a
Thanksgiving o Dia de Ação de Graças
that esse/a, aquele/a, isso, aquilo, que
the o, a, os, as
theater o teatro
their seu(s), sua(s), deles, delas
them os, as, lhes
there aí, ali, lá; **there is/are** há, tem (B)
therefore então, portanto
thermometer o termômetro (B), o termómetro (P)
thin (person or animal) magro/a
thing a coisa
to think achar, pensar
third terceiro/a
this este/a, isto
throat a garganta; **sore throat** a dor de garganta
through por, através de
to throw lançar, jogar (B); **throw out** jogar fora (B), deitar fora (P)
Thursday a quinta-feira
ticket o bilhete, o ingresso, a passagem
to tidy up arrumar
tie a gravata
tight apertado/a
time (general) o tempo; **time (frequency)** a vez; **time (specific)** as horas
timid tímido/a

Timorese timorense
tire o pneu
tired cansado/a
to a, para
toast a torrada
today hoje
together junto/a/os/as
toilet bowl o vaso sanitário (B), a sanita (P)
tomato o tomate; **tomato sauce** o molho de tomate
tomorrow amanhã
tonight esta noite
too much demais
tooth o dente
to touch tocar
tournament o campeonato
towel a toalha
track and field o atletismo
tradition a tradição
train o trem (B), o comboio (P)
to train treinar
to transfer transferir
to translate traduzir
transportation o transporte
trash o lixo
to travel viajar
travel agent o/a agente de viagens
traveler's check o cheque de viagem
tray a bandeja
treatment o tratamento
tree a árvore
trip a viagem, a excursão
true certo/a, verdadeiro/a
truth a verdade
to try tentar; **try on/out** experimentar
tuna o atum
turkey o peru
to turn virar
twin gêmeo/a (B), gémeo/a (P)
to twist torcer
typical típico/a

U

ugly feio/a
uncle o tio
under debaixo (de)
undergraduate studies a graduação
underground subterrâneo/a
to understand compreender, entender
unfortunately infelizmente
uniform o uniforme
university a universidade

unless a menos que
to unload descarregar
unmarried solteiro/a
unpleasant antipático/a, desagradável
until até
urban urbano/a
urgency a urgência
to use usar, utilizar; **use to (do habitually)** costumar
useful útil
user o/a usuário/a (B), o/a utilizador/a (P)

V

vacancy a vaga
vacation as férias
vaccine a vacina
to vacuum passar o aspirador (B), aspirar (P); **vacuum cleaner** o aspirador
vanilla a baunilha
variety a variedade
various vário/a/os/as
to vary variar
VCR, video o vídeo
vegetables os legumes
vehicle o veículo
vein a veia
very muito
victory a vitória
view a vista
village a aldeia
vinegar o vinagre
to visit visitar
vocabulary o vocabulário
voice a voz
volleyball o voleibol, o vôlei (B)

W

waist a cintura
to wait esperar
waiter o garçom (B), o empregado (P)
waiting list a lista de espera
waitress a garçonete (B), a empregada (P)
to wake up acordar
to walk andar, caminhar
wall a parede
wallet a carteira
to want querer
to wash lavar(-se)
washer a máquina de lavar
to watch assistir (B), ver (P); **watch** *n.* o relógio

water a água; **carbonated
    water** a água com gás;
    drinking water a água
    potável; **still water** a água
    sem gás; **water resources**
    os recursos hídricos
wavy ondulado/a
we nós, a gente
weak fraco/a
to wear vestir(-se); **wear a
    costume** fantasiar-se
weather o tempo
wedding o casamento
Wednesday a quarta-feira
week a semana; **last week** a
    semana passada
weekend o fim de semana
well bem; **well-known**
    conhecido/a
what que, o que, qual/quais
whether se

which (one/s) qual/quais
wheel a roda
when quando
whenever sempre que
where onde; **where (to)**
    aonde, para onde
while enquanto
white branco/a
who quem
whose cujo/a/os/as
why por que (B),
    porque (P)
wide largo/a
wife a esposa
to win ganhar, vencer
wind o vento
window a janela
windshield o para-brisas;
    windshield wiper o limpa-
    dor de para-brisas (B), o
    limpa-para-brisas (P)

wine o vinho; **red wine** o
    vinho tinto
winter o inverno
to wish desejar
with com; **with me** comigo;
    with us conosco (B),
    connosco (P); **with you**
    contigo (P)
without sem, sem que
wool a lã
woman a mulher
word a palavra
to work trabalhar; **work** *n.* o
    trabalho
worker o/a operário/a, o/a
    trabalhador/a
workmate o/a colega
world o mundo; **World Cup**
    a Copa do Mundo
worldwide mundial, global
worse pior

worst o/a pior
wrist o pulso
to write escrever
wrong enganado/a, errado/a

Y

year o ano; **last year** o ano
    passado
yellow amarelo/a
yes sim
yesterday ontem
yoghurt o iogurte
young jovem, novo/a;
    young man o jovem,
    o rapaz, o garoto (B);
    young woman a jovem,
    a moça, a garota (B)
your seu(s), sua(s),
    teu(s) (P), tua(s) (P),
    vosso/a (P)

CREDITS

Front Cover Photo: Cosmo Condina /Robert Harding

p. 2 Schmid Christophe/Shutterstock; p. 6 Clémence Jouet-Pastre; p. 7 Anna Klobucka; p. 28 Steven Wright/Shutterstock; p. 30 Anna Klobucka; p. 30 Darren Baker/Shuttersotck; p. 34 (center right) Pearson Education/PH College; p. 41 (bottom center) Pearson Education/PH College; p. 43 (center) Pearson Education/PH College; p. 53 Rob Reichenfeld/DK Images; p. 54 Pearson Education/PH College; p. 64 (bottom left) jbor/Shutterstock; p. 65 celsopupo/iStockphoto; p. 100 (top) Clémence Jouet-Pastre; p. 104 (bottom left) Julia Waterlow/Eye Ubiquitous/Corbis; p. 105 (center right) Cro Magnon/Alamy; p. 105 (top right) Leo Francini/Shutterstock; p. 106 (center right) Wink Lorch/Cephas Picture Library/Alamy; p. 68 Jupiterimages/Comstock/JupiterImages/Thinkstock; p. 70 (bottom left) Yuri Arcurs/Shutterstock; p. 70 (bottom right) Anna Klobucka; p. 70 (center) Jacob Taposchaner/Taxi/Getty Images; p. 70 (top left) Werner Buchel/Shutterstock; p. 70 (top right) Thomas Northcut/Thinkstock; p. 71 (center left) Claudia Fernandes; p. 80 (bottom center) Ron Giling/Lineair/Photolibrary/Peter Arnold, Inc.; p. 82 (center left) Gianni Muratore/Alamy; p. 82 (top) Pearson Education/PH College; p. 88 (center) Jupiterimages/Getty Images/Brand X Pictures/Jupiter Images; p. 89 (bottom center) Pearson Education/PH College; p. 90 (top right) N.Réka/Shutterstock; p. 96 (center right) Andre Carrilho; p. 99 (top center) Clémence Jouet-Pastre; p. 99 (bottom center) Clémence Jouet-Pastre; p. 108 Clémence Jouet-Pastre; p. 110 Pearson Education/PH College; p. 110 (bottom right) Clémence Jouet-Pastre; p. 110 (center right) Patricia Isabel Sobral; p. 110 (top left) Vinicius Tupinamba/Shutterstock; p. 110 (top right) Gianni Muratore/Alamy; p. 113 (bottom right) Clémence Jouet-Pastre; p. 114 (bottom left) uckyo/Fotolia;

p. 123 (top left) Telepix/Alamy; p. 124 (center) Pearson Education/PH College; p. 131 (top right) Gianni Muratore/Alamy; p. 132 (top center) Pearson Education/PH College; p. 140 (bottom center) Peter Wilson/DK Images; p. 140 (center left) Joao Paulo/The Image Bank/Getty Images; p. 141 (center left) Peter Wilson/DK Images; p. 141 (top left) Linda Whitwam/DK Imges; p. 146 (bottom left) Ostill/Shutterstock; p. 147 (bottom right) Ostill/Shutterstock; p. 147 (center right) Paulo Williams/Shutterstock; p. 147 (top right) Rafael Martin-Gaitero/ShutterStock; p. 152 Somos Images/Alamy; p. 150 Clémence Jouet-Pastre; p. 152 (top left) Mike Goldwater/Alamy; p. 161 (bottom center) JupiterImages/Pixland/Thinkstock; p. 163 (bottom) GlowImages/Alamy; p. 163 (top center) Pearson Education/PH College; p. 172 (top center) Michelle D. Milliman/Shutterstock; p. 173 (center) Pearson Education/PH College; p. 176 (bottom left) KonstantinChristian/Shutterstock; p. 177 (bottom center) Amélia Hutchinson; p. 183 (bottom left) Aurora Photos/Alamy; p. 184 (top right) Ewan Chesser/Shuttertstock; p. 185 (center) Wigi Photography/Shutterstock; p. 188 Clémence Jouet-Pastre; p. 190 (top left) Gary Yim/Shutterstock; p. 200 Celso Pupo/Shutterstock; p. 202 (top center) Pearson Education/PH College; p. 212 Clémence Jouet-Pastre; p. 214 (top center) Pearson Education/PH College; p. 228 (bottom left) Staffan Widstrand/Nature Picture Library; p. 228 (center left) Luiz C. Marigo/Photolibrary; p. 229 Gary Yim/Shutterstock; p. 232 Pearson Education/PH College; p. 236 (bottom left) Anna Klobucka; p. 237 (center right) Peter Wilson/DK Images; p. 245 Pearson Education/PH College; p. 246 Pearson Education/PH College; p. 251 Anna Klobucka; p. 252 (bottom right) valdis torms/Shutterstock; p. 252 (center) Pearson Education/PH College; p. 262 (bottom left) Pearson Education/

INDEX

Brasil

Área: 8.511.965 km²
População: 203.500.000
Capital: Brasília

Boa Vista

RORAIMA

AMAPÁ

Macapá

MARANHÃO

Manaus

Rio Amazonas

Belém

São Luís

Teresina

Fortaleza

AMAZONAS

PARÁ

CEARÁ

RIO GRANDE DO NORTE

Natal

PARAÍBA

João Pessoa

PERNAMBUCO

Recife

PIAUÍ

ACRE

Rio Branco

Porto Velho

Palmas

ALAGOAS

Maceió

RONDÔNIA

TOCANTINS

Rio São Francisco

BAHIA

Aracaju

SERGIPE

Salvador

MATO GROSSO

Cuiabá

Brasília

Goiânia

MINAS GERAIS

GOIÁS

Campo Grande

Belo Horizonte

ESPÍRITO SANTO

Vitória

MATO GROSSO
DO SUL

SÃO PAULO

RIO DE JANEIRO

PARANÁ

São Paulo

Rio de Janeiro

Curitiba

SANTA CATARINA

Florianópolis

RIO GRANDE
DO SUL

Porto Alegre

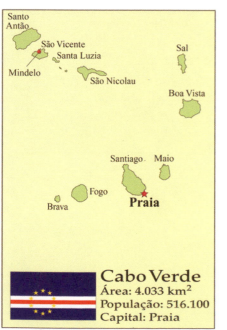

Santo Antão

São Vicente

Santa Luzia

Sal

Mindelo

São Nicolau

Boa Vista

Santiago

Maio

Fogo

Brava

Praia

Cabo Verde

Área: 4.033 km²
População: 516.100
Capital: Praia

ILHA DO PRÍNCIPE

Santo António

Golfo da Guiné

Neves

São Tomé

ILHA DE SÃO TOMÉ

Santa Cruz

São Tomé e Príncipe

Área: 1.001 km²
População: 179.500
Capital: São Tomé

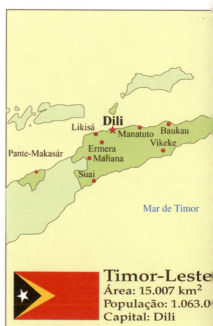

Dili

Likisá

Manatuto

Baukau

Vikeke

Pante-Makasár

Ermera

Maliana

Suai

Mar de Timor

Timor-Leste

Área: 15.007 km²
População: 1.063.0
Capital: Dili